周易译注

上

黄寿祺 张善文 译注

上海古籍出版社

图书在版编目(CIP)数据

周易译注/黄寿祺,张善文译注.—上海：上海古籍出版社,2007.4（2025.5 重印）
ISBN 978-7-5325-4646-6

Ⅰ.周... Ⅱ.①黄...②张... Ⅲ.①周易-译文②周易-注释 Ⅳ.B221

中国版本图书馆 CIP 数据核字(2007)第 018734 号

周易译注
（全二册）
黄寿祺　张善文译注
上海古籍出版社出版发行
（上海市闵行区号景路159弄1-5号A座5F　邮政编码 201101）
(1)网址:www.guji.com.cn
(2)E-mail:gujil@guji.com.cn
(3)易文网网址:www.ewen.co
启东市人民印刷有限公司印刷
开本 889×1194　1/20　印张 25.7　插页6　字数 620,000
2007 年 4 月第 1 版　2025 年 5 月第 28 次印刷
印数：233,301-246,300
ISBN 978-7-5325-4646-6

B·595　定价: 68.00 元

目　录

卷　六

卷　七

卷　八

卷　九

卷　十

附　录

前言

冠居“群经”之首的《周易》，是我国古代现存最早的一部奇特的哲学专著。这部奇书的思想光华，是通过神秘的“占筮”外衣，焕发出恍惚窈冥的象征色彩：它那蕴蓄丰富的变化哲理出现之际，人们对之既向往又“陌生”，乃至“仁者见之谓之仁，智者见之谓之智，百姓日用而不知”（《系辞上传》）；随着历史的推进，自孔子“读《易》韦编三绝”（《史记·孔子世家》）之后，学人对《周易》的认识逐代加深，《易》学著述层出不穷，然而，同时产生的种种扑朔迷离的猜测、附会之说却也多得令人眼花缭乱，遂使本属“玄学”的《周易》思想被涂上一重又一重“幻想和奇想”的“附加色”。尚秉和先生有感于这一情状，慨而叹曰：“最多者《易》解，……最难者《易》解，……苟非真知灼见之士，为扬榷其是非，厘订其得失，后学将胡所适从哉？”①

处在今天的时代，我们有必要在辨析旧说的基础上，科学地发掘这部古老的哲学著作的真正价值，品评、确立其在中国哲学史、世界文化史上应有的地位。当然，进行这项工作的首要步骤，是先须正确地理解《易》学研究中一系列不可回避的问题，如《周易》的创作过程、时代背景、命名之义、经传大旨，以及历代《易》学的源流派别、今天应当采用的研究方法等。这些问题虽有种种成说，却多数未臻一致。笔者固不敢辄论前贤是非，谨就见识所及，采摭可取的说法，在简述《周易》经传基本内容的同时，结合上述问题略作分析，以期有助于读《易》、研《易》者探索打开《易》学大门的最初途径。

一、《周易》“经”部分的创作过程经历三大阶段：阴阳概念的产生、八卦创立、重卦并撰成卦爻辞，三者均是遵循“观物取象”的创作原则

翻开《周易》，首先看到的是八卦、六十四卦符号，以及与这些符号紧密关

联的卦辞、爻辞。这就是《周易》的“经”文。

《周易》“经”部分的创作过程，大致经历了三个阶段：阴阳概念的产生，八卦创立，重卦并撰成卦爻辞。

十分明显，无论是后来的八卦或六十四卦，都是由阴阳两爻（--、—）组合成的，所以，叙及《周易》的创作，我们不得不从这两种基本符号谈起。“阴”、“阳”概念的形成，是古代人们通过对宇宙万物矛盾现象的直接观察得出的。“盈乎天地之间无非一阴一阳之理”（《朱子大全·易纲领》），在古人心目中，天地、男女、昼夜、炎凉、上下、胜负……几乎生活环境中的一切现象都体现着普遍的、相互对立的矛盾。根据这种直感的、朴素的观察，前人把宇宙间变化万端、纷纭复杂的事物分为阴、阳两大类，用两种符号表示：阴物为“--”，阳物为“—”。为什么用这两种符号（而不是别的符号）来象征阴阳呢？人们曾作过各种猜测，或以为是男女生殖器的象征，或以为是龟卜兆纹所演化，或以为是古代用于占筮的两种竹节的象形，或以为是取用上古“结绳”时代“有结”、“无结”的形态等等[②]，见仁见智，皆可并存。但有一点是人所公认的：阴阳爻象的形成，本于古人对自然万物的直接观察，象征着广泛的相互对立的种种事物、现象。

在这基础上，古人以阴、阳符号为“爻”，每三爻叠成一卦，出现了“八卦”（《周礼》称为“经卦”）。八卦各有不同的名称、形式，分别是：乾（☰）、坤（☷）、震（☳）、巽（☴）、坎（☵）、离（☲）、艮（☶）、兑（☱）。八卦的取象，已经从阴阳二爻对事物的广泛象征，发展到对自然界八种基本物质的具体象征；这八种基本物质是：天、地、雷、风、水、火、山、泽。在后来的《易》理演绎和《易》筮运用的过程中，八卦的卦象又不断扩展增益，可以分别象征八种类型的诸多物象，《说卦传》所举象例，即可见其概略。以八卦与阴阳二爻相比较，两者的创立有一个共同点：均是古人通过观察自然物象所得，然后又作为喻示种种物情、事理的象征符号。《系辞下传》对此作了较为明白的说明：

> 古者包牺氏之王天下也，仰则观象于天，俯则观法于地，观鸟兽之文，与地之宜，近取诸身，远取诸物，于是始作八卦，以通神明之德，以类万物之情。

这是阐述古人从观察万物到制成八卦的整个思维过程，即“观物取象”的创作特征。其中所“观”之“物”，乃是自然、生活中的具体事物；所“取”之“象”，则是模拟这些事物成为有象征意义的卦象。如乾为天、坤为地等即是。此后，八卦两两相重，出现了六十四卦（《周礼》称为“别卦”），并产生了解说这些卦形所寓哲理的卦爻辞。此时，《周易》“经”文全部创成，其独具体系的哲学思想已趋成熟。

就卦形看，六十四卦及每卦中的六爻，也同样都是作《易》者遵循“观物取象”思维形式的产物。例如，䷢为《晋》卦（“晋”意为“进长”），卦形是坤下离上（地在下，火在上），拟取太阳从东方大地升起这一物象，说明事物处于上进、成长之时的发展规律；与之相对的，䷣为《明夷》卦（“明夷”意为“光明殒灭”），卦形是离下坤上（火在下，地在上），拟取太阳从西方大地落下这一物象，说明事物处于光明转向黑暗之时的变化情状。很明显，它们都以拟取物象来喻示事理。至于六十四卦中的每一爻，也各具其象。如䷀为《乾》卦，卦形是由完全相同的六个阳爻“—”组成，但每爻各自象征着不同的义理。以上下两爻为例：下爻（初九）“—”，爻辞曰“潜龙勿用”，喻示此爻犹如一条潜伏水底、养精蓄锐的“龙”的形象，说明事物以刚健气势崛起之初，必须积蓄力量，创造条件，不可轻易盲动；上爻（上九）“—”，爻辞曰“亢龙有悔”，喻示此爻犹如一条激昂飞腾而飞得太高太猛的“龙”的形象，说明事物刚健过甚、发展超过一定限度，必将走向反面，出现挫折。显然，这些“爻”都是某种特定的象征，暗示着各不相同的哲理意义。

就卦爻辞看，六十四卦的卦辞及每爻的爻辞，均是配合卦形阐明象旨。卦爻辞的出现有两大意义：（一）使《周易》成为卦形符号与语言文字有机结合的一部特殊的哲学著作；（二）使“《易》象”从隐晦的符号暗示发展为用文字表述的带有一定文学性的形象。卦爻辞的表现形式是“假象喻意”，即拟取人们生活中习见常闻的物象，通过文字的具体表述，使卦形、爻形内涵的象征旨趣更为鲜明、生动。如上文所引《乾》卦的两爻，由于“潜龙勿用”、“亢龙有悔”这些具体文辞的形象表达，使这两爻的象征意义突出地显示出来了。而每卦的卦辞与六则爻辞，在相互联系中，披露了该卦所蕴涵的事物运动、变化、发展的哲理；六十四卦相承相受，从六十四种角度分别展示不同的环境条件下的事理特征及变化规律——《周易》哲学于是形成了独特的系统，并深刻地影响着后世的文化、思想而流传不衰。

二、《易传》七种十篇，又称《十翼》，汉以后被合入经文并行

宋人林光世《水村易镜·自序》云：

> 古之君子，天地、日月、星辰、阴阳造化、鸟兽草木无所不知，不必读卦辞、爻辞，眼前皆自然之《易》也。世道衰微，《易》象几废，孔圣惧焉，于是作《大象》、《小象》，又作《系辞》，……令天下后世皆知此象自仰观俯察而得也[3]。

水村所谓“古之君子”，殆即指当时的卜筮者或学者们，其言不免流于浮夸；但其指出《易传》作者欲令人知《易》象均从仰观俯察而得，遂撰诸篇以明《易》旨，似不违情实。

从现存《易传》的内容看，共有《文言》、《彖传》上下、《象传》上下、《系辞传》上下、《说卦传》、《序卦传》、《杂卦传》七种，凡十篇。这十篇的创作宗旨均在解释《周易》“经”文大义，犹如“经”之“羽翼”，故又称《十翼》（见《周易乾凿度》)。

《易传》解“经”各有一定的侧重点或特定的角度，兹分叙如下。

《文言》，分前后两节，分别解说《乾》、《坤》两卦的象征意旨，故前节称《乾文言》，后节称《坤文言》。“文言”两字之义，即谓“文饰《乾》、《坤》两卦之言”。孔颖达引庄氏曰：“以《乾》、《坤》德大，故特文饰以为《文言》。”(《周易正义》)李鼎祚又引姚信曰：“《乾》、《坤》为门户，文说《乾》、《坤》，六十二卦皆放焉。”(《周易集解》)这两说似已点明《文言》的名义所在。

《彖传》，随上下经分为上下两篇，共六十四节，分释六十四卦卦名、卦辞及一卦大旨。“彖”字之义，李鼎祚引刘瓛曰：“彖者，断也。”(《集解》)孔颖达引褚氏、庄氏曰：“彖，断也，断定一卦之义，所以名为‘彖’也。”(《正义》)但作为经传之名，其义有二：(一)指卦辞，即《释文》引马融所谓“彖辞，卦辞也”，《左传》襄公九年孔疏从之，称“《周易》卦下之辞谓为《彖》”；(二)指《易传》中的《彖传》，即王弼《周易略例》所谓“统论一卦之体，明其所由之旨也”，《正义》亦曰：“夫子所作《彖辞》，统论一卦之义。”《彖传》阐释卦名、卦辞、卦义的体例，往往取卦象、爻象为说，多能指明每卦中的为主之爻，而以简约明了的文字论断该卦主旨。

《象传》，随上下经分为上下两篇，阐释各卦的卦象及各爻的爻象。其中释卦象者六十四则，称《大象传》；释爻象者三百八十六则[4]，称《小象传》。“象”字之义，犹言“形象”、“象征”，即《系辞下传》所谓：“象也者，像此者也。”但作为经传之名，则有两义：(一)指《周易》的卦形和卦爻辞，《系辞下传》：“《易》者，象也。”《左传》昭公二年叙韩宣子适鲁“见《易象》”即指此；(二)指《易传》中的《象传》，旨在分析卦、爻的象征意义。《大象传》的体例，是先释每卦上下象相重之旨，然后从重卦的卦象中推衍出切近人事的象征意义，文辞多取“君子”的言行、道德为喻。如《乾》卦《大象传》称：“天行健，君子以自强不息”，即表明该卦上下象均为“天”，君子当效法“天”的健行气质，奋发图强；又如《损》卦《大象传》称：“山下有泽，损，君子以惩恶窒欲”，即表明该卦上“山”下“泽”，有损下益上之象，君子当效法此象，时时自损不善。其他诸卦的义例，无不如此。《小象传》的体例，是根据每爻的性质、处位特点，分析爻义吉凶利弊之所以然。如《乾》卦初九爻的《小象传》曰“潜龙勿用，阳在下也”，指明此爻微阳初萌，不可急于施用；又如《明夷》卦六二爻《小象传》曰“六二之吉，顺以则也”，指明此爻柔顺中正，不违法则，故获吉祥。其他诸爻亦均类此。《象传》以言简意明的文辞，逐卦逐爻地解说六十四卦、三百八十四爻的立象所在，使《周易》经文的象征意趣有了比较整齐划一的阐说。

《系辞传》，因其篇幅较长，分为上下两篇。“系辞”二字的名义，有两方面：(一)指卦爻辞，即《正义》所谓“圣人系属此辞于爻卦之下”，“上下二篇经辞是也”；(二)指《易传》中的《系辞传》，亦即《正义》所云“夫子本作《十翼》，申说上下二篇经文系辞，条贯义理，别自为卷，总曰《系辞》”。《系辞传》可视为早期的《易》义通论，文中对《周易》“经”文的各方面内容作了较为全面、可取的辨析、阐发，有助于后人理解八卦、六十四卦及卦爻辞的大义。其中有对《周易》作者、成书年代的推测，有对《周易》“观物取象”创作方法的追述；或辨阴阳之理，或释八卦之象，或疏解乾坤要旨，或展示《易》筮略例；并穿插解说了十九则爻辞的象征意旨（集中见于《系辞上传》者七则，集中见于《系辞下传》者十一则，散见于《系辞上传》者一则，共十九则，详见黄寿祺所撰《从易传看孔子的教育思想》，载《齐鲁学刊》1984 年第 6 期）。当然，《系辞传》在通说《易》义的过程中，也充分地表露了作者的哲学观点；但就其创作宗旨分析，这些哲学观点又无不归趋于《易》理范畴。简言之，《系辞传》的要领，在于发《易》义之深微，示读《易》之范例。

《说卦传》，是阐说八卦象例的专论。全文先追述作《易》者用“蓍”衍卦的历史；再申言八卦的两种方位（宋人称为“先天”、“后天”方位）；然后集中说明八卦的取象特点，并广引众多象例，是今天理解、探讨《易》象的产生及推展的重要资料。其中言及八卦的最基本象例：乾为天，坤为地，震为雷，巽为风（为木），坎为水，离为火，艮为山，兑为泽；以及与之相对应的八种大体不变的象征意义：乾健，坤顺，震动，巽入，坎陷，离丽，艮止，兑说（悦）——这在《周易》六十四卦象征义理中几乎是每卦必用的象喻条例，对于明确《周易》卦形符号的构成原理尤有不可忽视的参考价值。

《序卦传》，旨在解说《周易》六十四卦的编排次序，揭示诸卦相承的意义。全文分两段：前段叙上经《乾》至《离》三十卦次序，后段叙下经《咸》至《未济》三十四卦次序。这种卦序，当是相沿已久的⑤；而文中所明各卦依次相承的意义，含有事物向正面发展或向反面转化的朴素辩证观点。可以说，《序卦传》是一篇颇具哲理深度的六十四卦推衍纲要。

《杂卦传》，其取名为“杂”之义，韩康伯云“杂糅众卦，错综其义”（《韩注》），即打散《序卦传》所揭明的卦序，把六十四卦重新分成三十二组两两对举，以精要的语言概括卦旨。文中对举的两卦之间，其卦形或“错”（亦称“旁通”，六爻相互交变）或“综”（亦称“反对”，卦体相互倒置），其卦义多成相反。这种“错”、“综”现象，是六十四卦符号形式的重要特征，从中可以窥探出作者对卦形结构的认识，其哲学意义在于表明事物的发展往往在正反相对的因素中体现其变化规律。

综上所述，我们在大体揭明了《易传》七种的内容要点的同时，可以得出这样一种论断：《易传》的创作，尽管其抒论角度各不相同，或叙述重点各有所主，但其基本宗旨无不就《周易》经文而发。那么，作为《周易》经文出现之后而产生的，并成为自古以来众所公认、无与伦匹的解经专著的《易传》，不但是今天研究《周易》经文的最重要的“津梁”，而且其本身的哲学内涵也值得深入探讨。

应当指出，《易传》七种原皆单行，后来被合入经文并行，自有一段为学者所认识、接受的过程。关于援传连经始于何人的问题，旧有两说。《三国志·魏书·高贵乡公传》记载曹髦与《易》博士淳于俊的一节对话云：

……帝又问曰："孔子作《彖》、《象》，郑玄作注，虽圣贤不同，其所释经义一也。今《彖》、《象》不与经文相连，而注连之，何也？"俊对曰："郑玄合《彖》、《象》于经者，欲使学者寻省易了也。"帝曰："若郑玄合之，于学诚便，则孔子曷为不合以了学者乎？"俊对曰："孔子恐其与文王相乱，是以不合，此圣人以不合为谦。"

这段资料说明淳于俊认为，东汉的郑玄合《彖传》、《象传》于经文。《崇文总目》云："凡以《彖》、《象》、《文言》杂入卦中者，自费氏始。"晁公武《郡斋读书志》亦曰：

凡以《彖》、《象》、《文言》等参入卦中，皆祖费氏。东京荀、刘、马、郑皆传其学。王弼最后出，或用郑说，则弼亦本费氏也。

这是主张西汉的费直连传于经。两说孰是，尚无定论；但汉代学者出于便利诵习的目的，编成经传参合本，当是较为可信的说法。

经传合编本《周易》出现于汉代，是当时崇尚经学的社会背景的一方面反映。后代学者多依此本研读，影响至为广大，遂使《易传》的学术价值提高到与"经"并驾齐驱的地位，乃至人们在传述研究时论及《周易》一书，事实上往往兼指"经"、"传"两部分。

三、对《周易》经传作者、创作时代的考察："经"作于商末周初，"传"作于春秋、战国之间，经传并是"人更多手、时历多世"的集体撰成的作品

《周易》的作者、创作时代，是《易》学史上争论已久的重要问题。今天探讨这一问题，当分别就"经"、"传"的内容作具体辨析。

八卦的作者，《系辞下传》以为是伏羲，似属较早的传说，前人多信而不疑。

重卦始于何人，唐以前有四种主要说法：王弼以为伏羲重卦，郑玄之徒以为神农重卦，孙盛以为夏禹重卦，司马迁以为文王重卦（见《周易正义·序》）。

卦爻辞的作者，唐以前有两种主要说法：一说以为卦辞、爻辞并是周文王所作，郑学之徒并依此说；二以为验爻辞多是文王后事，以为卦辞文王所作，爻辞周公所作（见《周易正义·序》）。

《易传》的作者，孔颖达云："其《彖》、《象》等《十翼》之辞，以为孔子所作，先儒更无异论。"（《周易正义·序》）直至宋欧阳修撰《易童子问》，才第一次对孔子作《十翼》提出疑问。

可见，从先秦到北宋初的《易》学研究历史中，关于《周易》作者的争端，主要集中在重卦与卦爻辞的创作究竟归属何人的问题上。但在汉代学术界，较为通行的权威性观点，当推司马迁的论断，其说如下：

西伯……囚羑里，盖益《易》之八卦为六十四卦。（《史记·周本纪》）

自伏羲作八卦，周文王演三百八十四爻，而天下治。（《史记·日者列传》）

文王拘而演《周易》。（《报任少卿书》）

孔子晚而喜《易》，序《彖》、《系》、《象》、《说卦》、《文言》。（《史记·孔子世家》）

班固撰《汉书》，承司马迁说，对《周易》的作者问题作了简要的总结，其《艺文志》先引述《系辞下传》伏羲"始作八卦"诸语，又曰：

至于殷、周之际，纣在上位，逆天暴物，文王以诸侯顺命而行道，天人之占可得而效。于是重《易》六爻，作上下篇。孔氏为之《彖》、《象》、《系辞》、《文言》、《序卦》之属十篇。故曰《易》道深矣，人更三圣，世历三古。

其中"三圣"、"三古"之义，颜师古注云："伏羲为上古，文王为中古，孔子为下古。"这种说法，在汉代最为学者所接受，《周易乾凿度》亦谓"垂黄策者羲，益卦演德者文，成命者孔也"。故可视为汉儒之通谊。

北宋欧阳修以勇于疑古的精神，考辨了《易传》七种的内容，指出《文言》、《系辞传》、《说卦传》有相互牴牾之处，而《系辞传》前后文又有相矛盾之处，认为《系辞传》、《文言》、《说卦传》、《序卦传》、《杂卦传》非出自一人之手，不可视为孔子所作。其说略云："昔之学《易》者杂取以资其讲说，而说非一家，是以或同或异，或是或非。""余所以知《系辞》而下非圣人之作者，以其言繁衍丛脞而乖戾也。""至于'何谓'、'子曰'者，讲师之言也；《说卦》、《杂卦》者，筮人之占书也：此又不待言而可以知者。"（《易童子问》）欧阳修所疑，只是《易传》中的五种；而《彖传》、《象传》两种，似仍以为撰于孔子。

自欧阳修之后，疑古学风渐启。以至清人姚际恒《易传通论》、康有为《新学伪经考》等，均认为《易传》非孔子所作。康有为曰：

史迁《太史公自序》，称"《系辞》"为"《易大传》"，盖《系辞》有"子曰"，则非出孔子手笔，但为孔门弟子所作，商瞿之徒所传授，故太史谈不以为经而为传也。至《说卦》、《序卦》、《杂卦》三篇，《隋志》以为后得，盖本《论衡·正说篇》"河内后得《逸易》"之事，《法言·问神篇》"《易》损其一也，虽蠢知阙焉"，则西汉前《易》无《说卦》可知。扬雄、王充尝见西汉博士旧本，故知之。《说卦》与孟、京《卦气图》合，其出汉时伪托无疑。《序卦》肤浅，《杂卦》则言训诂，此则歆（引者案，指刘歆）所伪窜，并非河内所出，宋叶适尝攻《序卦》、《杂卦》为后人伪作矣（《习学记言》）。歆既伪《序卦》、《杂卦》二篇，为西汉人所未见。又于《儒林传》云"费直徒以《彖》、《象》、《系辞》十篇《文言》解说上下经"；此云"孔氏为之《彖》、《象》、《系辞》、《文言》、《序卦》之属十篇"；又叙《易经》十二篇而托之为施、孟、梁丘三家；又于《史记·孔子世家》窜入"孔子晚而喜《易》，序

《彖》、《系》、《象》、《说卦》、《文言》”。颠倒眩乱,学者传习,熟于心目,无人明其伪窜矣。(《新学伪经考·汉书艺文志辨伪》)

上述议论完全推翻了孔子作《易传》的旧说,并断言《说卦传》、《序卦传》、《杂卦传》三篇为汉人伪作。此说带有不少主观臆测成分,但对后来学术界疑古风气的盛行则产生了颇为重要的影响。

上世纪二三十年代间,学术界关于《周易》的作者和时代问题的讨论出现了一次热潮,主要倾向是否定汉儒的说法。其基本观点约可归纳如下:《周易》“经”部的作者,顾颉刚、余永梁等人认为非伏羲、文王所作,而是周初作品;李镜池等人认为《周易》编定于西周晚期,与《诗经》时代略同,作者亦非一人;郭沫若认为《周易》之作决不能在春秋中叶以前,当在春秋以后,作者是孔子的再传弟子馯臂子弓。至于《易传》,说者多承欧阳修以来“非孔子所作”的观点,郭沫若则进一步推测《易传》中的大部分是荀子的门徒们、楚国人所著,著书时代当在秦始皇三十四年(前213)以后;钱玄同认为西汉初田何传《易》时,只有上下经和《彖》、《象》、《系辞》、《文言》诸传,西汉中叶后加入汉人伪作的《说卦传》、《序卦传》、《杂卦传》三篇;李镜池又对诸篇作具体推测,以为《彖传》、《象传》作于秦汉间,《系辞传》、《文言》作于汉昭、宣间,《说卦传》、《序卦传》、《杂卦传》作于昭、宣后[⑥]。

此后四十余年来,人们又陆续对《周易》经传的作者进行了不同角度的探讨[⑦],所得结论亦未臻一致,而较有影响的看法是卦爻辞作于周初,《易传》作于春秋战国间,经传作者均非一人,当是经过多人多时加工编纂而成的[⑧]。

值得注意的一个问题是,近年来,中国大陆考古学界对商周甲骨文、陶文、金文中的一些原先未解的“奇字”进行了探研,指出这些“奇字”即是商周时期以数字形式刻写下来的八卦、六十四卦符号,因而认为《易》筮时代至少应上推至商代,而周文王重八卦为六十四卦的说法也应予以纠正[⑨]。

当然,“数字卦”问题目前尚在探讨,能否成为确论,有待学术界的进一步研究。但据《周礼》云:“太卜掌《三易》之法,一曰《连山》,二曰《归藏》,三曰《周易》。其经卦皆八,其别皆六十有四。”郑玄注引杜子春云:“《连山》,宓羲;《归藏》,黄帝。”《周易正义序》引郑玄《易赞》及《易论》云:“夏曰《连山》,殷曰《归藏》,周曰《周易》。”《玉海》引《山海经》云:“伏羲氏得河图,夏后因之,曰《连山》;黄帝得河图,商人因之,曰《归藏》;列山氏得河图,周人因之,曰《周易》。”这些文献记载,说明周代以前即有与《周易》相类似的筮书《连山》、《归藏》[⑩],其卦形符号均为八卦重成的六十四卦;清人顾炎武依据《周礼》之说及《左传》所载春秋筮例,认为重卦应在周以前,“不始于文王”,而周初的卦爻辞写定以后,《周易》才被取名为“《易》”[⑪]。此说似颇可取。

在上引诸多研究成果的基础上,我们可以说,八卦的出现和六十四卦的创成,当在西周以前的颇为远古的年代;古人称其作者为伏羲、神农、夏禹之类的“圣人”,自然是一种带有崇古、崇圣心理的传说,但此中所涉及的时代范围却是可以参考的。那么，既然远在西周以前就产生了以六十四卦符号为基础的筮书，与之相应的筮辞也很可能同时出现了（至少在口头上流传）[12]。沿此进展，西周初年产生了一部新编的卦形、卦爻辞井然有序的《周易》，则是于理颇顺的。《系辞下传》说："《易》之兴也，其当殷之末世，周之盛德邪？当文王与纣之事邪？"又说："《易》之兴也，其于中古乎？作《易》者，其有忧患乎？"正是对《周易》卦爻辞创作时代较为审慎而且可取的推测。因此，我们不妨对《周易》卦形和卦爻辞的创作历程作出初步的拟议——西周以前的漫长岁月中，古人就已经运用以八卦重成的、类同《周易》六十四卦的符号进行占筮活动，甚或还附有简单的筮辞；到了殷末周初，当时的学者（或筮人）对旧筮书进行了革故鼎新的改编工作，改编的大致内容可能是：（一）使卦形符号规范化；（二）确定六十四卦卦序；（三）充实卦爻辞文句；（四）又经过多时、多人的润色、增删，最后编定成卦形体系完整、卦爻辞文句富有形象性的《周易》，时当为商朝灭亡、周朝鼎盛之际，约公元前十一世纪。此后，随着治《易》者的不断增多，尤其是孔子设教授徒亦涉及《易》学，遂陆续出现了从各种角度阐释《周易》大义的作品，并被学者编为专书传习，这就是汉儒称为《十翼》的《易传》。从《易传》中保留的不少"子曰"云云的言论，以及大部分内容所反映的浓厚的儒家思想，似可说明其作者当属孔门弟子们，而创作时代当在春秋、战国之间。总之，应该认为，《周易》经传的创作经历了远古时代至春秋战国之间的漫长过程，是"人更多手，时历多世"的集体撰成的作品。

四、《周易》的命名之义，"周"指周代，"易"谓变易

古人凡著一书，必重于立其名义。那么，《周易》的命名意义何在呢？

先叙"周"字。

"周"字之义，自来有两说：一曰"周"指周代。《周易正义·序》云："案《世谱》等群书，神农一曰连山氏，亦曰列山氏；黄帝一曰归藏氏。既《连山》、《归藏》并是代号，则《周易》称'周'取岐阳地名。《毛诗》云'周原膴膴'是也。又文王作《易》之时，正在羑里，周德未兴，犹是殷世也，故题'周'别于殷；以此文王所演，故谓之《周易》。其犹《周书》、《周礼》，题周以别余代。故《易纬》云'因代以题周'是也。"二曰"周"字义取"周普"。《周易正义·序》又引郑玄释《周礼》"三易"之义曰："《连山》者，象山之出云，连连不绝；《归藏》者，万物莫不归藏于其中；《周易》者，言《易》道周普，无所不备。"陆德明《经典释文》认为："周，代名也；周，至也，遍也，备也，今名书义取周普。"是陆氏虽兼取两说，而实主"周普"之义。孔颖达指出："先儒又兼取郑说，云既指周代之名，亦是普遍之义，虽欲无所遐弃，亦恐未可尽通。其《易》题'周'，因代以称周，是先儒更不别解。"（《周易正义·序》）自孔颖达以来，注《易》之家专主"周"为代名者至为众多，今当从之。

再叙"易"字。

“易”字之义，古今说者尤多。考其本义，当为“蜥易”。《说文》云：“易，蜥易、蝘蜓、守宫也。象形。”其字篆文作“”，正像蜥易之形，蜥易即壁虎类动物，以其能十二时变色，故假借为“变易”之“易”。孔颖达指出：“夫‘易’者，变化之总名，改换之殊称。自天地开辟，阴阳运行，寒暑迭来，日月更出，孚萌庶类，亭毒群品，新新不停，生生相续，莫非资变化之力、换代之功。然变化运行，在阴阳二气，故圣人初画八卦，设刚柔两画，象二气也；布以三位，象三才也。谓之为《易》，取变化之义。”（《周易正义·序》）其他不同说法，择其要者约有六种：（一）《周易乾凿度》云：“‘易’一名而含三义：所谓易也，变易也，不易也。”即谓“易”含有“简易”、“变易”、“不变”三层意义。其书又详释曰：“易者，其德也。光明四通，简易立节，天以烂明，日月星辰，布设张列，通精无门，藏神无穴，不烦不扰，澹泊不失，此其易也。变易者，其气也。天地不变，不能通气，五行迭终，四时更废，君臣取象，变节相移，能消者息，必专者败，此其变易也。不易者，其位也。天在上，地在下，君南面，臣北面，父坐子伏，此其不易也。”（二）《说文》又引“秘书说：‘日月为易，象阴阳也。’一曰：‘从勿。’”考虞翻《易注》引《参同契》云“字从日下月”，取日月更迭、交相变易为说，意义与《说文》引正相同。清儒治《虞氏易》者，多遵其说。唯“从勿”之义，则颇难通。（三）清初毛奇龄撰《仲氏易》，略总前儒之说，谓“易”兼有“变易”、“交易”、“反易”、“对易”、“移易”五义。其谓“反易”实即虞翻之“反对”，“移易”即荀爽之“升降”，“对易”亦同虞翻之“旁通”：此多取汉魏说《易》条例以释“易”名，义虽未为详备，要不为冥心臆测，用力亦勤。（四）桐城吴挚甫先生撰《易说》，又别为一解，云“易者占卜之名，因以名其官”。尚秉和先生宗其说，谓《史记·礼书》“能虑勿易”，即言能虑者则不占，故坚主“易”字本诂谓“占卜”。（五）近人余永梁著《易卦爻辞的时代及其作者》一文（载中央研究院《历史语言研究所集刊》第一本第一分册，1931年出版），认为筮法乃周人所创，以替代或辅助卜法，较龟卜为简易，故名书曰《易》。此说与《乾凿度》“易简”之义，名同而实异。（六）近人黄振华著《论日出为易》一文（载《哲学年刊》第五辑，1968年11月台湾商务印书馆印行），据殷代甲骨文“易”字作“”，认为字形象征“日出”，上半部尖顶表示初出的太阳，中间弧线表示海的水平面或山的轮廓线，下面三斜劈线表示太阳的光彩。并谓“日出”象征阴阳变化，大义亦主于“变易”。综观众说，立言纷纭。笔者以为，其义当就本义与后起义分别观之。《系辞上传》云“圣人设卦观象，系辞焉而明吉凶，刚柔相推而生变化”。《下传》云“八卦成列，象在其中矣；因而重之，爻在其中矣；刚柔相推，变在其中矣；系辞焉而命之，动在其中矣”。于此可见“易”之名书本义为“变易”，《说文》所释可从；易简、不易等义，当为后起之说。而所谓“‘易’兼有变易、交易、反易、对易、移易五义”，实皆不出“变易”一义之范围，举“变易”而五义可尽赅。至如以“日月”、“日出”释字形者，其旨不离“变易”，亦并可备为参考⑬。视《周易》书名的西语意译，多作《变化的书》（*The Book of Changes*），即立足于“易”

字本义，颇见确切。

要言之，《周易》命名之义，"周"为代名，"易"主变易。古代典籍多简称为《易》，即强调其书所言之"变化"大旨。而"六经"之名，起于孔门弟子（本章学诚《文史通义》说）；西汉初，《周易》为被列为学官的"经"书之一，学者遂尊称为《易经》。又因《易传》被合入经内并行，后来广义上的《周易》则兼指"经"、"传"。此即《周易》名义及其前后流变的大略情状。

五、《周易》一书的性质，就经传大旨分析，应当视为我国古代一部特殊的哲学专著

《周易》的性质，历来颇有争论。主要的分歧是：或以为是筮书，或以为是哲学著作。这一问题牵涉到对《周易》经传大义的认识，因此这里亦分经传两部分试作探讨。

显然，《周易》的卦形、卦爻辞创成之后，其最突出的效用是占筮。无论《周礼》谓"太卜掌《三易》之法"，还是《左传》、《国语》所载诸多《易》筮史例，都足以印证这一事实。但古代的占筮往往与政治大事密切相关，天子、诸侯的政治、军事措施，有时必须取决于卜官的占筮结果；那么，在占筮过程中，事实上影响人们思想、左右人们行动的关键因素是筮书所表露的哲学内涵。换言之，要是抽掉了《周易》内在的哲学意义，则其书必不可能成为古代"太卜"所执掌的上层统治阶级奉为"圣典"的重要书籍。因此，朱熹虽极力强调"《易》本为卜筮而作"，却也不曾抹煞其哲学意蕴，认为"孔子恐义理一向没卜筮中，故明其义"（《朱子语类》）。清人皮锡瑞指出：

> 伏羲画卦，虽有占而无文，而亦寓有义理在内。……左氏杂采占书，其占不称《周易》者，当是夏、殷之《易》，而亦未尝不具义理；若无义理，但有占法，何能使人信用？观夏、殷之《易》如是，可知伏羲、文王之《易》亦如是矣。周衰而卜筮失官，盖失其义，专言祸福，流为巫史。左氏所载，焦循尝一一辨其得失，曰：《易》至春秋，淆乱于术士之口，谬悠荒诞，不足以解圣经，孔子所以韦编三绝而翼赞之也。……孔子见当时之人，惑于吉凶祸福，而卜筮之史加以穿凿傅会，故演《易》系辞，明义理，切人事，借卜筮以教后人，所谓以神道设教。其所发明者，实即羲、文之义理，而非别有义理；亦非羲、文并无义理，至孔子始言义理也。（《经学通论》）

皮氏的基本观点，是不同意把《周易》看成简单的"筮书"，认为八卦、六十四卦符号及卦爻辞均寓含"义理"，而《易传》作者只是把这些义理作了更加鲜明、更加切近"人事"的阐发。这种认识应当是较为客观、可取的。其实，倘若《周易》的卦形、卦爻辞没有内在的哲学性质，无论哪一位"圣人"，都无法凭空阐发出其中的"义理"来。所以，我们必须认识到，尽管《周易》的出现是以卜筮为用，但其内容实质却含藏着深邃的哲学意义。

只要认真剖析《周易》六十四卦的大义，我们不难发现，自从代表阴阳观念的爻画产生之日开始，《周易》哲学就奠下了符号象征的基础，或者说出现了最初的萌芽因素；而当八卦重成的独具体系的六十四卦及卦爻辞撰成编定之后，《周易》的象征哲学就完全显示出奇异的思想光华。这一点，前文叙《周易》创作过程时已略有提及，下面再举一些例子从四方面试为印证。

（一）从整体角度看，六十四卦是六十四种事物、现象的组合，一一喻示着特定环境、条件下的处事方法、人生哲理、自然规律等。如《乾》卦象征“天”，喻示“刚健”气质的发展规律；《坤》卦象征“地”，喻示“柔顺”气质的客观功用；《屯》卦象征“初生”，喻示事物“草创”之际排除艰难而发展的情状；《蒙》卦象征“蒙昧”，喻示事物蒙稚之时“启蒙发智”的道理。其余诸卦无不如是，均喻示某种具体的事理；而六十四卦的旨趣，又共同贯串会通而成作者对自然、社会、人生在运动变化中发展规律的基本认识，并反映着颇为丰富的哲学意义。

（二）分别诸卦来看，各卦六爻之间在“义理”上的联系，是十分明显的；而这种联系，正是某种事物、现象的变动、发展规律的象征性表露，也是一卦哲学内容的具体反映。举《师》卦为例，全卦象征“兵众”，阐明用兵的规律：初六阴爻处下，为“用兵”初始之象，爻辞说“兵众出发要用法律、号令来约束，军纪不良必有凶险”（“师出以律，否臧凶”），极言严明军纪的必要性；九二阳刚处中，上应六五，为率兵主帅之象，爻辞说“统率兵众，持中不偏可获吉祥，无所咎害；君王多次给予奖赏、委以重任”（“在师，中吉，无咎；王三锡命”），揭明主帅出师成功的条件；六三处下卦之上，阴柔失正，为力微任重、贪功冒进之象，爻辞说“兵众时而载运尸体归来，有凶险”（“师或舆尸，凶”），陈述出师失利败绩的教训；六四处上卦之下，柔顺得正，为谨慎用兵之象，爻辞说“兵众撤退暂守，免遭咎害”（“师左次，无咎”），指出用兵有时必须退守的情状；六五柔中居尊，为有德“君主”、慎于用兵之象，爻辞先说“田中有禽兽，利于捕取，必无咎害”（“田有禽，利执言，无咎”），又说“委任刚正长者可以统率兵众，委任无德小子必将载尸败归，守持正固以防凶险”（“长子帅师，弟子舆尸，贞凶”），这是模拟“君主”的身份、地位，申言用兵适时及谨慎择将的道理；上六柔居卦终，为班师归来之象，爻辞说“天子颁发命令，封赏功臣为诸侯、大夫，小人不可重用”（“大君有命，开国承家，小人勿用”），体现出师终了、论功行赏的法则。总归六爻大义，从“兵众”初出到收兵归来，分别展示了用兵的各方面要旨；其中贯穿一体、相互联系的本质意义，则是强调“师”以“正”为本。这就是卦辞所概括的：“《师》卦象征兵众：守持正固，贤明长者统兵可获吉祥，必无咎害”（“师：贞，丈人吉，无咎”）。若进一步分析六爻的哲学内涵，我们可以从爻中反映的胜败、进退、利弊、得失的种种喻象，领会出作《易》者所流露的早期军事思想的朴素辩证因素。可见，卦辞提纲挈领的概括，与六爻爻辞互为联系的分述，揭示出该卦卦象、爻象的象征本旨：卦爻的义理因之而显，全卦的哲学内容也由此得以体现。纵观《周易》六十四卦，均同此例。

（三）若将有关卦义两相比较，又可以发现六十四卦的哲理十分突出地反映着事物对立面矛盾转化的变动规律。如《乾》、《坤》两卦，象征“刚健”与“柔顺”的对立转化；《泰》、《否》两卦，象征“通泰”与“否闭”的对立转化；《损》、《益》两卦，象征“减损”与“增益”的对立转化，等等。不仅卦与卦之间如此，在一卦的具体爻象中，也往往喻示这一哲理；各卦的上爻多喻物极必反的意旨，即是最显著的例证。

（四）用综合分析的方法考察，《周易》六十四卦的内容又涉及作者对所处时代的思想意识形态各领域的多方面认识。其中有反映作者政治思想的，如《同人》卦流露的对“天下和同”理想的追求，《革》卦含藏的“革除弊政”的愿望等；有反映作者伦理思想的，如《家人》、《归妹》卦表述的对家庭结构、男婚女嫁问题的看法等；有反映作者经济思想的，如《节》卦喻示的“节制”观念，《贲》卦阐明的“质朴”主张等；有反映作者法制思想的，如《讼》、《夬》卦关于争讼和决除邪恶问题的阐述，等等。总之，一部《周易》的思想内容是十分丰富的，而无论哪一方面思想的反映，都建立在变化哲学的基础上。具体说，六十四卦纷繁复杂的内容，尽管涉及面十分广泛，却集中体现着统一的哲学原理：阴阳变化的规律。程颐指出：“六十四卦、三百八十四爻，皆所以顺性命之理，尽变化之道也。散之在理，则有万殊；统之在道，则无二致。”（《河南程氏遗书·易序》）这里所说的“变化之道”，事实上就是《周易》哲学思想的核心。

应当指出，六十四卦的哲理，是通过“象征”形式表现出来的。《系辞下传》曰“《易》者，象也”；《左传》昭公二年载：“晋侯使韩宣子来聘，……见《易象》与《鲁春秋》。”这是现存文献中最早视《周易》为“象”的例证。六十四卦的卦形、爻形，以及相应的卦辞、爻辞，均是特定形式的“象征”：前者依赖卦爻符号的暗示，后者借助卦爻辞文字的描述——两者相互依存，融会贯通，共同喻示诸卦诸爻的象征义理。王弼曰：“触类可为其象，合意可为其征。”（《周易略例·明象》）项安世云：“凡卦辞皆曰象，凡卦画皆曰象；未画则其象隐，已画则其象著。”（《周易玩辞》）这两说分别指出《易》象触类旁通，以及文辞与卦形相辅而明“《易》象”的特点。那么，我们在研究《周易》六十四卦的过程中，必须细致把握这种象征规律，才能透过卦形、卦爻辞的外在喻象，领悟其内在的哲学涵义。

根据上文对六十四卦哲学意义的简要分析，我们认为《周易》的占筮，仅仅是古人对六十四卦义理的一方面运用[14]；《周易》的象征，是其书哲学内容的基本表现形式；而贯穿全书的反映事物对立、运动、变化规律的思想，则是六十四卦哲理的根本核心。因此，《周易》的“经”部分，虽以占筮为表，实以哲学为里，应当视为一部独具体系的哲学著作。

关于《易传》的性质，人们比较一致认为是一组颇有深度的哲学著述。对《易传》思想的归纳，近人作过一些尝试，如张立文将其归为六点，曰：政治思想、唯物主义的自然观、朴素辩证法思想、唯物主义认识论、道德伦理思想、社会进化的历史观等(《周易思想研究》,1980 年 8 月湖北人民出版社出版);张岱年将其归为三点,曰:本体论学说、辩证法思想、人生理想与政治观点等(《论〈易大传〉的著作年代与哲学思想》,载《中国哲学》第一辑,1981 年北京三联书店出版)。其他论著尚多,兹不赘引。诸说归纳分析的角度、方法虽不尽同,但其基本认识均在于肯定《易传》作为一组古代哲学著作的丰富的思想价值。

然而,《易传》哲学思想的一个重要特色,是建立在对《周易》经义的阐释、发挥的基点上。因此,其中有相当一部分思想内容,如关于阴阳矛盾、运动变化的朴素辩证观念,关于以乾坤为本的宇宙生成说,乃至关于政治、伦理、道德各方面的观点,常常是六十四卦大义的直接引申,与"经"的本旨是无法割裂的。当然,也有不少内容是《易传》作者的独特见解,但也是在阐"经"过程中得出的。朱熹论《系辞传》云:"或言造化以及《易》或言《易》以及造化,不出此理。"(《朱子语类》)意谓作者在"言《易》"的同时,泛及自然界的发展规律,以体现其哲学观点。这一看法用来说明整个《易传》,似也大略适合。可以说,没有"经"的哲学基础,就没有"传"的思想体系;有了"传"的推阐发挥,"经"的哲学就更加显明昭著。所以,我们认为,《易传》七种的性质,应当视为一组以阐解《周易》经义为宗旨的富有鲜明思想观点的哲学著作。

当然,六十四卦义理和《易传》思想是不同时代的产物,其内容与价值必须结合特定的历史背景进行具体深入的考察,才能得出全面、科学的结论。但通过上文的简单分析,我们可以对《周易》的性质作出如下认识:包涵经传在内的《周易》一书,由于其早期部分内容诞生之古远,及其核心思想意义之深邃,不能不视为我国古代一部特殊的哲学专著。

六、《易》学史的流派至为繁杂,要以"象数"、"义理"两派为主

《易》学研究的历史,其源流派别至为纷繁复杂。先秦时期,《左传》、《国语》及诸子哲学著作载有不少《易》说,当属《易》学史的滥觞阶段。

孔子开创儒学,并以"六经"传授门徒,《周易》必为一项课程。《易传》屡引孔子阐《易》言论;《史记 · 孔子世家》称其"读《易》韦编三绝,曰'假我数年,若是,我于《易》则彬彬矣'";旧题《子夏易传》一书[15],相传即孔子学生卜商(字子夏)所作。由此可以推知,孔子对《易》学作过较深刻的探讨,堪称先秦《易》学史上一位有影响的研《易》大师。至于《易传》七种,以其解经精辟,亦可看作集先秦研《易》成果之大成的第一部《易》学论著。

秦政焚书,《易》独以卜筮幸存,较群经为最无阙。汉置"五经博士",学人又以《易传》连经并行,《易》学研究至见昌盛[16]。但此时经说之最复杂者,亦莫如《易》。西汉的《易》学派别,大抵可分为四派:一曰训故举大谊,周王孙、服光、王同、丁宽、杨何、蔡公、韩婴七家是也;二曰阴阳候灾变,孟喜、京房、五鹿充宗、段嘉四家是也;三曰章句守师说,施雠、孟喜、梁丘贺、京房学官博士所立以教授者是也[17];四曰《十翼》解经意,费直无章句,专以《易传》解说,民间所用

以传授者是也。东汉的《易》学派别，亦可分为四派：一曰马融、刘表、宋衷、王肃、董遇，皆为《费氏易》作章句（《费氏易》无章句，诸家各为立注）；二曰郑玄、荀爽，先治《京氏易》，后参治《费氏易》（郑玄从第五元先通《京氏易》，荀爽从陈实受樊英句，亦京氏学）；三曰虞翻，本治《孟氏易》，杂用《参同契》纳甲之术；四曰陆绩，专治《京氏易》。明确了上述线索，则“汉易”的主要流派，约略可知[18]。

自魏王弼《易注》盛行之后，汉《易》渐衰，这是《易》学变化的一大关键。陆德明《经典释文·序录》指出：

> 永嘉之乱，施氏、梁氏之《易》亡，孟、京、费之《易》人无传者。惟郑康成、王辅嗣所注行于世，而王氏为世所重[19]。

《隋书·经籍志》云：

> 梁丘、施氏、高氏亡于西晋[20]，孟氏、京氏有书无师。梁、陈，郑玄、王弼二注列于国学；齐代唯传郑义。至隋，王注盛行，郑学浸微，今殆绝矣。

孔颖达《周易正义·序》亦曰：

> 传《易》者，西都则有丁、孟、京、田；东都则有荀、刘、马、郑，大体更相祖述，非有绝伦；惟魏世王辅嗣之注，独冠古今，所以江左诸儒并传其学，河北学者罕能及之。

观此诸文，可知王弼《易注》的势力，笼罩于魏晋南北朝之间，虽郑玄之注也莫能抗行，足征“象数”《易》学见绌于“玄理”《易》学。

唐初修撰《五经正义》，《周易》采用王弼、韩康伯注[21]，孔颖达为之作疏。于是王弼《易》学，在唐代广为学者传习，几定于一尊。惟李鼎祚撰《周易集解》，采摭汉儒以讫唐代象数家之说，得三十五家[22]，崇象数，黜玄言，“汉《易》”余绪，赖以仅存。

及宋，陈抟、刘牧、邵雍之徒出，而后遂有“先天图”、“后天图”、“河图”、“洛书”诸图说。《易》学之途，又为之一变[23]。朱熹、蔡元定等取用诸图，引申其说，并参以义理，而后遂有“宋《易》”之名与“汉《易》”相对峙[24]。而胡瑗、程颐专阐儒理，李光、杨万里参证史事，两者各为宗派[25]，《易》学派别之分歧，日益繁多。

元代诸儒，大抵笃守程、朱遗说。如吴澄《易纂言》、胡震《周易衍义》等即是。明初犹然。如胡广《周易大全》、蔡清《易经蒙引》等书影响较著。明中叶以后，有以“狂禅”解经者，如方时化《学易述谈》四卷，总以禅机为主；徐世淳《易就》六卷，语多似禅家机锋；苏濬《周易冥冥篇》，观其书名，即可知援禅入《易》；至释智旭著《周易禅解》十卷，更明言以禅解《易》。这又是当时《易》学流派的一个旁支。

至清儒辈出，务求征实，如惠栋《易汉学》即属重要代表作。此时“宋

《易》”遂至受攻击而逐渐消沉，风气又为之一变。

清乾隆间，四库馆臣综观《易》学历史的源流变迁，概括为“两派六宗”之说。其言曰：

> 《左传》所记诸占，盖犹太卜之遗法，汉儒言象数，去古未远也；一变而为京、焦，入于禨祥；再变而为陈、邵，务穷造化，《易》遂不切于民用。王弼尽黜象数，说以老、庄；一变而（为）胡瑗、程子，始阐明儒理；再变而（为）李光、杨万里，又参证史事，《易》遂日启其论端。此两派六宗，已互相攻驳。（《四库全书总目·经部易类小序》）

此说归纳了《易》学史上最有影响的流派。总其大端，即为“象数”、“义理”两派。“象数派”的正宗学说，见于汉儒以《易》象（八卦的众多卦象）、《易》数（阴阳奇耦之数）为解《易》途径，既切占筮之用，又发《易》理深蕴；“义理派”主于阐明《周易》的哲学大义，王弼以老、庄思想解《易》已开其风气，至胡瑗、程颐则蔚为大观。平心而论，汉儒以“象数”解《易》，有时执泥卦象，并杂入种种术数之说，每使《易》义支离破碎；王弼一扫旧习，独树新帜，援玄理为说固属一弊，但亦非尽弃象数，其宗旨实在于探寻完整的《易》象，把握《易》理内蕴，使六十四卦经义条贯不紊[26]。故此两派立说互有可取之处，吴承仕先生云“名物为象数所依，象数为义理而设”[27]，即言“象数”、“义理”当相互参用，才能明辨《周易》大旨。

但“两派六宗”仅就《易》学主要派系而言，尚未足以尽赅《周易》研究的广阔领域。故《四库全书总目·易类小序》又曰：

> 又《易》道广大，无所不包，旁及天文、地理、乐律、兵法、韵学、算术，以逮方外之炉火，皆可援《易》以为说，而好异者又援以入《易》，故《易》说愈繁[28]。

可见，在历代《易》学研究中，所涉及的学术领域至为宽广。

辛亥革命以后，《易》学研究的趋势出现了一个重大变化。即除了继承前人的成果，在象数、义理两方面进行深入探讨之外，更多的学者注重于接受现当代科学理论，从各种新的角度研究《周易》。其中有从史学角度探讨《周易》的史料价值，有从循环论和辩证法的角度探讨《周易》的哲学意义，有从文学的角度探讨《周易》的文艺学价值，有从自然科学（包括数学、物理学、化学、天文学、历学、医学、量子力学、生物遗传学等）角度探讨《周易》与诸学科原理的相通之处，有运用不同的方法探讨《周易》经传的名义、作者、创作年代、发源地域诸问题，等等。这期间出现的较有影响的《易》学两大家：一是杭辛斋，著有《易数偶得》、《学易笔谈初集》、《学易笔谈二集》、《易楔》、《读易杂识》、《愚一斋易说订》、《改正揲蓍法》等七种，主于贯通旧学新知，蔚为一家之言；二是尚秉和先生，著有《焦氏易诂》、《焦氏易林注》、《周易尚氏学》等书，专研象数之学，创为新说，“解决了旧所不解的不可胜数的易象问题”（于省吾《周易尚氏学序》),甚为学术界所推重。

近年来,湖南长沙马王堆汉墓出土的《帛书周易》,引起人们的研究兴趣。《帛书周易》的内容包括三部分:六十四卦经文;《系辞传》残卷;《卷后佚书》等(详于豪亮著《帛书周易》,载《文物》1984 年第 3 期)。由于《帛书周易》与通行本不尽相同,故学术界对之研究大致围绕四个方面:(一)关于六十四卦卦序问题;(二)卦爻辞文字与各本的异同问题;(三)《卷后佚书》的考证问题;(四)《系辞传》残卷的辨析问题。尽管目前诸问题尚未取得定论,但随着研究的深入,必将有新的成果出现。

总之,从先秦两汉至现当代的两千多年中,《周易》研究的历史是漫长的,《易》学流派及著述是繁杂众多的。皮锡瑞云:"说《易》之书最多,可取者少"(《经学通论》),此说或有一定依据;但作为一项学术研究的课题,我们应当认真考辨历史上的种种既有成果,扬榷是非,厘订得失,才能在前人努力的基础上进一步使这门学问的研究向前推展。

七、研究《周易》必须把握一定的方法,今天尤宜运用科学理论品评此书在学术史上的各方面价值

《周易》研究的方法论,曾经是二十世纪六十年代初学术界引起讨论的一个问题。讨论的中心集中于两点:(一)研究《周易》哲学是否应当以"传"解"经";(二)在研究中如何划分现代观念与古人思想的界限。当时的讨论似仅涉及局部范围,尚未深入展开,故也未能得出全面的结论[29]。

事实上,《易》学史中的不同流别,往往都采用过各具特色的研究方法。如《左传》、《国语》所载《易》说重在"本卦"、"之卦"的交变,汉儒解《易》常用"互体"、"卦变"、"卦气"、"纳甲"、"爻辰"、"升降"、"消息"、"之正"等法,王弼《易注》参以老庄哲理,程颐《易传》贯注着儒家思想,李光、杨万里援史证《易》,等等,均在一定程度上反映前人对《易》学研究方法的不同理解及运用。

那么,今天我们必须采用怎样的方法研究《周易》呢?笔者以为,应当把握以下几个方面要点。

第一,从源溯流。《易》学研究的根本对象是《周易》经传,故研究者首须熟习经传本文,考明《左传》、《国语》所载古筮例;其次,研读汉魏古注(李鼎祚《周易集解》所存最多);再次,观六朝、隋、唐诸家义疏(孔颖达《周易正义》多本六朝义疏);最后,参考宋、元以来各家之经说(宋、元人经说多存于《通志堂经解》中,清儒经说以《清经解》、《续清经解》中所收的为最多)。不从古注入手者,是为迷不知本源。

第二,强干弱枝。《周易》源本象数,发为义理,故当以象数、义理为主干;外此而旁及者,如涉及天文、地理、乐律、兵法、韵学、算术乃至现当代科学之说,皆其枝附。不由主干而寻枝附,是为浑不辨主客。

第三,在明确经传既相区别、又相联系的基础上,应当以《易传》为解经的

首要依据。经、传的创作时代不同，故两者反映的思想也互有差异。但《易传》的创作宗旨本在阐经，又属现存最早的论《易》专著，则不可不视为今天探讨《周易》经义的最重要参考资料。《重定周易费氏学》引秦澍澧曰："以经解画，以传解经；合则是，而离则非。"此说可取。

第四，应当掌握六十四卦表现哲理的特殊方式：象征。《易》之用虽在占筮，《易》的本质内蕴则为哲学。前人讲象数不离义理，叙义理不废象数，即可知两者本不能截然割裂；而"象"与"理"的结合，正是《周易》卦形、卦爻辞"象征"特色的体现。朱熹曰："《易》难看，不比他书。《易》说一个物，非真是一个物，如说龙非真龙。"（《朱子语类》）此所谓"龙"，即《乾》卦六爻爻辞所取之象，正是用来象征事物的"刚健"气质。掌握了"象征"规律，有利于熔"象数"、"义理"于一炉，较完整地挖掘《周易》的内在思想。

第五，应当掌握前人总结出来的切实可用的《易》学条例。如六爻居位特征、承乘比应关系及卦时、卦主、中正等规律。明确了这些义例，有利于阐发卦形符号象征中所包含的"时间"、"空间"观念以及导致事物变化、发展的条件等特点。

第六，应当结合考古学界发现的有关《周易》资料，细密辨析《周易》经传的本来面目及《易》学史研究中的各方面问题。如近年出土的《帛书周易》、目前学术界正在讨论的"数字卦"等，即是值得注意的材料。

第七，应当重视多学科、多课题相互贯通的比较研究。《周易》作为一部早期的哲学著作，其所旁及的内容至为丰富。如经传的文学价值、史学价值、美学价值、文字音韵学价值，以及在古代科技史研究中的价值等，都有认真发掘的必要。至于《周易》与西方古代哲学的比较，也是颇有意义的一个研究方向。

第八，应当注意国外汉学者研究《周易》的成果，吸收其可取的因素，以增进中外文化学术的交流。本世纪以来，国外研究《周易》较有影响的学者不乏其人，如日本的铃木由次郎、户田丰三郎、高田真治，德国的卫礼贤（Richard Wilhelm）、卫德明（Hellmut Wilhelm），苏联的舒茨基（Ю. К. щуцкий）等人，其治《易》成就显著，在汉学界享有盛名[30]，并值得我们取资参考。

历史在前进，科学在发展。随着人们认识的不断提高，研究方法的不断更新、完善，《周易》研究必定能够出现崭新的面貌。

同时，我们还应看到，《周易》一书不但是中国古代文化的珍贵遗产，也是全人类文化宝库中的一颗奇异的明珠——它的各方面价值，需要今天的学术界作出新的、科学的认识，以评定其在社会科学、自然科学诸领域中的历史意义和现实意义——我们相信，经过人们的深入研究、努力阐扬，《周易》丰富的思想内容必将在世界学术之林焕发出更加绚丽夺目的光彩。

黄寿祺　张善文

注释

① 见《易学群书平议》卷首载尚秉和先生《序》。该书黄寿祺著，北京师大出版社 1988 年出版。

② 郭沫若《周易时代的社会生活》（见郭著《中国古代社会研究》，1954 年人民出版社出版）谓阳（—）和阴（--）符号分别是男、女生殖器象征；高亨《周易杂论》（1962 年山东人民出版社出版）认为阳（—）和阴（--）分别是古代占筮时所用的一节和两节的“竹棍”（即“蓍草”）的象形；陈道生《重论八卦的起源》（载《孔孟学报》第 12 期，台湾 1966 年 9 月出版）认为阴阳（--，—）符号源于“结绳”时代绳子上“有结”、“无结”的形态。

③ 林光世《水村易镜》一卷，见《通志堂经解》。《四库全书总目·易类存目》载其书提要。

④ 六十四卦共三百八十四爻，其《小象传》亦三百八十四则；加上《乾》、《坤》两卦的“用九”、“用六”文辞亦各有一则《小象传》，故总计三百八十六则。

⑤ 长沙马王堆出土的《帛书周易》卦序与通行本不同，卦名亦多相异。其六十四卦编次规律，是以上卦为纲，分为八组（即第一组上卦均为乾☰，第二组上卦均为艮☶，第三组上卦均为坎☵，第四组上卦均为震☳，第五组上卦均为坤☷，第六组上卦均为兑☱，第七组上卦均为离☲，第八组上卦均为巽☴）；各组又以下卦为目（即每组下卦的次序大略依乾☰、坤☷、艮☶、兑☱、坎☵、离☲、震☳、巽☴编排，唯各组纯卦均居首）。八组名次详见《文物》1984 年第 3 期所载《马王堆帛书六十四卦释文》。这种排列方式至便检索，当是后人为了占筮实用而作的改编，其卦序已不含哲学意义。

⑥ 此处所叙观点，分别见于：顾颉刚《周易卦爻辞中的故事》、余永梁《易卦爻辞的时代及其作者》、李镜池《周易筮辞考》、《周易筮辞续考》、《易传探源》、郭沫若《周易之制作时代》、钱玄同《读汉石经周易残字而论及今文易的篇数问题》等文。其中余氏文载中央研究院《历史语言研究所集刊》第一本第一分册（1931 年出版），李镜池《周易筮辞续考》载《岭南学报》8 卷 1 期，郭氏文见其所著《青铜时代》（1945 年 3 月文治出版社出版）；余文均收入顾颉刚主编的《古史辨》第三册上编（1931 年出版）。案，郭沫若 1927 年的作品《周易时代的社会生活》，认为孔子研究过《周易》，《易传》出于孔门弟子的笔录，作于春秋战国期间。但此观点已为其后来的论著《周易之制作时代》所否定。

⑦ 这期间有关《周易》经传作者及时代的主要论著有：李汉三《周易卦爻辞时代考》（载《建设》3 卷 11 期，台湾 1955 年 5 月出版）、《周易说卦传著成的时代》（载《大陆杂志》32 卷 10 期，台湾 1966 年 5 月出版）、平心《关于周易的性质、历史内容和制作年代》（载《学术月刊》1963 年第 7 期）、严灵峰《易经小象成立的年代及其内容》（载《哲学年刊》第四辑，1967 年 6 月台湾商务印书馆印行）、蒙传铭《周易成书年代考》（载《中文大学学报》，香港 1975 年 12 月出版）、张岱年《论易大传的著作年代与哲学思想》（载《中国哲学》第一辑，1981 年北京三联书店出版）、林炯阳《周易卦爻辞之作者》、詹秀惠《周易卦爻辞之著成年代》、王开府《周易经传著作问题初探》（以上三篇均载《易经研究论集》，台湾黎明文化事业公司 1981 年 1 月出版）、王世舜与韩慕君《试论周易产生的年代》（载《齐鲁学刊》1981 年 2 期）、刘大钧《周易大传我见》（载《中国哲学史研究》1982 年 2 期）等。这些文章观点不一，可资研究者参考。

⑧ 张立文著《周易思想研究》一书（1980 年 8 月湖北人民出版社出版），对前人有关《周易》的时代、作者的研究成果作了扼要综述，并提出自己的看法，较为可取，宜备参考。

⑨ 见张政烺《试释周初青铜器铭文中的易卦》（载《考古学报》1980 年第 4 期），张亚

初、刘雨《从商周八卦数字符号谈筮法的几个问题》(载《考古》1981 年第 2 期)。

⑩《连山》、《归藏》亡佚已久,清儒马国翰《玉函山房辑佚书》辑有逸文,可以推见两书梗概。近人刘师培、高明并撰《连山归藏考》(刘文载《中国学报》第二册,1915 年 2 月出版;高文载《制言》第 49 期,1939 年 2 月出版),考辨两书散佚过程及后人伪作诸事颇详,可备省览。

⑪ 见顾炎武《日知录》卷一《三易》、《重卦不始于文王》两篇。

⑫《三国志·魏书·高贵乡公传》载《易》博士淳于俊曰:"包羲因燧皇之图而制八卦,神农演之为六十四,黄帝、尧、舜通其变,三代随时,质文各繇其事,故《易》者,变易也。"其说提及"三代随时,质文各繇其事",即是认为夏、商之《连山》、《归藏》也各有筮辞。

⑬《周易》名义问题,详见黄寿祺《周易名义考》一文,载《福建师大学报》1979 年第 2 期(后收入《中国古代史论丛》第一辑,福建人民出版社 1981 年出版)。

⑭《系辞上传》云:"《易》有圣人之道四焉:以言者尚其辞,以动者尚其变,以制器者尚其象,以卜筮者尚其占。"可见,《系辞传》作者认为,"卜筮"只是《周易》的四大主要效用之一。

⑮《四库全书》著录《子夏易传》十一卷,《提要》辨此书不但非子夏作,亦非晁说之所谓唐张弧伪撰之本,盖"伪中生伪","流传既久,姑存以备一家说"。清人孙堂、张澍、黄奭、孙冯翼、马国翰等据陆德明《经典释文》、孔颖达《周易正义》、李鼎祚《周易集解》等书所引,分别辑有《子夏易传》(孙辑本见《汉魏二十一家易注》,张辑本见《二酉堂丛书》,黄辑本见《汉学堂丛书》,孙辑本〔臧庸述〕见《问经堂丛书》,马辑本见《玉函山房辑佚书》),并可参考。《子夏易传》的作者,或谓韩婴,或谓丁宽,或谓馯臂子弓,莫衷一是;臧庸以"子夏"为韩婴之字,宋翔凤以"子夏"为韩婴之孙韩商之字,近人柯劭忞指为"望文生义,等于说经者之附会"(《续修四库全书提要·易类》,1971 年台湾商务印书馆印行)。要之,子夏之书今虽莫考真伪,但其人曾有说《易》专著或属可信。

⑯ 皮锡瑞《经学历史》谓经学至汉武为"昌明时代",自汉元帝、成帝至后汉为"极盛时代"。今略依其说,以西汉、东汉为《易》学研究之昌盛阶段。

⑰ 此据《汉书·艺文志》将孟喜、京房分为两类,章句之学为正宗,灾变占验则独成一家。案,京房受《易》于焦赣,焦氏无章句,故《汉书·艺文志》不著录。又案,西汉有两京房:一为焦赣弟子,字君明,著有《京氏易传》,称"前京房";一为杨何弟子,梁丘贺尝从问《易》,称"后京房"。此指前京房。

⑱ 以上略本吴翊寅《易汉学考》之说。

⑲《序录》谓《费氏易》"人无传者",但学者多以王弼《易注》即承费氏家法。案,吴承仕先生云:"《隋志》首述陈元、郑众,次言马、郑,次言二王作注而费氏大兴,似谓辅嗣之学远宗费氏,近接马、郑。自尔以讫近世,皆谓《王易》即《费易》矣。愚意王氏注经不注《系辞》以下,盖用费氏家法。"(《经典释文序录疏证》)吴先生之说,似甚可从。又案,王弼,字辅嗣,山阳高平人,魏尚书郎,年二十四卒。

⑳ 高氏指西汉时沛人高相。《经典释文·序录》约《汉书·儒林传》文曰:"沛人高相治《易》,与费直同时,其《易》亦无章句,专说阴阳灾异,自言出丁将军,传至相。相授子康及兰陵毋将永,为高氏学。"

㉑ 自元嘉以来,王弼所注六十四卦及《彖传》、《象传》之义盛行,独阙《系辞传》以下不注。谢万、韩伯、袁悦之、桓玄、卞伯玉、荀柔之、徐爰、顾欢、明僧绍、刘瓛等十人并注《系辞》,自韩注专行,而各家皆废。又案,韩伯,字康伯;颍川人,东晋太常卿。

㉒《周易集解》所采各家为:子夏、孟喜、焦延寿、京房、马融、郑玄、荀爽、刘表、宋衷、王肃、王弼、何晏、虞翻、陆绩、姚信、翟玄、韩康伯、向秀、王廙、张璠、干宝、蜀才、刘瓛、沈麟士、

伏曼容、姚规、崔觐、卢氏、何妥、王凯冲、侯果、朱仰之、蔡景君、孔颖达、崔憬等三十五家。又引有《九家易》一书，据陆德明《经典释文·序录》云："《荀爽九家集注》十卷，不知何人所集。称'荀爽'者，以为主故也。其序有荀爽、京房、马融、郑玄、宋衷、虞翻、陆绩、姚信、翟子玄。子玄不详何人，为《易义》。注内又有张氏、朱氏，并不知何人。"又云："（蜀才）姓范，名长生，一名贤，隐居青城山，自号蜀才，李雄以为丞相。"吴承仕先生《经典释文序录疏证》指出，"魏晋以后儒者每有集解之作，杂取众说，合为一编"，"时代各不相接，撰录者又无主名，斯类甚众。此之《集注》，亦昔人隐栝京、马、郑、虞等九家说，而以荀义为依"。此说可从。

㉓ 刘牧、邵雍之学，均传自陈抟。刘著《易数钩隐图》三卷，邵著《皇极经世书》十二卷。

㉔ 朱熹著《周易本义》十二卷；又著《易数启蒙》三卷，则属稿于蔡元定。

㉕ 胡瑗，泰州如皋人，宋仁宗皇祐、至和间国子直讲，尝在太学讲《易》，讲授之余欲著述而未逮，其门人倪天隐遂述师说作《周易口义》十二卷，即《宋史·艺文志》所载之胡瑗《易解》十二卷。胡著尝为程颐所崇。程颐著《易传》四卷。李光著《周易详说》十卷。杨万里著《诚斋易传》二十卷。

㉖ 王弼《易注》不废八卦卦象及诸爻爻象，并每阐说阴阳爻位，亦间有采用互体、卦变者，故吴承仕先生谓其"本不废绝汉法"（见吴先生所撰清彭申甫《周易解注传义辨正》提要，刊于《续修四库全书提要·经部易类》）。又王弼《周易略例》更详言用象主张，章太炎先生云："读王注者，当先取《略例》观之，其言闳廓，亦不牵及玄言。"（《答吴观斋论易书》，载《国学论衡》第五卷下，1936 年 6 月）。

㉗ 见吴先生所撰清彭申甫《周易解注传义辨正》提要，刊于《续修四库全书提要·经部易类》。

㉘ 天文涉及方位，地理涉及分野，乐律、韵学均涉及阴阳之变，故皆与《易》有关。又兵法之书，涉及奇门、遁甲、太乙、六壬诸术数，亦附会于《易》，故近人盐城韦汝霖著有《奇门阐易》之书。《周易》有象有数，故涉及数学，如《周易折中》后所附《易学启蒙附论》，近人邵武丁超五所著《易理新诠》等即是。方外之炉火，则指《周易参同契》之类。

㉙ 当时关于《周易》研究方法的讨论，主要是针对李景春《周易哲学及其辩证法因素》（1961 年山东人民出版社出版）一书存在的问题而发。参加讨论的主要论文有：方蠡《研究周易不能援"传"于"经"》（载《光明日报》1962 年 3 月 16 日），东方明《哲学史工作中的一种极有害的方法》（载《哲学研究》1963 年第 1 期），李景春《研究周易哲学应当以"传"解"经"》（载《光明日报》1962 年 9 月 14 日）、《从研究周易哲学看哲学史方法论的问题》（载《哲学研究》1963 年第 3 期），冯友兰《从周易研究谈到哲学史方法论的问题》（载《哲学研究》1963 年第 3 期），王明《以乾卦的解释为例看李景春同志的周易哲学方法论问题》（载《光明日报》1963 年 8 月 30 日），林杰《不要把现代思想挂到古人名下》（载《文汇报》1963 年 4 月 4 日）等。

㉚ 铃木由次郎著有《汉易研究》（1963 年东京明德社出版）等，户田丰三郎著有《易经注译史纲》（1968 年 12 月东京风间书房出版）等，高田真治著有日译本《易经》（1959 年东京岩波书店出版）等；卫礼贤著有德译本《易经》（*I Ging, das Buch der Wandlungen aus dem chinesichen verdeu — tscht und erläutert*），1924 年出版于德国耶拿（Jena）；卫德明系卫礼贤之子，著有《变化——周易八论》（*Die Wandlung, acht Uoträge Zum I — Ching*）、《易经中的天、地、人》（*Heaven, earth and man in the Book of Changes*）等；舒茨基著有《周易研究》（*Кндга Перемен*）等。

译注说明

一、《周易》版本颇多，本书以阮刻《十三经注疏》本《周易正义》为底本，偶有校改处则注明依据。

二、本书主要内容包括：原文、注释、译文、说明、总论。

三、"译文"部分，以现代汉语写成，在尽可能切合原著意义、接近原文风格的同时，力求通畅明白。

四、"注释"部分，重在分析较有疑难的字音、词义、文理。

五、《易》之为书，以"象"、"数"为本，这是《周易》不同于其他典籍的重要特点；而《易》"象"与"数"的本质又在于明"理"，即说明《周易》的象征哲理。《易》学史中的"象数"、"义理"两派，既各有可取之说，也互有偏颇之处。本书的"注释"，对前贤旧说择善而从，不敢先存门户之见。间有发表著者个人看法者，亦本着"持之有故，言之成理"的精神，竭力探寻《周易》经传的本义，避免穿凿附会。

六、"说明"部分，根据对各卦、爻、章、节的理解需要而作，随文附叙，详略不拘，旨在补充"译文"、"注释"之所未及。

七、"总论"部分，有概说六十四卦大义者凡六十四篇，分附各卦之末；另有简论《系辞上传》、《系辞下传》、《说卦传》、《序卦传》、《杂卦传》诸文者凡五篇，则分附各传之后。

八、西汉以降，《易》学著述繁多，有些卦爻、文句的训释往往众说纷纭，莫衷一是。本书所采古今学者的阐解，一般限取一说；唯个别重要之处，亦或两三说并存，以备参考。

九、本书所引旧注，或有涉及《周易》经传的作者、成书年代等问题，立说未必悉当，著者的看法则以书首《前言》所论为准，不一一驳正；或有反映旧时代学者的思想局限处，更希望读者作深入的分析批判。

十、《周易折中》、《重定周易费氏学》、《周易学说》等书所引前人《易》说，有时稍作删节更易，往往反映出引用者的主张。此类现象，本书转引时一仍其旧。

十一、书末附录《读易要例》一篇，简述较为重要的《易》学条例，供读者阅读本书时参考。

十二、本书所引文献资料，详书末附录《主要引用书目》。一些常用书名或作简略，如王弼《周易注》简为《王注》，孔颖达《周易正义》简为《正义》，李鼎祚《周易集解》简为《集解》，等等；此类书名，在《书目》中均以“※”号标明，以示区别。

十三、《周易》是以筮书面目出现的我国古代最早的哲学著作，有丰富的辩证法和唯物论的思想，对研究古代哲学史具有重要价值；同时，又含有可资研究古代历史、文学史、科技史、文字音韵学史等方面的资料。但书中也杂糅着一些明显的唯心主义成分，尤其是浓厚的占筮色彩。这就要求读者以批判的眼光阅读，取其精华，弃其糟粕。

十四、著者是在前人研究成果的基础上撰写《周易译注》，基本宗旨是：努力帮助一般读者比较容易地读懂《周易》，在运用新的观点研究《周易》、继承古代文化遗产的学术领域中，奉献一块引玉之砖。然而，学术的是非有待于历史检验，“非一人所得私”，“非偏执所能改”（《周易尚氏学·自序》），本书中不成熟的见解及不自觉的谬误，期待着读者的批评指正。

十五、华东师范大学古籍研究所潘雨庭教授对本书的译注提出不少中肯的意见，福建师范大学《易》学研究室王筱婧、郭天沅同志在本书修改过程中给予许多帮助，郑伯辉、李金健同志协助抄写部分书稿，在此一并致谢。

卷一　上经

乾卦第一

☰ **乾[①]:元,亨,利,贞[②]。**

译文《乾》卦象征天:元始,亨通,和谐有利,贞正坚固。

注释① 乾:卦名,下卦、上卦皆乾(☰),象征"天"。《说卦传》"乾,天也","乾,健也",即言"乾"之象为"天",其义为"健"。《正义》:"此《乾》卦本以象天,天乃积诸阳气而成。"

② 元,亨,利,贞:《正义》:"《子夏传》云:'元,始也;亨,通也;利,和也;贞,正也。'言此卦之德,有纯阳之性,自然能以阳气始生万物,而得元始、亨通,能使物性和谐各有其利,又能使物坚固贞正得终。"案,对这四字的解释,旧注颇多异议,以《子夏传》"四德"说较为通行,故《正义》、《集解》均取其说。又,《彖传》及《文言》发挥"四德"之义最为详尽,观后文可知。

说明《周易》作者通过对大自然的直感的观察,认为"天"体现着元始、亨通、和谐有利、贞正坚固这四种德性;之所以如此,在于"天"的本质元素是沛然刚健的阳气,这种阳气"运行不息,变化无穷",沿春、夏、秋、冬四季而循环往复,制约、主宰着整个大自然(《尚氏学》据《太玄经》说,以"四季"配《乾》"四德"极见阳气运行规律。详《彖传》"说明")。因此,《周易》赞美"天",事实上即是赞美阳刚之德。

初九[①],潜龙勿用[②]。

译文 初九,巨龙潜伏水中,暂不施展才用。

注释① 初九:《周易》六十四卦各由六爻组成,其位自下而上,名曰:初、二、三、四、五、上,本爻居卦下第一位,所以称"初";《周易》占筮用"九"、"六"之数,"九"

代表阳，"六"代表阴，本爻为阳，所以称"九"。《正义》云："居第一之位，故称初；以其阳爻，故称九"是也。案，六爻由下至上的排列，古人又以为象征事物的发展是由低渐高、由微而著。故《周易乾凿度》云"《易》气从下生"，郑玄注："《易》本无形，自微及著，故气从下生，以下爻为始也。"

② 潜龙勿用：潜，潜伏，"初九"一阳在下，故谓"潜"；龙，古代神话中神奇刚健的动物，《周易》取为《乾》卦六爻的象征物。《集解》引沈驎士曰："称龙者，假象也。天地之气有升降，君子之道有行藏，龙之为物，能飞能潜，故借龙比君子之德也。初九既尚潜伏，故言勿用。"

说明 第一爻是事物的发端，位卑力微，须养精蓄锐，其目的在于进一步发展。因此《乾·初九》诫以"勿用"，实为时机未到，暂行潜藏而已；一旦形势许可，就要步步进展，以达"飞龙在天"的境界。

九二，见龙在田①，利见大人②。

译文 九二，巨龙出现田间，利于出现大人。

注释 ① 见龙在田：见，音 xiàn，出现，下文"利见"之"见"同；田，地也。《集解》引郑玄曰："二于三才为地道，地上即田，故称田也。"《王注》："出潜离隐，故曰见龙；处于地上，故曰在田。"

② 大人：一般有两种含义：其一，指有道德有作为的人；其二，指有道德并居于高位的人。这里指第一义。

说明 九二阳刚渐增，头角初露，迈开了重要的一步，虽距最后成功尚远，但居中不偏，已具备成功的素质，故有"大人"之誉。

九三，君子终日乾乾①，夕惕若②，厉无咎③。

译文 九三，君子整天健强振作不已，直到夜间还时时警惕慎行，这样，即使面临危险也免遭咎害。

注释 ① 君子终日乾乾：君子，与"大人"义相近，指有道德者，往往也兼指居于尊位者；终日，《正义》："终竟此日"，因九三居下卦之终，故称；乾乾，犹言"健而又健"。

② 惕若：惕，警惕；若，语助词。

③ 厉无咎：厉，《广雅·释诂一》"危也"；咎，《尔雅·释诂》"病也"，《说文》"灾也，从人各，'各'者相违也"，《广雅·释诂三》"恶也"，《诗·小雅·伐木》"微我有咎"，《毛传》"咎，过也"，《诗·小雅·北山》"或惨惨畏咎"，《郑笺》"咎，犹罪过也"，又《广韵》"咎，愆也，过也"，据此诸说，《易》中"咎"字含有"灾病"、"罪过"、"咎害"之义。案，《系辞上传》云，"无咎者，善补过也"，即谓弥补过失、免遭咎害。此爻处《乾》上下卦之际，其时多危，故须"朝乾夕惕"，修省不懈，才可"无咎"。《集解》引干宝曰："君子以之忧深思远，朝夕匪懈，仰忧嘉会之不序，俯惧义和之不逮，反复天道，谋始反终，故曰'终日乾乾'。"又曰："凡'无咎'者，忧中之

喜，善补过者也。”

说明 《乾》卦诸爻均称“龙”，唯九三爻称“君子”，《集解》引郑玄说：“三于三才为人道，有乾德而在人道，君子之象。”然而，《周易》是“随其事义而取象”，即灵活地运用各种象征物表示特定的象征意义。在《乾》卦爻辞中，“龙”为阳刚之物，“君子”为健强之人。从象征的角度看，两者都寓意于刚强不息的气质。王弼指出：“余爻皆说龙，至于九三独以君子为目，何也？夫《易》者，象也；象之所生，生于义也。有斯义，然后明之以其物。”“统而举之，《乾》体皆龙；别而叙之，各随其义。”（《王注》）

九四，或跃在渊①，无咎。

译文 九四，或者腾跃上进，或者退处在渊，必无咎害。

注释 ① 或：这里用作副词，表示不确定之义。《乾文言》：“或之者，疑之也。”《正义》：“言九四阳气渐进，似若龙体，欲飞犹疑或也。”但这种“疑”并非犹疑不决，而是审时度势，待机奋进。案，本句省略主语“龙”。

说明 《周易》的第三、四爻，均表示比较难处的地位：三虽居于下卦之上，但未升至上卦；四虽已进入上卦，却又居于上卦之下。这两种位置若处之不妥，往往导致下受抵、上遭压，所以《系辞下传》指出“三多凶”、“四多惧”。而《乾》九三所谓“终日乾乾，夕惕若”，九四所谓“或跃在渊”，都是针对其艰难地位而发的。这是《周易》爻位的一个重要特点。

九五，飞龙在天，利见大人①。

译文 九五，巨龙高飞上天，利于出现大人。

注释 ① 大人：见前注第二义，指有道德并居高位者，与“九二”所称“大人”有别。《集解》引郑玄曰：“五于三才为天道，天者清明无形而龙在焉，飞之象也。”《正义》：“言九五阳气盛至于天，故云飞龙在天，此自然之象，犹若圣人有龙德，飞腾而居天位，德备天下，为万物所瞻睹，故天下利见此居王位之大人。”

说明 第五爻居上卦之中，往往是每卦最吉之爻，旧说称此爻为“君位”，事实上多是象征事物发展到最完美阶段的情景。

上九，亢龙有悔①。

译文 上九，巨龙高飞穷极，终将有所悔恨。

注释 ① 亢：音 kàng，过甚，极度，《集解》引王肃曰：“穷高曰亢。”此处形容龙飞到极高的程度。　悔：悔恨。案，《系辞上传》“悔吝者，忧虞之象也”，《正义》：“悔者，其事已过，有所追悔之也。”上九居《乾》卦之终，阳进亢极，将致灾害，故“有悔”。《集解》引王肃曰：“知进忘退，故悔也。”

说明 事物的发展，盛极必衰。《周易》第六爻多寓这一哲理。《乾》上九“亢龙”高飞穷极，势必遭受挫折。朱熹曰：“当极盛之时，便须虑其亢，如这般处，最是。《易》之大义，大抵于盛满时致戒。”（《朱子语类》）

用九[①],见群龙无首,吉[②]。

译文 用"九"数,出现一群巨龙,都不以首领自居,吉祥。

注释 ① 用九:这是指明《周易》哲学以"变"为主的一方面特点。《易》筮过程中,凡筮得阳爻,其数或"七"、或"九","九"可变,"七"不变,故《周易》筮法原则是阳爻用"九"不用"七",意即占其"变爻";若筮得六爻均"九"时,即以"用九"辞为占。《本义》:"用九,言凡筮得阳爻者,皆用九,而不用七。盖诸卦百九十二阳爻之通例也。以此卦纯阳居首,故于此发之。而圣人因系之辞,使遇此卦而六爻皆变者即此占之。"

② 见群龙无首,吉:群龙,指六爻均为阳爻;而六阳皆变,皆由阳刚变为阴柔,所以取群龙都不以首领自居之象。《尚氏学》:"'见群龙无首,吉'者,申遇'九'则变之义也。九何以必变?阳之数九为极多,故曰'群'。阳极反阴,乃天地自然之理。乾为首,以阳刚居物首,易招物忌;变坤则无首,无首则能以柔济刚,故吉。"

说明《周易》作者强调"谦",认为越是刚健,越有地位,越要不为物先。"见群龙无首",正体现这种思想。王弼释"用九",指出"以刚健而居人之首,则物之所不与"(《王注》),是直接应用《老子》"后其身而身先"及"贵以贱为本"的观点。有合《易》理,并与《象传》"天德不可为首"的说法相符。

《彖》[①]曰:大哉乾元[②]!万物资始,乃统天[③]。云行雨施,品物流形[④]。大明终始[⑤],六位时成[⑥],时乘六龙以御天[⑦]。乾道变化[⑧],各正性命[⑨],保合太和[⑩],乃利贞[⑪]。首出庶物[⑫],万国咸宁[⑬]。

译文《彖传》说:伟大啊,开创万物的(春天)阳气!万物依靠它开始产生,它统领着大自然。(夏天)云朵飘行、霖雨降落,各类事物流布成形。光辉灿烂的太阳反复运转(带来秋天),《乾》卦六爻按不同的时位组合而有所成,就像阳气按时乘着六条巨龙驾驭大自然。大自然的运行变化(迎来冬天),万物各自静定精神,保全太和元气,以利于守持正固(等待来年生长)。阳气周流不息,又开始重新萌生万物,天下万方都和美顺昌。

注释 ① 彖:音 tuàn,《正义》引褚氏、庄氏释曰:"彖断也,断定一卦之义,所以名为'彖'也。"但作为经传之名,其义有二:一、指卦辞,即《释文》引马融所谓"彖辞,卦辞也。"《左传》襄公九年孔疏从之,称"《周易》卦下之辞谓之为《彖》";二、指《十翼》中的《彖传》,即王弼《周易略例》所谓"统论一卦之体"者也,《正义》亦曰:"夫子所作《彖辞》,统论一卦之义。"这里指第二义,凡六十四卦所附"《彖》曰"之辞,均属此例。《彖传》又称《彖辞传》。

② 乾元:"天"的元始之德,即充沛宇宙间、开创万物的阳气。以季节为喻,犹如春天景象。《尚氏学》:"乾元者,乾之元气也,于时配春。"

③ 统天:统,统领;天,犹言"大自然"。《正义》:"至健而为物始,以此乃能统领于天。"以上一节释卦辞"元"。

④ 品物流形:品,《说文》:"众庶也","品物"即各类事物;流形,流布成形。这是指万物因雨水的滋润而不断变化发展、壮大成形。此犹夏天的景象。《正义》:"言《乾》能用'天'之德,使云气流行,雨泽施布,故品类之物流布成形,各得亨通,无所壅蔽:是其'亨'也。"《尚氏学》:"于时配夏。"以上一节释卦辞"亨"。

⑤ 大明：即太阳，因属天上最光明之物，故称“大明”。

⑥ 六位时成：六位，指《乾》卦六爻；时，作副词，即按时。此句举卦中六爻按不同的“时位”组成，说明阳气的发展顺沿一定的规律。

⑦ 六龙：亦喻《乾》卦六爻。此句紧承前句之义，说明六爻的变动如六龙按时御天，恰似自然界沿四季程序发展至秋、万物尽趋成熟。前文“时成”二字，正寓含秋天景象。《尚氏学》：“于时配秋”，以上一节释卦辞“利”。

⑧ 乾道：犹言天道，即大自然运行规律。

⑨ 各正性命：正，犹“定”，《周礼·天官》宰夫“令群吏正岁会”，郑玄注“正”为“定”，此处指静定；性命，《正义》：“性者天生之质，若刚柔迟速之别；命者人所禀受，若贵贱夭寿之属。”《尚氏学》释为“精神”，可从。这一句的主语是“万物”，文中省略。

⑩ 太和：《本义》释为“阴阳会合、冲和之气”，即万物的“太和元气”。这两句说明自然界的变化，导致万物各自静定精神、眠伏潜息，保全其“太和元气”。此犹冬天景象。《尚氏学》：“于时配冬。”

⑪ 乃利贞：以上一节释卦辞“贞”。案，《正义》认为“保合太和，乃利贞”两句，释卦辞“利贞”，意指万物“能保安合会”，“得利而贞正”。可备一说。

⑫ 首出庶物：此句说明阳气的变化循环不已，犹如冬尽春来，新的阳气又开始萌生万物；就“四德”言，即复返“元”德，故亦称“贞下起元”。《重定费氏学》：“贞下起元，万物又于是乎资始矣。”

⑬ 万国咸宁：万国，《纂疏》：“地有九州，故曰万国”，即天下万方之意。《集解》引刘瓛曰：“阳气为万物之所始，故曰‘首出庶物’；立君而天下皆宁，故曰‘万国咸宁’也。”这是以阳气“首出庶物”比拟拥立君主以使“万国咸宁”，亦可备一说。

说明 卦辞“元，亨，利，贞”之义，《彖传》阐发甚详。扬雄《太玄·文》“罔、直、蒙、酋、冥”，范望注云：“此五者为《太玄》之德，犹《易》‘元，亨，利，贞’也。”《太玄》并说明：直，东方，春；蒙，南方，夏；酋，西方，秋；罔、冥，北方，冬。今案，“直”之言殖也，直为繁殖，故以为春；“蒙”为蒙覆，草木修长，故以为夏；“酋”为蓄聚，万物成就，故以为秋；“罔”、“冥”为闭藏、无形，故以为冬也。行唐尚节之先生撰《周易尚氏学》，极力肯定《太玄》之说，指出：“其所谓直、蒙、酋，即震春、离夏、兑秋，即元、亨、利也；其所谓罔、冥，即坎冬，即贞也。”又云：“盖天之体，以健为用；而天之德，莫大于四时。元亨利贞，即春夏秋冬，即东南西北。震元、离亨、兑利、坎贞，往来循环，不忒不穷，《周易》之名。即以此也。后儒释此者，莫过于《太玄》。”尚先生此说，既使《乾》卦“四德”寓意了然，又使《彖传》大旨益增明确，实甚可取。

《象》曰①：天行健②；君子以自强不息③。

译文 《象传》说：天的运行刚强劲健；君子因此不停地自我奋发图强。

注释 ① 象：《周易》中的“象”字，即“形象”、“象征”之意，亦《系辞下传》所谓“象也者，像此者也"。但作为经传之名，则有两义：一、指《周易》的卦形和卦爻辞，《系辞下传》："《易》者，象也。"《左传》昭公二年叙韩宣子适鲁"见《易象》与《鲁春秋》"，均指此，故宋人项安世《周易玩辞》谓"凡卦辞皆曰象，凡卦画皆曰象"，故卦爻辞又称《象辞》；二、指《十翼》中的《象传》，旨在阐释卦象、爻象的象征意义。这里指第二义。凡六十四卦所附"《象》曰"云云，均属此例。《象传》又有《大象传》、《小象传》之分：前者每卦一则，释上下卦象，《正义》谓"总象一卦，故谓之《大象》"；后者每卦六则，释六爻爻象（《乾》、《坤》两卦分别多一则释"用九"、"用六"），《正义》谓"释六爻之《象辞》，谓之《小象》"。本则即属《乾》卦的《大象传》。

② 天行健：此释《乾》卦上下"乾"均为"天"之象，说明"天"健行周流，永不衰竭。《集解》引宋衷曰："昼夜不懈，以健详其名。"《正义》："行者，运动之称；健者，强壮之名。"

③ 以：介词，其后省略一"之"字，可释为"因此"、"像这样"，以引出下文推阐睡的结果（余六十三卦《大象传》"以"字之义均仿此）。 自强不息：指"君子"效法《乾》卦"健行"之象，立身、行事始终奋发不止。《正义》："此以人事法天所行，言君子之人用此卦象自强勉力，不有止息。"

说明《大象传》基本体例是：先释上下卦的卦象，然后从卦象推衍出切近人事的象征意义。即《折中》所谓："专取两象以立义。"

"潜龙勿用"，阳在下也[①]；"见龙在田"，德施普也[②]；"终日乾乾"，反复道也[③]；"或跃在渊"，进无咎也；"飞龙在天"，大人造也[④]；"亢龙有悔"，盈不可久也；"用九"，天德不可为首也[⑤]。

译文 "巨龙潜伏水中，暂不施展才用"，说明阳气初生居位低下；"巨龙出现田间"，说明美德昭著广施无涯；"整天健强振作"，说明反复行道不使偏差；"或腾跃上进，或退处在渊"，说明审时前进必无咎害；"巨龙高飞上天"，说明大人奋起大展雄才；"巨龙高飞穷极，终将有所悔恨"，说明刚进过甚不久必衰；"用九数"，说明"天"的美德不自居首（刚去柔来）。

注释① 阳在下：指初九阳气初生而居下。《集解》引荀爽曰："气微位卑，虽有阳德，潜藏在下，故曰'勿用'也。"案，自此以下至"不可为首也"，是《乾》卦的《小象传》，每两句释一爻象，末两句释"用九"。

② 德施普：指九二阳气出现于地面，其生养之德普及万物。《正义》："此以人事言之，用龙德在田，似圣人已出在世，道德恩施能普遍也。"

③ 反复道：反复，《本义》："重复践行之意。"《周易玩辞》："三以自修，故曰反复。"道，合理的行为。

④ 造：《释文》引郑注："为也"，《本义》："犹作也"；即兴起而有所作为之意。

⑤ 天德：指阳刚之德。《正义》："天德刚健，当以柔和接待于下，不可更怀尊刚为物之首，故云'天德不可为首'也。"

说明《小象传》是根据卦象、爻位等分别阐释卦中六则爻辞的象征意义。《乾》卦附有"用九"辞，所以《小象传》也相应多了"用九，天德不可为首也"

一则。

《文言》曰①:元者,善之长也②;亨者,嘉之会也③;利者,义之和也④;贞者,事之干也⑤。君子体仁足以长人⑥,嘉会足以合礼⑦,利物足以和义⑧,贞固足以干事⑨。君子行此四德者,故曰:"乾:元,亨,利,贞。"

译文 《文言》说:元始,是众善的尊长;亨通,是美好的会合;有利,是事义的和谐;正固,是办事的根本。君子用仁心作为本体,可以当人们的尊长;寻求美好的会合,就符合"礼";施利于他物,就符合"义";坚持正固的节操,就可以办好事务。君子是施行这四种美德的人,所以说:"《乾》卦象征天:元始,亨通,和谐有利,贞正坚固。"

注释 ①《文言》:文,饰也;《文言》即文饰《乾》、《坤》两卦之言,为《十翼》之一,又称《文言传》。《正义》引庄氏曰:"以《乾》、《坤》德大,故特文饰以为《文言》。"《集解》引姚信曰:"《乾》、《坤》为门户,文说《乾》、《坤》,六十二卦皆放焉。"

② 善之长:《本义》:"元者,生物之始,天地之德莫先于此,故于时为春,于人则为仁,而众善之长也。"

③ 嘉之会:《本义》:"亨者,生物之通,物至于此,莫不嘉美,故于时为夏,于人则为礼,而众美之会也。"

④ 义之和:义,宜也。《本义》:"利者,生物之遂,物各得宜,不相妨害,故于时为秋,于人则为义,而得其分之和。"

⑤ 事之干:干,树木的主干,犹言根本。《本义》:"贞者,生物之成,实理具备,随在各足,故于时为冬,于人则为智,而为众事之干。干,木之身,而枝叶所依以立者也。"

⑥ 体仁:以"仁"为体。《纂疏》:"《礼运》曰'仁者,义之本也,顺之体也,得之者尊。'故曰'体仁足以长人'也。"

⑦ 合礼:《集解》引何妥曰:"礼,是交接会通之道,故以通配,'五礼'有吉、凶、宾、军、嘉,故以'嘉'合(符合)于'礼'也。"

⑧ 和义:和,合也。《集解》引何妥曰:"利者,裁成也,君子体此利以利物,足以合于五常之义。"

⑨ 贞固:《本义》:"贞固者,知正之所在,而固守之,所谓知而弗去者也,故足以为事之干。"

说明 本节释《乾》卦卦辞。开首四句《左传》襄公九年穆姜所叙略同:"元者,体之长也;亨者,嘉之会也;利者,义之和也;贞者,事之干也。"("体"字《文言》作"善")可见,《文言》的某些内容产生年代颇早。

初九曰"潜龙勿用",何谓也①?子曰②:"龙德而隐者也③。不易乎世,不成乎名;遯世无闷④,

译文 初九爻辞说"巨龙潜伏水中,暂不施展才用",讲什么意思呢?孔子指出:"这是譬喻有龙一样品德而隐居的人。他不被污浊的世俗改变节操,不迷恋于成就功名;逃离这个世俗不感到苦闷,不

不见是而无闷⑤；乐则行之，忧则违之⑥，确乎其不可拔⑦，'潜龙'也。"

为世人称许也不苦闷；称心的事付诸实施，不称心的事决不实行，具有坚定不可动摇的意志，这就是'潜伏的巨龙'。"

注释 ① 何谓也：此《文言》作者设问之辞，后五节同。案，此句以下至终，依次阐释《乾》卦六则爻辞及"用九"辞。

② 子曰：子，孔子。旧说《文言》为孔子所作，固未必然，但其中采用了孔子的某些言论或观点却是可信的。

③ 龙德而隐者：《正义》认为这是"以人事释'潜龙'之义"。

④ 遁世无闷：《正义》："谓逃遁避世，虽逢无道，心无所闷。"《集解》引崔憬曰："道虽不行，达理无闷也。"

⑤ 不见是而无闷：是，赞许。《集解》引崔憬曰："世人虽不己是，而己知不违道，故无闷。"

⑥ 乐则行之，忧则违之：指对某事该不该施行有独自的主张。《正义》："心以为乐，己则行之；心以为忧，己则违之。"

⑦ 确乎其不可拔：《正义》："身虽逐物推移，隐潜避世；心志守道，确乎坚实其不可拔。"

说明 本节释《乾》初九爻辞。

九二曰"见龙在田，利见大人"，何谓也？子曰："龙德而正中者也①。庸言之信，庸行之谨②；闲邪存其诚③，善世而不伐④，德博而化⑤。《易》曰：'见龙在田，利见大人'，君德也⑥。"

译文 九二爻辞说"巨龙出现田间，利于出现大人"，讲什么意思呢？孔子指出："这是譬喻有龙一样品德而立身中正的人。他的平凡言论说到做到，他的日常举动谨慎有节；防止邪恶的言行而保持诚挚，美好的行为伟大而不自夸，道德广博而能感化天下。《周易》说：'巨龙出现田间，利于出现大人'，正是说明出现具备君主品德的贤人。"

注释 ① 正中：指九二居下卦之中。《正义》："九二居中不偏，然不如九五居尊得位，故但云'龙德而正中者也'。"

② 庸言之信，庸行之谨：庸，平常。《正义》："从始至末，常言之信实，常行之谨慎。"

③ 闲邪存其诚：闲，犹言"防止"；"闲邪"与"存其诚"为对文。《程传》："既处无过之地，则唯在闲邪；邪既闲，则诚存矣。"

④ 善世而不伐：善，名词，指美好的行为；世，犹言"大"，如"世子"、"世父"之"世"，均作"大"解（善世，与下文"德博"对举）。案，旧说多以"善"为动词，解"世"为"时代"，如《正义》："为善于世而不自伐其功。"于义亦通。

⑤ 德博而化：《正义》："德能广博，而变化于世俗。"

⑥ 君德：指九二虽未登君位，却有君主的品德。

说明 本节释《乾》九二爻辞。

九三曰"君子终日乾乾，夕惕若，厉无咎"，何谓也？子曰："君子进德修业①。忠信②，所以进德也；修辞立其诚③，所以居业也④。知至至之⑤，可与言几也⑥；知终终之⑦，可与存义也⑧。是故居上位而不骄，在下位而不忧⑨。故乾乾因其时而惕⑩，虽危无咎矣。"

译文 九三爻辞说"君子整天健强振作，直到夜间还时时警惕慎行，这样即使面临危险也免遭咎害"，讲什么意思呢？孔子指出"这是譬喻君子要增进美德、营修功业。忠诚信实，就可以增进美德；修饰言辞出于诚挚的感情，就可以积蓄功业。知道进取的目标而努力实现它，这种人可以跟他商讨事物发展的征兆；知道终止的时刻而及时终止，这种人可以跟他共同保全事物发展的适宜状态。像这样就能居上位而不骄傲，处下位而不忧愁。所以能够恒久保持健强振作，随时警惕慎行，即使面临危险也就免遭咎害了。"

注释 ① 进德修业：《正义》："九三所以终日乾乾者，欲进益道德，修营功业，故终日乾乾匪懈也。"

② 忠信：《正义》："推忠于人，以信待物，人则亲而尊之，其德日进，是进德也。"

③ 修辞立其诚：《折中》引程子曰："修辞立其诚，不可不仔细理会，言能修省言辞，便是要立诚，若只是修饰言辞为心，只是为伪也。修辞立其诚，正为立己之诚意。"

④ 居业：《尚氏学》："居者，蓄也，积也，业以积而高大也。"

⑤ 知至至之：至，达到。前一"至"为名词，指要达到的目标；后一"至"为动词，指努力达到这一目标。此谓九三居下卦之极，有"知几"进取、审慎"无咎"之象。《正义》："知时节将至，知理欲到，可与共营几也。"

⑥ 几：《系辞传》："几者，动之微，吉凶之先见者也。"《说文》："几，微也。"

⑦ 知终终之：前一"终"为名词，指事物的终了；后一"终"为动词，指结束。此谓九三为下卦最后一爻，有事物发展到一个阶段而暂告终之象。

⑧ 存义：存，保留；义，适宜。《正义》："或使之欲进知几也，或使之欲退存义也。一进一退，其意不同，以九三处进退之时，若可进则进，可退则退，两意并行。"

⑨ 居上位而不骄，在下位而不忧：上位，指九三居下卦之上；下位，指九三居上卦之下；不骄不忧，因"知至"、"知终"而然。《正义》："以其'知终'，故不敢怀骄慢"；"以其知事将至，务几欲进，故不可忧也"。

⑩ 因其时：因，沿也；时，一天中的各个时辰。《尚氏学》："'君子终日乾乾，夕惕若'，是自朝及夕，无不乾惕也，故曰'因时'。"

说明 本节释《乾》九三爻辞。

九四曰"或跃在渊，无咎"，何谓也？子曰："上下无常①，非为邪也②；进退无恒，非离群也。君子进

译文 九四爻辞说"或腾跃上进，或退处在渊，必无咎害"，讲什么意思呢？孔子指出："这是譬喻贤人的上升、下降是不一定的，并非出于邪念；他的进取、引退也是不一定的，并非脱离众人。君子增益道德、营修功业，是想抓住时机进取，所以‘必无咎害’。”

德修业，欲及时也，故‘无咎’。”

注释 ① 上下无常：与下句“进退无恒”为互文，指第四爻处于可上可下之位，必须根据不同情况决定上下进退。张惠言《周易虞氏义》引虞翻曰：“上谓承五，下谓应初”；《集解》引荀爽曰：“进谓居五，退谓居初。”案，《正义》以为“进者，弃位欲躍，是进德之谓也；退者，仍退在渊，是修业之谓也，其意与九三同”，可备一说。

② 非为邪：此句与下句“非离群”为互文，指九三的上下进退，是顺从形势，既非私自欲望，亦非脱离众人。《正义》：“上而欲躍，下而欲退，是无常也；意在于公，非是为邪也。”又引何氏云：“所以进退无恒者，时使之然也，非苟欲离群也。”

说明 本节释《乾》九四爻辞。

译文 九五爻辞说“巨龙高飞上天，利于出现大人”，讲什么意思呢？孔子指出：“这是譬喻同类的声音互相感应，同样的气息互相求合；水向湿处流，火向干处烧；景云随着龙吟而出，谷风随着虎啸而生；圣人奋起治世而万物显明可见；依存于天的亲近于上，依存于地的亲近于下，各以类相从而发挥作用。”

九五曰“飞龙在天，利见大人”，何谓也？子曰：“同声相应，同气相求[①]；水流湿，火就燥；云从龙，风从虎；圣人作而万物睹[②]；本乎天者亲上，本乎地者亲下，则各从其类也[③]。”

注释 ① 同声相应，同气相求：气，与“声”相对；求，与“应”之意相近。以下诸句均举各种现象说明事物的互相感应作用。《正义》：“因大人与众物感应，故广陈众物相感应，以明圣人之作而万物瞻睹以结之也。”

② 圣人作而万物睹：作，犹“起”；睹，见也。指“圣人”兴起，天下光明，万物呈现本色，各尽其用。《正义》：“是有识感有识也，此亦同类相感，圣人有生养之德，万物有生养之情，故相感应也。”

③ 本乎天者亲上，本乎地者亲下，则各从其类也：天、地，即“阳刚”、“阴柔”之谓。此三句上承前文之义，说明“圣人”兴起、治世清明，故阴阳判然区分，万物各从其类。《尚氏学》：“天地者，阴阳。本乎天者亲上，谓阳性上升顺行”，“本乎地者亲下，谓阴性下降逆行”。案，《正义》引庄氏曰：“天地絪緼，和合二气，共生万物。然万物之体，有感于天气偏多者，有感于地气偏多者，故《周礼·大宗伯》有天产、地产，《大司徒》云动物、植物。本受气于天者，是动物含灵之属；天体运动，含灵之物亦运动，是亲附于上也。本受气于地者，是植物无识之属；地体凝滞，植物亦不移动，是亲附于下也。则各从其类者，言天地之间，共相感应，各从其气类。”《本义》谓“本乎天者谓动物，本乎地者谓植物”，即取庄氏之义。此说可备参考。

说明 本节释《乾》九五爻辞。

译文 上九爻辞说“巨龙高飞穷极，终将有所悔恨”，讲什么意思呢？孔子指出：“这是譬喻某种人尊贵而没有实位，崇高

上九曰“亢龙有悔”，何谓也？子曰：“贵而无位，高而无民[①]，贤

人在下位而无辅[2]，是以动而'有悔'也。"

而管不到百姓，贤明的人居下位而无人辅助他，所以一旦轻举妄动就将'有所悔恨'。"

注释 ① 贵而无位，高而无民：《集解》引荀爽曰："在上故贵，失正故无位。"又引何妥曰："既不处九五帝王之位，故无民也。"此谓上九处于有名无实的高位，即《集解》于《小象》注引《九家易》所谓"若太上皇者也"。

② 贤人在下位而无辅：贤人，指下卦的九三。此以三、上两阳不应，喻上九不得"贤人"辅助。《集解》引荀爽曰："两阳无应，故无辅。"

说明 本节释《乾·上九》爻辞。

"潜龙勿用"，下也[1]；"见龙在田"，时舍也[2]；"终日乾乾"，行事也[3]；"或跃在渊"，自试也；"飞龙在天"，上治也[4]；"亢龙有悔"，穷之灾也；乾元"用九"，天下治也[5]。

译文 "巨龙潜伏水中，暂不施展才用"，说明地位低下微贱；"巨龙出现田间"，说明时势开始舒展；"整天健强振作"，说明事业付诸实践；"或腾跃上进，或退处在渊"，说明正在自我检验；"巨龙高飞上天"，说明形成最好的政治局面；"巨龙高飞穷极，终将有所悔恨"，说明穷极带来的灾难；天有元始之德而"用（阳刚化为阴柔的）九数"，说明天下大治是势所必然。

注释 ① 下：指初九居于下位，犹如人的地位低下。

② 时舍：舍，通"舒"。案，《王注》："见而在田，必以时之通舍也。"《正义》谓王弼"以通解舍，舍是通义"，即训为舒通之意，指形势已经舒展好转。此说是也。

③ 行事：指九三正勤勉地从事某项事业。

④ 上治：上，通"尚"。指九五之时出现了最好的政治局面。案，《正义》释此句为"言圣人居上位而治理"，于义亦通。

⑤ 乾元用九，天下治也：《正义》："用九之文，总是乾德；又'乾'字不可独言，故举'元'德以配'乾'也。言此乾元用九德而天下治。"案，这是归结《乾》卦"用九"的意义，谓"阳刚"之德以能"化柔"为美。李鼎祚引史证曰："此当三皇五帝礼让之时，垂拱无为而天下治矣"（《集解》），有合辞旨。

说明 本节再释《乾》卦六则爻辞及"用九"辞，文中泛引人们的各种社会活动为说。王弼谓："此一章全以人事明之。"（《王注》）

"潜龙勿用"，阳气潜藏[1]；"见龙在田"，天下文明[2]；"终日乾乾"，与时偕行[3]；"或跃在渊"，乾道乃革[4]；"飞龙在天"，乃位乎天德[5]；"亢龙有悔"，与时偕极[6]；乾元"用九"，乃见天则[7]。

译文 "巨龙潜伏水中，暂不施展才用"，说明阳气潜藏未现；"巨龙出现田间"，说明天下文采灿烂；"整天健强振作"，说明追随时光向前发展；"或腾跃上进，或退处在渊"，说明"天道"转化、出现变革；"巨龙高飞上天"，说明阳气旺盛正当天位、具备"天"的美德；"巨龙高飞穷极，终将有所悔恨"，说明随着时节推展而穷尽衰落；天有元始之德而"用（阳刚化为阴柔的）九数"，这是体现大自然的法则。

注释 ① 阳气潜藏：指初九如阳气潜伏，藏而未发。

② 天下文明：指九二如阳气发出地面，万物初焕光彩。

③ 与时偕行：行，发展。指九三如阳气发展到一定阶段，万物将趋繁盛。

④ 乾道乃革：乾道，天道，即大自然的运行规律；革，变革。指九四如阳气发展至一个新阶段，万物正临转化。

⑤ 乃位乎天德：位，此言尊居"天位"；天德，指九五如阳气发展到最旺盛阶段，万物已至繁茂。

⑥ 与时偕极：指上九如阳气由盛转衰，万物消亡穷尽。

⑦ 乃见天则："天则"谓大自然运行的法则，如阳气转化为阴气即是自然规律。《集解》引何妥曰："阳消，天气之常；天象法则，自然可见。"

说明 本节亦释《乾》卦六则爻辞及"用九"文辞，文中泛引自然气候为说。王弼谓："此一章全说天气以明之。"(《王注》)

"乾，元"者①，始而亨者也；"利，贞"者，性情也②。乾始能以美利利天下③，不言所利，大矣哉④！大哉乾乎！刚健中正⑤，纯粹精也⑥；六爻发挥，旁通情也⑦；时乘六龙⑧，以御天也；云行雨施，天下平也。

译文 "《乾》卦象征天：元始"，说明天的美德在于首创万物并使之亨通；"和谐有利，贞正坚固"，是天所蕴含的本性和内情。天一开始就能用美好的利益来施利天下，却不说出它所施予的利惠，这是极大的利惠啊！伟大的天啊！刚强劲健、居中守正，通体不杂、纯粹至精；《乾》卦六爻的运动变化，曲尽万物的发展情理；犹如顺着不同时节套上六条巨龙，驾驭着大自然而驰骋；行云降雨，带来天下太平。

注释 ① "乾，元"者：这是回头重释《乾》卦的卦辞。王念孙《读书杂志》以为"元"下脱一"亨"字，原本当作"'乾，元，亨'者"，才与下文"'利，贞'者"相应。似可从。

② 性情：《集解》引干宝曰："以施化利万物之性，以纯一正万物之情。"案，前句"始而亨"释卦辞"元，亨"，此句释"利，贞"。以下又广赞"四德"之美。

③ 以美利利天下：前一"利"为名词，后一"利"为动词。《集解》引虞翻说："美利，谓'云行雨施，品物流形'，故利天下也。"

④ 不言所利，大矣哉：指天的利惠之大，难以言喻。《集解》引虞翻曰："天何言哉，四时行焉，百物生焉，故利者大也。"案，虞氏援《论语》文以释之，义颇可取。

⑤ 刚健中正：《正义》："谓纯阳刚健，其性刚强，其行劲健：中谓二与五也，正谓五与二也。故云'刚健中正'。"

⑥ 纯粹精也：指六爻均为阳爻。《集解》引崔憬曰："不杂曰纯，不变曰粹；言《乾》是纯粹之精。"

⑦ 旁通：旁，《玉篇》："非一方也"，"旁通"即广泛会通，《本义》："犹言曲尽。"

⑧ 六龙：见本卦《象传》注⑦。

说明 从这一段至终，本卦《文言》又用七节的篇幅再次阐发卦辞及六则爻辞的意义。本节释卦辞。

君子以成德为行①,日可见之行也②。"潜"之为言也,隐而未见,行而未成③,是以君子弗用也。

译文 君子把成就道德作为行动的目的,是每天都可以体现出来的行为。初九爻辞所讲的"潜",意思是隐藏不曾露面,行动尚未显著,所以君子暂时不施展才用。

注释 ① 以成德为行:成,完成。《集解》引干宝曰:"君子之行,动静可观,进退可度,动以成德,无所苟行也。"

② 日:俞樾《群经平义》以为"日"是"曰"之讹,可备一说。

③ 行而未成:《程传》:"未成,未著也。"《尚氏学》:"此言潜龙仍志在行道,与甘心隐遁鸣高者异。然而勿用者,时未可也。"

说明 本节释《乾》初九爻辞。

君子学以聚之,问以辩之①,宽以居之,仁以行之②。《易》曰"见龙在田,利见大人",君德也。

译文 君子靠学习来积累知识,靠发问来辨决疑难,胸怀宽阔而居于适当之位,心存仁爱而施诸一切行为。《周易》说"巨龙出现田间,利于出现大人",这种"大人"具备了当国君的品德。

注释 ① 学以聚之,问以辩之:辩,通"辨"。此谓九二虽已"见龙在田",但仍要勤于学问,增长知识。《正义》:"君子学以聚之者,九二从微而进,未在君位,故且习学以畜其德;问以辩之者,学有未了,更详问其事,以辩决于疑也。"

② 宽以居之,仁以行之:《正义》:"宽以居之者,当用宽裕之道居处其位也;仁以行之者,以仁恩之心行之被物。"

说明 本节释《乾》九二爻辞。

九三重刚而不中①,上不在天,下不在田②,故乾乾因其时而惕,虽危无咎矣。

译文 九三是多重阳刚叠成的,居位不正中,上不达于高天,下不立于地面,所以要不断健强振作、随时保持警惕,这样即使面临危险也免遭咎害。

注释 ① 重刚而不中:初九、九二均为阳刚之爻,九三仍为阳爻,故称"重刚";六十四卦的每卦只有二、五两爻居中,故九三"不中"。

② 上不在天,下不在田:九五"飞龙在天",九二"见龙在田",九三则介乎"天"、"田"之间。《正义》:"上不在天,谓非五位;下不在田,谓非二位也。"

说明 本节释《乾》九三爻辞。

九四重刚而不中,上不在天,下不在田,中不在人①,故"或"之②。"或"之者,疑之也,故无咎。

译文 九四是多重阳刚叠成的,居位不正中,上不达于高天,下不立于地面,中不处于人境,所以强调"或"。强调"或"的意思,就是说明要有所疑虑而多方审度,这样就能不遭咎害。

注释 ① 中不在人：九四和九三的相同之处是“重刚而不中，上不在天，下不在田”；不同之处是九四更有“中不在人”一层。《系辞下传》：“《易》有天道，有地道，有人道，兼三才而两之”，即指《易》卦六爻，上、五为“天”，四、三为“人”，二、初为“地”。《正义》：“三之与四，俱为人道，但人道之中，人下近于地，上远于天。九三近二，是下近于地，正是人道，故九三不云‘中不在人’；九四则上近于天，下远于地，非人所处，故特云‘中不在人’。”

② 或：见九四爻辞注。

说明 本节释《乾》九四爻辞。

夫“大人”者，与天地合其德，与日月合其明，与四时合其序，与鬼神合其吉凶[①]。先天而天弗违[②]，后天而奉天时[③]。天且弗违，而况于人乎？况于鬼神乎？

译文 九五爻辞所说的“大人”，他的道德像天地一样覆载万物，他的圣明像日月一样普照大地，他的施政像四时一样井然有序，他示人吉凶像鬼神一样奥妙莫测。他先于天象而行动，天不违背他；后于天象而处事，也能遵循天的变化规律。天尚且不违背他，何况人呢？何况鬼神呢？

注释 ① “与天地合其德”四句：合犹言符合、相同。这四句是通过多种比拟来赞扬九五的“大人”。《正义》：“此论大人之德无所不合，广言所合之事。与天地合其德者，庄氏云，谓覆载也；与日月合其明者，谓照临也；与四时合其序者，若赏以春夏、刑以秋冬之类也；与鬼神合其吉凶者，若福善祸淫也。”

② 先天：先于天象，这里指自然界尚未出现变化时，就预先采取必要的措施。

③ 后天：后于天象，这里指自然界出现变化之后，及时采取适当的措施。天时：指大自然的阴晴寒暑等变化规律。

说明 本节释《乾》九五爻辞。

“亢”之为言也，知进而不知退，知存而不知亡，知得而不知丧。其唯圣人乎[①]！知进退存亡，而不失其正者，其唯圣人乎！

译文 上九爻辞所说的“亢”，是说明某种人只晓得进取而不知及时引退，只晓得生存而不知终将衰亡，只晓得获利而不知所得必失。大概只有圣人才是明智的吧！深知进取、引退、生存、灭亡的道理，行为不偏失正确途径的，大概只有圣人吧！

注释 ① 其唯圣人乎：这是《文言》作者的慨叹语，与末句相同而复用，旨在渲染慨叹语气。案，《释文》引王肃本上句“圣”字作“愚”字，于义亦通。

说明 本节释《乾》上九爻辞。李鼎祚以为“其唯圣人乎”至终四句释“用九”辞，含“乾元用九而天下治”之义（《集解》），可备一说。

总论 《乾》卦作为《周易》六十四卦之首，以“天”为象征形象，揭示了“阳刚”元素、“强健”气质的本质作用及其发展变化规律。孔颖达问道：“此既象天，何不谓之‘天’，而谓之‘乾’？”他自答说：天是“定体之名”，乾是“体用之称”，“天以健为用者，运行不息，应化无穷，此天自然之理。"（《正义》）事实上这是论及"象"与"意"的关系。从"象征"的角度分析，《乾》卦的喻旨，正是勉励人效法"天"的刚健精神，奋发向上；这也是《大象传》所极力推赞的："君子以自强不息。"卦辞以"元，亨，利，贞"四言，高度概括"天"具有开创万物，并使之亨通、富利、正固这四方面"功德"，意在表明阳气是宇宙万物"资始"之本。但"阳刚"之气的自身发展，又有一定的规律，于是，六爻拟取"龙"作为"阳"的象征，从"潜龙"到"亢龙"，层层推进，形象地展示了阳气萌生、进长、盛壮乃至穷衰消亡的变化过程。其中九五"飞龙在天"，体现阳气至盛至美的情状；上九"亢龙有悔"，则披露物极必反、阳极生阴的哲理。《周易》的辩证哲学体系，在此铺下了第一块基石。要是进一步从"《易》者，象也"（《系辞下传》）这一特征细加考究，还可以发现，本卦的卦体取"天"为象，固是比喻；六爻的爻辞取"龙"为象，也是比喻：大旨无非揭明"阳刚"的内在气质。朱熹说："《易》难看，不比他书。《易》说一个物，非真是一个物，如说'龙'非真龙。"（《朱子语类》）这种假象寓意，广见于《周易》全书，是这部现存最古老的哲学著作所具备的重要特色。

坤卦第二

☷坤[1]:元,亨[2],利牝马之贞[3]。君子有攸往,先迷;后得主,利[4]。西南得朋,东北丧朋[5]。安贞吉[6]。

译文 《坤》卦象征地:元始,亨通,利于像雌马一样守持正固。君子有所前往,要是抢先居首必然迷入歧途;要是随从人后就会有人作主,必有利益。往西南将得到友朋,往东北将丧失友朋。安顺守持正固可获吉祥。

注释 ① 坤:卦名,下卦、上卦皆坤(☷),象征"地"。《说卦传》"坤,地也","坤,顺也";即言"坤"以地为象,以顺为义。

② 元,亨:词义与乾卦略同,此处特指"地"配合"天",也能开创化生万物,并使之亨通。《正义》:"盖'乾'、'坤'合体之物,故《乾》后次《坤》。言地之为体,亦能始生万物,各得亨通,故云'元,亨',与《乾》同也。"案,《本义》"元亨"连读,训为"大亨",可备一说。

③ 利牝马之贞:贞,正也,指守持正固。"牝马"柔顺而能行地,故取为"坤"德之象。《集解》引干宝曰:"行天者莫若龙,行地者莫若马;故《乾》以龙繇,《坤》以马象也。坤阴类,故称'利牝马之贞'矣。"案,尚先生承王树枏《周易释贞》说,释此"贞"为"卜问";但于它处出现的"贞",或依此例,或仍训"正",惟视具体的卦、爻象而定(见《尚氏学》)。其义可通,宜备参考。

④ 君子有攸往,先迷,后得主,利:攸,《尔雅·释言》:"所也。"这几句说明"坤"德在于"柔顺"、"居后","抢先"必"迷","随后"则"利"。《集解》引卢氏曰:"坤,臣道也,妻道也,后而不先。先,则迷失道矣,故曰'先迷';阴以阳为主,当后而顺之则利,故曰'后得主,利'。"案,"先迷,后得主,利"三句,《本义》读作:"先迷后得,主利";朱骏声《六十四卦经解》以"利"属下文,读为"先迷后得主,利西南"

云云。两说并可参考。

⑤ 西南得朋，东北丧朋：尚先生取《十二辟卦图》（见书末《读易要例》）为说，指出《坤》居西北亥位，阴气逆行，沿西南方向前行遇“阳”渐盛，若沿东北方向前行则失“阳”渐尽；而“阴得阳为朋”，故西南行“得朋”，东北行“丧朋”（《尚氏学》）。此说分析“得朋”、“丧朋”至为可取，其中阐明“阴阳为朋”之理尤为精当，今从之。案，这两句旧解颇歧，兹举两说以备参考：（一）王肃曰：“西南阴类，故得朋；东北阳类，故丧朋。”（孙堂辑《汉魏二十一家易注》）这是主张阴与阴为“朋类”。（二）王弼亦主“同性为朋”说，但认为“阴之为物，必离其党，之于反类，而后获安贞吉”（《王注》），则指出“阴”者必须“丧朋”趋附于“阳”才能获“吉”，并以“丧朋”句连下文“安贞吉”为义。又案“朋”，一说为“朋贝”之朋。

⑥ 安贞吉：这是归结“得朋”、“丧朋”之义，说明“坤”德以安顺守正为吉。

说明《乾》卦有“元，亨，利，贞”四德，《坤》卦也具此“四德”，这是两者共同之处。但《乾》德以“统天”为本，《坤》德以“顺承天”为前提；故《乾》刚《坤》柔、《乾》健《坤》顺，《乾》之“四德”无所限制，《坤》之“四德”则限于“牝马”、“后得主”、“安贞吉”等义：这是两者不同之处。

《彖》曰：至哉坤元①！万物资生，乃顺承天。坤厚载物，德合无疆②；含弘光大，品物咸亨③。牝马地类，行地无疆，柔顺利贞④。君子攸行，先迷失道，后顺得常⑤。西南得朋，乃与类行；东北丧朋，乃终有庆⑥。安贞之吉，应地无疆⑦。

译文《彖传》说：美德至极啊，配合天开创万物的大地！万物依靠它成长，它顺从禀承天的志向。地体深厚而能普载万物，德性广合而能久远无疆；它含育一切使之发扬光大，万物亨通畅达遍受滋养。雌马是地面动物，永久驰骋在无边的大地上，它柔和温顺利于守持正固。君子有所前往，要是抢先居首必然迷入歧途偏失正道，要是随从人后、温和柔顺就能使福庆久长。往西南将得到友朋，可以和朋类共赴前方；往东北将丧失友朋，但最终也仍有喜庆福祥。安顺守持正固的吉祥，正应合大地的美德永保无疆。

注释① 至哉坤元：至，形容词，指地生养万物之德美善至极。《正义》：“至，谓至极也。言地能生养至极，与天同也。但天亦至极，包笼于地；非但至极，又大于地：故《乾》言‘大哉’，《坤》言‘至哉’。”此句至“乃顺承天”，释卦辞“元”。

② 无疆：兼含地域无涯和时间无限之义。《正义》：“凡言‘无疆’者，其有二义：一是广博无疆，二是长久无疆。”

③ 含弘光大，品物咸亨：弘，《尔雅·释诂》“大也”，邢昺疏：“含容之大也。”《集解》引崔憬曰：“含育万物为‘弘’，光华万物为‘大’；动植各遂其性，故曰‘品物咸亨’也。”以上四句释卦辞“亨”。

④ 柔顺利贞：此句连上文“牝马地类，行地无疆”，释卦辞“利牝马之贞”。

⑤ 君子攸行，先迷失道，后顺得常：得常，谓“坤德”能顺则福庆常保。这三句释卦辞“君子有攸往，先迷，后得主，利”。《集解》引何妥曰：“阴道恶先，故‘先’致迷失；‘后’顺于主，则保其常庆也。”案，《正义》、《集解》、《本义》，皆以“君子攸往”连上文“柔顺利贞”；何楷《古周易订诂》曰：“‘君子攸行’，虽趁上韵，然意连下

文,释卦辞'君子有攸往'也。"今从何说。

⑥ 东北丧朋,乃终有庆:终,至终、终极。此谓往东北方向虽丧阳失朋(参见卦辞译注),但行至终极,必将旋转为"西南"向(阅《十二辟卦图》可知),则也出现"得朋"之"庆",故曰"乃终有庆"。这是揭示阴阳循环消长之理,表明只要安顺守持"坤"德,即使"丧朋",也将出现"得朋"之时。《折中》引乔中和曰:"坤惟合乾,故得主。得主,故'西南'、'东北'皆利方,'得朋'、'丧朋'皆吉事。"此说似与卦理有合。以上四句释卦辞"西南得朋,东北丧朋"。案,尚先生既取《十二辟卦图》释"得朋"、"丧朋",指出"丧朋"之"终"在亥位;又取《后天八卦方位图》(见书末《读易要例》)与之对照,指出《辟卦》"亥"下,正是"后天""乾"位(又称"亥下伏乾"),乾为阳,故终至得朋"有庆"(《尚氏学》)。此说宜资参考。

⑦ 应地无疆:此释卦辞"安贞吉"。马其昶云:"君子有'安贞'之吉,所以应地德也。"(《重定费氏学》)

说明 《易传》原各自为篇,后人以《彖传》、《象传》分附于经文之下,盖始于东汉郑玄(参阅《三国志·魏志·高贵乡公传》)。今本《周易》的通例是:自《坤》以下六十三卦,《彖》、《象》皆散附卦辞、爻辞后;唯《乾》卦先卦爻辞,后《彖》、《象》、《文言》,经传不混,似是传《易》者有意留此一例,让读者据以明了《周易》经传各自分别的本来面目。

译文 《象传》说:大地的气势厚实和顺;君子因此增厚美德、容载万物。

《象》曰:地势坤①;君子以厚德载物②。

注释 ① 地势坤:此释《坤》卦上下"坤"皆为"地"之象。《说卦传》谓坤象取地、其义为顺(见卦辞译注),《大象传》即依此为说。《集解》引宋衷曰:"地有上下九等之差,故以形势言其性也。"《王注》:"地形不顺,其势顺。"案,尚先生据宋衷、王弼注,以为两家均未引《说卦传》"坤,顺"为诂,可证"宋、王本之皆作'地势顺'";又云:"盖'坤'古文作'巛',而'巛'为'顺'之假字,故宋、王皆读'巛'为'顺'。自《正义》改作'坤',而'顺'字遂无由识。"(《尚氏学》)此说可备参考。

② 厚德载物:厚,用如动词,犹言"增厚"。这是说明"君子"效法"地"厚实和顺之象,增厚其德以载万物。林希元《易经存疑》曰:"惟其厚,故能无不持载。故君子以之厚德,以承载天下之物多矣。"

说明 从"乾,健",引申出"自强不息"的意义;从"坤,顺",引申出"厚德载物"的意义:这正是《大象传》对卦象的推阐发挥,其功效在于使隐存含藏于"象"之中的象征哲理得以昭彰显著。六十四卦的《大象传》均具这一基本特征。

译文 初六,踩上微霜,将要迎来坚冰。

初六①,履霜,坚冰至②。

注释 ① 初六:居卦下第一位,故称"初";以其阴爻,故称"六"(参阅《乾》初九

译注)。

② 履霜,坚冰至:履,犹言践、踩。此言阴气初起,必增积渐盛,犹如微霜预示着坚冰将至。《正义》:"初六阴气之微,似若初寒之始,但履践其霜;微而积渐,故坚冰乃至。"

《象》曰:"履霜坚冰"①,阴始凝也;驯致其道②,至坚冰也。

译文 《象传》说:"踩上微霜将迎来坚冰",说明阴气已经开始凝积;顺沿其中的规律,坚冰必将来到。

注释 ① 履霜坚冰:"坚冰"二字与下文重,郭京以为衍文(《举正》);朱熹据《三国志·魏志·文帝丕》注引作"初六履霜",认为当从补"初六"删"坚冰"(《本义》)。两说并通,可备参考。

② 驯致其道:《正义》:"驯,犹狎顺也,若鸟兽顺狎然。言顺其阴柔之道,习而不已,乃至坚冰也。"

说明 初六为阴气始生之象,朱熹曰:"其端甚微,而其势必盛。"(《本义》)谚云"冰冻三尺,非一日之寒",似合此理。

六二,直方大①,不习无不利②。

译文 六二,正直、端方、宏大,不学习也未必不获利。

注释 ① 直方大:这是从六二的位、体、用三方面说明爻义之美。《正义》:"生物不邪谓之'直'也,地体安静是其'方'也,无物不载是其'大'也。"《尚氏学》:"方者,地之体;大者,地之用;而二又居中直之位:故曰'直方大'。"

② 不习无不利:习,犹言"学习"。《王注》:"不假营修而功自成,故不习焉而无不利。"

《象》曰:六二之动①,直以方也;"不习无不利",地道光也②。

译文 《象传》说:六二的变动,趋向正直、端方;"不学习未必不获利",是大地的柔顺之道发出光芒。

注释 ① 六二之动:《正义》:"言六二之体,所有兴动,任其自然之性,故云'直以方也'。"

② 地道:指地的柔顺之道。

说明 六二阴居阴位,柔顺中正,所禀"坤"德至厚。《楚辞·远游》谓:"屈原履方直之行,不容于世",即以"直、方"之德赞屈原臣道忠正。朱熹指出:"《坤》卦中惟这一爻最纯粹。盖五虽尊位,却是阳爻(引者注:指阳位),破了体了;四重阴而不中;三又不正。惟此爻得中正,所以就这说个'直方大'。"(《折中》引《朱子语类》)

六三,含章可贞①;或从王事,

译文 六三,蕴含阳刚的章美、可以守持正固;或辅助君王的事业,成功不归己有而谨守臣职至终。

无成有终②。

注释 ① 含章可贞:章,指刚美章彩。此谓六三阴居阳位,犹内含刚美而不轻易发露,故可守"贞"。《集解》引虞翻曰:"以阴包阳,故'含章'。"

② 或从王事,无成有终:或,不定之辞,含抉择时机之义(见《乾》九四译注);成,成功,"无成"犹言"不以成功自居";有终,即尽"臣职"至终。此二句承前文义,展示"含章可贞"的具体情状。《程传》:"为臣之道,当含晦其章美,有善则归之于君","或从上之事,不敢当其成功,惟奉事以守其终耳"。

译文 《象传》说:"蕴含阳刚的章美,可以守持正固",说明六三应当根据时机发挥作用;"或辅助君王的事业",说明六三智慧光大恢弘。

《象》曰:"含章可贞",以时发也;"或从王事",知光大也①。

注释 ① 知光大:知,即"智"。此言六三不自擅章美,唯尽职"王事",故称"智光大"。《正义》:"知虑光大,不自擅其美,唯奉于上。"

说明 六三居下卦之上,有为"臣"颇多艰难之象,故须"知光大"才能摆正位置,慎行免咎。《折中》引吕祖谦曰:"《传》云,唯其知之光大,故能含晦,此极有意味。寻常人欲含晦者,多只去锄治骄矜,深匿名迹。然逾锄逾生,逾匿逾露者,盖不曾去根本上理会自己,知未光大,胸中浅狭,才有一功一善,便无安着处,虽强欲抑遏,终制不住。譬如瓶小水多,虽抑遏固闭,终必泛溢;若瓶大则自不泛溢,都不须闲费力。"此说多所发挥,但有助于理解《象传》意旨。

译文 六四,束紧囊口,免遭咎害不求赞誉。

六四,括囊,无咎无誉①。

注释 ① 括囊,无咎无誉:括,《广雅·释诂四》"结也",《方言》十二"闭也",犹言"束紧"。此谓六四处位不中,其时不利施用,故以"括囊"喻缄口不言、隐居不出;这样虽不致惹害,但也不获赞誉,故曰"无咎无誉"。《王注》:"处阴之卦,以阴居阴;履非中位,无直方之质;不造阳事,无含章之美。括结否闭,贤人乃隐;施慎则可,非泰之道。"

译文 《象传》说:"束紧囊口,免遭咎害",说明六四必须谨慎小心才能不惹祸患。

《象》曰:"括囊无咎",慎不害也。

说明 六四以阴居阴,有谦退自守、慎而又慎之象,这是处位不利能获"无咎"的重要条件。故爻辞以"括囊"为喻,《象传》以"慎不害"设戒。

译文 六五,黄色裙裳,至为吉祥。

六五,黄裳,元吉①。

注释 ① 黄裳,元吉:黄,居"五色"之"中",象征"中道";裳,古代服装是上衣下裳,故"裳"象征"谦下";元,大也,犹言"至大"。此谓六五以柔居上卦之中,其德谦下,故获"元吉"。《正义》:"黄是中之色,裳是下之饰。坤是臣道,五居'君位',

是臣之极贵者也；能以中和通于物理，居于臣职，故云‘黄裳，元吉’。元，大也；以其德能如此，故得大吉也。”

《象》曰：“黄裳元吉”，文在中也①。

译文 《象传》说：“黄色裙裳，至为吉祥”，说明六五以温文之德守持中道。

注释 ① 文在中：文，谓“温文”，与“威武”相对，亦喻“坤”德。《正义》：“既有中和，又奉臣职，通达文理，故云文在其中。言不用威武也。”

说明 六五获“元吉”，在于居尊而能柔和谦下，与《乾》九五阳刚向上正好相反。朱熹说：“这是那居中处下之道。《乾》之九五，自是刚健底道理；《坤》之六五，自是柔顺底道理：各随他阴阳，自有一个道理。”（《朱子语类》）

上六，龙战于野①，其血玄黄②。

译文 上六，龙在原野上交合，流出青黄相杂的鲜血。

注释 ① 龙战于野：龙，喻阳刚之气；战，犹言“接”，“龙战”指阴阳交合。此句说明上六阴气至盛，阴极阳来，二气交互和合，故有“龙战”之象。案，《说文》“壬”下云：“《易》曰‘龙战于野’，‘战’者‘接’也。”惠士奇《易说》据此为训；朱骏声《六十四卦经解》承之，谓“战之为言‘接’也，阴阳交接和会，大生广生”；尚先生并从惠、朱之说，又引《乾凿度》、《九家易》、《易林》诸说进一步证明“战”训“接”，“接”有阴阳“和合”、“交接”之义（《尚氏学》），今从之。又案，此句旧解多歧。《王注》认为“龙战”谓阴极导致阳忌，两者争战，指出：“阴之为道，卑顺不盈，乃全其美；盛而不已，固阳之地，阳所不堪，故战于野。”此说可备参考。

② 其血玄黄：此句承上句意，谓阴阳二气交合，流出青黄交杂之血。《尚氏学》：“万物出生之本，由于血；血者，天地所遗氤氲之气。天玄地黄；‘其血玄黄’者，言此血为天地所和合，故能生万物也。”

《象》曰：“龙战于野”，其道穷也。

译文 《象传》说：“龙在原野上交合”，说明上六的纯阴之道已经发展穷尽。

说明 本爻“龙战”的喻意，含两方面：一、阴气至盛，终究要导致阳来；二、“坤”道穷尽，则转入阴阳交合：所谓“天地生生之德”，就在两者矛盾统一中体现出来。可见，此爻明显反映了《周易》阴阳相推、变易不穷的思想。

用六①，利永贞②。

译文 用“六”数，利于永久守持正固。

注释 ① 用六：义与《乾》卦“用九”相对（参阅该卦译注），也是指明《周易》哲学以变为主的一方面特色。但“用六”是就阴爻而言。《易》筮过程中，凡筮得阴爻，其数或“八”、或“六”，“六”可变、“八”不变，而筮法原则是用“六”不用“八”，亦即占

"变爻"之意；若筮得六爻均"六"时，即以"用六"辞为占。《本义》："用六，言凡筮得阴爻者，皆用六而不用八，亦通例也。以此卦纯阴而居首，故发之。遇此卦而六爻俱变者，其占如此辞。"

② 利永贞：永，永久，含"健"义；能永久守正，即见阳刚之质。此谓柔极能济之以刚则利。《正义》："六是柔顺，不可纯柔，故利在'永贞'。永，长也；贞，正也，言长能贞正也。"《尚氏学》："六为老阴，阴极不返则太柔矣。《文言》曰'贞固足以干事'，'永贞'则健而阳矣。"

《象》曰：用六"永贞"，以大终也[①]。

译文 《象传》说：用"六"数"永久守持正固"，说明阴柔以返回刚大为归宿。

注释 ① 以大终：阳大阴小，"以大终"犹言"以阳为归宿"。《尚氏学》："言阴极必返阳。"

说明 《乾》卦"用九"称"无首"，是刚而能柔；《坤》卦"用六"称"永贞"，是柔而能刚。《老子》提倡刚柔相济之旨，正与此义契合。可见，"用九"、"用六"在指示《易》筮通例的同时，也表露了《周易》的辩证哲理。

《文言》曰：坤至柔而动也刚[①]，至静而德方[②]。后得主而有常[③]，含万物而化光[④]。坤道其顺乎！承天而时行[⑤]。

译文 《文言》说：大地极为柔顺但变动时却显示出刚强，极为安静但柔美的品德却流布四方。随从人后、有人作主，于是保持福庆久长，包容一切、普载万物于是焕发无限光芒。大地体现的规律多么柔顺啊！它禀承天的意志沿着四时运行得当。

注释 ① 至柔而动也刚：《尚氏学》："坤柔动刚，义与'用六'、'大终'同。言《坤》虽至柔，遇六则变阳矣。"

② 至静而德方：方，古人以为"天圆地方"，此处含"流布四方"之意。《集解》引荀爽曰："'坤'性至静，得阳而动，布于四方也。"《易纂言》："《坤》体隤然不动，故曰'至静'；然其生物之德，普遍四周，无处欠缺，故曰'方'。"

③ 后得主而有常：《正义》："阴主卑退，若在事之后，不为物先，即'得主'也；此阴之恒理，故云'有常'。"

④ 含万物而化光：此句与《彖传》"含弘光大，品物咸亨"之义同。《本义》："复明'亨'义。"

⑤ 承天而时行：《集解》引荀爽曰："承天之施，因四时而行之也。"

说明 《坤》卦的《文言》共七节。本节总释卦辞大义，以下六节分释六爻喻旨。

积善之家，必有余庆；积不善之家，必有余殃。臣弑其君，子弑

译文 修积善行的家族，必然留下许多庆祥；累积恶行的家族，必然留下许多祸殃。臣子弑杀君主，儿子弑杀父亲，并非

其父，非一朝一夕之故，其所由来者渐矣！由辩之不早辩也①。《易》曰："履霜，坚冰至"，盖言顺也②。

一朝一夕的缘故，作恶的由来是渐萌渐长！是由于君父不曾早日辨清真相。《周易》说："踩上微霜，将要迎来坚冰"，大概是譬喻阴恶事物的发展往往顺沿一定的趋向。

注释 ① 辩：通"辨"。《释文》引马融曰："别也。"

② 顺：《释名·释言语》："循也，循其理也。"《正义》："言顺习阴恶之道，积微而不已，乃至此弑害。"案，《本义》谓"古字'顺'、'慎'通用"，认为"此当作'慎'，言当辨之于微"。于义可通。

说明 本节释《坤》初六爻辞。文中阐发防微杜渐的意义。《折中》引吕祖谦曰："'盖言顺也'，此一句尤可警。非心邪念，不可顺养将去；若顺将去，何所不至？惩治遏绝，正要人着力。"

"直"其正也，"方"其义也①。君子敬以直内，义以方外②。敬义立而德不孤③。"直方大，不习无不利"，则不疑其所行也④。

译文 "直"说明品性纯正，"方"说明行为适宜。君子恭敬不苟于是促使内心正直，行为适宜于是促使外形端方。做到恭敬不苟、行为适宜，就能使美德广布而不孤立。"正直、端方、宏大，不学习也未必不获利"，说明美德充沛、一切行为都无须疑虑。

注释 ① 直其正也，方其义也：义，宜也。这是阐释爻辞"直"、"方"的深意。《周易蒙引》："此'正'、'义'二字，皆以见成之德言。然直不自直，必由于敬；方不自方，必由于义。直，即'主忠信'；方，即'徙义'。直，即心无私；方，即事当理。"

② 敬以直内，义以方外：这两句复申"直"、"方"之义，犹言"以敬使内心正直，以义使外形端方"。《正义》："内，谓心也。用此恭敬以直内理"，"用此义事以方正外物。"《程传》："君子主敬以直其内，守义以方其外。敬立而内直，义形而外方。"

③ 德不孤：谓美德广布，人所响应。《正义》："身有敬、义以接于人，则人亦敬、义以应之，是'德不孤'也。"

④ 不疑其所行：指美德充沛，所行必畅达无碍，故不须疑虑。《正义》："直则不邪，正则谦恭；义则与物无竞，方则凝重不躁。既'不习无不利'，故所行不须疑虑。"

说明 本节释《坤》六二爻辞。"敬义立而德不孤"一语，是其中心意旨。程颐申发此义曰："敬义既立，其德盛矣；不期大而大矣，德不孤也。"(《程传》)

阴虽有美，含之以从王事，弗敢成也①。地道也，妻道也，臣道也。地道无成而代有终也②。

译文 阴柔在下者纵然有美德，只是含藏不露而用来辅助君王的事业，不敢把成功归属已有。这是地顺天的道理，妻从夫的道理，臣忠君的道理。地顺天的道理表明成功不归已有而要替天效劳、奉事至终。

注释① 弗敢成:即六三爻辞"无成"之义(见该爻注)。

② 代有终:代,《说文》"更也",此处谓"代替"。《正义》:"地道卑柔,无敢先唱成物;必待阳始先唱,而后代阳有终也。"

说明 本节释《坤》六三爻辞。文中阐发"妻道"、"臣道"、"地道"之旨,至见"扶阳抑阴"的思想。《集解》引宋衷曰:"臣子虽有才美,含藏以从其上,不敢有所成名也。地得终天功,臣得终君事,妇得终夫业,故曰'而代有终'也。"

天地变化,草木蕃;天地闭,贤人隐[①]。《易》曰:"括囊,无咎无誉。"盖言谨也。

译文 天地运转变化,草木繁衍旺盛;天地闭塞昏暗,贤人隐退匿迹。《周易》说:"束紧囊口,免遭咎害,不求赞誉。"大概是譬喻谨慎处世的道理吧。

注释① 天地闭,贤人隐:此以"天地"闭塞喻社会昏暗,故使"贤人"隐遁。《正义》:"天地变化,谓二气交通,生养万物,故草木蕃滋;'天地闭,贤人隐'者,谓二气不相交通,天地否闭,贤人潜隐。"案,尚先生认为"蕃"与"藩"通,谓"藩闭",指"草木黄落";并引《乾》卦《彖传》"乾道变化,各正性命,保合太和"与此"天地变化"比较,指出:"此变化与彼变化同也。变化之征,在物则草木黄落,在天则阳气闭藏,在人则贤哲隐遁。"(《尚氏学》)可备一说。

说明 本节释《坤》六四爻辞。末句"犹言谨也"与《象传》"慎不害"之义同。孔颖达分析曰:"囊所以贮物,以譬心藏智也;闭其智而不用,故曰'括囊'。不与物忤,故'无咎';功名不显,故'无誉'。"(《集解》引)

君子黄中通理[①],正位居体[②],美在其中,而畅于四支[③],发于事业:美之至也!

译文 君子的美质好比黄色中和、通达文理,他身居正确的位置,才美蕴存在内心,畅流于四肢,发挥于事业:这是最美的美质啊!

注释① 黄中通理:黄,中之色,六五柔居上卦中位,故称"黄中"(见爻辞译注);理,文理。《尚氏学》:"《玉篇》'理,文也';坤为文,故曰'理'。'黄中通理'者,言由中发外,有文理可见也。"

② 正位居体:犹言"体居正位",即正确居处己位。《本义》:"虽在尊位,而居下体。释'裳'字之义也。"案,《折中》:"《孟子》曰:'立天下之正位',正位即'礼'也。此言'正位居体'者,犹言以礼居身尔。礼以物躬,则自卑而尊人,故为释'裳'字之义。"此说引申《本义》之注,有合爻旨。

③ 支:通"肢"。

说明 本节释《坤》六五爻辞。《折中》指出:"《乾》爻之言学者二,于九二则曰'言信行谨'、'闲邪存诚'也,于九三则曰'忠信以进德'、'修辞立诚以居业'也;《坤》爻之言学者二,于六二则曰'敬以直内,义以方外'也,于六五则曰'黄中通理,正位居体'也。"又指出:"在《乾》之两爻,'诚'之意多,实心以体物，是乾之德也；《坤》之两爻，'敬'之意多，虚心以顺理，是坤之德也。而要之，未有诚而不敬，未有敬而不诚者；乾坤一德也，诚敬一心也。"这是申说《乾》《坤》两卦《文言》中切合于"治学"之理的言论，可备参考。

阴疑于阳必战①。为其嫌于无阳也，故称"龙"焉②；犹未离其类也，故称"血"焉③。夫玄黄者，天地之杂也：天玄而地黄④。

译文 阴气凝情于阳气必然相互交合。作《易》者是怕读者疑惑于《坤》卦没有阳爻，所以在爻辞中称"龙"代表阳；又因为阴不曾离失其配偶阳，所以在爻辞中称"血"代表阴阳交合。至于血的颜色为青黄相杂，这是说明天地阴阳的血交互混和：天为青色、地为黄色啊。

注释 ① 阴疑于阳必战：疑，通"凝"，犹言"凝情"，《释文》："荀、虞、姚信、蜀才本作'凝'"；此谓上六处《坤》之极，阴极返阳，犹"凝情"于阳，故必致交合。《尚氏学》："'疑'即'凝'字。《庄子·达生篇》'用志不分，乃疑于神'，即'凝于神'也；《诗·大雅》'靡所止疑'，《传》'疑，定也'，《正义》'音凝'。可见'疑'、'凝'本通。"又曰："阴凝阳，即阴牝阳。"

② 为其嫌于无阳也，故称"龙"焉：嫌，《说文》："不平于心也，从女兼声，一曰疑也。"此言爻辞取"龙"喻阳，是虑及读者或疑卦中无阳，不明爻义。《尚氏学》："称龙，所以明有阳也。"

③ 犹未离其类也，故称"血"焉：类，朋类，指阳性"配偶"。此谓上六既阴极遇阳，阴阳必合，故爻辞称"血"以明交合。

④ 夫玄黄者，天地之杂也：天玄而地黄：杂，《说文》"五采相合"，此处指血色相混。这三句说明爻辞"其血玄黄"，是譬喻天地交合之血混和。《尚氏学》："言此血非阴非阳，亦阴亦阳，为天地所和合，故能生万物。"又曰："阴阳合为'类'，离则为独阴独阳。独阴独阳不能生，即不成为'血'；既曰'血'，即阴阳类也，天地杂也。"案，此节文句，然旧解不一。如《本义》："疑，谓钧敌而无小大之差也。《坤》虽无阳，然阳未尝无也。血，阴属，盖气阳而血阴也。玄黄，天地之正色，言阴阳皆伤也。"此可备一说。

说明 本节释《坤》上六爻辞。文中主要揭明爻辞取"龙"、"血"、"玄黄"等象的喻意，阐发上六所蕴含的阴极阳生，阴阳在矛盾冲突中变化发展的哲理。

总论 《周易》以《坤》卦继《乾》卦之后，寓有"天尊地卑"、"地以承天"的意旨。全卦大义，在于揭示"阴"与"阳"既相对立、又相依存的关系。在这对矛盾中，"阴"处于附从的、次要的地位，依顺于"阳"而存在、发展。就卦象看，《坤》以"地"为象征形象，其义主"顺"。卦辞强调：利于"雌马"之"贞"，"后得主"以随人，获吉于"安贞"，均已明示"柔顺"之义。六爻进一步抒发"阴"在附从"阳"的前提下的发展变化规律：二处下守中，五居尊谦下，三、四或"奉君"或"退处"，皆呈"坤，顺"之德，而以二、五最为美善；至于初六"履霜"与上六"龙战"，两相对照，又深刻体现了阴气积微必著、盛极返阳的辩证思想。《系辞上传》曰："一阴一阳之谓道。"《周易》一书发端于《乾》、《坤》两卦，正反映了作者对阴阳辩证关系的具有一定深度的认识；换言之，作者似乎流露出这样一种观点：阴阳两种力量的相互作用，是宇宙间事物运动、变化、发展的源泉。

屯卦第三

䷂ **屯①:元亨,利贞②;勿用有攸往,利建侯③。**

译文 《屯》卦象征初生:至为亨通,利于守持正固;不宜有所前往,利于建立诸侯。

注释 ① 屯:音 zhūn,卦名,下震(☳)上坎(☵),象征"初生"。案,"屯",甲金文作""(见罗振玉《殷墟书契后编》)、""(颂壶文,见罗振玉《三代吉金文存》)、""(颂鼎文,同上),均像植物种子萌生、破土而出之形;《说文》曰:"屯,难也,象艸木之初生,屯然而难,从屮贯一,一地也,尾曲。"可见,"象艸木之初生"是造字本义;又因物初生而多艰难,遂引申有"难"义。故《序卦传》谓"屯者,物之始生也",《彖传》云"刚柔始交而难生",并合"屯"义。(卦形以"下震上坎"相重喻"屯",已具《彖传》、《大象传》所释,见下文注;以后各卦均仿此。)

② 元亨,利贞:元,至大(见《坤》六五译注),"元亨"犹言"至为亨通";利贞,利于守正。此谓事物初生、正待成长,故其势至为亨通;但初生之物应当正其根本、固其体质,故又利于守正。案,《正义》:"《屯》之四德,劣于《乾》之四德,故'屯'乃'元亨',亨乃'利贞'。《乾》之四德无所不包,此即'勿用有攸往',又别言'利建侯',不如《乾》之无所不利。"此说以为《乾》"四德"不受限定,《屯》则有所限制,于义似通。以下《随》、《临》、《无妄》诸卦言"四德"者可藉此参考。

③ 勿用有攸往,利建侯:此谓事物初生,艰难当前,故不可轻动"有往",应当广资辅助,故以"利建侯"为喻。《正义》:"世道初创,其物未宁,故宜利建侯以宁之。"《程传》:"天下之屯,岂独力能济?必广资辅助,故利建侯也。"案,《周易》卦爻辞中出现的"用"字,一般有两种含义:一、作动词,犹言"施用"。如《乾》"潜龙勿用"、《渐》"其羽可用为仪"等。二、作副词,犹"宜",裴学海《古书虚字集释》训

为“应”、“宜”可从。如本卦“勿用有攸往”、《升》“用见大人”、《谦》“用涉大川”等均是。

《彖》曰：屯，刚柔始交而难生①；动乎险中，大亨贞②。雷雨之动满盈③，天造草昧④；宜建侯而不宁⑤。

译文 《彖传》说：初生，譬如阳刚阴柔开始相交而艰难随着萌生；这是在危险中变动发展，前景尽管大为亨通却要守持正固。每当雷雨将作而乌云雷声充盈宇间，恰似大自然制造万物于草创之际、冥昧之时的情状；这种时候王者应当建立诸侯治理天下而不可安居无事。

注释 ① 刚柔始交而难生：刚柔指阴阳。此句释卦名“屯”，说明事物“初生”之际，正是阴阳始交之时，此时必多艰难。《正义》：“以刚柔二气始欲相交，未相通感，情意未得，故‘难生’也。若刚柔已交之后，物皆通泰，非复难也。”案，《汉上易传》：“震者，乾交于坤，一索得之，‘刚柔始交’也”；“坎，险难：‘刚柔始交而难生’也。”此以内外卦象为说，于义可通。

② 动乎险中，大亨贞：动，指下震；险，指上坎。此以上下象释卦辞“元亨，利贞”，说明物“初生”犹如动于“险”中，故虽“大亨”亦须守“贞”。《正义》：“大亨，即元亨也；不言‘利’者，利属于贞，故直言‘大亨贞’。”

③ 雷雨之动满盈：雷，指下震；雨，指上坎。此句谓上下卦有雷雨将作、雷声乌云充盈之象，譬喻刚柔始交、物将萌生时的“氤氲”情状。王注：“雷雨之动，乃得满盈，皆刚柔始交之所为。”

④ 天造草昧：草，草创；昧，冥昧。此句紧承前句之意，又举“天造草昧”的情形，进一层譬喻初生之物将萌的状态。《正义》：“言天造万物于草创之始，如在冥昧之时也。”

⑤ 不宁：谓不可安宁无事。此句合前文“雷雨之动”“天造草昧”，释卦辞“勿用有攸往，利建侯。”《正义》：“于此草昧之时，王者当法此《屯》卦，宜建立诸侯，以抚恤万方之物，而不得安居于事。”

《象》曰：云雷，屯①；君子以经纶②。

译文 《象传》说：乌云雷声交动，象征“初生”；君子因此在时局初创之际努力经略天下大事。

注释 ① 云雷，屯：释《屯》卦上坎为云、下震为雷之象。案，云在雷上，将雨未成，故坎震为《屯》；若水在雷下，则雨已降，故震坎为《解》：两卦象、义均相反。《折中》引李舜臣曰：“坎在震上为《屯》，以云方上升，畜而未散也；坎在震下为《解》，以雨泽既沛，无所不被也。故雷雨作者，乃所以散屯；而云雷方兴，则屯难之始也。”

② 君子以经纶：经纶，用如动词；《说文》“经，织从丝也”，“纶，青丝绶也”，两字连用，即以治丝喻治国。这是说明“君子”观《屯》象，悟知当局势初创多艰之时，须奋发治理天下。《本义》：“屯难之世，君子有为之时也。”

说明 愈是“初生”之物、“草创”之事，愈迫切期待着扶持、治理。《大象传》从本卦引申出“君子经纶”的意义,至见贴切。

初九,磐桓,利居贞,利建侯①。

译文 初九,徘徊流连,利于静居守持正固,利于建立诸侯。

注释 ① 磐桓,利居贞,利建侯:磐桓,即盘桓。此言初九处“屯”之始,宜守正谨慎不进,多获资助,故云“利居贞,利建侯”。《王注》:“处《屯》之初,动则难生,不可以进,故磐桓也。处此时也,其利安在?不唯居贞、建侯乎?”

说明 《周易》中的“贞”字,通常以“正”为训,即《师》卦《彖传》所谓“贞,正也”(《子夏传》、《尔雅·释诂》并同,参阅《乾》卦译注)。用“人事”譬喻,犹言行为守正,心志坚固,事必有成。故《文言》云“贞者,事之干也”,“贞固足以干事”。但就各卦爻辞中出现的“贞”具体分析,其义又因该爻居位“得正”与否而略有差别:一、若阳爻居初、三、五,阴爻居二、四、上,均得“正位”;此时爻辞称“贞”,意犹“继续保持正固”。二、反之,若阳爻居二、四、上,阴爻居初、三、五,均为“失正”;此时爻辞称“贞”,意犹“努力趋正自守”。第一义如本卦初九“利居贞”,第二义如《讼》九四“贞吉”。余可类推。这种意义上的微异,须读者根据爻位、辞旨细加玩味。《左传》襄公七年穆子曰:“正直为正,正曲为直”,不论曲、直皆规范于“正”,似与上述“贞”之两义相契合。又,虞翻《易》学有“之正”说,旨在“失正”之爻均令其“变正”,在义理上似亦与“贞”第二义可通。

《象》曰:虽磐桓,志行正也①;以贵下贱②,大得民也。

译文 《象传》说:尽管徘徊流连,但心志行为能保持端正;身份尊贵却下居卑位,说明初九可以大得民心。

注释 ① 志行正:《正义》:“初九虽磐桓不进,非苟求宴安,志欲以静息乱,故居处贞也;非是苟贪逸乐,唯志行守正也。”

② 以贵下贱:阳贵阴贱,初九阳爻处群阴之下,故有是说。《正义》:“言初九之阳在三阴之下。”

说明 本爻“磐桓”,即卦辞“勿用有攸往”之义;“居贞”、“建侯”,亦与卦辞同:旨在强调“屯”之初必须谨慎守正,广资辅助。《象传》“志行正”、“大得民”亦述此意。《折中》引杨万里曰:“磐桓不进,岂真不为哉?居正有待,而其志未尝不欲行其正也。故周公言‘居贞’,孔子言‘行正’。”

六二,屯如,邅如①。乘马班如②,匪寇婚媾③;女子贞不字④,十年乃字⑤。

译文 六二,初创之时多么艰难,回复彷徨不前。乘马的人纷拥前来,但他们不是强寇而是来求婚配者;女子守持正固不急于出嫁,久待十年才缔结良缘。

注释 ① 屯如,邅如:如,语气词;邅,音 zhān,《释文》引马融曰:“难行不进之貌”,《玉篇》:“转也”、“移也”。这两句说明六二当“屯难”之时,柔顺中正,能审慎忖度，不急于进，故有“邅如”之象。

② 班如：《尚氏学》谓“马多”之状，并引吴汝纶先生《易说》云：《汉书》“车班班，往河间”，义同此。

③ 匪：通“非”。

④ 字：谓女子许嫁。《礼记·曲礼上》：“女子许嫁笄而字。”

⑤ 十年乃字：十年，言时间之久，又含时极转通之义。《正义》“十者，数之极，数极则复，故云‘十年’也。”案，以上四句，“乘马”、“匪寇”指九五，“女子”指六二。谓二与五阴阳相应，故五乘马而来，欲求婚媾；但当“屯难”之时，二前有三、四两阴“阻格”（见《尚氏学》），不宜轻动，故守正待时，至“十年”难消时通“乃字”。爻辞取象兼喻二、五两爻，义主于卦辞所云“利贞，勿用有攸往”。

说明 《折中》指出，《周易》中提到“匪寇婚媾”的有三处：《屯》二、《贲》四、《睽》上。并就其句法、意义分析说：“《贲》之为卦，非有《屯》难、《睽》隔之象，则爻义有所难通者。详玩辞意，‘屯如，邅如，乘马班如’，与‘贲如，皤如，白马翰如’，文体正相似，其下文皆接之曰‘匪寇婚媾’。然则，‘屯如，邅如’，及‘贲如，皤如’，皆当读断：盖两爻之自处者如是也。‘乘马班如’及‘白马翰如’，皆当连下‘匪寇婚媾’读：言彼乘马者非寇，乃吾之婚媾也。此之‘乘马班如’谓五，《贲》之‘白马翰如’谓初；言‘匪寇婚媾’，不过指明其为正应而可从耳。”又对《屯》上下卦取象特点分析说：“此卦下雷上云：雷声盘回，故言‘盘桓’、‘邅如’者下卦也；云物班布，故言‘班如’者上卦也。四与上皆言‘乘马班如’，五之为‘乘马班如’则于六二言之。此亦可备一说也。”

《象》曰：六二之难，乘刚也①；十年乃字，反常也②。

译文 《象传》说：六二难行不进，是由于阴柔乘凌阳刚之上；久待十年才许嫁，说明难极至通、事理又恢复正常。

注释 ① 乘刚：指六二乘凌初阳之上。《集解》引崔憬曰：“下乘初九。”

② 反常：反，即“返”。此言六二“贞不字”，有悖常理；“十年乃字”，则难消而事理复常。《正义》：“反归于常。”

说明 本爻之象拟“女子”守贞待字，其义归于事物初创时，发展宜缓不宜速。孔颖达曰：“是知万物皆象于此，非唯男女而已。诸爻所云阴阳男女之象，义皆仿于此。”（《正义》）张浚指出：“以二抱节守志于艰难之世，而不失其贞也。若太公在海滨，伊尹在莘野，孔明在南阳，义不苟合，是谓‘女贞’。”（《紫岩易传》）此说即泛引史例，以明爻象的喻意。

六三，即鹿无虞，惟入于林中①；君子几，不如舍，往吝②。

译文 六三，追逐山鹿没有虞人引导，只是空入茫茫林海中；君子应当见机行事，此时不如舍弃不逐，要是一意前往必有憾惜。

注释 ① 即鹿无虞，惟入于林中：即，《集解》引虞翻曰：“就也”，谓追逐；虞，虞人，《尚书·舜典》“汝作朕虞”，《孔传》：“虞，掌山泽之官。”这两句说明六三处《屯》

下卦之上，失正不中，躁于进取，犹无虞人相助而“逐鹿”，徒入林中，必无所获。案，《尚氏学》训“虞”为“备虞”，谓《王注》“虽见其禽而无其虞，徒入于林中”亦释作“备虞”。此说于义可通。

② 往吝：此句承前两句意，说明六二当“屯难”失正之时，应该“知几”退处，舍“鹿”不逐；若执意逐之不已，必徒劳无益而致“吝”。案，尚先生云：“‘吝’字初见。《说文》‘口’部引作‘吝’，云‘恨惜也’；‘辵’部引又作‘遴’，云‘行难’。”并曰：“凡言‘往吝’者，宜从‘行难’义；只言‘吝’者，宜从‘恨惜’义。”（《尚氏学》）所谓“行难”，亦必因“难”而生“恨惜”，故尚先生依《说文》释“吝”为两义，于辞旨可通。

《象》曰：“即鹿无虞”，以从禽也[1]；“君子舍之、往吝”，穷也。

译文 《象传》说：“追逐山鹿没有虞人引导”，说明贪于追捕禽兽；“君子舍弃不逐，一意往前必有憾惜”，说明追逐不止将致穷困。

注释 ① 从禽：从，犹言“追捕”，《尚氏学》：“‘从禽’意与‘即鹿’同”；禽，泛指禽兽，李鼎祚曰：“《白虎通》云：‘禽者何？鸟兽之总名，为人所禽制也。’即《比》卦九五爻辞‘王用三驱，失前禽’是其义也。”（《集解》）

说明 三于“屯难”时，有冒进之象，故爻辞强调“识几”，并指出其行动应借助外力，须“有虞”才能“即鹿”。《三国志・魏志・陈琳传》：“《易》称‘即鹿无虞’，谚有‘掩目捕雀’”，“掩目”适可作“无虞”的注脚。

六四，乘马班如，求婚媾[1]；往吉，无不利。

译文 六四，乘马纷拥前去，欲求婚配；此往必获吉祥，无所不利。

注释 ① 乘马班如，求婚媾：此谓六四下应初九，阴阳相合，故乘马往求婚配，必可济“屯”获“吉”。《尚氏学》：“四与初本为正应，婚媾而已；然必求者，以二、三为阻也。知其阻而求之，故往吉也。”

《象》曰：求而往[1]，明也。

译文 《象传》说：有求于下而前往，说明六四是明智的。

注释 ① 求而往：四阴求初阳，含有上者礼求下贤的喻意。《程传》：“知己不足，求贤自辅，可谓明矣。”

说明 四居上卦，柔正得位，尊如“公卿”；能以上求下，取刚济柔，必然有利于打通“屯难”局面。程颐指出：“居公卿之位，己之才虽不足以济时之屯；若能求在下之贤，亲而用之，何所不济哉？”（《程传》）

九五，屯其膏[1]。小，贞吉；大，贞凶[2]。

译文 九五，克服初创艰难，即将广施膏泽。柔小者，守持正固可获吉祥；刚大者，守持正固以防凶险。

注释 ① 屯其膏：屯，此处有“克服屯难”之意；其，助词，含推测性语气，犹“将”；膏，用如动词，谓“施膏泽”，《集解》引虞翻曰：“坎雨称‘膏’，《诗》云‘阴雨膏之’

是其义也。"《纂疏》:"《诗·曹风》文,'膏'去声,与'润'同义。"此句说明九五阳刚中正,居《屯》尊位,为善处"屯难"、努力打通初创局面之象;又能下应六二,犹将克服"屯难",下施膏泽,故曰"屯其膏"。《集解》引崔憬曰:"得'屯难'之宜,有'膏泽'之惠。"案,五既应二,则上坎之"云"将化雨下降,正见"膏"象。又,《王注》:"屯难其膏,非能广其施者",认为此"膏"为畜积不施之象,可备一说。

② 小,贞吉;大,贞凶:此承前句意,说明九五之时"屯难"正在克服,"膏泽"行将广施,柔小处下者守正待时必获吉祥;但刚大居上者尚须敬慎行事,不可疏忽大意,功败垂成,故特诫其"贞"而防"凶"。

说明 "贞"训"正",前注已详。但此字与不吉之辞连用时,如"贞凶"、"贞厉"、"贞吝"、"贞疾"等,《易》家多释为"虽正而不免于凶(厉、吝)",似于义未安。今案,《豫》六五"贞疾,恒不死",王宗传《童溪易传》引孟子"生于忧患"为说,则"贞疾"之义当为:守正防疾,可保长久不灭亡(详该爻译注)。又,《履》九五"夬履,贞厉",《集解》引干宝曰:"恐夬失正,恒惧危厉",《折中》引《尚书·君牙》"心之忧危,若蹈虎尾"为说,认为此爻"有中正之德,故能常存危厉之心",则此"贞厉"意犹:"守正以防危厉"(详该爻译注)。又,《巽》上九"丧其资斧,贞凶",《象传》曰:"正乎凶也",犹言"正于凶",其义当指"守正避凶"(详该爻译注),依此诸例,则《易》中凡言"贞凶"、"贞厉"、"贞吝"、"贞疾"者,似均当作"守正防凶"、"守正防危"、"守正防吝"、"守正防疾"解,乃与"贞"义相切。《系辞下传》曰:"作《易》者其有忧患乎?"张载《正蒙》云:"《易》为君子谋。"卦爻辞每设"贞凶"之类的占语,其义盖戒人常守正固、防备凶吝,适与忧患之作、"为君子谋"的特色契合。

《象》曰:"屯其膏",施未光也。

译文 《象传》说:"克服初创艰难,即将广施膏泽",说明九五所施德泽尚未及光大。

说明 《象传》说"天造草昧,宜建侯而不宁"。可知"草创"之时,事有缓急;以"治天下"为喻,此时当先"建侯"安定大局,然后逐步疏通,全面施治。《白虎通·卦公侯篇》曰:"王者即位,先卦贤者,忧民之急也","《易》曰'利建侯',此言因所利故立之。"以此推之,《象传》"施未光",正是说明先施其急,尚未光大。

上六,乘马班如,泣血涟如①。

译文 上六,乘马之人纷拥而往,欲求婚配,(但竟无感应)泣血伤心泪涟涟。

注释 ① 乘马班如,泣血涟如:涟如,形容泪流汪汪之状。此谓上六居《屯》卦之极,初创艰难的局面已经打通,正转向新的发展阶段;但上六质禀阴柔,仍持"屯难"的旧观念,欲效前爻"乘马"求贤,无奈六三同性不应,故"泣血涟如",徒自伤悲。《周易参义》:"《屯》之极,乃亨之时也;而上六处屯极,则阴柔无应,不离于险,是安有亨之时哉?"

《象》曰："泣血涟如"，何可长也①？

译文 《象传》说："泣血伤心泪涟涟"，上六又怎会长久如此呢？

注释 ① 何可长也：指上六虽因不明时变、徒致伤悲，但随着大局进一步亨通，必将恍然自悟、释然无忧。《折中》引杨简曰："何可长者，言何可长如此也。非惟深悯之，亦觊其变也，变则庶乎通矣。"

说明 上六"屯"极终通，"泣血"之忧必不致久长。这一点，正是特定的"时"、"位"所导致的结局。

总论 《屯》卦喻示事物初生之际的情状，义在阐明"初创艰难"。卦辞既言此时可致亨通，又谓利于守正、宜"建侯"广资辅助，表露了作者哲理浓厚的观点：认为创物虽艰难，若能把握正确的规律，前景必将充满光明。卦中六爻，通过不同的物象，揭示处"屯"之道：初"盘桓"，以居正不出为利；二"屯邅"，似女子"守贞待字"则宜；三"即鹿"，当退不当进；四"求婚"，亲下获吉；五"初创"局面将通，但不可疏忽，须守正防凶；上虽"泣血"，但大势已通，必将化忧为喜。综言之，六爻均围绕物之"初生"、时之"草创"，明其吉凶利咎，大旨无不强调居正慎行。从哲学内涵分析，全卦所明"初生"、"艰难"的本旨，是勉励人沿着"草创"之时的发展趋势，不断开拓、进取，以求得"元亨"为最终目的。《大象传》申言"君子以经纶"，即体现"奋发图治"、处"屯"求通的精神。《宋书·谢灵运传》所谓"国屯难而思抚"，正与此义合，可见，《屯》卦的积极意义，是以辩证的哲学观点，指出"初生"事物的发展前景，展示"君子有为之时"开"屯"致"通"的途径。

蒙卦第四

蒙①:亨②。匪我求童蒙,童蒙求我③;初筮告,再三渎,渎则不告④。利贞⑤。

译文 《蒙》卦象征蒙稚:亨通。并非我求有于幼童来启发蒙稚,而是幼童需要启发蒙稚有求于我;初次祈问施以教诲,接二连三地滥问是渎乱学务,渎乱就不予施教。利于守持正固。

注释 ① 蒙:卦名,下坎(☵)上艮(☶),象征"蒙稚"。《序卦传》:"物生必蒙","蒙者,蒙也,物之稚也"。

② 亨:指事物"蒙稚"之时,若合理启发,必致亨通。《集解》引干宝曰:"蒙,为物之稚也;施之于人,则童蒙也。苟得其运,虽蒙必亨,故曰'蒙,亨'。"

③ 匪我求童蒙,童蒙求我:我,指"启蒙之师",喻九二;童蒙,喻六五,此处"求童蒙"犹言"求童启蒙"("童蒙求我"即反此义)。这两句说明启蒙之事,是"学子"有求于"师",并非"师"求"学子"。卦中六五下应九二,正合"童蒙求我"之象。《集解》引虞翻曰:"童蒙谓五","我谓二"。

④ 初筮告,再三渎,渎则不告:筮,音 shì,原指以蓍草演卦占问,《礼记·曲礼上》:"龟为卜,筴为筮",此处特指"学子"向"蒙师"问疑求决;渎,《释文》"乱也"。这三句说明"治蒙"的规律,"蒙稚"者应当虔心循序求问,不可"再三"滥问、渎乱学务;而"蒙师"也必须教之有方,故初告、渎不告。《王注》:"筮,筮者决疑之物也;童蒙之来求我,欲决所惑也。决之不一,不知所从,则复惑也。故'初筮'则告,'再三'则渎,渎蒙也。"

⑤ 利贞:此句总结卦辞,说明"治蒙"之道,利于守正。《正义》:"贞,正也。言《蒙》之为义,利于养正。"

《彖》曰：蒙，山下有险，险而止，蒙①。"蒙，亨"，以亨行时中也②。"匪我求童蒙，童蒙求我"，志应也③。"初筮告"，以刚中也④；"再三渎，渎则不告"，渎蒙也⑤。蒙以养正，圣功也⑥。

译文 《彖传》说：蒙稚，譬如高山下有险阻，遇险止步、徬徨不前，正像蒙稚的情状。"蒙稚，亨通"，说明可以顺沿亨通之道施行启蒙，并把握适中的时机。"并非我有求于幼童来启发蒙稚，而是幼童需要启蒙有求于我"，这样双方的志趣就能相应。"初次祈问施以教诲"，说明蒙师有阳刚气质、行为适中；"接二连三地滥问是渎乱学务，渎乱就不予施教"，因为渎乱了蒙稚启迪的正常程序。蒙稚的时候应当培养纯正无邪的品质，这是造就圣人的成功之路。

注释 ① 山下有险，险而止，蒙：山，指上艮；险，指下坎。此以上下卦象释卦名"蒙"。《集解》引侯果曰："艮为山，坎为险，是山下有险；险被山止，止则未通，蒙昧之象也。"

② 以亨行时中也：此谓九二处下卦之中，犹沿亨通之道"治蒙"而能把握适中的时机，以释卦辞"蒙，亨"之义。《王注》："时之所愿，惟愿亨也；以亨行之，得时中也。"

③ 志应：指卦中二、五阴阳相应，犹"蒙师"、"学子"志趣投合。此释卦辞"匪我求童蒙，童蒙求我。"《集解》引荀爽曰："二与五志相应也。"

④ 刚中：指九二阳刚居中，喻"蒙师"刚严有方，"初筮"必"告"。此释卦辞"初筮告"。《集解》引崔憬曰："以二刚中，能发于蒙也。"

⑤ 渎蒙：谓渎乱蒙稚的启迪程序，此释卦辞"再三渎，渎则不告"。《正义》："所以再三不告，恐渎乱蒙者。"

⑥ 蒙以养正，圣功也：圣功，犹言"致圣之功"。此释卦辞"利贞"。《程传》："以纯一未发之蒙而养其正，乃作圣之功也。"

《象》曰：山下出泉，蒙①；君子以果行育德②。

译文 《象传》说：高山下流出泉水，象征渐启"蒙稚"；君子因此果断决定自己的行动来培育美德。

注释 ① 山下出泉，蒙：释《蒙》卦上艮为山、下坎为水之象。泉流出山必渐汇成江河，正如"蒙稚"渐启。《本义》："泉，水之始出者，必行而有渐也。"

② 果行育德：果，用如动词；"果行"犹言果决其行，含"百折不挠"之意。这是说明"君子"效法《蒙》卦"山下出泉"之象，"果行"不止、"育德"不懈。《周易会通》引真德秀曰："泉之始出也，涓涓之微，壅于沙石，岂能遽达哉？惟其果决必行，虽险不避，故终能流而成川。"又曰："君子观《蒙》之象，果其行如水之必行，育其德如水之有本。"

说明 《蒙》卦的指趣，主于启迪"蒙稚"。《大象传》从"山下有泉"引申出"果行育德"的意义，正说明"启蒙发智"需要坚毅的心志和长期的过程。

初六，发蒙，利用刑人，用说桎梏①；以往吝②。

译文 初六，启发蒙稚，利于树立典型教育人，使人免犯罪恶；要是急于前往必有遗憾惋惜。

注释 ① 发蒙，利用刑人，用说桎梏：刑，即“型”，用如动词，指以典型、法式教人；说，通“脱”；桎梏，音 zhì gù，木制刑具，《说文》：“桎，足械也”，“梏，手械也”。这三句说明初六处“蒙”之始，宜受启蒙教育，才能端正品质，免犯罪恶，不至于身罹“桎梏”。《尚氏学》：“《诗·大雅·思齐》篇曰‘刑于寡妻’，《左传》襄十三年‘一人刑善，数世赖之’，注皆训‘刑’为‘法’，是‘刑’与‘型’同。‘利用刑人’者，言宜树之模型，使童蒙有所法式，得为成人永免罪辟也。”案，《正义》释“刑人”为“刑戮于人”，可备一说。

② 以往吝：以，犹“而”，杨树达《词诠》谓“承连词”，此处微含转折义。这句说明初六若不专心受教“发蒙”，急于求进，必将“往”而有“吝”。

《象》曰：利用刑人，以正法也①。

译文 《象传》说：利于树立典型教育人，是为了让人就范于正确的法则。

注释 ① 正法：以法为正。《尚氏学》：“言以法则示人，俾童蒙有所则效，即释‘刑人’之义。”

说明 初六阴爻最处卦下，蒙稚至甚，故亟待启发。《周易学说》引李士鉁曰：“物生必蒙，故果木有甲孚蔽之；人蒙无知，亦若有蔽之者。木之甲不自解，待雷雨解之；人之蒙不自说，待人说之。”

九二，包蒙，吉①。纳妇，吉②；子克家③。

译文 九二，被蒙稚者所环绕，吉祥。像迎娶贤淑美丽的妻室一样，吉祥；又像儿辈能够治家。

注释 ① 包蒙，吉：这是譬喻九二阳刚居下卦中位，被初、三、四、五诸阴所“包”，犹如“蒙师”居于众“学子”中，正施教诲，故“吉”。《王注》：“以刚居中，童蒙所归，包而不距，则远近咸至，故‘包蒙，吉’也。”

② 纳妇，吉：此喻九二与六五应合，五居尊，下求于二，则二有“纳妇”之象。妇能配己成德，故再称“吉”。《王注》：“妇者，配己而成德者也，体阳而能包蒙，以刚而能居中，以此纳配，物莫不应，故‘纳妇吉’也。”

③ 子克家：此句又喻九二处下而能为六五尊者之师，犹如子辈却能治家。《程传》：“以家言之，五，父也；二，子也。二能主《蒙》之功，乃人子克治其家也。”

《象》曰：“子克家”，刚柔接也①。

译文 《象传》说：“儿辈能治家”，说明九二阳刚和六五阴柔互为应接。

注释 ① 刚柔接：九二阳刚，有“子”能治家，下者为尊者师之象；六五阴柔，有尊者下求贤师、虚心受教之象；二、五应合，故称“刚柔接”。

说明 本爻分别取“包蒙”、“纳妇”、“子克家”为象，爻义统归于阳刚居中、启迪蒙稚这一象征本旨。杨万里曰：“乃谓‘子克家’，何也？臣之事君，如子之事父。责难纳诲,陈善闭邪,正使致君以尧,格君于天;如伊尹、周公,亦臣子分内事耳,亦如子之干蛊克家耳。"(《诚斋易传》)此将"子克家"的象外之意申说得甚为透彻。韩愈在他的名作《师说》中写道:"生乎吾前,其闻道也固先乎吾,吾从而师之;生乎吾后,其闻道也亦先乎吾,吾从而师之。吾师道也,夫庸知其年之先后生于吾乎?是故无贵无贱,无长无少,道之所存,师之所存也。"尽管他并非在解《易》,但其意恉却与"子克家"的喻义颇有默契。

六三,勿用取女,见金夫①,不有躬,无攸利②。

译文 六三,不宜娶这女子,她眼中所见只是美貌郎君,不顾自身体统,娶她无所利益。

注释 ① 金夫:《尚氏学》:"金夫者,美称。《诗》'有匪君子,如金如锡,如圭如璧',《左传》'思我王度,式如玉,式如金':皆以金喻人之美。"

② 不有躬,无攸利:躬,自身。此上四句,"女"喻六三,"金夫"喻上九。说明三与上相应,但三处《蒙》下卦之终,阴柔失正,乘凌九二阳刚,有既处"蒙稚"又急于求进之象,犹如女子见美男亟欲求之,不顾"礼节";故爻辞戒上九"勿取"此女,取之必"无攸利"。《王注》:"女之为体,正行以待命者也;见刚夫而求之,故曰'不有躬'也。"《正义》:"为女不能自保其躬,固守贞信,乃'非礼而动';行既不顺,若欲取之,无所利益。"案,王弼释"金夫"为"刚夫",是以"刚"训"金",正指上九,于义亦通。

《象》曰:"勿用取女",行不顺也①。

译文 《象传》说:"不宜娶这女子",说明六三行为不顺合礼节。

注释 ① 行不顺:指六三阴居阳位,下乘九二。《集解》引虞翻曰:"失位乘刚,故行不顺也。"

说明 本爻既贬六三"见金夫,不有躬",又戒上九"勿用取女"、"无攸利"。丁晏指出:"臣道、妻道,皆当诫此。士大夫立身必先以廉耻为本。"(《重定费氏学》引)这是从古代礼教的角度引申爻义,不无可取;惟细玩此爻微旨,实为譬喻"蒙稚"之时,不可置"启蒙"教育于不顾,而盲目躁进。

六四,困蒙,吝①。

译文 六四,困陷于蒙稚,有所憾惜。

注释 ① 困蒙,吝:此谓六四当"蒙"之时,以阴处上下两阴之间,犹如远离"蒙师"、独困蒙稚,故有"吝"。《王注》:"独远于阳,处两阴之中,暗莫之发,故曰'困蒙'也。"

《象》曰:"困蒙之吝",独远实也①。

译文 《象传》说:"困陷于蒙稚的憾惜",说明六四独自远离刚健笃实的蒙师。

注释 ① 独远实：阳实阴虚，四独远九二，故称。《尚氏学》："实为阳，初、三、五皆近阳，四独否，故曰'独远实'。"

说明《荀子·劝学》云："学莫便乎近其人。"六四困蒙有吝，正是不"近其人"所致。

六五，童蒙，吉①。

译文 六五，幼童的蒙稚正受启发，吉祥。

注释 ① 童蒙，吉：此谓六五阴柔居尊，谦下应二，犹"童蒙"虚心柔顺，承教于师，故"吉"。《本义》："柔中居尊，下应九二，纯一未发，以听于人，故其象为'童蒙'。"

《象》曰："童蒙之吉"，顺以巽也①。

译文《象传》说："幼童的蒙稚正受启发，吉祥"，说明六五对蒙师恭顺谦逊。

注释 ① 顺以巽：以，连词，犹"而"；巽，音 xùn，犹言"谦逊"。《说文通训定声》："异，假借为愻"，"愻"即"逊"。

说明 马其昶认为："'蒙以养正'，为五言也。六五非正，应二以养其正。"（《重定费氏学》）可备一说。

上九，击蒙①；不利为寇，利御寇②。

译文 上九，猛击以启发蒙稚；不利于施用暴烈过甚的方式，宜于采用抵御强寇的方式。

注释 ① 击蒙：击，《释文》引王肃曰："治也"，即以猛击治"蒙"。此句说明上九阳居《蒙》终，犹如"蒙师"高居上位，以严厉措施教治蒙稚者，故曰"击蒙"。

② 不利为寇，利御寇：为寇，喻暴烈过甚的方式；御寇，喻适当的严厉。此因上九阳刚极盛，戒其治蒙可严不可暴，故谓严则"利"，暴则"不利"。《程传》："九居《蒙》之终，是当蒙极之时；人之愚蒙既极，如苗民之不率，为寇为乱者，当击伐之。然九居上，刚极而不中，故戒'不利为寇'。治人之蒙，乃'御寇'也；肆为刚暴，乃'为寇'也。若舜之征有苗，周公之诛三监，'御寇'也；秦皇汉武穷兵诛伐，'为寇'也。"

《象》曰："利用御寇"，上下顺也①。

译文《象传》说："利于采用抵御强寇的方式治蒙"，是说可以使上下的意志顺合和谐。

注释 ① 上下顺：《程传》："上不为过暴，下得击去其蒙，'御寇'之义也。"

说明 由于"蒙师"气质有异，"蒙稚者"的程度不一，故"治蒙"的方式往往不同。这一点，在二、上两爻中有所体现。吴澄曰："九二刚而得其中，其于蒙也，能'包'之，治之以宽者也；上九刚极不中，其于蒙也，乃'击'之，治之以猛者也。"（《易纂言》）

总论 事物发展的初期阶段，必多蒙昧。《尚书·太甲》叙伊尹语曰："先王昧爽丕显，坐以待旦；旁求俊彦，启迪后人。"《礼记·学记》云："玉不琢，不成器；人不学，不知道。是故古之王者，建国君民，教学为先。"可见，我国古代对传道授业、启蒙育智是十分重视的。《蒙》卦取名"蒙稚"，其义在于揭示"启发蒙稚"的道理。卦辞称"匪我求童蒙，童蒙求我"，体现"尊师敬学"的思想，与《礼记·曲礼上》所谓"礼闻来学，不闻往教"之义相同；又称"童蒙"初问"告"，再三滥问"不告"，展示了启发引导式的教学原则，与《论语·述而》所谓"举一隅不以三隅反，则不复也"之义略通。六爻大旨，二阳爻喻"师"，四阴爻喻"蒙童"，即程颐云："二阳为治蒙者，四阴皆处蒙者也。"(《程传》)其中九二阳刚处下，启迪群蒙，为有道"师表"之象；上九刚健居终，以严施教则利，以暴施教则不利：这是从"教"的角度揭明"启蒙"规律。六五居尊谦下，"蒙以养正"，为好学"君子"之象；初六阴弱蒙稚，潜心"发蒙"则可，急于求进必"吝"；六三、六四两爻，或不循学径、盲目躁动，或远离其"师"、困陷蒙昧，均不能去蒙发智：这是从"学"的角度揭明"治蒙"规律。综观全卦，无非紧扣"教"、"学"两端，抒发作《易》者颇具辩证因素的教育思想。蔡清曰："在蒙者便当求明者，在明者便当发蒙者，而各有其道。"(《易经蒙引》)正是本卦大义的概括。若联系我国古代教育史，进一步考究《蒙》卦的思想内容，似乎又有利于追溯、挖掘先秦时期以孔子为代表的某些教育理论的哲学渊源：这是本卦值得重视的一方面价值。

卷二

需卦第五

䷄ 需①：有孚，光亨，贞吉②，利涉大川③。

译文 《需》卦象征需待：心怀诚信，光明亨通，守持正固可获吉祥，利于涉越大河巨流。

注释 ① 需：卦名，下乾（☰）上坎（☵），象征"需待"。《正义》："需者，待也，物初蒙稚，待养而成。"

② 有孚，光亨，贞吉：孚，《说文》"一曰'信也'"，《周易》中出现的"孚"字，一般均指"心怀诚信"；光，即光明磊落。这三句说明有所"需待"之时，能诚信、光明、守正，则可获"亨"、"吉"。卦中九五爻阳刚中正，与此象有合。《程传》："五居君位，为需之主，有刚健中正之德，而诚信充实于中。中实，有孚也；有孚则光明而能亨通，得贞正而吉也。"

③ 利涉大川：大川，即大河流，喻艰难险阻。《集解》引何妥曰："大川者，大难也。须之待时，本欲涉难，既能以信而待，故可以'利涉大川'矣。"

说明 马其昶曰："舟楫之利，最是天地大用。凡言涉川，其象皆取诸乾、坤、坎、巽四卦，其义则所谓致远以利天下者是已，非为涉险之喻。惟不利涉大川，乃取险象尔，皆在坎体。所谓水能载舟，水能覆舟，坎险故也。"（《重定费氏学》）此说可备参考。

《彖》曰："需"，须也①；险在前也，刚健而不陷，其义不困穷矣②。"需，有孚，光亨，贞吉"，位乎天位，

译文 《彖传》说："需"，意思是有所期待；譬如艰难险阻正在前方，刚强健实而不陷入厄境，因为期待适宜便不致路困途穷。"需待，心怀诚信，光明亨通，守持正固可获吉祥"，说明九五居于"天"的位

以正中也[3]**。“利涉大川”，往有功也**[4]**。**

置，而且处位正中。“利于涉越大河巨流”，说明一往直前必获成功。

注释 ① 需，须也：需，有“需求”和“期待”二义，故《序卦传》谓“需者，饮食之道也”，指“需求”；《杂卦传》谓“需，不进也”，指“期待”。本句释“需”为“须”，主于“期待”之义。

② 险在前也，刚健而不陷，其义不困穷矣：险，指上卦坎；刚健，指下卦乾；义，犹言“宜”。这三句举上下卦象之义，配合前文并释卦名“需”。《集解》引何妥曰：“此明得名由于坎也，坎为险也，有险在前，不可妄涉，故须待时然后动也。”又引侯果曰：“乾体刚健，遇险能通，险不能险，义不穷也。”

③ 位乎天位，以正中也：此释卦辞“有孚，光亨，贞吉”，指九五居于“天”位（见《乾》卦《文言传》“上不在天”译注），得正而持中。《正义》：“以九五居乎天子之位，又以阳居阳，正而得中，故能有信、光明、亨通而贞吉也。”

④ 往有功也：此句释卦辞“利涉大川”。《正义》：“以乾刚健，故行险有功也。”

说明 孔颖达针对本卦《彖传》分析如下：“‘刚健而不陷’，只由二象之德；‘位乎天位以正中’，是九五之德也。凡卦之为体，或直取象而为卦德者；或直取爻而为卦德者；或以兼象兼爻而为卦德者，此卦之例是也。”（《正义》）此说指出《彖传》的三种体例，值得参考。

《象》曰：云上于天，需[1]**；君子以饮食宴乐**[2]**。**

译文 《象传》说：云气上集于天（待时降雨），象征“需待”；君子因此需待其时饮用食物、举宴作乐。

注释 ① 云上于天，需：释《需》卦上坎为云（水）、下乾为天之象。《集解》引宋衷曰：“云上于天，须时而降也。”《正义》：“不言‘天上有云’，而言‘云上于天’者，若是天上有云，无以见欲雨之义，故云‘云上于天’。”

② 君子以饮食宴乐：这是说明“君子”观《需》卦之象，悟知“饮食宴乐”也应当“需时”之理。《本义》：“云上于天，无所复为，待其阴阳之和而自雨尔。事之当‘需’者，亦不容更有所为；但饮食宴乐，俟其自至而已，一有所为，则非需也。”

说明《大象传》举“饮食宴乐”来阐发“需”的意义，旨在揭明：事物的“需待”，既是求其所“需”，又要“待”其适时。李光地曰：“需之义不止处险，凡事皆当顺其理而待其成，不可妄有为作，故需有‘养’义。又为饮食之道焉，饮食养人也以渐，如物稚而至长，待之而已。”（《周易观象》）

初九，需于郊，利用恒，无咎[1]**。**

译文 初九，在郊外需待，利于保持恒心，必无咎害。

注释 ① 需于郊，利用恒，无咎：郊，指城邑之外的周围地区，《尔雅·释地》“邑外谓之郊”。这是说明初九处《需》卦之始，远离坎险，犹如在邑郊“需待”其时；但此时当以恒心久待，不可妄动，故曰“利用恒，无咎”。《正义》：“难在于坎，初九去难既远，故待时在于郊；郊者，是境上之地，亦去水远也。恒，常也；远难待时，以避其害，故宜保守其常，所以无咎。”

《象》曰：“需于郊”，不犯难行也；“利用恒无咎”，未失常也①。

译文 《象传》说：“在郊外需待”，说明初九不朝着险难前行；“利于保持恒心，必无咎害”，说明初九未曾离失常理。

注释 ① 未失常：常，指恒常之理。《程传》：“君子之需时也，安静自守，志虽有须，而恬然若将终身焉，乃能用常也。”

说明 梁寅曰：“《需》下三爻，以去险远近为吉凶。”（《周易参义》）初九虽最远于险，因其位卑体刚，所以又诫以“用恒”需待，才能“无咎”。

九二，需于沙，小有言；终吉①。

译文 九二，在沙滩需待，略受言语中伤；坚持需待至终必获吉祥。

注释 ① 需于沙，小有言；终吉：沙，沙滩，喻离险不远。这两句说明九二处下卦之中，离上卦坎险不远，犹如在近水的沙滩需待，又如稍受言语中伤；两层比喻都体现九二虽未及“难”，却正在向危难靠近。但由于阳刚居中，有静待不躁之象，故获“终吉”。《本义》：“沙，则近于险矣；言语之伤，亦灾害之小者。渐进近坎，故有此象；刚中能需，故得终吉。”

《象》曰：“需于沙”，衍在中也①；虽小有言，以终吉也②。

译文 《象传》说：“在沙滩需待”，说明九二中心宽绰不躁；尽管略受言语中伤，但能坚持需待至终必获吉祥。

注释 ① 衍在中：衍，音 yǎn，犹言“宽绰”，此句说明九二阳刚居中，能宽绰需待。《正义》：“衍，谓宽衍。去难虽近，犹未逼于难，而宽衍在其中也。”

② 以终吉也：阮元《校勘记》以为本句“终”字与前文“中”叶韵，故应从石经、岳本、监、毛本作“以吉终也”。似当据改。

说明 胡炳文曰：“初最远坎，利用恒，乃无咎；九二渐近坎，小有言矣，而曰‘终吉’者；初九以刚居刚，恐其躁急，故虽远险，犹有戒辞；九二以刚居柔，性宽而得中，故虽近险而不害其为吉。”（《周易本义通释》）此就初、二两爻比较分析其义，颇为可取。

九三，需于泥，致寇至①。

译文 九三，在泥滩需待，招致强寇到来。

注释 ① 需于泥，致寇至：泥，犹言“泥滩”，喻濒临于险，《正义》：“泥者，水傍之地，泥溺之处，逼近于难”；寇，喻危害。这两句说明九三处《需》下卦之上，濒临坎险，犹如在“泥滩”需待，将陷水中；又以阳居阳位，有刚亢躁进之象，故将致“寇”害。《本义》：“泥，将陷于险矣；寇，则害之大者，九三去险愈近而过刚不中，故其象如此。”

《象》曰："需于泥"，灾在外也①；自我致寇，敬慎不败也②。

译文 《象传》说："在泥滩需待"，说明九三灾祸尚在身外；自我招致强寇，说明九三要敬谨审慎才能避免危败。

注释 ① 灾在外：指"九三"虽"需于泥"，但坎险尚在身外。《正义》："泥犹居水之外，即灾在身外之义。"文中寓有不"自招"则无险的意思。

② 敬慎不败：这是《象传》作者的诫语，谓九三须审慎才不致危败。《程传》："'需'之时，须而后进也。其义在相时而动，非戒其不得进也，直使敬慎，毋失其宜耳。"

说明 《需》下卦以乾为体、性禀阳刚，而外卦为坎险，故下三爻的爻辞均针对上坎取象。《折中》引龚焕曰："郊、沙、泥之象，视坎水远近而为言者也，《易》之取象如此。"

六四，需于血，出自穴①。

译文 六四，在血泊中需待，从陷穴里脱出。

注释 ① 需于血，出自穴：血，喻伤之重；穴，喻险之深。此谓六四居上卦坎下，犹如罹险遭伤，而需待于"血泊"之中；但因阴柔得正，在危难时冷静需待，故又能从"深穴"中脱出。爻义主于"需待"有方，则虽险也能化夷。《本义》："血者，杀伤之地；穴者，险陷之所。四交坎体，入乎险矣，故为'需于血'之象；然柔得其正，需而不进，故又为'出自穴'之象。占者如是，则虽在伤地而终得出也。"案，《尚氏学》考"血"为"洫"之省字，即"沟洫"，认为"四之所处，前临沟洫，故曰'需于洫'"，于义可通。

《象》曰："需于血"，顺以听也①。

译文 《象传》说："在血泊中需待"，是说六四冷静等待而顺从听命于时势。

注释 ① 顺以听："顺"、"听"义近为互文。《杨氏易传》："六四入险而伤，然不言吉凶何也？能需而退听'出自穴'故也。"

说明 四居坎陷之下，爻辞以"穴"为喻，似甚贴切。程颐训"穴"为"物之所安"（《程传》），朱熹曾有不同看法，说："穴是陷处，唤作'所安'，不得。分明有个'坎，陷也'一句。柔得正了，需而不进，故能出于坎陷。"（《朱子语类》）

九五，需于酒食，贞吉①。

译文 九五，需待于酒醪食肴，守持正固可获吉祥。

注释 ① 需于酒食，贞吉：酒食，食物之丰美者，喻"德泽"。此谓九五居《需》卦"君位"，阳刚中正，犹如需待丰美的食物以施惠于民，故"贞"而获"吉"。《周易学说》引王逢曰："酒食，德泽之谓也；九五之君，当天中正，以泽乎民。"

《象》曰："酒食贞吉"，以中正也。

译文 《象传》说："需待于酒醪食肴、守持正固可获吉祥"，说明九五居中得正。

说明《折中》曰："需之为义最广，其大者莫如王道之以久而成化，而不急于浅近之功。"又曰："卦惟九五刚健中正以居尊位，是能尽需之道者。故《彖传》特举此爻，以当彖辞之意；而《大象传》又特取此爻爻辞以蔽需义之全。"可见九五作为一卦之主，其所"需待"实已至臻完美。

上六，入于穴①，有不速之客三人来②；敬之，终吉③。

译文 上六，落入陷穴，不召而至的三位客人来访；恭敬相待，终将获得吉祥。

注释 ① 入于穴：穴，喻险之极。此谓上六以阴居卦终，"需"极转躁，不复需待，故陷入坎穴，未能自脱。《本义》："阴居险极，无复有需，有陷而入穴之象。"

② 有不速之客三人来：三人，喻下卦三阳。此句说明上六下应九三，而当"需"极之时，九三能偕同二阳共同越过坎险，犹如"不速之客三人"同来应援上六，则上六的"入穴"之难终将可脱。《本义》："下应九三，九三与下二阳需极并进，为'不速客三人'之象。"

③ 敬之，终吉：敬之，喻上六敬待下三阳。此谓上六当"需"极"入穴"之时，若能以柔顺之道敬待越险而上的"三阳"，则可脱险"终吉"。全爻大义主于："需待"至极，虽有险难，也将有众物相助而获吉。《本义》："柔不能御而能顺之，有'敬之'之象"，"敬而待之，则得'终吉'也。"

《象》曰："不速之客来，敬之终吉"，虽不当位①，未大失也。

译文《象传》说："不召而至的客人来访，恭敬相待终将获得吉祥"，说明上六尽管处位不妥当，但未至于遭受重大损失。

注释 ① 不当位：王弼以为"上"为"虚位"，故曰："处无位之地，不当位者也。"(《王注》)似可从。

说明《象传》"不当位"之义，除王弼以"处无位"为说外，《易》家尚有不同看法。如：(一)朱熹指出："以阴居上，是为当位；言'不当位'，未详。"(《本义》)这是"阙疑"态度。(二)蔡清认为："虽不当位，谓其阴居险极，正与《困》上六'困于葛藟，未当也'一般。"(《易经蒙引》)这是理解为"处于不稳当的环境"，于义亦通。

总论《需》卦发"需待"之义，阐明事物在发展过程中当耐心待时的道理。卦辞所谓"亨"、"吉"、"利涉大川"，即是守正需待所致。卦中六爻，不论刚柔，各能容忍守静、敬慎待时，故或吉、或无咎、或化险为夷，皆不呈"凶"象。《折中》引吕祖谦曰："《需》初九、九五二爻之吉，固不待言。至于余四爻，如二则'小有言，终吉'，如三之《象》则曰'敬慎不败'，四之《象》则曰'顺以听也'，上则曰'有不速之客三人来，敬之，终吉'。大抵天下之事，若能款曲停待，终是少错。"案《论语·子罕》有一段记载："子贡曰：'有美玉于斯，韫匵而藏诸，求善贾沽诸？'子曰：'沽之哉，沽之哉，我待贾者也。'"刘宝楠《正义》曰："君子于玉比德。时夫子抱道不仕，故子贡借玉以观夫子藏用之意。'善贾'喻贤君也，虽有贤君，亦待聘乃仕，不能枉道以事人也。"孔子所言"待贾"，意谓"藏德待用"；就"待"这一意义看，实与《需》卦"守正待时"之旨相切。

讼卦第六

译文《讼》卦象征争讼：是诚信被窒塞、心有惕惧所致，持中不偏可获吉祥；始终争讼不息则有凶险，利于出现大人，不利于涉越大河巨流。

讼[①]：有孚窒惕，中吉[②]；终凶，利见大人，不利涉大川[③]。

注释① 讼：卦名，下坎(☵)上乾(☰)，象征"争讼"。案，《说文》："讼，争也，从言公声"，《释文》"争也，言之于公也"，《本义》释为"争辩"。

② 有孚窒惕，中吉：这是说明"争讼"必有诚信被"窒"、心有惕惧而致；但讼不可过甚，应当持"中"才有"吉"。《正义》："窒，塞也；惕，惧也。凡讼者，物有不和，情相乖争，而致其讼。凡'讼'之体，不可妄兴，必有信实被物止塞，而能惕惧，中道而止，乃得吉也。"

③ 终凶，利见大人，不利涉大川：此谓"争讼"不可终极不止，利于出现"大人"决讼，但不利于"争讼"时涉险。《正义》："'终凶'者，讼不可长"；"'利见大人'者，物既有讼，须大人决之"；"'不利涉大川'者，以讼不可长，若以讼而往涉危难，必有祸患。"案，从卦辞所寓含的卦象看，以上五句又皆有所指：如"有孚窒惕，中吉"，指九二刚中处险；"终凶"，指上九极讼致凶；"利见大人"，指九五中正居尊；"不利涉大川"，则指上下卦有以刚乘险之象（详《彖传》译注）。

译文《彖传》说：争讼，譬如阳刚居上、险陷居下，临险而强健，遂能争讼。"争讼是诚信被窒塞、心有惕惧所致，持中不偏可获吉祥"，说明阳刚前来处险而保持适中。"始终争讼不息则有凶险"，说明穷极争讼不能成功。"利于出现大人"，

《彖》曰：讼，上刚下险，险而健[①]，讼。"讼：有孚窒惕，中吉"，刚来而得中也[②]。"终凶"，讼不可成也[③]。"利见大人"，尚中正

也[④]。"不利涉大川"，入于渊也[⑤]。

说明决讼崇尚守正持中。"不利于涉越大河巨流"，说明恃刚乘险将陷入深渊。

注释 ① 上刚下险，险而健："刚"、"健"指上卦乾，"险"指下卦坎。这是举上下卦象譬喻临险刚健则能争讼，释卦名"讼"之义。《程传》："若健而不险，不生讼也；险而不健，不能讼也；险而又健，是以讼也。"

② 刚来而得中：此举九二阳刚得中之象，释卦辞"讼，有孚窒惕，中吉"。谓九二以刚来居下卦两阴之间。《正义》："凡上下二象，在于下象者则称'来'，故《贲》卦云'柔来而文刚'，是离下艮上而称'柔来'。今此云'刚来而得中'，故知九二也。且凡云'来'者，皆据异类而来，九二在二阴之中，故称'来'。"案，孔氏释"刚来"之义，可备参考。

③ 讼不可成：此句以上九"争讼"穷极难成，释卦辞"终凶"。

④ 尚中正：此以九五中正决讼而被崇尚，释卦辞"利见大人"。

⑤ 入于渊：此句又举上下卦乾刚乘坎险之象，说明恃刚犯难，将有陷于深渊之危，以释卦辞"不利涉大川"。案，《折中》引王安石曰："彖言乎其才也。'讼，有孚窒惕，中吉'，此言九二之才也；'终凶'，此言上九之才也；'利见大人'，言九五之才也；'不利涉大川'，言一卦之才也。"可见本卦的卦辞，均合于爻象、卦象。朱熹认为这是"卦辞取义不一"之例，并说："然亦有不必如此取者，此特其一例也。"（《朱子语类》）

说明 《折中》曰："《彖传》中有言刚柔往来上下者，皆虚象也，先儒因此而卦变之说纷然。然观《泰》、《否》卦下'小往大来'、'大往小来'云者，文王之辞也，果从何卦而往、何卦而来乎？亦云有其象而已耳。故依王、孔注疏作虚象者近是。"此说涉及"刚来"之义，可与上注引孔颖达语相对照参考。

《象》曰：天与水违行，讼[①]；君子以作事谋始[②]。

译文 《象传》说：天西转与水东流相违背而行，象征（不和睦而）"争讼"；君子因此办事先考虑其初（杜绝争讼的本源）。

注释 ① 天与水违行，讼：释《讼》卦上乾为天、下坎为水之象。《正义》："天道西转，水流东注，是天与水相违而行"，"象人彼此两相乖戾，故致讼也。"又曰："不云'水与天违行'者，凡讼之所起，必刚健在先，以为讼始，故云'天与水违行'也。"案，《程传》："天上水下，相违而行"，于义亦通。

② 作事谋始：这是说明"君子"观《讼》卦之象，悟知"作事"之初，当先"谋"其"始"，如宣明章纪、判明职分，以杜绝"争讼"于未萌之前。案，《王注》谓"讼"之所由生，始于"作制契之不明"（"制契"犹言制度、契约），故《正义》疏曰："凡斗讼之起，只由初时契要之过"，此即"作事"当"谋始"之义。

说明 "作事谋始"，是从《讼》卦的意义中悟出万事须慎"初"、治"本"的道理。《程传》谓"谋始之义广矣"，即言此卦《大象传》之义在于衍发象外之旨。

译文 初六，不久缠于争讼事端；尽管略受言语中伤，终将获得吉祥。

初六，不永所事①；小有言，终吉②。

注释 ① 不永所事：初六以阴居《讼》之初，有退而不争之象，故能不永于讼事。《正义》："永，长也。不可长久为斗讼之事，以讼不可终也。"

② 小有言，终吉：这是说明初六与九四有应，四阳刚好讼，故以"言语"犯初；但初能退，则终能辨明是非而获"吉"。《正义》："初六应于九四，然九四刚阳，先来非理犯己；初六阴柔，见犯乃讼，虽不能不讼，是不获已而讼也，故'小有言'。以处《讼》之始，不为讼先，故'终吉'。"

译文 《象传》说："不久缠于争讼事端"，说明争讼不可长久不停；尽管"略受言语中伤"，说明初六通过辨析终将分明。

《象》曰："不永所事"，讼不可长也；虽"小有言"，其辩明也。

说明 胡炳文曰："初不曰'不永讼'，而曰'不永所事'，事之初，犹冀其不成讼也。"（《周易本义通译》）此说品玩"事"字微义，似有可取。

译文 九二，争讼失利，逃窜速归，那是三百户人家的小邑，居此不遭祸患。

九二，不克讼①，归而逋②，其邑人三百户，无眚③。

注释 ① 不克讼：克，犹言"胜"。此谓二与五两刚无应致讼，二处下失利，故"不克讼"。《王注》："以刚处讼，不能下物；自下讼上，宜其不克。"

② 逋：音 bū，逃亡。

③ 三百户，无眚：三百户，犹言小邑，《正义》："三百户者，郑注《礼记》云'小国，下大夫之制'"；眚，音 shěng，《释文》引马融曰"灾也"，犹言"祸患"。这句是说明九二阳刚居中，能适宜权衡讼事，于失利时及早逃归三百户小邑，故可免灾。《王注》："若能以惧归窜其邑，乃可以免灾；邑过三百，非为窜也，窜而据强，灾未免也。"案，爻辞句读依《王注》。但《集解》引荀爽曰："君不争则百姓无害也"，则"无眚"宜连"三百户"为句，义亦可通。

译文 《象传》说："争讼失利，便逃窜速归"，是说九二居下与尊上争讼，灾患临头（但及时躲避）而又中止。

《象》曰："不克讼"，归逋窜也；自下讼上①，患至掇也②。

注释 ① 自下讼上：指九二与九五不相应而争讼。《程传》："二、五相应之地，而两刚不相与，相讼者也。"

② 患至掇也：掇，音 duō，中止。此谓九二"患至"而又中止，正释及时躲避之义。吴汝纶《易说》："掇，借为'辍'（引者注：音 chuò）。辍，止也。患至而止，仍释'不克'而'逋'之义。"案，《集解》引荀爽注，训"掇"为"拾"，曰："下与上争，即取患害，如拾掇小物而不失也。"《纂疏》："取患害如拾掇小物，言至易也。"可备一说。

说明 "争讼"义在适可而止，因此卦辞强调"中吉"、"终凶"。九二之所以获"无眚"，正在于阳刚能守"中"道。

六三，食旧德，贞厉，终吉①；或从王事，无成②。

译文 六三，安享旧日的德业，守持正固以防危险，终将获得吉祥；或辅助君王的事业，成功不归己有。

注释 ① 食旧德，贞厉，终吉：旧德，指旧有俸禄；贞厉，犹言"守正防危"（参见《屯》九五译注）。这三句说明六三以柔居《讼》下卦之上，有不能争讼、唯"食旧德"之象；但三位不正，故又诫以守正防危，可获"终吉"。《本义》："食，犹'食邑'之食，言所享也。六三阴柔，非能讼者，故守旧居正，则虽危而终吉。"案，朱子谓"居正""虽危而吉"，亦含"守正防危"之意；但其句读作"贞，厉终吉"，于义可通。

② 或从王事，无成：即《坤》六三"或从王事，无成有终"之义（见该卦译注）。这里指居"讼"之时，六三当以从刚为本，不主"讼事"；事有成，也不以成功自居。《折中》引胡瑗曰："无成者，不敢居其成；但从王事，守其本位、本禄而已。"

《象》曰：食旧德，从上吉也①。

译文 《象传》说："安享旧日的德业"，是说六三顺从阳刚尊上可获吉祥。

注释 ① 从上：《尚氏学》："即承乾"，指六三以阴柔上承阳刚。案，《本义》："从上吉，谓随人则吉，明自主事则无成功也。"也是揭明阴从阳之义。

说明 六三"食旧德"，是安分守己、不与人争的意思；如此则可保禄不失，虽危亦吉。《折中》引徐幾曰："圣人于初、三两柔爻，皆系之以'终吉'之辞，所以勉人之无讼也。"

九四，不克讼①；复即命，渝，安贞吉②。

译文 九四，争讼失利；回心归就正理，改变争讼的念头，安顺守持正固可获吉祥。

注释 ① 不克讼：此句说明九四下应初六，先有相犯而争讼，初能辨明，四则败讼，故"不克"。《正义》："九四既非理陵犯于初，初能分辩道理，故九四讼不胜也。"

② 复即命，渝，安贞吉：复，回头；即，就也；命，理也，犹言"正理"；渝，变也；安贞吉，安守正固则吉（见《坤》卦辞译注）。这三句说明九四阳居阴位，刚则能柔，故于"不克讼"之后，能归就正理，改变初衷，安顺守贞而获吉祥。《王注》："处上讼下，可以改变者也，故其咎不大。若能反从本理，变前之命，安贞不犯，不失其道，为仁由己，故'吉'从之。"

《象》曰：复即命，渝，安贞不失也。

译文 《象传》说："回心归就正理，改变争讼的念头"，说明九四安顺守持正固必无损失。

说明 九四阳刚，性健能讼；但居阴位，又为能退之象。爻辞"渝"字，正是变刚为柔、化"讼"为和的意思。杨简曰："九刚四柔，有始讼终退之象。人惟不安

于命，故欲以人力争讼；今不讼而即于命，变而安于贞，吉之道也。"（《杨氏易传》）

译文 九五，明决争讼，至为吉祥。

九五，讼，元吉[①]。

注释 ① 讼，元吉：讼，犹言"决讼"。此谓九五阳刚中正，为"君子"听讼、明断曲直之象，故称"元吉"。《集解》引王肃曰："以中正之德，齐乖争之俗，'元吉'者也。"《王注》："处得尊位，为讼之主，用其中正，以断枉直；中则不过，正则不邪，刚则无所溺，公则无所偏：故'讼，元吉'。"

译文 《象传》说："明决争讼，至为吉祥"，说明九五居中持正。

《象》曰："讼，元吉"，以中正也。

说明 九五为"大人君主"之象，其德"中正"，适与卦辞"利见大人"、《象传》"尚中正"之义切合。赵汝楳曰："大人在上，平诸侯万民之讼，至于见逊畔逊路而息争，吉孰大焉！"（《周易辑闻》）

译文 上九，偶或（凭借胜讼）获赐饰有大带的显贵之服，但在一天之内却多次被剥夺。

上九，或锡之鞶带[①]**，终朝三褫之**[②]。

注释 ① 锡：即"赐"。 鞶带：鞶，音 pán，《说文》："大带也"；《本义》："命服之饰。"这是以显贵的服饰喻指高官厚禄。

② 终朝三褫之：终朝，《尚氏学》："与《乾》三'终日'同义"；三，喻多次；褫，音 chǐ，《尚氏学》："褫，夺也"，又曰："《释文》'褫，郑本作拕'，惠氏栋据《淮南子·人间训》'盗拕其衣服'高诱注云'拕，夺也'，是仍与'褫'同。"以上三句说明上九以阳刚居《讼》之极，强讼不止，或因取胜而受赐厚禄，也将"终朝"之间多次被夺。《王注》："处《讼》之极，以刚居上，讼而得胜者也；以讼受锡，荣何可保？故终朝之间，褫带者三也。"

译文 《象传》说：由于争讼而受赏官禄，这也不值得尊敬。

《象》曰：以讼受服，亦不足敬也。

说明 六三不争，可以保有旧禄并获吉祥；上九强争，尽管受赐也将被夺回。两爻正从相反的角度，说明"讼"不可极、"禄"不可争的义理。

总论 《讼》卦并非教人如何"争讼"，而是诫人止讼免争。卦辞一方面指出：必须在"信实"被止塞的情状下才能"起讼"；另一方面深诫：讼事应当持"中"，若讼极不止必凶。卦中九五喻"听讼"尊主，以中正、明决获"元吉"；余五爻皆身系讼事，其中初六不与人争而获"终吉"、九二败讼速退而获"无眚"、六三安分不讼亦获"终吉”、九四败讼悔悟而获“安贞吉”，惟上九穷争强讼，自取“夺赐”之辱。可见，全卦大旨是始终申言“讼”不宜穷争、应及早平息的道理。当然，若要杜绝争讼，务须治其本源。《大象传》称“君子作事谋始”，提出“作事”之初先防“讼”于未萌的观点，即是强调凡事先明确章约、判定职分，使讼无从生，争无由起。王弼《周易注》引孔子曰：“听讼，吾犹人也，必也使无讼。”（语见《论语·颜渊》，又见《礼记·大学》）此语正合《大象传》的精蕴：既揭出《讼》卦的象外之旨，又反映了古人追求息讼免争、人人平和的社会理想。

师卦第七

师[1]:贞[2],丈人吉,无咎[3]。

译文 《师》卦象征兵众:守持正固,贤明长者统兵可获吉祥,必无咎害。

注释 ① 师:卦名,下坎(☵)上坤(☷),象征"兵众"。《集解》引何晏曰:"师者,军旅之名,故《周礼》云'二千五百人为师'也。"《本义》:"师,兵众也。"

② 贞:指"兵众"应当以"正"为本。即《彖传》所谓"能以众正,可以王矣。"

③ 丈人吉,无咎:丈人,犹言"贤明长者",兼具"德"与"长"的素质。《释文》:"丈人,严庄之称,郑云:'能以法度长于人'。"这两句说明"兵众"必须以"丈人"为统帅,才能"无咎"。《正义》:"若不得丈人监临之,众不畏惧,不能齐众,必有咎害。"案,"丈人",《集解》引崔憬曰:"《子夏传》作'大人'",于义亦通。

《彖》曰:师,众也;贞,正也。能以众正,可以王矣[1]。刚中而应,行险而顺[2],以此毒天下[3],而民从之,吉又何咎矣!

译文 《彖传》说:"师",是部属众多的意思;"贞",是守持正固的意思。能使众多部属坚守正道,就可以作君王了。譬如刚健居中者在下相应于尊者,履行危险之事而顺合正理,凭借这些来攻伐天下,百姓纷纷服从,势必获得吉祥,又哪有咎害呢!

注释 ① 能以众正,可以王矣:以,介词,犹"使",《战国策·齐策》冷向谓秦王"向欲以齐事王",高诱注:"以,犹'使'也。"这两句配合前文"师,众也;贞,正也",并释卦辞"师,贞"之义。

② 刚中而应,行险而顺:刚中,指九二;应,指上应六五;险,指下卦坎;顺,指上卦坤。这两句取二、五爻象及上下卦象,譬喻"行兵"之际,贤臣上应其君,行险而不违顺,必能获吉,正见"丈人吉"之义。《正义》:"'刚中'谓九二,'而应'谓六

五”，又曰：“‘行险’谓下体坎也，‘而顺’谓上体坤也。”

③ 毒天下：毒，《说文》：“厚也，害人之艸，往往而生，从屮毒声”；《段注》：“制字本义，因害人之艸，往往而生”，“引申为凡厚之义”。可见，“毒”本义为“害人艸”，《集解》引干宝曰：“荼苦也”，又曰：“六军之锋，残破城邑，皆所荼毒奸凶之人使服王法者也”，《释文》引马融云：“毒，治也”，故此处“毒”字用如动词，犹言“攻伐”。这句至末，配合上文“刚中而应，行险而顺”，释卦辞“丈人吉，无咎”，说明具备这些条件的“丈人”统兵，必可获吉而无所咎害。《正义》：“‘刚中’以下，释‘丈人吉，无咎’也。言‘丈人’能备此诸德也。”案《王注》训“毒”为“役”，则“毒天下”犹言“役使天下”，义亦通。

说明 胡炳文曰：“‘毒’之一字，见得王者之师，不得已而用之；如毒药之攻病，非有沉疴坚症，不轻用也。其指深矣。”（《周易本义通释》）此说实亦含有释“毒”为“攻治”之意，不袭《程传》及《本义》“毒害”之旧解，颇有可取。

《象》曰：地中有水，师①；君子以容民畜众②。

译文 《象传》说：地中藏聚着水源，象征“兵众”；君子因此广容百姓、聚养众人。

注释 ① 地中有水，师：释《师》卦上坤为地、下坎为水之象。《集解》引陆绩曰：“坎在坤内，故曰‘地中有水’；师，众也，坤中众者，莫过于水。”

② 容民畜众：《本义》：“水不外于地，兵不外于民，故能养民则可以得众矣。”案，《正义》指出《大象传》不说“地在水上”。“上地下水”、“水上有地”，必说“地中有水”，“盖取‘容畜’之义也”。此论可取。

说明 《师》卦欲明“王者”用兵之道，因此卦辞言“贞”、“丈人吉”。《大象传》所阐发的意义，则主于兵众来源一事，即所谓“民”为“兵”之本。朱熹认为此谓“古者寓兵于农”（《本义》），似颇有理。

初六，师出以律，否臧凶①。

译文 初六，兵众出发要用法律、号令来约束，军纪不良必有凶险。

注释 ① 否臧凶：否，不也；臧，音 zāng，善也。以上两句说明初六处《师》之始，为“兵众”初出之象，故诫其严明军纪，反之必凶。《本义》：“律，法也；否臧，谓不善也。”“在卦之初，为师之始。出师之道，当谨其始；以律则吉，不臧则凶。”

《象》曰：“师出以律”，失律凶也。

译文 《象传》说：“兵众出发要用法律号令来约束”，说明丧失纪律必有凶险。

说明 “慎始”之理，在《周易》六十四卦的初爻中屡屡言及。《师》初谓“否臧凶”，设诫尤为深切。

九二，在师，中吉，无咎①；王三

译文 九二，统率兵众，持中不偏可获吉

译文 祥，必无咎害；君王多次给予奖赏、委以重任。

锡命②。

注释 ① 在师，中吉，无咎：在师，犹言"率师"，《重定费氏学》"'在'，读'在视'之'在'，'在师'者，'视师'也"，"视师"义同"率师"。这是说明九二阳刚居下卦之中，上应六五之"君"，犹如统帅兵众能持中不偏，故"吉"而"无咎"。《王注》："以刚居中，而应于五（"五"阮刻作"上"，据《校勘记》改），'在师'而得其'中'者也。承上之宠，为师之主，任大役重，无功则凶，故'吉'乃'无咎'也。"案，《师》卦唯九二一阳，刚中有应，正是卦辞所谓"丈人"之象。胡炳文曰："卦辞'师，贞，丈人吉，无咎'，爻'在师，中吉，无咎'即卦辞意也。"（《周易本义通释》）

② 王三锡命：三，泛指多次；锡，即"赐"，此谓二为五所应，犹如率师有功多次受赏。《正义》："以其有功，故王三加锡命。"

译文 《象传》说："统率兵众持中不偏可获吉祥"，说明九二承受"天子"的宠爱；"君王多次奖赏委任"，说明怀有平定天下万方的志向。

《象》曰："在师中吉"，承天宠也①；"王三锡命"，怀万邦也②。

注释 ① 天宠：喻九二与六五有应。《正义》："正谓承受五之恩宠。"

② 怀万邦：《程传》"王三锡以恩命，褒其成功，所以怀万邦也。"

说明 统军将帅的成功或失败，同君主的信任与否关系至大。九二获"吉"，显然有很大的因素是得益于"王三锡命"。项安世曰："二所以胜，非己之功；以与五相应，得君宠也。"（《周易玩辞》）

译文 六三，兵众时而载运尸体归来，有凶险。

六三，师或舆尸，凶①。

注释 ① 师或舆尸，凶：或，有时或然之辞；舆尸，以车载尸，喻兵败，《重定费氏学》引梁锡玙曰："古者兵虽败，不忍弃死者，故'载尸'。"这是说明六三处《师》下卦之上，阴柔失正，上无阳应，下又乘刚，有力微任重、贪功冒进之象，因而取败。《王注》："以阴处阳，以柔乘刚，进则无应，退无所守；以此用师，宜获'舆尸'之凶。"

译文 《象传》说："兵众时而载运尸体归来"，说明六三太不获战功了。

《象》曰："师或舆尸"，大无功也。

说明 用兵之道，贵知己知彼。六三取败，正是不自量力所致。

译文 六四，兵众撤退暂守，免遭咎害。

六四，师左次，无咎①。

注释 ① 师左次，无咎：左次，犹言"撤退"，《程传》："左次，退舍也。"《尚氏学》："古人尚右，左次则退也。"此谓六四居《师》上卦之始，虽无下应，但柔顺得正，当不利时能撤退暂处，待时再进，故获"无咎"。《王注》："得位而无应。无应，不可以行；得位，则可以处。故左次之而'无咎'也。"

《象》曰："左次无咎"，未失常也。

译文 《象传》说："撤退暂守免遭咎害"，说明六四用兵不失通常之法。

说明 六四审时度势，当退则退，正是等待下一步进取。刘沅指出，四"于行师为知难而退之象"，并揭明《象传》"未失常"的微旨曰："师以慎重为常，恐人以退为怯，故曰'未失常'。"（《周易学说》引）

六五，田有禽，利执言，无咎①；长子帅师，弟子舆尸，贞凶②。

译文 六五，田中有禽兽，利于捕取，必无咎害；委任刚正长者可以统率兵众，委任无德小子必将载尸败归，守持正固以防凶险。

注释 ① 田有禽，利执言，无咎：禽，泛指禽兽（见《屯》六三《象传》注）；言，语气助词。这是说明六五居《师》"君"位，但体柔处中，不穷兵黩武，只在被侵犯时予以反击；犹如"田"中有禽兽犯苗，则利于捕取，无所咎害。《王注》"处'师'之时，柔得尊位。阴不先唱，柔不犯物；犯而后应，往必得直，故'田有禽'也。物先犯己，故可以'执言'而'无咎'也"。案，"言"字旧解多释为"言说"，如虞翻谓"震为言，艮为执，故'利执言'"，荀爽谓"执行其言"（以上均见《集解》），至《程传》犹释为"奉辞"；惟朱熹释为"语辞"（见《本义》），今从之。

② 长子帅师，弟子舆尸，贞凶：长子，犹言刚正长者，指九二，义同卦辞所谓"丈人"，胡炳文曰："自众尊之则曰'丈人'，自君称之则曰'长子'，皆长老之称"（《周易本义通释》）；弟子，犹言无德小子，与"长子"义相对；贞凶，即守正防凶（见《屯》九五译注）。这三句承接上文，说明六五既以柔居尊，则不能自行统兵，必委任于人。若任刚正"长子"可以取胜，若任无德"弟子"将致败绩。故诫其守"正"防"凶"，即申任人须正之义。《王注》："柔非军帅，阴非刚武，故不躬行，必以授也。授不得正（"正"阮刻作"王"，据《校勘记》改），则众不从，故'长子帅师'可也，'弟子'之凶，故其宜也。"

说明 "长子"、"弟子"之象，《集解》引虞翻曰"长子谓二"，"弟子谓三"；又引荀爽曰"长子谓九二也"，引宋衷曰"弟子谓六三也。"《正义》亦引庄氏曰："长子谓九二，德长于人；弟子谓六三，德劣于物。"凡此诸说以九二为"长子"，后人多无异议；惟以六三为"弟子"，《易》家多有不同说法。如：一、《程传》谓"弟子，凡非长者也"，似以初、三、四爻为"弟子"；二、《本义》谓"弟子，三、四也"，并云"若使君子任事，而又使小人参之，则是使之'舆尸'而归"；三、《尚氏学》以为"长子"、"弟子"均针对九二而发，曰："五应二，二震（指互震）主爻，震长子，居师中为主，故曰'长子帅师'；二亦坎（指下坎）主爻，坎为震弟、为尸，故曰'弟子舆尸'。"诸说所释角度虽歧，但于"弟子"与"长子"相对立之义则一致。

《象》曰："长子帅师"，以中行也；"弟子舆尸"，使不当也。

译文 《象传》说："委任刚正长者可以统率兵众"，说明六五的行为居中不偏；"委任无德小子必将载运尸体大败而归"，这是使用人不得当的结果。

说明 作为君主，于用兵行师之际，择将选帅是决定胜败存亡的大事。故爻辞以“长子”、“弟子”为喻，从正反两方面设诫，强调六五必须任人以正，才能吉而免凶。

上六，大君有命，开国承家，小人勿用①。

译文 上六，天子颁发命令，封赏功臣为诸侯、为大夫，小人不可重用。

注释 ① 大君有命，开国承家，小人勿用：这三句说明上六处《师》之终，时当班师告捷，故有“开国承家”之赏；但若为小人，则不被重用。《正义》：“上六处《师》之极，是师之终竟也。大君谓天子也，言天子爵命此上六，若其功大，使之开国为诸侯；若其功小，使之承家为卿、大夫；‘小人勿用’者，言开国承家须用君子，勿用小人也。”案，赵汝楳谓“大君”指六五（《周易辑闻》），义似可通。

《象》曰：“大君有命”，以正①功也；“小人勿用”，必乱邦也。

译文 《象传》说：“天子颁发命令”，是为了定功封赏；“小人不可重用”，说明若用小人必将危乱邦国。

注释 ① 正：作动词，犹言“评定”。

说明 “小人勿用”的涵义，朱熹有一段辨析，曰：“‘开国承家，小人勿用’，旧时说只作论功行赏之时，不可及小人。今思量看理，去不得他。既一例有功，如何不及他得？看来‘开国承家’一句，是公共得底，未分别君子、小人在。‘小人勿用’，则是勿更用他与之谋议经画耳。汉光武能用此义，自定天下之后，一例论功行封；其所以用之在左右者，则邓禹、耿弇、贾复数人，他不与焉。”又曰：“此义方思量得如此，未曾改入《本义》，且记取。”（《朱子语类》）此说甚见理致，可资参考。

总论 《师》卦以“兵众”为名，阐发用兵的规律。卦辞强调两项原则：一、用兵的前提在“正”，即认为“能以众正”的“仁义之师”，可以“毒天下而民从之”（《彖传》）；二、出师胜负的关键，系于择将得当与否，故必用贤明“丈人”才能获“吉”。六爻分别展示用兵的各方面要旨：初六极言严明军纪的必要，九二揭明主帅成功的条件，六三陈述失利败绩的教训，六四指出撤兵退守的情状，六五申言“君主”择将的标准，上六体现论功行赏的法则。胡炳文曰：“六爻中，出师驻师、将兵将将、伐罪赏功，靡所不载。其终始节次严矣。”（《周易本义通释》）从卦中所揭示的用兵要旨看，《师》卦堪称为一部古代兵法的总纲；若从全卦所反映的用兵须“正”的原则看，又可视为作《易》者战争思想的提要。荀子曰：“彼兵者，所以禁暴除害也，非争夺也”，“此四帝、二王皆以仁义之兵行于天下也”（《荀子·议兵》）。马振彪论此卦曰：“天下归德谓之王，王者之师有征无战。‘东征西怨，南征北怨’，民望之如云霓，从之如归市，所谓‘能以众正’，乃可王也。”（《周易学说》）此论似已道出《师》卦蕴含的早期军事思想的核心所在。

比卦第八

☷☵ **比[①]:吉[②]。原筮,元永贞,无咎[③]。不宁方来,后夫凶[④]。**

译文 《比》卦象征亲密比辅:吉祥。原穷真情、筮决挚意,(相互亲密比辅于)有德君长而永久不渝地守持正固,必无咎害。不获安宁者多方前来比辅,缓缓来迟者有凶险。

注释 ① 比:卦名,下坤(☷)上坎(☵)。案,"比"字之义,《彖传》曰:"辅也";《说文》:"比,密也,二人为从,反从为比。"《正义》、《本义》承此,分别释为"相亲比"、"亲辅"。又案,《释文》"比,毗志反",则"比"字当读 bì。

② 吉:物能互相亲密比辅,故获吉祥。《正义》:"谓能相亲比而得其吉。"

③ 原筮,元永贞,无咎:原筮,《正义》:"原穷其情,筮决其意",《本义》释为"再筮",《尚氏学》释为"野筮",今从《正义》说;元,善之长(见《乾》卦《文言》译注),指所比者有尊长之德;永,久也;贞,正也。这三句说明"比辅"之前,须慎重考虑,在"原情筮意"的基础上决定"亲比"的对象;而所亲比者又必须有尊长之德,永久不变、守持正固,则可获"无咎"。《程传》:"人相亲比,必有其道;苟非其道,则有悔咎。故必推原占决其可比者而比之。筮,谓占决卜度,非谓以蓍龟也。所比得'元、永、贞'则无咎。元,谓有君长之道;永,谓可以常久;贞,谓得正道。上之比下,必有此三者;下之从上,必求此三者,则'无咎'也。"案,"元永贞",为亲比至为完善之称,似主卦中九五,即《彖传》所谓"以刚中也"。故《王注》曰:"使'永贞'而'无咎'者,其唯九五乎?"当从之。

④ 不宁方来,后夫凶:宁,安乐;方,犹言"多方";来,指前来比辅;后,迟也;夫,语气词。这两句是就下者、远者对上者、尊者的"比辅"而言,说明时当"亲比",四方"不宁"者纷纷来归;来者又以速为宜,迟缓则"比"之难成、必有凶险。《正义》:"此是宁乐之时,若能与人亲比,则不宁之方皆悉归来。"又曰:"亲比贵速,若

及早而来，人皆亲己，故在先者吉；若在后而至者，人或疏己，亲比不成，故‘后夫凶’。”案，《正义》又引或说：“以‘夫’为‘丈夫’，谓后来之人也”，义亦通。

说明 朱熹曰：“九五以阳刚居上之中，而得其正，上下五阴比而从之：以一人而抚万邦，以四海而仰一人之象。”（《本义》）此说喻示六爻关系至为简明，有助于领会卦辞含义。

《彖》曰：比，吉也；比，辅也，下顺从也[①]。“原筮，元永贞，无咎”，以刚中也[②]。“不宁方来”，上下应也[③]；“后夫凶”，其道穷也[④]。

译文 《彖传》说：亲密比辅，必有吉祥；“比”，是亲辅的意思，譬如在下者都能顺从亲辅于上。“原穷真情、筮决挚意，（相互亲密比辅于）有德君长而永久不渝地守持正固，必无咎害”，说明有德君长刚健居中。“不得安宁者多方前来比辅”，说明上者与下者相互应合；“缓缓来迟者有凶险”，说明迟缓必使亲密比辅之道穷尽。

注释 ① 下顺从也：指在下群阴顺从于九五，此句合前文并释卦名及卦辞“比，吉”。《集解》引崔憬曰：“下比于上，是下顺也。”

② 以刚中也：此句以九五刚健居中，成“比”道之至美，释卦辞“原筮，元永贞，无咎”。《正义》：“以九五刚而处中，故使比者皆得‘原筮，元永贞，无咎’也。”

③ 上下应也：上，指九五；下，指初、二、三、四诸爻。此句以九五与下四阴相比应，释卦辞“不宁方来”。《重定费氏学》引王申子曰：“四阴顺从乎五，五下比四阴，故曰‘上下应’。”案，《王注》、《本义》均释“上下应”为“上下五阴应于九五”，可备参考。

④ 其道穷也：此句以上六处卦终而“亲比”道穷，释卦辞“后夫凶”。《正义》：“他悉亲比，己独后来，比道穷困，无人与亲，故其凶也：此谓上六也。”

《象》曰：地上有水，比[①]；先王以建万国，亲诸侯[②]。

译文 《象传》说：地上布满水（水和地相亲无间），象征“亲密比辅”；先代君王因此封建万国，亲近诸侯。

注释 ① 地上有水，比：释《比》卦上坎为水、下坤为地之象。《集解》引何晏曰：“水性润下，今在地上，更相浸润，‘比’之义也。”《程传》：“夫物相亲比而无间者，莫如水在地上，所以为‘比’也。”

② 建万国，亲诸侯：这是说明“先王”效法《比》象，建国封侯以相亲比。《程传》：“建立万国，所以比民也；亲抚诸侯，所以比天下也。”

说明 《象传》偏重从“下比上”的角度解释卦义，《大象传》则专从“上亲下”的角度阐发其旨：两相对照，《比》卦的义理因之显明。朱熹曰：“《象》意人来比我，此取我往比人”（《本义》）是也。

初六，有孚比之，无咎[①]；有孚盈缶，终来有它，吉[②]。

译文 初六，心怀诚信、亲密比辅于君主，免遭咎害；君主的诚信如美酒充盈酒缸，终于使远者来归而广应亲抚于他方，吉祥。

注释 ① 有孚比之,无咎:比之,指初比五。此谓初六当“亲比”之时,本有失位之咎,但能以诚信上比九五,故获“无咎”;而初最远五,本在九五所应范围之外,但此时五下比之德广施,故“荒外”亦能“比之”。《集解》引荀爽曰:“初在应外,以喻殊俗;圣王之信,光被四表,绝域殊俗,皆来亲比,故‘无咎’也。”《尚氏学》:“五为卦主,故亦孚于初而比之;初失位,本有咎,比五故无咎。”

② 有孚盈缶,终来有它,吉:缶,音 fǒu,大肚小口的瓦器,《说文》“缶,瓦器,所以盛酒浆”,“盈缶”喻九五信德充盈天下;来,使动用法,犹言“使来归”,指初归五;有它,指五应及他爻,《尚氏学》“有它,谓有应于他方也”。这三句说明九五信德如“盈缶”广施,使“荒远”似初者也终来归附,五也下应亲抚他方,上下亲比,故获吉祥。《重定费氏学》引潘相曰:“‘来’,即‘不宁方来’之来。二、四比五不难,难在《比》之初六,至下极远,梯航以来,上必亲之。”

《象》曰:《比》之初六,有它吉也。

译文 《象传》说:《比》卦的初六爻,说明此时九五广应于他方、必获吉祥。

说明 本爻的大义是:地位低微、遥居“荒外”者,欲“亲比”于“至尊”,实有重重困难,因此,初六能“比之”,其前提是九五“有孚盈缶”;正由于远者“终来”,“上下亲比”之道才能切实体现。

六二,比之自内,贞吉[①]。

译文 六二,从内部亲密比辅于君主,守持正固可获吉祥。

注释 ① 比之自内,贞吉:内,内部。此指六二居内卦,上应外卦的九五,柔顺中正,故获吉祥。《本义》:“柔顺中正,上应九五;自内比外,而得其正:吉之道也。”

《象》曰:“比之自内”,不自失也[①]。

译文 《象传》说:从内部亲密比辅于君主,说明六二不曾自失正道。

注释 ① 不自失:《本义》:“得正则不自失矣。”案,《尚氏学》谓“失”通“佚”,“言自内比五,不敢安逸也”。亦可备一说。

说明 六二“比之自内”,亲比“尊主”不难;但若不守正,也将有失。《象传》所谓“不自失”,言外之意是说明“失正”将致凶。《程传》叹曰:“《易》之为戒严密。”

六三,比之匪人[①]。

译文 六三,亲密比辅于行为不正当的人。

注释 ① 比之匪人:匪,通“非”;《集解》引虞翻曰:“匪,非也,失位无应,三又多凶,体《剥》,伤象,弑父弑君,故曰‘匪人’。”六三失位盲动,上无所应,所比者为二、四之阴,未得阳刚之主,故有“比之匪人”之象。《本义》:“阴柔不中正,承乘皆阴,所比皆非其人之象。其占大凶,不言可知。”案,《折中》引赵彦肃曰:“初比于五,先也;二,应也;四,承也。六三无是三者之义,将不能比五矣。”此说可取。

《象》曰："比之匪人"，不亦伤乎？

译文 《象传》说："亲密比辅于行为不正当的人"，岂不是可悲的事？

说明 《周易学说》引刘沅曰："凡居者之邻，学者之友，仕者之同僚，皆当戒'匪人'之伤焉。"此说把六三的鉴戒内涵揭示得颇为明澈。

六四，外比之，贞吉①。

译文 六四，在外亲密比辅于君主，守持正固可获吉祥。

注释 ① 外比之，贞吉：指六四居外卦上承九五，柔顺得正，亲比"尊主"，故获"贞吉"。《集解》引虞翻曰："在外体，故称'外'；得位比贤，故曰'贞吉'。"

《象》曰：外比于贤，以从上也。

译文 《象传》说：在外亲密比辅于贤君，说明六四顺从于尊上。

说明 与六二相较，四能"亲比"于五的一个重要因素是"近承"。李光地曰："凡六四承九五者皆吉，况'比'时乎？"（《周易观象》）

九五，显比①；王用三驱，失前禽，邑人不诫，吉②。

译文 九五，光明无私而广获亲比；君王田猎时三方驱围、网张一面，听任前方的禽兽走失，属下邑人也不相警备，吉祥。

注释 ① 显比：显，明也，此处含"光明无私"之义，《说文》"头明饰也，从页㬎声"，《段注》"引申为凡明之称"。这句说明九五处《比》尊位，阳刚中正，群阴皆来比辅，有光明无私地与众亲比之象。《本义》："一阳居尊，刚健中正，卦之群阴，皆来比己，显其比而无私。"《周易学说》引刘沅曰："显，光明之意；上下相比，至公无私，故曰'显比'。"

② 王用三驱，失前禽，邑人不诫，吉：三驱，三方驱围，指田猎；禽，泛称禽兽；邑人，此处犹言九五的"属下"。前两句是用古代天子田猎，三方驱围、仅张一面之网，让愿者入网、不愿者走离，比喻九五与人亲比能顺其自然而无私，再申上文"显比"之义；邑人不诫，则说明九五的"属下"也喻知"失前禽"之义，不相警备，进一步映衬九五"比"道至美，故为吉祥。《本义》："如天子不合围，开一面之网，来者不拒，去者不追，故为'用三驱，失前禽'；而'邑人不诫'之象，盖虽私属亦喻上意，不相警备以求必得也。"

说明 《史记·殷本纪》曰："汤出，见野张网四面，祝曰：'自天下四方皆入吾网。'汤曰：'嘻，尽之矣！'乃去其三面，祝曰：'欲左，左；欲右，右。不用命，乃入吾网。'诸侯闻之，曰：'汤德至矣，及禽兽。'"此典似与"三驱失前禽"之义有合，可备参考。

《象》曰："显比"之吉，位正中也；舍逆取顺，失前禽也；邑人不诫，上使中也。

译文 《象传》说："光明无私而广获亲比"的吉祥，说明九五居位刚正适中；舍弃违逆取其顺从，正如"听任前方的禽兽走失"；"属下邑人也不相警备"，这是君上使下属保持中道。

说明 九五的“显比”之德,《象传》用“舍逆取顺”作了精约的概括。程颐又作更深一层的推阐,说:“非惟人君比天下之道如此,大率人之相比莫不然。以臣于君言之,竭其忠诚,致其才力,乃显其比君之道也;用之与否,在君而已,不可阿谀逢迎,求其比己也。在朋友亦然,修身诚意以待之;亲己与否,在人而已,不可巧言令色,曲从苟合,以求人之比己也。于乡党亲戚,于众人,莫不皆然。”(《程传》)

上六,比之无首,凶①。

译文 上六,亲密比辅于人却不领先居首,有凶险。

注释 ① 比之无首,凶:无首,即不领先。上六柔居卦终,欲比于人却迟迟后来,“比”道遂穷,故有凶险。此即卦辞“后夫凶”之义。《王注》:“‘无首’,‘后’也(“也”,阮刻作“已”,据《校勘记》改);处卦之终,是‘后夫’也。亲道已成,无所与终,为时所弃,宜其凶也。”

《象》曰:“比之无首”,无所终也。

译文 《象传》说:“亲密比辅于人却不领先居首”,说明上六终将无所归附。

说明 阳极当济以阴,故“无首”谦退则吉;阴极当济以阳,故“终”能刚“大”亦吉。上六为阴极之象,却“无首”居后,自然有凶。《集解》引荀爽曰:“阳欲无首,阴以大终。阴而无首,不以大终,故凶也。”此说可与《乾》、《坤》的“用九”、“用六”之义相对照。

总论 《比》卦的要义,主于上下、彼此之间“亲密比辅”的道理。卦辞先总称能“比”必“吉”,又分叙“比道”的三大要素:一、选择比辅的对象必须慎重,即“原”情“筮”意而后比;二、应当比辅于有德长者,永守正道;三、亲比之时,宜速不宜缓。卦中六爻,九五阳刚居尊,为被人比辅之象;余五爻阴柔分居上下卦,均为比辅于人之象。其中初六、六二、六四不失“比道”,各能获吉;六三亲比不得其人,上六居后无所比附,并失“比道”,或不利、或“凶”。就六爻间的联系看,其大旨在于:不论“比”于人,还是被人“比”,均当正而不邪、顺而不逆、明而不晦。事实上这是涉及人与人关系的一个具有普遍意义的问题,其中尤为重要的是主、从关系的处理。九五所以能为一卦“尊主”,正是基于“大公无私”、以“信”亲下的原因,遂获众人争相比辅。程颐称其“众所亲附,而上亦亲下”(《程传》):实是体现着“尊卑”关系至为融洽的象征。当然,作《易》者设立《比》卦的思想宗旨,或是偏向于为维护、稳固“上层统治”着想,《象传》所谓“比,辅也,下顺从也”,已揭出这一微旨。荀子云:“六马不和,则造父不能以致远;士民不亲附,则汤、武不能以必胜也。”(《荀子·议兵》)亦与下顺从之义相合。

小畜卦第九

小畜[1]:亨[2];密云不雨,自我西郊[3]。

译文 《小畜》卦象征小有畜聚:亨通;浓云密布却不降雨,云气的升起来自我方西邑郊外。

注释 ① 小畜:卦名,下乾(☰)上巽(☴),象征"小有畜聚"。案,"畜"字,兼有"畜聚"、"畜养"、"畜止"诸义。聚物既可以养物,又可以止物,则卦名之义当以"聚"为本,以"养"、"止"为引申。故《释文》训"畜"为"积也,聚也",又引郑玄曰:"养也";《程传》曰:"畜,止也,止则聚矣。""小"字,象征阴,又指程度大小,卦中"六四"一阴居五阳之间,正是小者畜大、所畜甚微之象,故称"小畜"。《程传》以为六四"能畜群阳之志","谓以小畜大,所畜聚者小"。

② 亨:物能以小畜大,以下济上,则有益于刚大者之行,故可亨通。就卦象看,指六四所畜唯小,又能以柔济刚,故"刚中而志行,乃亨"(见《彖传》译注)。

③ 密云不雨,自我西郊:西,古人以为象征"阴方";我,卦中以阴为主,故称我。这两句说明以阴畜阳,所畜不能盛大;犹如阴气先从阴方升起,聚阳甚微,未足以和阳成雨,故有"密云不雨"象。《集解》引崔憬曰:"云如不雨,积我西邑之郊,施泽未通,以明'小畜'之义。"又,《程传》:"云,阴阳之气。二气交而和,则相畜固而成雨。阳倡而阴和,顺也,故和;若阴先阳倡,不顺也,故不和,不和则不能成雨。云之畜聚虽密,而不成雨者,自西郊故也。东、北阳方,西、南阴方。自阴倡,故不和而不能成雨。以人观之,云气之兴,皆自四远,故云'郊';据四而言,故云'自我':畜阳者'四',畜之主也。"

说明 朱熹曰:"'西郊',阴方;'我'者,文王自我也。文王演《易》于羑里,视岐周为西方,正《小畜》之时也。”(《本义》)此可备一说。

《象》曰:“小畜”,柔得位而上下应之[①],曰小畜。健而巽,刚中而志行[②],乃亨。“密云不雨”,尚往也[③];“自我西郊”,施未行也[④]。

译文 《象传》说:“小有畜聚”,譬如柔顺者得其位而上下阳刚与之相应,所以称“小有畜聚”。又如上下健强而又逊顺,阳刚居中而志向可以施行,因此获得亨通。“浓云密布却不降雨”,说明阳气畜聚未足犹上行离去;“云气的升起来自我方西邑郊外”,说明阴阳交和之功方施却未畅行。

注释 ① 柔得位而上下应之:柔指六四;上下,指卦中五阳。此句以六四阴柔得位、有应于上下诸阳,释卦名“小畜”。《程传》:“以阴居四,又处上位,柔得位也;上下五阳皆应之,为所畜也。以一阴而畜五阳,能系而不能固,是以为‘小畜’也。”

② 健而巽,刚中而志行:健,指下卦乾;巽,逊顺,指上卦巽;刚中,指九二、九五。这两句举上下卦象及二、五爻象,说明“小畜”之时,上下强健逊顺,阳刚居中、其志能行,故得亨通。此释卦辞“亨”义。《程传》:“内健而外巽,健而能巽也;二、五居中,刚中也;阳性上进,下复乾体,志在于行也。刚居中,为刚而得中,又为中刚。言畜阳则以柔巽,言能亨则由刚中。以成卦之义言,则为阴畜阳;以卦才言,则阳为刚中:才如是,故畜虽小而能亨也。”

③ 尚往:指阳气犹在上行,犹言阴气畜阳不足,故未成雨。此释卦辞“密云不雨”。

④ 施未行:指阴阳交和之功方施而未畅行,犹言“小畜”不能成大。此释卦辞“自我西郊”。《程传》:“二气不和,阳尚往而上,故不成雨。盖自我阴方之气先倡,故不和而不能成雨,其功‘施未行’也。‘小畜’之不能成大,犹西郊之云不能成雨也。”

说明 “小畜”义为“小畜大”、“阴畜阳”,用人事来比喻,可视为“臣畜君”。譬如“臣”既能畜聚“君”之美德,又能抑止“君”之过误,即可导致卦辞所谓“亨”。但由于所畜只能“微小”,不得“越轨”,犹言不可制约其“君”,所以“小畜”之德,体现于“密云不雨”;若“既雨”,则道必穷厄。

《象》曰:风行天上,“小畜”[①];君子以懿文德[②]。

译文 《象传》说:和风飘行天上(微畜未发),象征“小有畜聚”;君子因此修美文章道德以待时。

注释 ① 风行天上,小畜:释《小畜》卦上巽为风、下乾为天之象;风飘行天上,微畜而未下行,故为“小畜”之象。《集解》引《九家易》曰:“风者,天之命令也。今风行天上,则是令未下行:畜而未下,‘小畜’之义也。”

② 懿文德:懿,音yì,指德行美好,《说文》“懿,姱久而美也”,此处用如动词,犹言“修美”。这是说明“君子”效法“小畜”之义,以修美文章道德。《正义》:“以于其时施未得行,喻君子之人,但修美文德,待时而发。”

说明 本卦《大象传》直接从卦名“小畜”,阐发“君子以懿文德”的意义。孔颖达指出,“凡《大象》‘君子’所取之义,或取二卦之象而法之者”,“或直取卦名，因其卦义所有，'君子'法之，须合卦义行事者"；并认为此处"懿文德"不取"风行天上"之象，属于后一例（《正义》）。可备参考。

初九，复自道，何其咎？吉[1]。

译文 初九，复返自身阳刚之道，哪有什么咎害呢？吉祥。

注释 ① 复自道，何其咎？吉：复自道，犹言"自复其道"。此谓初九以阳居《小畜》之始，上应六四，有"被畜"之象；但初质尚弱，被畜必危，遂知几自复阳道，故无咎获吉。《折中》引龚焕曰："初九以阳刚之才，位居最下，为阴所畜，知几不进，而自复其道焉，何咎之有？九二'牵复'，亦谓与初牵连而内复也。"案，《程传》及《本义》均释"复"为"上进"，《折中》谓其"沿王弼旧说"，并录以备参考。

《象》曰："复自道"，其义吉也[1]。

译文 《象传》说："复返自身阳刚之道"，说明初九行为合宜可获吉祥。

注释 ① 其义吉：义，犹"宜"，即不悖理。《折中》引张浚曰："能反身以归道，其行己必不悖于理，是能自畜者也，故曰'其义吉'。"

说明 初九获"吉"，在于及时觉悟反正；能"复自道"，正可以"自畜"阳德。

九二，牵复，吉[1]。

译文 九二，被牵连复返阳刚之道，吉祥。

注释 ① 牵复，吉：牵，牵连。此言九二以阳居《小畜》下卦之中，本欲上行以畜于六四，因初九所"牵"亦"复"，故与之并"吉"。《折中》引何楷曰："与初相牵连而复居于下，故吉。"

《象》曰：牵复在中，亦不自失也[1]。

译文 《象传》说：被牵连复返阳刚之道、居守中位，说明九二也能不自失阳德。

注释 ① 不自失：指九二不失阳德。《折中》引杨万里曰："初安于复，故为自复；二勉于复，故为牵复。能勉于复，故亦许其'不自失'。"

说明 初位正，二得中；两者当"小畜"之时，均能复阳获吉。可见，"中"、"正"是这两爻的要素。

九三，舆说辐，夫妻反目[1]。

译文 九三，车轮辐条散脱解体，结发夫妻反目离异。

注释 ① 舆说辐，夫妻反目：说，通"脱"；辐，车轮中直木，《说文》"轮轑也"，《老子》"三十辐共一毂"，又《释文》云"辐，本亦作'輹'，马云'车下缚也'，郑云'伏菟'"，《说文》又释"輹"为"车轴缚"，"脱辐"与"脱輹"，皆谓车不能行。此谓九三居《小畜》下卦之终，刚亢躁动，比近六四，受其所畜，两者遂成"舆辐"、"夫妻"的关系；但四乘三，三受其制，终致冲突而"说辐"、"反目"。马其昶云："三之畜以迫

近于阴，为其所制，曰‘不能正室’者，罪三之不自敛而受制于阴也。”（《重定费氏学》）

《象》曰：夫妻反目，不能正室也①。

译文 《象传》说：“夫妻反目离异”，说明九三不能规正妻室。

注释 ① 正室：正，作动词，犹言“规正”；室，妻室，《礼记·曲礼上》“三十曰‘壮’，有室”，郑玄注：“有室，有妻也，妻称室。”

说明 下三阳居六四之下，有受“畜”之象；但均不宜被“畜”，应当自畜阳德。原因是阳在下刚质未盛，被畜必危。因此，初、二能“复”获“吉”；三独进被畜，终致“说辐”、“反目”，其凶难免。

六四，有孚①；血去惕出，无咎②。

译文 六四，阳刚施予诚信；于是离去忧恤、脱出惕惧，就必无咎害。

注释 ① 有孚：指九五刚健孚信于四，而四为《小畜》卦主，上承五阳，因此小有畜聚。《集解》引虞翻曰：“孚谓五。”《尚氏学》：“四卦主，五阳孚之，故曰‘有孚’。”

② 血去惕出，无咎：血，《释文》引马融曰：“当作恤，忧也。”这两句紧承前文，说明九五既下施孚信，六四柔正相承，“畜阳”有道，因此脱离忧惧，无所危害。《折中》引项安世曰：“以阴畜阳，以小包大，能无忧乎？独恃与五有孚，故能离其血惕，去而出之，以免于咎。臣之畜君，必信而后济，非与上合志，不可为也。”案，项氏读“血”如字，盖承荀爽、王弼义（见《集解》、《王注》），可备一说。

《象》曰：“有孚惕出”，上合志也①。

译文 《象传》说：“阳刚施予诚信、于是脱出惕惧”，说明六四与阳刚尊上意志相合。

注释 ① 上合志：指四上承九五。《集解》引荀爽曰：“从五，故曰‘上合志也’。”案，尚先生以为“上”谓五、上两爻，曰：“五、上皆阳，四承之，阴遇阳得类，故曰‘合志’。”（《尚氏学》）于义亦通。

说明 六四柔正承上，九五刚中有信：两者相得，为“小畜”至美的象征。

九五，有孚挛如①，富以其邻②。

译文 九五，心怀诚信而牵系群阳共信一阴，用阳刚充实丰富近邻。

注释 ① 有孚挛如：挛，音 luán，牵系、连接，《说文》：“挛，牵系也，从手䜌声”，《释文》：“马云‘连也’”；如，语气助词。此句说明九五以诚信之德牵系下三阳共信六四，蔚成“柔得正而上下应之”（《象传》）的“小畜”盛况。《尚氏学》：“孚，谓孚于四；四卦主，阳喜阴，故下三阳亦孚于四。挛，引也，牵也，言阳皆孚四，有若牵引连接也。”

② 富以其邻：富，阳称富，此处作动词，犹言“增富”；邻，指六四。此句承上句意，说明九五不但牵系诸阳共信于四，且以阳刚增富之，即《象传》所谓“不独富”之义。

《象》曰：“有孚挛如”，不独富也。

译文 《象传》说：“心怀诚信而牵系群阳共信一阴”，说明九五不独享自身的阳刚富实。

说明《折中》曰：“此爻之义，从来未明。今以卦意推之，即六四者近君之位也，所谓‘小畜’者也；九五者君位也，能畜其德以受臣下之畜者也。”又曰：“四与五相近，故曰‘邻’。又‘邻’即‘臣’也，《书》曰‘臣哉邻哉’是也。‘富’者，积诚之满也；积诚之满，至于能用其邻，则其邻亦以诚应之矣。”此说可通，宜备参考。

上九，既雨既处，尚德载①；妇贞厉，月几望②；君子征凶③。

译文 上九，密云已经降雨、阳刚已被畜止，至高极上的阳德被阴气积载；此时妇人必须守持正固以防危险，要像月亮将圆而不过盈；君子若往前进发必将遭凶。

注释 ① 既雨既处，尚德载：尚，即“上”，“尚德”指“阳德”；载，积载。这两句说明上九阳居《小畜》之终，“小畜”穷极，化“不雨”为“既雨”，上之阳刚尽为六四之阴所畜，故有“已降雨”、“被畜止”、“阳德被积载”诸象。《程传》：“九以巽顺之极，居卦之上，处‘畜’之终，从畜而止者也，为四所止也。既雨，和也；既处，止也。阴之畜阳，不和则不能止；既和而止，畜之道成矣。”又曰：“四用柔巽之德，积满而至于成也。阴柔之畜刚，非一朝一夕能成，由积累而至，可不戒乎？载，积满也。”案，“小畜”义在“密云不雨”，上九“既雨”已见物极致穷；故《程传》“畜之道成”，应当理解为：“‘小畜’之道穷尽。”

② 妇贞厉，月几望：妇，喻阴；贞厉，犹言“守正防危”（参见《屯》九五译注）；几，接近，“几望”即“月将圆”。这两句戒“阴”不可满盛，说明“小畜”之道宜“密云”、不宜“既雨”，故取妇人守正防危、当如月将圆不过盈为喻。案，“月几望”，义同《归妹》六五（见该爻译注）。

③ 君子征凶：君子，喻阳；征，进也。这句戒“阳”不可沿着“小畜”穷极之道向前发展，若让阴气尽载阳德，必致危亡，故取君子进则遭凶为喻。案，《折中》引杨时曰：“月，溯日以为明者也。望，则与日敌。故‘几望’则不可过。君子至此而犹征焉，则凶之道也。《小畜》以阴畜阳为主，其极必疑阳，故戒之如此。”此说承《王注》“妇制其夫，臣制其君”，“阴疑于阳，必见战伐”之义，认为“小畜”至极必反。可资参考。

《象》曰：“既雨既处”，德积载也；“君子征凶”，有所疑也①。

译文 《象传》说：“密云已经降雨、阳刚已被畜止”，说明此时阳德被阴气积聚满载；“君子若往前进发必将遭凶”，说明往前将使阳质被阴气凝聚统化。

注释 ① 疑：通"凝"（见《坤》卦《文言》译注）。此指"小畜"至极，阴气盛盈，上九若顺此以往，其阳必被阴气所凝聚统化，故"征凶"。

说明 本爻辞可分三层理解：（一）"既雨既处，尚德载"，总说《小畜》至极必反的道理；（二）"妇贞厉，月几望"，戒"阴"不可盛满；（三）"君子征凶"，戒"阳"不可被"阴"尽畜。全爻大义是强调"小畜"只能守持"所畜者微小"之道，反之必致凶厉。

总论《小畜》卦旨，揭示事物发展过程中"小畜大"、"阴畜阳"的道理。就畜聚的主体看，是"小"者、"阴"者；就畜聚的程度看，是微小、不过甚。卦辞以"密云不雨"为喻，正是从这两方面指明卦义，强调"阴"只能在适宜的限度内畜聚"阳"，以略施济助为己任，形成浓云而不降雨的情状：这是"小有畜聚"的至美之道。换言之，阴聚阳而不制阳，犹如臣畜君而不损君，于是"小畜"可致"亨通"。李士钤曰："《孟子》曰：'畜君何尤？畜君者，好君也。'臣能畜君，君能从臣，所以亨也。"（《周易学说》引）卦中五阳爻为被畜的对象，六四阴爻为畜阳的主体。下卦三阳不宜被六四所畜，在于阳质尚弱，被"畜"必被制，故初、二能返复、自畜阳刚获"吉"，三躁进被畜遂致"脱辐"、"反目"之灾；上九居"小畜"穷极之际，被"畜"必被损，故以凶设戒；唯九五阳刚中正，与六四如君臣相得，诚信相推，成为"畜"与"被畜"之间最完美的象征。可见，本卦虽以阴为主爻，其大旨还是以"扶阳"为根本归宿，体现了《周易》崇尚阳刚之德的思想。

履卦第十

〔履〕:履虎尾,不咥人,亨①。

译文 〔《履》卦象征小心行走〕:小心行走在虎尾之后,猛虎不咬人,亨通。

注释 ①〔履〕:履虎尾,不咥人;亨:履,卦名,下兑(☱)上乾(☰),象征“小心行走”;咥,音 dié,犹言“咬”。这三句是借行走虎尾之后而不被伤,比喻人能“小心行走”,则虽危无害,可致亨通。从卦象看,下兑和悦,上乾刚健,六三以柔行于乾下,正有履危不见害而获亨之象。《正义》:“《履》卦之义,以六三为主”,“以六三在兑体,兑为和说,以应乾刚,虽履其危而不见害,故得亨通;犹若履虎尾不见咥啮于人。此假物之象以喻人事”。案,南宋冯椅《厚齐易学》谓《履》、《否》、《同人》诸卦旧脱卦名,清儒刘沅曰:“‘履’字上当有‘履’字,盖传写脱误,观《彖传》可知。”(《周易恒解》)此说可取,故在卦辞中增一“履”字为卦名,并加括号以别之。

说明 卦名“履”字之义,《序卦传》谓“物畜然后有礼,故受之以《履》”,《尔雅·释言》:“履,礼也”,含有践履不可违礼之意,尚先生云:“《太玄》即拟为‘礼’,礼莫大于辩上下,定尊卑”,“人之行履,莫大于是”(《尚氏学》);又,《本义》曰:“履,有所蹑而进之义也”,则兼有小心循礼而行的意思。据此,今释“履”为“小心行走”。

《彖》曰:“履”,柔履刚也①,说而应乎乾②,是以“履虎尾,不咥人,亨”。刚中正,履帝位而不疚,光明也③。

译文 《彖传》说:“小心行走”,犹如阴柔者小心行走在阳刚者之后,以和悦应合强健,所以说“小心行走在虎尾之后,猛虎不咬人,亨通”。又如阳刚居中守正者,小心践行“天子”之位而行为无所疵病,于是显现出道德光明。

注释 ① 柔履刚：柔，指六三；刚，指上乾为刚。这是用六三行于乾刚之后，说明《履》卦之义主于柔者履危，即卦辞所谓“履虎尾”。《王注》：“成卦之体，在六三也；‘履虎尾’者，言其危也。三为《履》主，以柔履刚，履危者也。”

② 说而应乎乾：说，即“悦”，指下卦兑为悦；乾，健也，指上卦乾为健。这是说明六三居兑体之上，所应者为乾健，有以和悦应合强健之象；乾德刚正，六三应之，又有以和悦应正德之象，因此履虎尾不见咥而亨。《王注》：“履虎尾有不见咥者，以其说而应乎乾也。乾，刚正之德者也。不以说行乎佞邪，而以说应乎乾，宜其履虎尾不见咥而亨。”案，以上三句释卦辞“履虎尾，不咥人，亨。”

③ 刚中正，履帝位而不疚，光明也：刚中正，指九五；帝位，亦指九五居“君位”；疚，疵病。这三句举九五中正之象，赞“履”德之美。《正义》：“以刚处中，得其正位，居九五之尊，是‘刚中正履帝位’也”，“以刚中而居帝位，不有疚病，由德之光明故也”。

《象》曰：上天下泽，“履”①；君子以辩上下，定民志②。

译文 《象传》说：上是天下是泽（尊卑有别），象征（循礼）“小心行走”；君子因此辨别上下名分，端正百姓循礼的意志。

注释 ① 上天下泽，“履”：释《履》卦上乾为天、下兑为泽之象。《程传》：“天在上，泽居下，上下之正理也。人之所履当如是，故取其象而为‘履’。”

② 辩上下，定民志：辩，通“辨”；定，定正，即规定端正之意。这是说明“君子”效法《履》象，辨定上下尊卑之礼，使人遵循践行。《正义》：“君子法此《履》卦之象，以分辩上下尊卑，以定正民之志意，使尊卑有序也。”

说明 “履”与“礼”的关系，《大象传》阐发甚明。惠栋又加以引证说：“《荀子·大略》曰：‘礼者，人之所履也。’失所履，则颠蹶陷溺。所失微而其为乱大者礼，是以取义于虎尾也。”（《周易述》）

初九，素履，往无咎①。

译文 初九，朴素无华、小心行走，有所前往必无咎害。

注释 ① 素履，往无咎：素，朴素。此谓初九处《履》之始，安守卑下朴素之礼；以此为“履”，所往必无咎。《王注》：“处《履》之初，为履之始，履道恶华，故‘素’乃无咎。”

《象》曰：“素履之往”，独行愿也①。

译文 《象传》说：“朴素无华、小心行走而有所前往”，说明初九专心奉行循礼的意愿。

注释 ① 独行愿：独，犹言“专心”。指初九无所杂念，专心循礼。《程传》：“独，专也。若欲贵之心，与行道之心，交战于中，岂能安履其素也？”

说明 胡炳文曰：“《履》初言‘素’，礼以质为本也。‘贲’，文也，《贲》上言‘白’，文之极，反而质也。‘白贲无咎’，其即‘素履往无咎’与？”（《周易本义通释》）此说把《履》初爻与《贲》上爻的意义相互比较，颇可取。

九二，履道坦坦，幽人贞吉①。

译文 九二，小心行走在平易坦坦的大道上，幽静安恬的人守持正固可获吉祥。

注释 ① 履道坦坦，幽人贞吉：幽人，幽静安恬者。此言九二以刚处《履》下卦之中，犹如小心行走于平坦大道；而平路易于令人忘忽谨慎，故爻辞又诫以“幽人”守正可获吉祥。《程传》：“九二居柔，宽裕得中，所履坦坦然平易之道也；虽所履得坦易之道，亦必幽静安恬之人处之则能贞固而吉也。”

《象》曰：“幽人贞吉”，中不自乱也。

译文 《象传》说：“幽静安恬的人守持正固可获吉祥”，说明九二不自我淆乱心中的循礼信念。

说明 九二阳刚谦居阴位，得“中”不偏，故能守正获吉，而《象传》亦称其“中不自乱”。梁寅曰：“夫行于道路者，由中则平坦，从旁则崎险。九二以刚居中，是履道而得其平坦者也。持身如是，乃君子不轻自售而安静恬淡者，故为‘幽人贞吉’。”（《周易参义》）

六三，眇能视，跛能履，履虎尾咥人，凶①；武人为于大君②。

译文 六三，眼盲强看，脚跛强行，行走在虎尾之后被猛虎咬啮，有凶险；勇武的人要效力于大人君主。

注释 ① 眇能视，跛能履，履虎尾咥人，凶：眇，《说文》“一目小也”，此处言目盲；能，连词，犹“而”，含转折意。案，《屯》卦《彖传》“宜建侯而不宁”，《释文》云：“而，辞也，郑读曰‘能’。”是“而”、“能”古声近通用。《集解》于此爻两“能”字均作“而”，所引虞翻注亦同。这几句比喻六三阴居阳位，不能“小心行走”却盲动妄为，故为“凶”象。《王注》：“居《履》之时，以阳处阳，犹曰不谦，而况以阴居阳，以柔乘刚者乎？故以此为明，眇目者也；以此为行，跛足者也；以此履危，见‘咥’者也。”

② 武人为于大君：武人，即勇武之人，喻六三；为，有“效力”之义；大君，犹言“大人君主”，当指上九。此句从正面示诫，言六三倘能履归正道，将刚武之志效用于上九，则上下相应，无凶有吉。《诚斋易传》：“圣人所以恨其才而惜其居位之不当也，若夫其志，则可怜矣。甚武，而欲有为于吾君；甚刚，而欲有立于当世：夫何罪哉？故前言其‘凶’，而后止言‘志刚’而已，亦不深咎之也。”案，《正义》：“以六三之微，欲行九五之志，顽愚之甚”，意指九五为“大君”。李道平《纂疏》云：“三应在上，故曰‘武人为于大君’。”是李意以上九为“大君”。今从李说。

《象》曰：“眇能视”，不足以有明也；“跛能履”，不足以与行也；“咥人之凶”，位不当也；“武人为于大君”，志刚也。

译文 《象传》说：“眼盲强看”，不足以辨物分明；“脚跛强行”，不足以踏上征程；“猛虎咬人的凶险”，说明六三居位不适当；“勇武的人要效力于大人君主”，说明六三志向刚强。

说明 六三爻辞连取四象为喻，前三象“眇”、“跛”、“虎咥人”均反面示警，后一象“武人”独从正面设诫：三反一正，把该爻大旨，及作《易》者的深刻用心，展示得至为明畅。

九四，履虎尾，愬愬，终吉①。

译文 九四，小心行走在虎尾之后，保持恐惧谨慎，终将获得吉祥。

注释 ① 履虎尾，愬愬，终吉：愬，音 suǒ，“愬愬”，《释文》引《子夏传》曰：“恐惧貌”，又谓“马本作‘虩虩’，音许逆反，云恐惧也，《说文》同”，文中兼含“谨慎”之义。这是比喻九四居《履》上卦之始，不当位而近君，有“履虎尾”之危；但以阳居阴，又有谦谨之象，故能恐惧获吉。《本义》：“九四亦以不中不正，履九五之刚；然以刚居柔，故能戒惧而得终吉。”

《象》曰：“愬愬终吉”，志行也。

译文 《象传》说：“保持恐惧谨慎，终将获得吉祥”，说明九四奉行小心循礼的志愿。

说明 “履虎尾”在本卦中凡三见：卦辞首见，取上下卦“和说以履刚强”之象，故“不咥人，亨”；六三又见，指该爻乘刚妄动，违背“履”道，故“咥人，凶”；九四复见，谓本爻虽处危却能以刚居柔，故“终吉”。这三者的不同，说明卦辞示一卦之义，爻辞明一爻之旨，应当区别看待。王弼所谓：“凡《彖》者，统论一卦之体者也；《象》者，各辩一爻之义者也。”（《周易略例·略例下》）其说就《彖传》、《象传》的条例而言，也体现出卦辞、爻辞的不同特点。

九五，夬履，贞厉①。

译文 九五，刚断果决、小心行走，守持正固以防危险。

注释 ① 夬履，贞厉：夬，音 guài，通“决”。（详《夬》卦译注）此谓九五阳刚中正，尊居“君位”，当“履”之时，有刚断果决、小心行走之象；但以刚居刚，若刚决过甚，必违正道，故爻辞又诫其“守正防危”。《集解》引干宝曰：“夬，决也。居中履正，为《履》贵主；万方所履，一决于前。恐夬失正，恒惧危厉。”案，干氏谓恐“失正”故“惧危”，意犹“守正防危”。

《象》曰：“夬履贞厉”，位正当也。

译文 《象传》说：“刚断果决、小心行走，守持正固以防危险”，说明九五居位正当。

说明 《折中》曰：“凡《象传》中所赞美，则其爻辞无‘凶’、‘厉’者，何独此爻不然？盖‘履’道贵柔，九五以刚居刚，是决于‘履’也；然以其有中正之德，故能常存危厉之心，则虽决于履，而动可无过举矣。《书》云‘心之忧危，若蹈虎尾’，此其所以‘履帝位而不疚’也与？凡《易》中‘贞厉’，‘有厉’，有以‘常存危厉之心’为义者，如《噬嗑》之‘贞厉，无咎’，《夬》之‘其危乃光’是也。然则此之‘贞厉’、《兑》五之‘有厉’当从此例也。”此说释“贞厉”亦犹“守正防危”，略同干宝之义（见上注引）。所引《尚书·周书·君牙》“心之忧危，若蹈虎尾”，与“贞厉”辞旨尤切。

译文 上九，回顾小心行走的过程、考察祸福得失的征祥，转身下应阴柔至为吉祥。

上九，视履考祥①，其旋元吉②。

注释 ① 视履考祥：祥，征祥，即吉凶祸福的体现。此句说明上九处《履》卦之终，阳居阴位，能冷静总结"履"道得失之征。《王注》："祸福之祥，生乎所履，处《履》之极，'履'道成矣，故可'视履'而'考祥'也。"

② 其旋元吉：旋，转也，犹言"转身"。此句承前句意，说明上九尊居乾极，能转身下应兑三，为刚能返柔、履能守谨之象，故获吉至大。《王注》："居极应说，高而不危，是其旋也；履道大成，故'元吉'也。"

译文 《象传》说：至为吉祥、高居上位，说明上九大有福庆。

《象》曰：元吉在上，大有庆也①。

注释 ① 大有庆：指上九之时"履道"大成，故上下皆有"福庆"。《集解》引卢氏曰："王者履礼于上，则万方有庆于下。"

说明 《周易》上爻，多寓物极必反的哲理，常有凶象。此爻却称"元吉"，可知作者认为，"小心行走"之道，随时均须奉行。

总论 《履》卦取名于"小心行走"，譬喻处事必须循礼而行的道理。卦辞"履虎尾，不咥人"，即形象地揭示出小心行走、虽危无害的寓意。卦中六爻，根据不同的地位、性质，分别陈述处"履"的情状。初九居下守"素"，九二持中不乱，九四恐惧谨慎，九五循礼果决，上九"履道"大成，这五爻均以阳刚善处其身，行不违礼，故多"无咎"、"吉"、"元吉"；其中九五虽诫"危厉"，能"贞"则无害。唯六三阴柔躁进，有"履虎尾咥人"之"凶"，但也勉其改过归正，以避凶危。纵观全卦，多从正反两方面示警，尤以"危辞"设诫最深。胡炳文曰："大抵人之涉世，多是危机，不为所伤，乃见所履。《大传》曰：'《易》之兴也，其当文王与纣之事邪？是故其辞危。'危莫危于'履虎尾'之辞矣！九卦处忧患，以《履》为首。"(《周易本义通释》)若就《象传》"刚中正，履帝位而不疚"之语分析，本卦的象征意义，又含有对统治者规劝警诫之旨。《新序·杂事四》载："孔子谓鲁哀公曰：'丘闻之："君者，舟也；人者，水也。水则载舟，水则覆舟。"君以此思危，则危将安，不至矣！夫执国之柄，履民之上，懔乎如以腐索御奔马。《易》曰"履虎尾"，《诗》曰"如履薄冰"：不亦危乎！'"可见，《履》卦所包含的象征旨趣，其意义十分广泛；这一点，事实上也是《周易》六十四卦的共同特征。

泰卦第十一

泰①:小往大来,吉,亨②。

译文 《泰》卦象征通泰:柔小者往外、刚大者来内,吉祥,亨通。

注释 ① 泰:卦名,下乾(☰)上坤(☷),象征"通泰"。《序卦传》:"泰者,通也。"

② 小往大来,吉,亨:小往,指阴爻居外卦;大来,指阳爻居内卦。这是就上下卦内乾外坤而言,谓"通泰"之时阳者盛而来,阴者衰而往,即《彖传》"君子道长,小人道消"之义,故"吉,亨"。《正义》:"阴去故'小往',阳长故'大来',以此吉而通。"

《彖》曰:"泰,小往大来,吉,亨。"则是天地交而万物通也①,上下交而其志同也②。内阳而外阴,内健而外顺,内君子而外小人③:君子道长,小人道消也④。

译文 《彖传》说:"通泰,柔小者往外、刚大者来内,吉祥,亨通。"这是表明天地阴阳交合、万物的生养之道畅通,君臣上下交合、人们的思想意识协同。此时阳者居内、阴者居外,刚健者居内、柔弱者居外,君子居内、小人居外:于是君子之道盛昌,小人之道消亡。

注释 ① 天地交而万物通:天,指下乾;地,指上坤。此据上下卦象,说明天地阴阳交和、万物生养畅通之理。《集解》引何妥曰:"此明天道泰也。夫泰之为道,本以'通'生万物。若天气上腾,地气下降,各自闭塞,不能相交,则万物无由得生。明万物生由天地交也。"案,自然现象中,如地气受热上升为云,云气冷却下降为雨,在古人心目中正属"天地交"之理。

② 上下交而其志同:上,喻君;下,喻臣。此句合前句释卦名"泰"。《集解》引何妥曰:"此明人事泰也。上之与下,犹君之与臣,君臣相交感,乃可以济养万

民也。”

③ 内阳而外阴，内健而外顺，内君子而外小人：内、外，指内卦、外卦；阳、健、君子，指三阳爻；阴、顺、小人，指三阴爻。此三句以阴阳爻的居位特点，释卦辞“小往大来”。《集解》引何妥曰：“顺而阴居外，故曰‘小往’；健而阳在内，故曰‘大来’。”又引崔憬曰：“阳为君子，在内健于行事；阴为小人，在外顺以听命。”

④ 君子道长，小人道消：此总结前三句的喻意，并释卦辞“吉，亨”，说明“泰”之时阳息阴消，利于“君子”不利于“小人”。《集解》引《九家易》曰：“谓阳息而升，阴消而降也。”

《象》曰：天地交，泰①；后以财成天地之道②，辅相天地之宜③，以左右民④。

译文 《象传》说：天地交合，象征“通泰”；君主因此裁节促成天地交通之道，辅助赞勉天地化生之宜，以此保佑天下百姓。

注释 ① 天地交，泰：释《泰》卦下乾为天、上坤为地之象。《集解》引荀爽曰：“坤气上升，以成天道；乾气下降，以成地道。天地二气若时不交，则为闭塞；今既相交，乃通泰。”

② 后以财成天地之道：后，《尔雅·释诂》：“君也”；财，《释文》引荀爽本作“裁”，《集解》引郑玄曰“节也”，《本义》“财，裁同”，犹言裁节调理；天地之道，即天地相交之道。此谓“通泰”之时，必须善为裁节调理，不使滥“通”失节，才能成就“天地相交”之道。案，《集解》引虞翻注，主张“财”即谓“财用”，指出“守位以人，聚人以财，故曰成天地之道”；惠栋《周易述》发挥虞义曰：“言后资财用以成教，赞天地之化育”；近人黄元炳《易学探源经传解》也认为：“人以财交通，即以成天地交应之道。”此均可备参考。

③ 辅相天地之宜：相，读 xiàng，“辅相”犹言辅助赞勉，与前句“财成”对文；天地之宜，即天地化生之宜。此谓“通泰”之时，必须多加扶持，不断赞勉促进天地化生之宜。辞意含有不可因“泰”自逸的微旨。

④ 以左右民：左右，即“佐佑”，犹言“保佑”。此句合前两句，说明“君主”观《泰》卦之象，悟知处“泰”不可安逸无事，应当调节成就“天地之道”，辅助赞勉“天地之宜”，使上下交通、治国保民，才能长获“通泰”。《王注》：“泰者，物大通之时也。上下大通，则物失其节，故‘财成’而‘辅相’，以左右民也。”

说明 《泰》卦的卦形为天在下、地居上，似乎把天地位置颠倒了；但这正说明本卦强调“交”而后“泰”的义理。《折中》引邱富国曰：“天地之形不可交而以气交，气交而物通者，天地之泰也；上下之分不可交而以心交，心交而志同者，人事之泰也。”然而，当事物通泰昌盛之时，又须妥善处之，才不致转“泰”成“否”。《大象传》所谓“财成”、“辅相”、“左右民”，正是阐发保“泰”之义。

初九，拔茅茹，以其汇；征吉①。

译文 初九，拔起茅草、根系相牵，这是同质汇聚所致；往前进发可获吉祥。

注释 ① 拔茅茹，以其汇；征吉：茅，茅草，《说文》："菅也"；茹，根相牵引之状，《释文》："茹，牵引也"；汇，《释文》"类也"，谓同质汇聚。此以拔茅草其根相牵为喻，说明初九当"泰"之时，阳刚处下，与二、三两阳俱有外应而志在上行，故一阳动则三阳并动；以此进取，必能通达，故称"征吉"。《王注》："茅之为物，拔其根而相牵引者也。茹，相牵引之貌也。三阳同志，俱志在外；初为类首，己举则从，若'茅茹'也。上顺而应，不为违距，进皆得志，故以其类征吉。"

《象》曰：拔茅征吉，志在外也①。

译文 《象传》说："拔起茅草，往前进发可获吉祥"，说明初九的心志是向外进取。

注释 ① 志在外：谓阳刚志在上进。《诚斋易传》："君子之志在天下，不在一身，故曰'志在外'也。"

说明 "通泰"之时，阳刚盛长；当其初始，一阳"泰"则诸阳皆泰。初九拟"拔茅"之象，表明此时宜于进取，"征"必获"吉"。

九二，包荒①，用冯河，不遐遗②；朋亡③，得尚于中行④。

译文 九二，有笼括大川似的胸怀，可以涉越长河，远方的贤者也无所遗弃；同时不结党营私，能够佑助行为持中的君主。

注释 ① 包荒：包，犹言"笼括"；荒，《释文》："本亦作'巟'"，《集解》引虞翻曰："大川也。"此以笼括大川，喻九二阳刚居中，胸怀广阔而能包容一切。案，《王注》释"包荒"为"包含荒秽"，可备一说。

② 用冯河，不遐遗：冯，音 píng，通"淜"，涉越，《说文》："淜，无舟渡河也。"《段注》："'淜'正字，'冯'假借字"，《尔雅·释训》："冯河，徒涉也"，即涉水过河；不遐遗，"不遗遐"的倒装。此承前句义，说明九二既有"包荒"之德，则可涉越长河，广纳远方贤者。《王注》："用心弘大，无所遐弃，故曰'不遐遗'也。"

③ 朋亡：朋，朋党；亡，即"无"。此谓九二道德光明，不结党营私。《王注》："无私无偏，存乎光大，故曰'朋亡'也。"

④ 得尚于中行：尚，《王注》释为"配"，即配合，《经义述闻》以为古训无征，遂据《尔雅·释诂》"尚，右也"释为"佑助"，今从之；中行，指六五居尊、行为持中，《王注》："中行谓五。"此句合前文诸句，说明九二以阳刚处《泰》下卦之中，有"包荒"、"冯河"、"不遐遗"、"朋亡"之象，上应六五柔中，犹如能用广阔无私的胸怀佑助行为持中的"君主"，治世以成"通泰"。《程传》："二虽居臣位，主治泰者也"，正合爻旨。

《象》曰："包荒"、"得尚于中行"，以光大也①。

译文 《象传》说："有笼括大川似的胸怀"、"能够佑助行为持中的君主"，说明九二的道德光明正大。

注释 ① 以光大也：《折中》："《传》只举'包荒'，非省文以包下，盖'包荒'是治道之本。然'包荒'而得乎中道者，以其光明正大，明断无私。"

说明 九二爻辞认为，世道通泰，往往体现于"治世"之臣胸襟广阔，秉公无私，即朱熹所谓"不遗遐远，而不泥朋比"（《本义》）。

九三，无平不陂，无往不复①；艰贞无咎②，勿恤其孚，于食有福③。

译文 九三，平地无不化险陂，去者无不重回复；能够牢记艰难、守持正固就可免遭咎害，不怕不取信于人，食享俸禄自有福庆。

注释 ① 无平不陂，无往不复：陂，音 pí，水旁或山旁倾陡之处，《说文》："阪也，一曰池也"，《段注》："陂得训'池'者，陂言其外之障。"这两句以"平"变"陂"，"去"转"复"为喻，说明九三处内卦之终，为上下卦转折点，当防"通泰"转为"否闭"。《本义》："将过于中，泰将极而否欲来之时也。"

② 艰贞无咎：此谓九三不可处泰忘忧，宜多戒惕。《程传》："方泰之时，不敢安逸，常艰危其思虑，正固其施为，如是则可以无咎。"

③ 勿恤其孚，于食有福：恤，《集解》引虞翻曰"忧也"；孚，信也，文中含"取信于人"之义；食，谓食享俸禄，《礼记·坊记》"食浮于人"郑玄注："食，谓禄也。"这两句承前句之义而发，说明九三当此"通泰"可能转化之时，若知"艰"守"正"，不但"无咎"，而且可以"孚信"于人，长保俸禄。《正义》："信义先以诚著，故不须忧其孚信也；信义自明，故于食禄之道自有福庆也。"

《象》曰："无往不复"，天地际也①。

译文 《象传》说："去者无不重回复"，说明九三处在"天地"交接的边际。

注释 ① 天地际：际，《广韵》"边也，畔也"。《集解》引宋衷曰："位在乾极，应在坤极"，即言九三处下乾终极，所应上六居上坤终极：两极各为天、地之际，寓有"泰"将转"否"的危险。

说明 事物的发展往往正、反互为转化。处泰若能忧否，则足以避害，这是九三"艰贞无咎"之旨。

六四，翩翩①，不富②，以其邻不戒以孚③。

译文 六四，连翩下降，虚怀不有富实，与近邻未相告诫都心存诚信。

注释 ① 翩翩：《说文》："翩，疾飞也"，《诗经·小雅·巷伯》"缉缉翩翩"，《毛传》谓"往来貌"；此处指相从下降之状。这句说明六四以阴居上卦之初，当"上下交泰"之时，与五、上两阴连翩下降求应于阳。

② 不富：《周易集说》："《易》以阴虚为不富。六四阴爻，故曰'不富'。"此处又喻六四能虚怀下应初阳，即《学易记》所谓"上以谦虚接乎下"之意。

③ 以其邻不戒以孚：前一"以"字，《尚氏学》训与（《广雅·释诂三》"以，与也"）；后一"以"字为连词，犹"而"；邻，指五、上两阴。此句申发前两句之义，说明

六四与近邻诸阴未曾诚告而均有下应阳刚的诚信心怀，故能不约而同、连翩并降。《古周易订诂》："此正阴阳交泰之爻也"，"邻指五、上，四虽'不富'而能挟其并居之邻相从而下者，以三阴皆欲求阳，故不待教戒而能以之下孚乎阳也。"案，本爻辞旧读多作"翩翩，不富以其邻，不戒以孚"；这里采用《尚氏学》句读。

《象》曰："翩翩不富"，皆失实也①；"不戒以孚"，中心愿也②。

译文 《象传》说："连翩下降，虚怀不有富实"，说明上卦阴爻都损去了殷实；"未相告诫都心存诚信"，说明阴爻内心均有应下的意愿。

注释 ① 失实：即爻辞"不富"之义。《古周易订诂》："'不富'而其邻肯从之旨，以三爻皆不富而欲资富实于阳故也。"

② 中心愿：《折中》引俞琰曰："愿者，上下交而其志同也。泰之时，上下不相疑忌，盖出自本心，故曰'中心愿'也。"

说明 本卦义主"交泰"，故阳能禀实应上，阴能虚己应下：阴阳上下交济，遂呈"通泰"景象。六四"翩翩"与初九"拔茅"两象正相呼应。

六五，帝乙归妹①，以祉元吉②。

译文 六五，帝乙嫁出少女，以此获得福泽、至为吉祥。

注释 ① 帝乙归妹：帝乙，商代帝王，《子夏传》、京房、荀爽以为即商汤，虞翻以为商纣王之父；归，女子出嫁之称；妹，《说文》"女弟也"，《段注》引《毛传》谓"女子后生曰'妹'"。此句取古代帝女出嫁的故事为喻，说明六五阴居尊位，下应九二，犹如"帝乙"下嫁贵女以配贤者，正见上下交通之理。《周易义海撮要》引陆希声曰："五以柔在上，帝女之象；下配于二，下嫁之象。"案，《归妹》六五亦取此象，可参阅。

② 以祉元吉：祉，福也，文中用如动词。此句说明五应二为"交泰"至美之象，故称"元吉"。《尚氏学》："'以祉元吉'者，言二升五，五来二（原注：来二即归），各当其位，永为伉耦，故'元吉'也。"

《象》曰："以祉元吉"，中以行愿也①。

译文 《象传》说："以此获得福泽、至为吉祥"，说明六五居中不偏以施行应下的心愿。

注释 ① 行愿：《尚氏学》："谓五愿归二也。"

说明 居尊下交，尤见可贵。此爻称"元吉"，正含"通泰"大成的象征。程颐曰："元吉，大吉而尽善者也。谓成治泰之功也。"（《程传》）

上六，城复于隍①；勿用师，自邑告命②，贞吝③。

译文 上六，城墙倾覆到干涸的城沟里；不可出兵征战，自行减损典诰政令，守持正固以防憾惜。

注释 ① 城复于隍：复，通"覆"，《说文》引作"覆"；隍，《集解》引虞翻曰："城下沟，无水称'隍'，有水称'池'。"此句以城墙塌入城沟喻泰极否来。《王注》："居《泰》

上极，各反所应；泰道将灭，上下不交；卑不上承，尊不下施。是故‘城复于隍’，卑道崩也。”

② 勿用师，自邑告命：邑，通“挹”，犹言“减损”；告命，即“诰命”，指训诰政令，这两句说明上六当“泰”道转坏之时，居位尊高，不可兴师妄动，而要自我精简繁文、改革弊政，以求渡过危难时期。《尚氏学》承吴汝纶先生《易说》指出：“邑，挹之省文，挹损也。言自挹损其告命，如后世之下诏罪己也。”此即揭明处《泰》上六之时，当“勿用”、退处。案，《正义》释“自邑告命”曰：“于自己之邑而施告命”，可备一说。

③ 贞吝：犹言“守正防吝”（参阅《屯》九五译注）。此谓上六将临“否闭”之世，实因“时穷”所致，故希冀其自守正固，或可避凶免“吝”；所谓“贞”者，即前文“勿用师，自邑告命”之旨。

《象》曰：城复于隍，其命乱也①。

译文 《象传》说：“城墙倾覆到干涸的城沟里”，说明上六的发展趋向已经错乱转化。

注释 ① 其命乱：命，命运，犹言“发展趋向”。《尚氏学》：“言泰极返否，为天地自然之命运，无可避免。此‘命’字与‘告命’异。”

说明 上居卦终，泰极必反。朱熹曰：“此亦事势之必然。治久必乱，乱久必治，天下无久而不变之理。”（《朱子语类》）

总论 事物对立面的交合、统一，往往是走向亨通的先决条件。《泰》卦，正是以上下交通、阴阳应合，阐明事物“通泰”之理。卦象天在下、地居上，《彖传》谓“上下交而其志同”，已明确喻示其义。曹丕论曰：“夫阴阳交，万物成；君臣交，邦国治；士庶交，德行光。同忧乐，共富贵，而友道备矣。《易》曰：‘上下交而其志同。’由是观之，‘交’乃人伦之本务，王道之大义，非特士友之志也。”（《初学记》引《魏文帝集》）此说将物“交”而“泰”的道理，又作了进一步的推阐。《泰》卦六爻所示，无不见“交通”之旨。刘定之指出：“六爻之中，相交之义重：初与四相交，泰之始也，故初言以其汇、如茅之连茹，四言以其邻、如鸟之连翩；二与五相交，泰之中也，故五言人君降其尊贵以任夫臣，二言大臣尽其职以答夫君；三与上交，泰之终也，故三言平变而为陂，上言城复而于隍。”（《折中》引）然而，六爻中诫意最深的，当属三、上两爻所体现“泰极否来”的哲理：九三是转化的苗头，以“无平不陂，无往不复”示警；上六是转化的终极，以“城复于隍”见义。《诗经·小雅·十月之交》曰：“高岸为谷，深谷为陵”，《论语·子路》谓：“君子泰而不骄”，似均可借以印证《泰》卦寓涵的“处泰虑否”的鉴戒意义。

否卦第十二

䷋〔否〕:否之匪人①,不利,君子贞②;大往小来③。

译文 〔《否》卦象征否闭〕:否闭之世人道不通,天下无利,君子应当守持正固;此时刚大者往外、柔小者来内。

注释 ①〔否〕:否之匪人:否,音 pǐ,卦名,下坤(☷)上乾(☰),象征"否闭";匪人,《正义》:"否闭之世,非是人道交通之时。"案,《本义》:"或疑'之匪人'三字衍文,由《比》六三而误也。《传》不特解其义,亦可见。"可备一说。又案,高亨云:"'否'字当重。'否,否之匪人'者,上'否'字乃卦名,下'否'字乃卦辞,此全书之通例也。"(《周易古经今注》及《周易大传今注》)其说可取,故在卦辞中增一"否"字为卦名,并加括号以别之。

② 不利,君子贞:言天下不得其利,君子独能守正不苟合于"否"道。《诚斋易传》:"不曰'利'而必曰'不利',曷为'不利'也?用匪其人,小人之利,天下之不利也。曰'贞'而必曰'君子贞',曷为君子独贞也?君子之贞天下之不贞也。"又曰:"《否》之君子,以天下之正正一身,非不欲正天下也,时不可也,故曰'君子贞',言贞固自守而已。"案,这两句旧注多合读作"不利君子贞",指"不利君子为正"(《正义》),于义亦通。

③ 大往小来:即阳往阴来(参阅《泰》卦辞"小往大来"译注),此处指上乾居外,犹"阳往";下坤居内,犹"阴来"。《正义》:"阳气往而阴气来,故云'大往小来'。阳主生息,故称大;阴主消耗,故称小。"

《彖》曰:"否之匪人,不利,君子贞;大往小来。"则是天地不交而

译文 《彖传》说:"否闭之世人道不通,天下无利,君子应当守持正固;此时刚大者往外、柔小者来内。"这是表明天地阴

阳互不交合、万物的生养之道不得畅通，君臣上下互不交合、天下离异而不成邦国。阴者居内、阳者居外，柔顺者居内、刚健者居外，小人居内、君子居外。于是小人之道增长，君子之道消亡。

万物不通也①，上下不交而天下无邦也②。内阴而外阳，内柔而外刚，内小人而外君子③：小人道长，君子道消也④。

注释 ① 天地不交而万物不通：此据上下卦象言，犹如天在上地在下互不交合，故万物的生养不得畅通。《集解》引何妥曰："此明天道否也。"

② 上下不交而天下无邦：《集解》引何妥曰："此明人事否也。《泰》中言'志同'，《否》中云'无邦'，言人志不同必致离散而乱邦国。"又引崔憬曰："君臣乖阻，取乱之道，故言'无邦'。"

③ 内阴而外阳，内柔而外刚，内小人而外君子：阴、柔、小人，指内卦坤；阳、刚、君子，指外卦乾。这三句说明"否闭"之时，"小人"塞于内，"君子"远于外，义与《泰》相反（参阅《泰》卦《彖传》译注）。

④ 小人道长，君子道消也：这两句归结《彖传》大旨，说明卦辞之义主于"小人"之道渐长，"君子"之道渐消。其中又隐含"君子"当戒防"小人"的意思。案，马振彪云："君子道消，盖处'否'之时，道不得行，不若小人之盛长；其实君子之道自在，并未尝消。使其道果消，则'否'运何由而'泰'？此不过对'小人道长'而言也。"（《周易学说》）此说释理甚切，与崔憬所谓"君子在野，小人在位之义"（《集解》引）有合。

说明 李过曰："《否》，《泰》之反，《彖辞》皆与《泰》反。"（《西溪易说》）因此，将《否》《泰》的卦辞、《彖传》互为参照，有利于对这两卦的理解。

译文 《象传》说：天地不相交合，象征"否闭"；君子因此以节俭为德、避开危难，不可追求荣华、谋取禄位。

《象》曰：天地不交，"否"①，君子以俭德辟难，不可荣以禄②。

注释 ① 天地不交，"否"：释《否》卦上乾为天、下坤为地之象。《集解》引宋衷曰："天地不交，犹君臣不接；天气上升而不下降，地气沉下又不上升，二气特隔，故云'否'也。"

② 俭德辟难，不可荣以禄：俭德，犹言"以俭为德"；辟，通"避"。这是用"君子"如何处身于"否"时，来抒发本卦的象征意义。《集解》引孔颖达曰："言君子于此'否'时，以节俭为德，辟其危难，不可荣华其身以居禄位。此若据诸侯公卿言之，辟其群小之难，不可重受官爵；若据王者言之，谓节俭为德，辟阴阳厄运之难，不可自重荣贵而骄逸也。"

说明 《否》卦的卦形是天在上、地在下，在人们眼中看来似乎是正常、合理的，但在《周易》作者眼中却是反常、悖理的，故谓之"否闭"。由此可以窥见《易》理中"交易"、"变易"观念之一斑。

初六，拔茅茹，以其汇①；贞吉，亨。

译文 初六，拔起茅草、根系相牵，由于同质汇聚所致；守持正固可获吉祥，亨通。

注释 ① 拔茅茹，以其汇：这两句取象与《泰》初九相同（参阅该爻译注）。但两爻喻义大殊：前者处“泰”之始，三阳在下同质相连并动，与上卦之阴应合，故称“征吉”；此爻处“否”之初，三阴在下同质相连而退，与上卦之阳本应而不应，故下文诫以“贞吉，亨”，即守持正固然后有吉、可亨。简言之，《泰》初之“汇”动在上进，《否》初之“汇”动在退处。《王注》：“居否之时，动则入邪，三阴同道，皆不可进。故‘拔茅茹’以类，贞而不谄则吉、亨。”案，《诚斋易传》谓“拔茅”是小人类进之象，“贞吉亨”是君子守正之诫，可备一说。

《象》曰：“拔茅贞吉”，志在君也①。

译文 《象传》说：“拔起茅草根系相牵，守持正固可获吉祥”，说明初六守正不进的意志是为君主着想。

注释 ① 志在君：《正义》：“所以居而守正者，以其志意在君，不敢怀谄苟进，故得吉亨也。”

说明 王宗传曰：“《否》之初六虽有其应，然当此之时，上下隔绝而不通，故初六无上应之义；惟其以汇守吾正而已。”（《童溪易传》）此说谓初本有应于上卦，当“否”之时则不应，颇可取。

六二，包承，小人吉①；大人否，亨②。

译文 六二，被包容并顺承尊者，小人获得吉祥；大人否定此道，可获亨通。

注释 ① 包承，小人吉：包，包容，指二包容于五；承，顺承，指二承五。这是说明六二居《否》下卦之中，犹如以柔顺之道包容于九五，而奉承之，故有“小人吉”之象。《王注》：“居‘否’之世，而得其位，用其至顺包承于上，小人路通。”

② 大人否，亨：大人，喻九五，《集解》引荀爽曰：“大人谓五”；否，犹言“否定”，《集解》引虞翻曰：“否，不也。”这两句是从正面告诫“大人”，说明应当否定小人之道，不与相包承，则可致亨。《王注》：“大人否之，其道乃亨。”又，《经义述闻》：“六二包承于五，小人之道也；九五之大人若与二相包承，则以君子而入小人之群，是‘乱群’也。故必不与相包承，而其道乃亨。”

《象》曰：“大人否，亨”，不乱群也①。

译文 《象传》说：“大人否定小人之道，可获亨通”，说明不能被小人的群党所乱。

注释 ① 不乱群：群，犹言“群小”。指九五不可应二，否则入小人之群，必致正邪淆乱。《尚氏学》：“不乱群，言五不能下施应二。”

说明 六二爻辞兼取“小人”、“大人”之象，体现处“否”的方式“正”、“邪”判然不同。爻中强调“大人”必须以“治否”为任，故不可见乱于“群小”。

译文 六三，被包容为非、终致羞辱。

六三，包羞[1]。

注释 ① 包羞：包，指三包容于上九；羞，羞辱。此言六三处《否》下卦之终，不中不正，但恃上所包容，怀谄奉承，妄作非为，终致羞辱。《王注》："俱用小道，以承其上，而位不当，所以包羞也。"

译文 《象传》说："被包容为非，终致羞辱"，说明六三居位不正当。

《象》曰："包羞"，位不当也。

说明 爻辞不言凶、咎，只说"羞"，似表明"小人"之势正盛；但从"君子"的角度看，终为可"羞"。马其昶曰："当'小人道长'之时，三之所为，或无凶咎，然而君子耻之。"(《重定费氏学》)

译文 九四，奉行扭转否道的天命，无所咎害，众类相依附均获福祉。

九四，有命无咎[1]，畴离祉[2]。

注释 ① 有命无咎：命，此处指扭转否道的"天命"，又兼含九五"君命"之意。此言九四处下卦进入上卦之初，"否"道将有扭转，奉"命"济"否"，故获"无咎"。《周易玩辞》："《泰》虽极治，以命乱而成蛊；《否》虽极乱，以有命而成益。'命'者，天之所令，君之所造也。道之废兴，岂非天耶？世之治乱，岂非君耶？"

② 畴离祉：畴，音 chóu，通"俦"，犹言"众类"，此处指下卦诸阴；离，附依；祉，福也。此句承前句之义，说明"否"道将转之时，群阴亦依附于"济否君子"而获福。马振彪云："'否'之世，小人得志。然君子之志未尝不各行其是，不与小人为缘；此志常行，即转'否'为'泰'之基也。此即天命所寄，为天下造福利，小人亦引同类而附离焉。九四之志，扶危济倾，故不疑其所行也。"(《周易学说》)案，《象传》谓九四"志行"，《集解》引荀爽曰："谓志行于群阴也"，则爻辞"畴"当指下三阴，今从之。但《正义》认为"畴"指初六，可备一说。

译文 《象传》说："奉行扭转否道的天命，无所咎害"，说明九四济否的志向正在施行。

《象》曰：有命无咎，志行也。

说明 《泰》九三"无往不复"是将转否之象；《否》九四"有命无咎"是将转泰之征。胡炳文曰："否泰之变，皆天也。然泰变为否易，故于内卦即言之；否变为泰难，故于外卦始言之。"(《周易本义通释》)

译文 九五，休止否闭局面，大人可获吉祥；(心中时时自警：)将要灭亡、将要灭亡，就可以像系结于丛生的桑树一样(安然无恙)。

九五，休否，大人吉[1]；其亡其亡，系于苞桑[2]。

注释 ① 休否，大人吉：休，作动词，犹言"休止"。此谓九五居尊为"君"，阳刚中正，当否世转泰之时，以休止天下否闭为己任，故称"大人吉"。《程传》："五以阳刚中正之德居尊位，故能休息天下之否，大人之吉也。"

② 其亡其亡，系于苞桑：苞，音 bāo，此处指"草木丛生"，《尚书·禹贡》"草木渐苞"，《孔传》"苞，丛生"。此句诫九五之"君"要"心存将危乃得固"(《王注》)。

《朱子语类》:"有戒惧危亡之心,则便有苞桑系固之象。盖能戒惧危亡,则如系于苞桑,坚固不拔矣。"

《象》曰:"大人之吉",位正当也。

译文 《象传》说:"大人的吉祥",说明九五居位中正得当。

说明 "惧危则安",是本则爻辞的核心思想。《系辞下传》引孔子语对此论曰:"危者安其位者也,亡者保其身者也,乱者有其治者也。是故君子安而不忘危,存而不忘亡,治而不忘乱,是以身安而国家可保也。《易》曰:'其亡其亡,系于苞桑。'"

上九,倾否①;先否后喜②。

译文 上九,倾覆否闭局势;起先犹存否闭、最后通泰欣喜。

注释 ① 倾否:此谓上九居"否"道穷极之时,刚健勇猛,故能一举倾覆否闭局势。《集解》引侯果曰:"倾为覆也,否穷则倾矣。"

② 先否后喜:此谓"倾否"之际,虽仍有"否",但最后彻底倾覆,天下通泰,故"先否后喜"。《集解》引侯果曰:"倾,犹否,故'先否'也;倾毕则通,故'后喜'也。"

《象》曰:否终则倾,何可长也!

译文 《象传》说:否闭终极必致倾覆,怎能保持久长呢!

说明 "否极泰来"的哲理,上九喻之至明。但要彻底"倾否",没有刚健勇猛的势力是不可能的。上九积乾健至盛,实是"济否"功成的重要因素。程颐曰:"否终则必倾,岂有长否之理?极而必反,理之常也。然反危为安,易乱为治,必有刚阳之才而后能也。故《否》之上九则能倾否,《屯》之上六则不能变屯也。"(《程传》)

总论 物有"泰",必有"否",《杂卦传》曰:"《否》、《泰》反其类",即表明两卦之义相互反对。《否》卦所明"否闭"之理,体现于事物对立面之间不相应和,即上下不交,阴阳不合。卦象天在上、地在下,《象传》谓"上下不交而天下无邦",已明确揭示其义。卦中六爻,下三爻就阴柔者"处否"而言,初六知时能退获"贞吉",六二被包容顺承一时得"吉"、但为"大人"所不取,六三被包容为非、徒获羞辱,此主于警戒群阴守正勿进;上三爻就阳刚者"济否"而言,九四奉命扭转否道"无咎",九五休止否道获"吉",上六倾覆否道有"喜",此主于嘉勉群阳用力行志。可见,"否"时虽万物闭塞不通,但"否极泰来"是事物发展的必然规律。因此,本卦的核心思想是教人当"否"之时,要有转"否"成"泰"的毅力与信念,并给人带来在"否闭"中走向"通泰"的期望。《周书·萧詧传》载后梁宣帝萧詧《愍时赋》曰:"望否极而云泰,何杳杳而无津",正表露了处"否"求"泰"的焦虑心情。至于九五爻辞"其亡其亡,系于苞桑"所蕴含的"惧危能安"的哲理,又对后人产生过颇为深刻的影响。《潜夫论·思贤篇》曾就此发出一番议论:"老子曰:'夫唯病病,是以不病。'《易》

称:‘其亡其亡,系于苞桑。’是故养寿之士,先病服药;养世之君,先乱任贤。是以身常安而国脉永也。”

卷三

同人卦第十三

〔同人〕:同人于野,亨①,利涉大川,利君子贞②。

译文 〔《同人》卦象征和同于人〕:在宽阔的原野和同于人,亨通,利于涉越大河巨流,利于君子守持正固。

注释 ①〔同人〕:同人于野,亨:同人,卦名,下离(☲)上乾(☰),象征"和同于人";野,原野。此谓与人和同必须处于广阔无私、光明磊落的境界,故特取"原野"喻"同人"之所;以此"同人",前景必能畅通,故曰"亨"。《正义》:"同人,谓和同于人;野,是广远之处。借其'野'名,喻其广远;言和同于人必须宽广无所不同,用心无私,处非近狭,远至于野,乃得亨通。"案,高亨云:"'同人'二字当重。'同人:同人于野'者,上'同人'二字乃卦名,下'同人'二字乃卦辞,此全书之通例也。"(《周易古经今注》及《周易大传今注》)其说可取,故在卦辞中增"同人"二字为卦名,并加括号以别之。

② 利涉大川,利君子贞:这是进一步表明,能广泛和同于人,可以涉越险难;但"同人"不得为邪,故又强调利于"君子"守正。《正义》:"与人同心,足以涉难,故曰'利涉大川'也;与人和同,易涉邪僻,故'利君子贞'也。"

《彖》曰:"同人",柔得位得中而应乎乾①,曰同人。同人,曰"同人于野,亨,利涉大川",乾行也②。文明以健,中正而应,君子正也③。唯君子为能通天下之志④。

译文 《彖传》说:和同于人,譬如柔顺者处得正位、守持中道又能上应刚健者,所以能够和同于人。和同于人,强调在宽阔的原野与人和同,可获亨通,利于涉越大河巨流,这是表明刚健者的求同心志在施行。禀性文明而又强健,行为中正而又互相应和,这是君子和同于人的纯正美德。只有君子才能会通统一天下民众的意志。

注释 ① 柔得位得中而应乎乾：柔，指六二；乾，健也，指九五。此句以六二得位居中、与九五志同相应，释卦名“同人”之义。《正义》：“柔得位得中者，谓六二也；上应九五，是应于乾也。”

② 乾行：此释卦辞“同人于野，亨，利涉大川。”指六二固能以柔上应刚健，但刚健能下应阴柔则是“同人”的关键所在，故特称“乾行”。《王注》：“所以乃能‘同人于野，亨，利涉大川’，非二之所能也，是乾之所行也。”

③ 文明以健，中正而应，君子正也：文明，指下离为火，如文德光明；健，指上乾；中正，指二、五位正居中。这三句以上下卦象及二、五爻象说明卦辞“利君子贞”的涵义。《正义》：“此以二象明之，故云‘文明以健’；‘中正而应’，谓六二、九五皆居中得正而又相应：是君子之正道也，故云‘君子正也’。若以威武而为健，邪僻而相应，则非君子之正也。”

④ 唯君子为能通天下之志：此句归结全《彖》，进一步赞明卦辞“利君子贞”之义。《正义》：“唯君子之人，于‘同人’之时能以正道通达天下之志，故利君子之贞。”

说明《折中》曰：“上专以‘乾行’释‘于野’、‘涉川’者，但取刚健无私之义也；下释‘利贞’，则兼取明健中正之义。盖健德但主于无私而已，必也有文明在于先，而所知无不明；有中正在于后，而所与无不当：然后可以尽无私之义，而为君子之贞也。”此说剖析《彖传》之义甚见明确。

《象》曰：天与火，同人①；君子以类族辨物②。

译文《象传》说：天、火相互亲和，象征“和同于人”；君子因此分析人类群体、辨别各种事物以审异求同。

注释 ① 天与火，同人：与，作动词，犹“亲”，《管子·霸言》“诸侯之所与也”注谓：“与，亲也”，此处犹言“亲和”。这两句以天体在上、火性亦炎上，两相亲和，释《同人》上乾为天、下离为火之象。《正义》：“天体在上，火又炎上，取其性同，故云‘天与火，同人。’”案，《集解》引《九家易》曰：“谓乾舍于离，同而为日，天日同明，以照于下，君子则之，上下同心，故曰‘同人’”；又引荀爽曰：“乾舍于离，相与同居，故曰‘同人’也。”两说各从不同的角度分析卦象，并可存备参考。

② 类族辨物：类，用如动词，犹言“类析”，与“辨”字义近互文；族，《正义》“聚也”，意指人类“群体”。这是说明“君子”观《同人》天、火虽异，其性有同之象，悟知通过辨析人类、众物的异同特征，可以存其异求“和同”。《本义》：“类族辨物，所以审异而致同也。”《朱子语类》：“类族，是就人上说；辨物，是就物上说。天下有不可皆同之理，故随他头项去分别。”

说明《睽》卦《大象传》曰：“君子以同而异”，此卦言“类族辨物”：两者在求“同”方面有相近之义。但《睽》卦是在事物“乖睽”的前提下揭示“合睽”之理，而《同人》卦却是展示广泛“和同于人”的过程中存异求同之道：这是两卦本质意义的区别（可参阅《睽》卦《大象传》译注）。李光地指出：“虽大同之中，各从其类，自有区别。故上下有等，亲疏有杀，人之知愚善恶有分，物之贵贱精粗有品：类而辨之，各得其分，乃所以为‘大同’也。”（《周易观象》）此说已揭明本卦《大象传》的大旨。

初九，同人于门，无咎①。

译文 初九，刚出门口就能和同于人，必无咎害。

注释 ① 同人于门，无咎：指初九以阳居初，处“同人”之始，不系应于上，有出门便广泛与人和同之象，故获“无咎”。《王注》：“居《同人》之始，为‘同人’之首者也。无应于上，心无系吝，通夫大同，出门者同，故曰‘同人于门’也；出门同人，谁与为咎？”

《象》曰：出门同人，又谁咎也！

译文 《象传》说：刚出门口就能和同于人，又有谁会施加咎害呢！

说明 《小象传》发爻辞之义，此爻所释尤见精切。何楷曰：“爻言‘同人于门’，《传》以‘出门同人’释之，加一‘出’字，而意愈明。”（《古周易订诂》）

六二，同人于宗，吝①。

译文 六二，在宗族内部和同于人，有所憾惜。

注释 ① 同人于宗，吝：宗，犹言“宗族”。此谓六二与九五相应，犹如仅与亲近者和同，有“同人”褊狭之象，未免憾惜，故称“吝”。《正义》：“系应在五，而和同于人在于宗族，不能弘阔。”《尚氏学》：“卦五阳皆同于二，今二独亲五，则三、四忌之，致吝之道。”

《象》曰：“同人于宗”，吝道也。

译文 《象传》说：“在宗族内部和同于人”，这是导致“憾惜”之道。

说明 《象传》称六二“柔得位得中而应乎乾”，从卦象整体取义；爻辞言“吝”，是就爻象一端抒旨。《周易会通》引冯当可曰：“以卦体言之，则有大同之义；以爻义言之，则示阿党之戒。”

九三，伏戎于莽①，升其高陵，三岁不兴②。

译文 九三，潜伏兵戎在草莽间，登上高陵频频察看，三年也不敢兴兵交战。

注释 ① 伏戎于莽：戎，兵戎；莽，密生的草，犹言“草莽”。此句指九三以阳刚居下卦高位，比二不应于五，有据二强“同”、与九五相争之象，故“伏戎于莽”，俟机而作。《正义》：“九三处下卦之极，不能包弘上下、通夫大同，欲下据六二，上与九五相争也；但九五刚健，九三力不能敌，故伏潜兵戎于草莽之中。”

② 升其高陵，三岁不兴：这两句紧承前文，说明九三虽频频窥视九五，却因力弱终不敢交争。《正义》：“唯升高陵，以望前敌，量斯势也；纵令更经三岁，亦不能兴起也。”

译文 《象传》说："潜伏兵戎在草莽间"，说明九三前敌刚强；"三年也不敢兴兵交战"，怎敢冒然行进呢？

《象》曰："伏戎于莽"，敌刚也；"三岁不兴"，安行也①？

注释 ① 安行：安，《王注》："辞也"，谓疑问语气词；安行，犹言"安可行"。

说明 "同人"应当顺合，不可强争。九三刚亢用强，有违正道，故尽管"伏戎"、"升陵"，也难以达到愿望。

译文 九四，高据城墙之上，又自退不能进攻，吉祥。

九四，乘其墉，弗克攻，吉①。

注释 ① 乘其墉，弗克攻，吉：墉，音 yōng，城墙；克，能也。此谓九四失位无应，本欲与九三争"同"于六二；但阳居阴位有能退之象，故以"不克攻"获"吉"。《本义》："刚不中正，又无应与，亦欲同于六二，而为三所隔，故为乘墉以攻之象；然以刚居柔，故有自反而不克攻之象。占者如是，则是能改过而得吉也。"

译文 《象传》说："高据城墙之上"，说明六三在"和同于人"的意义上是不能发动进攻的；获得吉祥，是由于困陷不通时能够回头遵循正确的法则。

《象》曰："乘其墉"，义弗克也；其"吉"，则困而反则也。

说明 九三不中，九四不正，两者以刚强争"同"于六二，并失"同人"之道。胡炳文曰："卦惟三、四不言'同人'"，"三、四有争夺之象，非'同'者也。"（《周易本义通释》）但九四居柔能退，又许其改过获"吉"。

译文 九五，和同于人，起先痛哭号咷，后来欣喜欢笑，大军出战告捷、志同者相遇会合。

九五，同人，先号咷，而后笑，大师克相遇①。

注释 ① 先号咷，而后笑，大师克相遇：号咷，音 háo táo，叠韵联绵词，形容大声痛哭，又作"号啕"、"嚎啕"、"嚎咷"等；大师，大军；克，战胜。这三句说明九五阳刚中正、尊居"君位"，与六二同心相应，但因三、四为敌欲争，开初不能会合而"号咷"悲痛，直至克敌制胜之后才与六二"相遇"而"笑"。《王注》："近隔乎二刚，未获厥志，是以'先号咷'也；居中处尊，战必克胜，故'后笑'也；不能使物自归，而用其强直，故必须'大师克'之，然后'相遇'也。"

译文 《象传》说：和同于人，起先痛哭号咷，说明九五中正诚直；大军出战才与志同者相遇会合，说明九五与敌对者交战获胜。

《象》曰：同人之先①，以中直也；大师相遇，言相克也。

注释 ① 同人之先：先，是"先号咷"的省略。《正义》："《象》略'号咷'之字，故直云'同人之先'。"

说明 胡炳文曰："《同人》九五，刚中正而有应于六二，故'先号咷，而后笑'；《旅》上九，刚不中正而无应于九三，故'先笑，后号咷。'"（《周易本义通释》）

此以两卦“先笑”、“后笑”之异辨析象旨，义有可取。

上九，同人于郊，无悔①。

译文 上九，在荒远的郊外和同于人，未获同志也不觉悔恨。

注释 ① 同人于郊，无悔：此谓上九居卦终极，“同人”道穷，遂有处于荒外、难觅同志之象；但远避内争，超然自乐，也不觉悔恨。《王注》：“郊者，外之极也。处‘同人’之时，最在于外，不获同志，而远于内争。故虽无悔吝，亦未得其志。”

《象》曰：“同人于郊”，志未得也。

译文 《象传》说：“在荒远的郊外和同于人”，说明上九与人和同的志向未能实现。

说明 欲与人“同”，自然要接近现实生活；上九独居荒远，“同人”之道不能不穷。程颐曰：“虽无悔，非善处也。”（《程传》）

总论 《礼记·礼运》曰：“大道之行也，天下为公”，“故人不独亲其亲，不独子其子”，“是谓大同”。这显然是古人的一种美好理想。《同人》卦所发“和同于人”的意义，与这一理想的旨趣颇可相通。卦辞“同人于野”，就显露着“光明无私”的“同人”之道。然而，要实现“同人”愿望，却不是轻而易举的。卦中六爻展示了“同人”之时的各种曲折情状：初九刚出门即与人和同，仅获“无咎”；六二“同人”于宗族，所同褊狭，未免憾惜；九三、九四争相强“同”于人，违“中”失“正”，故前者徒劳无益，后者改过则吉；九五先遭危厄，后以刚正执中得遂“同人”之志；上九孤身远遁荒外，“同人”道穷。可见，《周易》作者毕竟正视现实，没有停留在抽象的理想境界，而是在“同”与“争”的尖锐矛盾中极力揭示出“同人”艰难的本质规律。尤其是三、四、五爻，以“兵戎”、“攻战”设喻，更见“同人”过程中矛盾激化的程度。王弼于此卦叹曰：“凡处‘同人’而不泰焉，则必用师矣”（《王注》）；换言之，今日“和同”，往往是在昔日“争战”的“废墟”上建立起来的。不过，从正面的宗旨分析，本卦所追求的广泛“和同于人”的理想，在我国古代思想史上无疑具有一定的进步意义。

大有卦第十四

䷍ 大有①:元亨②。

译文 《大有》卦象征大获所有:至为亨通。

注释 ① 大有:卦名,下乾(☰)上离(☲),象征"大获所有"。案,"大有"之义,《集解》引虞翻注,释为"大富有";本卦一阴居尊,获五阳之应,正具此象。《正义》:"柔处尊位,群阳并应,大能所有,故曰'大有'。"

② 元亨:物获"大有",必然至为亨通,故称"元亨"。《王注》:"大有,则必元亨矣。"

《彖》曰:"大有",柔得尊位大中,而上下应之①,曰大有。其德刚健而文明,应乎天而时行②,是以元亨。

译文 《彖传》说:"大获所有",譬如阴柔者得居尊位、高大而能保持中道,上下阳刚纷纷相应,所以称"大获所有"。此时能够秉持刚健而又文明的美德,顺应天的规律、万事按时施行,这样前景必然至为亨通。

注释 ① 柔得尊位大中,而上下应之:柔,指六五;上下,指上下五阳爻。此以卦中一阴获五阳之应,释卦名"大有"之义。《王注》:"处尊以柔,居中以大,体无二阴,以分其应,上下应之,靡所不纳,'大有'之义也。"《正义》:"柔处尊位,是其大也;居上卦之内,是其中也。"

② 其德刚健而文明,应乎天而时行:刚健,指下乾为健;文明,指上离为火。此以上下卦象释卦辞"元亨"之义。《王注》:"德应于天则行不失时矣;刚健不滞,文明不犯,应天则大,时行无违,是以元亨。"

《象》曰：火在天上，“大有”①；君子以遏恶扬善，顺天休命②。

译文 《象传》说：火焰高悬天上(无处不照)，象征“大获所有”；君子因此在所获众多时遏止邪恶、倡扬善行，顺从“天”的意志、休美万物性命。

注释 ① 火在天上，“大有”：释《大有》卦上离为火、下乾为天之象。《程传》：“火高在天上，照见万物之众多，故为‘大有’。”

② 遏恶扬善，顺天休命：休，用如动词，犹言“休美”，《正义》释“休命”为“休美物之性命”。这是说明“君子”观《大有》之象，悟知在所获众多之时，应当不忘止恶扬善，顺从“天意”、休美“物命”。《程传》：“万物众多，则有善恶之殊；君子享大有之盛，当代天工，治养庶类。治众之道，在遏恶扬善而已；恶惩善劝，所以顺天命而安群生也。”

说明《穀梁传》宣公十六年谓“五谷大熟为大有年”，正见“大获所有”之义。《大象传》“遏恶扬善，顺天休命”，则是衍发“火天”明照之象，指出“大有”之时当守正行善。司马光曰：“火在天上，明之至也。至明则善恶无所遗矣。善则举之，恶则抑之，上之职也；明而能健，庆赏刑威得其当，然后能保有四方，所以顺天美命也。”(《温公易说》)

初九，无交害，匪咎①；艰则无咎②。

译文 初九，不交往不惹祸，自然不致咎害；但必须牢记艰难才能免遭咎害。

注释 ① 无交害，匪咎：交，犹言“交往”、“交接”。此谓初九处“大有”之始，以阳居下，与四无应，有与人不相交往之象，因此不惹祸患、不致咎害。《重定费氏学》引黄淳耀曰：“以九居初，是初心未变，无交故无害也。”

② 艰则无咎：义与《泰》九三“艰贞无咎”略同(见该爻译注)。此处指初九当“大有”之时，虽“无交害，匪咎”，但还须牢记艰难，才能长保“无咎”。《尚氏学》“无交故无害，然须艰贞自守，方无咎也。”

《象》曰：《大有》初九，无交害也。

译文 《象传》说：《大有》卦的初九爻，说明初九不交往也就不惹祸害。

说明 初九爻义体现于两方面：一是身虽处“大有”，但能慎守静居，不滥与物“交”，遂能“无害”、“匪咎”。二是当此之时，又不可因“大有”而忘艰难，故爻辞特称“艰则无咎”。就警戒意义言，后一点尤为深切。程颐曰：“若能享富有而知难处，则自‘无咎’也；处富有而不能思艰兢畏，则骄侈之心生矣，所以有咎也。”(《程传》)

九二，大车以载，有攸往，无咎①。

译文 九二，用大车运载财富，有所前往，必无咎害。

注释 ① 大车以载，有攸往，无咎：这是比喻九二以阳刚处“大有”居中应五，有见信于"君"、任重道远之象,故所往必无咎。《王注》:"健不违中,为五所任;任重不危,致远不泥,故可以往而无咎。"《正义》:"能堪受其任,不有倾危,犹若大车以载物也。此假外象以喻人事。"

译文 《象传》说:"用大车运载财富",说明要装积在正中不偏之处才不致危败。

《象》曰:"大车以载",积中不败也。

说明 九二身负重任、前景光明,其"富有"犹如用车载斗量。但能获"无咎",则关键在于居位适中,行为不偏,因此《象传》发"积中不败"之义。

译文 九三,王公向天子献礼致敬,小人不能担当大任。

九三,公用亨于天子①,小人弗克②。

注释 ① 公用亨于天子:公,王公,喻九三;亨,通"享",《左传》僖公二十五年引作"享",犹言"朝献",指古代诸侯向天子献礼致敬的仪式;天子,喻六五。此句说明九三处下卦之上,刚健居正,犹如"大有"之世的"王公",故以"亨于天子"设喻。《本义》:"亨,《春秋传》作'享',谓'朝献'也。古者亨通之'亨',享献之'享',烹饪之'烹',皆作'亨'字。九三居下之上,公侯之象;刚而得正,上有六五之君,虚中下贤,故为'享于天子'之象。"案,《王注》释"亨"为"通",可备一说。

② 小人弗克:此句从反面设戒,言"小人"不能当此大任;意指九三必须修德守正,不可稍懈。《正义》:"小人德劣,不能胜其位,必致祸害。"

译文 《象传》说:王公向天子献礼致敬,要是小人当此大任必致祸害。

《象》曰:公用亨于天子,小人害也。

说明 时当"大有",物阜民丰;"王公大臣"必归此功于"君上":既致敬意,又借以歌颂升平。程颐曰:"'率土之滨,莫非王臣',在下者何敢专其有? 凡土地之富,人民之众,皆王者之有也。"(《程传》)这是本爻"王用亨于天子"的时代背景。

译文 九四,富有不过盛,则无咎害。

九四,匪其彭,无咎①。

注释 ① 匪其彭,无咎:彭,盛多之状。此谓九四以阳刚居上卦,"大有"渐盛;且阳处阴位,有不为过盛、谦恭顺承六五之象,故获"无咎"。《程传》:"九四居'大有'之时,已过中矣,是'大有'之盛者也。过盛则凶咎所由生也。故处之之道,'匪其彭'则得'无咎';谓能谦损,不处太盛,则得无咎也。四近君之高位,苟处太盛,则致凶咎。彭,盛多之貌,《诗·载驱》云'汶水汤汤,行人彭彭',行人盛多之状;《雅·大明》云'驷騵彭彭',言武王戎马之盛也。"案,《释文》引《子夏传》训"彭"为"旁",《王注》:"三虽至盛,五不可舍,能辩斯数,专心承五,常匪其旁,则无咎矣。

旁谓三也。”于义亦通。

《象》曰：“匪其彭无咎”，明辩哲①也。

译文 《象传》说：“富有不过盛、则无咎害”，说明九四具有明辨事理、权衡自身处境的智慧。

注释 ① 明辩哲：辩，通“辨”；哲，音 zhé，明智，《说文》：“哲，昭哲，明也，从日折声，《礼》曰‘哲明行事’。”此句释九四“无咎”的原因。《正义》：“由九四才性辩而哲知，能斟酌事宜。”

说明 九四近“君”处危，“知几”自抑，是获得“无咎”的重要因素。爻旨颇含“明哲”才能“保身”的诫意。《折中》引沈该曰：“以刚处柔，谦以自居，而惧以戒其盛，得‘明哲保身’之义。”

六五，厥孚交如①，威如，吉②。

译文 六五，用诚信交接上下，威严自显，吉祥。

注释 ① 厥孚交如：厥，其也；如，语气助词（下句“如”同）。此谓六五柔居“君位”，以信交接上下众阳，为大获人心、富有至盛之象。《王注》：“居尊以柔，处大以中，无私于物，上下应之，信以发志，故‘其孚交如’也。”

② 威如，吉：此承前句之义，指六五以“诚”待物，其“威”自显，故获吉祥。《王注》：“夫不私于物，物亦公焉；不疑于物，物亦诚焉。既公且信，何难何备？不言而教行，何为而不‘威如’？为‘大有’之主，而不以此道，吉可得乎？”

《象》曰：“厥孚交如”，信以发志也①；“威如之吉”，易而无备也②。

译文 《象传》说：“用诚信交接上下”，说明六五以己信启发他人的忠信之志；“威严自显的吉祥”，说明六五行为简易、无所防备（而人自敬畏）。

注释 ① 信以发志：《程传》：“由上有孚信，以发其下孚信之志。”

② 易而无备：《正义》：“以己不私于物，惟行简易，无所防备，物自畏之。”案，《程传》释“易”作“易慢”，以为指六五“若无威严，则下易慢而无戒备也。”可备一说。

说明 六五以柔居尊，有“谦虚”之象；又处“中”位，即《象传》所谓“大中”之义。《周易学说》引刘沅曰：“惟五居尊而虚中，孚于无形，不严而威，故‘威如’；刚柔兼济，故‘吉’。诚能动物，人自信之，此所以‘大中而上下应之’也。”

上九，自天祐之，吉无不利①。

译文 上九，从上天降下祐助，吉祥而无所不利。

注释 ① 自天祐之，吉无不利：此谓上九以阳刚之德居《大有》卦终，超然安处于“无位”之地，犹如获“天祐”长保富有，故“吉无不利”。《系辞上传》引孔子语释曰：“祐者，助也。天之所助者，顺也；人之所助者，信也；履信思乎顺，又以尚贤也。是以‘自天祐之，吉无不利’。”《王注》依此为说，指出：“五为信德，而己履焉，‘履信'之谓也;虽不能体柔,而以刚乘柔,'思顺'之义也;居丰有之世,而不以物累其心,高尚其志,'尚贤'者也。爻有三德,尽夫助道,故《系辞》具焉。"根据王弼的理解,上九阳刚在上、下比六五的居位特点,含有履信事君、以刚顺柔、崇尚贤者("君"、"柔"、"贤"均指六五)这三项美德,故终获"天祐"之吉;孔颖达所谓"天尚祐之,则无物不祐"(《正义》)即明此意。此说似甚可取。案,郭雍认为上九"天祐"、"无不利",是"终六五之义",指出:"六五之君实尽此,而言于上九者,非上九之才能得此也;盖言《大有》之吉以此终也。"(《郭氏传家易说》)可备一说。

《象》曰:《大有》上吉,自天祐也。

译文 《象传》说:《大有》上九爻的吉祥,是从上天降下的祐助。

说明 物获"大有"至盛之时,欲长保不衰,唯须守顺谦下、诚信接物、见贤思齐。这三者又以"顺"为首要前提。《大象传》发"顺天休命"之义,正与上九所言"天祐"有合。

总论 传说上古的舜帝曾造《南风》歌,发出"南风之时兮,可以阜吾民之财兮"的赞语(《孔子家语·辩乐解》引);又撰《祠田》辞:"荷此长耜,耕彼南亩,四海俱有"(《文心雕龙·祝盟》引);战国时"道旁禳田者"也有"五谷蕃熟,穰穰满家"(《史记·滑稽列传》引)的祝词。可见,天下昌盛富有,是古人的一种普遍心愿。《大有》卦辞称"大有,元亨",正含盛赞"富有"之义。六爻所示,则是当"大获所有"之时,如何善处"大有"的道理。视诸爻情状:初,"富庶"之始,不滥交则"无咎";二有"车载斗量"之富,慎行中道也获"无咎";三富若"王公",恭敬献享于"天子"则有利;四虽富而能自抑,不为过盛必"无咎";五居"大有"之尊,诚信遍施上下获"吉";上谦顺安处,得"天祐"长保富有。显然,各爻情状虽不一致,但均主于妥善安保"富庶"。当然,卦旨并非仅仅示人居处"大有"之道。从上下象取"火在天上"及卦中六五喻"明君"、群阳喻"贤臣"的蕴义看,似又表露着"大有"之世的出现,与"政治昌明"的必然联系。杨万里指出:"六爻亨一、吉二、无咎三。明主在上,群贤毕集:无一败治之小人,无一害治之匪德。"(《诚斋易传》)此说正把"大有"视为"盛世明治"的直接体现:这一点,实为本卦象征大义的一个重要侧面。

谦卦第十五

䷎ 谦①:亨②,君子有终③。

译文 《谦》卦象征谦虚:亨通,君子能够保持谦德至终。

注释 ① 谦:卦名,下艮(☶)上坤(☷),象征"谦虚"。《释文》:"谦,卑退为义,屈己下物也。"

② 亨:指谦虚待物,必致亨通。《正义》:"谦者,屈躬下物,先人后己;以此待物,则所在皆通,故曰'亨'也。"

③ 君子有终:《正义》:"小人行谦,则不能长久,唯君子有终也。"

《彖》曰:谦,亨。天道下济而光明①,地道卑而上行②。天道亏盈而益谦③,地道变盈而流谦④,鬼神害盈而福谦⑤,人道恶盈而好谦⑥。谦尊而光,卑而不可逾⑦:君子之终也⑧。

译文 《彖传》说:谦虚,亨通。譬如天的规律是下降济物而天体愈显光明,地的规律是低处卑微而地气源源上升。天的规律是亏损盈满、补益谦虚,地的规律是变易盈满、充实谦虚,鬼神的规律是危害盈满、施福谦虚,人类的规律是憎恶盈满、爱好谦虚。谦虚的人高居尊位、道德更加光明,下处卑位、人们也难以超越:只有君子能够保持谦德至终啊。

注释 ① 天道下济而光明:《正义》:"下济者,谓降下济生万物;光明者,谓三光垂耀而显明也。"

② 地道卑而上行:此句合前句,以"天"、"地"之道均谦下而致"光明"、"上行",释卦辞"谦,亨"之义。《正义》:"地体卑柔而气上行,交通于天以生万物也。"

③ 天道亏盈而益谦:《集解》引崔憬曰:"若日中则昃,月满则亏,损有余以补不足,天之道也。"

④ 地道变盈而流谦：流，《正义》释为“流布”，即流散盈满以广布于虚处，含“充实”之义。《集解》引崔憬曰：“高岸为谷，深谷为陵，是为变盈而流谦，地之道也。”

⑤ 鬼神害盈而福谦：此谓骄盈者为鬼神所害，谦恭者为鬼神所祐。《集解》引崔憬曰：“朱门之家，鬼阚其室；黍稷非馨，明德惟馨：是其义也。”

⑥ 人道恶盈而好谦：《集解》引崔憬曰：“满招损，谦受益，人之道也。”以上四句，泛举“天道”、“地道”、“鬼神”、“人道”为例，说明宇宙间的事理无不抑盈扬谦，进一步申明卦辞“谦，亨”之义。

⑦ 谦尊而光，卑而不可逾：此谓谦虚者无论地位高低，均可受益，《集解》引孔颖达曰：“尊者有谦而更光明盛大，卑者有谦而不逾越。”

⑧ 君子之终：此句归结前两句之义，说明只有“君子”才能处尊、卑均不改其谦，并释卦辞“君子有终”。《集解》引孔颖达曰：“言君子能终其谦之善，而又获谦之福。”案，此“终”字兼含两义：一、君子始终守谦，二、君子终获谦福。

《象》曰：地中有山，谦①；君子以裒多益寡，称物平施②。

译文 《象传》说：高山低藏在地中，象征“谦虚”；君子因此引取过多、补充不足，权衡各种事物、公平地施予。

注释 ① 地中有山，谦：释《谦》卦上坤为地、下艮为山之象。《集解》引郑玄曰：“艮为山，坤为地。山体高，今在地下；其于人道，高能下下：谦之象。”

② 裒多益寡，称物平施：裒，音 póu，《释文》“郑、荀、董、蜀才作‘捊’（音 póu），云‘取也’”，《说文》：“捊，引取也”（案，《说文》无“裒”字，据其引《诗经·小雅·常棣》“原隰裒矣”作“捊”，可知两字音同互假）；称，读 chèng，犹言“权衡”。这是说明“君子”观《谦》卦之象，悟知事物不可盈满，故取多益寡、均平施物。《程传》：“山而在地下，是高者下之、卑者上之，见抑高举下、损过益不及之义；以施于事，则裒取多者，增益寡者，称物之多寡以均其施与，使得其平也。”

说明 《大象传》谓“地中有山”，似又含有外虽谦卑而内实高大之意。程颐指出：“不云‘山在地中’，而曰‘地中有山’，言卑下之中，蕴其崇高也。”（《程传》）

初六，谦谦君子，用涉大川，吉①。

译文 初六，谦而又谦的君子，可以涉越大河巨流，吉祥。

注释 ① 谦谦君子，用涉大川，吉：谦谦，犹言“谦而又谦”。此谓初六阴柔谦逊，低处下卦之下，有“谦谦”之象；以此涉难，所往必“吉”。《王注》：“处《谦》之下，谦之谦者也。能体‘谦谦’，其唯君子；用涉大难，物无害也。”

《象》曰：“谦谦君子”，卑以自牧也①。

译文 《象传》说：“谦而又谦的君子”，说明初六用谦卑来制约自己。

注释 ① 卑以自牧:《群经平议》:"《荀子·成相篇》'请牧基,贤者思',杨倞注曰'牧,治也'。然则'卑以自牧'者,卑以自治也。《方言》曰'牧,治也',又曰'牧,察也',司、察二义与'治'义相近。"据此,"牧"犹今语"制约"。案,王注训"牧"为"养",于义亦通。

说明 此爻处《谦》之始,其位最下。能以"谦谦"获"吉",即《象传》"卑而不可逾"之义。但若没有厚实的"道德"基础和必要的"克己"精神,是难以做到的。爻辞称"君子"、《象传》谓"自牧",正寓此理。

六二,鸣谦,贞吉①。

译文 六二,谦虚名声外闻,守持正固可获吉祥。

注释 ① 鸣谦,贞吉:鸣,指名声外闻。此谓六二柔顺居中,谦声外闻,以守正获吉,《王注》:"鸣者,声名闻之谓也。得位居中,谦而正焉。"

《象》曰:"鸣谦贞吉",中心得也①。

译文 《象传》说:"谦虚名声外闻、守持正固可获吉祥",说明六二靠中心纯正赢得名声。

注释 ① 中心得:《周易口义》:"言君子所作所为,皆得诸心,然后发之于外,则无不中于道也。故此谦谦皆由中心得之,以至于声闻流传于人,而获自正之吉也。"

说明 谦虚的美德,因纯诚积于中心所致;越享有名声,越须保持"中正"的内质。故爻辞强调"贞"则能"吉"。

九三,劳谦,君子有终,吉①。

译文 九三,勤劳谦虚,君子保持谦德至终,吉祥。

注释 ① 劳谦,君子有终,吉:此谓九三为卦中唯一的阳爻,居下卦之终,以刚健承应于上,犹勤劳而又谦虚,故以"有终"获"吉"。《王注》:"居谦之世,何可安尊?上承下接,劳谦匪解,是以吉也。"

《象》曰:劳谦君子,万民服也①。

译文 《象传》说,勤劳谦虚的君子,广大百姓都服从他。

注释 ① 万民服:指九三居下卦高位,以"劳谦"服众。此即爻辞"有终,吉"之义。《易纂言》:"万民服,谓有终而吉也。"

说明 九三位处上、下之际,行事颇多艰难。故既要守谦不骄,又要勤劳不息。胡炳文曰:"所谓'劳'者,即《乾》之'终日乾乾'。"(《周易本义通释》)

六四,无不利,㧑谦①。

译文 六四,无所不利,发挥扩散谦虚的美德。

注释 ① 无不利,㧑谦:㧑,音 huī,《说文》"裂也",《段注》:"㧑谦者,溥散其谦,无所往而不用谦,'裂'义之引申也",此与《本义》所谓"发挥其谦"同。这两句说明六四处三之上、五之下，柔顺得正，无论对上对下，均能发挥"谦"德，故"无不利"。《王注》："处三之上而用谦焉，则是'自上下下'之义也；承五而用谦顺，则是'上行'之道也。"

《象》曰："无不利㧑谦"，不违则也①。

译文 《象传》说："无所不利、发挥扩散谦虚的美德"，说明六四不违背谦虚的法则。

注释 ① 不违则：《程传》："凡人之谦，有所宜施，不可过其宜也。""惟四以处近君之地，据劳臣之上，故凡所动作，靡不利于施谦，如是然后中于法则。故曰'不违则'，谓得其宜也。"

说明 六四处"多惧"之位，乘三承五，其"利"在于敬慎自修、努力"㧑谦"。朱熹曰："示不敢自安之意。"（《本义》）是也。

六五，不富①，以其邻利用侵伐，无不利②。

译文 六五，虚怀不有富实，与近邻一起都利于出征讨伐，无所不利。

注释 ① 不富：谓六五阴虚失实（参阅《泰》六四注），此处喻"虚怀谦逊"之义。

② 以其邻利用侵伐，无不利：以，犹"与"；邻，指四、上两爻（"以"、"邻"之义可参阅《泰》六四注）。这两句说明六五柔中居尊，既能广泛施谦于下，又能协同居上者共伐骄逆，使"天下"尽归"谦"道；故爻辞先言"不富"，再称"以其邻利用侵伐"，如此则"无不利"。案，《王注》以"不富以其邻"连读为句，训"以"字为"用"，认为六五"居于尊位，用谦与顺，故能不富而用其邻也；以谦顺而侵伐，所伐皆骄逆也。"此说于义可通。

《象》曰："利用侵伐"，征不服也①。

译文 《象传》说："利于出征讨伐"，说明六五是征伐骄横不顺者。

注释 ① 征不服：《古周易订诂》："侵伐非黩武。以其不服，不得已而征之，正以释征伐用谦之义。"

说明 有谦必有骄，有顺必有逆。六五以"谦"德居尊位，对顺从者自然施之以谦，但对骄逆者却不可一味用谦姑息，而要以"侵伐"制服。此与《大象传》"裒多益寡，称物平施"之义正合。

上六，鸣谦，利用行师、征邑国①。

译文 上六，谦虚名声远闻，利于带兵作战、征讨相邻四方小国都邑。

注释 ① 鸣谦，利用行师、征邑国：邑，《说文》"国也"；"邑国"《正义》释为"外旁国邑"，指较近之处。这两句说明上六居《谦》卦极位，有谦极而名声远闻之象（案，二、上均言"鸣谦"，上居高"鸣"于下，二处内"鸣"于外，两者特点不同）；以此"行师”讨逆，所征仅限于“邑国”，故所行必“利”。《折中》引何楷曰：“所征止于邑国，毋敢侵伐，亦谦之象。”

《象》曰：“鸣谦”，志未得也①；“可用行师”，征邑国也。

译文 《象传》说：上六“谦虚名声远闻”，是说其心志尚未完全实现；“可以带兵作战”，是说只征讨四旁都邑。

注释 ① 志未得：上六位高谦极，足以感化众人；但毕竟还有骄逆不顺者，故其安定“天下”之志尚未完全实现。《折中》：“其志未得者，乃未能遂其大同之心。”

说明 上六有“鸣谦”之德，顺从者必众，背逆者必寡，这是利于“行师、征邑国”的重要条件。朱熹曰：“谦极有闻，人之所与，故可用行师。”（《本义》）

总论 《尚书·大禹谟》称“满招损，谦受益”，自古以来被人奉为至理名言。《谦》卦大义，即主于赞扬“谦虚”美德。卦辞指出“谦，亨，君子有终”，正表明“谦”道美善可行。周公旦曾经借此告诫伯禽曰：“《易》有一道，大足以守天下，中足以守其国家，小足以守其身：谦之谓也。”（《韩诗外传》卷三引）全卦六爻，一一揭示行谦必益的道理：初六卑下“谦谦”，无往不吉；六二谦德广闻，中正获吉；九三勤劳谦虚，“有终”致吉；六四发挥其谦，无所不利；六五居尊行谦，亦“无不利”；上六谦极有闻，利于“行师”。胡一桂曰：“《谦》一卦六爻，下三爻皆吉而无凶，上三爻皆利而无害。《易》中吉利，罕有若是纯全者：谦之效故如此也。”（《周易本义附录纂疏》）然而，“谦”与“骄”又是相对立而并存的现象，欲使“天下归谦”，必当平“骄”去“逆”。五、上两爻有“侵伐”、“行师”之象，正见此义；《大象传》谓“裒多益寡，称物平施”，亦寓此旨。马振彪云：“君子以德服人，然有时亦不得不用兵”，“周公东征，四国是皇”；“其用行师，志虽未得，所以济谦德而妙其用，平天下之不平者一归于平，故五、上两爻言‘征伐’也”（《周易学说》）。可见，《周易》作者在强调“谦”的思想的同时，还注意到排除“骄逆”的一面：这又是本卦辩证观念的体现。

豫卦第十六

䷏豫①:利建侯行师②。

译文 《豫》卦象征欢乐:利于建立诸侯、出师征战。

注释 ① 豫:卦名,下坤(☷)上震(☳),象征“欢乐”。案,“豫”字,《尔雅·释诂》“乐也”;此卦下坤上震,有顺性以动、物皆欢乐之义。《集解》引郑玄曰:“坤,顺也;震,动也。顺其性而动者,莫不得其所,故谓之‘豫’。豫,喜豫、说乐之貌也。”

② 利建侯行师:此谓众物欢乐之时,宜于“建侯”广施治理、“行师”讨逆安民。《正义》:“动而众说,故可利建侯也;以顺而动,不加无罪,故可以行师也。”

《彖》曰:豫,刚应而志行①,顺以动②,豫。豫,顺以动,故天地如之③,而况建侯行师乎?天地以顺动,故日月不过,而四时不忒④;圣人以顺动,则刑罚清而民服。豫之时义大矣哉⑤。

译文 《彖传》说:欢乐,譬如阳刚者与阴柔相应而心志畅行,又能顺沿物性而动,就能导致欢乐。欢乐,既然是顺沿物性而动,那么,连天地的运行都像这样,何况建立诸侯、出师征战这些事呢?天地顺沿物性而动,所以日月周转不致过失,四季更替不出差错;圣人顺沿民情而动,于是运用刑罚清明、百姓纷纷服从。“欢乐”之时包涵的意义多么宏大啊!

注释 ① 刚应而志行:指卦中九四阳刚,与群阴相应而志行。《集解》引侯果曰:“四为卦主,五阴应之,刚志大行,故曰‘刚应而志行’。”

② 顺以动:顺,指下坤;动,指上震。此谓上下卦象含“顺动”致“豫”之义。本句合前句并释卦名“豫”。《集解》引崔憬曰:“坤下震上,顺以动也。”

③ 天地如之:此句以下,广举“天地之动”、“圣人之动”为例,说明万事万物均须“顺而动”才能成“豫”,进一步阐释卦名“豫”及卦辞“利建侯行师”之义。《集

解》引虞翻曰："如之者，谓天地亦动以成四时。"

④ 忒：音 tè，《集解》引虞翻曰："差迭也"，犹言"差错"。

⑤ 豫之时义大矣哉：这是《彖传》作者对本卦含义深广的叹美之辞。《正义》："叹美为'豫'之善，言于逸豫之时，其义大矣，此叹卦也。"案，《彖传》凡叹"大矣哉"者，共有十二卦。《正义》又曰："凡言不尽意者，不可烦文其说，且叹之以示情，使后生思其余蕴，得意而忘言也。然叹卦有三体：一直叹'时'，如'大过之时大矣哉'之例是也；二叹'时'并'用'，如'险之时用大矣哉'之例是也；三叹'时'并'义'，'豫之时义大矣哉'之例是也。"《周易玩辞》亦曰："《豫》、《随》、《遁》、《姤》、《旅》，皆若浅事而有深意，故曰'时义大矣哉'，欲人之思之也；《坎》、《睽》、《蹇》，皆非美事，而圣人有时而用之，故曰'时用大矣哉'，欲人之别之者；《颐》、《大过》、《解》、《革》，皆大事大变也，故曰'时大矣哉'，欲人之谨之也。"上说分析《彖传》叹美卦义的特点，并可参考。

说明 《豫》卦《彖传》先言卦"体"为"刚应而志行"；然后反复强调卦"德"为"顺而动"，揭示"顺动"才能致"豫"的道理。《折中》曰："《彖传》中凡称卦德，皆先内而后外，而其文义又各不同。其曰'而'者，两字并重，如《讼》之'险而健'，既'险'又'健'也；《小畜》之'健而巽'，既'健'又'巽'也；《大有》'刚健而文明'既'刚健'而又'文明'也。其曰'以'者，则重在上一字，如《同人》'文明以健'，重在'文明'字；此卦'顺以动'，重在'顺'字。其或以下一字为重者，则又变其文法，如《复》卦'动而以顺行'之类。"此说分析《彖传》运用虚词"而"、"以"的三种不同情况，似颇可取。

《象》曰：雷出地奋，豫①；先王以作乐崇德，殷荐之上帝，以配祖考②。

译文 《象传》说：雷声发出，大地振奋，象征"欢乐"；先代君王因此制作音乐、用来赞美功德，通过隆盛的典礼奉献给天帝，并让祖先的神灵配合共享。

注释 ① 雷出地奋，豫：释《豫》卦上震为雷，下坤为地之象。《集解》引郑玄曰："奋，动也。雷动于地上，而万物乃豫也。"

② 先王以作乐崇德，殷荐之上帝，以配祖考：崇，推崇、褒扬；殷，盛也，《说文》"作乐之盛偁殷"；荐，献也；之，介词，犹"之于"；上帝，犹言"天帝"，古人视为主宰万物的至高无上之神；配，古代祭祀中的"配飨"礼，此谓以祖先配飨上帝；祖考，即祖先。这三句说明"先王"观《豫》卦之象，悟知通过音乐的鼓动，来歌功颂德、献祀"上帝"、"祖考"。《集解》引郑玄曰："'以'者，取其喜佚动摇，犹人至乐则手欲鼓之，足欲舞之也；崇，充也；殷，盛也；荐，进也；上帝，天帝也。王者功成作乐，以文得之者作'籥舞'，以武得之者作'万舞'，各充其德而为制祀天帝；以配祖考者，使与天共飨其功也。故《孝经》云'郊祀后稷以配天，宗祀文王于明堂以配上帝'是也。"案，"崇"字，郑氏训"充"，本于《尔雅·释诂》，于义亦通。

说明 音乐的鼓动作用，《礼记·乐记》说："发以声音而交以琴瑟，从以箫管，奋至德之光，动四气之和。"本卦《大象传》引申出"先王作乐"之义，似表明古代统治者创造音乐的一方面重要目的：当“功成”颂“德”之时，以及献享“天帝”、“祖考”之际，用来渲染、鼓舞特定的“政治”气氛，以寻求人神共相欢乐的效果。由此可以推见古代“乐”礼之一斑。

初六，鸣豫，凶[①]。

译文 初六，沉溺于欢乐自鸣得意，有凶险。

注释 ① 鸣豫，凶：指初六阴居阳位，以失正之体上应九四，有沉溺于欢乐、自鸣得意之象，故“凶”。《王注》：“处豫之初，而特得志于上，乐过则淫，志穷则凶。豫何可鸣！”

《象》曰：初六“鸣豫”，志穷凶也。

译文 《象传》说：初六“欢乐过甚自鸣得意”，是说欢乐之志穷极导致凶险。

说明 《谦》上六“鸣谦”有“利”，《豫》初六“鸣豫”致“凶”：可见谦虚不妨有闻于外；欢乐之初，不能得意忘形。《折中》引龚焕曰：“《豫》之初六，即《谦》上六之反对”，“谦而鸣则吉，豫而鸣则凶”。

六二，介于石，不终日，贞吉[①]。

译文 六二，耿介如石，不等候一天终竟（就悟知欢乐必须适中的道理），守持正固可获吉祥。

注释 ① 介于石，不终日，贞吉：介，耿介正直之状；于，介词，犹“如”。这两句比喻六二柔顺中正、耿介如石，当“豫”之时，能不苟且求豫，“不终日”即“知几”速悟“豫”理；如此守正必吉，故称“贞吉”。《王注》：“处豫之时，得位履中，安夫贞正，不求苟豫者也。顺不苟从，豫不违中，是以上交不谄，下交不渎。明祸福之所生，故不苟说；辩必然之理，故不改其操：介如石焉，不终日明矣。”

《象》曰：“不终日贞吉”，以中正也。

译文 《象传》说：六二爻辞“不等候一天终竟（就悟知欢乐必须适中的道理），守持正固可吉祥”，是因为居中持正。

说明 六二欢乐得体，以“中正”获吉。《系辞下传》引孔子语，称其“上交不谄，下交不渎”，有“知几”之德。《宋书·谢灵运传》谓“时来之机，悟先于介石”，即属此义。

六三，盱豫悔[①]；迟有悔[②]。

译文 六三，媚眼悦上寻求欢乐，必致悔恨；要是悔悟太迟必将又生悔恨。

注释 ① 盱豫悔：盱，音 xū，《说文》谓“张目”，《王注》释为“睢盱”，《集解》引向秀曰：“睢盱，小人喜悦佞媚之貌也。”此句说明六三阴柔失正，上承九四，有媚上求乐之象，故将致“悔”。《王注》：“居下体之极，处两卦之际，履非其位，承动豫之主，若其睢盱而豫，悔亦生焉。”

② 迟有悔：此句承前句义，谓六三若悔悟太迟必生新“悔”。《本义》：“当速悔，若悔之迟则必有悔也。”案，此句《王注》释为：“迟而不从，豫之所疾”；《正义》

曰:"居豫之时,若迟停不求于豫,亦有悔也。"可备一说。

《象》曰:"盱豫有悔",位不当也。

译文 《象传》说:"媚眼悦上寻求欢乐,必致悔恨",说明六三居位不正当。

说明 六二知几疾速,以"贞"获吉;六三若悔悟太迟,将悔上加悔。两爻之义适可对照。《折中》引胡炳文曰:"'盱豫'与'介石'相反,'迟'与'不终日'相反:'中正'与'不中正'故也。六三虽柔,其位则阳,犹有能悔之意;然悔之速可也,悔之迟则又必有悔矣。"

九四,由豫,大有得①;勿疑,朋盍簪②。

译文 九四,人们依赖他获到欢乐,大有所得;刚直不疑,友朋像头发括束于簪子一样聚合相从。

注释 ① 由豫,大有得:由,自、从也,"由豫"犹言"由之以豫",构词法与《颐》上九"由颐"同(参阅该爻译注)。此谓卦中群阴由九四之阳刚而获"豫",故称"大有得",即《彖传》"刚应而志行"之义。《集解》引侯果曰:"为豫之主,众阴所宗,莫不由之以得其豫。"

② 勿疑,朋盍簪:朋,友朋,指卦中诸阴,《尚氏学》:"阳以阴为朋";盍,通"合";簪,音 zān,古代用以括束头发的首饰。这两句说明九四刚直不疑,与群阴相应;并借用"盍簪"比喻阴阳友朋合聚,进一步申说前句"大有得"的涵义。《集解》引侯果曰:"体刚心直,志不怀疑,故得群物依归,朋从大合,若以簪篸之固括也。"案,侯氏注中"篸"字,谓以簪括聚头发。

《象》曰:"由豫大有得",志大行也。

译文 《象传》说:"人们依赖他获到欢乐,大有所得",说明九四的阳刚志向大为施行。

说明 九四是全卦唯一的阳爻,群阴因之获"豫"。卦辞谓"建侯、行师",正俟此爻施行。但因居于阴位、"臣"位、"多惧"之位,恐其疑虑,故爻辞特勉以"勿疑"。马其昶曰:"一阳,化则无阳;九四疑位,曰'勿疑',惧其以失位为疑而化也。"(《重定费氏学》)马振彪又取《乾》四相比较,指出:"《乾》九四'或'之者,疑之也。是审情而行,不敢以轻心掉之也。《豫》九四'大有得,勿疑',是直道而行,不敢以'贰心'失之也。"(《周易学说》)

六五,贞疾,恒不死①。

译文 六五,守持正固防备疾病,必将长久康健不致灭亡。

注释 ① 贞疾,恒不死:贞疾,犹言"守正防疾"(参阅《屯》九五译注)。此喻六五处"欢乐"之世,柔居"君位",下恃九四"强臣",有沉乐忘忧之危,故诫其守正防疾,才能"恒不死"。《折中》引何楷曰:"六五柔居尊位,当豫之时,易于沉溺,必战兢畏惕,乃得恒而不死,所谓'生于忧患'者也。"

译文《象传》说：六五"（必须）守持正固防备疾病"，说明阴柔乘凌阳刚难免危患；"必将长久康健不致灭亡"，说明居中不偏就未必败亡。

《象》曰：六五"贞疾"，乘刚也；"恒不死"，中未亡也。

说明 六五虑"疾"而"不死"，犹如惧危则安。王宗传曰："《孟子》曰：'入则无法家拂士，出则无敌国外患者，国恒亡。然后知生于忧患，而死于安乐也。'则六五之得九四，所得'法家拂士'也。故虽当豫之时，不得以纵其所乐；夫惟不得以纵其所乐，则'恒不死'，宜也。"又曰："夫当豫之时，而不为豫者，以正自守也，六二是也；当豫之时，而不得豫者，见正于人也，六五是也。此《豫》之六爻，惟六二、六五所以不言'豫'焉。"（《童溪易传》）此说颇为可取。

译文 上六，已形成昏冥纵乐的恶果，及早改正则无危害。

上六，冥豫成，有渝无咎[1]。

注释 ① 冥豫成，有渝无咎：冥豫，犹言"昏冥纵乐"；渝，变也。此谓上六阴处《豫》极，为"冥豫"已"成"之象，故须速"渝"方可"无咎"。《王注》："处动豫之极，极豫尽乐，故至于'冥豫成'也。过豫不已，何可长乎？故必渝变，然后无咎。"

译文《象传》说："昏冥纵乐"居上位，这种欢乐怎能保持长久呢？

《象》曰："冥豫"在上，何可长也？

说明 上六爻义主于诫勉盲目纵乐者改过从善。王应麟举《升》上六"冥升"与此爻比较，指出："冥于豫而勉其'有渝'，开迁善之门也；冥于升而勉其不息，回进善之机也。"（《困学纪闻》）

总论《豫》卦揭示"欢乐"所寓含的意义，强调处"乐"的两个要点：一、应当顺性而乐、适可而止，即《彖传》"顺以动"之义；二、必须与物同乐、广乐天下，即《彖传》"刚应而志行"之义。卦辞取"利建侯行师"为喻，其旨在于：顺天下之势而动，使天下同归安乐。《左传》襄公二十七年叙赵文子语曰："乐而不荒，乐以安民"，正与《豫》卦大义有合。卦中六爻，九四一阳主于施乐，故全卦的"欢乐"由之而得；五阴主于处乐，故吉凶得失不同：初过乐自鸣得意致"凶"，三谄媚寻求欢乐"有悔"，五居尊不可沉乐忘忧，须守正防"疾"，上昏冥纵乐，不改必有"咎"，唯六二"中正"不苟豫获"吉"。可见，《豫》卦虽以"欢乐"为义，但处处戒人不得穷欢极乐。《礼记·曲礼上》谓"志不可满，乐不可极"；《孟子·告子下》称"生于忧患，死于安乐"；汉武帝《秋风辞》曰"欢乐极兮哀情多"（《乐府诗集》引《汉武帝故事》）：均含同类诫意。若进一层从事物矛盾的规律分析，"忧"、"乐"两端又是互为依存的；九四以广施欢乐为己任而"大有得"，实属作《易》者所表露的使万物去"忧"存"乐"的一种良好愿望。范仲淹抒发"先天下之忧而忧，后天下之乐而乐"（《岳阳楼记》）的情怀，近似于九四爻义，但反映的思想境界显然已远远高出前者。

随卦第十七

䷐ 随①：元亨，利贞，无咎②。

译文 《随》卦象征随从：至为亨通，利于守持正固，这样必无咎害。

注释 ① 随：卦名，下震（☳）上兑（☱）。案，“随”字，《说文》：“从也”；此卦下震上兑，含有内动外悦，人愿随从之义。《集解》引郑玄曰：“震，动也；兑，说也。内动之以德，外说之以言，则天下之人咸慕其行而随从之，故谓之‘随’也。”

② 元亨，利贞，无咎：此谓物相随从之时，必至为亨通、利于守正（“元亨，利贞”义参见《屯》卦辞译注），故无所咎害。《正义》：“‘元亨’者，于相随之世，必大得亨通，若其不大亨通，则无以相随，逆于时也；‘利贞’者，相随之体，须利在得正，随而不正，则邪僻之道，必须利贞也；‘无咎’者，有此四德乃无咎，以苟相从，涉于朋党，故必须四德乃无咎也。”

说明 程颐分析卦名“随”之义有三端：一是“君子之道，为众所随”；二是“己随于人”；三是“临事择所随”。并指出：“凡人君之从善，臣下之奉命，学者之徙义，临事而从长，皆‘随’也。”（《程传》）《折中》以为卦中上下象及诸爻居位，均反映刚下于柔之义，犹如“以贵下贱，以多问寡”，故名为“随”；并曰：“然则卦义所主，在以己随人；至于物来随己，则其效也。若以为物之所随为卦名之本义，则非矣。”此两说并可参考。

《彖》曰：随，刚来而下柔，动而说①。随，大亨，贞无咎，而天下随时②。随时之义大矣哉！

译文 《彖传》说：随从，譬如阳刚者前来谦居于阴柔之下，有所行动必然使人欣悦而物相随从。随从，大为亨通，守持正固必无咎害，于是天下万物都相互随从于适宜的时机。随从于适宜时机的意义多么宏大啊！

注释① 刚来而下柔，动而说：刚、动，指下震；柔、说，指上兑。此以上下卦象释卦名“随”之义。《正义》：“刚谓震也，柔谓兑也。震处兑下，是‘刚来下柔’；震动而兑说，既能下人，动则喜说，所以物皆随从也。”

② 天下随时：此句举天下万物随从于合宜的时机之例，释卦辞“元亨，利贞，无咎”，并引起下文“随时之义大”的叹美。《正义》：“特云‘随时’者，谓随其时节之义，谓此时宜行元亨利贞，故云‘随时’也。”又曰：“可随则随，逐时而用，所利则大，故云‘随时之义大矣哉’。”

说明《折中》引王逢曰：“上能下下，下之所以随上；贵能下贱，贱之所以随贵：随之义，刚下柔也。”此说释《彖》旨简明可取。

《象》曰：泽中有雷，随①；君子以嚮晦入宴息②。

译文《象传》说：大泽中响着雷声（泽随雷动），象征“随从”；君子因此随着作息规律在向晚时入室休息。

注释① 泽中有雷，随：释《随》卦上兑为泽、下震为雷之象。《程传》：“雷震于泽中，泽随震而动，为‘随’之象。”

② 嚮晦入宴息：嚮，通“向”，“嚮晦”犹言“向晚”；宴，安也，“宴息”即“休息”之意。这是说明“君子”观《随》卦之象，悟知凡事“随时”的道理，故早出晚入、于向晚按时休息。《程传》：“君子昼则自强不息，及嚮昏晦，则入居于内，宴息以安其身，起居随时，适其宜也。《礼》：‘君子昼不居内，夜不居外’，随时之道也。”

说明《大象传》以“向晚入室休息”衍发《随》卦意义，即《彖传》所谓“天下随时”之理。程颐谓：“取其最明且近者言之”（《程传》）。

初九，官有渝，贞吉；出门交有功①。

译文 初九，思想观念随时改善，守持正固可获吉祥；出门与人交往必能成功。

注释① 官有渝，贞吉；出门交有功：官，《正义》：“谓执掌之职，人心执掌与‘官’同称，故人心所主谓之‘官’”，故《程传》释“官”为“主守”，犹今言“思想观念”；渝，变也，此处有改善之义。这三句说明初九当“随”之时，刚居柔下，无所系应，为能变渝其心、随时从正之象，故“贞”而获“吉”，出门交有功。《正义》：“初九既无其应，无所偏系，可随则随，是所执之志有能变渝也；唯正是从，故‘贞吉’也；‘出门交有功’者，所随不以私欲，故见善则往随之，以此出门，交获其功。”

《象》曰：“官有渝”，从正吉也；“出门交有功”，不失也。

译文《象传》说：“思想观念随时改善”，说明初九随从正道可获吉祥；“出门与人交往必能成功”，说明行为不致过失。

说明《象传》所谓“从正”，即指明初九“官有渝”的方向。时当“随从”，一阳居初，倘若失“正”，必将误入歧途。故爻义又含“慎始”之诫。

六二，系小子，失丈夫①。

译文 六二，倾心附从小子，失去阳刚丈夫。

注释 ① 系小子，失丈夫：系，系属，犹言"倾心附从"；小子，喻初九；丈夫，喻九五。此谓六二柔居下卦，本与九五相应，却就近附从初九，故有从正不专、"系"小"失"大之象。《正义》："六二既是阴柔，不能独立所处，必近系属初九，故云'系小子'；既属初九，则不能往应于五，故云'失丈夫'也。"

《象》曰："系小子"，弗兼与也。

译文 《象传》说："倾心附从小子"，说明六二不能同时多方获取亲好。

说明 "随从"之际，若优柔寡断，必将顾此失彼、因小失大。程颐指出：本爻"戒人从正当专一"（《程传》）。

六三，系丈夫，失小子①；随有求得，利居贞②。

译文 六三，倾心附从阳刚丈夫，失去在下小子；随从于人有求必得，利于安居、守持正固。

注释 ① 系丈夫，失小子：丈夫，喻九四；小子，喻初九。此谓六三近承九四，因往随从，故失去初九。《王注》："虽体下卦，二已据初，将何所附？故舍初系四，志在丈夫。"

② 随有求得，利居贞：此承前文义，说明三、四两爻均无正应，互比相亲，故三随四、有求必得；但又告诫六三不可妄求，宜于安居守正。《王注》："四俱无应，亦欲于己，随之则得其所求矣，故曰'随有求得'也。应非其正，以系于人，何可以妄？故'利居贞'也。"

《象》曰："系丈夫"，志舍下也。

译文 《象传》说："倾心附从阳刚丈夫"，说明六三的意志是舍弃在下小子。

说明 下者随从尊上，当备受亲宠、有求必得之时，自当广修美德、守正慎"求"。不然，必有"邪媚之嫌"（《本义》）。

九四，随有获①，贞凶②；有孚在道，以明，何咎③！

译文 九四，被人随从、多有所获，守持正固以防凶险；只要心怀诚信、合乎正道，立身光明磊落，又有什么咎害呢！

注释 ① 随有获：指九四被六三随从而"有获"。《王注》："处说之初，下据二阴，三求系己，不距则获，故曰'随有获'也。"

② 贞凶：犹言"守正防凶"（参见《屯》九五译注）。此谓九四阳居阴位，近"君"而擅为人从，有"违正"之象，应当趋正常守，谨防凶险，故戒以"贞凶"。

③ 有孚在道，以明，何咎：明，用如动词，犹言"显明美德"。这三句从正面勉励九四以诚信体现正道，显明美德，必将无所咎害。《王注》："体刚居说，而得民心，能干其事，而成其功者也；虽违常义，志在济物，心有公诚，著信在道，以明其功，何咎之有！"

译文 《象传》说："被人随从、多有所获"，从九四所处地位这一意义看是有凶险；"心怀诚信、合乎正道"，这是九四光明磊落品德的功效。

《象》曰："随有获"，其义凶也；"有孚在道"，明功也。

说明 为人所从，必须具备"君子"之德。四位"多凶"，又兼"失正"，故爻辞先从反面警戒其谨防凶险；然后从正面激励其发扬美德，遂可化"凶"为"无咎"。《周易会通》引袁枢曰："其义凶者，有凶之理而未必凶也；处得其道，如下所云，则无咎矣。"

译文 九五，广施诚信给美善者，吉祥。

九五，孚于嘉，吉①。

注释 ① 孚于嘉，吉：嘉，美善。此谓九五阳刚居尊，中正诚信，有从善如流之象，故能孚信善者而获"吉"。《程传》："九五居尊，得正而中实，是其中诚在于随善，其吉可知。嘉，善也，自人君至于庶人，随道之吉惟在随善而已；下应二之正中，为随善之义。"

译文 《象传》说："广施诚信给美善者，吉祥"，说明九五的位置正中不偏。

《象》曰："孚于嘉吉"，位正中也。

说明 九五的象征意旨是：居尊而能以诚从善，善者也将纷纷相随。王弼称此爻"尽随时之宜"（《王注》）；杨万里以为："此圣君至诚，乐从天下之善者也。"（《诚斋易传》）

译文 上六，拘禁强令附从，这才顺服相随，再用绳索拴紧；君王兴师讨逆、在西山设祭。

上六，拘系之，乃从，维之①；王用亨于西山②。

注释 ① 拘系之，乃从，维之：拘，拘禁；系，义与二、三爻"系小子"、"系丈夫"之"系"同，此处谓强迫使之"附从"；维，以绳捆绑。这是说明上六以阴居"随"之极，极则反，有不愿随从、被九五拘禁乃从之象。《王注》："随之为体，阴顺阳者也；最处上极，不从者也。随道已成，而特不从，故拘系之乃从也。'率土之滨，莫非王臣'，而为不从，王之所讨也，故'维之'。"

② 王用亨于西山：王，喻九五；亨，通"享"，《释文》引陆绩曰："祭也"，指古代出师设祭之礼；西山，王弼以为"西"为上兑之方、"山"喻险阻。此句承前文之义，取"王者"设祭西山、兴师讨逆为象，比喻九五强令上六顺服、随从。《王注》："兑为西方；山者，途之险隔也。处西方而为不从，故王用通于西山。"案，王弼释"亨"为"通"，亦合爻义。

说明 本爻的意义，诸家说法不一。今引两例以备参考。一、朱熹谓"拘系"，"维"为"随之固结而不可解"之象，即指上六极获"随从"之义；并认为"西山"指西周"岐山"。（《本义》）二、尚先生引《西溪易说》，驳"遇'西山'、'西邻'，皆曰'文王事'"之说。并谓"亨"为"宴享"，"西山"喻上六"隐居之所"，认

为："六穷于上，五恐其去，拘系之，从维之，或即其隐居之处而宴享之；言六无所随，而五必随之也。"（《尚氏学》）

《象》曰："拘系之"，上穷也。

译文 《象传》说："拘禁强令附从"，说明上六居位极上、随从之道穷尽。

说明 "随"与"不随"，相对立而存在。举世"从善"之际，必有逆其道而行者，则不得不强令归正。因此本爻有"拘"、"维"、"王用亨于西山"诸象。

总论 孔子说："三人行，必有我师焉；择其善者而从之，其不善者而改之。"（《论语·述而》）充分反映这位古代伟大思想家、教育家虚心向善的美德。《随》卦所发"随从"之义，正是集中体现"从善"的宗旨。卦辞"元亨，利贞"，高度赞美"随从"之道；"无咎"，又强调以"正"相随则无害的观点。六爻喻义，以初、五最为美好：初九处下守正，迁善不已；九五居尊中正，竭诚向善——因此这两爻展示了本卦以"善"为"随"的象征主体，均获吉祥。至于二、三、四、上诸爻，或有失有得，或守正可以化"凶"为"无咎"，或受强制才能从正：各见不同的处"随"情状，但所发诚意，皆不离"正"字。可见，《随》卦义理中蕴含着一项鲜明而含义广泛的"相随"原则：不论是人与人关系中的上随下、下随上，己随人、人随己，还是日常生活中的朝作晚息、遇事随时，均当不违正道，诚心从善。此中明显表露《周易》作者处世、修身的哲学观念。《孟子·公孙丑下》盛赞"七十子之服孔子"，正与本卦大旨相合，成为古人极力肯定的"从善"典范。

蛊卦第十八

译文 《蛊》卦象征拯弊治乱:至为亨通,利于涉越大河巨流;应当预先思虑象征"终始转化"的"甲"日前三天的事状,然后推求"甲"日后三天的治理措施。

䷑ 蛊①:元亨,利涉大川②;先甲三日,后甲三日③。

注释 ① 蛊:音 gǔ,卦名,下巽(☴)上艮(☶),象征"拯弊治乱"。案,"蛊"字,《说文》谓"腹中蛊也",可引申为蛊害、蛊乱、蛊惑等意,爻辞"干父之蛊"即言"干父之害";卦名之义,主于"拯弊治乱"。《序卦传》云:"蛊者,事也",《正义》引褚氏曰:"蛊者,惑也,物既惑乱,终致损坏,当须有事也,有为治理也。"

② 元亨,利涉大川:此谓事物弊乱之时,能努力合理拯治必致"元亨",故利于涉险济难。《正义》:"蛊者,事也。有事营为,则大得亨通;有为之时,利在拯难,故'利涉大川'。"

③ 先甲三日,后甲三日:甲,"天干"数之首,其序为甲、乙、丙、丁、戊、己、庚、辛、壬、癸;在此十数中,"甲"寓有"终而复始"的涵义,故取"甲日"作为"转化"弊乱、重为治理的象征,即《彖传》"终则有始"之旨。这两句言先后"甲"三日,语多省略,大意指预先深虑"治蛊"前的事状,详为辨析,引为鉴戒;再推求"治蛊"后必将出现的事态,制定措施,谨慎治理:这样,才能根治蛊乱,获得"元亨"的前景。《程传》曰:"甲,数之首,事之始也","治蛊之道,当思虑其先后三日,盖推原先后,为救弊可久之道。先甲,谓先于此,究其所以然也;后甲,谓后于此,虑其将然也。一日、二日至于三日,言虑之深,推之远也。"

说明 "甲"字之义,旧说未臻一致。如:一、郑玄以为指"造作新令之日"(《正义》引);二、王弼以为指"创制之令"(《王注》)。说法虽歧,但诸家均本于"数之始"这一寓意。细求卦辞的象征内涵,"先甲"、"后甲"实又流露着"前车覆后车戒"、"殷鉴不远"的意味。

《彖》曰:蛊,刚上而柔下,巽而止蛊[①]。蛊,元亨而天下治也[②]。"利涉大川",往有事也[③]。"先甲三日,后甲三日",终则有始,天行也[④]。

译文 《彖传》说:拯弊治乱,譬如阳刚居上而阴柔处下,当物情驯顺之时就能抑止弊乱。拯弊治乱,至为亨通,于是复见天下大治。"利于涉越大河巨流",说明努力往前可以大有作为。"预先思虑(象征"终始转化"的)'甲'日前三天的事状,然后推求'甲'日后三天的治理措施",说明事物总是终结前事之后又开始新的发展,这是大自然的运行规律。

注释 ① 刚上而柔下,巽而止蛊:刚、止,指上艮阳卦、义为止;柔、巽,指下巽阴卦、义为驯顺;蛊,蛊害,犹言"弊乱"(与前句首字"蛊"指"治乱"义不尽同)。此举上下象释卦名"蛊",谓刚柔兼济、巽入止邪,则可以治"蛊"。《王注》:"上刚可以断制,下柔可以施令。既巽又止,不竞争也;有事而无竞争之患,故可以有为也。"

② 天下治:此释卦辞"元亨"之义。《王注》:"有为而大亨,非天下治而何也?"

③ 往有事:此释卦辞"利涉大川"。《正义》:"蛊者,有为之时;拔拯危难,往当有事,故'利涉大川'。"

④ 终则有始,天行也:天,犹言"大自然"。此以自然界事物的发展,体现终始往复的规律,释卦辞"先甲三日,后甲三日",谓拯治弊乱当鉴前戒后。《程传》:"夫有始则必有终,既终则必有始,天之道也。圣人知终始之道,故能原始而究其所以然,要终而备其将然,'先甲'、'后甲'而为之虑,所以能治蛊而致'元亨'也。"

《象》曰:山下有风,蛊[①];君子以振民育德[②]。

译文 《象传》说:山下吹来大风(物坏待治),象征"拯弊治乱";君子因此振济百姓、培育道德。

注释 ① 山下有风,蛊:释《蛊》卦上艮为山、下巽为风之象。《程传》:"山下有风,风遇山而回,则物皆散乱,故为有事之象。"

② 振民育德:振,《说文》:"举救之也",《释文》"济也"。这是说明"君子"观《蛊》卦之象,悟知当"蛊"之时,必须济民育德,努力救弊。《王注》:"蛊者,有事而待能之时也,故君子以济民养德也。"

说明 "振民育德",是用世道败坏为例,阐发治"蛊"之义。马振彪指出:"《康诰》言'作新民',即治其国民之蛊也。"(《周易学说》)似与《大象传》旨有合。

初六,干父之蛊[①],有子考[②],无咎,厉终吉[③]。

译文 初六,匡正父辈的弊乱,儿子能够成就先业,必无咎害,即使危险但最终必获吉祥。

注释 ① 干父之蛊:干,《广雅·释诂一》"正也",《集解》引虞翻注同,犹言"匡正";蛊,蛊害,指"弊乱"(诸爻"蛊"字并同)。此句说明初六当治"蛊"有事之时,柔处卑位，上承二、三之阳，有子正父弊之象。

② 有子考：考，《广韵》"成也"，用如动词，犹言"成就"。《尚氏学》又引《逸周书》及《左传》孔疏，证"考"训"成"，并指出：初六"能正父蛊，故曰'有子考'"，"即谓有子能成就先业也。"

③ 无咎，厉终吉：此总结前文意，谓初以卑下匡正尊上之弊，意在成就先辈德业，故"无咎"，虽"厉"亦获"终吉"。

《象》曰："干父之蛊"，意承考也[①]。

译文 《象传》说："匡正父辈的弊乱"，说明初六的意愿在于继承前辈的成就。

注释 ① 意承考：考，与爻辞"考"之义同，此处作名词用。《尚氏学》："谓初上承重阳，能承继先德也。"案，爻辞及《小象》"考"字之义，今取《尚氏学》之说。但汉魏及唐宋以来诸儒之旧说，多释"考"为"父"，义亦得通，可以并存。

说明 《周易学说》引李光曰："天下蛊坏，非常善继之子，不足以振起之。宣王承厉王，修车马，备器械，复会诸侯于东都，可谓'有子'矣。"此以东周史事参证《易》理，甚切本爻大义。

九二，干母之蛊，不可贞[①]。

译文 九二，匡正母辈的弊乱，情势难行时不可强行而要守持正固以待时。

注释 ① 不可贞：犹言"时不可则守正以待"，此语组构与《否》卦辞"不利，君子贞"相似（参阅该卦辞译注）。此谓九二阳处阴位，有刚而能柔之象；犹如匡正"母"弊，当其性阴辟不从之时，不能强行"干蛊"，而应守正待时。此即《象传》"得中道"之义。案，《王注》："居于内中，宜干母事，故曰'干母之蛊'也；妇人之性难可全正，宜屈己刚，既干且顺，故曰'不可贞'也。"其释"不可贞"为"不可全正"，即《周易浅述》所谓"不可固执以为正"。可备一说。

《象》曰："干母之蛊"，得中道也。

译文 《象传》说："匡正母辈的弊乱"，说明九二应当掌握刚柔适中的方法。

说明 同样是"干蛊"，于父、母则有别。可知此事应当顺从不同的性格，采用合宜的方法，因势利导，才能收效。

九三，干父之蛊，小有悔，无大咎[①]。

译文 九三，匡正父辈的弊乱，稍有悔恨，但没有重大咎害。

注释 ① 小有悔，无大咎：此谓九三当"蛊"之时，匡正父弊而无上应，故"小有悔"；但阳刚居正，直道遽行，故"无大咎"。《王注》："以刚干事而无其应，故有悔也；履得其位，以正干父，虽小有悔，终无大咎矣。"

《象》曰："干父之蛊"，终无咎也。

译文 《象传》说："匡正父辈的弊乱"，说明九三最终不会有咎害。

说明 在封建君主制时代，下者刚正不阿以拯治尊者之弊，有时必须不顾"小悔"，犯难而行。韩愈所谓："一封朝奏九重天，夕贬潮阳路八千；本为圣朝除弊政，肯将衰朽惜残年！"（《左迁至蓝关示侄孙湘》）似可作为本爻喻象的写照。

六四，裕父之蛊，往见吝①。

译文 六四，宽裕不急地缓治父辈的弊乱，这样往前发展必然出现憾惜。

注释 ① 裕父之蛊，往见吝：裕，宽裕，指"治蛊"宽缓不急，即《集解》引虞翻曰："不能争也。"此谓六四阴柔懦弱，又居阴位，对"父"弊不能速治，宽延顺容，故长此以往必"见吝"。《本义》："以阴居阴，不能有为，宽裕以治蛊之象也。如是则蛊将日深，故往则见吝。"

《象》曰："裕父之蛊"，往未得也。

译文 《象传》说："宽裕不急地缓治父辈的弊乱"，是说六四这样往前发展难以获得治弊之道。

说明 治蛊宽裕不急，实是容恶养弊之道。故爻辞言"往见吝"，《象传》云"往未得"。

六五，干父之蛊，用誉①。

译文 六五，匡正父辈的弊乱，备受称誉。

注释 ① 用誉：誉，受人称誉。此谓六五柔居尊位，应二承上，犹如匡正"父"弊有道，故获称誉。《集解》引荀爽曰："体和应中，承阳有实，用斯干事，荣誉之道也。"

《象》曰："干父用誉"，承以德也①。

译文 《象传》说："匡正父辈的弊乱而受称誉"，说明六五用美德来继承先业。

注释 ① 承以德：即"以德承"的倒装。

说明 六五居尊位而能上承下应，既是治时之"蛊"，又是树己之德。熊良辅谓："不特干其事之已坏"，更在于"立身扬名"（《折中》引）。此见卦辞"元亨"之旨，亦《彖传》所发"终则有始"、"天下治也"之义。

上九，不事王侯，高尚其事①。

译文 上九，不从事王侯的事业，把自己逍遥物外的行为看得至高无上。

注释 ① 不事王侯，高尚其事：前一"事"为动词，犹言"从事"；后一"事"为名词，犹言"行为"。此谓上九居《蛊》卦之终，"治蛊"道穷，故不累于"王侯"之事，超然物外，以高洁自守。《尚氏学》："不事王侯，言不事王侯之事也"，"若共伯和、吴季札之流是也。"案，"不事王侯"一句，《正义》释曰："不承事王侯"，训"事"为"奉事”之意。似亦可备一说。

译文 《象传》说:“不从事王侯的事业”,说明上九的高洁志向值得效法。

《象》曰:“不事王侯”,志可则也。

说明 儒家“穷则独善其身”的思想,实出于“时”不可为而暂作遁避,其宗旨主于抱道守志,以待来日复兴再起。杨万里认为此爻“不事王侯”,正处于“不必为”、“不得为”、“不可为”之时,非“事”之“高尚”,而是“人高尚其事”;并谓上九犹如“畎亩不忘君,江湖存魏阙”者的形象(《诚斋易传》),此亦可备参考。

总论 《蛊》卦的大义,主于除弊治乱。卦辞既指明此时利于涉难、至为亨通的前景,又用“先甲”、“后甲”喻示鉴前戒后、谨始慎终的“治蛊”之道。卦中六爻,初、三、四、五诸爻均以匡正父弊设喻:初六志承“先业”、虽危“终吉”,九三刚直遽行、终“无大咎”,六四柔弱不争、久必“见吝”,六五柔中寓刚、备受称誉;唯九二以匡正母弊为喻,戒其因势利导、慎守“中道”;而上九独居“治蛊”穷厄之时,则以远避在外、“不事王侯”为宜。若细加探寻诸爻取象于“子正父蛊”的蕴义,似又可看出作者意识到“弊乱”往往是积久而成的,甚或延续一代、两代人,终至酿成大患。苏轼曾经就这一问题分析说:“器久不用而蛊生之,谓之‘蛊’;人久宴溺而疾生之,谓之‘蛊’;天下久安无为而弊生之,谓之‘蛊’。”“蛊之灾非一日之故也,必世而后见,故爻皆以‘父子’言之。”(《东坡易传》)当然,各爻所示,均是提出在特定条件下治蛊的可行之道;至于拯治弊乱的根本措施,《大象传》从“救世”的角度阐发“振民育德”之义,似属古人汲取历史和现实的教训而总结出的一条“政治理论”。

临卦第十九

䷒临[①]:元亨,利贞[②];至于八月有凶[③]。

译文 《临》卦象征监临:至为亨通,利于守持正固;但是到了(阳气日衰的)八月将有凶险。

注释 ① 临:卦名,下兑(☱)上坤(☷),象征"监视临察"。案,"临"字,《说文》:"监也",《尔雅·释诂》:"视也",《穀梁传》哀公七年"有临天下之言焉"范宁注"临,抚有之也":此三说,实均明"临"字含有"由上视下"、"以尊临卑"之义。至于《序卦传》所谓"临,大也",亦是就"临人"者必须崇高、尊大而言。本卦初、二两爻阳刚浸长,从全卦之象看,正寓以德临人的意义。《正义》曰:"以阳之浸长,其德壮大,可以监临于下,故曰'临'也。"

② 元亨,利贞:此谓以德临人必然至为亨通,利于守正。《正义》:"刚既浸长,说而且顺;又以刚居中,有应于外,大得亨通而利正也。"

③ 至于八月有凶:此句以时令为喻,说明"监临"盛极必有衰落的危险。《礼记·月令》仲秋之月云:"是月也,杀气浸盛,阳气日衰。"故谓"八月有凶"。《程传》:"圣人豫为之戒曰:阳虽方长,至于八月,则其道消,是有凶也。"

《彖》曰:"临",刚浸而长,说而顺,刚中而应[①]。大亨以正,天之道也[②];"至于八月有凶",消不久也[③]。

译文 《彖传》说:"监临",说明此时阳刚正气日渐增长,临人者和悦温顺,刚健者居中而上下相应。获得至大亨通又要守持正固,这才顺合大自然的规律;"到了(阳气日衰的)八月将有凶险",那是因为接近消亡、好景不能长久。

注释 ① 刚浸而长,说而顺,刚中而应:前一"刚"指初、二两爻,后句"刚中"指九二；浸，渐也；说，即“悦”，指下兑；顺，指上坤；应，谓二应五。此举初、二爻象及上下卦象释卦名“临”之义，说明以“德”临人之时的盛美情状。《折中》：“（此三句）皆释卦名也。盖刚浸而长，则阳道方亨；有说顺之德，则人心和附；刚中得应，则上下交而志同。此其所以德泽及于天下，而足以有临也。”

② 大亨以正，天之道也：此释卦辞“元亨，利贞”，谓“监临”之时至通而又长守正固，则可不违“天道”。《程传》：“化育之功所以不息者，刚正和顺而已。以此临人，临事，临天下，莫不大亨而得正也。”

③ 消不久也：此释卦辞“至于八月有凶”，谓“临”道盛极必穷，即明“阴阳消长”的必然规律。《程传》：“在阴阳之气言之，则消长如循环，不可易也。以人事言之，则阳为君子，阴为小人，方君子道长之时，圣人为之诫，使知极则有凶之理而虞备之，常不至于满极，则无凶也。”

《象》曰：泽上有地，临①；君子以教思无穷，容保民无疆②。

译文 《象传》说：水泽上有大地，象征“监临”；君子因此花费无穷的思虑教导百姓，发扬无边的美德容纳养育民众。

注释 ① 泽上有地，临：释《临》卦下兑为泽、上坤为地之象。《集解》引荀爽曰：“泽卑地高，高下相临之象也。”

② 教思无穷，容保民无疆：教、思，均作动词，犹言“施行教导”、“费尽思虑”。这是说明“君子”观《临》卦之象，悟知临民之时，应当花费无穷之思教导百姓，并以无疆之德容民保民。《程传》：“君子观亲临之象，则教思无穷，亲临于民，则有教导之意思也”；“观含容之象，则有容保民之心”。

说明 胡炳文说，“不徒曰‘教’，而曰‘教思’，其意思如兑泽之深；不徒曰‘保民’，而曰‘容民’，其度量如坤土之大”。（《周易本义通释》）此从“教思”、“容保民”的措辞蕴义，分析《大象传》的论象特色，似颇可取。

初九，咸临，贞吉①。

译文 初九，感应于尊者而施行监临，守持正固可获吉祥。

注释 ① 咸临，贞吉：咸，通“感”，犹言“感应”（参阅《咸》卦译注）。此谓初九当“临”之始，阳刚处下，上应六四，犹如下者感应于尊者而施监临，故以守正获吉。《集解》引虞翻曰：“咸，感也。得正应四，故贞吉也。”《程传》：“四，近君之位。初得正位，与四感应，是以正道为当位所信任，得行其志。获乎上而得行其正道，是以吉也。”

《象》曰：“咸临贞吉”，志行正也。

译文 《象传》说：“感应于尊者而施行监临、守持正固可获吉祥”，说明初九的心志行为端正不阿。

说明 上能感下，下则应上。初九处位虽卑，其德已足以临人、临事。但此时为“临”之始，尽管见信于上，尚不宜大用，故须谨守贞正，可获吉祥。

九二，咸临，吉无不利①。

译文 九二，感应于尊者而施行监临，吉祥无所不利。

注释 ①咸临，吉无不利：此谓九二处《临》下卦之中，上应六五，也具"咸临"之象；因其又含"中"德，较初九之阳更见盛美，故"吉无不利"。《程传》："二方阳长而渐盛，感动于六五中顺之君，其交之亲，故见信任，得行其志，所临吉而无不利也。吉者，已然，如是故吉也；无不利者，将然，于所施为无所不利也。"

《象》曰："咸临吉无不利"，未顺命也①。

译文 《象传》说："感应于尊者而施行监临、吉祥无所不利"，说明九二并非由于顺从君命。

注释 ①未顺命：未，似含"并非由于"之意。此谓二与六五相感以临人，并非由于顺承君命。《程传》"未者，非遽之辞"，"九二与五感应以临下，盖以刚德之长，而又得中，至诚相感，非由顺上之命也，是以吉而无不利"。

说明 《象传》"未顺命"之义，前人有不同看法。如：一、孔颖达释为："未可尽顺五命，须斟酌事宜，有从有否，故得'无不利'也。"（《正义》）二、朱熹曰"未详"（《本义》），主于阙疑待考。三、马其昶本李光地之说，释为"不委顺于命"（《重定费氏学》）。诸说并可参考。

六三，甘临，无攸利①；既忧之，无咎②。

译文 六三，靠巧言佞语监临于众，无所利益；要是已经忧惧自己的过失而改正，就不致咎害。

注释 ①甘临，无攸利：甘，《王注》："佞邪说媚，不正之名"，指甜美巧佞的言辞。此谓六三居《临》下兑之上，阴柔失正，犹以言辞巧佞临人，故"无攸利"。《程传》："三居下之上，临人者也。阴柔而说体，又处不中正，以甘说临人者也。在上而以甘说临下，失德之甚，无所利也。"

②既忧之，无咎：此从正面设诫，谓六三若能自知不正，心有忧惧而改过，则可"无咎"。《程传》："既知危惧而忧之，若能持谦守正，至诚以自处，则无咎也。"

《象》曰："甘临"，位不当也；"既忧之"，咎不长也。

译文 《象传》说："靠巧言佞语监临于众"，说明六三居位不正当；"已经忧惧自己的过失而改正"，说明咎害不会久长。

说明 众不可欺，"临"不可"甘"。六三以"甘"临人，正是哗众取宠之象。爻辞又设"忧之"之诫，则体现《周易》作者的劝勉意味。

六四，至临，无咎①。

译文 六四，极为亲近地监临众人，必无咎害。

注释 ①至临，无咎：至，极也，文中犹言"十分亲近"。此言六四居上卦之始，柔正应初，切近下体，犹亲近于所临之众，故获"无咎"。《程传》："四居上之下，与下体相比，是切临于下，临之至也。临道尚近，故以比为至。"

译文《象传》说："极为亲近地监临众人，必无咎害"，说明六四居位正当。

《象》曰："至临无咎"，位当也。

说明 上者临近下者，自能有益于"监临"。《折中》引王宗传曰："四以上临下，其与下体最相亲，故曰'至临'。以言上下二体，莫亲于此也。"

译文 六五，聪慧明智地监临众人，大人君主应当这样，吉祥。

六五，知临，大君之宜，吉①。

注释 ① 知临，大君之宜，吉：知，即"智"。此谓六五居《临》尊位，以柔处中，下应九二，犹如任用刚健大臣、辅己"君临"天下，正见明智，故称"大君之宜，吉"。《本义》："以柔居中，下应九二，不自用而任人，乃知之事，而大君之宜，吉之道也。"

译文《象传》说："大人君主应当这样"，说明六五必须奉行中道。

《象》曰：大君之宜，行中之谓也。

说明《礼记·中庸》曰："唯天下之至圣，为能聪明睿知，足以有临也。"此义既合本爻"知临"的大旨，又与《象传》"行中"之语相切。

译文 上六，温柔敦厚地监临众人，吉祥，必无咎害。

上六，敦临，吉，无咎①。

注释 ① 敦临，吉，无咎：敦，敦厚。此谓上六居《临》之极，以阴处"无位"之地，不为刚猛，犹如以敦厚仁惠之德临人，故获"吉，无咎"。《本义》："居卦之上，处临之终，敦厚于临。吉而无咎之道也。"

译文《象传》说："温柔敦厚地监临于众而可获吉祥"，说明上六的心志系于邦国天下。

《象》曰："敦临之吉"，志在内也①。

注释 ① 志在内：犹言"志在邦国"，谓上六非高处"虚位"，不理"内事"者。《折中》引张振渊曰："志在内，即万物一体之意，所以能'敦'；若将天下国家置在度外，虽有些小德泽，终是浅薄。"

说明 卦辞"至于八月有凶"，诫"监临"盛极必危。上六处"临"极之时，其性柔和，其德敦厚，故能临物有道，免凶获吉。

总论 "临"字的特定意义，可视为"统治"的代名词。《临》卦所谓"监临"，正是侧重揭示上统治下、尊统治卑、君主统治臣民的道理。卦辞以"至为亨通，利于守正"赞美"监临"之道；又以"至于八月有凶"为喻，发盛极必衰之诫，以期"临人"者预防盈满，长久临众。六爻之中，两阳处下而刚健之德浸长，能"感应"于尊者以施监临，故或"贞吉"，或"吉，无不利"；四阴皆居上临下，情状各异：三以巧佞临人"无攸利"，四以亲近临人"无咎"，五以"大君"之"明智"临人获"吉"，上以温柔敦厚临人获"吉，无咎"。综观诸爻义理，可以看出本卦的两方面旨趣：其一，"临人"除了必须根据不同的地位、条件采取不同的方式外，还要求在下者当以刚美感应于上，居上者当以柔美施惠于下，此与《尚书·洪范》“沈潜刚克，高明柔克”之义略可相通。其二，凡处“临人”之时，只要善居其位，必将多吉，故诸爻均不言“凶”；其中六三虽“无攸利”，但若能自惧改过，也获“无咎”。可见，本卦的核心思想是为“临人”、“治人”者着想。至于《大象传》所发“教思无穷，容保民无疆”的意义，似又流露出统治者在“治人”的同时重视“教育”的作用；从历史的角度考察，这一点实可借以印证古代教育与政治的密切联系。

观卦第二十

䷓ 观①：盥而不荐②，有孚颙若③。

译文 《观》卦象征观仰：当你观仰了祭祀开始时倾酒灌地的降神仪式，就可以不观后面的献飨细节，因为心中已经充满了诚敬肃穆的情绪。

注释 ① 观：卦名，下坤（☷）上巽（☴），象征"观仰"。《正义》："观者，王者道德之美而可观者也。"《本义》："观者，有以示人，而为人所仰者也。"案，此二说虽训释角度微别，其大本实相同，均明"观"为"观仰"之义。

② 盥而不荐：盥，音 guàn，古代祭祀宗庙时用香酒浇灌地面以降神之礼，《集解》引马融曰："进爵灌地以降神也，此是祭祀盛时"；荐，献也，祭祀中向神献飨之礼。此句"盥"、"荐"之前均省略一"观"字，意即"观盥不观荐"。文辞取祭祀典礼为喻，说明"观仰"之旨应取最庄严可观者；故当祭祀宗庙之时，须观初始盛美的降神礼，其后的献飨礼则可略而不观。《王注》："王道之可观者，莫盛乎宗庙；宗庙之可观者，莫盛乎'盥'也。至'荐'，简略不足复观。故观'盥'而不观'荐'也。"《正义》："观盥礼盛则休而止，是观其大不观其细。"案，《本义》谓："盥"为"将祭而洁手"之礼，取其"洁清"以见"孚信"。于义亦通。

③ 有孚颙若：颙，音 yóng，敬也，《正义》："严正之貌"；若，语气助词。此句承前句之义，说明观仰"盥"礼，可以使人产生诚信、肃敬之心；即言观仰过程中的感化作用。《集解》引马融曰："以下观上，见其至盛之礼，万民信敬，故云'有孚颙若'。"

说明 孔子说："禘自既灌而往者，吾不欲观之矣。"（《论语·八佾》）此语正指观仰祭礼之事，与本卦"盥而不荐"的义旨相同，均明"观仰"止于"盛大"的道理。

《象》曰：大观在上，顺而巽，中正以观天下①。“观，盥而不荐，有孚颙若”，下观而化也②。观天之神道③，而四时不忒；圣人以神道设教，而天下服矣。

译文 《彖传》说：宏大壮观的气象总是呈现在崇高之处，譬如具备温顺和巽的美德，又具中和刚正之质就可以让天下人观仰。卦辞说“当你观仰了祭祀开始时倾酒灌地的降神仪式，就可以不观后面的献飨细节，心中已经充满了诚敬肃穆的情绪”，是说在下者通过观仰能够领受美好的教化。观仰大自然运行的神妙规律，就能理解四季交转毫不差错的道理；圣人效法大自然的神妙规律设教于天下，天下万民于是纷纷顺服。

注释 ① 大观在上，顺而巽，中正以观天下：大观、中正，指九五阳刚居中得正；顺，指下坤；巽，指上巽。这是举九五爻象及上下卦象释卦名“观”之义，说明美盛的道德足以让“天下”观仰。《程传》：“五居尊位，以刚阳中正之德，为下所观，其德甚大，故曰‘大观在上’；下坤而上巽，是能顺而巽也；五居中正，以巽顺中正之德，为观于天下也。”

② 下观而化：此句释卦辞“观，盥而不荐，有孚颙若”，说明“观仰”的目的是为了使“天下”顺从美好的教化。《集解》引虞翻曰：“下观其德而顺其化。”

③ 观天之神道：神道，犹言“神妙的自然规律”。此下四句又举大自然神妙规律之可观，及“圣人”效法自然规律设教之可观，极言“观仰”之道的深刻意义。《本义》：“极言‘观’之道也。‘四时不忒’，天之所以为观也；‘神道设教’，圣人之所以为观也。”

《象》曰：风行地上，观①；先王以省方观民设教②。

译文 《象传》说：和风吹行地上（万物广受感化），象征“观仰”；先代君王因此省巡万方、观察民风、设布教化。

注释 ① 风行地上，观：释《观》卦上巽为风、下坤为地之象。《诚斋易传》：“风行地上而无不周，故万物日见。”

② 省方观民设教：这是说明“先王”效法《观》卦“风行地上”之象，省视万方，示民以教，使百姓有所“观仰”而顺从教化。《诚斋易传》：“天王省天下而无不至，故天下日见；圣人随其地观其俗，因其情设其教，此省方之本意也。”

说明 《大象传》所阐发的“观民设教”之义，已经把下观上与上观下融合为一体，表明居上者先须广泛省察下情，才能正确地设教于民，让“天下”观仰。由此似可推考《诗经·国风》的采辑宗旨。刘牧指出：“风行地上，无所不至。散采万国之声诗，省察其俗，有不同者，教之使同。”（《周易义海撮要》引）

初六，童观，小人无咎，君子吝①。

译文 初六，像幼童一样观仰景物，小人无所危害，君子必有憾惜。

注释 ① 童观，小人无咎，君子吝：此以“幼童”浅见为喻，说明初六处“观”之始，阴柔在下，远离九五刚正之“君”，所观甚浅；故于不负重任的“小人”为“无咎”，于有所作为的“君子”则难免“憾惜”。《集解》引王弼曰：“失位处下，最远朝美，无所鉴见，故曰‘童观’。处大观之时而童观，趣顺而已。小人为之，无可咎责；君子为之，鄙吝之道。”案，王弼训“吝”为“鄙吝”，于义亦通。

《象》曰：初六“童观”，小人道也。

译文 《象传》说：初六“像幼童一样观仰景物”，这是小人的浅见之道。

说明“童观”之吝，在于远离“大观”，实受具体条件所制约。王弼指出：“‘观’之为义，以所见为美者也。故近尊为尚，远之为吝。”（《周易略例·卦略》）

六二，阙观，利女贞①。

译文 六二，暗中偷偷地观仰美盛景物，利于女子守持正固。

注释① 阙观，利女贞：阙，音 kuī，通“窥”，指暗中窃看。此谓六二虽得正上应九五，但阴柔处下守中，不能尽见大观之美，犹如身居户内、暗中“阙观”门外景物，故仅利于女子守正。爻辞的言外之意，谓男子如此则不利。《集解》引侯果曰：“得位居中，上应于五，阙观朝美，不能大观。处大观之时而为阙观，女正则利，君子则丑也。”

《象》曰：“阙观女贞”，亦可丑也①。

译文 《象传》说：“暗中偷偷地观仰美盛景物、女子可以守持正固”，对男子来说是可羞丑的。

注释① 亦可丑也：《本义》：“在丈夫则为丑也。”

说明 深居户内而窃窥外物，自然不能尽观美景；爻辞以“女贞”为喻，可见拟象贴切。但由此又可看出古代礼制对女子视野的不合理约束。

六三，观我生，进退①。

译文 六三，观仰阳刚美德并对照省察自己的行为，谨慎抉择进退。

注释① 观我生，进退：观，此处含有既观仰于外又自观于内之意；我生，《正义》释为“我身所动出”，《程传》谓“动作施为出于己者”，犹言“自我行为”；进退，指相时慎择进退。这两句说明六三处“观”之时，虽与上九有应，渐近九五之“君”，但阴柔失正，其位“多惧”，故当观于外而修于内，相机审时，慎其进退。《正义》：“三居下体之极，是有可进之时；又居上体之下，复是可退之地。远则不为‘童观’，近则未为‘观国’，居在进退之处，可以自观我之动出也。故时可则进，时不可则退。观风相机，未失其道，故曰‘观我生，进退’也。”案，《王注》谓六三为“观风者”，《正义》：“观风相机”即承此而言。视此爻的居位特点，所谓“自观”，实须先外观美盛风化，然后内自修省，才能妥为进退，免犯咎害。

《象》曰："观我生进退"，未失道也。

译文 《象传》说："观仰阳刚美德并对照省察自己的行为、谨慎抉择进退"，说明六三没有丧失正确的观仰之道。

说明 与初、二两爻的"童观"、"阙观"比较，六三已渐向九五的阳刚中正之德靠近，鉴见已有所深入、亲切，故虽不当位，却能善处其"观"，修美己德。《象传》称"未失道"，似含此意。

六四，观国之光，利用宾于王①。

译文 六四，观仰王朝的光辉盛治，利于成为君王的贵宾。

注释 ① 观国之光，利用宾于王：光，指国家大治而呈现的光辉景象；宾，用如动词，犹言"作宾"。此谓六四柔顺得正，亲比九五，犹如贤者观光于盛治之国，故称利于成为君王的座上宾，即言可以效用于贤君，其吉可知。《程传》："四既观见人君之德，国家之治，光华盛美，所宜宾于王朝，效其智力，上辅于君，以施泽天下，故云'利用宾于王'也。古者有贤德之人，则人君宾礼之，故士之仕进于王朝则谓之'宾'。"

《象》曰："观国之光"，尚宾也①。

译文 《象传》说："观仰王朝的光辉盛治"，说明此时其国正礼尚宾贤。

注释 ① 尚宾：《杨氏易传》："明其国贵尚宾贤，可以进也。"案，"尚宾"之义，《正义》谓"慕尚为王宾"；《尚氏学》以为"言宾于上也"。两说于义并通。

说明 古代统治者重视"观光"礼仪，从其政治目的看，一方面似在于显示国力强盛，另一方面又可借此吸引人才。《尚书·周书·微子》所谓"修其礼物，作宾于王家"，曹植《七启》称"是以俊乂来仕，观国之光"（《曹子建集》），并可借以参见本爻之义。

九五，观我生，君子无咎①。

译文 九五，受人观仰并自我省察自己的行为，君子必无咎害。

注释 ① 观我生，君子无咎：观我生，指既受人观仰又自观其道，义与六三有别（参见该爻译注）。这两句说明九五阳刚中正，为《观》卦之主，犹如"贤君"以盛德为天下人所观仰，同时又能常常自我省察，不断美善其行，故称"君子无咎"。《集解》引王弼曰："观我生，自观其道也。为众观之主，当宣文化光于四表。上之化下，犹风之靡草；百姓有过，在予一人。君子风著，己乃无咎；欲察己道，当观民也。"

《象》曰："观我生"，观民也①。

译文 《象传》说："受人观仰并自我省察自己的行为"，说明九五应当通过观察民风来自我审察。

注释 ① 观民：《程传》："我生，出于己者；人君欲观己之施为善否，当观于民。民俗善，则政化善也。王弼云'观民以察己之道'是也。"

说明 九五既为"人君"之象，其所"自观"、"观民"，目的正为着改过扬善，美善治道，使其盛德常足以让"天下"观仰。《论语·子张》说："子贡曰：君子之过也，如日月之食焉：过也，人皆见之；更也，人皆仰之。"此义似与爻辞"君子无咎"之旨有合。

上九，观其生，君子无咎[1]。

译文 上九，人们都观仰他的行为，君子必无咎害。

注释 ① 观其生，君子无咎：此谓上九阳刚居《观》之终，虽属虚高之位，但下者均在观仰其施为，故须有"君子"之德才能"无咎"，其诫与九五同。《本义》："上九阳刚居尊位之上，虽不当事任，而亦为下所观，故其戒辞略与五同。但以'我'为'其'，小有主宾之异耳。"

《象》曰："观其生"，志未平也[1]。

译文 《象传》说："人们都观仰他的行为"，说明上九修美道德的心志未可安逸松懈。

注释 ① 志未平：平，犹言"安宁无为"。此言上九虽居不任事的"虚位"，也得时时修美德行，不可安逸其志。《程传》："不可以不在于位故，安然放意无所事也。"《本义》："言虽不得位，未可忘戒惧也。"皆合《象传》之旨。

说明 居"大观"之极，犹发"志未平"之义，可见上九的喻旨在于：欲以美盛可观的道德化同"天下"，实非轻而易举之事。马其昶曰："圣人之志，必使下观而化，天下皆为君子，大舜之善与人同是也。志未平，即尧舜犹病，邹鲁悲悯之心。"（《重定费氏学》）此说甚合本爻旨趣。

总论 春秋时吴国季札观乐于鲁，欣赏到《韶箾》舞蹈，深受感染，认为这是周朝"盛德"的高度体现，于是极力赞叹说："观止矣！若有他乐，吾不敢请已！"（《左传》襄公二十九年）《观》卦大义，正是阐发"观仰"美盛事物可以感化人心的道理。卦辞取观仰祭祀为喻，说明观毕初始的盛礼，即使不观其后的细节，心中的"信敬"之情已经油然萌生。此中的喻义，实与季札"观止"之叹至相切合。卦中六爻，四阴主于自下观上：初、二离九五阳刚最远，或如幼童浅见，或如隔户窃观，均不能尽获"大观"之美；六三接近上卦，能观仰美德以自省察，未失其道；六四亲比九五，犹如亲临观光于"王朝"的盛治，获"作宾于王"之利，为尽见"大观"的象征。而五、上两阳，主于自上观下，既具阳刚美德让人观仰，又须自观其道、修美德行，故两者均发"君子无咎"的意旨。可见，本卦阴阳上下所寓涵的意义颇有区别。朱熹的学生曾经问道："《观》六爻，一爻胜似一爻，岂所据之位愈高，则所见愈大耶？"朱子答云："上二爻意自别，下四爻是所据之位愈近，则所见愈亲切的意思。"（《朱子语类》）当然，《观》卦揭示的"观仰"作用，除了强调"上"者以美德感化于"下"之外，还体现了观"民风"可以正"君道"的思想，这从五、上两爻"观民"自省、其志"未平"的义理中不难看出。《毛诗大序》说道："上以风化下，下以风刺上，主文而谲谏，言之者无罪，闻之者足以戒，故曰‘风’。”此论虽是针对《诗经·国风》而发，但与《观》卦的象征意义甚有相通之处。

噬嗑卦第二十一

噬嗑①:亨,利用狱②。

译文 《噬嗑》卦象征啮合:亨通,利于施用刑法。

注释 ① 噬嗑:音 shì hé,卦名,下震(☳)上离(☲),象征"啮合"。案,此二字以口中啮(音 niè)物使合为喻,说明施用刑法之义。《正义》:"物在于口,则隔其上下;若啮去其物,上下乃合而得亨也。此卦之名,假借口象以为义,以喻刑法也。"

② 亨,利用狱:狱,犹言"刑法"。此谓事物当相间相隔之时,若能"啮合"则可亨通;犹如"刑法"可以除去间隔之物,故曰"利用狱"。《王注》:"凡物之不亲,由有间也;物之不齐,由有过也。有间与过,啮而合之,所以通也。刑克以通,狱之利也。"《尚氏学》:"上下之不能相合者,中必有物间之;啮而去其间,则合而通矣。国家之有刑狱,亦复如是。民有梗化者,以刑克之,则顽梗去,而上下通矣,故曰'利用狱'。"

说明 朱熹分析本卦的卦形说:"为卦上下两阳而中虚,颐口之象;九四一阳间于其中,必啮之而后合,故为'噬嗑'。"(《本义》)李士钤也认为:"上、初象辅颊,二、三、五象上下齿,九四在中象物;四不中正,故须啮而去之。"(《周易学说》引)此二说可备参考。

《彖》曰:颐中有物①,曰噬嗑。噬嗑而亨,刚柔分,动而明,雷电合而章②。柔得中而上行,虽不当位,利用狱也③。

译文 《彖传》说:口腔中有食物,可以啮合。啮合然后亨通,譬如刚柔上下先各分开,然后交相运动而啮合之义显明,就像震雷闪电交击互合而啮合之理昭彰。此时柔和者处得中道并能向上奋行,尽管不当纯柔之位(但正好刚柔兼济),所以利于施用刑法。

注释 ① 颐中有物：颐，上下颚之间的总称，犹言“口腔”。此以口中有物，正可啮合，释卦名“噬嗑”之义。《王注》：“颐中有物，啮而合之，‘噬嗑’之义也。”案，“颐”字，《说文》曰：“古文‘𦣝’”，《段注》：“此文当横视之，横视之则口上、口下、口中之形俱见矣。”段氏谓横视，即作“”，适为口中有物之象；今查东周金文“𦣝”或作“”（㠱伯盘文，高明《古文字类编》引王献唐《黄县㠱器》），此字正像上下齿啮物而合之形（“颐”又有“养”义，参见《颐》卦译注）。

② 刚柔分，动而明，雷电合而章：刚、动、雷，均指下震；柔、明、电，均指上离。此举上下卦象，说明刚柔上下分处、交动而“噬嗑”之义明，雷电相随兴作、交合而“噬嗑”之理彰。文旨释卦辞“噬嗑，亨”，亦明“利用狱”之义。《王注》：“刚柔分动不溷乃明，雷电并合不乱乃章。”《正义》：“刚柔分，谓震刚在下，离柔在上。刚柔云‘分’，雷电云‘合’者，欲见明之与动各是一事，故刚柔云分也；明动虽各一事，相须而用，故雷电云合。但《易》之为体，取象既多，若取分义，则云震下离上；若取合义，则云离震合体，共成一卦也。”

③ 柔得中而上行，虽不当位，利用狱也：柔，指六五。此谓六五柔中居尊，虽不当纯柔正位，却能刚柔相济，以释卦辞“利用狱”。《程传》：“六五以柔居中，为用柔得中之义；上行，谓居尊位；虽不当位，谓以柔居五为不当；而利于用狱者，治狱之道，全刚则伤于严暴，过柔则失于宽纵，五为用狱之主，以柔处刚而得中，得用狱之宜也。”《尚氏学》：“五不当位，然文明以中断制枉直，不失情理，故利用狱也。”

《象》曰：雷电，噬嗑①；先王以明罚敕法②。

译文 《象传》说：雷电交击，象征“啮合”；先代君王因此严明刑罚、肃正法令。

注释 ① 雷电，噬嗑：释《噬嗑》卦下震为雷、上离为电之象，义与《彖传》“雷电合而章”同。《程传》：“雷电相须并见之物，亦有嗑象，电明而雷威。”案，“雷电”二字，《程传》以为“象无倒置者，疑此文互也”，《本义》亦曰“当作‘电雷’”；《周易玩辞》指出：“石经作‘电雷’，晁公武氏曰六十四卦大象无倒置者，当从石经。”此诸说并可参考。

② 明罚敕法：明，用如动词；敕，音 chì，通“勅”，犹言“正”，《释文》：“郑云：‘敕，犹理也’，一云‘整也’。”这是说明“先王”效法《噬嗑》之象，明其刑罚、正其法令，使天下合一。《集解》引侯果曰：“雷所以动物，电所以照物，雷电震照则万物不能怀邪。故先王则之，明罚敕法，以示万物，欲万方一心也。”

说明 本卦取象“噬嗑”，是拟喻于“颐中啮物使合”，其义则重在“用狱”。故《大象传》以“明罚敕法”阐述卦旨。宋衷指出：“雷动而威，电动而明，二者合而其道章也。用刑之道，威明相兼。若威而不明，恐致淫滥；明而无威，不能伏物：故须雷电并合而噬嗑备。”（《集解》引）此说释《大象传》的寓理甚明。

初九，屦校灭趾，无咎[1]。

译文 初九，足着刑具而伤灭脚趾，不致咎害。

注释 ① 屦校灭趾，无咎：屦，音 jù，用如动词，犹言"足着"；校，木制刑具，此处指"脚桎"之类的木械；灭，《正义》释为"灭没"，犹言"伤灭"。此谓初九处"噬嗑"之始，犹如初触刑法，其过尚微，故仅受着足械、伤脚趾的小惩；因其质本阳刚，有受"小惩"而能"大诫"之象，不致重犯大过，故"无咎"。《王注》："凡过之所始，必始于微，而后至于著；罚之所始，必始于薄，而后至于诛。过轻戮薄，故'屦校灭趾'，桎其行也，足惩而已，故不重也。"

《象》曰："屦校灭趾"，不行也。

译文 《象传》说："足着刑具而伤灭脚趾"，说明初九不至于再前行重犯过失。

说明 《系辞下传》引孔子曰："小人不耻不仁，不畏不义，不见利不劝，不威不惩。小惩而大诫，此小人之福也。《易》曰：'屦校灭趾，无咎'，此之谓也。"此说深阐本爻的象外之旨，至见义理。

六二，噬肤[1]，灭鼻，无咎[2]。

译文 六二，像咬啮柔脆的皮肤一样施刑顺利，即使伤灭犯人的鼻梁，也不致咎害。

注释 ① 噬肤：噬，喻施用刑法；肤，《王注》："柔脆之物也"，喻用刑顺利无碍。此言六二柔顺中正，当"噬嗑"之时，有施刑于人、顺当无阻之象。《王注》："噬，啮也；啮者，刑克之谓也。处中得位，所刑者当，故曰'噬肤'也。"

② 灭鼻，无咎：此谓六二以柔乘刚，用刑稍过，犹如对服罪者施用"灭鼻"的严刑；但所刑中其要害，故"无咎"。《王注》："乘刚而刑，未尽顺道，噬过其分，故'灭鼻'也；刑得所疾，故虽'灭鼻'而'无咎'也。"

《象》曰："噬肤灭鼻"，乘刚也[1]。

译文 《象传》说："像咬啮柔脆的皮肤一样施刑顺利、伤灭犯人的鼻梁"，说明六二乘凌于刚强者之上（必须用严刑服众）。

注释 ① 乘刚：《正义》："释'噬肤，灭鼻'之义。以其乘刚，故用刑深也。"

说明 六二愈是乘凌刚强之上，愈不可用纯柔；唯须以刚严济其柔中，才能行"噬嗑"之义。程颐谓"刑刚强之人，必须深痛"（《程传》）是也。

六三，噬腊肉，遇毒[1]；小吝，无咎[2]。

译文 六三，像咬啮坚硬的腊肉，肉中又遇到毒物一样施刑不顺利；但这不过稍有憾惜，却不致咎害。

注释 ① 噬腊肉，遇毒：腊肉，干肉，《正义》："坚刚之肉"，喻施刑于不服者；毒，原指害草，此处如《正义》所云"苦恶之物"，以腊肉含有毒物，喻受刑者生怨。此谓六三居《噬嗑》下卦之上，为施刑于人之象，但阴柔失位，受刑者不服生怨，犹如咬啮腊肉而遇毒物。《王注》："处下体之极，而履非其位，以斯食物，其物必坚；岂唯坚乎，将遇其毒！噬，以喻刑人；腊，以喻不服；毒，以喻怨生。"

② 小吝，无咎：指六三顺承九四之阳，下不乘刚，其刑不施于正顺者；故虽失位"遇毒"，唯小有憾惜而已，不致咎害。《王注》："然承于四，而不乘刚，虽失其正，刑不侵顺，故虽'遇毒'，小吝无咎。"

《象》曰："遇毒"，位不当也。

译文 《象传》说："（咬啮腊肉时又）遇到毒物"，说明六三居位不妥当（以致受刑者生怨）。

说明 治理刑狱，必先正位，才能服众。六三"遇毒"、"小吝"，实由于其位未正而匆匆施用刑法，故《象传》特发"位不当"之义。

九四，噬干胏①，得金矢；利艰贞，吉②。

译文 九四，像咬啮干硬带骨的肉一样施刑不顺利，但具备金质箭矢似的刚直气魄；利于在艰难中守持正固，吉祥。

注释 ① 噬干胏：胏，音 zǐ，带骨的肉脯，《释文》引马融曰："有骨谓之胏。"此谓九四阳刚失正不中，当"噬嗑"之时以此施刑于人亦难获顺利，故有咬啮"干胏"、触之遇骨之象。《王注》："虽体阳爻，为阴之主，履不获中，而居非其位；以斯噬物，物亦不服，故曰'噬干胏'也。"

② 得金矢，利艰贞，吉：金矢，喻刚直。此言九四虽"噬干胏"而施刑不顺，但其禀性阳刚纯直，故利于在艰难中守正，则可获吉祥。《王注》："金，刚也；矢，直也。'噬干胏'而得刚直，可以利于艰贞之吉。"

《象》曰："利艰贞吉"，未光也。

译文 《象传》说："利于在艰难中守持正固，可获吉祥"，说明九四的治狱之道尚未发扬光大。

说明 九四不中失正，与六三同，故施刑于人，亦难顺畅。唯其刚直不阿，则能在艰难中趋正自守，求获吉祥。但就"用狱"之道而言，此时实未能光大，故《象传》言"未光"，王弼曰："未足以尽通理之道也。"

六五，噬干肉①，得黄金；贞厉，无咎②。

译文 六五，像咬啮干硬的肉脯一样施刑不甚顺利，但具备黄金似的刚坚中和的气魄；守持正固以防危险，可免咎害。

注释 ① 噬干肉：干肉，干硬的肉脯，亦喻施刑于不服者。此谓六五处《噬嗑》尊位，但以阴居阳，施刑于人亦未能尽顺，故有"噬干肉"之象。《王注》："干肉，坚也"，"以阴处阳，以柔乘刚，以噬于物，物亦不服，故曰'噬干肉'也"。

② 得黄金；贞厉，无咎：黄，为中色；金，喻刚坚；贞厉，犹言"守正防危"（参阅《屯》九五译注）。此言六五虽失正，但既居阳刚尊高之位，又处中和不偏之所，则其已具"刚中"气质，故以"得黄金"为喻；以此趋正长守，谨防危厉，必得"用狱"之道，故"无咎"。《王注》："处得尊位，以柔乘刚，而居于中，能行其戮者也；履不正而能行其戮，刚胜者也；噬虽不服，得中而胜，故曰'噬干肉，得黄金'也。己虽不正，而刑戮得当，故贞厉而无咎也。"案，王弼以"刑戮得当"释"贞厉，无咎"，即取《象传》之义，其旨亦谓"得正防危"故无咎。

【译文】《象传》说："守持正固以防危险，可免遭咎害"，是说行为符合正当的治狱之道。

《象》曰："贞厉无咎"，得当也①。

【注释】① 得当：当，犹"正"。谓得"用狱"之正。《周易辑闻》："释象言'不当位'，此言'得当'者，释象以位言，此以事言。六五以柔用狱，行以贞厉，其无咎者，得用狱之当者也。"

【说明】六五以阴处阳位，遂有"得黄金"之正；故《小象传》所谓"得当"，与《彖传》"虽不当位，利用狱也"之理实相一致。又，李过认为："九四以刚噬，六五以柔噬。以刚噬者，有司执法之公；以柔噬者，人君不忍之仁也。"（《西溪易说》）此说似亦成理，可备参考。

【译文】上九，肩荷刑具，遭受伤灭耳朵的重罚，有凶险。

上九，何校灭耳，凶①。

【注释】① 何校灭耳，凶：何，通"荷"；校，此处指"木枷"之类的项械。此言上九以穷亢之阳居《噬嗑》之极，犹积恶不改，触犯刑法，被套上枷锁、伤灭耳朵，其凶至甚。《王注》："处罚之极，恶积不改者也。罪非所惩，故刑及其首，至于'灭耳'。及首非诫，灭耳非惩，凶莫甚焉。"

【译文】《象传》说："肩荷刑具，遭受伤灭耳朵的重罚"，说明上九积恶不改太不聪明了。

《象》曰："何校灭耳"，聪不明也。

【说明】初九"屦校灭趾"，与上九"何校灭耳"，一为小惩大诫，一为积恶不改，其义适可相互对照。《系辞下传》引孔子曰："善不积不足以成名，恶不积不足以灭身。小人以小善为无益而弗为也，以小恶为无伤而弗去也：故恶积而不可掩，罪大而不可解。《易》曰：'何校灭耳，凶。'"此说把本爻的深刻戒意披露得至为明切。

【总论】《噬嗑》卦以口中"啮合"食物为喻，阐发"施用刑法"之义。卦辞谓"亨，利用狱"，已经明示顺从正确的规律"治狱"可致亨通的卦旨。六爻之象，以初、上两阳喻触刑受罚，前者初犯能改获"无咎"，后者积罪深重致"凶"，均含深戒；二至五四爻，喻施刑于人，其中六二以柔乘刚，六三、六五阴处阳位，九四阳处阴位，均流露着刚柔相济的"治狱"之道。《折中》引李过曰："五，君位也，为治狱之主；四，大臣位也，为治狱之卿；三、二，又其下也，为治狱之吏。"然而，四爻之位虽有高低之别，其"治狱"过程却普遍存在着"咎"、"吝"、"艰"、"厉"的情状，此中似乎表明《周易》作者深知"治狱"之艰难。朱熹指出："大抵才是治人，彼必为敌，不是易事"，"须以艰难正固处之。"（《朱子语类》）至于最能体现全卦大义的，当属柔中居尊的六五：其"德"本于"文明"，犹如用刑期于无刑；其用立于刚严，犹如雷震奋发声威。《大象传》"明罚敕法"的义理，正见于此。马振彪认为："圣世彰善瘅恶，明威并用，道在雷厉风行。水懦弱，民狎而玩之，故多死焉；火猛烈，民望而畏之，故鲜死焉。制刑之法，取火雷为象，盖有道矣。然以柔中为主，仍不失辟以止辟，刑期无刑之意。老子善用柔，经言'民不畏死，奈何以死惧之？'盖得柔中之道矣。"（《周易学说》）此论深推"柔中"的寓意，颇能发显本卦哲理。

贲卦第二十二

贲①:亨②,小利有攸往③。

译文 《贲》卦象征文饰:亨通,柔小者利于有所前往。

注释 ① 贲:音bì,卦名,下离(☲)上艮(☶),象征"文饰"。《说文》:"贲,饰也,从贝卉声",《释文》:"傅氏云:'贲,古斑字,文章皃。'郑云:'变也,文饰之皃。'"

② 亨:此谓事物加以必要的文饰,可致亨通。《程传》:"物有饰而后能亨,故曰'无本不立,无文不行。'有实而加饰,则可以亨矣。"

③ 小利有攸往:小,阴称小,谓"柔小"。此言"文饰"之时,柔小者尤须加饰,可显其美,故"利有攸往"。卦中六五以上九为贲,则利于发展,正见此象。《集解》引虞翻曰:"小谓五。"《尚氏学》:"五得中承阳,故曰'小利有攸往'。"

说明 "小利有攸往"之义,旧说不一。今举两例以备参考。一、程颐曰:"文饰之道,可增其光彩,故能小利于进也。"(《程传》)二、王申子曰:"文盛则实必衰,苟专尚文,以往则流,故曰'小利有攸往'。小者,谓不可太过以灭其质也。"(《大易缉说》)

《彖》曰:贲,亨,柔来而文刚①,故亨;分刚上而文柔②,故小利有攸往。天文也③;文明以止,人文也④。观乎天文,以察时变⑤;观乎人文,以化成天下⑥。

译文 《彖传》说:文饰,亨通,譬如阴柔前来文饰阳刚,阴阳交饰于是亨通;又分出阳刚居上文饰阴柔,所以柔小者利于有所前往。(刚美和柔美交相错杂,)这是天的文采;文章灿明止于礼义,这是人类的文采。观察天的文采,可以知晓四季转变的规律;观察人类的文采,可以推行教化促成天下昌明。

注释 ① 柔来而文刚:柔,指六二;刚,指九三。此释卦辞"亨"之义,谓六二来居下卦之中,以文饰九三,阴阳交贲故获亨通。

② 分刚上而文柔:刚,指上九;柔,指六五。此释卦辞"小利有攸往"之义,谓上九高居卦终,六五因之获饰,故利有所往。案,《集解》引荀爽曰:"此本《泰》卦,谓阴从上来,居乾之中,文饰刚道,交于中和,故'亨'也;分乾之二居坤之上,上饰柔道,兼据二阴,故'小利有攸往'矣。"此以"卦变"为说,谓《贲》卦自《泰》变二、上两爻而来,以释"柔来文刚"、"刚上文柔"之旨。可备参考。

③ 天文也:天文,天的文采,指日月星辰、阴阳变化等。《周易举正》:"'天文'上脱'刚柔交错'一句。"今查《王注》:"刚柔交错而成文焉,天之文也",《正义》:"刚柔交错成文,是'天文'也",似王、孔本原有此四字。

④ 文明以止,人文也:文明,指下离为火,为日;止,指上艮为止;人文,人的文采,指"文章""礼义"等。此举上下卦象,说明人类的文饰表现在"文明"而能止于礼义。义与前句"天文"相对。《集解》引虞翻曰:"文明,离;止,艮也。"《程传》:"有上则有下,有此则有彼,有质则有文;一不独立,二则为文。非知道者,孰能识之? 天文,天之理也;人文,人之道也。"

⑤ 观乎天文,以察时变:此谓观察大自然的文饰情状,可知四季变迁规律。《程传》:"天文谓日月星辰之错列,寒暑阴阳之代变。观其运行,以察四时之迁改也。"

⑥ 观乎人文,以化成天下:此谓观察人类的文饰情状,可以教化天下、促成大治。《集解》引干宝曰:"四时之变,县乎日月;圣人之化,成乎文章。观日月而要其会通,观文明而化成天下。"《程传》:"观人文以教化天下,天下成其礼俗,乃圣人用'贲'之道也。"

《象》曰:山下有火,贲①;君子以明庶政,无敢折狱②。

译文 《象传》说:山下燃耀着火焰(山形焕彩),象征"文饰";君子因此修美显明众多的政务,但不敢靠文饰处理讼狱。

注释 ① 山下有火,贲:释《贲》卦上艮为山、下离为火之象。《程传》:"山者,草木百物之所聚生也;火在其下而上照,庶类皆被其光明,为贲饰之象也。"

② 明庶政,无敢折狱:这是说明"君子"观《贲》卦之象,悟知当以"文明"理政,但不可以"文饰"断狱。《程传》:"君子观山下有火,明照之象,以修明其庶政,成文明之治";"折狱者,专用情实,有文饰则没其情矣,故无敢用文以折狱也"。

说明 治理"庶政",当追求"文明"景象;"折狱",则以"明"为本,不可文饰其事。《大象传》强调"无敢折狱",正是指出"文饰"不宜滥施的道理。程颐称此语"乃圣人之用心也,为戒深矣"(《程传》)。

初九,贲其趾,舍车而徒①。

译文 初九,文饰自身的足趾,舍弃大车而甘于徒步行走。

注释 ① 贲其趾,舍车而徒:徒,徒步行走。此言初九当"贲"之始,位卑处下,不敢贪求华饰,故自贲其趾,喻饰所当饰;而舍车安步,则喻弃所不当饰。此即"贲不失礼”之义。《王注》:“在贲之始,以刚处下,居于无位,弃于不义,安夫徒步,以从其志者也。故饰其趾,舍车而徒,‘义弗乘’之谓也。”《周易学说》引李士鉁曰:“初以礼自饰,自贲其趾,不越礼以求贲,此其所以可行与?世以奢僭为荣,君子以为辱,谓其饰礼而反蔑礼也。”

《象》曰:“舍车而徒”,义弗乘也。

译文 《象传》说:“舍弃大车而甘于徒步行走”,说明初九就所处地位这一意义来说是不应该乘坐大车。

说明 马振彪指出:“贤者安步当车,终身不辱;揆之于义,弗背乘车,虽徒行亦为之生色,即‘贲其趾’之义也。”(《周易学说》)此将“贲”当合“义”的道理阐析得至为明白。就初九有应于六四这一情状而言,其“义”似体现于安步缓行、静待四应,故不乘非“义”之车。《礼记·坊记》云:“君子苟无礼,虽美不食焉。”亦可与此爻之义相发明。

六二,贲其须①。

译文 六二,文饰尊者的美须。

注释 ① 贲其须:须,面上的须毛,喻六二所上承的九三。此谓六二处下卦之中,与九三均得位无应而两相亲比,故二专意承三,犹文饰三之美须,于是阴阳互贲、相得益彰。此即“贲得其所”之义。《王注》:“得其位而无应,三亦无应,俱无应而比焉,近而相得者也。须之为物,上附者也。循其所履,以附于上,故曰‘贲其须’。”案,《尚氏学》谓艮为须,认为“贲其须”之“其”指上卦,言六二往上成艮,贲于上九。此可备一说。

《象》曰:“贲其须”,与上兴也①。

译文 《象传》说:“文饰尊者的美须”,说明六二与九三同心而兴起互为文饰。

注释 ① 与上兴:上,指九三;兴,起也。《周易口义》:“上与九三合志,同心而兴起也。”

说明 二贲三,正是《彖传》“柔来文刚”之意。刘沅曰“阴随阳而动,文附质而行”,“刚为质,柔为文,文不附质,焉得为文”(《周易恒解》),说是也。

九三,贲如,濡如,永贞吉①。

译文 九三,文饰得那样俊美,与人频频相施惠泽,永久守持正固可获吉祥。

注释 ① 贲如,濡如,永贞吉:如,语气词;濡,润泽,用如动词,喻三与二互施润泽、相亲相贲。此谓九三下比六二,两者既相贲饰,又相施润,故有“贲如,濡如”之象;但此时不可因贲忘忧,故又诫其“永贞”则吉。《王注》:“处下体之极,居得其位,与二相比,俱履其正,和合相润以成其文者也。既得其饰,又得其润,故曰:‘贲如,濡如’也;永保其贞,物莫之陵,故曰‘永贞吉’也。”

《象》曰："永贞之吉"，终莫之陵也。

译文 《象传》说："永久守持正固可获吉祥"，说明九三能做到这样就始终不会受人凌侮。

说明 三、二以刚柔之正亲比互贲，惠泽相施，所谓文饰适到其美之象。但九三又有"永贞"之诫，可见下卦终极的地位"多凶"难处。

六四，贲如，皤如，白马翰如①；匪寇，婚媾②。

译文 六四，文饰得那样淡美，全身是那样素白，坐下白马又是那样纯洁无杂；前方并非强寇，而是聘求婚配的佳偶。

注释 ① 贲如，皤如，白马翰如：皤，音 pó，《集解》："亦白，素之貌也"；翰，《释文》引郑玄曰："白也。"此谓六四居上卦之初，"贲"道已变，其饰尚素，故取"皤"、"白"、"翰"为喻；而柔正得位，下应初九，宜于速往相应互贲，故有"白马"奔驰之象。《周易参义》："六四在离明之外，为艮止之始，乃贲之盛极而当反质素之时也，故云'贲如，皤如'。夫初之舍车，为在下而无所乘故也；四在九三之上，则有所乘矣，故云'白马翰如'。人既质素，则马亦白也。"

② 匪寇，婚媾：指初九虽体阳刚，却非强寇，实为六四相应之配偶。"匪寇"之辞，正因四处"多惧"之位而发，意在勉其勿疑，速往应初。案，《王注》以三为寇，谓四应初有阂于三，可备一说。

《象》曰：六四当位，疑也①；"匪寇婚媾"，终无尤也。

译文 《象传》说：六四当位得正，但心中仍怀疑惧；"前方并非强寇而是聘求婚配的佳偶"，说明六四尽管前往终将无所怨尤。

注释 ① 六四当位，疑也：谓六四虽当位得正，但心仍疑惧，不敢速往应初，故特以"匪寇婚媾"勉之。案，《正义》认为四当位有应，因碍于三故"疑"；若不当位、不应初，则无所谓欲往而致迟疑。可备一说。

说明 《屯》六二上应九五，曰："屯如，邅如，乘马班如；匪寇，婚媾"，文辞与本爻相似。但彼为艰难缓行之象，此发去疑速往之旨，寓意颇不相同。胡炳文指出："《屯》二应五，下求上也，不可以急；《贲》四应初，上求下也，不可以缓。"（《周易本义通释》）再从本爻与初九相应的情状看：四"白马"尚素，初"舍车"弃华，可见两者志趣互合，故六四不须疑虑，往必有得。

六五，贲于丘园，束帛戋戋①；吝，终吉②。

译文 六五，以浑朴的山丘园圃为饰，持一束微薄的丝帛（礼聘贤士）；尽管下者无应而有憾惜，但上者相应终将吉祥。

注释 ① 贲于丘园，束帛戋戋：丘园，山丘园圃，喻朴素自然，指上九远处卦极；束帛，一束丝帛，喻微薄无华之物，《本义》："薄物"；戋戋，形容物少，《本义》："浅小之意。"此谓六五居《贲》尊位，柔中无华，饰尚朴素，虽无下应却能亲比于远处卦终的阳刚，故有贲饰于"丘园"之象，犹如持微薄的"束帛"礼聘"贤士"，共相辅治，以成"贲"道之至美。《周易恒解》："五艮体得中，文明以止。柔中而密比于上九之贤，贲于丘园之中以求贤士。”又曰：“礼薄意厚，不过乎文”，“是能求贤自辅，以成贲之治者也”。

② 吝，终吉：这是指六五“贲”道虽美，下无应与，故不免含“吝”；但能持中行事，上与“白贲”之阳相互合志，终获吉祥。《尚氏学》：“下无应故‘吝’，上承阳故‘终吉’。彖谓‘小利往’，以此。”

《象》曰：六五之吉，有喜也①。

译文 《象传》说：六五的吉祥，说明必有喜庆。

注释 ① 有喜：《尚氏学》：“五承阳，故有喜。”

说明 六五“丘园”的喻象，与上九“白贲”正相切合。当此“贲”道大成之时，质朴柔美与自然刚美密相贲饰，故《象传》盛称“有喜”。卦辞“小利有攸往”的意旨，即就六五而发，在此也得以明显的体现。

上九，白贲，无咎①。

译文 上九，素白无华的文饰，无所咎害。

注释 ① 白贲，无咎：白，素也。此言上九居《贲》之极，“贲”道反归于素；事物以“白”为饰，则见其自然真趣，为纯美至极的象征，故“无咎”。《王注》：“处饰之终，饰终反素，故任其质素，不劳文饰，而无咎也。”

《象》曰：“白贲无咎”，上得志也①。

译文 《象传》说：“素白无华的文饰、必无咎害”，说明上九大遂文饰之道尚质的心志。

注释 ① 上得志：指上九与六五亲比，大得“白贲”之志。《尚氏学》：“言阳得阴而通也。《大畜》上九曰‘道大行也’，《损》上九曰‘大得志’，《益》九五曰‘大得志’，《颐》上九曰‘大有庆’，与此义皆同。”

说明 《周礼·考工记》谓：“画绘之事，后素功”；《论语·八佾》曰：“绘事后素。”两者或言绘画程序，或以“素”喻“礼”，与本爻“饰终反质”的意旨自有区别。但就“素”在“文饰”中为“本真”之色这一点看，上两说与本爻“白贲”的拟象基础又有可通之处。故刘牧云：“绘事后素，居上者而能正五彩也。”(《周易义海撮要》引)惠栋也认为：“上者，贲之成。《考工记》云‘画绘之事，后素功。’《论语》‘绘事后素。’郑彼注云：‘素，白采也，后布之，为其易渍污，是功成于素之事也。’”(《周易述》)

总论 《左传》襄公二十五年引孔子曰：“《志》有之：‘言以足志，文以足言。’不言，谁知其志？言之无文，行而不远。”《礼记·礼器》曰：“先王之立礼也，有本有文。忠信，礼之本也；义理，礼之文也。无本不立，无文不行。”这两则记载表明，古人在言“志”、立“本”的前提下，对“文饰”的功用颇为重视。《贲》卦，即是集中阐发“文饰”的意义。卦辞称事物获饰，可致亨通；并特别指出，柔小者一经适当的文饰，必有利于增显其美。卦中六爻，在阴阳交错相杂中呈现互贲之象，其中初与四相应相贲；二与三，五与上，则相比相贲。《折中》引邱富国曰："阴阳二物，有应者以应而相贲，无应者以比而相贲。"正道出本卦刚爻柔爻之间的交饰特点。然而，诸爻实非无条件地泛言文饰，而是主张恰如其分的贲饰，并崇尚朴素自然的至美境界。试观爻义，初九"舍车"不尚华饰，六四"白马"向往淡美，两者分处上下卦之始，已见"贲"道端倪；六二"贲须"志在承阳，九三"濡如"永守正固，两者并在内卦，以顺合"礼义"为美；六五饰于"丘园"但求简朴，上九饰终返"白"归趣本真，两者并居外卦，以质素自然为美。可见，《贲》卦大旨略见于两事：一是刚柔相杂成文，二是文饰不尚华艳。《系辞下传》谓"物相杂故曰'文'"，《杂卦传》云"《贲》，无色也"，正可印证这两方面的义旨。就美学意义而论，本卦的象征哲理，与先秦美学理论中"物一无文"(《国语》)、"大巧若拙"(《老子》四十五章)之类的观点，实可互相比较；这在研究古代美学史中，是值得注意的资料。

卷四

剥卦第二十三

剥[①]**:不利有攸往**[②]**。**

译文 《剥》卦象征剥落:不利于有所前往。

注释 ① 剥:卦名,下坤(☷)上艮(☶),象征"剥落"。《释文》:"剥,马云'落也'。"《集解》引郑玄曰:"阴气侵阳,上至于五,万物零落,故谓之'剥'也。"

② 不利有攸往:"剥落"之时,正如卦象所示,阳刚被削剥殆尽,阴气盛长,故卦辞诫"君子"不宜有所往。《正义》:"剥者,剥落也。今阴长变刚,刚阳剥落,故称'剥'也。小人既长,故'不利有攸往'也。"

《彖》曰:"剥",剥也,柔变刚也[①]**。不利有攸往,小人长也**[②]**。顺而止之,观象也**[③]**;君子尚消息盈虚**[④]**,天行也。**

译文 《彖传》说:"剥",就是剥落的意思,譬如阴柔者浸蚀改变了阳刚的本质。"不利于有所前往",说明小人的势力盛长。此时应当顺势抑止小人之道,这从观察卦象可以获知;君子崇尚消亡生息、盈盛亏虚的转化哲理,这是大自然的运行规律啊!

注释 ① 柔变刚:此以卦中五阴已浸蚀并改变阳刚的本质,释卦名"剥"。《正义》:"释所以此卦名'剥'之意也。"

② 小人长:小人,指卦中阴爻;长,盛长。此释卦辞"不利有攸往"。《集解》引郑玄曰:"五阴一阳,小人极盛。君子不可有所之,故'不利有攸往'也。"《纂疏》:"所以然者,以'小人长'也。"

③ 顺而止之,观象也:顺,下坤为顺;止,上艮为止;观象,谓观此上下卦象,知此时当顺止小人之道。《王注》:"坤顺而艮止也。所以顺而止之,不敢以刚止者,以观其形象也。强亢激拂,触忤以陨身;身既倾焉,功又不就,非君子之所尚也。"

④ 君子尚消息盈虚：消息，消亡与生息；盈虚，盈满与亏虚。此举“天道”盛衰互转的哲理，说明阴“剥”阳之势也未能终久，与上文“顺而止”义相承，揭示“君子”顺势治“剥”之道。《正义》：“在‘剥’之时，顺而止之”，“须量时制变，随物而动：君子通达物理，贵尚消息盈虚。”

《象》曰：山附于地，剥①；上以厚下安宅②。

译文 《象传》说：高山颓落委附在地面，象征“剥落”；居上者因此丰厚基础、安固宅屋。

注释 ① 山附于地，剥：释《剥》卦上艮为山，下坤为地之象。《集解》引卢氏曰：“山高绝于地，今附地者，明被剥矣。”

② 上以厚下安宅：上，居上者；厚、安，均用如动词，“加厚”、“安固”；下，下处，犹言“基础”。这句说明“上”者观《剥》卦之象，悟知“厚下安宅”、以防“剥落”的道理。《正义》：“剥之为义，从下而起，故在上之人当须丰厚于下，安物之居，以防于剥也。”

说明 卦辞强调“剥落”时不利有所往，《大象传》指出平日应当固本防“剥”：两者阐说角度不同，所寓之理则可贯通。所谓“安宅”，也是一种比喻，其旨颇可触类引申。《折中》引刘牧曰：“君以民为本，厚其下，则君安于上。”即是一例。

初六，剥床以足，蔑①；贞凶②。

译文 初六，剥落大床先剥及床足，床足必致蚀灭；守持正固以防凶险。

注释 ① 剥床以足，蔑：以，介词，《经传释词》“犹‘及’也”；蔑，通“灭”，谓“蚀灭”，《释文》“削也，楚俗有‘削灭’之言”，又引荀爽本作“灭”。这两句说明初六以阴处《剥》下，居坤之始，犹如大床剥落灭坏，先始于足。《周易集说》：“阴之消阳，自下而进；初在下，故为剥床而先以床足灭于下之象。”案，“蔑”字，旧说多属下句读，作“蔑贞凶”；俞琰《集说》属上读，似较妥。但据文势，“蔑”独作一句当更切，故《尚氏学》特指出“蔑”自为“句”，今从之（六二爻仿此）。

② 贞凶：犹言“守正防凶”（参见《屯》九五译注）。此谓初六处位最卑，无应失正，故特诫以趋“正”自守，以防剥落之“凶”。案，《王注》合“蔑”字释“贞凶”，解为“正削而凶”，于义亦通。

《象》曰：“剥床以足”，以灭下也。

译文 《象传》说：“剥落大床先剥及床足”，说明最初先蚀灭下部基础。

说明 《集解》引卢氏曰：“坤所以载物，床所以安人，在下故称足；先从下剥，渐及于上，则君政崩灭，故曰‘以灭下也’。”此说将爻辞与《象传》并释明朗。

六二，剥床以辨，蔑①；贞凶②。

译文 六二，剥落大床已经剥至床头，床头必致蚀灭；守持正固以防凶险。

注释 ① 剥床以辨，蔑：辨，犹言"床头"；《尚氏学》据《周礼·天官·小宰》"廉辨"杜子春注"或作'廉端'"，以为"辨、端音近通用"，故曰："端，首也，剥床以端，是剥及床头也"，今从之。此谓六二阴居下坤之中，犹如"床头"处"床足"、"床架"之间；初"足"已剥，故又剥及"床头"，并将灭坏。案，"辨"字，《释文》曰"徐音'办具'之'办'，足上也，马、郑同"，又引薛虞曰"膝下"也，后人多承此释"辨"为"足上膝下"，可备参考。

② 贞凶：义同前爻；此处说明六二居中得正，但"剥"及"床头"，又与六五无应，故亦戒其守"正"防"凶"。

《象》曰："剥床以辨"，未有与也①。

译文 《象传》说："剥落大床已经剥至床头"，说明六二未获互应者相助。

注释 ① 未有与：指二、五不相应和，故有"凶"宜"贞"。《集解》引崔憬曰："未有与者，言至三则应，故二未有与也。"

说明 当"剥"之时，上能助下，则有益于防"剥"抑"剥"；六二无应，自当防凶。《折中》引龚焕曰："六二阴柔中正，使上有阳刚之与，则必应之助之，而不为剥矣。惟其无与，所以杂于群阴之中而为剥。若三则有与，故虽不如二之中正，而得无咎。"

六三，剥，无咎①。

译文 六三，虽处剥落之时，却无咎害。

注释 ① 剥，无咎：《释文》："一本作'剥之，无咎'，非"；《尚氏学》以为"之"字"乃从《象辞》而衍，无者是也"。此谓六三虽处"剥落"之时，其体已消剥成阴；但居阳位，应合上九阳刚，故其表似已消剥，其里却仍存阳质，有"含阳待复"之义，故获"无咎"。案，马其昶指出，《剥》卦诸阴所言"剥"，皆"本爻变刚自剥之象"，即"阳"已消剥成"阴"，非往剥它爻；故六三之"剥"亦"指本爻也"（《重定费氏学》）。此说当从。

说明 《集解》引荀爽注，认为卦中群阴"皆剥阳"，六三"独应上，无剥害意，是以无咎"。此义颇为后人所取，可备一说。

《象》曰："剥之无咎"，失上下也①。

译文 《象传》说："虽处剥落之时而必无咎害"，说明六三离开上下群阴（独应阳刚）。

注释 ① 失上下：指三不与六四、六二为伍，独应上九，潜含阳质，故处"剥"而"无咎"。《尚氏学》："不党于上下二阴，故曰'失上下'。"

说明 《坤》六三曰"含章可贞"，"章"犹"阳质"。可见三位若为阴爻所居，必蕴育阳质。本卦六三又兼应上九，内含之阳益充；以此处"剥"待"复"，自可"无咎"。六五亦处阳位，比近上九，获"利"之理与六三同。赵彦肃曰："三

应、五比，皆能存阳而免凶。”（《复斋易说》）

六四，剥床以肤，凶[①]。

译文 六四，剥落大床已剥至床面，有凶险。

注释 ① 剥床以肤，凶：肤，原意是“皮肤”，句中喻指“床面”。此谓六四阴处上卦之初，犹大床“剥落”至于床面，此床将坏，故“凶”。《尚氏学》：“足、辨、肤，皆指床言；肤，犹言‘床面’也。人卧床，身与床切；剥及于是，故言‘近灾’。”案，《集解》引王肃注，释“肤”为“人身”，认为：“床剥尽以及人身，为败滋深，害莫甚焉。”于义亦通。

《象》曰：“剥床以肤”，切近灾也。

译文 《象传》说：“剥落大床已剥至床面”，说明六四迫近灾祸了。

说明 “剥”至六四，床体已剥落殆尽，面临委颓，岂可坐卧？故《象传》谓“切近灾也”。但“剥落”至极，“复元”的转机也将随之而来。六五的“无不利”，显示出这一苗头。

六五，贯鱼以宫人宠，无不利[①]。

译文 六五，像贯串一排鱼一样引领众宫女承宠于君王，无所不利。

注释 ① 贯鱼以宫人宠，无不利：贯鱼，贯串一排鱼，喻后文“宫人”；宫人，喻六五以下群阴；宠，指“宫人”获宠于君王，句中省略的宾语“君王”当喻上九。这两句说明六五阴居尊位，当“剥”极将“复”之时，虽自身与四阴一样已“剥”成阴，但其志承阳，有“贯串”诸阴承应上九、欲转“剥”道之象，正如妃后引领一列宫女承宠君王，故虽处“剥”而“无不利”。《集解》引何妥曰：“夫《剥》之为卦，下比五阴，骈头相次，似‘贯鱼’也。鱼为阴物，以喻众阴也。夫‘宫人’者，后、夫人、嫔、妾各有次序，不相渎乱，此则贵贱有章，宠御有序。六五既为众阴之主，能有‘贯鱼’之次第，故得‘无不利’矣。”

说明 《周礼·天官冢宰·九嫔》郑玄注曰：“女御八十一人当九夕，世妇二十七人当三夕，九嫔九人当一夕，三夫人当一夕，后当一夕：亦十五日而遍云。自望后反之。”可见周朝内宫礼制是宫人每夕三至九人承侍君王，十五日一反复，其中“后”最尊，以一人居后，独当一夕（郑注：“卑者宜先，尊者宜后”）。据此，本爻取“贯鱼以宫人宠”之象，正是借周朝宫嫔制度为喻。

《象》曰：“以宫人宠”，终无尤也。

译文 《象传》说：“引领众宫女承宠于君王”，说明六五终究无所过失。

说明 本爻拟象，至为巧妙：先以“贯鱼”喻“宫人”，再合“贯鱼”、“宫人”喻六五与四阴爻的情状，宜视为“复叠式”的譬喻。《周易乾凿度》引孔子语，谓

《剥》之六五犹“阴贯鱼而欲承君子也”，可谓深得喻旨。

上九，硕果不食①，君子得舆，小人剥庐②。

译文 上九，硕大的果实未被摘食，君子摘取将能驱车济世，小人摘取必致剥落万家。

注释 ① 硕果不食：硕，大也；不食，犹言“不曾摘食”。此句说明上九居《剥》之终，其德刚直，当诸爻俱“剥”成阴之时，独存阳实，故有“硕果”未被摘食之象。

② 君子得舆，小人剥庐：君子、小人，喻阳刚、阴柔；得舆，得乘大车，喻济世获“吉”；剥庐，剥落屋宇，喻害民致“凶”。这两句紧承前句，又从正反两面设喻，说明上九若以“君子”获此“硕果”则“吉”，若为“小人”窃此“硕果”则“凶”。《集解》引侯果曰：“处《剥》之上，有刚直之德，群小人不能伤害也，故果至硕大不被剥食矣。君子居此，万姓赖安，若得乘其车舆也；小人处之，则庶方无控，被剥其庐舍。”

《象》曰：“君子得舆”，民所载也；“小人剥庐”，终不可用也。

译文 《象传》说：“君子摘取硕果将能驱车济世”，说明百姓因此有所仰庇；“小人摘食硕果必致剥落万家”，说明小人终究不可任用。

说明 上九一阳独居“剥”终，完葆硕果，正是“剥”尽“复”来，“君子”有为之时。但爻辞又谓“小人剥庐”，则见作《易》者特设“危辞”，深寓诫意。

总论 《剥》卦喻示事物发展过程中“阳”被“阴”剥落的情状；犹如描绘了一幅秋气萧瑟、万物零落的图景。全卦义旨，阐发善处“剥落”之道，揭明“剥”极必“复”、顺势止“剥”的哲理。卦辞谓“不利有攸往”，诫人此时必须谨慎居守，把握转“剥”复阳之机。六爻五阴居下、一阳处上，通过不同的喻象，指出事物被逐渐消剥的过程，以及处“剥”、转“剥”的规律。其中三阴爻以床体被浸蚀剥落设喻：初六剥及床足，六二剥及床头，尚未致危，均戒以守正防凶；六四剥至床面，此“床”行将败坏，故有凶险。余两阴爻虽也置身于“剥”，却皆能“含阳”、“承刚”，蕴育着复阳的期望，因此六三获“无咎”、六五“无不利”。至于上九，是极处卦终的唯一阳爻，代表事物“剥”而不尽、终将回复，其“硕果”独存、阳刚不灭的形象寓意深刻：一方面生动地表明自然界以及人类社会“生生不止”的客观规律；另一方面显示了只有象征“君子”的“阳刚”，才能使“硕果”萌发生机、转“剥”为“复”。《折中》引乔中和曰：“‘硕果不食’，核也，仁也，生生之根也。自古无不朽之株，有相传之果，此‘剥’之所以‘复’也。”

复卦第二十四

䷗ **复①：亨。出入无疾②，朋来无咎③；反复其道，七日来复④。利有攸往⑤。**

译文 《复》卦象征回复：亨通。阳气内生外长无所疾患，刚健友朋前来无所危害；返转回复沿着一定的规律，过不了七日必将转至回复之时。利于有所前往。

注释 ① 复：卦名，下震（☳）上坤（☷），象征"回复"。《集解》引何妥曰："复者，归本之名。群阴剥阳，至于几尽；一阳来下，故称反复。阳气复反，而得交通，故云：复，亨也。"

② 出入无疾：出，指阳气外长；入，指阳气内生；无疾，无害。《程传》："出入，谓生长。复生于内，入也；长进于外，出也。先云'出'，语顺耳。阳生非自外也，来于内，故谓之入。"又曰："春阳之发，为阴寒所折，观草木于朝暮，则可见矣。'出入无疾'，谓微阳生长，无害之者也。"

③ 朋来无咎：朋，指阳。卦中一阳初动上复，群阴引以为朋，故曰"朋来"；阴阳交合，"复"道畅通，故"无咎"。《王注》："朋谓阳也。"《尚氏学》："阴以阳为朋，《剥》穷上反下，故曰'朋来'；阳遇阴，故'无咎'。"

④ 反复其道，七日来复：反复，指阳刚返转回复；道，规律；七日，借取日序周期"七"象征转机迅速，犹言过不了七日。这两句承"出入无疾，朋来无咎"之义，从"阳复"规律的角度，进一步申说阳刚"来复"之快。案，我国出土的青铜器铭文中，保留有一种现存文献失载的周初纪日法，即按月亮盈亏规律，分每月为四期，每期七日（或因大小月有八日者），从月初至月末依序取名为"初吉"、"既生霸"、"既望"、"既死霸"（见王国维《观堂集林》卷一《生霸死霸考》）。据此，"七日"正为日序周期转化之数；"七日来复"，当取此象征"转机迅速"之义，犹今语"一星期之

间”。联系下经《震》、《既济》两卦均言“七日得”，似与本卦“七日”取义略同。又案，《王注》释“七日”曰：“阳气始剥尽，至来复时，凡七日”，意谓“来复”快速，似有可取。

⑤ 利有攸往：此重申前文“复，亨”之旨，说明“回复”之时，阳刚气势发展顺畅无碍，故利有所往。《正义》：“以阳气方长，往则小人道消。”

说明 “七日来复”一语，旧说纷歧，未臻一致。除上文注引王弼说外，今再选录较有影响的三种说法以备参考。（一）《集解》引侯果注，以“十二消息卦”为说，谓阳自《姤》卦消，又沿《剥》至《复》，历七卦而复生；七卦原指七月，“月”《诗·豳风》称“日”，故当“七日”。（二）《易纬·稽览图》以六十四卦中的《坎》、《震》、《离》、《兑》为“四正卦”，其二十四爻主二十四节气，余六十卦三百六十爻各主一日；《中孚》至《复》，历六日七分，当“七日”。（三）李鼎祚以为九月《剥》卦阳尽，十月纯《坤》用事，《坤》尽而《复》生阳，《坤》六爻加《复》初阳为七爻，当“七日”（《集解》）。

《彖》曰：“复，亨”，刚反①；动而以顺行②，是以“出入无疾，朋来无咎”。“反复其道，七日来复”，天行也③。“利有攸往”，刚长也④。复，其见天地之心乎⑤？

译文 《彖传》说：“回复，亨通”，说明阳刚更苏返回；阳动上复而能顺畅通行，所以“阳气内生外长无所疾患，刚健友朋前来必无害”。“返转回复沿着一定的规律，过不了七日必将转至回复之时”，这是大自然的运行法则。“利于有所前往”，说明阳刚日益盛长。回复的道理，大概体现着“天地”生育万物的用心吧？

注释 ① 刚反：犹言“阳复”，指卦下一阳回复上升。案，《集解》引虞翻注，以“刚反动”为句，以“动”字属上读，于义无大异。

② 动而以顺行：动，谓下震；顺，谓上坤。此取上下象，说明时当“回复”，阳动而能顺行。这句与前句“刚反”，并释卦辞“亨”、“无疾”、“无咎”之义。《正义》：“‘刚反动而以顺行’者，既上释‘复，亨’之义，又下释‘出入无疾，朋来无咎’之理。”

③ 天行：此句释卦辞：“反复其道，七日来复”之义。《王注》：“以天之行，反复不过七日，复之不可远也。”《本义》：“阴阳消息，天运然也。”

④ 刚长：指卦中阳刚日益盛长，释卦辞“利有攸往”之义。《正义》：“以‘刚长’释‘利有攸往’之义也。”

⑤ 其见天地之心乎：天地之心，犹言“天地生物之心”。此句是针对《复》卦大义发出的叹语。《易童子问》：“天地之心见乎动。”复也，一阳初动于下矣，天地所以生育万物者本于此，故曰“‘天地之心’也，天地以生物为心者也。”

《象》曰：雷在地中，复①；先王以至日闭关②，商旅不行，后不省方③。

译文 《象传》说：震雷在地中微动，象征阳气“回复”；先代帝王因此在微阳初动的冬至闭关静养，商贾旅客不外出远行，君主也不省巡四方。

注释 ① 雷在地中，复：释《复》卦下震为雷、上坤为地之象。《折中》引刘蜕曰："雷在地中，殷殷隆隆；阳来而复，复来而天下昭融乎！"

② 至日闭关：至日，冬至；闭关，掩闭关阙。这是说明"先王"效法《复》象，于冬至阳气复生之际，休息静养，以利进一步发展。《白虎通·诛伐篇》："冬至所以休兵，不举事，闭关，商旅不行，何？此日阳气微弱，王者承天理物，故率天下静，不复行役，扶助微气，成万物也。"

③ 商旅不行，后不省方：后，泛指"君主"，与上文"王"同意；省方，即省视四方。这两句承上句义，再申天下静养以助微阳回复之理。《集解》引宋衷曰："商旅不行，自天子至公侯不省四方之事，将以辅遂阳体，成致君之道也。制之者，王者之事；奉之者，为君之业也，故上言'先王'而下言'后'也。"

说明 "至日"，《王注》释为"冬至、夏至"。尚先生亦谓"兼二至言也"，并曰："盖古最重二至。《汉书·薛宣传》：'日至休吏，所繇来久'；《后汉·鲁恭传》：'《易》五月《姤》用事'，先王'施命令止四方行者'。是夏至亦休息，与冬至同。"（《尚氏学》）此说可备参考。

初九，不远复[①]，无祇悔，元吉[②]。

译文 初九，起步不远就回复正道，必无灾患、悔恨，至为吉祥。

注释 ① 不远复：指初九以一阳居群阴之下，为"复"之始，最得"复"道，故有"不远"即"复"之象。《王注》："不远而复，几悔而反，以此修身，患难远矣。"

② 无祇悔，元吉：祇，当为"祗"（音 zhǐ）之误，此处意为"灾患"，《释文》："郑云'病也'。"这两句极言初九"不远复"的好处；既可无灾无悔，又获至大吉祥。

说明 尚先生详考"祇"为"祗"之误，引证郑玄训"祗"为"病"盖本于《毛诗传》，继而指出："病犹菑（灾）也；《复》'出入无疾'，故'无菑（灾）悔'。"（《尚氏学》）此说极是。

《象》曰："不远之复"，以修身也。

译文 《象传》说："起步不远就回复正道"，说明初九善于修美自身。

说明 《象传》以"修身"解"不远复"，是对爻辞象征寓意的推阐发挥。《系辞下传》引孔子语释此爻义，有"知不善未尝复行"之谓。程颐据此论曰："不远而复者，君子所以修其身之道也。学问之道无它也，唯其知不善，则速改以从善而已。"（《程传》）

六二，休复，吉[①]。

译文 六二，美好的回复，吉祥。

注释 ① 休复，吉：休，美也。此谓六二当阳复之时，柔中居正，下比初阳，犹亲仁下贤，故以回复休美而获吉。《集解》引王弼曰："得位居中，比初之上而附顺之，下仁之谓也。既处中位，亲仁善邻，复之休也。"

《象》曰："休复之吉"，以下仁也。

译文 《象传》说："美好的回复，吉祥"，说明六二能够俯就亲近仁人。

说明 阳刚有"仁"、"善"的象征，六二复"善"亲"仁"，是获吉的关键所在。朱熹曰："学莫便于近乎仁。既得仁者而亲之，资其善以自益，则力不劳而学美矣。"(《朱子语类》)

六三，频复①，厉无咎②。

译文 六三，愁眉苦脸而勉强回复，虽有危险却无咎害。

注释 ① 频复：频，犹言"颦蹙"，皱眉之状。《集解》引虞翻注，训"频"为"频蹙"，《王注》亦谓"频蹙之貌"，《尚氏学》："频，古文'颦'字。"此谓六三居下卦之上，失正无应，承乘皆阴，"复善"多艰，故有"皱眉勉强回复"之象。案，《程传》训"频"为"频数"，可备一说。

② 厉无咎：犹言"虽危无咎"，与《乾》九三义略同(见该爻译注)；此诫六三处位多危厉，但能审慎力行"复"道，则无咎害。《尚氏学》："知其危厉而振奋焉，则无咎矣。"

《象》曰："频复之厉"，义无咎也①。

译文 《象传》说："愁眉苦脸勉强回复的危险"，从六三努力复善的意义看是无咎害的。

注释 ① 义无咎：义，犹言"复善之义"。《程传》："虽为危厉，然复善之义则无咎也。"

说明 李士钤曰："改过向善，虽危无咎。《记》曰'或安而行之'，初之象也；'或利而行之'，二之象也；'或勉强而行之'，三之象也。"(《周易学说》引)此以《礼记·中庸》语释下三爻之象，似有可取。

六四，中行独复①。

译文 六四，居中行正，专心回复。

注释 ① 中行独复：中行，指六四处五阴之中，其位得正，犹"居中行正"；独，犹言"专"，指群阴唯六四应初，其情弥专，故有"独复"之象。《汉上易传》引郑玄曰："爻处五阴之中，度中而行，四独应初。"

《象》曰："中行独复"，以从道也。

译文 《象传》说："居中行正，专心回复"，说明六四遵从正道。

说明 《折中》引缪昌期曰："盖《复》之所以为'复'，全在初爻，犹人之初念也。五阴皆复此而已，惟四在阴中，有所专向，故发此义。"

六五，敦复，无悔①。

译文 六五，敦厚笃诚地回复，无所悔恨。

注释 ① 敦复，无悔：敦，敦厚。此谓六五柔居尊位，持中不偏，有敦厚自察、笃诚向善之象；故虽失位无应，也能"敦复"免"悔"。《王注》："居厚而履中，居厚则无怨，履中则可以自考；虽不足以及'休复'之吉，守厚以复，悔可免也。"

《象》曰："敦复无悔"，中以自考也①。

译文 《象传》说："敦厚笃诚地回复，无所悔恨"，说明六五居中不偏并能自察成就复善之道。

注释 ① 自考：考，《释文》引郑玄曰"成也"，又引向秀曰"察也"。"自考"，犹言自我反省考察、成就复善之道。

说明 陈梦雷曰："五与初非比非应而复，困知勉行者也，故曰'自考'。自，即'人一己百'之意。盖五本远于阳，但以居中能顺，因四自返，加厚其功，故能自成也。"（《周易浅述》）此说分析爻义甚明切。

上六，迷复，凶，有灾眚①。**用行师，终有大败；以其国，君凶**②**：至于十年不克征**③。

译文 上六，迷入歧途不知回复，有凶险，有灾殃祸患。要是用于带兵作战，终将惨遭败绩；用于治国理政，必致国乱君凶；直到十年之久也不能振兴发展。

注释 ① 迷复，凶，有灾眚：迷复，犹言"迷而不复"；灾眚，《释文》引郑玄曰："异自内生曰'眚'，自外曰'祥'，害物曰'灾'"，《程传》承此曰："灾，天灾，自外来：眚，己过，由自作"。这三句说明上六阴居卦极，不应初阳，上无所承，为迷不知复之象，故谓"凶，有灾眚"。《程传》："既迷不复善，在己则动皆过失，灾祸亦自外而至，盖所招也。"

② 用行师，终有大败；以其国，君凶：用，谓"施用"；以，与"用"同义互文，《王注》训"用"。这四句承前文义，说明上六既迷不知复，若用为行师、治国，必将败绩、害君。《程传》："迷道不复，无施而可。用以行师，则终有大败；以之为国，则君之凶也。"

③ 至于十年不克征：十年，《程传》："数之终也"，犹言"终久"；征，前行，含"振兴发展"之义。此句总结前文，极言若任用上六必带来深重危害。《尚氏学》："不克征，言不能兴起也"；"国君受胁，根本动摇，故其凶至于十年也"。

《象》曰："迷复之凶"，反君道也①。

译文 《象传》说："迷入歧途不知回复，有凶险"，是由于上六与君主阳刚之道背道而驰。

注释 ① 反君道：反，违背。阴为臣，阳为君；上六迷失，不知复阳，故曰"反君道"。《左传》襄公二十八年释"迷复凶"谓"弃其本"；《重定费氏学》云："阴不从阳"，此说可从。

说明 胡炳文曰："'迷复'与'不远复'相反"，"'十年不克征'亦'七日来复'

之反"(《周易本义通释》)。可见上六穷居极上,已彻底背离"回复"之道,故爻辞以"凶"、"灾眚"为戒。

总论《复》卦喻示事物正气回复、生机更发的情状;犹如描绘了一幅大地微阳初动,春天即将到来的图景。全卦意旨主于:生命剥落不尽,一阳终将来复,揭示"正道"复兴是不可抗拒的自然规律。卦辞极力称述阳刚"回复"之际顺畅无碍,疾速利物,表明"复"必致"亨"的道理。卦中六爻,初九为全卦"回复"的根本,是"仁"与"善"的喻象;《彖传》所谓"天地"生育万物之"心",即系此一阳。因此,五阴凡与初阳相得者均获"复善"之吉:六二比初,有"下仁"的美称;六四应初,有"从道"的佳誉。余三阴与初九未曾相得,但六三处阳位,能勉力"复善"获"无咎";六五居尊位,能敦厚"复善"获"无悔";唯上六与初阳背道而驰,迷不知复,终致灾凶。可见,《复》卦是借阳刚喻"美善",其象征意义以"复善趋仁"为归。陈梦雷指出:"天地之一阳初动,犹人善念之萌,圣人所最重。"(《周易浅述》)即属此意。孔子称颜回"有不善未尝不知,知之未尝复行"(《系辞下传》引);屈原曰"回朕车以复路兮,及行迷之未远"(《离骚》):显然都是本卦所盛赞的"复善"美德的具体体现。

无妄卦第二十五

䷘ **无妄[①]：元亨，利贞[②]；其匪正有眚，不利有攸往[③]。**

译文 《无妄》卦象征不妄为：至为亨通，利于守持正固；背离正道的人必有祸患，不利于有所前往。

注释 ① 无妄：卦名，下震（☳）上乾（☰），象征"不妄为"。案，"无妄"之义，《序卦传》释为"不妄"；《王注》谓"不可以妄"，犹言"不妄为"。

② 元亨，利贞：此谓物皆"不妄为"之时，至为亨通、利于守正。《正义》"物皆无敢诈为虚妄，俱行实理，所以大得亨通，利于贞正。"

③ 其匪正有眚，不利有攸往：匪，通"非"；眚，祸患（见《讼》九二、《复》上六译注）。这两句从反面设诫，说明当"无妄"之时，不行正道者必有祸患，不利有所往。《正义》："物既无妄，当以正道行之；若其匪依正道，则有眚灾，不利有所往也。"

说明 《释文》引马融、郑玄、王肃说，谓"妄"犹"望"，"无妄"即"无所希望"。尚先生以为"此训最古"，并谓焦赣、京房、王充皆以《无望》为"大旱之卦"，指"年收失望"（《尚氏学》）。此说可备参考。今案，"无希望"犹言"不敢奢望"；《折中》引邱富国曰："惟其'无妄'，所以'无望'也"，谓"不妄为"者必"不存奢望"，认为"无望"是"不妄"之义的引申，似有可取。

《彖》曰：无妄，刚自外来而为主于内，动而健[①]，刚中而应[②]；大亨以正，天之命也[③]。其匪正有眚，不利有攸往；无妄之往，何之矣？

译文 《彖传》说：不妄为，譬如阳刚者从外部前来而成为内部的主宰，威势震动而又禀性健强，刚正居中而又应合于下；此时大为亨通、万物守持正固，这是"天"的教命所致。背离正道的人必有祸患，不利于有所前往；在万物不妄为的时候

译文 背离正道而前往，哪里有路可走呢？"天"的教命不给予祐助，怎敢这样妄行啊！

天命不祐，行矣哉④！

注释 ① 刚自外来而为主于内，动而健：外、健，指乾居外卦；内、动，指震居内卦。这两句举上下卦象，说明阳刚自外来内为主，内外二体既能震动、又秉刚健，故物皆不敢妄为。《正义》："以此卦象释能致'无妄'之义。以震之刚自外而来，为主于内；震动而乾健，故能使物无妄也。"案，孔氏谓震刚自外来，指震一阳由外卦乾"一索"而得，为"长子"象（见《说卦传》），故能"为主于内"。

② 刚中而应：指九五阳刚居中而下应六二。此句又以二、五爻象释"无妄"之义。《正义》："九五以刚处中，六二应之，是'刚中而应'。刚中则能断制虚实，有应则物所顺从：不敢虚妄也。"

③ 大亨以正，天之命也：命，犹言"教命"。这两句承前文之义，释卦辞"元亨，利贞"；说明"无妄"之时可致亨通，必须守正，是"天"之"命"，不可违抗。《正义》："威刚方正，私欲不行，何可以妄？此天之教命也。""既是'天命'，岂可犯乎？"

④ 天命不祐，行矣哉：行矣哉，犹言"竟敢如此妄行"，含谴责之意。这两句合前文"无妄之往，何之矣"，释卦辞"其匪正有眚，不利有攸往"；说明远背正道者不得妄行。《王注》："居不可以妄之时，而欲以不正有所往，将欲何之？天命之所不祐，竟矣哉！"

译文 《象传》说：天下雷声震行，象征万物敬畏都"不妄为"；先代君王因此用天雷般的强盛威势来配合天时、养育万物。

《象》曰：天下雷行，物与无妄①；先王以茂对时育万物②。

注释 ① 天下雷行，物与无妄：与，语气词，此处含有"皆"之意。这两句释《无妄》上乾为天、下震为雷之象；说明雷威奋动，万物不敢妄为。《王注》："与，辞也，犹'皆'也。天下雷行，物皆不可以妄也。"

② 先王以茂对时育万物：茂，《释文》："盛也"，此处指"天雷震奋"似的"强盛威势"；对，配合，"对时"，《程传》谓"顺合天时"。此句说明"先王"效法《无妄》卦象"天下雷行"的强盛威势用以配合天时、养育万物，使之各不妄为。《王注》："对时育物，莫盛于斯也。"（"斯"即指代"天雷威盛"。）案，"茂"字，《释文》又引马融曰"勉也"，《尚氏学》："'茂'与'懋'通，勉也；对，答也，言因雷而勉答天威。"此说于义亦通，可参考。

说明 孔颖达指出："诸卦之象，直言两象即以卦名结之，若'雷在地中，复'。今《无妄》应云'天下雷行，无妄'；今云'物与无妄'者，欲见万物皆无妄，故加'物与'二字也。其余诸卦未必万物皆与卦名同义，故直显象以卦结之。"（《正义》）此说分析本卦《大象传》的特殊体例，宜资参考。

译文 初九，不妄为，前往必获吉祥。

初九，无妄，往吉①。

注释 ① 往吉：指初九以阳居"无妄"之初，处阴柔之下，有谦恭不妄为之象，故"往"必获"吉"。《王注》："体刚处下，以贵下贱，行不犯妄，故往得其志。"

《象》曰："无妄之往"，得志也。

译文 《象传》说："不妄为而前往"，是说必然得遂进取的意愿。

说明 处事开初，便以谦下为本，不敢妄为，这是初九"往吉"的重要因素。《折中》引何楷曰："此爻足蔽《无妄》全卦。震阳初动，诚一未分，是之谓'无妄'。以此而往，动与天合，何不吉之有？"

六二，不耕获，不菑畬①，则利有攸往。

译文 六二，不事耕耘、不图收获，不务开垦、不谋良田，这样就利于有所前往。

注释 ① 不耕获，不菑畬：菑，音 zī，《尔雅·释地》："田一岁曰'菑'"，指初垦的瘠田，此处用如动词，犹言"开垦"，与前句"耕"互文；畬，音 yú，《尔雅·释地》："三岁曰'畬'。"指耕作多年的良田。这两句"不耕"、"不菑"均为诫辞，意犹"不妄耕""不妄菑"，说明六二当"无妄"之时，柔正居中，上应九五，不敢妄为而安守"臣道"，故以不妄耕求"获"、不妄垦求"畬"为喻，谓如此"则利有攸往"。《本义》："柔顺中正，因时顺理而无私意期望之心，故有'不耕获，不菑畬'之象。言其无所为于前，无所冀于后也。"

说明 "不耕获"即"不耕不获"，"不菑畬"即"不菑不畬"。这种省略式的句法结构，与《大有》初九"无交害"谓"无交无害"同（参见该爻译注）。

《象》曰："不耕获"，未富也。

译文 《象传》说："不事耕耘、不图收获"，说明六二未曾谋求富贵。

说明 卦辞指出，"无妄"之时"匪正有眚，不利有攸往"。六二能安顺守正，不妄不贪，故获上应而"利有攸往"。

六三，无妄之灾①：或系之牛，行人之得，邑人之灾。

译文 六三，不妄为却也招致灾殃：譬如有人系拴着一只耕牛，路人牵走攫为己有，邑中人家将遭受诘捕的飞灾。

注释 ① 无妄之灾：此谓六三阴居下卦之终，失正躁动，虽不妄为，也可能引来无故灾殃。下文三句正是以路人顺手牵牛，邑人横遭飞祸为譬喻，说明"无妄之灾"的情状。《本义》："无故而有灾，如行人牵牛以去，而居者反遭诘捕之扰也。"

《象》曰：行人得牛，邑人灾也。

译文 《象传》说：路人顺手牵走获得耕牛，说明邑中人家自然将遭受到被诘捕的飞灾。

说明 《杂卦传》曰："《无妄》灾也"，正是因六三而发。开朗释此爻义曰："运数适然，非己妄致，乃'无妄之灾'。"（《关氏易传》）

九四，可贞，无咎①。

译文 九四，能够守持正固，于是必无咎害。

注释 ① 可贞，无咎：此谓九四居"近君"危地，下无应与，本有咎害；但阳处阴位，比近九五，犹能谦己奉"君"，守正"不妄"，遂获"无咎"。《王注》："处'无妄'之时，以阳居阴，以刚乘柔，履于谦顺，比近至尊：故可以任正，固有所守，而无咎也。”

《象》曰：可贞无咎，固有之也。

译文 《象传》说：能够守持正固于是必无咎害，说明九四要牢固守正才能长保无害。

说明 九四失正“可贞”，位危“无咎”，在于刚而能柔，守谦不妄为。若欲长保无害，必须始终如一地守持这种品质。此即《象传》“固有之”之义。

九五，无妄之疾，勿药有喜①。

译文 九五，不妄为却偶染微疾，无须用药而将有自愈的欢欣。

注释 ① 无妄之疾，勿药有喜：这是借小病不治自愈作譬喻，说明九五当“无妄”之时，阳刚中正，居尊善治，其下均不敢妄为；纵使偶遇小灾亦非生于“妄”，故可不治以听其自消。《正义》：“九五居得尊位，为无妄之主，下皆无妄而偶然有此疾害，故云‘无妄之疾’。”又曰：“若疾自己招，或寒暑饮食所致，当须治疗；若其自然之疾，非己所致，疾当自损，勿须药疗而有喜也。”

《象》曰：“无妄之药”，不可试也①。

译文 《象传》说：九五“不妄为而染疾却不须服用药物”，是因为不能胡乱试用。

注释 ① 不可试：即不可以药试。《王注》：“药攻有妄者也；而反攻无妄，故‘不可试’也。”

说明 三言“无妄之灾”，此言“无妄之疾”。“灾”重、“疾”微，三失正居下、五中正居尊，故彼忧此喜。《折中》曰：“此爻之疾，与六三之灾同；然此曰‘有喜’者，刚中正而居尊位，德位固不同也。”

上九，无妄，行有眚，无攸利①。

译文 上九，虽然不妄为，但时穷而行必遭祸患，无所利益。

注释 ① 行有眚，无攸利：此谓上九处“无妄”之极，时穷难行，动则遭灾；故爻辞深戒曰：虽不妄为，也不可“行”，行必“有眚”、“无攸利”。《王注》：“处不可妄之极，唯宜静保其身而已，故不可以行也。”案，《集解》引虞翻注，认为上九“乘刚逆命”，失正而行，故“无攸利”；意谓卦辞“匪正有眚，不利有攸往”，即指此爻。可备一说。

《象》曰：无妄之行，穷之灾也。

译文 《象传》说：上九“虽不妄为，但若有所行”，将由于时穷难通而要遭灾殃。

说明 上爻处物极必反之位，天下“无妄”将转为“有妄”；当此之时，独以一己“无妄”行于天下“有妄”，必穷蹇不可通。因此上九“行有眚，无攸利”，实属“时”不利所致。朱熹曰：“上九非有妄也，但以其穷极而不可行耳。”（《本义》）

总论 《无妄》卦大义，主于处事“不妄为”。卦辞从正反面揭示其旨：先称万物“无妄”之时必然至为亨通，利于守正；再戒违背正道者此时将遭祸患，动辄失利。六爻情状，皆呈“不妄为”之象，但吉凶利咎却各不相同：初九起步不妄，往无不吉；六二不贪不妄，安顺获利；六三无所妄为，却飞来横灾；九四以刚守谦，不妄则无害；九五无妄得疾，不治自愈；上九不妄自守，欲行却有祸。人们要问：既然六爻未尝有一爻“妄为”，为何利弊如此悬殊呢？胡炳文曰：“善学《易》者在识‘时’。初曰‘吉’，二曰‘利’，时也；三曰‘灾’，五曰‘疾’，上曰‘眚’，非有妄以致之也，亦时也。初与二皆可往，时当动而动；四‘可贞’，五‘勿药’，上‘行有眚’，时当静而静。”（《周易本义通释》）可见，本卦认为：若欲长保“无妄”，避害就利，凡事动静行止，不能不审时度势。当然，“识时”必须建立在“守正”的基础上；一旦“失正”，则无利可言：此卦辞所明“匪正有眚”之义。朱熹指出：“《无妄》一卦，虽云祸福之来也无常，然自家所守者，不可不利于‘正’。”（《朱子语类》）至于“正”的概念，就古代伦理思想的范畴领会，莫过于遵循“礼”教。孔子曰：“非礼勿视，非礼勿听，非礼勿言，非礼勿动。”（《论语·颜渊》）实与《无妄》卦旨颇可相通。

大畜卦第二十六

译文《大畜》卦象征大为畜聚：利于守持正固；不（使贤人）在家中自食可获吉祥；利于涉越大河巨流。

☶☰ 大畜[1]：利贞[2]；不家食吉[3]；利涉大川[4]。

注释 ① 大畜：卦名，下乾（☰）上艮（☶），象征"大为畜聚"。案，畜，有"畜聚"、"畜止"、"畜养"三义，而以"聚"为本（参见《小畜》卦辞译注）；大畜，义取"所畜至大"，即《本义》所云"畜之大者也"。

② 利贞：谓"大畜"之时，利于以"正"畜物，所畜者亦当"正"，故曰"利贞"。

③ 不家食吉：家，用如状语；"不家食"谓不使贤人在家自食，即广聚于朝廷。此句取养贤为喻，说明"大"者必须"畜"贤，再发前文"大畜，利贞"之义。《正义》："已有大畜之资，当须养赡贤人，不使贤人在家自食，如此乃吉也。"《本义》："食禄于朝，不食于家也。"

④ 利涉大川：此谓"大畜"之时若能守正畜贤，必利于涉难。《正义》："丰则养贤，应于天道，不忧险难，故'利涉大川'。"

说明 胡炳文曰："不家食，是贤者不畜于家而畜于朝；涉大川，又似有畜极而通之意。要之，两'利'字，一'吉'字，占辞自分为三，不必泥而一之也。"（《周易本义通释》）这是分析辞卦拟象的三个层次，义有可取。

译文《彖传》说：大为畜聚，犹如刚健笃实者畜聚不已，乃至光辉焕发、日日增新他的美德；又如阳刚者居上而崇尚贤人，能够规正健强者，这是极大的正道。"不（使贤人）在家中自食可获吉祥"，说明要

《彖》曰：大畜，刚健笃实，辉光日新其德[1]；刚上而尚贤[2]，能止健，大正也[3]。"不家食吉"，养贤

也[4]**。"利涉大川",应乎天也**[5]**。**

畜养贤人。"利于涉越大河巨流",说明行动应合"天"的规律。

注释 ① 刚健笃实,辉光日新其德:刚健,指下乾刚劲健强;笃实,指上艮静止充实。此举上下卦象,说明"大畜"之时,畜物者"刚健笃实",所畜者"光辉美德":极称卦义之佳。《王注》:"凡物既厌而退者,弱也;既荣而陨者,薄也。夫能'辉光日新其德'者,唯'刚健笃实'也。"《正义》:"刚健谓乾也,乾体刚性健,故言'刚健'也;笃实谓艮也,艮体静止,故称'笃实'也。"案,《释文》引郑玄注,以"日新"绝句,"其德"连下句。可备一说。今从《王注》断句。

② 刚上而尚贤:刚,指上九,喻在上能礼贤于下;尚,崇尚。此以上九爻象,说明《大畜》卦有"畜贤"之义。《王注》:"谓上九也,处上而大通,刚来而不距,'尚贤'之谓也。"

③ 能止健,大正也:止,抑止,谓上艮为"止",此处有"规正"意;健,指下乾;大正,犹言至大的正道。这两句又取上下卦象,说明"大畜"之时能规正健强者,体现着"至大正道"。其义承前三句,并释卦名"大畜"及卦辞"利贞"。《王注》:"健莫过乾,而能止之,非夫'大正',未之能也。"

④ 养贤:此释卦辞"不家食吉"。《王注》:"有大畜之实,以之养贤,令贤者不家食,乃吉也。"

⑤ 应乎天:此释卦辞"利涉大川"。《王注》:"尚贤制健,大正应天,不忧险难,故'利涉大川'也。"

说明 《折中》引郑汝谐曰:"'畜'有三义,以'蕴畜'言之,畜德也;以'畜养'言之,畜贤也;以'畜止'言之,畜健也。'刚健笃实,辉光日新其德',此蕴畜之大者;'养贤'以及万民,此畜养之大者;乾天下之至健,而四、五能畜之,此畜止之大者。故《彖传》兼此三者言之。"郑氏分"三义"辨析《彖传》大旨,颇见理致。

《象》曰:天在山中,大畜[1]**;君子以多识前言往行,以畜其德**[2]**。**

译文 《象传》说:天包含在山中,象征"大为畜聚";君子因此多方记取前贤的言论、往圣的事迹,用来畜聚美好品德。

注释 ① 天在山中,大畜:释《大畜》卦下乾为天、上艮为山之象。《集解》引向秀曰:"止莫若山,大莫若天;天在山中,大畜之象。"

② 多识前言往行,以畜其德:识,音 zhì,即"记";前言往行,指前代圣贤的言行。这两句说明"君子"效法《大畜》卦象,多记"前言往行"以畜美德。《程传》:"人之蕴畜,由学而大,在多闻前古圣贤之言与行,考迹以观其用,察言以求其心,识而得之,以畜成其德。"

说明 《大畜》的卦形为"天在山中",这在现实中是不存在的,属于虚构的喻象;朱熹说:"不必实有其事,但以其象言之耳。"(《本义》)至于《大象传》所发"多识前言往行,以畜其德"的意义,则是古代教育理论中颇有影响的观点;其要旨与《尚书》"学古""师古"(《说命下》)、《礼记》"博闻强识"(《曲礼上》)、

《论语》“博学笃志”(《子张》)诸说并可相通。

初九,有厉,利已①。

译文 初九,有危险,利于暂停不进。

注释 ① 有厉,利已:厉,危也;已,停止。此谓初九处“大畜”之时,阳德卑微,为六四所“畜止”、规正;此时若急于求进则“危”,若暂停不进、自畜己德则“利”。《王注》:“四乃畜己,未可犯也;进则灾危,有厉则止。故能‘利已’。”

《象》曰:“有厉利已”,不犯灾也。

译文 《象传》说:“有危险,利于暂停不进”,是说不可冒着灾患前行。

说明 阳刚居下,当被“畜止”之际,必须接受“规正”,“自畜”待时:这是初九获“利”的前提。朱熹曰:“乾之三阳,为艮所止,故内外之卦各取其义。”(《本义》)

九二,舆说輹①。

译文 九二,大车脱卸轮輹不前行。

注释 ① 舆说輹:说,通“脱”,此处犹言“脱卸”;輹,音 fù,《说文》“车轴缚也”,即“轮輹”,指车箱下钩住大车轮轴的木制器件,亦称“伏兔”。《左传》僖公十五年:“车说其輹。”杜预注:“輹,车下缚也。”孔颖达疏曰:“车下‘伏兔’也,今人谓之车屐,形如伏兔,以绳缚于轴,因名‘缚’也。”此句用大车“脱輹”不行,比喻九二当“大畜”之时,阳刚居下处中,被六五“畜止”、规正,能自度其势、停止不前。《程传》:“二虽刚健之体,然其处得中道,故进止无失;虽志于进,度其势之不可,则止而不行,如车舆说去轮輹,谓不行也。”

《象》曰:“舆说輹”,中无尤也。

译文 《象传》说:“大车脱卸轮輹不前行”,说明九二居中不躁进所以不会犯过错。

说明 九二自卸轮輹、“畜德”缓进,故获“无尤”;《小畜》九三车辐解散、与人冲突,故“夫妻反目”:两卦“輹”、“辐”不同,象旨大异。陈梦雷曰:“‘辐’脱则车破败,‘輹’脱但不欲行而已。故《小畜》之‘脱辐’在人,而《大畜》之‘脱輹’在己。”(《周易浅述》)

九三,良马逐,利艰贞①;曰闲舆卫,利有攸往②。

译文 九三,良马在奔逐,利于牢记艰难、守持正固;不断熟练车马防卫的技能,利于有所前往。

注释 ① 良马逐,利艰贞:此以“良马奔逐”比喻九三“畜德”既充、强健至盛,又与上九阳刚“合志”,故可施展才用;但因三位“多惧”,恐其刚亢过甚、冒进有失,故又诫以“利艰贞”。《程传》:“三以刚健之才,而在上者与合志而进,其进如良马之驰逐,言其速也。”又曰:“三乾体而居正,能贞者也;当其锐进,故戒以知难与不失其贞也。”

② 曰闲舆卫，利有攸往：曰，语气词；闲，《释文》："马、郑云'习'"，犹言"熟练"，此处用如动词；舆卫，指车马防卫之技，这两句紧承前文之义，说明九三不可自恃其刚、忘乎艰难，应当不断练习"舆卫"之技，自"畜"不已，则"利有攸往"。《程传》："舆者，用行之物；卫者，所以自防。当自日常闲习其车舆与其防卫，则利有攸往矣。"案，"曰"字，《释文》引郑玄曰"人实反"，则郑读"日"；《集解》引虞翻注亦作"日"。视文意，"日"字较切。故《程传》依"日"解，《本义》谓"当为'日月'之'日'"。据此，疑当从郑、虞本改"日"为是。

《象》曰：利有攸往，上合志也。

译文 《象传》说："利于有所前往"，说明九三与上九意志相合。

说明 九三与上九爻位对应，两阳相峙为"不应"之象；但在《大畜》卦，却为阳德并盛而"合志"之征。程颐谓两爻"不相畜而志同"（《程传》）是也。视上九所取"大路"之象，正为九三"良马奔逐"提供了宽畅的场所：由此似可看出两者"合志"的象旨。

六四，童牛之牿，元吉①。

译文 六四，束缚在无角小牛头上的木牿，至为吉祥。

注释 ① 童牛之牿，元吉：童牛，《释文》"无角牛也"，犹言"小牛"，喻初九；牿，音gù，《释文》："《九家》作'告'，《说文》同，云'牛触人（案，《释文》误脱"人"字，据《说文》增），角着横木，所以告人'"，即"木牿"，喻六四。这两句设喻为譬：在无角"童牛"头上加"牿"，犹如六四在初六过恶未萌之初先施"畜止"，妥为"规正"；此即《象传》"能止健"之义，故获"元吉"。《王注》："处艮之始，履得其位。能止健初，距不以角；柔以止刚，刚不敢犯。"

《象》曰：六四"元吉"，有喜也。

译文 《象传》说：六四"至为吉祥"，说明"止健"有方，值得欣喜。

说明 六四取象，颇为别致："童牛"本未长角，却制之以角牿；这在生活现象中未必实有，而在《易》理中却体现"止恶于未萌"的喻旨。朱熹以为，《大畜》下卦"取其能自畜而不进"，上卦"取其能畜彼而不使进"，并曰："四能止之于初，故为力易；五则阳已进而止之，则难。"（《朱子语类》）此说可资参考。

六五，豮豕之牙，吉①。

译文 六五，制约阉割过的猪的尖牙，吉祥。

注释 ① 豮豕之牙，吉：豮，音fén，《释文》引刘表曰："豕去势曰豮"；豕，音shǐ，即猪。这两句也是譬喻：猪被阉割，凶性已除，其"牙"则未足惧；犹如九二脱卸"车輹"，停止不前。故"豮豕之牙"即喻九二；六五居尊"畜"二，自能使其接受"规正"，遂获"吉"。此亦《象传》"能止健"之义。《程传》："豕，刚躁之物，而牙为猛利，若强制其牙，则用力劳而不能止其躁猛，虽絷之维之，不能使之变也；若豮去其势，则牙虽存而刚躁自止。其用如此，所以吉也。"

译文 《象传》说：六五的"吉祥"，说明"止健"得法，值得庆贺。

《象》曰：六五之吉，有庆也。

说明 用猪去势为喻，足见此爻取象奇异。但其喻旨却甚明确：表明六五居尊，以柔制刚，犹"畜"人先治其本。程颐曰："君子法'豶豕'之义，知天下之恶不可以力制也，则察其机，持其要，塞绝其本原。故不假刑法严峻，而恶自止也。"（《程传》）

译文 上九，何等畅达的天上大路，亨通。

上九，何天之衢，亨[①]。

注释 ① 何天之衢，亨：何，此当为感叹辞，含"何其通达"之意；衢，音 qú，《释文》引马融曰"四达谓之'衢'"，即四面畅通的大路。这两句说明上九阳处《大畜》上艮之终，为"止健"至极、"畜德"至盛之象，犹《大象传》所谓"多识前言往行"的"君子"；故其时大通，如置身于四面畅达的"天衢"，所向必"亨"。《本义》："何天之衢，言何其通达之甚也；畜极而通，豁达无碍。"

说明 爻辞"何"字，诸家训释不同，今引三说以备参考。（一）《王注》认为"何"作语气辞解，犹言"何畜"，即《正义》所谓"更何所畜"。意谓"畜"极已"通"。（二）《集解》引虞翻注，训"何"作"当"；《纂疏》："何与'荷'通"，"训'当'者犹'担当'也，刚在上能胜其任，故为'何'"（案，虞训"当"，似宜解作"正处于"，于义可通）。（三）胡瑗疑"何"为衍字，当作"天之衢，亨"（《周易口义》）。

译文 《象传》说："何等畅达的天上大路"，说明上九"畜德"之道大为通行。

《象》曰："何天之衢"，道大行也。

说明 上九为"畜德"大通之象，为本卦最理想的一爻，其义颇为广泛。《折中》引胡炳文曰："此不徒为仕者之占。《大学章句》所谓'用力之久，一旦豁然贯通'者，亦是此意；'多识前言往行，以畜其德'者，以之可也。"

总论 《大畜》卦所谓"大为畜聚"，表明事物发展过程中，必须竭力畜聚刚健正气的道理。用经传中拟取的"人事"为喻，犹如"君子"广畜"美德"，"君王"遍聚"贤者"。于是卦辞强调"守正"、"养贤"，指出"畜聚阳刚正德"是"大畜"的关键所在。全卦六爻可分三层辨析：初、二为阳刚被"畜"之象，必须先能"自畜其德"，不宜躁进，故初知危不前则"利"，二"大车"不行"无尤"；四、五为尊者"畜"下之象，必须规正制约"健"者，使所畜尽善尽美，故四束缚初之"童牛"获"元吉"，五制约二之"豕牙"得吉祥；至于上下卦终极两爻，并为"畜德"至盛之象，不存"畜"与"被畜"的关系，故三如"良马"奔逐、利有所往，上如置身"天衢"、畅达亨通。可见，本卦爻义，初、二、四、五爻揭示善处"大畜"之道，三、上两爻展现"大畜"的美盛结果。胡炳文曰："他卦取阴阳相应，此取相畜。内卦受畜，以'自止'为义；外卦能畜，以'止之'为义。独三与上居内外卦之极，畜极而通，不取止义。"（《周易本义通释》）然而，三虽“畜极”，尚须不忘“艰贞”才能长保美德；上九则是“大畜”最为完美的象征，其深意既包含“自身道德盛美”，更体现“天下贤路大开”，即游酢所谓“‘畜’道之成，贤路自我而四达矣”（《折中》引）。显然，此爻的象征本质，已经把“畜德”的功用，充分反映在“畜贤”、“养贤”的意义上，与《彖传》“刚上而尚贤”正相吻合。这一点，似乎又流露着《周易》作者“授贤与能”的思想。韩愈《元和圣德诗》谓“天锡皇帝，为天下主，并包畜养，无异细巨”，实道出对统治阶级“畜养贤者”的期望，与《大畜》喻旨亦应有合。

颐卦第二十七

䷚ **颐[1]：贞吉[2]；观颐，自求口实[3]。**

译文 《颐》卦象征颐养：守持正固可获吉祥；观察事物的颐养现象，应当明白用正道自求口中食物。

注释 ① 颐：卦名，下震（☳）上艮（☶），象征“颐养”。《序卦传》：“颐者，养也。”案，“颐”字古文横视作“𦣞”（参见《噬嗑》卦《象传》译注引），状如口腮，像口中含物自养；本卦下震上艮，正有动止嚼物之象。《集解》引郑玄注，释《颐》卦名义曰：“颐，口车辅（犹言“口腮”）之名也。震动于下，艮止于上；车口动而上，因辅嚼物以养人。”

② 贞吉：谓“颐养”之道，守正则吉。此即《彖传》所释“养正则吉”之义。

③ 观颐，自求口实：口实，谓口腹所需的食物。这两句再申前文“贞吉”辞义，说明观物颐养之象，当知以正道自求口中食物。《程传》：“天地造化，养育万物，各得其宜者，亦正而已矣”；“观人之所颐，与其自求口实之道，则善恶吉凶可见矣。”

《彖》曰：颐，贞吉，养正则吉也[1]。观颐，观其所养也[2]；自求口实，观其自养也。天地养万物，圣人养贤以及万民：颐之时大矣哉[3]！

译文 《彖传》说：颐养，守持正固可获吉祥，说明用正道养身才能导致吉祥。观察事物的颐养现象，是观察获得养育的客观条件；应当明白用正道自求口中食物，是观察领会自我养育的正确方法。天地养育万物，圣人养育贤者并养及万民：“颐养”之时的功效多么宏大啊！

注释 ① 养正则吉也：此释卦名及卦辞“颐，贞吉”。《集解》引宋衷曰：“君子割不正不食，况非其食乎？是故所养必得贤明，自求口实必得体宜，是谓‘养正’也。”

② 观其所养也：此句与下文“观其自养也”，并释卦辞“观颐，自求口实”；说明

"观颐"即观察事物获养的客观条件,"自求口实"是观察领会事物自养的主观方法。

③ 颐之时大矣哉:此句上承前两句,援举"天地"、"圣人"养育万物、贤者、百姓为例,盛赞"颐养"之时的宏大功效。《程传》:"夫子推'颐'之道,赞天地与圣人之功,曰'颐之时大矣哉'。或云'义',或云'用',或止云'时',以其大者也。万物之生与养,时为大,故云'时'也。"

《象》曰:山下有雷,颐①;君子以慎言语,节饮食②。

译文 《象传》说:山下响动着震雷(下动上止、如口嚼食),象征"颐养";君子因此慎发言语以养德,节制饮食以养身。

注释 ① 山下有雷,颐:释《颐》卦上艮为山,下震为雷之象。《集解》引刘表曰:"山止于上,雷动于下,颐之象也。"(参阅卦辞译注引郑玄说)

② 慎言语,节饮食:这是说明"君子"效法《颐》卦"养正"之道,"慎言"养德、"节食"养身。《正义》:"先儒云:'祸从口出,患从口入。'故于颐养而'慎'、'节'也。"

说明 卦辞谓"颐养"当正,《大象传》举"慎言"、"节食"以养德、养身发其义,至为明白贴切。《孔子家语·观周》曰:"有金人焉,三缄其口,而铭其背曰:'古之慎言人也。'"此即"慎言语"之诫。

初九,舍尔灵龟,观我朵颐,凶①。

译文 初九,舍弃你灵龟般的美质,而观看我垂腮进食,有凶险。

注释 ① 舍尔灵龟,观我朵颐,凶:尔,指初九;灵龟,喻阳刚美质,《程传》:"龟能咽息不食,灵龟喻其明智而可以不求养于外";我,指六四;朵,《集解》"颐垂下动之貌"(此从《说文》"树木垂朵朵"引申);颐,口腮。这三句说明当"颐养"之时,初九上应六四,犹如以阳刚之实求养于阴虚,养身不得其道;故爻辞借六四的口吻责之曰:岂能舍弃你的灵龟,而观我垂腮食物?贪欲如是,必致凶险。《本义》:"初九阳刚在下,足以不食;乃上应六四之阴,而动于欲,凶之道也。"

《象》曰:"观我朵颐",亦不足贵也。

译文 《象传》说:"观看我垂腮进食",说明初九的求养行为不值得尊重。

说明 郑汝谐曰:"《颐》之上体皆吉,而下体皆凶;上体止也,下体动也。在上而止,养人者也;在下而动,求养于人者也。动而求养于人者,必累于口体之养,故虽以初之刚阳,未免于动其欲而观朵颐也。"(《东谷易翼传》)此谓上下卦爻义有别,可备参考。

六二,颠颐①;拂经,于丘颐,征凶②。

译文 六二,既颠倒向下求获颐养,又违背常理,向高丘上的尊者索取颐养,往前进发必有凶险。

注释 ① 颠颐：颠，倒也。此谓二无应于五，反向下求养于初，有失"颐"道，故为"颠颐"之象。

② 拂经，于丘颐，征凶：拂，违也；经，犹言"常理"；丘，喻上九，《本义》："丘，土之高者，上之象也。"这三句承前句义，谓六二不能以柔顺中正自养，既"颠颐"求初，又违背"奉上"的常理，向上九索取颐养；以此往前必凶。《周易玩辞》："得位得中有可养之势而不能自养，反由养于不中无位之爻（案，指上九），与常经相悖"；"上又艮体，故为'于丘'。"

说明 本爻辞句读意义，诸家说有不同。如：（一）《集解》引王肃注，以"拂经于丘"为句，谓二养初曰"颠"，违常于五曰"拂经于丘"，无应而征故"凶"。（二）《本义》以"颠颐拂经"为句，释曰："求养于初，则颠倒而违于常理；求养于上，则往而得凶。"

译文 《象传》说：六二"往前进发必有凶险"，说明前行得不到朋类。

《象》曰：六二"征凶"，行失类也①。

注释 ① 行失类：指六二若上行，所遇均阴，同性非"类"，故有"凶"。《尚氏学》："阴阳相遇方为类，今六二不遇阳，故曰'失类'。"

说明 六二本属"中正"之体，因与五无应，故"颠"以下乞，"拂"以上求，大失"颐养"之道，终致有"凶"。

译文 六三，违背"颐养"常理；守持正固以防凶险，十年之久不可施展才用，要是施用必将无所利益。

六三，拂颐①；贞凶，十年勿用，无攸利②。

注释 ① 拂颐：此谓六三当"颐"之时，阴居阳位，违中失正，恃其有应于上九而求养不已，故为大悖"颐"道之象。《王注》："履夫不正以养于上，纳上而谄者也，拂'养正'之义。"

② 贞凶，十年勿用，无攸利：贞凶，犹言"守正防凶"（参见《屯》九五译注）。此承前文意，说明六三既"颐养"失正，当疾速改邪趋正，谨守防凶；并谓"十年"之久不可施用，若施用，必无所利。爻旨含警戒规劝之义。

译文 《象传》说："十年之久不可施展才用"，说明六三与"颐养"正道大相违逆。

《象》曰："十年勿用"，道大悖也。

说明 六三的"求养"行为至所"不正"，但爻辞仍有勉其自反的意思。郑汝谐曰："'十年勿用，无攸利'，戒之也"；"因其有多欲妄动之心，示之以自反之理，作《易》之本意也"（《东谷易翼传》）。

译文 六四，颠倒向下求获颐养（再用来养人），吉祥；就像老虎眈眈注视，迫切求

六四，颠颐，吉①；虎视眈眈，其

欲逐逐，无咎[②]。

物接连不绝，必无咎害。

注释 ① 颠颐，吉：此谓六四阴居上卦，得正应初，犹如上者向下求养，再用以养下，故虽"颠颐"却能获"吉"。《本义》："柔居上而得正，所应又正，而赖其养以施于下，故虽颠而吉。"

② 虎视眈眈，其欲逐逐，无咎：眈眈，专一注视之状；逐逐，《程传》"相继而不乏"，犹言"连接不绝"。这三句以"虎视眈眈"喻四求初专诚不二；以"其欲逐逐"喻所需求连继不绝；又以"无咎"说明"养正"之时，求之有道必无害。《本义》："虎视眈眈，下而专也；其欲逐逐，求而继也。又能如是，则'无咎'也。"

《象》曰：颠颐之吉，上施光也。

译文 《象传》说："颠倒向下求获颐养（再用来养人），吉祥"，说明六四居上而能下施光明美德。

说明 四、二两爻并称"颠颐"，为何此吉彼凶？游酢指出："二之志在物，而四之志在道。"（《折中》引）"在物"，则无应强求，故凶；"在道"，则养正利物，故吉。《象传》谓"上施光"，似乎表明六四含有"取之于民，用之于民"的微旨；因此"其欲逐逐"可以"无咎"。

六五，拂经[①]**；居贞吉，不可涉大川**[②]。

译文 六五（譬如"君主"依赖上者养己以养天下），违背常理；静居守持正固可获吉祥，不可涉越大河巨流。

注释 ① 拂经：此谓六五处《颐》"君位"，失正无应，阴柔无实，唯承上九阳刚，犹如不能养人、反赖上者养己以兼养天下，有背君主"养贤以及万民"的常理，故曰"拂经"。《程传》："六五，'颐'之时居君位，养天下者也。然其阴柔之质，才不足以养天下，上有刚阳之贤，故顺从之，赖其养己以济天下。"

② 居贞吉，不可涉大川：此承前句义，说明六五既失正不刚，宜趋正以居，从阳补阴，不可率意犯难涉险。《程传》："阴柔之质，无贞刚之性，故戒以能居贞则吉；以阴柔之才，虽倚赖刚贤，能持循于平时，不可处艰难变故之际，故云'不可涉大川'也。"

《象》曰："居贞之吉"，顺以从上也。

译文 《象传》说："静居守持正固可获吉祥"，说明六五应当顺从依赖上九阳刚贤者。

说明 六五的喻意在于：高居尊位者必须以充实的美德"养天下"；但己身无法自养，故不得不依赖"上贤"的力量。《象传》谓"顺以从上"，即表明六五才德薄弱，不称其位。但因尚有"养天下"之心，故爻辞仍许其"居贞吉"。

上九，由颐；厉吉，利涉大川[①]。

译文 上九，天下依赖他获得颐养；知危能慎可获吉祥，利于涉越大河巨流。

注释 ① 由颐；厉吉，利涉大川：由颐，由之以颐，其构词法与《豫》九四"由豫"同（参阅该爻译注），此处犹言"天下赖以获养"。这三句说明上九最处《颐》极，阳刚充沛，有臣贤于君、君赖之以养天下之象；担此重任，知危能慎则吉，排难涉险必利。《本义》："六五赖上九之养以养人，是物由上九以养也。位高任重，故厉而吉；阳刚在上，故'利涉大川'。"

《象》曰："由颐厉吉"，大有庆也。

译文 《象传》说："天下依赖他获得颐养，知危能慎可获吉祥"，说明上九大有福庆。

说明 《颐》上九"由颐"，与"由豫"语法结构上相似，甚至在爻义上也值得比较。王宗传曰："《豫》之九四，天下由之以豫，故曰'大有得'；《颐》之上九，天下由之以颐，故曰'大有庆'也。"（《童溪易传》）

总论 《汉书·食货志下》有这样一段话："酒者，天之美禄，帝王所以颐养天下，享祀祈福，扶衰养疾。"诚然，佳酿美酒可以颐养人体，但若狂饮无度，必成为伤身损德的媒介。同理，《颐》卦虽发"颐养"之义，卦辞开句便诫：守正则吉。卦中所揭明的"养正"意义，基本宗旨体现在两端："自养"之道，当本于德，不可弃德求欲；"养人"之道，当出于公，必须养德及物。六爻的喻旨，下三爻皆"自养"不得其道，因此初"凶"、二"征凶"、三"无攸利"；上三爻皆努力"养人"，故四"吉"、五"居贞吉"、上"吉"且"利"。《折中》引吴曰慎曰："初九、六二、六三，皆自养口体，私而小者也；六四、六五、上九，皆养其德以养人，公而大者也。公而大者吉，得'颐'之正也；私而小者凶，失'颐'之贞也。可不'观颐'而自求其正耶?"可见，六爻大义是集中赞美"养人"、"养贤"、"养天下"的"颐养"盛德。若回头就卦辞"自求口实"看，则卦中尽管强调"养德"，其立足点仍未尝偏离物质基础。据此辨析《颐》卦"养天下"的义理，似与《孟子》提倡的"民本"思想以及《管子》所发"王者以民为天，民以食为天"的言论略可勾联；此中自然也看出《周易》作者的进步观念。

大过卦第二十八

䷛ 大过[①]：栋桡[②]；利有攸往，亨[③]。

译文 《大过》卦象征大为过甚：栋梁曲折弯挠；利于有所前往，亨通。

注释 ① 大过：卦名，下巽(☴)上兑(☱)，象征"大为过甚"。案，阳刚称"大"，本卦四阳居中过盛，故名"大过"。《正义》："四阳在中，二阴在外，以阳之过越之甚也。"又案，马其昶曰："《易》卦名每兼数义。过，越也；过，差也；过，误也。义各有当也。"(《重定费氏学》)此说可资参考。

② 栋桡：栋，梁，屋脊的主要部分；桡，音 náo，通"挠"，《释文》"曲折"。此以栋梁两端柔弱不胜重压，以至曲折弯挠，喻示事物刚大者片面过甚、柔小者不胜其势的反常状态；卦中四阳过强、二阴虚弱，正呈此象。《本义》："上下二阴不胜其重，故有'栋桡'之象。"案，"桡"字，阮刻作"挠"，《校勘记・补》曰："各本皆作'桡'是，'挠'字误也"，今据改正(《彖传》"桡"字同)。

③ 利有攸往，亨：此谓"大过"之时，物既反常，则亟待整治；卦中二、五爻阳刚得中，上下卦又有驯顺、和悦以治"大过"之象(见《彖传》译注)，故利往、得亨。《本义》："四阳虽过，而二、五得中，内巽外说，有可行之道，故利有所往而得亨也。"

《彖》曰："大过"，大者过也[①]；"栋桡"，本末弱也[②]。刚过而中，巽而说行[③]，利有攸往，乃亨。"大过"之时大矣哉[④]！

译文 《彖传》说："大为过甚"，指刚大者过甚；"栋梁曲折弯挠"，说明首尾两端柔弱。阳刚过甚时能够适中调济，驯顺、和悦地施行整治，因此利于有所前往，可获亨通。"大过"之时的功效多么宏大啊！

注释① 大者过:此释卦名"大过",谓卦中阳爻超过阴爻,喻事物刚大因素过盛。《汉上易传》引郑玄曰:"阳爻过也。"

② 本末弱:本末,首尾两端,指卦中初、上两爻。此句承前文"大者过也"之义,释卦辞"栋桡";谓"栋"之所以"桡",是由于两端柔弱、不如中体刚强,故难胜重压、导致下挠曲折。卦中初、上阴爻,正是"本末弱"之象。《王注》:"初为本,而上为末也。"

③ 刚过而中,巽而说行:刚、中,指二、五两爻阳刚居中;巽,下卦巽含"驯顺"义;说,即"悦",上卦兑为"悦"。这两句举二、五爻象及上下卦象释卦辞"利有攸往,亨";说明阳刚能居中调济,沿顺、悦之道而行,则利于整治"大过",往必有亨。《程传》:"刚虽过,而二、五皆得中,是处不失中道也;下巽上兑,是以巽顺和说之道而行也。在'大过'之时,以中道巽顺而行,故'利有攸往',乃所以能亨也。"

④ "大过"之时大矣哉:此谓"大过"之时事物反常,亟待整治,"君子"正可施用,故称"时大"。《王注》:"是君子有为之时也。"《程传》:"如立非常之大事,兴百世之大功,成绝俗之大德,皆'大过'之事也。"

《象》曰:泽灭木,大过①;君子以独立不惧,遁世无闷②。

译文《象传》说:大泽淹没树木,象征"大为过甚";君子因此(处身"大过"之时)能够独自屹立,毫不畏惧;毅然逃世,无所苦闷。

注释① 泽灭木,大过:释《大过》卦上兑为泽、下巽为木之象。《程传》:"泽,润养于木者也,乃至灭没于木,则过甚矣,故为'大过'。"

② 独立不惧,遁世无闷:此谓"君子"观卦象,悟知当以"大过人"之举处"大过"之时,故能"独立不惧,遁世无闷"。《王注》:"此所以为'大过',非凡所及也。"《程传》:"君子观《大过》之象,以立其'大过人'之行。君子所以'大过人'者,以其能独立不惧,遁世无闷也。天下非之而不顾,独立不惧也;举世不见知而不悔,遁世无闷也。"

说明 卦辞"栋桡",是喻示事物"大过"的反常情状,《大象传》"木灭泽"亦明此事;"独立"、"遁世",则阐发"君子"处"大过"的非凡气魄。孔颖达认为《大过》卦有二义:"一者,物之自然大相过越常分";"二者,大人大过越常分以拯患难"(《正义》)。此说可备参考。

初六,藉用白茅,无咎①。

译文 初六,用洁白的茅草衬垫承放(奉献尊者的物品),免遭咎害。

注释① 藉用白茅,无咎:藉,音 jiè,衬垫,《释文》引马融曰:"在下曰藉",即用物垫于下以承物;白茅,洁白的茅草。这两句说明初六当"大过"之时,一阴在下,应当极为敬慎承事上之阳刚,才能免"咎";故爻辞拟白茅衬地承物以奉上为喻。《集解》引侯果曰:"以柔处下,履非其正,咎也。苟能絜诚肃恭不怠,虽置羞于地可以荐奉;况藉用白茅,重慎之至,何咎之有矣?"

《象》曰：藉用白茅，柔在下也。

译文 《象传》说："用洁白的茅草衬垫承放（奉献尊者的物品）"，说明初六柔顺居下、行为敬慎。

说明 时当"大过"，以柔弱卑小处于极下，自宜敬慎承阳，才能以彼刚济己柔，避害趋利。《系辞上传》引孔子语，释此爻之义甚明："苟错诸地可矣；藉之用茅，何咎之有？慎之至也。夫茅之为物薄，而用可重也。慎斯术以往，其无所失矣。"

九二，枯杨生稊，老夫得其女妻①；无不利。

译文 九二，枯槁的杨树生出嫩芽新枝，龙钟老汉娶了个年少娇妻；无所不利。

注释 ① 枯杨生稊，老夫得其女妻：稊，音 tí，通"荑"，树木新生的芽、枝，《尚氏学》："'稊'、'荑'同字"，"'荑'为木新生之条"。本爻拟象十分生动：以枯杨生出新枝、老汉娶得幼妻，比喻九二以"过甚"之阳得处中位，下比初六柔弱之阴，遂能刚柔相济，各自获益；以此处"大过"，则无所不利。《王注》："老过则枯，少过则稚。以老分少，则稚者长；以稚分老，则枯者荣。过以相与之谓也。"《折中》引王申子曰："《大过》诸爻，以刚柔适中者为善。初以柔居刚，二以刚居柔而比之，是刚柔适中，相济而有功者也。其阳过也，如杨之枯，如夫之老；其相济而有功也，如枯杨而生稊，如老夫得女妻。言阳虽过矣，九二处之得中，故'无不利'。"

《象》曰："老夫女妻"，过以相与也。

译文 《象传》说："龙钟老汉娶了个年少幼妻"，说明九二阳刚过甚，但能和初六阴柔相互亲与。

说明 九二获"无不利"，在于阳居阴位，再济之以初之阴柔。司马光曰："《大过》刚已过矣，正可济之以柔，而不可济之以刚也。故《大过》之阳，皆以居阴为吉，而不以得位为美也。"（《温公易说》）

九三，栋桡，凶①。

译文 九三，栋梁曲折弯挠，有凶险。

注释 ① 栋桡，凶：此谓九三当"大过"之时，阳居下卦之极，刚亢过甚；又应于上六，刚势益烈：正如栋之中体愈刚、本末愈弱，故有"栋桡"之象。爻义与卦辞合，言如此处"大过"，"栋"必挠曲、凶险将至。《集解》引虞翻曰："本末弱，故挠。"《程传》："以过甚之刚，动则违于中和，而拂于众心，安能当'大过'之任乎？故不胜其任，如栋之桡，倾败其室，是以凶也。"

《象》曰："栋桡之凶"，不可以有辅也①。

译文 《象传》说："栋梁曲折弯挠而有凶险"，说明九三的刚势不能再加以辅助。

注释 ① 不可以有辅也：辅，助也。此句说明九三不可应上；若得应于上六，刚势获助益烈，则"栋桡"益甚。《集解》引虞翻曰："辅之益'桡'，故不可以有辅。阳以阴为辅也。"

说明 若在他卦，九三得正应上，本可佳美；但居“大过”反常之时，其刚可损不可益。故爻辞谓过刚必致“凶”，《象传》又曰“不可以有辅”。

九四，栋隆，吉①；有它，吝②。

译文 九四，栋梁隆起平复，吉祥；要是有应于下方，必生憾惜。

注释 ① 栋隆，吉：隆，隆起，即下“挠”之势平复。此谓九四处《大过》上卦之始，阳居阴位，犹自损过刚之质，以救“本末”之“挠”，使“栋”体隆起平复，故获吉祥。《本义》：“以阳居阴，过而不过，故其象‘隆’而占‘吉’。”

② 有它，吝：有它，有应于它方（参阅《比》初六译注），此处指应初。这两句因九四与初有应，特设诫辞，谓四既已损刚使“栋隆”，若再趋下应初，则将过柔，反不能救“挠”，而致有“吝”。《本义》：“下应初六，以柔济之，则过于柔矣，故又戒以‘有它’则‘吝’。”

《象》曰：“栋隆之吉”，不桡乎下也。

译文 《象传》说：“栋梁隆起平复，吉祥”，说明九四使栋梁不再往下曲折弯挠。

说明 三、四两爻均不宜与应爻相应，其原因不同：三以强健刚亢之体应上，得应则益亢，必使“栋桡”更甚；四以刚柔调济之质应初，趋下则过柔，必致“栋隆”复“挠”。因此，九四之“吉”，只须自损阳刚、不与初应即可获得；九三之“凶”，若兼以躁动上应将增添凶险。

九五，枯杨生华，老妇得其士夫①；无咎无誉②。

译文 九五，枯槁的杨树开出新花，龙钟老太配了个强壮丈夫；不遭咎害、也无所佳誉。

注释 ① 枯杨生华，老妇得其士夫：这两句拟象与九二相对，也十分生动；以枯杨生出新花，老妇配得壮夫，比喻九五刚健之阳（犹“士夫”）亲比上六衰极之阴（犹“老妇”），两者勉力调济、阴阳和合，故有“生华”之象。《折中》引沈该曰：“九二比于初，近本也，‘生稊’之象；九五承于上，近末也，‘生华’之象。”

② 无咎无誉：此谓九五勉力拯救“本末弱”的反常局面，虽“老妇”也与相配，以期刚柔调济，不失“大过人”之举，故“无咎”；但极强配极弱，终难善成其功，且有对偶不适之憾，故“无誉”。

《象》曰：“枯杨生华”，何可久也？“老妇士夫”，亦可丑也。

译文 《象传》说：“枯槁的杨树开出新花”，生机怎能长久呢？“龙钟老太配了个强壮丈夫”，这样的情状也太可羞丑。

说明 九五以极刚济极柔，虽不能完满成功，但总算竭尽了最后的努力。因此，其“无咎无誉”的结局，实是大势所然，非人力所能改易。

上六，过涉灭顶，凶，无咎①。

译文 上六，涉水过深以至淹没头顶；有凶险，但无所咎害。

注释 ① 过涉灭顶，凶，无咎：这是以涉水淹溺、遭灭顶之灾，喻上六极阴处《大过》之终，虽下比九五阳刚，竭力取阳济阴，但因才力过弱，终究难免“亡身”；然视其“独立不惧”的救时毅力，结局虽“凶”，而“杀身成仁”之义则“无咎”。《本义》：“处过极之地，才弱不足以济，然于义为‘无咎’矣：盖杀身成仁之事。”

《象》曰：“过涉之凶”，不可咎也。

译文 《象传》说：“涉水过深以至淹没头顶有凶险”，说明上六救时亡身、不可视为有咎害。

说明 上六犹如“栋梁”的“末端”，因过弱不胜重负而下曲；当极力拯救仍未能承压之时，毅然自损其身，保存主体，大屋赖以不陷。李士钤谓：“时无可为，祸无可避，甘罹其凶”（《周易学说》引），正是爻辞“凶”而“无咎”的寓意。

总论 自然界及人类社会中，事物的发展有时将导致阳刚过甚、阴柔极弱，或主体因素过甚、附属因素极弱等情形；于是“生态”失调，物象反常。这就是《大过》卦所揭示的“大为过甚”的事状。卦辞先取“栋梁”曲折下挠为喻，表明“阳刚”者“大过”、“阴柔”者不胜其势的景况；再指出此时亟待“大过人”之举奋力拯治，则可以调济阴阳，走向“亨通”。卦中六爻分别说明善处“大过”的道理，其义主于：上下两阴须取刚济柔，中间四阳须取柔济刚；如此互济，才能救“大过”之弊，成调和之功。但诸爻处时各异，遂致吉凶有别：初、二相比，善于互调刚柔，故初“无咎”、二“无不利”；五、上也相比，但阴阳悬殊太甚，虽竭力调济，终难完满成功，故五“无咎无誉”、上“凶，无咎”；唯三、四两阳最远两阴，必当自损阳刚、静居顺调，而三违逆此道致“凶”，四遵循此道获“吉”。可见，拯治“大过”的根本原则是“刚柔相济”、力求平衡。当然，拯治过程中，“大过人”的举动又是至为关键的；卦中所取“枯杨”生芽、开花，“老夫”、“老妇”得配“女妻”、“壮夫”等象，即含“非同寻常”之义。最使后人警醒的，莫过于上六涉水“灭顶”所寓含的“杀身成仁”以救“大过”之旨。《大象传》称“独立不惧”，《论语・季氏》曰“危而不持，颠而不扶，将焉用彼相矣”，并可启发此爻的意蕴。

坎卦第二十九

☵ 习坎①:有孚,维心亨②;行有尚③。

译文 《坎》卦象征重重险陷:只要胸怀信实,就能使内心亨通,努力前行必被崇尚。

注释 ① 习坎:习,重叠,《集解》引陆绩曰:"重也";坎,卦名,下卦上卦均坎(☵),象征"险陷"。《本义》:"习,重习也;坎,险陷也。其象为水,阳陷阴中,外虚而中实也。此卦上下皆坎,是为重险。"案,《王注》训"习"为"便习",可备一说。

② 有孚,维心亨:孚,信也;维,语气助词。此谓处险之时,常存孚信,其心亨通,则可以排险涉难;卦中二、五两爻阳刚居中,正含此象。《程传》:"阳实在中,为中有孚信;维心亨,维其心诚一,故能亨通。至诚可以通金石,蹈水火,何险难之不可亨也?"

③ 行有尚:此句承前两句义,说明此时"有孚"、"心亨",则行险可以有功,必获嘉尚。《程传》:"以诚一而行,则能出险,有可嘉尚,谓有功也;不行,则常在险中矣。"

说明 孔颖达曰:"诸卦皆于卦上不加其字,此《坎》卦之名特加习者,以坎为险难,故特加习名。'习'有二义:一者,重也,谓上下俱坎,是重叠有险,险之重叠,乃成险之用也;一者,人之行险,先须便("便"阮刻作"使",据汲古阁本校改)习其事,乃可得通,故云习也。"(《正义》)此说可备参考。

《彖》曰:"习坎",重险也,水流而不盈①。行险而不失其信②,维

译文 《彖传》说:"习坎",意思是重重险陷,就像水流进陷穴不见盈满。行走在险境而不丧失信实,就能使内心亨通,这

心亨，乃以刚中也[③]**；“行有尚”，往有功也**[④]**。天险不可升也，地险山川丘陵也，王公设险以守其国：险之时用大矣哉**[⑤]**！**

是由于阳刚居中不偏；“努力前行必被崇尚”，说明往前进取可建功勋。天险高远无法升越，地险山川丘陵（也难以逾越），国君王侯于是设险守护国境：“险陷”之时的功用是多么宏大啊！

注释 ① 重险也，水流而不盈：此谓上下坎两“险”相重，若水流陷穴、不能盈满，以释“习坎”之义。《集解》引陆绩曰：“水性趋下，不盈溢崖岸也。”《尚氏学》：“水流若盈，则非坎矣；既曰‘坎’则不盈也。”

② 行险而不失其信：指二、五阳刚居中，为行险不失信之象。《集解》引荀爽曰：“谓阳来为险而不失中，中称信也。”

③ 刚中：亦指九二、九五阳刚居上下坎之中，此与前文“行险而不失其信”并释卦辞“有孚，维心亨”。《集解》引侯果曰：“二、五刚而居中，则心亨也。”

④ 往有功：此释卦辞“行有尚”。《程传》：“以其刚中之才而往，则有功，故可嘉尚；若止而不行，则常在险中矣。”

⑤ 险之时用大矣哉：此句总结前三句所举“天险”、“地险”、“王公设险”之例，从“用险”的角度叹美“坎险”之时的宏大功用。《程传》：“高不可升者，天之险也。山川丘陵，地之险也。王公，君人者，观《坎》之象，知险之不可陵也，故设为城郭沟池之险，以守其国，保其民人。是有用险之时，其用甚大，故赞其‘大矣哉’。”

《象》曰：水洊至，习坎[①]**；君子以常德行，习教事**[②]**。**

译文 《象传》说：水叠连流至，象征“重重险陷”；君子因此恒久保持令德美行，反复熟习政教事务。

注释 ① 水洊至，习坎：洊，音 jiàn，《尔雅·释言》“再也”，《王注》“相仍而至”，犹言“叠连”。此释《坎》卦上下坎均为水之象。《程传》：“两坎相习，水流仍洊之象也。”

② 常德行，习教事：常，用如动词，指恒久保持；习，动词，犹言“熟习”；教事，《正义》：“政教之事”。这是说明“君子”观《坎》之象，悟知守德行当如水之长流不息，行教事当如两坎相受、时时熟习。《程传》：“君子观《坎》水之象，取其有常，则常久其德行”；“取其洊习相受，则以习熟其教令之事。”

说明 《象传》除了解析卦辞行险“有孚”、“心亨”必获嘉尚之外，兼发“用险”的宏大功效；《大象传》则进一步衍申流水有恒、德教常习之理：两《传》解经角度有异，自当区别看待。

初六，习坎，入于坎窞，凶[①]**。**

译文 初六，面临重重险陷，落入陷穴深处，有凶险。

注释 ① 入于坎窞，凶：窞，音 dàn，《释文》引《说文》曰：“坎中更有坎”，《集解》引干宝曰：“坎之深者也”，犹言深坑。此谓初六以阴处重坎之下，柔弱失正，难以出险，故有深陷“坎窞”而致“凶”之象。《本义》：“以阴柔居重险之下，其陷益深。”

《象》曰："习坎入坎"，失道凶也。

译文 《象传》说："面临重重险陷又落入陷穴深处"，说明初六违失履险之道必有凶险。

说明 履险唯需刚正，初六阴柔不正，身陷重险，其上又无应援，故必有"凶"。

九二，坎有险，求小得①。

译文 九二，在陷穴中困罹险难，从小处谋求脱险必有所得。

注释 ① 坎有险，求小得：小，指阴柔，又喻"小事"、"小处"等。此谓九二处下坎之中，失正罹险；但能以刚居中，孚比上下二阴，故为求"小"有"得"、渐谋脱险之象。《尚氏学》："二失位，故有险；阴为小，二居中，孚于上下阴，故曰'求小得'。"

《象》曰："求小得"，未出中也。

译文 《象传》说："从小处谋求脱险必有所得"，说明九二此时尚未脱出险中。

说明 明人陈仁锡曰："求其小，不求其大，原不在大也。涓涓不已，流为江河，如掘地得泉，不待溢出外，然后为流水也。"《折中》引录此语，并指出："说极是。凡人为学作事，必自求小得始，如水虽涓涓而有源，乃行险之本也。"马其昶也认为："二为泉源，因其未出中，故求小得，积而后流，盈科而后进。未出中，未盈科也；求小得，积细流以成大川也。"(《重定费氏学》)诸说均从九二阳居坎中、求小得大的行险之道，分析爻辞及《小象传》的意旨，似颇可取。

六三，来之坎坎①，险且枕，入于坎窞，勿用②。

译文 六三，来去都处在险陷之间，往前有险，退居难安，落入陷穴深处，不可施展才用。

注释 ① 来之坎坎：来之，犹言"来去"。此谓六三阴居阳位，意欲行险，又处上下坎之间，故有"来之坎坎"、动辄罹险之象。《王注》："既履非其位，又处两坎之间，出则之坎，居则亦坎，故曰'来之坎坎'也。"

② 险且枕，入于坎窞，勿用：枕，《王注》："枕枝而不安之谓"，《本义》："倚着未安之意"，即形容罹险难安的样子。这三句承上文之义，说明六三前后皆险，动处均无凭依；当此陷入"坎窞"之时，必不可强行施用。《王注》："出则无之，处则无安，故曰'险且枕'也。来之皆坎，无所用之，徒劳而已。"案，"枕"字之义，异说尚多。如《集解》引虞翻注，训"枕"为"止"，《纂疏》释为"安其菑，利其危"；《集解》又引干宝注，训"枕"为"安"，并谓"安忍以暴政加民而无哀矜之心"；马其昶《重定费氏学》据《释文》"'枕'古文作'沈'"谓"沈者，没也"，遂以"枕"为"沈"；《尚氏学》据《释文》"郑、向本作'检且枕'"，并据《释名》"检，枕也"之训，认为"检"、"枕"同义，"仍承'来之坎坎'言，言内外俱受检制。"诸说虽异，而罹险难安之意，则大略相同。

《象》曰："来之坎坎"，终无功也。

译文 《象传》说："来去都处在险陷之间"，说明六三终究难成行险之功。

说明 爻辞"险且枕"，王申子释为"临险止而暂息"，指出："下卦之险已终，上卦之险又至：是退而来已险，进而之愈险，进退皆险，则宁于可止之地而暂息焉。'且'者，聊尔之辞；'枕'者，息而未安之义。能如此，虽未离乎险，亦不至深入于坎窞之中也。""其进而入，则陷益深，为不可用。'勿'者，止之之辞也。"(《大易辑说》)《折中》认为此论"似与《需》之六四义足相发"。可备一说。

六四，樽酒，簋贰，用缶，纳约自牖，终无咎①。

译文 六四，一樽薄酒，两簋淡食，用质朴的瓦缶盛物(虔诚地奉献给尊者)，通过明窗结纳信约，终将免遭咎害。

注释 ① 樽酒，簋贰，用缶，纳约自牖，终无咎：簋，音 guǐ，《说文》："黍稷方器也，从竹、皿、皀"，"簋贰"犹言"两簋食"；缶，瓦器(见《比》初六译注)，"用缶"谓以瓦缶盛物；牖，音 yǒu，窗户。这几句取各种物象为喻，说明六四处"险"之时，居上坎之下，前后亦均为"陷穴"，但柔顺得正，上承九五，能以虔诚之心与之结交，犹如奉薄酒一樽、淡食两簋，盛物于瓦缶，虽简朴亦可呈献于尊者；五与四均无它应，遂开诚布公地相交，恰似"纳约"于明窗，于是六四得阳刚相助、不陷入坎险，故"终无咎"。《王注》："处重险而履正，以柔居柔，履得其位，以承于五；五亦得位，刚柔各得其所，不相犯位，皆无余应以相承比，明信显著，不存外饰：处坎以斯，虽复一樽之酒，二簋之食，瓦缶之器，纳此至约，自进于牖，乃可羞之于王公，荐之于宗庙，故'终无咎'也。"

说明 朱熹曰："晁氏云'先儒读"樽酒簋"为一句，"贰用缶"为一句'"，以为可从，并释"贰"为"益之"(《本义》)。可备一说。

《象》曰："樽酒簋贰"，刚柔际也。

译文 《象传》说："一樽薄酒、两簋淡食(奉献尊者)"，说明九五阳刚和六四阴柔相互交接。

说明 三、四两爻并处两坎之间，或"勿用"，或"无咎"，原因在于：六三失位无应，六四得正承阳。故《象传》于三曰"终无功"，于四曰"刚柔际"。

九五，坎不盈，祗既平，无咎①。

译文 九五，险陷尚不满盈，小丘已被铲平，必无咎害。

注释 ① 坎不盈，祗既平，无咎：祗，当作"祇"(音 zhǐ)，与"坻"通，《释文》引郑玄曰："小丘也"；《尚氏学》："'坎不盈'为一事，'坻既平'又为一事，上下对文。"这三句说明九五处"险"之时，阳刚中正，下比六四，为居尊而履险有方之象，故险陷的深穴虽未满盈，穴旁的小丘已被铲平；长此以往，必能渐填陷穴，开通前路，脱出险境，故"无咎"。案，"祇"为"祗"字之误，与《复》初九"无祗悔"同(参阅该爻译注)，但前者训"病"，此训"小丘"，义有区别。尚先生引《诗毛传》、《说文》、《释文》、《文选》及俞樾、王引之诸家说，证"祇"、"坻"、"禔"音皆由"氏"得，从"氐"者误；并明其义为"小丘"(《尚氏学》)。据此，今本作"祗"者当改作"祇"，字通

"抵";又《帛书周易》作"堤(堤)既平",似亦可证从"土"训"小丘"者近是。

说明 "祗既平"之义,《易》家解释多歧。今举三说以备参考。一、《集解》引虞翻注,作"禔既平",训"禔"为"安",《纂疏》曰:"既安且平。"二、王弼曰"祗,辞也",作语气虚词解,谓"既平乃无咎"(《王注》)。三、程颐曰:"祗,宜音柢,抵也",犹今语"抵达",谓:"抵于已平则无咎。"(《程传》)

《象》曰:"坎不盈",中未大也。

译文 《象传》说:"险陷尚不满盈",说明九五虽居中但平险之功尚未光大。

说明 《象传》"中未大"一句,阮元谓《集解》"大"上有"光"字,并指出《正义》亦云"未得光大"(《校勘记》)。据此,似当于"大"前增一"光"字。

上六,系用徽纆,寘于丛棘,三岁不得,凶①。

译文 上六,被绳索捆缚,囚置在荆棘丛中,三年不得解脱,有凶险。

注释 ① 系用徽纆,寘于丛棘,三岁不得,凶:纆,音 mò,徽、纆,均为绳索之名,《释文》:"刘表曰:三股曰'徽',两股曰'纆',皆索名";寘,音 zhì,通"置";丛棘,《集解》引虞翻曰:"狱外种九棘,故称'丛棘'。"这几句说明上六以柔居险之极,所陷至深,犹如被捆缚囚置于"丛棘"中的牢狱,三年不得解脱,故"凶"。《程传》:"以阴柔而自居险之极,其陷之深者也。以其陷之深,取牢狱为喻,如系缚以徽纆,囚寘于丛棘之中;阴柔而陷之深,其不能出矣,故云至于三岁之久,不得免也,其凶可知。"

《象》曰:上六失道,凶三岁也。

译文 《象传》说:上六违失履险正道,凶险将延续三年之久。

说明 爻辞"三岁",王弼以为含有"险终乃反"之义,指出上六"囚执寘于思过之地","自修三岁,乃可以求复"(《王注》)。《折中》也认为"如悔罪思愆,是谓得道,则其困苦幽囚止于三岁矣"。此说可备参考。

总论 韩愈《复志赋》曰"昔余之既有知兮,诚坎坷而艰难"(《昌黎先生集》);文天祥《过平原作》云"崎岖坎坷不得志,出入四朝老忠节"(《文山集》)。两人均在诗赋中发出世途艰险难行的慨叹。《坎》卦大旨,正是喻示谨慎行险的道理。卦辞主于勉励,说明面临重重险陷之际,只要不失诚信,内心亨通就能排险涉难、前行可获嘉尚。卦中六爻皆不言"吉",主于从正反两方面设诫。其中四阴爻除六四柔正承阳、慎处险境获"无咎"外,余三爻多呈凶象:初六柔弱处重坎之下,深落陷穴致"凶";六三阴柔失正,来去均不能出险,终难施用;上六阴处险极,被捆缚幽囚,"凶"延"三岁"。至于二、五两阳,刚健居中,是本卦平险排难的希望所在:尽管两爻并未能彻底脱出险陷,但九二在"慎求小得"中不懈努力,九五于"铲平小丘"后继续奋发——卦辞"行有尚",《大象传》"常德行,习教事"的意旨,似在这两爻,尤其在九五中,得到较深刻的体现。可见,《坎》卦"行险"的义理,是偏重建立在阳刚信实的基础上，强调谨慎守恒之德，如此则险陷可履、艰难可除。《史记·夏本纪》载夏禹治水的事迹，称其“劳心焦思，居外十三年，过家门不敢入”，终于平定洪水滔天之患；《列子·汤问》叙愚公移山的寓言，谓其立志以“子子孙孙无穷匮”的恒久力量，誓要排除太行、王屋之险：这两例，似并可借以参证本卦“行险而不失其信”、“乃以刚中”、“往有功”（《彖传》）的象征内涵。

离卦第三十

离[①]:利贞,亨[②];畜牝牛吉[③]。

译文 《离》卦象征附丽:利于守持正固,亨通;畜养母牛可获吉祥。

注释 ① 离:卦名,下卦上卦皆离(☲),象征"附丽"。《释文》:"离,丽也;丽,着也,八纯卦,象日,象火。"

② 利贞,亨:此谓事物有所附丽之时,利于守正,而后可致亨通;本卦以阴柔为主,故辞意又含"以柔为正"之旨。《王注》:"《离》之为卦,以柔为正,故必贞而后乃亨,故曰'利贞,亨也'。"

③ 畜牝牛吉:此句专明"附丽"当取柔顺,才能获"吉",故以"畜牝牛"为喻。《王注》:"柔处于内而履正中,牝之善也;外强而内顺,牛之善也。《离》之为体,以柔顺为主者也,故不可以畜刚猛之物,而吉于畜牝牛也。"

《彖》曰:离,丽也[①];日月丽乎天,百谷草木丽乎土。重明以丽乎正,乃化成天下[②];柔丽乎中正[③],故亨,是以畜牝牛吉也。

译文 《彖传》说:"离",意思是附丽;譬如太阳月亮附丽在天上,百谷草木附丽在地上。光明重叠而又附丽于正道,就能推行教化,促成天下昌盛;柔顺者附丽在适中方正之处,于是前景亨通,所以畜养母牛可获吉祥。

注释 ① 离,丽也:此与下两句"日月丽乎天,百谷草木丽乎土",并释卦名"离"之义。《王注》:"丽,犹着也,各得所着之宜。"

② 重明以丽乎正,乃化成天下:重明,指上下卦均离,犹两明相重。此谓上下象含有"重明"附离于正道可以"化成天下"之义。《正义》:"重明,谓上下俱离;丽

乎正也者，谓两阴在内。既有重明之德，又附于正道，所以化成天下也。"

③ 柔丽乎中正：柔，指二、五两爻。此以六二、六五柔顺居中处正，合前两句并释卦辞"利贞，亨，畜牝牛吉"。《王注》："柔着于中正，乃得通也；柔通之吉，极于畜牝牛，不能及刚猛也。"《正义》："六五、六二之柔，皆丽于中；中则不偏，故云'中正'。"案，六五虽"中"，却居阳位，本失其正，《正义》解曰："虽非阴阳之正，乃是事理之正，故总云'丽于正'也。"此说可备参考。

《象》曰：明两作，离[1]；大人以继明照于四方[2]。

译文 《象传》说：光明接连升起（悬附高空），象征"附丽"；大人因此连续不断地用光明照临天下四方。

注释 ① 明两作，离：两，犹言"接连"；作，起也。此释《离》卦上下"离"均为"明"之象。《正义》："离为日，日为明。今有上下二体，故云'明两作，离'也。"

② 以继明照于四方：这是说明"大人"效法《离》卦光明连继之象，绵延不断地用"明德"照临天下。《正义》："继续其明，乃照于四方；若明不继续，则不得久为照临。"

说明 孔颖达指出："八纯之卦，论象不同，各因卦体、事义，随文而发。《乾》、《坤》不论上下之体，直总云'天行健'、'地势坤'，以天地之大，故总称上下二体也。雷是连续之至，水为流注不已，义皆取连续相因，故《震》云'洊雷'，《坎》云'洊至'也。风是摇动相随之物，故云'随风，巽'也。山、泽，各自为体，非相入之物，故云'兼山，艮'、'丽泽，兑'，是两物各行也。今'明'之为体，前后各照，故云'明两作，离'。是积聚两明，乃作于'离'；若一明暂绝，其'离'未久，必取两明前后相续，乃得作《离》卦之美。"（《正义》）此说分析《大象传》阐释《乾》、《坤》、《震》、《坎》、《巽》、《艮》、《兑》、《离》"八纯卦"象旨时的不同措辞，尤详于《离》卦，似有可取。

初九，履错然，敬之，无咎[1]。

译文 初九，践行事务郑重不苟，保持恭敬谨慎，就必无害。

注释 ① 履错然，敬之，无咎：错然，错落有致，《集解》引王弼曰："敬慎之貌"，《尚氏学》："又有'郑重不苟'之意。"此谓初九阳刚处下，于行将"附丽"之时，行事能郑重不苟、恭敬谨慎，故获"无咎"。《集解》引王弼曰："处《离》之始，将进其盛，故宜慎所履，以敬为务，辟其咎也。"

《象》曰："履错之敬"，以辟咎也[1]。

译文 《象传》说："践行事务郑重不苟，保持恭敬谨慎"，说明初九这样才能避免咎害。

注释 ① 辟：通"避"。

说明 "附丽"贵在"柔正"。初九阳刚，本有咎害；但居下谦柔敬慎，遂免其咎。《折中》引胡瑗曰："居《离》之初，如日之初生。于事之初，则当常错然警惧，以进德修业,所以得免其咎。"

六二,黄离,元吉①。

译文 六二,保持中正的黄色附丽于物,至为吉祥。

注释 ① 黄离,元吉:黄,中之色(见《坤》六五译注)。这是用"黄"色喻六二居中,能以柔顺中正之道附丽于物,故获"元吉"。此即《彖传》"柔丽乎中正,故亨"之义。《王注》:"居中得位,以柔处柔,履文明之盛而得其中,故曰'黄离元吉'也。"

《象》曰:"黄离元吉",得中道也。

译文 《象传》说:"保持中正的黄色附丽于物,至为吉祥",说明六二有得于适中不偏之道。

说明 《折中》引刘牧曰:"离为火之象,焰猛而易熸,九四是也;过盛则有衰竭之凶,九三是也;惟二得中,离之元吉也。"此说比较二、三、四爻之象,义有可取。

九三,日昃之离,不鼓缶而歌,则大耋之嗟,凶①。

译文 九三,太阳将落,垂垂附丽在西天,此时要是不敲起缶器、怡然作歌自乐,必将导致老暮穷衰的嗟叹,有凶险。

注释 ① 日昃之离,不鼓缶而歌,则大耋之嗟,凶:缶,瓦器,可用为节乐(与盛物之用异,参见《比》初六译注),《说文》:"秦人鼓之,以节歌";耋,音 dié,《说文》"年八十曰'耋'","大耋"极言年老。这几句取太阳偏西为喻,说明九三处下离之终,阳极将衰,未能长久"附丽"于物;此时若不及时"鼓缶"作歌行乐,而要勉强进取,将致"大耋之嗟",必有凶险。《王注》:"处下离之终,明在将没,故曰'日昃之离'也。明在将终,若不委之于人,养志无为,则至于耋老有嗟,凶矣。"

《象》曰:"日昃之离",何可久也!

译文 《象传》说:"太阳将落,垂垂附丽在西天",这种情状怎能保持长久呢!

说明 《集解》引荀爽曰:"初为日出,二为日中,三为日昃。"此将下卦三爻之象揭示甚明。作《易》者于九三设"嗟"、"凶"之诫,实欲人悟知事物有"日暮"、"途穷"之际,故当及时自抑,不可亢进不已。

九四,突如其来如,焚如,死如,弃如①。

译文 九四,突然升起火红的暾霞,像烈焰在焚烧,但顷刻间又消散灭亡,被弃除净尽。

注释 ① 突如其来如,焚如,死如,弃如:这是取日出之际的霞光为喻,说明九四处上下两离之间,急欲上进附丽于六五,但阳刚失正,欲速不达,犹如清晓东方的暾霞突喷而起,有烈焰"焚如"之势;但霞光终究不能上附高天,瞬息间即消散不存,落得"死如,弃如"的结局。《王注》:"处于明道始变之际,昏而始晓,没而始出,故曰'突如其来如'。其明始进,其炎始盛,故曰'焚如';逼近至尊,履非其位,欲进其盛,以炎其上,命必不终,故曰'死如';违离之义,无应无承,众所不容,故曰'弃如'也。"

《象》曰:"突如其来如",无所容也。

译文 《象传》说:"突然升起火红的暾霞",说明九四的虚势必将无处附丽容纳。

说明 朝霞的出现,是突来即消,只能暂显于东方低空,无法上附高天。爻辞取此譬喻九四急欲附五,终难遂愿的情状,似甚切当。《折中》认为九四"不能以顺德养其明","非人不容之,自若无所容",正合爻旨。

六五,出涕沱若,戚嗟若,吉①。

译文 六五,流出泪水滂沱不绝,忧慽嗟伤悲切,(居尊获助,终将)吉祥。

注释 ① 出涕沱若,戚嗟若,吉:沱,泪流滂沱之状;若,语气助词;戚,即"慽",忧伤。此谓六五阴居阳位,为九四之势所迫,遂致忧伤、哀泣;但丽着于尊位,终获众助,故先伤泣然后有"吉"。《王注》:"履非其位,不胜所履,以柔乘刚,不能制下。下刚而进,将来害己;忧伤之深,至于沱嗟也。然所丽在尊,四为逆首;忧伤至深,众之所助,故乃'沱'、'嗟'而获吉也。"

说明 李过以为六五有新君"继世易位"之象(《西溪易说》)。王夫之曰:"后明继前明而兴,以柔道居尊。高宗宅忧而三年不言,成王即政而嬛嬛在疚。"(《周易内传》)此举殷高宗、周成王史迹为说,似与本爻的象征意义略有相合之处。

《象》曰:六五之吉,离王公也。

译文 《象传》说:六五的吉祥,说明是丽着于王公的尊位。

说明 孔颖达指出:"五为王位,而言'公'者,此连'王'而言'公',取其便文,以会韵也。"(《正义》)这是以为"王公"是偏义词,意指"君王"。但蔡清认为:"味'离王公也'之词,则知诸爻之五,所谓尊位者,不必皆谓'天王',凡诸侯之各君其国者亦足当五也。"(《易经蒙引》)此两说并可参考。

上九,王用出征①,有嘉折首,获匪其丑,无咎②。

译文 上九,君王出师征伐,建树丰功、斩折敌方首级,俘获不愿亲附的异己,无所咎害。

注释 ① 王用出征:此谓上九以阳居《离》之极,"附丽"之道大成,众皆亲附;但有不亲附者,则可征伐讨罪。《正义》:"处《离》之极,'离'道既成,物皆亲附,当除去其非类,以去民害。"

② 有嘉折首,获匪其丑,无咎:嘉,嘉美之功;首,指敌方首级;匪其丑,即"非其类",指不愿附从的"异己"。此三句承前文之义,说明上九"出征"取胜,所俘获均异己,则可"无咎"。《正义》:"以出征罪人,事必克获,故有嘉美之功,所断罪人之首,获得匪其丑类,乃得无咎也。"案,《程传》释"首"为"魁首",认为"获匪其丑"

即《尚书·胤征》"歼厥渠魁,胁从罔治"之义。可备一说。

《象》曰:"王用出征",以正邦也。

译文 《象传》说:"君王出师征伐",说明上九是为了端正邦国治理天下。

说明 上九以刚明之德尊居《离》极,下所附丽者必众,背逆者必少;故此时征伐"异己",势将有获无咎。《彖传》"化成天下"、《大象传》"以继明照于四方",似在此爻有所体现。

总论 《左传》僖公十四年载虢射曰:"皮之不存,毛将安傅?"说明事物往往需要附着于一定的环境。就自然物象而言,太阳依附于天空广照大地,火焰依附于燃料发出光热,是最为显明的事例。《离》卦所示"附丽"之义,正是以火、日为基本喻象。卦辞称"畜养牝牛"可获吉祥,则是强调"附丽"之时必须柔顺守正才能亨通畅达。从六爻的情状分析,二、五获吉在于阴柔居中,守持正道以成"附丽"之美;三、四皆凶,则是阳刚不中不正,或面临穷衰,或虚势"无所容",均不能遂"附丽"之志;至于初、上两阳,初九处下敬慎、渐能附丽于物,上九"离"道已成、物皆亲附,故两爻并获"无咎"。若以《坎》、《离》两卦互为比较,又可进一步看出,"行险"当以"刚中"为主,"附丽"则以"柔中"为宜:这是两卦适为相反的核心意义。当然,《离》卦的象征喻旨也是十分广泛的,取"人事"为说,不论人的地位尊卑如何,均须附丽于所处的时代、社会;而人与人之间的不同层次,又存在附丽与被附丽的复杂关系:人类的社会结构,于是不可避免地反映出一种特定的组合。《彖传》极称:"重明以丽乎正,乃化成天下。"程颐曰:"天地之中,无无丽之物,在人当审其所丽,丽得其正则能亨也。""君臣上下,皆有明德,而处中正,可以化成天下,成文明之俗。"(《程传》)这事实上是把《离》卦的哲学意义纳入古代政治思想的范畴中去了。

卷五　下经

咸卦第三十一

䷞ **咸[1]：亨，利贞；取女吉[2]。**

译文　《咸》卦象征交感：亨通，利于守持正固；娶妻可获吉祥。

注释　① 咸：卦名，下艮（☶）上兑（☱），象征"交感"。案，"咸"字之义，《彖传》谓"感也"，犹言"交感"、"通感"、"感应"；《正义》："此卦明人伦之始，夫妇之义，必须男女共相感应，方成夫妇。"

② 亨，利贞；取女吉：取，即"娶"。这三句说明"交感"可致亨通，其利在于守正；并以人事为喻，谓男女"交感"，以"正道"结为婚姻必"吉"。《正义》："既相感应，乃得亨通；若以邪道相通，则凶害斯及，故利在贞正；既感通以正，即是婚媾之善。"

说明　《周易》自《乾》至《离》三十卦为上经，《咸》以下三十四卦为下经。孔颖达曰："先儒皆以上经明天道，下经明人事。然韩康伯注《序卦》破此义，云：'夫《易》六画成卦，"三才"必备；错综天人，以效变化。岂有天道、人事偏于上下哉？'"孔氏并举《讼》、《师》两卦为例，指出："上经之内，明饮食必有讼，讼必众起，是兼于人事，不专天道。既不专天道，则下经不专人事，理则然矣。"（均见《正义》）此谓上下经皆是结合自然界与人类社会的规律（即"天道"、"人事"）阐述《易》理，似有可取。

《彖》曰：咸，感也；柔上而刚下，二气感应以相与[1]。止而说[2]，男下女[3]，是以亨，利贞，取女吉也。

译文　《彖传》说："咸"，意思是交感；譬如阴柔往上而阳刚来下，二气交感互应、两相亲和。交感之时稳重自制又能欢快欣悦，就像男子以礼下求女子，所以亨通，利于守持正固，娶妻可获吉祥。天地交感带来万物化育生长，圣人感化人心带来天下和平昌顺：观察“交感”现象，天地万物的性情就可以明白了！

天地感而万物化生，圣人感人心而天下和平：观其所感，而天地万物之情可见矣[④]！

注释 ① 柔上而刚下，二气感应以相与：柔，指上兑阴卦；刚，指下艮阳卦；与，《释文》引郑玄曰：“犹亲也”。这两句以上下象有刚柔交感之义，释卦名“咸”。《正义》：“艮刚而兑柔，若刚自在上，柔自在下，则不相交感，无由得通；今兑柔在上而艮刚在下，是二气感应，以相授与。”案，孔氏训“与”为“授与”，于义亦通。

② 止而说：止，谓下艮；说，悦也，谓上兑。此明上下象有“静止、欣悦”之义，犹“交感”以正，不陷邪欲。《正义》：“艮止而兑说也，能自静止，则不随动欲；以止行说，则不为邪谄，不失其正。”案，《本义》曰：“艮止则感之专，兑说则应之至”，宜备一说。

③ 男下女：男，谓艮为少男；女，谓兑为少女（均见《说卦传》）。此句以上下卦含少男“礼下”少女之象，与前文“止而说”并释卦辞“亨，利贞，取女吉。”《正义》：“婚姻之义，男先求女；亲迎之礼，‘御轮三周’。皆是男先下于女，然后女应于男。”《纂疏》：“《仪礼·士昏礼》，凡纳采、问名、纳吉、纳征、请期、亲迎诸礼，皆男下女之事。《郊特牲》曰‘男子亲迎，男先于女，刚柔之义也’。”

④ 天地万物之情可见矣：此句合前三句，广举天地、圣人、万物相感之例，深阐《咸》卦大义。《正义》：“结叹‘咸’道之广，大则包天地，小则该万物。感物而动，谓之‘情’也。天地万物皆以气类共相感应，故‘观其所感，而天地万物之情可见矣’。”

译文 《象传》说：山上有大泽，（山泽相通）象征“交感”；君子因此虚怀若谷，广泛容纳感化众人。

《象》曰：山上有泽，咸[①]；君子以虚受人[②]。

注释 ① 山上有泽，咸：释《咸》卦下艮为山、上兑为泽之象。《正义》：“泽性下流，能润于下；山体上承，能受其润；以山感泽，所以为咸。”案：《集解》引郑玄曰：“艮为山，兑为泽，山气下，泽气上：二气通而相应，故曰‘咸’也。”此承《说卦传》“山泽通气”之语释卦象：于义亦通。

② 以虚受人：受，犹言容纳。此句说明君子效法《咸》象，虚怀接物，以成“感应”之道。《王注》：“以虚受人，物乃感应。”《正义》：“君子法此《咸》卦下山上泽，故能空虚其怀，不自有实；受纳于物，无所弃遗：以此感人，莫不皆应。”

说明 从卦辞云男女之间的“交感”，到《彖传》、《大象传》称圣人、君子对于众人、庶民的“感化”，显然是一种发挥。但就象征角度言，“交感”之义本至广泛，故两传所阐发者亦无不在卦理之中。

译文 初六，交感相应在脚拇指。

初六，咸其拇[①]。

注释 ① 咸其拇：拇，《释文》："马、郑、薛云'足大指也'。"此句说明初六以阴处"咸"之始，上应九四，所感尚浅，未动于心，故以感于"拇"为喻；言其欲动而未动。《正义》："初应在四，俱处卦始，为感浅末；取譬一身，在于足指而已。"

《象》曰："咸其拇"，志在外也。

译文 《象传》说："交感相应在脚拇指"，说明初六的感应志向是往外发展。

说明 感应于"拇"，固为浅末；但初六既有所应，终不能不动，故必萌萌然而"志在外"。方宗诚以为，爻辞不言吉凶的原因，是由于"将动之始，善与恶尚未定也；故但曰'咸其拇'，使人存慎动谨几之意"（《读易笔记》）。

六二，咸其腓，凶；居吉①。

译文 六二，交感相应在小腿肚，有凶险；安居守静可获吉祥。

注释 ① 咸其腓，凶；居吉：腓，音 féi，小腿肚，《程传》"足肚也"；此字《说文》训"腨也"，又训"腨"曰"腓肠也"，《段注》："胫骨后之肉也，腓之言肥，似中有肠者然。"此谓六二处《咸》下卦之中，柔正应五，犹交感至于"腓"；"腓"为动象，躁动必凶，故爻辞先戒以凶险，再勉其静居守正则吉。《王注》："'咸'道转进，离'拇'升'腓'；腓体动躁者也，感物以躁，凶之道也。由躁故凶，居则吉矣；处不乘刚，故可以居而获吉。"案，《尚氏学》："五为正应，乃三、四亦阳，二独与五，则为三、四所忌，故动凶居吉。"此释诸爻关系甚明，可备参考。

《象》曰：虽凶居吉，顺不害也。

译文 《象传》说：六二尽管有凶险但安居守静可获吉祥，说明顺从"交感"正道可以免遭祸害。

说明 六二柔和中正，感"腓"致动，本无可咎，但爻辞却以"凶"深诫之。可知《周易》作者于《咸》卦虽言"交感"，却以守正"不动"为美，此中似有男女交感、当以"礼"为防之意寓焉。朱熹曰："此卦虽主于'感'，然六爻皆宜静不宜动也。"（《本义》）

九三，咸其股，执其随，往吝①。

译文 九三，交感相应在大腿，执意盲从泛随于人，如此前往必有憾惜。

注释 ① 咸其股，执其随，往吝：股，大腿；执，犹言"执意"，《正义》释为"其志意所执"；随，此处含"盲从泛随"、心无专主之义。这三句说明九三处《咸》下卦之终，阳盛刚亢，应于上六，交感至"股"；"股"动随足而行，故喻相感不专，执意泛随，"往"必有"吝"。《王注》："股之为物，随足者也。进不能制动，退不能静处，所感在股，志在随人者也。志在随人，所执亦以贱矣；用斯以往，吝其宜也。"

《象》曰："咸其股"，亦不处也①；"志在随人"，所执下也。

译文 《象传》说："交感相应在大腿"，说明九三不能安静退处；"心志在于盲从泛随于人"，说明所执守之意是卑下的。

注释 ① 亦不处：《正义》："非但进不能制动，退亦不能静处也。"

说明 九三处“多凶”之位，阳盛性躁；上应一阴，下履两阴，为三心二意、相感不专之象，故动辄致“吝”。马其昶释本爻《小象传》曰：“君子观于三，不责其行之随，而责其志之所执者下也。”（《重定费氏学》）

译文 九四，守持正固可获吉祥，悔恨必将消亡；心意不定地频频往来，友朋终究顺从你的思念。

九四，贞吉，悔亡①；憧憧往来，朋从尔思②。

注释 ① 贞吉，悔亡：此谓九四当“咸”之时，本有“失正”之悔；但阳居阴位有谦退之象，犹能趋正自守，与所应之初六以诚相须、静俟心志通同之日，故获“吉”而“悔亡”。《王注》：“处上卦之初，应下卦之始，居体之中，在股之上，二体始相交感，以通其志，心神始感者也。凡物始感而不以之于正，则至于害，故必‘贞’然后乃‘吉’，‘吉’然后乃得‘亡’其‘悔’也。”案，据爻位，九四犹居“体中”、“股上”，故王弼谓为感于“心”之象，似可从。

② 憧憧往来，朋从尔思：憧，音 chōng，“憧憧”形容心意不定而频频往来之状，《说文》“憧，意不定也”，《释文》引王肃曰“往来不绝貌”，又引刘表曰“意未定也”（此即《集解》引虞翻谓“怀思虑”之义）；朋，指初六；尔，指九四；思，思念。这两句承前文意，说明九四从有“悔”到“悔亡”，乃至友朋意志通感，倾心相从的过程。《王注》：“始在于感，未尽感极，不能至于无思，以得其党，故有‘憧憧往来’，然后‘朋从’其‘思’也。”

译文 《象传》说：“守持正固可获吉祥，悔恨必将全消”，说明九四未曾因“交感”不正而遭害；“心意不定地频频往来”，说明此时“交感”之道尚未光大。

《象》曰：“贞吉悔亡”，未感害也①；“憧憧往来”，未光大也。

注释 ① 未感害也：《本义》：“言不正而感，则有害也。”

说明 本爻极言男女交感须“正”：初六阴柔，当恬静不妄动；九四阳刚，宜守正通其感。爻辞后两句喻象颇为生动：“憧憧往来”，状思虑不定之忧，适如《诗·关雎》“求之不得”、“辗转反侧”；“朋从尔思”，抒终成眷属之喜，亦犹“窈窕淑女，钟鼓乐之”。然而，“交感”之理原非限于男女情事。所“感”至正至大者，不但“思虑不定”之求不复存在，乃至“天下”因之心志归一，人无所思，意均通同。故《系辞下传》引孔子语发挥此爻象征意义曰：“天下何思何虑？天下同归而殊途，一致而百虑，天下何思何虑？”

译文 九五，交感相应在背脊肉上，不致悔恨。

九五，咸其脢，无悔①。

注释 ① 咸其脢，无悔：脢，音 méi，《正义》据《子夏传》、马融、郑玄、王肃、《说文》、王注诸说，认为“脢”即“背脊肉”，位于“心之上，口之下”，今从之。这两句说明九五当“感”之时，阳刚居尊，虽与六二有应，却不能“大感”；犹如感应在“脢”上，其心难通，故仅获“无悔”。《王注》：“进不能大感，退亦不为无志；其志浅末，故‘无悔’而已。”

《象》曰："咸其脢"，志末也。

译文 《象传》说："交感相应在背脊肉上"，说明九五的交感志向过于浅末。

说明 "背脊肉"于人体为未能通感之象，犹九五虽居尊位，却同"槁木"无情，不能以心感应其下。视六二"动凶居吉"，似亦与此有关。马其昶曰："'圣人感人心而天下和平'；若枯槁独善之流，君子不取其志也。"（《重定费氏学》）

上六，咸其辅颊舌[①]。

译文 上六，交感相应在口头上。

注释 ① 咸其辅颊舌：辅，在脸颊之上，指上牙床，《说文》"人颊车也"；辅、颊、舌三者合称，犹今言"口头言语"，《王注》："辅、颊、舌者，所以为语之具也"，《来氏易注》："舌动则辅应而颊从之，三者相须用事，皆所以言者。"此句说明上六以阴居《咸》卦之终，"感"极而反，其应徒在口头言语而已。《王注》："'咸'道转末，故在口舌言语而已。"

《象》曰："咸其辅颊舌"，滕口说也[①]。

译文 《象传》说："交感相应在口头上"，说明上六不过腾扬空言而已。

注释 ① 滕：音 téng，通"腾"，《释文》："达也，《九家》作'乘'"，《程传》训为"腾扬"；《尚氏学》指出："朱子云'滕'与'腾'通，即'达'也，李鼎祚本正作'腾'。"案，《集解》本作"滕"，即"腾"之古文，故尚先生云"正作'腾'"。

说明 上六感应于言辞，似有虚伪不诚之义。但爻辞未言吉凶，刘沅以为："上六以阴居兑说之终，以言感人，未为全非，但所感者浅耳，故不言吉凶，俟古者自审。"（《周易学说》引）马其昶曰："《咸》之极则发诸口，言者心之声也，心之感有诚伪，故于言亦难定其吉凶焉。"（《重定费氏学》）两人所论，略同《论语·公冶长》"听其言而观其行"之义，与本爻"象外之旨"似可参照。

总论 《礼记·乐记》认为："人生而静，天之性也；感于物而动，性之欲也。"《序卦传》曰："有天地然后有万物，有万物然后有男女，有男女然后有夫妇。"并谓"夫妇之道，不可以不久也。"显然，《咸》卦的主旨，从广义看是普遍阐明事物"感应"之道，从狭义看却是侧重揭示男女"交感"之理。卦辞称"交感"能"正"必致亨通，又言男子"取女"可获吉祥，已经明确表露上述意义。六爻以人体感应设喻，分别展示"交感"的不同情状及是非得失：初六感于"足指"，吉凶未见；六二感于"腿肚"，安居则吉；九三感于"大腿"，泛随有吝；九四感于"心神"，守正致吉；九五感于"背脊"，未能广应，仅得"无悔"；上六感于"口头"，感应转微，吉凶难测。诸爻由下体感应到上体，取象简明贴切。其中九四所感，最具"贞吉"美德；爻辞赞扬"朋从尔思"的境界，无非强调"感"止于"正"必吉，悦以能静为宜，恰似"窈窕淑女，君子好逑"（《诗·关雎》）之义在《易》理中的体现。就这一点分析，《咸》卦的"咸"以"利贞"论，又可与《国风》"好色而不淫"的"诗教"，一并纳入封建社会早期关于男女、夫妇礼教的道德范畴之中，为研究古代社会礼法制度尤其是婚娶制度提供了一方面资料。至于卦中蕴含的超出男女“交感”之外的“天地感而万物化生,圣人感人心而天下和平”的思想,则更是值得重视的《周易》哲学体系中“变化”、“发展”理论之一端。

恒卦第三十二

䷟ 恒[1]：亨，无咎，利贞，利有攸往[2]。

译文 《恒》卦象征恒久：亨通，必无咎害，利于守持正固，利于有所前往。

注释 ① 恒：卦名，下巽（☴）上震（☳），象征"恒久"。

② 亨，无咎，利贞，利有攸往：这几句极力赞美"恒久"之道，认为守"恒"者不但可致"亨通"，并且"无害"、"利正"、"利有所往"。《王注》："恒而亨，以济三事也：恒之为道，亨乃无咎也；恒通无咎，乃利正也；各得所恒，修其常道，终则有始，往而无违，故利有攸往也。"案，王弼所言"济三事"，《正义》引褚氏曰："谓'无咎'、'利贞'、'利有攸往'。"

《彖》曰：恒，久也。刚上而柔下[1]，雷风相与[2]，巽而动[3]，刚柔皆应，恒[4]。"恒：亨，无咎，利贞"，久于其道也[5]。天地之道，恒久而不已也[6]；"利有攸往"，终则有始也。日月得天而能久照，四时变化而能久成，圣人久于其道而天下化成：观其所恒，而天地万物之情可见矣[7]！

译文 《彖传》说：恒，意思是恒久。譬如阳刚居上阴柔处下，雷震风行常相交助，先要逊顺然后可动，阳刚阴柔均相应合：这些都是恒久可行的事状。"恒久，亨通，必无咎害，利于守持正固"，说明要永久保持美好的道德。天地的运行规律，是恒久不停止；"利于有所前往"，说明事物的发展终而复始。日月顺行"天"道而能永久照耀天下，四季往复变化而能永久生成万物，圣人永久保持美好的道德、天下就能遵从教化形成美俗：观察"恒久"现象，天地万物的性情就可以明白了！

注释 ① 刚上而柔下：刚，指上卦震；柔，指下卦巽。此句以上下卦位，说明尊卑序次是恒常不变之事。《王注》："刚柔尊卑，得其序也。"

② 雷风相与：雷，指上震；风，指下巽；与，犹言"助"。此句以上下卦象，说明雷风相须相助，亦属恒常不变的现象。《程传》："雷震则风发，二者相须，交助其势，故云'相与'，乃其常也。"

③ 巽而动：巽，逊顺，谓下卦；动，上卦震为动。此句以上下卦义，说明逊顺而后能动，亦恒常不变之事理。《王注》："动无违也。"《正义》："震动而巽顺，无有违逆，所以可恒也。"

④ 刚柔皆应，恒：谓卦中六爻阴阳皆能相应，亦恒常不变之理；此句合前三句，分别以卦象、爻象解释本卦命名"恒久"之义，故最后以"恒"字作结。《正义》："此卦六爻刚柔皆相应和，无孤媲者，故可长久也。"又曰："上四事皆可久之道，故名此卦为'恒'。"

⑤ 久于其道也：道，谓道德。此句释卦辞，"恒，亨，无咎，利贞"。《王注》："道德所久，则常通无咎，而利正也。"

⑥ 天地之道，恒久而不已也：这两句合下文"终则复始"，举"天地"恒久运行不已为例，释卦辞"利有攸往"。《王注》："得其所久，故不已也"；"得其常道，故终则复始，往无穷也"。《正义》："将释'利有攸往'，先举天地以为证喻，言天地得其恒久之道，故久而不已也。"

⑦ 天地万物之情可见矣：此句合前四句，广举日月、四时、圣人守"恒"之例，深阐《恒》卦大义。《王注》："言各得其所恒，故皆能长久"；"天地万物之情，见于所恒也"。《正义》："总结'恒'义也。"

《象》曰：雷风，恒①；君子以立不易方②。

译文 《象传》说：雷发风行（常相交助），象征"恒久"；君子因此树立恒久不变的正确思想。

注释 ① 雷风，恒：释《恒》卦上震为雷、下巽为风之象。《正义》："雷风相与为恒，已如《彖》释。"（参见《彖传》译注）

② 立不易方：方，道也，此处犹言"正确的思想"。这是说明"君子"效法《恒》象，立身于恒久不变之道。《正义》："君子立身，得其恒久之道，故不改易其方。方，犹'道'也。"

说明 "恒"字之义，可析为二：（一）恒久不易，如守持正道不可一刻动摇；（二）恒久不已，如施行正道必须坚持不懈。但这两方面的意义又是相辅相成，不能割裂。徐幾指出："'利贞'者，不易之恒也；'利有攸往'者，不已之恒也。合而言之，乃常道也；倚于一偏，则非道矣。"（《周易会通》引）视《大象传》所谓"立不易方"，实亦包含"不已"在内了。

初六，浚恒①，贞凶，无攸利②。

译文 初六，深求恒久之道，守持正固以防凶险，否则无所利益。

注释 ① 浚恒：浚，音 jùn，深也。此句说明初六处《恒》之始，阴柔浅下，上应九四；犹急于深求"恒"道，却欲速不达，故有"浚恒"之象。《周易义海撮要》引陆希声曰："常之为义，贵久于其道，日以浸深。初为常始，宜以渐为常，而体巽性躁，遽求深入，是失久于其道之义，不可以为常。"

② 贞凶，无攸利：贞凶，守正防凶（参见《屯》九五译注）。此处承前文"浚恒"之义，谓初六阴居阳位，其行失正，但求"恒"心切亦不可全非，故勉其趋正自守，以期避免凶险；不然，若执意"浚恒"，必无所利。

《象》曰："浚恒"之"凶"，始求深也。

译文 《象传》说："深求恒久之道"的"凶险"，说明初六刚开始就求之过深。

说明 初六"浚恒"之诫，义可广拟于"治学"、"治政"诸事。胡瑗阐释爻旨曰："是故为学既久，则道业可成，圣贤可到；为治既久，则教化可行，尧舜可至；为朋友既久，则契合愈深；为君臣既久，则谏从言听而膏泽下于民：若是之类，莫不由积日累久而后至，固非骤而及也。今此初六居下卦之初，为事之始，责其长久之道，永远之效，是犹为学之始，欲亟至于周、孔；为治之始，欲化及于尧舜；为朋友之始，欲契合之深；为君臣之始，欲道之大行：是不能积久其事，而求常道之深。"（《周易口义》）

九二，悔亡①。

译文 九二，悔恨消亡。

注释 ① 悔亡：此谓九二阳居阴位，本有失正之"悔"；但能恒久守中不偏，遂获"悔亡"。《王注》："虽失其位，恒位于中，可以消悔也。"

《象》曰：九二"悔亡"，能久中也。

译文 《象传》说：九二"悔恨消亡"，说明能恒久守中不偏。

说明 九二以恒久守"中"消"悔"，可见《周易》重视"中"的思想。郭雍曰："可久之道无它焉，中而已矣；过犹不及，皆非可久也。故《中庸》曰：'中者，天下之大本也。'"（《郭氏传家易说》）

九三，不恒其德，或承之羞①；贞吝②。

译文 九三，不能恒久保持美德，时或有人施加羞辱；要守持正固以防憾惜。

注释 ① 不恒其德，或承之羞：承，《说文》"奉也"，谓奉进，此处犹言"施加"；羞，羞辱。这两句说明九三以阳刚居下卦之终，应于上六，躁动盲进，有守德不恒之象，故人或加之以羞。《本义》："位虽得正，然过刚不中，志从于上，不能久于其所，故为'不恒其德，或承之羞'之象。"

② 贞吝：犹言"守正防吝"（参见《屯》九五译注）。此谓九三虽"不恒其德"，

但其位尚正,故勉其守正归"恒",庶可免"吝"。爻义含劝邪反正的微旨。

译文《象传》说:"不能恒久保持美德",说明九三所往将无处容身。

《象》曰:"不恒其德",无所容也。

说明《论语·子路》云:"子曰:'南人有言曰"人而无恒,不可以作巫医",善夫!''不恒其德,或承之羞',子曰:'不占而已矣!'"从孔子的口气看,实对守德不恒者至为鄙夷,足见本爻寓诫深刻。

译文 九四,田猎没有获取禽兽。

九四,田无禽①。

注释 ① 田无禽:这是用田猎无获譬喻九四阳刚失正,恒居不当之位,徒劳无益。《王注》:"恒于非位,虽劳无获也。"《正义》:"田者,田猎也,以譬有事也;无禽者,田猎不获,以喻有事无功也。"

译文《象传》说:九四久居不当之位,田猎哪能获得禽兽呢?

《象》曰:久非其位,安得禽也?

说明 九二不当位,但能守"中",故"悔亡";九四既不当位又失中,故劳而无获。吕柟引申爻旨曰:"君子久于仁义之政,则下足以化民;久于仁义之谟,则上足以正君。舍是而恒焉,则虽术之如彼其诈也,行之如彼其久也,只以滋乱耳,田也何所获禽乎?"(《泾野先生周易说翼》)

译文 六五,恒久保持柔美品德,应当守持正固;妇人可获吉祥,男子必有凶险。

六五,恒其德,贞①;妇人吉,夫子凶。

注释 ① 恒其德,贞:德,此处特指"柔德",谓五能恒于"妇道"。这两句说明六五以阴居上卦之中,虽不当位,但下应九二刚中,有妇人恒久其德、守贞从夫之象,故下文谓"妇人吉,夫子凶"。《王注》:"居得尊位,为恒之主,不能制义,而系应在二,用心专贞,从唱而已,妇人之吉,夫子之凶也。"

译文《象传》说:"妇人守持正固可获吉祥",说明要顺从一个丈夫终身不改;男人则必须裁制事宜,若像妇人那样柔顺必有凶险。

《象》曰:妇人贞吉,从一而终也①;夫子制义,从妇凶也②。

注释 ① 从一而终:从一,犹言"从夫"。此句反映古代礼制对妇女的制约,即《礼记·郊特牲》所谓:"壹与之齐,终身不改,故夫死不嫁。"

② 夫子制义,从妇凶也:制义,裁制事宜;从妇,指遵循妇人的"顺从"之道。《来氏易注》:"制者,裁制也;从妇者,从妇人顺从之道也。夫子刚果独断,以义制事;若如妇人之顺从,委靡甚矣,岂其所宜?故凶。"

说明 六五"妇人守恒"之象,蕴义有合于"妇从夫"的古代礼教。《孟子·滕文公下》云："必敬必戒，无违夫子，以顺为正者，妾妇之道也"，并谓："是焉得为大丈夫乎！"正可视为"妇人吉，夫子凶"的注脚。

上六，振恒，凶①。

译文 上六，振动不安于恒久之道，有凶险。

注释 ① 振恒，凶：振，《释文》引马融曰："动也"。此谓上六居《恒》上震之终，性动不能持恒，有"恒"极致反、振动无常之象，故"凶"。《本义》："振者，动之速也。上六居《恒》之极，处震之终；恒极则不常，震终则过动。又阴柔不能固守，居上非其所安，故有'振恒'之象，而其占则凶也。"

《象》曰：振恒在上，大无功也。

译文 《象传》说：振动不安于恒久之道而又高居在上，说明上六处事必然大为无功。

说明 初六在下求"恒"过深，上六居终不能守"恒"：两象虽相反，但均违处"恒"之道，故前者"无攸利"，后者"大无功"。《重定费氏学》引吕祖谦曰："立天下之大功，必悠久胶固，然后能成。若振动躁扰，暂作易辍，安能成功？"

总论 《恒》卦阐发事物"恒久"之理，就人事而言，即教人立身处世要有"持之以恒"的精神。卦辞以"亨通，无所咎害，利于守正，利有所往"，极力赞美"恒"道可行。然而，卦中六爻无一爻全吉：初六急于深求"恒"道，欲速不达，诫以守正防凶；九二失位，因能恒守刚中，遂得消"悔"；九三守德不恒，或致"羞"、"吝"；九四久居不当之位，徒劳无益；六五恒守柔德，于妇人有吉，男子则凶；上六好动不能守恒，面临凶险。显然，诸爻虽得失不同，但均不能尽"恒"之义，乃至邱富国有"恒之道岂易言哉"（《折中》引）的慨叹。试究"恒"这一概念本身的寓意，似非一时、一事所能即刻尽赅，谚云"路遥知马力，日久识人心"，正属此理；那么，一爻之中难获"完吉"，则是卦旨所限，不能不如此。至于六五称"妇人吉，夫子凶"，虽是象喻，却深刻反映了古代的"妇德"、"男权"思想。纵观全卦大义，无论各爻的占语是否理想，作者所喻示的道理却无不在于勉人守"正"处"恒"。就此而言，"人贵有恒"的思想，实为本卦象征要义的核心。《荀子·劝学》曰："锲而舍之，朽木不折；锲而不舍，金石可镂。"又曰："真积力久则入，学至乎没而后止也。"此说固为论"学"，亦与《恒》卦旨趣无异。

遯卦第三十三

遯[①]:亨[②],小利贞[③]。

译文 《遯》卦象征退避:亨通,柔小者利于守持正固。

注释 ① 遯:音dùn,卦名,下艮(☶)上乾(☰),象征"退避"。《释文》:"遯,字又作'遂',又作'遁',同;隐退也,匿迹避时,奉身退隐之谓也。"

② 亨:指"遯"之时,阴渐长而阳渐衰,"君子"退而后能"亨"。《正义》:"小人方用,君子日消;君子当此之时,若不隐遯避世,即受其害,须遯然后得通,故曰'遯,亨'。"

③ 小利贞:小,喻柔小者,并指卦中两阴爻。这句说明当"遯"之世,柔小者利于守持正固,不宜妄动以害阳刚者。《尚氏学》:"阳大阴小,'小利贞'者,谓宜贞定也;《传》曰'浸而长',谓阴方长,长则消阳,故利于静,不利于动也。"

《彖》曰:"遯,亨",遯而亨也;刚当位而应[①],与时行也[②]。"小利贞",浸而长也[③]。遯之时义大矣哉[④]!

译文 《彖传》说:"退避,亨通",说明必须先作退避然后可致亨通;譬如阳刚者正居尊位而能应合下者,随顺时势施行退避。"柔小者利于守持正固",说明阴气浸润而渐渐盛长(但不得妄动害阳)。"退避"顺应时势的意义多么宏大啊!

注释 ① 刚当位而应:刚指九五;应,指下应六二。此以九五居尊应下,说明阳刚将退之时的情状。《集解》引虞翻曰:"刚谓五而应二。"

② 与时行:与时,犹言"随顺时势",这里特指顺时退避。此句合前文并释卦辞"遯,亨",谓阳刚虽当位有应,于"小人"势长之时须毅然遯退,才能导致"亨通"。《尚氏学》:"不能不遯者,时不可也,故曰'与时行'。遯太早则有过情之讥,

如严光是也;太晚则不能遯,沉溺于小人之中而不能免,如刘歆是也。”案,尚先生举东汉严光早遯致光武帝思贤不得,及西汉刘歆事王莽不能遯致诛莽不成、自杀身亡,以证“遯”宜合“时”,于义颇切。

③ 浸而长:浸,渐也。此释卦辞“小利贞”,谓卦下二阴渐长,利于守正,不宜妄动害阳。《来氏易注》:“浸而长,其势必至于害君子,故戒以‘利贞’。”

④ 遯之时义大矣哉:这是对《遯》卦“时”、“义”的叹美之辞。《正义》:“相时度宜,避世而遯,自非大人照几,不能如此;其义甚大,故云‘大矣哉’。”

《象》曰:天下有山,遯①;君子以远小人,不恶而严②。

译文 《象传》说:高天之下立着大山(犹如天远避山),象征“退避”;君子因此远避小人,不显露憎恶情态而能俨然矜庄、不与混同。

注释 ① 天下有山,遯:释《遯》卦上乾为天,下艮为山之象;《集解》引崔憬曰:“天喻君子,山比小人。小人浸长,若山之侵天;君子遯避,若天之远山。”

② 远小人,不恶而严:恶,音 wù,憎恶;严,犹言“威严”,有凛然不可侵犯之意。这两句说明“君子”效法《遯》象,远避小人,虽不显憎恶之情,但始终能矜严自守,不与苟同。《集解》引侯果曰:“群小浸盛,刚德殒削,故君子避之,高尚林野,但矜严于外,亦不憎恶于内,所谓‘吾家耄逊于荒’也。”《纂疏》:“‘吾家耄逊于荒’,《书·微子》文。言吾家老成之人,皆逃遁于荒野之外。引以明‘远小人’之意。”

说明 卦辞谓“遯”而能“亨”,揭示“遯避”之理;《大象传》称“君子远小人,不恶而严”,则是具体阐明“遯避”之道。郭雍曰:“君子当遯之时,畏小人之害道,志在远之而已。”“远之之道何如?不恶其人而严其分是也。孔子曰:‘人而不仁,疾之已甚,乱也。’疾之则恶也,不恶则不疾矣。”(《郭氏传家易说》)此引《论语·泰伯》语释“不恶”之义,即谓对“小人”若疾恶过甚,反致其为乱;故先宜远避,再图整治,正合“遯”旨。

初六,遯尾①;厉,勿用有攸往。

译文 初六,退避不及而落在末尾;有危险,不宜有所前往。

注释 ① 遯尾:尾,末尾。此谓初六卑居卦下,当“遯”之时,未及退避而落于末尾,情状甚危;故下文谓有“厉”,并戒其“勿用有攸往”。《集解》引陆绩曰:“阴气已至于二,而初在其后,故曰‘遯尾’也;避难当在前,而在后,故‘厉’;往则与灾难会,故‘勿用有攸往’。”

《象》曰:“遯尾”之厉,不往何灾也?

译文 《象传》说:“退避不及而落在末尾”的危险,表明此时若不往前进取则又有什么灾祸呢?

说明《折中》引杨启新曰:“卦中以二阴为小人,至爻中则均退避之君子,盖皆遯爻,则发遯义。”此说表明卦象主全卦大义,爻象言一爻旨趣,两者有异,当区别看待。

译文 六二，被黄牛皮制的革带绑缚，没有人能够解脱。

六二，执之用黄牛之革，莫之胜说①。

注释 ① 执之用黄牛之革，莫之胜说：执，束缚；说，通"脱"。这两句说明六二柔顺中正，体处艮止，上应九五之"尊"，犹身有所系，势不能"遯"，须守正自持，故有束以牛革、难以解脱之象。《集解》引侯果曰："体艮履正，上应贵主，志在辅时，不随物遯，独守中直，坚如革束：执此之志，莫之胜说。殷之父师当此爻矣。"案，侯氏谓"殷之父师"，指殷朝纣王的"父师"箕子，其当殷衰之时不肯隐遯避祸，《尚书·微子》载箕子语"我不顾行遯"即是。以此喻六二爻义，似可切合。

译文 《象传》说："被黄牛皮制的革带绑缚住"，说明六二有固守辅时不退的意志。

《象》曰：执用黄牛，固志也。

说明 爻辞以"牛革"执缚为喻，《象传》谓"固志"，当指六二甘自不退，贞定自守，尚先生云："仍'小利贞'之恉也。"（《尚氏学》）但《易》家对此爻的分析，亦多不同说法，今引两例以备参考。（一）《正义》曰："坚固遯者不志，使不去已"，此承《王注》而发，认为六二束缚遯避者，不使遯去。（二）《本义》曰："以中顺自守，人莫能解，必遯之志也。"此谓六二志在退避，固不可移。

译文 九三，心怀系恋、不能退避，将有疾患、危险；若是畜养臣仆侍妾，可获吉祥。

九三，系遯，有疾厉①；畜臣妾，吉②。

注释 ① 系遯，有疾厉：系，指心有"系恋"。这两句说明九三处下卦之终，无应而亲比于六二，心为所系，未能遯退，故诫以"有疾厉"。《折中》引胡瑗曰："为遯之道，在乎远去，九三居内卦之上，切比六二之阴，不能超然远遯，是有疾病而危厉者也。"

② 畜臣妾，吉：臣，臣仆；妾，侍妾。此以畜养臣妾喻九三亲近六二，谓其仅利于操理小事，不可施于治国大事。《正义》："亲于所近，系在于下；施之于人，畜养臣妾则可矣，大事则凶，故曰'畜臣妾，吉'。"

译文 《象传》说："心怀系恋、不能退避以至有危险"，说明九三将遭疾患而羸困不堪；"畜养臣妾可获吉祥"，说明九三不可施行治国大事。

《象》曰："系遯"之"厉"，有疾惫也①；"畜臣妾吉"，不可大事也。

注释 ① 惫：音 bèi，病困羸弱之状，《尚氏学》据《广韵》训曰："惫，羸困也。"

说明 九三所以未能遯避，在于亲恋六二，不忍离去，故引为"臣妾"相畜。《重定费氏学》引徐幾曰："系者，我为彼所系，阴为主；畜者，彼为我畜，阳为主。"此将二、三两爻的关系揭示颇明。

译文 九四，心怀恋情而身已退避，君子可获吉祥，小人不能办到。

九四，好遯，君子吉，小人否①。

注释 ① 好遯，君子吉，小人否：这三句说明九四下应初六，心情喜好，而身已退避，已有"遯"象；"君子"毅然割爱，故"吉"，"小人"牵恋不舍，故"否"。《王注》："处于卦外而有应于内，君子'好遯'，故能舍之；小人系恋，是以否之。"

《象》曰：君子好遯，小人否也。

译文 《象传》说：君子心怀恋情而身已退避，小人却不能办到。

说明 九四割爱遯避，《程传》称为"克己复礼，以道制欲"，似合爻义。但除了"制欲"之外，九四的遯退还有"识时"之义，尚先生云："当祸患未形之时，从容而遯也，然知几其神，惟君子能之。"(《尚氏学》)

九五，嘉遯，贞吉①。

译文 九五，嘉美及时的退避，守持正固可获吉祥。

注释 ① 嘉遯，贞吉：嘉，嘉美。此谓九五高居尊位，刚中得正，下应六二柔中，虽可不遯，却能知几远虑，及时退避，故有"嘉遯"之象；此时守正而行，必获吉祥。《尚氏学》："五居中当位，下有应与，不必遯也；乃识微虑远，及此嘉时而遯焉，故曰'贞吉'。"

《象》曰："嘉遯贞吉"，以正志也。

译文 《象传》说："嘉美及时的退避，守持正固可获吉祥"，说明九五能够端正退避的心志。

说明 《象传》谓"刚当位而应，与时行也"，正指九五"嘉遯"。但九五之"位"的喻象，诸家说有异者。如：(一)《折中》曰："此爻虽不主君位，然居尊则亦臣之位高者也。凡功成身退者，人臣之道，故伊尹曰：'臣罔以宠利居成功'，岂非遯之嘉美者乎？"此说以为九五是"大臣"象，义主"功成身退"。(二)马其昶曰："《盖宽饶传》引《韩氏易传》云：'五帝官天下，三王家天下；家以传子，官以传贤。若四时之运，功成者去，不得其人则不居其位。'《韩氏易传》今仅存此，当是此爻之义。传贤、传子，皆嘉遯也。尧老舜摄，当此爻矣。曰'正志'，不曰'正位'，明其志在让贤，不居其位，盖言九五之将变也。"(《重定费氏学》)此说认为九五是"天子"象，义主"禅位让贤"。两说释象虽不同，于及时退避，不恋尊位的大义却相吻合，故并可参考。

上九，肥遯，无不利①。

译文 上九，高飞远退，无所不利。

注释 ① 肥遯，无不利：肥，通"蜚"，即"飞"。此以"飞遯"喻上九居《遯》之极，有高飞远引、遨然退避之象；遯退畅飞无阻，故无所不利。《尚氏学》指出，《淮南九师道训》、《易林》、《王注》均读"肥"为"飞"，并曰："朱芹引姚宽《西溪丛语》云'古肥作蜚，蜚、蜚同字'。是'肥'即'蜚'，'蜚'即'飞'也。盖上九居极上，高飞远引，无有阻隔，故'无不利'。"

译文 《象传》说："高飞远退，无所不利"，说明上九无所疑虑留恋。

《象》曰："肥遯无不利"，无所疑也①。

注释 ① 无所疑：疑，含有疑虑、留恋两层意思。《集解》引侯果曰："最处外极，无应于内；心无疑恋，超世高举；果行育德，安时无闷。"

说明 上九居乾健之极，下无应、上无阻，以孑然一身"飞遯"天外，独得"逍遥"之利。李士鉁曰："如鸟高飞远去，不罹网罟之害。天空任鸟飞，此象似之。"（《周易学说》引）

总论 《遯》卦所言"退避"，并非宣扬无原则的消极"逃世"；而是说明事物的发展受阻碍时，必须暂行退避，以俟来日振兴复盛。用"人事"比喻，犹如"君子"当衰坏之世，"身退而道亨"。欧阳修曰"遯者，见之先也"（《易童子问》），程颐云"君子退藏以伸其道"（《程传》）。两说分别表明处"遯"贵在"见几"，行"遯"主于"伸道"。卦辞先称"遯，亨"，已经揭示"遯"而求"亨"之理；又称"柔小"者利在守正，则强调此时应当抑制阻碍力的增长，辅助"刚大"者顺利行"遯"。卦中六爻，下三爻因各种环境条件所限，或不及遯、或不愿遯、或不能遯，以贞定自守、不图"大事"为宜；上三爻阳刚在外，均能识时遯退，以不恋私好、毅然远去为美。项安世指出："下三爻艮也，艮主于止，故为'不往'、为'固志'、为'系遯'；上三爻乾也，乾主施行，故为'好遯'、为'嘉遯'、为'肥遯'。"（《周易玩辞》）显然，全卦行"遯"之事重在上卦；而上卦又以上九"高飞远退"的喻象最为典型。张衡《思玄赋》曰："利飞遁以保名"，《归田赋》曰："苟纵心于物外，安知荣辱之所如"，均流露了作者不满现实、欲退隐伸志的思想情绪，可视为以诗赋语言道出了《遯》卦的一方面义理。

大壮卦第三十四

䷡ **大壮[①]:利贞[②]。**

译文 《大壮》卦象征大为强盛:利于守持正固。

注释 ① 大壮:卦名,下乾(☰)上震(☳),象征"大为强盛"。《释文》引郑玄曰:"壮,气力浸强之名。"《正义》:"壮者,强盛之名;以阳称大。阳长既多,是大者盛壮,故曰'大壮'。"

② 利贞:此谓"大为强盛"之时,利于守正。《程传》:"大壮之道,利于贞正也;大壮而不得其正,强猛之为耳,非君子之道壮盛也。"

《彖》曰:"大壮",大者壮也[①];刚以动,故壮[②]。"大壮,利贞",大者正也[③]。正大而天地之情可见矣[④]!

译文 《彖传》说:"大为强盛",指刚大者强盛;气质刚健又能奋动,所以称"强盛"。"大为强盛,利于守持正固",说明刚大者必须端正不阿。保持正直刚大而天地的性情也就可以明白了!

注释 ① 大者壮:阳大阴小,卦中四阳爻盛长,故称大者强盛。《正义》:"阳爻浸长已至于四,是大者盛壮。"

② 刚以动,故壮:刚,指下乾;动,指上震。此以上下象含"刚"、"动"之义,配合前句"大者壮也"并释卦名"大壮"。《集解》引荀爽曰:"乾刚震动,阳从下升,阳气大动,故壮也。"

③ 大者正也:此释卦辞"大壮,利贞"之义,谓此时利于刚大者守正。《正义》:"大者获正,故得'利贞'。"

④ 正大而天地之情可见矣:古人以为"天地"既大且正,生生万物而不偏,故

谓“正大”即可见“天地之情”。此句承前文，阐发《大壮》卦所含“大者正”之义。《王注》：“天地之情，正大而已矣。弘正极大，则天地之情可见矣。”

译文 《象传》说：震雷响彻天上（刚强威盛），象征“大为强盛”；君子因此（善葆壮盛）不施行非礼的事情。

《象》曰：雷在天上，大壮①；君子以非礼弗履②。

注释 ① 雷在天上，大壮：释《大壮》上震为雷、下乾为天之象。《王注》：“刚以动也。”《正义》：“震雷为威动，乾天主刚健；雷在天上，是‘刚以动’，所以为‘大壮’。”

② 非礼弗履：履，践行。这是说明“君子”观察《大壮》卦象，悟知于强盛之时必须守正履礼，善葆其“壮”。《王注》：“壮而违礼则凶，凶则失壮也。故君子以大壮而顺礼也。”《正义》：“盛极之时，好生骄溢。故于大壮，诫以‘非礼勿履’也。”

说明 项安世曰：“君子所以养其刚大者，亦曰‘非礼勿履’而已。”（《周易玩辞》）此说与《孟子·公孙丑上》“我善养吾浩然之气”，义略接近。

译文 初九，足趾强盛，往前进发必有凶险；应当以诚信自守。

初九，壮于趾，征凶；有孚①。

注释 ① 壮于趾，征凶；有孚：初九阳刚处“大壮”之始，无应欲进，有壮于足趾之象，躁动必伤，故戒以“征凶”；但阳刚诚信，处位端正，故又勉其以“孚”自守，庶可不进避凶。《来氏易注》：“初九阳刚处下，当壮之时，壮于进者也，故有‘壮趾’之象。以是而往，凶之道也。然阳刚居正，本有其德，故教占者惟自信其德；以其穷困，不可所往，往则凶矣。”案，《王注》以“征凶有孚”为句，谓“以斯而进，穷凶可必”，释“有孚”之义犹言“信其必然”。可备一说。

译文 《象传》说：“强盛在足趾”，说明初九应当以诚信自守而善处穷困。

《象》曰：“壮于趾”，其孚穷也①。

注释 ① 孚穷：犹言“孚于穷”，即诚信自守以处穷困。《来氏易注》：“既无应援，又卑下无位，故曰‘穷’；当壮进之时，有其德而不能进，进则必凶，乃处穷之时矣。故惟自信其德，以自守可也。”

说明 “趾”为动象，初九“壮趾”犹言“盛于进”；阳刚初壮即动，必遭凶险。故诫以守“信”不进，善养其“壮”。此亦《周易》“慎始”之义。

译文 九二，守持正固可获吉祥。

九二，贞吉①。

注释 ① 贞吉：九二失正，本有咎害；但处“大壮”之时，阳居阴位，刚中守谦，故为趋正自养而获“吉”之象。《王注》：“居得中位，以阳居阴，履谦不亢，是以‘贞吉’。”

《象》曰：九二“贞吉”，以中也。

译文 《象传》说：九二“守持正固可获吉祥”，是由于阳刚居中的缘故。

说明 《周易》崇尚“谦”的思想，愈是“大壮”之时，愈以谦柔不用“壮”为美。易祓曰：“《易》之诸卦，阴阳贵乎得位。惟《大壮》之卦阳刚或过，则以阳居阴位者为吉。盖以虑其阳刚之过于壮者也，故二爻与四爻皆言贞吉。”（《周易总义》）

九三，小人用壮，君子用罔①；贞厉②，羝羊触藩，羸其角③。

译文 九三，小人妄用强盛，君子虽强不用；守持正固以防危险，若像大羊强触藩篱，羊角必被拘累缠绕。

注释 ① 小人用壮，君子用罔：罔，即“无”；“用罔”犹言“不用壮”。这两句取正反面喻象，说明九三居下乾之终，当位应上，刚亢强盛，此时若为“小人”，必恃强妄动，凶险立至；若为“君子”，必不妄用强，守正养德。辞中褒贬之意甚明。《周易会通》引京房曰：“壮，一也：小人用之，君子有而不用。”案，《王注》训“罔”为“网”，曰：“君子用之以为罗己”，即“君子克己”之谓。于义亦通。

② 贞厉：犹言“守正防厉”（参见《屯》九五译注）。此谓九三位正，但阳刚过盛，又处“多惧”之地，故诫以守正防危；否则，必致下文“触藩”、“羸角”之险。

③ 羝羊触藩，羸其角：羝，音 dī，牡羊，慧琳《一切经音义》五七：“牡三岁曰羝”，此处泛指“大羊”；藩，藩篱；羸，音 léi，《正义》“拘累缠绕也”。这两句拟大羊触藩被缠其角之象，说明九三若不守正，妄动“用壮”，凶危必将临身。胡瑗曰：“小人居强壮之时，动则过中，进则不顾，是犹刚狠之羊，虽藩篱在前，亦触突而进，以至反羸其角，进退不能，凶之道也。”（《周易口义》）

《象》曰：小人用壮，君子罔也。

译文 《象传》说：小人妄用强盛，君子虽强不用。

说明 马其昶曰：“三、上俱值穷位，故皆有‘触藩’之象。然三刚而上柔，是上本非壮，恃三之应而壮。曰‘君子用罔’者，戒三勿以应故，逞其壮而为小人所用也。”（《重定费氏学》）此说辨析三、上两爻关系，可备参考。

九四，贞吉，悔亡①；藩决不羸，壮于大舆之輹②。

译文 九四，守持正固可获吉祥，悔恨必将消亡；犹如藩篱触开了决口而羊角不被拘累缠绕，又似大车的轮輹强盛适用。

注释 ① 贞吉，悔亡：此谓九四居上卦之下，失位无应而有“悔”；但处四阳最盛之时，阳居阴位，为行谦持正之象，故获“吉”而“悔亡”。《王注》：“下刚而进，将有忧虞；而以阳处阴，行不违谦，不失其壮，故得‘贞吉’而‘悔亡’也。”

② 藩决不羸，壮于大舆之輹：决，开也，谓藩篱被触开决口；輹，车下轮輹，指车箱下钩住轮轴的木制器件（见《大畜》九二译注）。这两句承前文之义，说明九四既获“贞吉，悔亡”，则所行无阻，前路阴爻遇之必通，犹如羊触“藩篱”豁然决开，其角不“羸”，又如车下轮輹“强壮”适用，车行快速。爻义主于九四强盛适当，利于施用。《王注》：“已得其壮，而上阴不罔己路，故藩决不羸也；壮于大舆之輹，无有能

说其辖者，可以往也。”

《象》曰：“藩决不羸”，尚往也。

译文 《象传》说：“藩篱触开了决口而羊角不被拘累缠绕”，说明九四利于往前进取。

说明 二、四两爻都以阳居阴位获“贞吉”，是其所同。朱熹又辨析两者的区别曰：“九二贞吉，只是自守而不进；九四却是有可进之象。盖以阳居阴，不极其刚，而前遇二阴，有藩决之象，所以为进；非如九二前有三、四二阳隔之，不得进也。”（《折中》引《朱子语类》）

六五，丧羊于易，无悔①。

译文 六五，在田畔丧失了羊，无所悔恨。

注释 ① 丧羊于易，无悔：易，通“埸”（音 yì），即田畔；《释文》：“陆作‘埸’，谓‘疆埸’也”，《本义》：“《汉·食货志》‘埸’作‘易’”，《来氏易注》：“易，即‘埸’，田畔地也。”这两句说明六五处“壮”已过之时，犹刚壮之羊丧失于田畔；但能以柔处上卦之中，不用刚壮，故“无悔”。《来氏易注》：“本卦四阳在下，故名‘大壮’；至六五无阳，则丧失其所谓‘大壮’矣，故有‘丧羊于易’之象。”《折中》：“至六五则壮已过矣。又以柔处中，则无所用其壮矣；故虽丧羊而‘无悔’。”案，《王注》训“易”为“难易”之“易”，曰“丧壮于易，不于险难，故得无悔”。可备一说。

《象》曰：“丧羊于易”，位不当也。

译文 《象传》说：“在田畔丧失了羊”，说明六五居位不适当。

说明《折中》指出：“位当、位不当，《易》例多借爻位以发明其德与时、地之相当不相当也。此‘位不当’，不止谓以阴居阳不任刚壮而已，盖谓四阳已过矣，则五所处非当壮之位也。于是而以柔中居之，故为‘丧羊于易’。”以说似合《象传》之旨，可资参考。

上六，羝羊触藩，不能退，不能遂，无攸利①；艰则吉②。

译文 上六，大羊抵触藩篱，不能退却，不能前进，无所利益；以艰贞自守则可获吉祥。

注释 ① 羝羊触藩，不能退，不能遂，无攸利：遂，与“退”相对，犹言“进”。这几句比喻上六居《大壮》之终，处震动之极，求进心切，但无奈体柔质弱，犹如羊触藩篱、进退两难，故“无攸利”。《本义》：“壮终动极，故触藩而不能退；然其质本柔，故又不能遂其进也。”

② 艰则吉：艰，犹言“艰贞自守”。此谓上六虽处进退两难之境，但阴柔不刚，下应九三，若艰贞自守以待，终有阴阳相合并进之时。《尚氏学》：“上当位有应，艰贞自守，终吉也。”

《象》曰：“不能退，不能遂”，不

译文 《象传》说：“不能退却，不能前进”，说明上六处事不够周详审慎；“以艰

详也[①]；"艰则吉"，咎不长也[②]。

贞自守则可获吉祥"，说明上六所遭咎害不至于久长。

注释 ① 详：《释文》"详审也"，犹言"周详审慎"。案，《释文》又引郑玄、王肃作"祥"，谓"善也"。义亦通。

② 咎不长：《尚氏学》："三、上为正应，终必和合，故曰'咎不长'。"

说明 上六既言"无攸利"，又言"艰则吉"，正是从两方面揭示爻义：谓此时若盲目强进必不利，若守艰缓图则有吉。朱熹曰："上六取喻甚巧，盖壮终动极，无可去处，如羝羊之角挂于藩上，不能退遂。然艰则吉者，毕竟有可进之理，但必艰始吉耳。"（《朱子语类》）

总论 "大为强盛"，是事物发展的美好阶段；此时如何善葆"盛壮"，是至为关键的问题。《大壮》卦辞以"贞吉"二字，揭示了守"正"处"壮"、必获吉祥之理。卦中诸爻，具体说明"大壮"之时不可恃强"用壮"，而要谦退持中。于是二、四两刚以谦柔获吉，初、三两阳若妄动必凶；五、上两阴，刚壮已过，更宜柔和自守。刘沅指出："不用壮而弥壮，此《大壮》之义也。"（《周易学说》引）马振彪就此进一步推论曰："匹夫之勇，不得谓'大壮'；自反而缩，理直气壮，乃所以为正也。天地有正气，可贯古今；君子有正气，可配道义。董子言'与其不由道而胜，不如由道而败。'不由道而胜，是小人之'用壮'，'亢龙有悔'也；由道而败，是君子之'用罔'，'潜龙勿用'也。《易》义多扶阳抑阴，而《乾》与《大壮》则戒人用阳太过，推'用罔'之义，殆'知进退存亡而不失其正'者乎！"（《周易学说》）此论所明《大壮》推重"不用壮"的义理，实属全卦大旨的核心。许慎《说文》谓"止戈为武"，《周易》称"大壮贞吉"：两者论事发端诚然有异，但关于"刚武"、"强盛"必须建立在"正"的基础上，不得滥用妄施的观点，则是颇可相通。《彖传》极言"正大而天地之情可见"，也是强调这一宗旨。

晋卦第三十五

晋①:康侯用锡马蕃庶,昼日三接②。

译文 《晋》卦象征进长:尊贵的公侯蒙受天子赏赐众多车马,一天之内荣获三次接见。

注释 ① 晋:卦名,下坤(☷)上离(☲),象征“晋长”。《正义》:“晋之为义,进长之名;此卦明臣之升进,故谓之‘晋’。”

② 康侯用锡马蕃庶,昼日三接:康,《释文》“美之名也”,犹言“尊贵”;锡,通“赐”;马,此处兼言“车马”;蕃庶,谓众多;三接,即多次接见。这两句拟公侯获天子赏赐、宠信之象,喻示事物“晋长”时的情状。《正义》:“康者,美之名也;侯,谓升进之臣也。臣既柔进,天子美之,赐以车马蕃多而众庶,故曰‘康侯用锡马蕃庶’也。‘昼日三接’者,言非惟蒙赐蕃多,又被亲宠频数,一昼之间三度接见也。”

说明 近人顾颉刚考《周易》卦爻辞中含有商、周史实。指出此卦“康侯”即西周武王之弟卫康叔。并认为,《大壮》“丧羊于易”、《旅》“丧牛于易”,指商先祖王亥丧牛羊于有易国之事;《既济》“高宗伐鬼方”、《未济》“用伐鬼方”,指殷高宗征伐鬼方部落之事;《泰》、《归妹》“帝乙归妹”,指殷帝乙嫁女于文王之事;《明夷》“箕子之明夷”,指殷末仁人箕子之事等(见顾著《周易卦爻辞中的故事》,载《燕京学报》第六期,又载《古史辨》第三册)。其说引据较多资料,可备参考。

《彖》曰:“晋”,进也,明出地上①。顺而丽乎大明②,柔进而上

译文 《彖传》说:“晋”,意思是进长,就像光明出现在地面。譬如下者顺从而又附丽于上者的宏大光明,以柔顺之道进

行③，是以“康侯用锡马蕃庶，昼日三接”也。

长乃至向上直行，所以就能“像尊贵的公侯一样蒙受天子赏赐众多车马，一天之内荣获三次接见”。

注释 ① 明出地上：明，指上离为火、为日；地，指下坤为地。此以上下卦有“光明出现地面”之象，合前文并释卦名“晋”之义。《正义》：“离上坤下，故言‘明出地上’；明既出地，渐就进长，所以为‘晋’。”

② 顺而丽乎大明：顺指下坤为“顺”；丽乎大明，指上离既有“附丽”之义，又具“大明”之象。此句以上下卦象喻“臣”顺从、附丽于“明君”，必得“晋长”。《正义》：“坤，顺也；离，丽也，又为明。坤能顺从而著于大明。”《集解》引崔憬曰：“坤，臣道也；日，君德也。臣以功进，君以恩接，是以‘顺而丽乎大明’。”

③ 柔进而上行：柔，指六五。此句以卦中六五上进而居尊位，合前文“顺而丽乎大明”并释卦辞“康侯用锡马蕃庶，昼日三接”。《正义》：“六五以柔而进，上行贵位，顺而著明，臣之美道也。”《集解》引崔憬曰：“虽以卦名‘晋’，而五爻为主，故言‘柔进而上行’也。”

说明《周易》中有《晋》、《升》、《渐》三卦，分别象征“晋长”、“上升”、“渐进”。三者在一定程度上都含有“进”的意思，但卦旨却不同（参见《升》、《渐》两卦译注）。《折中》对三卦的卦象、名义作了简明的辨析曰：“《晋》如日之方出，其义最优；《升》如木之方生，其义次之；《渐》如木之既生，而以渐高大，其义又次之。观其《彖辞》皆可见矣。”

《象》曰：明出地上，晋①；君子以自昭明德②。

译文《象传》说：光明出现在地面，象征“进长”；君子因此自我昭著光辉的美德。

注释 ① 明出地上，晋：释《晋》卦上离为明、下坤为地之象，与《彖传》释卦名之义同。《纂疏》：“日出于地，进于天以照地，故曰‘明出地上’。”

② 自昭明德：昭，明也，作动词，犹言“昭著”；明德，即“光辉的道德”。这是说明“君子”效法《晋》象，不断自我修养，昭著美德。《程传》：“君子观明出地上而益明盛之象，而以自昭其明德。去蔽致知，昭明德于己也。”

说明《礼记·大学》论“古之欲明明德于天下者”之事，其结语为“自天子以至于庶人，壹是皆以修身为本”。可见，古人强调的“明明德”，不分“天子”、“庶人”，均当力行。而《晋》卦之义主于“臣道”，故《大象传》所谓“自昭明德”，也偏重于“人臣”在“晋长”过程中的自我修养。

初六，晋如摧如，贞吉①；罔孚，裕无咎②。

译文 初六，进长之初就受摧折抑退，守持正固可获吉祥；不能见信于人，暂且宽裕待时则无咎害。

注释 ① 晋如摧如，贞吉：如，语气助词；摧，摧折抑退。此谓初六处“晋”之始，阴柔在下，前临重阴为“敌”，有将进即受摧折之象；此时当以“正”自守，静俟九四之应则有"吉祥"。《尚氏学》:"初阴,二、三亦阴,得敌,故进而见摧;有应,故贞吉。"

② 罔孚,裕无咎:罔孚,犹言"不见信于人",《重定费氏学》:"孚有在己之孚,有交际之孚",此即所谓"交际之孚";裕,宽裕缓进。这两句再申前文之义,说明初六既遇前阴阻隔,始"晋"受"摧",则一时难以孚信于众,故当宽裕待时,终必消难应四而获"无咎"。《尚氏学》:"初虽应四,以为二、三所隔,应之甚难,故曰'罔孚';裕,缓也,言初与四终为正应,缓以俟之,则'无咎'也。"

《象》曰:"晋如摧如",独行正也;"裕无咎",未受命也①。

译文 《象传》说:"进长之初就受摧折抑退",说明初六应当独自践行正道;"暂且宽裕待时则无咎害",说明初六目前尚未受到任命。

注释 ① 未受命:《尚氏学》:"言初居勿用之位,尚未膺官守之命也。"

说明 《折中》引王安石曰:"初六以柔进,君子也,度礼义以进退者也。常人不见孚,则或急于进以求有为,或急于退则怼上之不知。孔子曰'我待贾者也',此'罔孚'而裕于进也;孟子久于齐,此'罔孚'而裕于退者也。"此引孔、孟之事为说,于本爻义理有合。

六二,晋如愁如,贞吉①;受兹介福,于其王母②。

译文 六二,进长之际满面愁容,守持正固可获吉祥;将要承受宏大的福泽,是来自尊贵的王母。

注释 ① 晋如愁如,贞吉:愁,《释文》引郑玄曰:"变色貌",即忧愁。此谓六二处《晋》下卦之中,居两阴之间,上无应援,"晋"途坎坷,故有"愁如"之象;但柔顺中正,不躁于进故获"贞吉"。《程传》:"六二在下,上无应援,以中正柔和之德,非强于进者也。故于进为可忧愁,谓其进之难也;然守其贞正,则当得吉。"

② 受兹介福,于其王母:介,大也;于其,犹言"由其";王母,即祖母,喻六五。这两句发前文"贞吉"之义,说明六二与六五虽非阴阳正应,但五高居尊位,与二同质而俱有"中德",犹二之"王母",故终降"介福"于二。《程传》:"王母,祖母也,谓阴之至尊者,指六五也。二以中正之道自守,虽上无应援,不能自进,然其中正之德久而必彰,上之人自当求之","加之宠禄,'受介福于王母'也。"

《象》曰:"受兹介福",以中正也。

译文 《象传》说:"将要承受宏大的福泽",是由于六二居中守正。

说明 "王母"之义,似当从《程传》说,喻"阴之至尊者",指六五;就"臣道"言,亦犹"臣之至尊者",与卦辞"康侯"之象相近。但《易》家有不同意见,如:(一)《王注》以为指六二"处内而成德";(二)《尚氏学》也认为指六二,谓"下坤为母"、"伏乾为王",故称"王母"。此两说并可参考。

六三,众允,悔亡①。

译文 六三,获得众人信允,悔恨消亡。

注释 ① 众允,悔亡:允,《集解》引虞翻曰:"信也。"此谓六三阴居下卦之上,失位有"悔";但与下二阴均有上进之志,为其所信而并进,故得"悔亡"。《本义》:"三不中正,宜有悔者;以其与下二阴皆欲上进,是以为众所信而'悔亡'也。"

《象》曰:"众允"之志,上行也。

译文 《象传》说:六三"获得众人信允"的志向,是向上行进。

说明 六三居下卦高位,必须先取信于"众",扎稳根基,才能遂志"上行",获信于"君"。《折中》引吴曰慎曰:"初'罔孚',未信也;三'众允',见信也。信于下,斯信于上。故弗信乎友,弗获于上矣。"

九四,晋如鼫鼠[①],贞厉[②]。

译文 九四,进长之时象身无专技的鼫鼠,守持正固以防危险。

注释 ① 晋如鼫鼠:鼫(音 shí)鼠,即"梧鼠",亦称"五技鼠"(《释文》引《子夏传》作"硕鼠",《尚氏学》谓"音同通用"),《正义》:"蔡邕《劝学篇》云'鼫鼠五能,不成一伎术'("术",阮刻作"王",据《校勘记》改)。注曰:'能飞不能过屋,能缘不能穷木,能游不能度谷,能穴不能掩身,能走不能先人。'"此句用"鼫鼠"比喻九四处《晋》上卦之下,失正不中,为身无专技、贪而畏人之象;以此"晋长",其道必危。《本义》:"不中不正,以窃高位,贪而畏人,盖危道也,故为'鼫鼠'之象。"

② 贞厉:此句承前文而发,谓九四虽失正以"晋"有危,但能比五应初,阳刚谦处阴位,故又诫勉其趋"正"自守、以防危厉。

《象》曰:"鼫鼠贞厉",位不当也。

译文 《象传》说:"象身无专技的鼫鼠,守持正固以防危险",说明九四居位不适当。

说明 "晋"之道主于柔顺,九四以阳刚失正,故有危厉。项安世曰:"三虽不正,以其能顺故得信(伸)其志而上行;四虽已进乎上,以其失柔顺之道,故如鼫鼠之穷而不得遂。"(《周易玩辞》)

六五,悔亡,失得勿恤;往吉,无不利[①]。

译文 六五,悔恨消亡,不须忧虑得失;前往必获吉祥,无所不利。

注释 ① 悔亡,失得勿恤;往吉,无不利:恤,忧虑。此谓六五虽以阴居阳、不当位有"悔",但居处尊高,禀受"离明"之德,委任得人,下者顺从,其"悔"遂"亡";且诸事得失责之于人,已可"勿恤",故"往"必获"吉",无所不利。《正义》:"居不当位,悔也;柔得尊位,阴为明主,能不自用其明,以事委任于下,故得'悔亡'。既以事任下,委物责成,失之与得,不须忧恤,故曰'失得勿恤'也。能用此道,所往皆吉而无不利,故曰'往吉,无不利'也。"

《象》曰:"失得勿恤",往有庆也。

译文 《象传》说:"处事不须忧虑得失",说明六五前往必有福庆。

说明“失得勿恤”之义，诸家说法有异。兹举两例以备参考。（一）朱熹释为“一切去其计功谋利之心”（《本义》），谓六五不计较自身得失。（二）《释文》引孟喜、马融、郑玄、虞翻、王肃本“失”作“矢”；今考《帛书周易》亦作“矢”，与各本合。尚先生从“矢”立说，以为“矢得勿恤”指六五“得矢为用，故勿恤”，犹《噬嗑》九四“得金矢”之例（《尚氏学》）。

上九，晋其角，维用伐邑，厉吉，无咎①；贞吝②。

译文 上九，进长至极，宛如高居兽角尖端，宜于征伐邑国以建功，虽有危险但可获吉祥，而不致咎害；要守持正固预防憾惜。

注释① 晋其角，维用伐邑，厉吉，无咎：角，兽角，喻上九进长至极；维，语气词；用，助词，犹“宜”。此谓上九处《晋》之终，犹如进长至角，有“晋”极则反、光明将损之虞；故不可端居无为，宜于“伐邑”立功，以尽其职，则虽“厉”可“吉”，并获“无咎”。《王注》：“处进之极，过明之中，明将夷焉。已在乎角，而犹进之，非亢如何？失夫道化无为之事，必须攻伐然后服邑。危乃得吉，吉乃无咎。”

② 贞吝：此句又言上九以“伐邑”免“咎”，毕竟有用“武”之憾，未能“全吉”，故再诫其趋正自守，以防“憾惜”。

《象》曰：“维用伐邑”，道未光也①。

译文《象传》说：“宜于征伐邑国以建功”，是说明上九的“晋长”之道未曾光大。

注释① 道未光：《尚氏学》：“离为光明，至上光将熄矣。夫王道大光，则无用征伐；用征伐必‘未光’也。”

说明“晋”极必反，犹如“明出地上”，盛极则衰。上九“晋长”至“角”，靠“伐邑”免“咎”，可见光明之“德”正临“式微”：于是既不能似六五行“无为”之道，不忧得失；又不能似六三获众信允，顺畅“上行”。王弼所谓“明将夷焉”，深得爻旨。

总论《晋》卦揭示事物“进长”的途径。从“人事”角度分析，就是郭雍所说的：“以人臣之进，独备一卦之义。”（《郭氏传家易说》）卦辞取“康侯”受赐为喻，已经表露此旨。《彖传》进一步指出“顺而丽乎大明，柔进而上行”：以“柔”、“顺”两字，点明“进长”的要旨。视卦中诸爻，四阴爻为处“晋”有道之象，初虽受挫折、宽裕待进，二虽有愁绪、守正获福，三见信于众“悔亡”，五不忧得失有“吉”：此均由于柔顺使“晋”途畅通，尤以六五居尊、最为佳美，与卦辞“康侯”的喻象相应。两阳爻则为处“晋”不当之象，九四失正不中，“晋”必有危；上九“晋”极刚亢，难免致“吝”：此皆因有失柔顺使“晋”途阻碍。诚然，《晋》卦极力肯定的“柔顺”，又必须以“光明道德”为重要前提，即下者要附着于“明”求进，上者更须向“明”施治。卦象下顺上明，六五尊居“离明”之中：是这一要点的明显体现。因此，“柔顺”是求“晋”的手段，“光明”是获“晋”的方向：两者结合，则是《晋》卦大义所在。《大象传》称“君子以自昭明德”，正是强调充实、丰富“光明”的素质。否则，离开这一条件独言“柔顺”，必将导致“君昏臣佞”、天下“明夷”的境况。

明夷卦第三十六

䷣明夷[①]:利艰贞[②]。

译文 《明夷》卦象征光明殒伤:利于牢记艰难,守持正固。

注释 ① 明夷:卦名,下离(☲)上坤(☷),象征"光明殒伤"。案,《序卦传》"夷者,伤也",此卦为日入地中之象,犹光明殒伤,故名为"明夷"。《正义》:"此卦日入地中,'明夷'之象;施之于人事,暗主在上,明臣在下,不敢显其明智,亦'明夷'之义也。"

② 利艰贞:此谓天下"明夷"之时,"君子"利于自"艰"守"正",不可忘忽艰难,轻易用事。《集解》引郑玄曰:"日之明伤,犹圣人君子有明德而遭乱世,抑在下位,则宜自艰,无干事政,以避小人之害也。"

说明 卦辞以"利艰贞"立义,深见作者警戒之旨。《折中》引李舜臣曰:"《易》卦诸爻,《噬嗑》之九四、《大畜》之九三,曰'利艰贞',未有一卦全体以'利艰贞'为义者。此盖睹君子之明伤为可惧,而危辞以戒之。其时可知也。"

《彖》曰:明入地中[①],"明夷";内文明而外柔顺,以蒙大难,文王以之[②]。"利艰贞",晦其明也[③];内难而能正其志,箕子以之[④]。

译文 《彖传》说:光明隐入地中,象征"光明殒伤";譬如内含文明美德、外呈柔顺情态,以此蒙受巨大的患难,周文王就是用这种方法渡过危难。"利于牢记艰难,守持正固",说明要自我隐晦光明;尽管身陷内难也能秉正坚守精诚的意志,殷朝箕子就是用这种方法晦明守正。

注释 ① 明入地中:明,指下离为日、为火,故称"明";地,指上坤为地。此句以上下卦象释卦名"明夷"。《正义》:"此就二象以释卦名。"

② 内文明而外柔顺,以蒙大难,文王以之:文明,指下离为"明";柔顺,指上坤

为顺;以之,《释文》引王肃曰"用之"(下文同)。此又举上下象,及周文王被纣幽囚羑里蒙难事殷之例,配合前文"明入地中"并释卦名"明夷"之义。《纂疏》:"离在内为'文明',坤在外为'柔顺';文王有文明柔顺之德而臣事殷纣,幽囚著《易》,故曰'以蒙大难'。"案,"以之",《释文》谓郑玄、荀爽、向秀作"似之",于义亦通(下文同)。

③ 晦其明:此释卦辞"利艰贞",谓"明夷"之世当晦藏明智不用,以"艰"守"正"。《正义》:"明在地中,是'晦其明'也;既处'明夷'之世,外晦其明,恐陷于邪道,故利在艰固其贞,不失其正:言所以利艰贞者,用晦其明也。"

④ 内难而能正其志,箕子以之:箕子,殷纣王的诸父,被囚以佯狂守志。此引箕子处内难晦明守正之例,配合前文"晦其明也"再释卦辞"利艰贞"之义。《尚氏学》:"箕子,纣诸父,故曰'内难';纣囚箕子,箕子佯狂为奴,晦明不用,仅以身免,故曰'箕子以之'。"

说明 《象传》举文王之事释卦名"明夷",又举箕子之事释卦辞"利艰贞":两事与卦旨均甚切合,且箕子事又与六五爻辞"箕子之明夷"相应。张载指出:"文王体一卦之用,箕子以六五一爻之德;文王难在外,箕子难在内也。"(《横渠易说》)

《象》曰:明入地中,"明夷"①;君子以莅众,用晦而明②。

译文 《象传》说:光明隐入地中,象征"光明殒伤";君子因此慎于治理众人,能够自我晦藏明智而更加显出道德光明。

注释 ① 明入地中,"明夷":释《明夷》下离为明、上坤为地之象,与《彖传》首两句释卦名之义同。《集解》引郑玄曰:"日出地上,其明乃光;至其入地,明则伤矣,故谓之'明夷'。"

② 君子以莅众,用晦而明:莅,音 lì,临也,"莅众"犹言"治众"。这是说明君子观《明夷》之象,悟知治理众人应当用"晦明"之道,则其"明"益显。《程传》:"明所以照,君子无所不照。然用明之过,则伤于察,太察则尽事而无含弘之度。故君子观明入地中之象,于莅众也,不极其明察而用晦,然后能容物和众,众亲而安。是用晦乃所以为明也。"

说明 本卦命名"明夷"的象征主旨,在于"天下"昏暗,"君子"晦明不用,"艰贞"守志。故《彖传》以文王、箕子处患难为说,揭示特殊环境中不得已而"用晦"的道理。《大象传》则从"莅众"的角度,引申出"晦明"施治,其明益显的普遍意义。这一点实为古代统治阶级总结出来的一种政治"艺术",本于《老子》"无为而无不为"的思想。王弼指出:"莅众显明,蔽伪百姓者也;故以'蒙'养正,以'明夷'莅众。藏明于内,乃得明也;显明于外,巧所辟也。"(《王注》)孔颖达更举古代帝王仪饰为例,认为"冕旒"象征"蔽明","黈纩"象征"蔽聪",指出:"冕旒垂目,黈纩塞耳,无为清静,民化不欺。"(《正义》)此均为对《大象传》立意的精确理解。

译文 初九，光明殒伤时向外飞翔，低垂掩抑着翅膀；君子仓皇远走避行，三日不顾充填饥肠。此时有所前往，主事的人将疑怪责让。

初九，明夷于飞，垂其翼；君子于行，三日不食①。有攸往，主人有言②。

注释 ① 明夷于飞，垂其翼；君子于行，三日不食：这四句以鸟在"明夷"昏暗中垂翼低飞，喻"君子"自晦其明、远遯匿形之时仓皇疾行、饥不遑食的情状。爻义主于阳刚处"明夷"之初，能及早潜隐避难，自晦不用。《王注》："初处卦之始，最远于难也。远难过甚，明夷远遯，绝迹匿形，不由轨路，故曰'明夷于飞'；怀惧而行，行不敢显，故曰'垂其翼'也；尚义而行，故曰'君子于行'也；志急于行，饥不遑食，故曰'三日不食'也。"

② 有攸往，主人有言：言，指责怪之言。此谓初九阳刚处下，识时过早，未必为人所理解；故此时自晦"有往"，"主事之人"必疑怪责让。辞义含有诫初九"用晦"审慎的意思。《王注》："殊类过甚，以斯适人，人心疑之，故曰'有攸往，主人有言'。"《尚氏学》："凡有所往，而为主人所恶，责让不安。"

译文 《象传》说："君子仓皇远走避行"，说明初九"自晦"的意义是不求禄食。

《象》曰："君子于行"，义不食也①。

注释 ① 义不食：即爻辞"三日不食"之义；此处"食"又兼喻"禄食"。《程传》："君子遯藏而困穷，义当然也；唯义之当然，故安处而无闷，虽不食可也。"《尚氏学》："方自晦之不暇，当然不得禄食也。"

说明 本爻辞前四句喻象生动，形式谐美，且偶句用韵，可视为一首意味隽永的小诗。就其表现手法看，前两句用鸟飞垂翼先为"起兴"，后两句以君子遯行表示"所言之词"：此与《诗经》的"兴"体颇类似；而四句的整体意义又是比喻初九处"明夷"的情状。章学诚指出："《易》象虽包六艺，与《诗》之比兴，尤为表里。"（《文史通义·易教》）此说至为可取。

译文 六二，光明殒伤；使左边大腿遭伤损，然后（乘用）良马（借助它的）拯济将渐渐复壮，可获吉祥。

六二，明夷；夷于左股，用拯马壮，吉①。

注释 ① 夷于左股，用拯马壮，吉：拯，犹言"拯济"。此谓六二柔顺中正，当"明夷"之时，其志难行，故使"左股"伤损，自晦明智以守正；然后再借助良马拯济，缓图复壮而行，遂获吉祥。《正义》："左股被伤，行不能壮；六二以柔居中，用夷其明，不行刚壮之事者也。"又曰："夷于左股，明避难不壮，不为暗主所疑，犹得处位，不至怀惧而行，然后徐徐用马以自拯济而获其壮吉也。"

译文 《象传》说：六二的吉祥说明既柔顺又能坚守法则。

《象》曰：六二之吉，顺以则也①。

注释 ① 顺以则:《来氏易注》:“言外虽柔顺而内实文明有法则也,所以‘用拯马壮’也。”

说明 来知德援文王与纣之事证此爻喻义,曰:“文王囚于羑里,‘夷于左股’也;散宜生之徒献珍珠美女,‘用拯马壮’也;脱羑里之囚,得专征伐,‘吉’也。”(《来氏易注》)此说认为六二的象征寓旨即《彖传》所云“内文明而外柔顺,以蒙大难,文王以之”之义。可备参考。

九三,明夷于南狩,得其大首①;不可疾,贞②。

译文 九三,光明殒伤时在南方巡狩而施行征伐,诛灭元凶首恶;此时不可操之过急,应当守持正固。

注释 ① 明夷于南狩,得其大首:南,《正义》“文明之所”,指九三处离之上,“离”于方位象征属南;狩,《正义》:“征伐之类”;大首,《正义》:“谓暗君”,犹今言“元凶首恶”,喻上六。此谓九三处下卦离明之上,阳刚得正,于“明夷”之世,志在诛灭上六“暗君”,以著明正德,故有“南狩”、“得大首”之象。《王注》:“处下体之上,居文明之极,上为至晦‘入地’之物也。故夷其明以获南狩,得大首也。南狩者,发其明也。”

② 不可疾,贞:疾,急也。此承前文义,说明天下“明夷”已久,除暗复明之事宜渐不宜急,故须持“正”俟时。其旨与卦辞“利艰贞”同。《尚氏学》:“不可疾,言虽‘得其大首’,不可持之过急也;贞,谓宜安定也。‘疾’与‘贞’相对为义。旧读‘疾贞’连文,《九家》谓‘不可疾正’,最为害理。独项氏《玩辞》以‘贞’自为句,与经义合。”案,尚先生说甚可取;《来氏易注》亦以“贞”为句,谓“不可疾,惟在于贞”,亦同此义。

《象》曰:南狩之志,乃大得也。

译文 《象传》说:九三“在南方巡狩而施行征伐”的志向,说明必将大有所得。

说明 朱熹曰:“成汤起于夏台,文王兴于羑里,正合此爻之义。而小事亦有然者。”(《本义》)可见《周易》的象征意义至为广泛,无论古事、今事,大事、小事,均可“触类”为“征”,未必泥于一象,拘于一事。

六四,入于左腹,获明夷之心,于出门庭①。

译文 六四,退处于左方腹部地位,深刻了解光明殒伤时的内中情状,于是毅然跨出门庭远去。

注释 ① 入于左腹,获明夷之心,于出门庭:左,含“退”、“顺”之义,喻六四柔顺处事,《正义》:“凡右为用事也,从其左不从其右,是卑顺不逆也”;腹,《正义》:“事情之地”,喻六四居腹要之位;心,心意,犹言“内情”,此指天下“明夷”的缘故。这三句说明六四居上卦坤体之始,犹当“明夷”之时,身在暗地,以柔顺退处“腹要”之位,故能获知“明夷”时的内情,遂及时抉择去从,毅然出门远遁。《王注》:“左者,取其顺也。入于左腹,得其心意,故虽近不危;随时辟难,门庭而已,能不逆忤也。”《尚氏学》:“四坤体,故曰‘入于左腹’;坤暗,故曰‘获明夷之心,于出门庭’。”又曰:"言行至四入坤,悉'明夷'之故,正在于是也。"

《象》曰:"入于左腹",获心意也。

译文 《象传》说:"退处于左方腹部地位",是说能够深刻了解光明殒伤时的内中情状。

说明 本卦下离为明体,上坤为暗体,上下卦诸爻皆依此发"明夷"之义。朱熹分析道:"下三爻明在暗外,故随其远近高下,而处之不同。六四以柔正居暗地而尚浅,故犹可以得意于远去;五以柔中居暗地而已迫,故为内难正志以晦其明之象;上则极乎暗矣,故为自伤其明以至于暗,而又足以伤人之明。盖下五爻皆为君子,独上一爻为暗君也。"(《本义》)此说甚得卦旨。

六五,箕子之明夷,利贞①。

译文 六五,殷朝箕子的光明殒伤,利于守持正固。

注释 ① 箕子之明夷,利贞:这是拟取殷箕子被纣囚、佯狂自晦以守志之象,喻六五最近"暗君",身罹内难,利于守正不移,不为昏暗所没。此即《象传》所云"晦其明"、"内难而能正其志,箕子以之"之义。《正义》:"六五最比暗君,似箕子之近殷纣,故曰'箕子之明夷'也;'利贞'者,箕子执志不回,暗不能没,明不可息,正不忧危,故曰'利贞'。"

说明 尚先生详考旧说,以为"箕子"即"孩子","箕"、"孩"音同通用;而"孩子"谓殷纣,指出:"六五天子位,孩子之明夷,谓纣昏蒙。"(《尚氏学》)此说似亦通,录备参考。

《象》曰:箕子之贞,明不可息也①。

译文 《象传》说:殷朝箕子的守持正固,说明六五的内心光明不可熄灭。

注释 ① 明不可息:息,通"熄"。《正义》:"息,灭也。《象》称'明不可灭'者,明箕子能保其贞,卒以全身为武王师也。"

说明 来知德释六爻之象曰:"初爻指伯夷,二爻指文王,三爻指武王,四爻指微子,五爻指箕子,上六指纣。"(《来氏易注》)若认为作《易》者的本意即指此,似未必尽然;但作为借以理解各爻的喻意,则亦可参考。

上六,不明晦;初登于天,后入于地①。

译文 上六,不发出光明却带来昏暗;起初登临天上,最终坠入地下。

注释 ① 不明晦;初登于天,后入于地:不明晦,犹言"不明反晦"。此以太阳初升天上、后没地中,乃至不发光明、反生黑暗,喻上六以阴处"明夷"之极,为"暗君"之象。《王注》:"处'明夷'之极,是至晦者也。本其初也,在乎光照;转至于晦,遂入于地。"

《象》曰："初登于天"，照四国也；"后入于地"，失则也。

译文 《象传》说："起初登临天上"，可以照耀四方诸国；"最终坠入地下"，是说明上六违背了正确的法则。

说明 胡炳文曰："下三爻以'明夷'为句首，四、五'明夷'之辞在句中，上六不曰'明夷'而曰'不明晦'：盖惟上六不明而晦，所以五爻之明皆为其所夷也。"（《周易本义通释》）此说玩味六爻措辞之意，于理有合。

总论 事物的盛衰，社会的治乱，自有不可抗拒的发展规律。《明夷》卦以"明入地中"为喻，展示了政治昏暗、光明泯灭之世的情状以及"君子"自晦其明、守正不移的品质。卦辞"利艰贞"之义，强调在艰难中维护正道，在"自晦"中期待着转衰为盛、重见光明的一天。当然，就具体环境而言，"事"有可济、不可济之别，"时"有可居、不可居之分；于是卦中除上六为"暗君"之象外，余五爻分别从不同角度揭出"君子"处"明夷"的特点。苏轼指出："夫君子有责于斯世，力能救则救之，六二之'用拯'是也；力能正则正之，九三之'南狩'是也；既不能救，又不能正，则君子不敢辞其辱以私便其身，六五之'箕子'是也。君子居明夷之世，有责必有以塞之，无责必有以全身而不失其正。初九、六四无责于斯世，故近者则'入腹、获心、于出门庭'，而远者则'行不及食'也。"（《东坡易传》）这是对诸爻意义的较正确归纳。借此可以看出，初、四两爻是以消极反抗的态度处"明夷"，二、三、五三爻是以积极救治的精神处"明夷"；而积极救治又有"汤、武"式的毅烈行动，与"箕子"式的忍辱守持之分。要言之，处"明夷"的特点虽有不同，立足于"艰贞守正"的卦旨却全然一致。此旨在六五一爻言之尤切，即极称时世虽暗而道不可没，立身纯正则危不足忧：《象传》所谓"明不可息"是也。

家人卦第三十七

䷤家人[①]:利女贞[②]。

译文 《家人》卦象征一家人:利于女子守持正固。

注释 ① 家人:卦名,下离(☲)上巽(☴),象征"一家人"。《释文》:"人所居称'家',《尔雅》'室内谓之家'是也。"《正义》:"明家内之道,正一家之人,故谓之'家人'。"

② 利女贞:此谓家内之事,女子为主要因素,故言利女子守正。《正义》:"既修家内之道,不能知家外他人之事。统而论之,非君子丈夫之正,故但言'利女贞'。"

《彖》曰:家人,女正位乎内,男正位乎外[①];男女正,天地之大义也[②]。家人有严君焉,父母之谓也。父父,子子,兄兄,弟弟,夫夫,妇妇,而家道正;正家而天下定矣[③]。

译文 《彖传》说:一家人,女子在家内居正当之位,男子在家外居正当之位;男女居位都正当得体,这是天地阴阳的大道理。一家人有严正的君长,指的是父母。父亲尽父亲的责任,儿子尽儿子的责任,长兄尽长兄的责任,小弟尽小弟的责任,丈夫尽丈夫的责任,妻子尽妻子的责任,这样家道就能端正;端正了家道而天下就能安定。

注释 ① 女正位乎内,男正位乎外:女,指六二;男,指九五。此以二、五两爻得正于内外卦之象,说明女主家内事,男主家外事,并合下文"男女正,天地之大义也"共释卦名及卦辞"家人,利女贞"。《集解》引王弼曰:"谓二、五也。'家人'之义,以内为本,故先说女也。"《正义》:"此因二、五得正,以释'家人'之义,并明'女贞'之旨。"

② 天地之大义:此谓"家人"男女之"正",合乎天地、阴阳、尊卑之理。《正

义》:"因正位之言,广明'家人'之义,乃道均二仪,非惟人事而已。"

③ 正家而天下定矣:此承上文"家人有严君焉"至"家道正"诸句之义,推阐出"正家"与"定天下"的逻辑关系。《集解》引陆绩曰:"圣人教先从家始,家正而天下化之,修己以安百姓者也。"《来氏易注》:"定天下系于一家。岂可不利女贞?此推原所以当'女贞'之故。"

说明 卦辞仅言"利女贞",《彖传》广明"男女"、"父子"、"天下"之事,足见其推衍阐发的解经特点。俞琰曰:"彖辞举其端,故但言'利女贞';《彖传》极其全,故兼言男女之正,而又以父子、兄弟、夫妇推广而备言之。"(《周易集说》)

《象》曰:风自火出,家人①;君子以言有物而行有恒②。

译文 《象传》说:风从火的燃烧生出(自内延外),象征"一家人"(事关社会风化);君子因此日常言语必切合实物,居家行事必守恒不变。

注释 ① 风自火出,家人:释《家人》上巽为风,下离为火之象。此卦内火外风,犹如家事自内影响到外,故《王注》曰:"由内以相成炽也。"《正义》:"火出之初,因风方炽;火既炎盛,还复生风:内外相成,有似'家人'之义。"案,"风自火出"之义,实含"家事"与"社会风化"的关系问题;来知德云:"风化之本,自家而出"(《来氏易注》),甚切《传》旨。

② 言有物而行有恒:这是说明君子观《家人》卦象,悟知日常居家小事亦关"风化"之理,故能自修小节,言行扎实不妄。《王注》:"'家人'之道,修于近小而不妄也。故君子以言必有物,而口无择言;行必有恒,而身无择行。"案,《说文通训定声》谓"'择'假借为'殆'",训为"败";王弼注引《孝经》"口无择言"、"身无择行",即言行信实不败。

说明 《象传》推展"家人,女贞"有"天下定"之义,《大象传》归原"天下"风化于"君子"一身:两者实含"异曲同工"之妙。俞琰曰:"君子知风之自,于是齐家以修身为本,而修身以言行为先。"(《周易集说》)是为《大象传》主旨。

初九,闲有家,悔亡①。

译文 初九,防止邪恶然后保有其家,悔恨消亡。

注释 ① 闲有家,悔亡:闲,防也,指防止邪恶(见《乾》卦《文言传》"闲邪存其诚"译注)。此谓初九处"家人"之始,家道初立,宜于严防邪辟,才能保有其家而"悔亡"。《王注》:"凡教在初,而法在始。家渎而后严之,志变而后治之,则'悔'矣。处《家人》之初,为'家人'之始,故宜必以'闲有家',然后'悔亡'也。"

《象》曰:"闲有家",志未变也。

译文 《象传》说:"防止邪恶然后保有其家",是说明初九在意志尚未转化的时候预先防范。

说明 防闲于初,即言防恶于未萌。胡炳文曰:"初之时,当'闲';九之刚,能闲。""颜之推曰:'教子婴孩,教妇初来。'其得此爻之义乎?"(《周易本义通释》)胡氏引颜说以明"慎初"之义,与爻旨颇切合。

译文 六二，无所成就，主管家中饮食事宜，守持正固可获吉祥。

六二，无攸遂，在中馈，贞吉①。

注释 ① 无攸遂，在中馈，贞吉：遂，成也，"无攸遂"言不专主其事、无所成就；馈，音 kuì，《周礼·天官·膳夫》"王之馈食"，郑玄注"进物于尊者曰馈"，"中馈"，犹言"家中饮食事宜"。此谓六二居《家人》下卦之中，柔顺中正，上应九五阳刚，有"妇人顺夫"之象，故无所专主、无所成就，唯掌"中馈"、守正获吉。《集解》引荀爽曰："六二处和得正，得正有应，有应有实，阴道之至美者也。坤道顺从，故无所得遂；供肴中馈，酒食是议，故曰'中馈'；居中守正，永贞其志则吉，故曰'贞吉'也。"

译文 《象传》说：六二的吉祥，是由于柔顺温逊所致。

《象》曰：六二之吉，顺以巽也。

说明 《象传》称"女正乎内"，即指此爻；其喻象实为古代礼教所宣扬的"妇德"典型。《诗·小雅·斯干》："无非无仪，唯酒食是议"，《郑笺》："妇人无所专于家事。有非，非妇人也；有善，亦非妇人也。妇人之事，惟议酒食尔。"《诗》、《笺》之义，正合六二爻旨。但这种束缚限制女性的思想，是今天所必须批判的。

译文 九三，一家人愁怨嗷嗷，尽管有悔恨、有危险，但可获吉祥；要是妇人孩童笑闹嘻嘻，终致憾惜。

九三，家人嗃嗃，悔厉，吉；妇子嘻嘻，终吝①。

注释 ① 家人嗃嗃，悔厉，吉；妇子嘻嘻，终吝：嗃，音 hè，"嗃嗃"。《程传》谓"以文义及音意观之，与'嗷嗷'相类"，《诗经·小雅·鸿雁》"哀鸣嗸嗸"，《释文》"本又作'嗷'"，陈奂《毛诗传疏》云："嗷，众口愁也"，是"嗃嗃"犹言"嗷嗷"，为众口愁怨声，与下文"嘻嘻"相对，均象声词；嘻嘻，欢乐笑闹声，《释文》："马云'笑声'，郑云'骄佚喜笑之意'"。此谓九三处下卦之上，阳刚亢盛，有治家过严、家人"嗃嗃"愁怨之象，此时虽多"悔"有"危"，但以不失正道仍获吉祥；若反严为宽，放纵妇子"嘻嘻"笑闹，则失家道，终将憾惜。《集解》引王弼曰："以阳居阳，刚严者也。处下体之极，为一家之长，行与其慢也，宁过乎恭；家与其渎也，宁过乎严。是以家虽'嗃嗃'，'悔厉'犹得吉也；'妇子嘻嘻'，失家节也。"案，《正义》释王弼注"悔厉"之意为"悔其酷厉"，于义亦通。

译文 《象传》说："一家人愁怨嗷嗷"，说明此时未敢放逸纵乐；"妇人孩童笑闹嘻嘻"，说明有失家中礼节。

《象》曰："家人嗃嗃"，未失也①；"妇子嘻嘻"，失家节也。

注释 ① 未失：失，通"佚"，即放逸纵乐之意。《尚氏学》："失、佚古通。'未佚'者，言不敢放逸也；若'嘻嘻'则淫佚而不中节矣，故曰'失家节'。失，下读'得失'之失；上读佚，以与'节'韵"。

说明 九三立义，主于治家宁严勿宽，宁厉勿纵。胡炳文曰："'嗃嗃'，以义胜情，虽'悔厉'而吉；'嘻嘻'，以情胜义，终吝。'悔'自凶而吉，'吝'自吉而凶。

九三以刚居刚，若能严于家人者；比乎二柔，又若易昵于妇子者：三其在吉凶之间乎？悔吝之占，两言之。"（《周易本义通释》）此说颇中理，可备参考。

六四，富家，大吉①。

译文　六四，增富其家，大为吉祥。

注释　① 富家，大吉：富，用如动词，即"增富"之意。此言六四处上卦之下，阴虚本不富；但柔顺得正，下应初九，上承九五，大得阳刚之富实，故有"富家，大吉"之象。《周易学说》引李士鉁曰："巽之主爻，又承阳应阳，故富。"又曰："卦中二阴皆得正承阳。二在下，故事人；四在上，故养人。"

《象》曰："富家大吉"，顺在位也①。

译文　《象传》说："增富其家，大为吉祥"，是由于六四顺承居在尊位的阳刚者。

注释　① 顺在位：指六四顺承九五，《尚氏学》："言富之故，以顺阳也；五得位，故曰'顺在位'。"

说明　关于六四的居位特点，《折中》分析说："四在他卦臣道也，在《家人》卦则亦妻道也。夫，主教一家者也；妇，主养一家者也。《老子》所谓'教父食母'是也。自二之'在中馈'而至于四之'富家'，则内职举矣。"

九五，王假有家①，勿恤，吉。

译文　九五，君王用美德感格众人然后保有其家，无须忧虑，吉祥。

注释　① 王假有家：假，《王注》"至也"，《释文》"更白反"，则旧音读如"格"（gé），此处犹言"感格"，《尚氏学》引《尚书·尧典》"格于上下"《孔传》云"格，至也"，是"格"、"至"互训之证。这三句说明九五阳刚中正，尊居"君"位，下应六二柔正，有以美德感格家人以保有其家之象，故"勿恤"而"吉"。爻旨并含"正家而天下定"之义。《王注》："履正而应，处尊体巽，王至斯道，以有其家者也。居于尊位，而明于家道，则下莫不化矣。父父，子子，兄兄，弟弟，夫夫，妇妇，六亲和睦，交相爱乐，而家道正。正家而天下定矣。故'王假有家'，则'勿恤'而'吉'。"《尚氏学》："言王以至德感格家人，无有不正，故无所忧而吉也。"

说明　《集解》引陆绩注，训"假"为"大"，曰："五得尊位，据四应二，以天下为家，故曰'王大有家'；天下正之，故无所忧则吉。"于义亦通。

《象》曰："王假有家"，交相爱也①。

译文　《象传》说："君王用美德感格众人然后保有其家"，说明此时人人交相亲爱和睦。

注释　① 交相爱：指九五与六二交应，犹家人亲和；并含家道正而天下安定之义。《尚氏学》："谓二、五交孚，即释'格'义。"

说明　何楷认为，九五要义在于："身范既端"，"故能感格其家"（《古周易订诂》)。《诗经·大雅·思齐》所谓"刑于寡妻,至于兄弟,以御于家邦",似与此爻同旨。

上九,有孚,威如,终吉[1]。

译文 上九,心存诚信,威严治家,终获吉祥。

注释 ① 有孚,威如,终吉:此言上九以阳刚处《家人》之终,居一家之上,既能心存诚信,又能威严治家,故获"终吉"。《王注》:"凡物以猛为本者,则患在寡恩;以爱为本者,则患在寡威。故'家人'之道,尚威严也。家道可终,唯信与威;身得威敬,人亦如之:反之于身,则知施于人也。"

《象》曰:威如之吉,反身之谓也[1]。

译文 《象传》说:威严治家而获吉祥,说明上九先要反身自省,严格要求自己。

注释 ① 反身:即反求自身。《程传》:"治家之道,以正身为本,故云'反身之谓'。爻辞谓治家当有威严,而夫子又复戒云当先严其身也。"

说明 "反身",含有"身教重于言教"的道理。这是《象传》作者对爻义的引申发挥。《象传》对爻义的进一步阐发,在三百八十四爻中为通同之例,于此爻亦可见一斑。

总论 《家人》卦,阐发"治家"之道。卦辞主于"利在女子守正",六爻却并发男女如何"正家"的意义。《折中》引吴曰慎曰:"'家人'之道,男以刚严为正,女以柔顺为正。初曰'闲',三曰'厉',上曰'威',男子之道也;二、四《象传》皆曰'顺',妇人之道也。五刚而中,非不严也,严而泰也。"深究作《易》者的意旨,卦辞之所以强调"利女贞",乃责求女子之"正"须绝对"柔顺"、无所专遂:"妇德"缘此能立,"家道"于是不失。那么,真正的治家主权自然非"男"莫属了,上九"威如"之喻便成为"男权"的绝好象征。《象传》所谓"男女正,天地之大义",也是本于男严女顺、阳唱阴随的观念。诚然,人伦尊卑是人类社会发展过程中产生的客观现象,自有一定的规律;但由此引发出"男尊女卑"的思想,根深蒂固地影响了中国两千多年的封建社会,今天实当深加批判。至于《家人》卦蕴含的超乎"家人"之外的意义,从《彖传》"正家而天下定"一语,以及《大象传》"君子"居家不忘修言行、美风化的阐述中,可以看出贯穿在"身"、"家"、"天下"之间的一条具有浓厚政治色彩的线索。就这一角度分析,《家人》的大旨又与《礼记·大学》宣扬"修身,齐家,治国,平天下"的政治思想密合无间。

睽卦第三十八

䷥ 睽①:小事吉②。

译文 《睽》卦象征乖背睽违:小心处事可获吉祥。

注释 ① 睽:音 kuí,卦名,下兑(☱)上离(☲),象征“乖背睽违”。《序卦传》:“睽,乖也”;《说文》谓“目不相听”,指两目相背,即“乖违”之意。

② 小事吉:小,阴柔之称,此处含“小心”之义。凡物相睽,必须以柔顺的方法,小心寻求其中可合之处,才能转“乖睽”为“谐和”;若刚断强合,必难“济睽”。故称“小事吉”。卦中六五以柔处中应刚,正合此象。《集解》引虞翻曰:“小谓五,阴称小,得中应刚故吉。”

说明 “小事吉”之义,有两种说法较为通行。一是认为“小事”指细小之事。如孔颖达《正义》曰:“物情乖异,不可大事。大事谓兴役动众,必须大同之世方可为之;小事谓饮食衣服,不待众力,虽乖而可。”一是认为“小事”指“以柔为事”。如《折中》引何楷曰:“业已睽矣,不可以忿疾之心驱迫之也;惟不为已甚,徐徐转移,此‘合睽’之善术也。故曰‘小事吉’。小事,犹言以柔为事;非大事不吉,而小事吉之谓。”今取后说。

《彖》曰:睽,火动而上,泽动而下①;二女同居,其志不同行②。说而丽乎明③,柔进而上行,得中而应乎刚④,是以小事吉。天地睽而其事同也,男女睽而其志通也,万物

译文 《彖传》说:乖背睽违,譬如火焰燃动炎上,泽水流动润下;又如两个女子同居一室,志向不同而行为乖背。此时应当和悦附丽于光明,用柔顺之道求进才能向上直行,还要处事适中而应合于阳刚者,这就是小心处事可获吉祥的道理。天地上下乖睽但化育万物的事理却相同,男女阴阳乖睽但交感求合的心志却

相通，天下万物尽管乖背睽违但禀受天地阴阳气质的情状却相类似："乖睽"之时有待施用的范围是多么广大啊！

睽而其事类也：睽之时用大矣哉[⑤]**！**

注释 ① 火动而上，泽动而下：火，指上离；泽，指下兑。此谓上下象含"乖睽"之义。《集解》引虞翻曰："离火炎上，泽水润下也。"

② 二女同居，其志不同行：二女，指下兑为少女，上离为中女。此谓上下象犹"二女"共处，长成必各有不同的归适之志。文意是配合前两句并释卦名"睽"。《正义》："中、少二女共居一家，理应同志；各自出适，志不同行，所以为异也。"案，《折中》分析"二女"之象曰："二女同居之卦多矣，独于《睽》、《革》言之者，以其皆非长女也。凡家有长嫡，则有所统率而分定；其不同行不相得而至于乖异变易者，无长嫡而分不定之故尔。"此说可参考。

③ 说而丽乎明：说，即"悦"，指下兑为"悦"；丽乎明，指上离为明，为"附丽"。此谓上下象含有以和悦附丽于光明之义。《程传》："兑，说也；离，丽也，又为明，故为说顺而附丽于明。"

④ 柔进而上行，得中而应乎刚：柔、中，指六五柔顺中正；刚，指九二。此谓五以柔中下应二刚。文意承前句，言当以和悦、柔顺之道小心处"睽"，以释卦辞"小事吉"之旨。《程传》："六五以柔居尊位，有说顺丽明之善，又得中道而应刚。"《古周易订诂》："下卦兑说，上卦柔中，皆以小心行柔道者，象之所谓'小事吉'者此耳。"

⑤ 睽之时用大矣哉：此句承前三句所举天地、男女、万物之例，说明事物虽"睽"却有可同之理，沿顺其理以求必能"合睽"，故叹美当"睽"之时可以广施合睽之用。《程传》："天高地下，其体睽也，然阳降阴升，相合而成化育之事则同也；男女异质，睽也，而相求之志则通也；生物万殊，睽也，而得天地之和，禀阴阳之气，则相类也。物虽异而理本同，故天下之大，群生之众，睽散万殊，而圣人为能同之。处睽之时，合睽之用，其事至大，故云'大矣哉'。"

译文 《象传》说：上为火下为泽，象征"乖背睽违"；君子因此谋求大同并存小异。

《象》曰：上火下泽，睽[①]**；君子以同而异**[②]**。**

注释 ① 上火下泽，睽：释《睽》卦上离为火、下兑为泽之象。《集解》引荀爽曰："火性炎上，泽性润下，故曰'睽'也。"

② 同而异：犹言求同存异。这是说明"君子"观《睽》象而悟"合睽"之理，谋求事物之"大同"，并存不可同之"小异"。《集解》引荀爽曰："大归虽同，小事当异。百官殊职，四民异业；文武并用，威德相反：共归于治。故曰'君子以同而异'也。"

说明 程颐用《礼记·中庸》"和而不流"一语，说明"同而异"的道理是："于大同之中，而知所当异也"（《程传》），甚切《大象传》意。李中正曰："《象》曰'异而同'，所以成济睽之功；《象》言'同而异'，所以明用睽之理。"（《泰轩易传》)马其昶依此发论云:“持一说建立一宗教,必强人之同于己,徒党忿怒攻击,甚且酿成兵祸:是皆不知‘君子以同而异’之理。南郭惠子问于子贡曰:‘夫子之门,何其杂?’呜呼!此孔子之所以为大也。”(《重定费氏学》)马氏援据孔子授徒为说,正揭明孔子的“有教无类”与《大象传》“同而异”在义理上的相通,至为可取。

初九,悔亡[①];丧马,勿逐自复;见恶人,无咎[②]。

译文 初九,悔恨消亡;马匹走失,不用追逐,静候其自行归来;逊接与己对立的恶人,不致咎害。

注释 ① 悔亡:初九处《睽》之始,犹初与人“乖睽”,位卑无应,不立异自显而广和于人,则其“悔”自消。《王注》:“处《睽》之初,居下体之下,无应独立,‘悔’也;与人合志,故得‘悔亡’。”

② 丧马,勿逐自复;见恶人,无咎:见,《正义》:“谓逊接之也”。此以两层相似的喻象,说明初九的处睽之道:“丧马”喻乖睽,“勿逐”静俟“自复”则“睽”消;“恶人”亦喻与己乖睽,和颜相接,待其自改从善则“睽”亦消。喻旨均明初九必须退、顺勿动,居易俟命,“乖睽”自得消失。《大易缉说》:“失马逐之,则逾逐逾远;恶人激之,则愈激愈睽:故勿逐而听其自复,见之而可以免咎也。处睽之初,其道当如此;不然,‘睽’终于睽矣。”

《象》曰:“见恶人”,以辟咎也[①]。

译文 《象传》说:“逊接与己对立的恶人”,是为了避免乖睽激化的咎害。

注释 ① 辟:通“避”。

说明 初九处“睽”的原则见于两方面:一是“和同”,即孔颖达所谓“和光同尘”,不“标显自异”(《正义》)。一是“守静”,即何楷所谓:“静以俟之,逊以接之,泊然若不见其‘睽’者。夫惟不见其‘睽’,而后睽可合。”(《折中》引)

九二,遇主于巷,无咎[①]。

译文 九二,在巷道中不期然遇合主人,必无咎害。

注释 ① 遇主于巷,无咎:主,指六五,因居尊应二故称。此言九二当“睽”之时,失位不安,本有咎害;但阳居阴位,守谦顺时,又处中道,终能于不期然间与所应之六五遇于巷道,“睽违”遂合,故获“无咎”。《王注》:“处‘睽’失位,将无所安;然五亦失位,俱求其党,出门同趣,不期而遇,故曰‘遇主于巷’也。”

《象》曰:“遇主于巷”,未失道也。

译文 《象传》说:“在巷道中不期然遇合主人”,说明九二未曾违失处睽之道。

说明 九二“小心”处睽的方法,在于刚而能柔,行不失中。所谓不强求合睽,其睽自合,足见其济“睽”之小心顺理。

译文 六三，似乎看见大车被拖曳难行，驾车的牛受牵制不进；又恍如自己身遭削发截鼻的酷刑。起初乖睽，终将欢合。

六三，见舆曳，其牛掣；其人天且劓[①]。无初有终[②]。

注释 ① 见舆曳，其牛掣；其人天且劓：曳，音yè，拖曳；掣，音chè，牵制；天，当作“而”（见“说明”），古代“髡发”之刑，即剃削罪人的鬓发；劓，音yì，古代割鼻之刑。这三句取三种喻象，说明六三处《睽》下卦之终，与上九正应却睽违难合情状：三阴柔失位，上下两阳近比，造成心理威胁，犹如二“曳舆”于后、四“掣牛”于前；又因上九远在外卦之极，恐其对己猜疑乃至施加惩罚，故恍如己身受“天”、“劓”酷刑。辞义主于表明六三居内睽违至极，处境艰难，并由此产生恐惧、疑虑。《本义》：“六三、上九正应，而三居二阳之间，后为二所曳，前为四所掣；而当睽之时，上九猜狠方深，故又有‘髡’、‘劓’之伤。”

② 无初有终：犹言“初睽，终合”。此谓六三虽睽违不堪，但笃情专恋上九，二、四非正应难以牵制，终致上九疑消而欢合。《本义》：“然邪不胜正，终必有合。”

说明 爻辞“天”字，诸家训释不同。如：（一）《释文》引马融曰：“剠凿其额曰‘天’。”《集解》引虞翻曰“黥额为‘天’”，同此。指在罪人额上刺字为罚。（二）胡瑗认为：“‘天’当作‘而’字，古文相类，后人传写之误也。然谓‘而’者，在汉法，有罪髡（音kūn）其鬓发曰‘而’。”（《周易口义》）（三）俞樾认为：“天”当作“兀”字，谓《玉篇》引古文“天”作“兂”，以形近，故“兀”讹为“天”。并据《庄子·德充符》“鲁有兀者”，《释文》云“刖足曰‘兀’”，以训其义（《群经平义》）。今取胡氏说。

译文 《象传》说：“似乎见到大车被拖曳难行”，这是六三居位不妥当所致；“起初乖睽，终将欢合”，说明六三终必与相应的阳刚遇合。

《象》曰：“见舆曳”，位不当也；“无初有终”，遇刚也[①]。

注释 ① 遇刚：指三与上九应合。

说明 六三以阴居内，睽违至极而生忧惧；上九以阳居外，睽违更甚，故所生猜疑、幻觉更为强烈。两爻颇可对照理解。

译文 九四，乖背睽违，孑然孤立；遇合阳刚大丈夫，交相诚信，虽有危险却能免遭咎害。

九四，睽孤[①]；遇元夫，交孚，厉无咎[②]。

注释 ① 睽孤：九四处“睽”之时，孤立无应，三、五两阴虽上下比近，但各有专主，故独显“睽孤”之象。《王注》：“无应独处，五自应二，三与己睽，故曰‘睽孤’也。”

② 遇元夫，交孚，厉无咎：元夫，指初九，阳大称“元”，犹言“大丈夫”。《来氏易注》：“元者，大也；夫者，人也。阳为大人。”此承前句义，谓九四当“睽孤”无应之时，不强求阴阳交应，适逢初九亦独处失应，两刚引为同志，相交以诚；故虽有“乖睽”之“厉”，终能“无咎”。《王注》：“初亦无应特立，处睽之时，俱在独立，同处体下，同志者也；而己失位，比于三、五，皆与己乖，处无所安，故求其畴类而自托

焉，故曰'遇元夫'也。同志相得而无疑焉，故曰'交孚'也。虽在乖隔，志故得行，故虽危无咎也。"

《象》曰："交孚"无咎，志行也。

译文 《象传》说："交相诚信"而能免遭咎害，说明其志向在践行济睽。

说明 初处下位，阳而能退；四居阴位，刚而能柔：两者均禀谦和之德，交相孚信，终能化"睽"为"合"。可见，九四与初九是以"求同存异"的信念，履行济睽之志。

六五，悔亡，厥宗噬肤，往何咎[①]？

译文 六五，悔恨消亡，它相应的宗亲者（像）咬噬柔脆皮肤（一样地以和顺之道期待遇合），前往有何咎害？

注释 ① 悔亡，厥宗噬肤，往何咎：宗，宗族内部（见《同人》六二译注），此处指九二应五，犹如"宗亲"；噬肤，咬噬柔脆的皮肤（见《噬嗑》六二译注），此处喻柔顺平易的"济睽"途径。这三句说明六五不当位，本有悔；但居尊柔顺，下应九二，二正以和顺适中的"噬肤"之道期待遇合，往应必无咎，故获"悔亡"。《折中》："'睽'之时'小事吉'者，径情直行则难合，委曲巽入则易通也。如食物然，啮其体骨则难，而噬其肤则易。九二遇我乎巷，是'厥宗'之来'噬肤'也；我往合之，睽者不睽矣。此其所以'悔亡'也，何咎之有？"

《象》曰："厥宗噬肤"，往有庆也。

译文 《象传》说："它相应的宗亲者正（像）咬噬柔脆皮肤（一样地以和顺之道期待遇合）"，说明六五此时前往必有喜庆。

说明 六五所以"悔亡"，不但在于九二相应，更在于二能小心寻求平易和顺之道期待遇合；因此往必"有庆"，两相欢聚。《象传》"得中而应乎刚"，正与此合。

上九，睽孤，见豕负涂，载鬼一车，先张之弧，后说之弧[①]；匪寇，婚媾；往遇雨则吉[②]。

译文 上九，睽违至极，孤独狐疑，恍如看见丑猪背负污泥，又见一辆大车满载鬼怪在奔驰，先是张弓欲射，后又放下弓矢；原来并非强寇，而是与己婚配的佳丽；此时前往，遇到阴阳和合的甘雨就能获得吉祥。

注释 ① 睽孤，见豕负涂，载鬼一车，先张之弧，后说之弧：豕、鬼，均喻上九猜疑六三已变态化为丑形；说，通"脱"。这几句说明上九以阳处《睽》之极，与六三违离至久，孤独烦躁，妄生猜疑，遂酿成种种幻觉：或见其变猪负涂，或见鬼车奔驰，当举弧欲射之际，又猛然发现非鬼而罢。辞义与六三相应，表明上九睽极所产生的心理变异。《程传》："上之与三，虽为正应，然居'睽'极，无所不疑，其见三如豕之污秽，而又背负泥土，见其可恶之甚也。既恶之甚，则猜成其罪恶，如见载鬼满一车也；鬼本无形，见载之一车，言其以无为有，妄之极也。"又曰："先张之弧，始疑恶而欲射之也；疑之者妄也，妄安能常？故终必复正。三实无恶，故后说弧而弗射。"

② 匪寇，婚媾；往遇雨则吉：婚媾，喻上、三两爻的正应关系；雨，古人认为是阴阳二气交和之物，此处喻上、三"睽"极终至相合。这三句承前文之义，说明上九猜疑既消，知三非"寇"，实为良配；故前往必"遇雨"获"吉"。《程传》："'睽'极而反，故与三非复为寇仇，乃婚媾也。"又曰："阴阳合而益和则为雨，故云'往遇雨则吉'。往者，自此以往也，谓既合而益和则吉也。"

《象》曰："遇雨之吉"，群疑亡也[1]。

译文 《象传》说："遇到阴阳和合的甘雨就获得吉祥"，说明上九的种种猜疑都已经消失。

注释 ① 群疑：《程传》："始'睽'也，无所不疑，故云'群疑'。"

说明 从人类的心理规律分析，睽违与猜疑，恶梦与苦恋，往往有一定的联系。马其昶指出："今见道途之间，豕负载、鬼乘车，皆疑极所生幻象。"（《重定费氏学》）上九既有此状，六三的"舆曳"、"牛掣"，身遭"髡""劓"，也未必不如是。当此睽极而"群疑"纷生之际，只能心平气和地加强了解，以"柔道"缓缓疏通，才能消疑合睽，复相亲和。三、上两爻"无初有终"，"遇雨"获"吉"，正体现这一道理。

总论 人情物理，总是好合不好离，喜聚不喜散。《古诗十九首》"行行重行行，与君生别离；相去万余里，各在天一涯"（《文选》卷二十九）几句，是较有代表性的嗟伤睽违离别的诗歌艺术反映。《睽》卦取名"乖背睽违"，卦旨却在于揭示如何化"睽"为"合"的道理。卦辞谓："小心处事可获吉祥"，即表明事物虽"睽"，必有可同、可合之处，用柔和细致的方法顺势利导，乖背能消、睽违终合。卦中六爻虽均在"睽"时，但未尝一爻久睽不合。《折中》引冯当可曰："内卦皆睽而有所待，外卦皆反而有所应：初'丧马勿逐'，至四'遇元夫'，而初、四合矣；二委曲以求遇，至五'往何咎'，而二、五合矣；三'舆曳'、'牛掣'，至上'遇雨'，而三、上合矣。天下之理，固未有终睽也。"可见，诸爻均以"小心"、"委婉"之道，并收"济睽"、"合睽"之功，所谓"委曲巽入则易通也"（《折中》）。从各爻的义理中，可以明显看出《周易》作者对于事物"同""异"、"睽""合"辩证关系的认识；《彖传》称"天地睽而其事同也，男女睽而其志通也，万物睽而其事类也"，正阐发这一意义。至于《大象传》所明"求大同存小异"的旨趣，则是对"小心处睽"这一抽象概念的具体发挥，从而使《睽》卦蕴含的"对立统一"的哲学因素进一步显露出应有的色彩。

周易译注

下

黄寿祺 张善文 译注

上海古籍出版社

卷六

蹇卦第三十九

䷦ 蹇[①]：利西南，不利东北[②]；利见大人，贞吉[③]。

译文 《蹇》卦象征行走艰难：利于走向西南平地，不利于走向东北山麓；利于出现大人，守持正固可获吉祥。

注释 ① 蹇：音jiǎn，卦名，下艮（☶）上坎（☵），象征"行走艰难"。《序卦传》："蹇者，难也。"《彖传》同；《本义》："足不能进，行之难也。"

② 利西南，不利东北：西南，象征平地；东北，象征山麓。此承卦名"蹇"而言，说明当"蹇难"之时，所行宜于避险就夷，故"利西南，不利东北"。《王注》："西南，地也；东北，山也。以难之平，则难解；以难之山，则道穷。"《正义》："西南，顺（阮刻作"险"，据《校勘记》改）位，平易之方；东北，险位，阻碍之所。世道多难，率物以适平易，则蹇难可解；若入于险阻，则弥加拥塞。去就之宜，理须如此。"

③ 利见大人，贞吉：此谓处"蹇"之时，利于"大人"奋起济难，并须守持正固，则可获吉祥。本卦九五刚中居尊，诸爻处位得正，即合此象。《本义》："当'蹇'之时，必见大人，然后可以济难；又必守正，然后得吉。而卦之九五，刚健中正，有'大人'之象；自二以上五爻，皆得正位，则又'贞'之义也。"

说明 《说卦传》谓"坤"为"西南"之卦，"艮"为"东北"之卦；坤象地，艮象山，故"西南"、"东北"分别象征"平地"、"山麓"。《王注》之意，当本于此。但在《坤》卦卦辞中，"西南"譬喻阴者沿此前行遇阳渐多，"东北"譬喻阴者沿此前行失阳渐尽，故或"得朋"、或"丧朋"。可见，《坤》、《蹇》两卦虽均取"西南"、"东北"为象，其用意却不相同。

【译文】《彖传》说："蹇"，意思是行走艰难，譬如险境就在前面，行走必难；出现险境而能停止不前，可以称为明智啊！"行走艰难之时，利于走向西南平地"，这样前往就能合宜适中；"不利于走向东北山麓"，往东北必将路困途穷。"利于出现大人"，说明前往济蹇必能建功；居位适当"守持正固可获吉祥"，说明可以摆脱蹇难端正邦国。处于蹇难之时济蹇的功用是多么宏大啊！

《彖》曰："蹇"，难也，险在前也；见险而能止，知矣哉①！"蹇，利西南"，往得中也②；"不利东北"，其道穷也③。"利见大人"，往有功也④；当位"贞吉"，以正邦也⑤。蹇之时用大矣哉⑥！

【注释】① 险在前也；见险而能止，知矣哉：险，指上坎；止，指下艮；知，即"智"。此以上下卦象，合前文并释卦名"蹇"之义。《正义》："坎在其外，是险在前也；有险在前，所以为难。若冒险而行，或罹其害；艮居其内，止而不往，相时而动，非知不能。"

② 往得中：中，犹言适中、合宜。此释卦辞"利西南"，谓蹇之时行于西南平地是合宜之道。《正义》："之于平易，救难之理，故云'往得中也'。"《折中》："'得中'者，但取其进退之合宜，不躁动以犯难，为'利西南'之义耳。"

③ 其道穷：释卦辞"不利东北"之义。《正义》："之于险阻，更益其难，其道弥穷。"

④ 往有功：释卦辞"利见大人"之义。《程传》："蹇难之时，非圣贤不能济天下之蹇，故利于见大人也。大人当位，则成济蹇之功矣，往而有功也。"

⑤ 当位"贞吉"，以正邦也：当位，指六二以上诸爻居位均正，初爻虽以阴居阳，但最处卑位，其义亦正：故全卦六爻皆含守正济"蹇"之义。此以爻象释卦辞"贞吉"。《程传》："《蹇》之诸爻，除初外，余皆当正位，故为贞正而吉也；初六虽以阴居阳，而处下，亦阴之正也。以如此正道正其邦，可以济于'蹇'矣。"

⑥ 蹇之时用大矣哉：此句总结全《彖》，叹美济蹇之时，其用至大。《程传》："天下之难，岂易平也？非圣贤不能，其用可谓大矣。"《周易本义通释》："上文所谓'往得中'、'有功'、'正邦'，即其用之大者也。"

【说明】本卦"西南"、"东北"之义，及《彖传》所释诸语，汉魏《易》家多以卦变解之。如荀爽注"利西南，往得中"曰："西南谓坤，乾动往居坤五，故得中也。"又注"不利东北，其道穷也"曰："东北，艮也。艮在坎下，见险而止，故其道穷也。"虞翻注"利见大人，往有功也"曰："大人谓五，二往应五，五多功，故往有功也。"（均见《集解》引）此并可备参考。

【译文】《象传》说：高山上有积水，象征"行走艰难"；君子因此当行走艰难之时反求于自身、努力修美道德。

《象》曰：山上有水，蹇①；君子以反身修德②。

【注释】① 山上有水，蹇：释《蹇》卦下艮为山，上坎为水之象。《正义》："山者是岩险，水是阻难；水积山上，弥益危难，故曰'山上有水，蹇'。"

② 反身修德：反身，即"反求自身"。这是说明"君子"观《蹇》卦之象，悟知处"蹇"之时，先须"反身修德"然后才能济蹇涉难。《正义》："蹇难之时，未可以进，

惟宜反求诸身,自修其德,道成德立,方能济险。故曰'君子以反身修德'也。"

说明 "山上有水",已经喻示着"行走艰难"的情状。《孟子·离娄上》曰:"行有不得者,皆反求诸己。"程颐引用此语阐释《大象传》"反身修德"的寓意,指出:"君子之遇艰阻,必反求诸己而益自修。"(《程传》)程氏之说,甚切《象》旨。

初六,往蹇,来誉①。

译文 初六,往前行走艰难,归来必获美誉。

注释 ① 往蹇,来誉:往,犹言"进";来,犹言"退"。此谓初六处"蹇"之始,阴柔卑下,上无应与,故犯难冒进必"蹇",识时退处则有"誉"。《王注》:"处难之始,居止之初,独见前识,睹险而止,以待其时,知矣哉! 故往则遇蹇,来则得誉。"

《象》曰:"往蹇来誉",宜待也。

译文 《象传》说:"往前行走艰难,归来必获美誉",是说应当等待时机。

说明 本卦初、三、四、上诸爻均称"往"、"来",并见处"蹇"之时,行止必须适宜之义。何楷指出:"此卦中言'来'者皆就本爻言,谓来而止于本位也,对'往'之辞。初六去险最远,其止最先,独见前识,正《传》之所谓'智'也。"(《古周易订诂》)

六二,王臣蹇蹇,匪躬之故①。

译文 六二,君王的臣仆努力奔走济难,不是为了自身私事。

注释 ① 王臣蹇蹇,匪躬之故:臣,犹言"臣仆",《帛书周易》作"仆"字;蹇蹇,形容努力济蹇的情状,《尚氏学》"言劬劳也";躬,自身;故,《广雅·释诂三》"事也"。这两句说明六二当蹇难之时,柔顺居中,上应九五,志在济蹇,犹如"王臣"尽职劬劳不为己身。《王注》:"处难之时,履当其位,居不失中,以应于五。不以五在难中,私身远害,执心不回,志匡王室者也,故曰'王臣蹇蹇,匪躬之故'。"《经义述闻》:"不言'事'而言'故'者,以韵初六之'誉'。"

《象》曰:"王臣蹇蹇",终无尤也。

译文 《象传》说:"君王的臣仆努力奔走济难",说明六三终将无所过尤。

说明 此爻所谓"蹇蹇",含有奋力济蹇,不计得失成败之义。朱熹认为:"不言吉凶者,占者但当鞠躬尽力而已,至于成败利钝,则非所论也。"(《本义》)

九三,往蹇,来反①。

译文 九三,往前行走艰难,归来退居其所。

注释 ① 往蹇,来反:此言九三以阳处下艮之上,前临坎险,下据二阴,故往则遇"蹇",反则得所。《王注》:"进则入险,来则得位,故曰'往蹇来反'。"

译文 《象传》说："往前行走艰难，归来退居其所"，说明内部阴柔者都欣喜九三归返。

《象》曰："往蹇来反"，内喜之也①。

注释 ① 内喜之：内，指内卦二阴，阴喜阳归；之，指九三"来反"之事。《正义》："内卦三爻，惟九三一阳，居二阴之上，是内之所恃，故云'内喜之'也。"

说明 九三阳刚得正，坎险在前，其济"蹇"之道是先退后进。此即《彖传》所谓"见险而能止，知矣哉"之义。马其昶认为："济蹇之术亦多矣，九三之来而复反，盖欲先安其内也。"（《重定费氏学》）

译文 六四，往前行走艰难，归来又逢艰难。

六四，往蹇，来连①。

注释 ① 往蹇，来连：连，犹言"接连蹇难"，《释文》引马融曰："亦难也。"此谓六四当蹇之时，虽柔顺得正，但以柔乘凌九三之刚，下与初六无应，自身又处坎险，故有往来皆遇蹇难之象。爻义主于"时位"如此，其难不可避免。《王注》："往则无应，来则乘刚，往来皆难，故曰'往蹇，来连'。"

译文 《象传》说："往前将遇蹇难，归来又逢艰难"，说明六四正当本实之位（蹇难并非妄招）。

《象》曰："往蹇来连"，当位实也①。

注释 ① 当位实：指位当其实，难非自招。《王注》："得位履正，当其本实；虽遇于难，非妄所招也。"

说明 本爻"来连"之义，诸家说法不同。今举两例以备参考：一、《集解》引荀爽曰："来还承五，则与至尊相连。"此言四连于五。二、朱熹曰："连于九三，合力以济。"（《本义》）此言四连于三。

译文 九五，行走十分艰难，友朋纷纷来归相助。

九五，大蹇，朋来①。

注释 ① 大蹇，朋来：此谓九五阳居坎中，当"大蹇"之时，以阳刚中正之德下应六二，故友朋纷来，共济蹇难。《王注》："处难之时，独在险中，难之大者也，故曰'大蹇'；然居不失正，履不失中，执德之长，不改其节，如此则同志者集而至矣，故曰'朋来'也。"

译文 《象传》说："行走十分艰难，友朋纷纷来归相助"，说明九五保持阳刚中正的气节。

《象》曰："大蹇朋来"，以中节也①。

注释 ① 中节：《正义》："得位居中，不易其节。"

说明 胡炳文曰："诸爻皆以'往'为'蹇'，圣人又虑天下皆不'往'，'蹇'无由出矣；二五君臣，复不往，谁当往乎？是以于二曰'蹇蹇'，于五曰'大蹇'。"（《周易本义通释》）《折中》指出："二五独无往来之文，盖君臣相与济蹇者。

其责不得辞，而于义无所避。犹之《遯》卦，诸爻皆遁，六二独以应五，而固其不遁之志也。胡氏之说得之。凡《易》之应，莫重于二、五，故二之称'王臣'者，指五也；五之称'朋来'者，指二也。如在下者占得五，则当念国事之艰难，而益致其'匪躬'之节；如在上者占得二，则当谅臣子之忠贞，而益广其'朋来'之助。正如朱子说《乾》卦二、五相为宾主之例也。推之《蒙》、《师》诸卦，无不皆然。"此说辨析二五爻义的关系之处，似有可取。

上六，往蹇，来硕；吉，利见大人①。

译文 上六，往前行走艰难，归来可建大功；吉祥，利于出现大人。

注释 ① 往蹇，来硕；吉，利见大人：此谓上六以阴居《蹇》之终，蹇极将通，若往前则不但无益而将更生蹇难，来归本位附从九五之尊则有大功，故"吉"，并"利见"九五"大人"。《本义》："已在卦极，往无所之，益以蹇耳；来就九五，与之济蹇，则有硕大之功。'大人'指九五。"

《象》曰："往蹇来硕"，志在内也①；"利见大人"，以从贵也②。

译文 《象传》说："往前行走艰难，归来可建大功"，说明上六的志向在于联合内部共同济艰；"利于出现大人"，说明上六应当附从于尊贵的阳刚君主。

注释 ① 志在内：指上六既归从九五，九五应六二，上六应九三：二、三均处内卦，则上、五之志并在合内以济"蹇"，故曰"志在内"。《程传》："上六应三而从五，志在内也。"

② 从贵：贵，指九五贵居"君位"。《程传》："谓从九五之贵也。所以云'从贵'，恐人不知大人为指五也。"

说明 上六居一卦之终，当位有应，附从"贵君"，此时济"蹇"之功必成，故爻辞称"吉"。朱熹指出："诸爻皆不言吉，盖未离乎'蹇'中也；至上六'往蹇，来硕，吉'，却是'蹇'极有可济之理。"(《朱子语类》)

总论 《蹇》卦取名为"蹇"，其旨在于喻示济涉蹇难的道理。卦辞所发之义约有三事：一、济蹇必须进退合宜。所谓利于"西南"平地，不利于"东北"山麓，即表明此时可进则进，不可进则退。二、"大人"是济蹇的主导因素。所谓"利见大人"，事实上是揭示"蹇难"之时，期待着聚合各方力量、统一上下意志的"权威"性因素，有此"权威"为"主导"，则险厄可济，蹇难可解。三、济蹇又必须守持正固。所谓"贞吉"，即言行为不违正道，上下同舟共济，必能济蹇获吉。卦中六爻，便围绕这三方面意义，展示了处在不同环境、地位中的济蹇情状。初六位卑无应，犯难冒进则遇蹇，退处待时则有誉；六二柔中应刚，当如"王臣"不计私利、尽心济难；九三刚正而险难当前，须暂退"安内"，然后求进；六四柔正而前后均险，不可进而须自守正固；九五阳刚中正，为"大人"济蹇之象，虽时"大蹇"，却有"友朋"来归，共济危难；上六蹇难将解，附从“贵君”以建“硕大”之功，终获吉祥。综观六爻大义，各爻均示人善处蹇时，勉力济蹇；但全卦到了上爻才言“吉”，则隐含着匡济蹇难必须经历长期、艰苦的过程，才能见其功效。《孟子·告子下》曰：“必先苦其心志，劳其筋骨，饿其体肤”，似与这一道理略可谐合。

解卦第四十

䷧解①：利西南②；无所往，其来复吉③；有攸往，夙吉④。

译文 《解》卦象征舒解险难：利于西南众庶之地；没有危难就无须前往舒解，返回安居其所可获吉祥；出现危难要有所前往，及早前去可获吉祥。

注释 ① 解：卦名，下坎(☵)上震(☳)，象征"舒解"险难。《序卦传》："解者，缓也"；《说文》"解，判也，从刀判牛角"，即分判、离析，引申为舒缓、散释；《正义》："解者，险难解释，物情舒缓。"

② 利西南：西南，象征"众庶"之地。此言舒解险难，利在施于众庶，使群情共获舒缓，故曰"利西南"。《王注》："西南，众也；解难济险，利施于众。"

③ 无所往，其来复吉：这两句说明无危难之时无所前往，以"来复"安居、修治其内为吉。《正义》："无难可往，则以来复为吉。"

④ 有攸往，夙吉：夙，早也，此处与"速"义通，焦循《周易补疏》："凡事早则速，速、夙音义皆通。"这两句与前文"无所往，其来复吉"对举，说明出现危难之时，应有所前往，并以及早前去、迅速舒解为吉。《王注》："有难而往，则以速为吉。"案，《正义》引褚氏曰："世有无事求功，故诫以无难宜静；亦有待败乃救，故诫以有难须速也。"此说从反面申明卦辞"来复吉"与"夙吉"的义理，甚为可取。

说明 《说卦传》谓"坤"为"西南"之卦，"坤"又为"众"：故"西南"象征"众庶"。王弼曰"西南，众也"，义当本于此。又"西南"之象，自《坤》卦辞"西南得朋"发其端，《蹇》、《解》两卦又延申其义。试析三卦异同，《坤》之"得"在"西南"，《蹇》、《解》之"利"亦在"西南"，三者取象皆同，但寓旨各有所主：《坤》卦主于阴柔者当"顺行"、"居后"，《蹇》卦主于济蹇利在从平易入手，

《解》卦主于舒解险难应当施于众庶。三卦用象同而旨趣异，各须具体辨析（参阅《蹇》卦辞"说明"）。

《彖》曰：解，险以动，动而免乎险①，解。"解，利西南"，往得众也②；"其来复吉"，乃得中也③；"有攸往，夙吉"，往有功也④。天地解而雷雨作，雷雨作而百果草木皆甲坼⑤：解之时大矣哉⑥！

译文　《彖传》说：舒解险难，譬如置身险境而能奋动，奋动解脱就避免落入险陷，这就是舒解险难。"舒解险难之时，利于西南众庶之地"，说明前往解难，必将获得众人拥护；"没有危难就无须前往舒解，返回安居其所可获吉祥"，这样就能合宜适中；"出现危难要有所前往，及早前去可获吉祥"，说明前往解难必能建功。天地舒解于是雷雨兴起，雷雨兴起于是百果草木的种子都舒展萌芽，绽开外皮："舒解"之时的功效是多么宏大啊！

注释①　险以动，动而免乎险：险，指下卦坎为险；动，指上卦震为动。此以上下象释卦名"解"之义。《王注》："动乎险外，故谓之'免'；免险则解，故谓之'解'。"

② 往得众：此句释卦辞"利西南"之义；西南既为"众地"，则前往解难必得众人拥护，故"利"。《正义》："往之西南，得施解于众，所以为利也。"

③ 得中：得适中之道，与《蹇》卦《彖传》"往得中"义同（参阅该文译注）。此句释卦辞"无所往，其来复吉"。《正义》："无难可解，退守静默，得理之中。"

④ 往有功：此句释卦辞"有攸往，夙吉"。《正义》："解难能速，则不失其几，故'往有功'也。"

⑤ 天地解而雷雨作，雷雨作而百果草木皆甲坼：雷，指上卦震；雨，指下卦坎；甲，此处指植物种子的皮壳；坼，音 chè，破裂，《说文》"裂也"，《尚氏学》："言草木当春，得雷雨，胚胎迸裂，蓓蕾怒发，芽蘖潜滋而外甲坼也。"这两句又以上下卦有"雷雨"之象，广举"天地"、"草木"于春季"舒解"的情状，阐发《解》卦大义。《正义》："此因震坎有雷雨之象，以广明'解'义。天地解缓，雷雨乃作；雷雨既作，百果草木皆孚甲开坼，莫不解散也。"案，"坼"字，阮刻作"圻"，据《校勘记》改（《正义》文同）。

⑥ 解之时大矣哉：这是归结上文两句，叹美"舒解"之时的宏大功效。《集解》引王弼曰："无所而不释也。难解之时，非治难时也，故不言'用'也；体尽于解之名，无有幽隐，故不曰'义'也。"

《象》曰：雷雨作，解①；君子以赦过宥罪②。

译文　《象传》说：雷雨兴起（草木萌芽），象征"舒解"；君子因此赦免过失而宽宥罪恶。

注释①　雷雨作，解：释《解》卦上震为雷，下坎为雨之象。此即《彖传》"天地解而雷雨作"之义，言万物当春，因雷雨而纷纷舒发生机，为"舒解"之象。《来氏易注》："雷雨交作，天地以之解万物之屯。"

② 赦过宥罪：宥，音 yòu，宽宥。这是说明"君子"效法《解》象，以"赦过宥罪"体现开释、舒缓的"仁政"。《正义》："'赦'谓放免，'过'谓误失；'宥'谓宽宥，'罪'谓故犯。过轻则赦，罪重则宥，皆'解缓'之义也。"

说明 胡炳文曰："《解》上下体易，为《屯》。动乎险中为'屯'，动而出乎险之外为'解'；'屯'像草穿地而未申，'解'则雷雨作而百果草木皆甲坼。"（《周易本义通释》）此说揭示《解》、《屯》两卦象旨相对之处，似有可取。

初六，无咎①。

译文 初六，（险难初解）无所咎害。

注释 ① 无咎：指初六当危难初解之时，以柔处下，上应九四，故"无咎"。《本义》："难既解矣，以柔在下，上有正应，何咎之有？"

《象》曰：刚柔之际，义无咎也①。

译文《象传》说：初六与九四刚柔互为交际相应，就舒解险难的道理看必然无所咎害。

注释 ① 刚柔之际，义无咎也：刚，指九四；柔，指初六；际，交际，即相应；义，犹"理"。此释初六"无咎"的原因。《程传》："初、四相应，是刚柔相际接也；刚柔相际，为得其宜。难既解而处之刚柔得宜，其义无咎也。"

说明 本爻仅言"无咎"二字，全爻的喻义已包含在爻象之中。胡炳文曰："《恒》九二'悔亡'，《大壮》九二'贞吉'，《解》初六'无咎'：三爻之占只二字，其言甚简，象在爻中，不复言也。"（《周易本义通释》）

九二，田获三狐，得黄矢；贞吉①。

译文 九二，田猎时捕获好几只隐伏的狐狸，并获得黄色的箭矢（它象征刚直中和的美德）；守持正固可获吉祥。

注释 ① 田获三狐，得黄矢；贞吉：狐，喻隐伏之患；黄矢，喻居中刚直。此谓九二当危难初解之后，上应六五之君，犹如担负清除隐患的重任，故以"田获三狐"为喻；又禀阳刚之质而居中，刚柔相济，故有"黄矢"似的美德；以此趋正长守，必能不负舒解险难、清除隐患的使命，故曰"贞吉"。《王注》："狐者，隐伏之物也。刚中而应，为五所任；处于险中，知险之情：以斯解物，能获隐伏也。故曰'田获三狐'也，黄，理中之称也；矢，直也。田而获三狐，得乎理中之道，不失枉直之实。能全其正者也。故曰'田获三狐，得黄矢，贞吉'也。"

《象》曰：九二贞吉，得中道也。

译文《象传》说：九二守持正固可获吉祥，说明有得于居中不偏之道。

说明 从爻位看，九二以阳居阴，有"失正"之象。但刚直处中，有"得黄矢"之美，遂能排除隐患，建树"田获三狐"之功，故爻辞称其"贞吉"。《象传》"得中道"一语，即指明此爻能够守"正"获"吉"的关键因素。

六三，负且乘，致寇至；贞吝①。

译文 六三，背负重物而身乘大车，必招致强寇前来夺取；守持正固以防憾惜。

注释 ① 负且乘，致寇至；贞吝：此谓六三处"解"之时，阴柔失正，乘凌九二阳刚之上而攀附于九四，犹如"小人"窃据高位，故以负重而乘车，招致强寇来夺为喻，明其居于非份之位，不能长久；但爻辞又发规劝“小人”改邪向善之意，故特诫其趋正自守、以防憾惜。《王注》：“处非其位，履非其正，以附于四，用夫柔邪以自媚者也。乘二负四，以容其身（“身”阮刻作“为”，据《校勘记》改）；寇之来也，自己所致。”

说明 《系辞上传》引孔子曰：“作《易》者其知盗乎？《易》曰‘负且乘，致寇至’。‘负’也者，小人之事也；‘乘’者也，君子之器也。小人而乘君子之器，盗思夺之矣；上慢下暴，盗思伐之矣。慢藏诲盗，冶容诲淫，《易》曰‘负且乘，致寇至’，盗之招也。”此说阐释本爻寓意至为明畅；而“上慢下暴”之论，则揭示出“小人”窃据高位的根源是“上”者任人轻忽不慎，深得爻辞的言外之意。

《象》曰：“负且乘”，亦可丑也；自我致戎，又谁咎也？

译文 《象传》说：六三“背负重物而身乘大车”，是说其行为也太可丑恶了；由于自身无德窃位而招致兵戎之难，又该归咎于谁呢？

说明 本爻的大旨是：当危难舒解之后，局势固已安稳，但隐伏之患必然还存在，而“小人窃位”则是最为可忧的隐患。故《象传》指出，此患将能导致“兵戎”之灾，即申述爻辞“致寇至”的涵义。《折中》引雷思曰：“负且乘，小人自以为荣，而君子所耻，故‘可丑’也。寇小则为‘盗’，大则为‘戎’；任使非人，则变‘解’而‘蹇’，天下起戎矣。”

九四，解而拇，朋至斯孚①。

译文 九四，像舒解你大脚拇趾的隐患一样摆脱小人的纠附，然后友朋就能前来以诚信之心相应。

注释 ① 解而拇，朋至斯孚：而，《正义》“汝也”，指九四；拇，《释文》引陆绩曰“足大趾也”；朋，指初六；斯，介词，《经传释词》“犹‘乃’”。这两句说明九四阳居阴位，下比六三，为之所附，犹如足趾生患，妨碍其与初六相应；故须“解”其“拇”，然后可致初六“朋”来，阴阳相“孚”之德乃见。《王注》：“失位不正而比于三，故三得附之，为其拇也；三为之拇，则失初之应，故解其拇然后朋至而信矣。”

《象》曰：“解而拇”，未当位也。

译文 《象传》说：“像舒解你大脚拇趾的隐患一样摆脱小人的纠附”，说明九四居位尚未妥当。

说明 二、四两爻皆有“王臣”之象，而居位均未正。九二能“获三狐”，赖其“中”德；九四被“小人”纠附，一方面由于居位“未当”，另一方面又因其“不中”之故。

六五，君子维有解，吉①，有孚于小人②。

译文 六五，君子能够舒解险难，吉祥，甚至能用诚信之德感化小人。

注释 ① 君子维有解，吉：维，语气助词。此言六五柔中居尊，下应九二，为能舒解危难的“君子”形象，故获吉祥。《王注》：“居尊履中，而应乎刚，可以有解而获吉矣。"

② 有孚于小人：此句申发前文之义，说明六五不但能解难，又能以孚信之德感化"小人"，使之诚服无怨。《王注》："以君子之道解难释险，小人虽间，犹知服之而无怨矣。故曰'有孚于小人'也。"

《象》曰：君子有解，小人退也。

译文 《象传》说：君子能够舒解险难，小人必将畏服退缩。

说明 六五以"柔中"之德舒解危难，故能以诚信感化"小人"。此即转化邪恶者向善，排除隐患之义。

上六，公用射隼于高墉之上，获之，无不利①。

译文 上六，王公发箭射击据于高城之上的恶隼，一举射获，无所不利。

注释 ① 公用射隼于高墉之上，获之，无不利：隼，音 sǔn，恶鸟，《正义》："贪残之鸟，鹯鹞（音 zhān yào）之属"，此处喻六三；墉，《释文》引马融曰："城也。"这三句说明上六处《解》之终，居震动之极，为舒解危难的"王公"之象；而六三"小人窃位"，犹如恶隼盘踞"高墉之上"，上六能"射"而"获之"，排除患害，故"无不利"。《王注》："初为四应，二为五应。三不应上，失位负乘，处下体之上，故曰'高墉'；'墉'非隼之所处，'高'非三之所履。上六居动之上，为'解'之极，将解荒悖而除秽乱者也，故用射之；极而（"而"阮刻作"则"，据《校勘记》改）后动，成而后举，故必获之而无不利也。"

《象》曰："公用射隼"，以解悖也①。

译文 《象传》说："王公发箭射击据于高城之上的恶隼"，说明上六是在舒解悖逆者造成的险难。

注释 ① 悖：犹言"悖逆者"，指六三。《正义》："悖，逆也；六三失位负乘，不应于上，是悖逆之人也。"

说明 《系辞下传》引孔子语曰："隼者，禽也；弓矢者，器也；射之者，人也。君子藏器于身，待时而动，何不利之有？"此说一方面表明上六"射隼"，正当其时，故"无不利"；另一方面又揭示上六处"解"之极，危难虽已舒解，但新患或将又萌，故当预藏"成器"，随时警惕，不可因一时之"解"，而忘他日之"蹇"。

总论 《解》卦说明"舒解"险难的道理。卦辞先言解难利在施于"西南"众庶之地，强调其目的是使群情共获舒缓。然后分两层揭示解难的基本原则：无难，以"来复"安居为吉；有难，以早去速解为吉。朱熹指出："若无所往，则宜来复其所而安静；若尚有所往，宜早往早复，不可久烦扰也。"（《本义》）可见，《解》卦的宗旨是要通过排患解难，追求一种安宁平和的环境。六爻的喻义，侧重于展示"解难"过程的具体情状，反复申言清除"小人"、排解"内患"的重要意义。陈梦雷认为："六爻之义，主于去小人。六三一阴为小人非据、以致天下之兵者，诸爻皆欲去之：二之获狐，获三也；四之解拇，解三也；上之射隼，射三也；五之有孚，亦退三也。唯初六才柔位卑，不任解难而在解时，无咎而已。”（《周易浅述》）显然，全卦之“难”集于六三，以致群起而“解”之。视三以阴居内卦坎险之上，实喻“内部隐患”。那么，本卦所示“舒解”之时的主要矛盾，亦即危害安宁环境的重要因素，无疑是在“内”、在“隐”了。

损卦第四十一

䷨ 损[①]:有孚,元吉,无咎,可贞,利有攸往[②]。曷之用?二簋可用享[③]。

译文 《损》卦象征减损:心存诚信,至为吉祥,必无咎害,可以守持正固,利于有所前往。减损之道用什么来体现?两簋淡食就足以奉献给尊者、神灵。

注释 ① 损:卦名,下兑(☱)上艮(☶),象征"减损"。案,"损"谓"减损",其义主于"损下益上"。《释文》:"损,省减之义也。"《正义》:"损者,减损之名。此卦明损下益上,故谓之'损'。"

② 有孚,元吉,无咎,可贞,利有攸往:这几句极力说明"减损"之道的吉祥、无害、可正、可行,其中强调以"孚信"为前提。《来氏易注》:"凡曰'损',本拂人情之事,或过、或不及、或不当其时,皆非合正理而有孚也;非'有孚',则不吉、有咎,非可贞之道、不能攸往矣。惟'有孚',则'元吉'也、'无咎'也、'可贞'也、'利有攸往'也,有是四善矣。"

③ 曷之用?二簋可用享:曷,疑问代词,犹"何"。"曷之用"即"何所为用"的意思。二簋,喻微薄之物,与《坎》六四"簋贰"之义同(参阅该爻译注);享,奉献,泛指贡物给尊者或献祭于神灵之事。这两句以设问的形式,说明"损"之道惟在心诚,不必损其过甚而务以丰物益上;故拟"二簋用享"为喻,言当损之时,只要心存孚信,虽微薄之物亦足以奉献于上。《集解》引崔憬曰:"曷,何也。言其道上行,将何所用?可用二簋而享也。以喻损下益上,惟在乎心,何必竭于不足而补有余者也?"

《彖》曰:"损",损下益上,其道上行[①]。损而有孚[②],元吉、无咎、

译文 《彖传》说:"减损",意思是减损于下,增益于上,其道理是下者有所奉献于尊上。减损之时能够心存诚信,于是就至为吉祥,必无咎害,可以守持正固,利

于有所前往。减损之道用什么来体现？两簋淡食就足以奉献给尊者、神灵。奉献两簋淡食必须应合其时，减损下之阳刚以增益上之阴柔也要适时：事物的减损增益、盈满亏虚，都是配合其时而自然进行的。

可贞、利有攸往。曷之用？二簋可用享[③]。二簋应有时，损刚益柔有时[④]：损益盈虚，与时偕行[⑤]。

注释①　损下益上，其道上行：上行，犹言“向上奉献”，即下者自行减损以奉于上。这两句以上下卦象释卦名“损”之义，谓上艮为阳能止于上，下兑为阴能悦而顺之，故有“损下益上”之象。《王注》：“艮为阳，兑为阴；凡阴，顺于阳者也。阳止于上，阴说而顺：损下益上，上行之义也。”《折中》：“如人臣之致身事主，百姓之服役奉公，皆损下益上之事也。必如此，然后上下交而志同，岂非‘其道上行’乎？”

②　损而有孚：而，连词，兼含“能”之义。此句在卦辞“损，有孚”之间加一“而”字，以释其下“元亨、无咎、可贞、利有攸往”，谓此“四善”均因“有孚”而得。《王注》：“为损而可以获吉，其唯‘有孚’乎？损而有孚，则元吉，无咎，而可正，利有攸往矣。”《正义》：“卦有‘元吉’以下等事，由于‘有孚’，故加一‘而’字则其义可见矣。”

③　曷之用？二簋可用享：这两句径用卦辞自为解释，即以后句“自答”释前句“设问”。《正义》：“举经明之，皆为损而有孚，故得如此。”

④　二簋应有时，损刚益柔有时：这两句进一步阐发前文“二簋可用享”之义，说明行“损”必须适时；即不论以“二簋”奉上，还是损下之刚以益上之柔。均当顺应其“时”，不可滥为。《正义》：“二簋至约，惟在损时，应时行之，非时不可。”又曰：“损之所以能损下益上者，以下不敢刚亢，贵于奉上，则是损于刚亢而益柔顺也。损刚者，谓损兑之阳爻也；益柔者，谓益艮之阴爻也。人之为德，须备刚柔；就刚柔之中，刚为德长：既为德长，不可恒减，故损之‘有时’。”

⑤　损益盈虚，与时偕行：这是归结前两句意旨，总说事物的“损益”之道重在适“时”。《王注》：“自然之质，各定其分，短者不为不足，长者不为有余，损、益将何加焉？非道之常，故必‘与时偕行’也。”《正义》：“凫足非短，鹤胫非长，何须损我以益人？虚此以盈彼？但有时宜用，故应时而行。”

译文《象传》说：山下有深泽（犹如泽自损以增山高），象征“减损”；君子因此抑止忿怒、堵塞邪欲以自损不善。

《象》曰：山下有泽，损[①]；君子以惩忿窒欲[②]。

注释①　山下有泽，损：释《损》卦上艮为山、下兑为泽之象。《正义》：“泽在山下，泽卑山高，似泽之自损以崇山之象也。”

②　惩忿窒欲：惩，止也；窒，音 zhì，堵塞。这是说明“君子”观《损》象而知止忿堵欲，自损不善。《正义》：“君子以法此‘损’道，以惩止忿怒，窒塞情欲。夫人之情也，感物而动；境有顺逆，故情有忿欲。惩者，息其既往；窒者，闭其将来。忿、欲皆有往来，惩、窒互文而相足也。”

说明“减损”的意义颇为广泛，《大象传》独申“惩忿窒欲”之旨，显然是着眼于“修身立德”的义理。故朱熹指出：“君子修身所当损者，莫切于此。”（《本

义》)

初九,已事遄往,无咎[①];酌损之[②]。

译文 初九,完成了自我修养之事就迅速前往辅助尊者,必无咎害;应当斟酌减损自己的刚质。

注释 ① 已事遄往,无咎:已,竟也,犹言"告成";事,句中当指"修养"之事;遄,音chuán,迅速。此谓初九当"损"之始,阳刚处下,上应六四,故于"自修"之事初成,宜速往应四,以为辅助;即明"益上"之义。《正义》:"已,竟也;遄,速也。损之为道,损下益上,如人臣欲自损奉上。然各有所掌,若废事而往,咎莫大焉;若事已不往,则为傲慢。竟事速往,乃得无咎。"

② 酌损之:初应六四,犹损刚益柔,此时不可盲目过损其刚,故以"酌损"为宜。《正义》:"刚胜则柔危,以刚奉柔,初未见亲也,故须酌而减损之,乃得合志。"

《象》曰:"已事遄往",尚合志也[①]。

译文 《象传》说:"完成了自我修养之事就迅速前往辅助尊者",说明初九与尊上心志合一。

注释 ① 尚合志:尚,通"上"。谓初与上卦之四合志。《程传》:"尚,上也。""四赖于初,初益于四,与上合志也。"《折中》:"《易》例,初九与六四虽正应,却无往从之之义,在下位不援上也。惟《损》初爻言'遄往',而《传》谓'上合志',盖当'损下益上'之时故也。"

说明 孔颖达认为本爻犹言"人臣""竟事速往"、"损己奉上"(见前注引《正义》语),含有"学而优则仕"的意味。事实上这是从"象征"的角度阐释爻旨。《折中》指出:"孔氏说'已事'之义,谓如'学优而后从政'之类,于理亦精。"

九二,利贞,征凶;弗损益之[①]。

译文 九二,利于守持正固,急于求进将有凶险;不用自我减损就可以施益于上。

注释 ① 利贞,征凶;弗损益之:弗损,指九二不自损;益之,指有益于六五。此言"减损"之道是损有余以益不足,九二阳居阴位,刚柔适中,非"有余"者;六五阴居阳位,亦刚柔适中,非"不足"者:两者虽为正应,但九二不可"遄往",惟不自损而长守其正,即可"益上",故曰"利贞,征凶"。《本义》:"九二刚中,志在自守,不肯妄进,故占者利贞,而征则凶也;弗损益之,言不变其所守,乃所以益上也。"《周易玩辞》:"损以有'过'与'不及',故损一益一,以求中也。若九二、六五,则既中矣;二非有余,五非不足:一有增损,则反失其中矣。"

《象》曰:九二利贞,中以为志也。

译文 《象传》说:九二利于守持正固,说明应当以坚守中道作为自己的志向。

说明 九二以"不进"为义,似不能行"益上"之道;但就其"刚中"之位视之,正是以自守贞正施益于六五。林希元认为:"夫自守而不妄进,宜若无益于上

矣；然由是而启时君尊德乐道之心，止士大夫奔竞之习，其益于上也不少。是‘弗损’乃所以‘益之’也。”(《易经存疑》)

六三，三人行，则损一人；一人行，则得其友①。

译文 六三，三人同行欲求一阳，必将损彼阳刚一人；一人独行专心求合，就能得其强健友朋。

注释 ① 三人行，则损一人；一人行，则得其友：三人，泛称多人，文中特指阴性；一人，前指上九，后指六三。这四句说明六三居下兑之极，应于上九，悦而求之，但若群阴并行以求，必损上九一阳；若己一人独往，则阴阳专情和合，故得其友朋。《王注》：“‘损’之为道，损下益上，其道上行。三人，谓自六三已上三阴也；三阴并行以承于上，则上失其友，内无其主，名之曰‘益’，其实乃‘损’。故天地相应，乃得化醇；男女匹配，乃得化生：阴阳不对，生可得乎？故六三独行，乃得其友；二阴俱行，则必疑矣。”案，王弼以三、四、五爻三阴为“三人”，谓“三”为确数，于义亦通。

《象》曰：一人行，三则疑也。

译文 《象传》说：一人独行可以专心求合，三人同行将使对方疑惑无主。

说明 《系辞下传》引孔子语，以“天地细缊，万物化醇；男女构精，万物化生”释此爻之义，并谓“言致一也”，正是表明六三“一人行”体现着阴阳互合的“专一”之道。从“三人行，则损一人”中，又可以看出，不适合的“益上”，事实上是“损上”之举。此即《彖传》所谓“损益盈虚，与时偕行”之理。

六四，损其疾，使遄有喜，无咎①。

译文 六四，自我减损思恋的疾患，能够迅速接纳阳刚必有喜庆，不致咎害。

注释 ① 损其疾，使遄有喜，无咎：疾，指六四思恋初九所致“相思之疾”。此谓六四柔正得位，处艮之始，与初相应，能自损其疾，速纳阳刚，故“有喜”而“无咎”。《正义》：“疾者，相思之疾也。初九自损已遄往，己以正道速纳，阴阳相会，同志斯来，无复‘企子’之疾。故曰‘损其疾’。疾何可久？速乃有喜，乃无咎，故曰‘使遄有喜，无咎’。”案，《程传》谓“损疾”为“损其不善”；《诚斋易传》认为“使遄”指六四使初九“遄往”来应：两说于义并通。

《象》曰：“损其疾”，亦可喜也。

译文 《象传》说：“自我减损思恋的疾患”，说明六四接纳阳刚至为可喜。

说明 此爻所谓“损其疾”，既是自损“相思之疾”，亦是减抑柔弱之质。因此，从初九的角度分析，旨在“损刚益柔”；从六四的角度分析，义主于减损阴柔而获阳刚之益：两者一重在损己，一重在受益，喻意有别。《诗经·国风·草虫》咏女子相思之情，有曰：“未见君子，忧心忡忡；亦既见止，亦既觏止，我心则降。”孔颖达援此阐释本爻旨趣，指出：“《诗》曰‘亦既见止’、‘我心则降’，不亦‘有喜’乎？”(《正义》)就四、初阴阳互应而四有赖初速来施“益”的关系看，孔氏之解甚合爻理。

六五，或益之十朋之龟，弗克违，元吉①。

译文 六五，有人进献价值"十朋"的大宝龟，无法辞谢，至为吉祥。

注释 ① 或益之十朋之龟，弗克违，元吉：十朋，古代货币单位谓双贝为"朋"，"十朋"即"二十贝"，犹言价值昂贵；《集解》引崔憬曰："元龟价直二十大贝，龟之最神贵者"，"双贝曰'朋'也"，《经义述闻》谓："崔氏之说本于《汉书·食货志》"，并云："崔林注《食货志》亦曰'两贝为朋'"，"十朋之龟，犹言'百金之鱼'耳"。这三句说明六五柔中居尊，为"虚中"自损而不自益之象，故天下纷纷"益之"，乃至受益"十朋之龟"，未能辞谢，即言尊居"君位"，遂获"元吉"。《本义》："柔顺虚中，以居尊位，当损之时，受天下之益者也。""十朋之龟，大宝也。或以此益之而不能辞，其吉可知。"

《象》曰：六五元吉，自上祐也①。

译文 《象传》说：六五至为吉祥，这是从上天施予祐助。

注释 ① 上：《正义》："谓天也。"

说明 六五以"虚中"之德，虽自损而人必"益之"。故爻辞谓"弗克违"，《象传》称"自上祐"。此亦《大有》上九"自天祐之，吉无不利"之义。

上九，弗损益之①；无咎，贞吉，利有攸往，得臣无家②。

译文 上九，不用自我减损即可施益于人；必无咎害，守持正固可获吉祥，利于有所前往，必将得到广大臣民的拥戴而不限于一家。

注释 ① 弗损益之：此言上九以阳刚居《损》之终，"损下益上"必将转化为"损上益下"；但上九受下之益已极，毋须"自损"便有以施惠其下，故有"弗损益之"之象。《本义》："上九当'损下益上'之时，居卦之上，受益之极，而欲自损以益人也；然居上而益下，有所谓'惠而不费'者，不待损己，然后可以益人也。"

② 无咎，贞吉，利有攸往，得臣无家：无家，《正义》："光宅天下，无适一家也。""无适一家"犹今言"不限一家"。这四句紧承前文，说明上九能"弗损"而"益"下，即可"无咎"；但宜守"正"然后得"吉"，以此有往必将大得"臣民"，不限一"家"。此极言"益下"之德宏大，从而也获"得臣无家"之吉。《本义》："能如是则'无咎'，然亦必以'正'则'吉'，而利有所往；'惠而不费'，其惠广矣，故又曰'得臣无家'。"

《象》曰："弗损益之"，大得志也。

译文 《象传》说："不用自我减损即可施益于人"，说明上九大得施惠天下的心志。

说明 上九、九二均言"弗损益之"，二是不自损即可益上，上是不自损即可益下：两者居位不同，义旨亦别。《论语·尧曰》云："因民之所利而利之，斯亦惠而不费乎?"朱熹注语(见前注引《本义》)即本于此,实与本爻之义至相切合。

总论 《损》卦的意义,重在"损下益上"。卦辞指出,"减损"之道应当以"诚信"为本,就能"元吉、无咎、可贞、利有攸往";并认为,只要心存孚信,虽微薄之物如"二簋淡食"者,亦足以奉献"益上"。《彖传》进一步阐明此义,极言:"损益盈虚,与时偕行"。这是把"诚信"与"合时"联系起来分析,表明"损下"不可滥损,"益上"不可滥益。这一义理,可以用"垒土筑墙"为喻:损取墙下土石增益墙上之高,若取之不正、用非其时,则墙必危坠(略本《程传》)。卦中六爻,分上下体抒发"损益"之义:下三爻在下自损,与上三爻居上受益两两相对。其中初九"酌损"己刚"遄往"应四,与六四"有喜"为对;九二不自滥损、"守正"益上,与六五受益"十朋之龟"为对;六三当以"专一"之诚益上,与上九"得臣无家"为对。可见,《易》爻阴阳对应的情状,在本卦中体现为上下适时损益的关系。再从爻辞与爻象考察诸爻大旨,下卦有"酌损"、"弗损"及"三人行则损一人"之诫,可知其义主于"损所当损";上卦四、五两爻以阴居上,有虚己谦下而受益之象,并见"损中有益";至于上九居卦之极,因所受之益广益于下,表露了"损"、"益"互为转化的哲理,说明"自损"者损极必获益,"受益"者益极当益人。约言之,本卦以颇具辩证色彩的观点,喻示了这样一种道理:事物的发展,或有损下益上、损小益大、损有余益不足的过程,但损益之间必须孚诚守正,损益之际必须适合其时。当然,《损》卦的象征意义是十分广泛的。《大象传》谓"抑止忿怒、堵塞邪欲",即是从"修身"的角度推阐"自损不善"的旨趣。马振彪认为:"'损'之为道,重在损下益上。推此义言之,在为学则自损其私欲以益公理,在处世则自损其身家以益天下,是皆损道得其正而合于时中者。"(《周易学说》)此论可与《大象传》的寓意相互发明。

益卦第四十二

䷩ 益[①]：利有攸往，利涉大川[②]。

译文 《益》卦象征增益：利于有所前往，利于涉越大河巨流。

注释 ① 益：卦名，下震（☳）上巽（☴），象征"增益"。案，"益"谓"增益"，其义主于"损上益下"。《释文》："益，增长之名，又以弘裕为义。"《正义》："益者，增足之名。损上益下，故谓之'益'。下已有矣，而上更益之，明圣人利物之无已也。"

② 利有攸往，利涉大川：这两句说明既行"损上益下"之道，则有往必利，无险不可涉。《正义》："既上行惠下之道，利益万物，动而无违，何往不利？故曰'利有攸往'。以益涉难，理绝险阻，故曰'利涉大川'。"

说明 《损》《益》两卦，义相关联；而取名由来，也有相类之处。孔颖达指出："《损》卦则'损下益上'，《益》卦则'损上益下'，得名皆就下，而不据上者，向秀云：'明王之道，志在惠下，故取下谓之"损"，与下谓之"益"。'"《正义》向谓为"王道"所在，固未必然；视为作《易》者之志，则有可取。

《彖》曰："益"，损上益下，民说无疆；自上下下，其道大光[①]。"利有攸往"，中正有庆[②]；"利涉大川"，木道乃行[③]。益动而巽，日进无疆；天施地生，其益无方[④]。凡益之道，与时偕行[⑤]。

译文 《彖传》说："增益"，意思是减损于上、增益于下，这样民众就欣悦不可限量；从上方施利予下，这种道义必能大放光芒。"施行增益利于有所前往"，说明尊者刚中纯正必将大呈庆祥；"利于涉越大河巨流"，正如木舟渡水征途通畅。增益之时下者兴动而上者逊顺，其益就能日日增进广大无疆；譬如上天施降利惠、大地受益化生，自然界的施化之益于是遍及万方。事物当增益之时所体现的道理，都说明要配合其时施行得当。

注释 ① 损上益下，民说无疆；自上下下，其道大光：下下，前"下"为动词，后"下"为方位名词。这四句以上下卦象释卦名"益"，谓巽阴居上，震阳居下，巽顺不违震，故有"损上益下"之象；能"损上益下"、"自上下下"，自然民众欣悦、道义生光。《王注》："震，阳也；巽，阴也。巽非违震者也。处上而巽，不违于下，'损上益下'之谓也。"

② 中正有庆：中正指九五。此句以九五刚中居正而能益下之象，释卦辞"利有攸往"。《王注》："五处中正，自上下下，故'有庆'也；以中正有庆之德有攸往也，何适而不利哉！"

③ 木道乃行：木，指上巽为木，《集解》引虞翻曰："谓三动成《涣》，《涣》，舟楫象，巽木得水，故'木道乃行'也"，详虞氏之意，是以"木道"为"舟道"，"木道乃行"，犹今言"乘舟而行"。此句取上卦之象，譬喻以"益"涉难，征途畅通，释卦辞"利涉大川"。《王注》："木者，以涉大川为常，而不溺者也；以'益'涉难，同乎木也。"

④ 益动而巽，日进无疆；天施地生，其益无方：动，指下震；巽，逊顺，指上巽；天施，指"天"所施惠；地生，指"地"所化生；方，所也，"无方"犹言遍及万方。这四句又取上下象及天地生物为例，广明"益"道之大。《正义》："执二体更明得益之方也：若动而骄盈，则彼损无已；若动而卑巽，则进益无疆。"又曰："天施气于地，地受气而化生，亦是损上益下义也；其施化之益，无有方所。"

⑤ 凡益之道，与时偕行：这两句归结前文，说明"增益"之道须适时，不可滥增泛益。《王注》："益之为用，施未足也；满而益之，害之道也。故'凡益之道，与时偕行'也。"

《象》曰：风雷，益①；君子以见善则迁，有过则改②。

译文《象传》说：风雷交助，象征"增益"；君子因此看见善行就倾心向往，有了过错就迅速改正。

注释 ① 风雷，益：释《益》卦上巽为风、下震为雷之象。《程传》："风烈则雷迅，雷激则风怒，二物相益者也。"

② 见善则迁，有过则改：迁，就也，犹言"向往"。这是说明"君子"观《益》象，能迁善改过，以此交相增益己德。《王注》："迁善改过，益莫大焉。"

说明《益》卦大旨在"损上益下"，施利于物，故《彖传》极赞"民说无疆"、"其道大光"、"中正有庆"。《大象传》则从"风雷相益"之象，推阐"迁善改过"的义理，也是着眼"修身"之道。与《损》卦《大象传》比较，彼卦谓"惩忿窒欲"，侧重于自"损"不善；此卦则是侧重于自"益"美善：两者抒理的角度自有区别。《折中》认为："雷者，动阳气者也，故人心奋发，而勇于善者如之；风者，散阴气者也，故人心荡涤，以消其恶者如之。"此说把本卦上下象与"迁善"、"改过"融为一理，可备参考。

初九，利用为大作，元吉，无咎①。

译文 初九，利于大有作为，至为吉祥，必无咎害。

注释 ① 利用为大作，元吉，无咎：大作，《正义》："兴作大事。"此谓初九以阳刚居"益"之始，上应六四，为处下获益之象，宜于大有作为，故获"元吉"；唯其"元吉"，故虽居卑位而任大事也无所咎害。《王注》："处《益》之初，居动之始，体夫刚德，以莅其事，而之乎巽：以斯大作，必获大功。夫居下非厚事之地，在卑非任重之处，大作非小功所济，故元吉乃得无咎也。"

说明《集解》引虞翻曰："大作，谓耕播耒耨之利。"又引侯果曰："大作，谓耕植也。处'益'之始，居震之初，震为稼穑，又为大作。益之大者，莫大耕植，故初九之利，利为大作。"此以初九为居下耕作之象，于义亦通。

《象》曰："元吉无咎"，下不厚事也①。

译文《象传》说："至为吉祥而无所咎害"，说明初九处位低下本来不能胜任大事（但此时获益则可以大有作为）。

注释 ① 不厚事：厚事，《正义》："犹'大事'"。此言初九位卑，本难胜任大事；但以阳刚之德受益于上，故可"大作"，即释"元吉，无咎"之义。《王注》："时可以大作，而下不可以厚事：得其时而无其处，故'元吉'乃得'无咎'也。"案，《集解》引侯果注，释"不厚事"为"不厚劳于下民，不夺时于农畯"，于义亦通。

说明 本爻获应于四，犹如六四自损以益初。爻辞强调"大作"，表明初九不可无功受益，必须"兴作大事"，广益他人，才能长保其益，免遭危咎。《折中》曰："必大为益人之事，然后可以自受其益；非然，则受大益者，乃所以为大损也。"

六二，或益之十朋之龟，弗克违，永贞吉①；王用享于帝，吉②。

译文 六二，有人赐下价值"十朋"的大宝龟，无法辞谢，永久守持正固可获吉祥；此时君王正在献祭天帝祈求降福，吉祥。

注释 ① 或益之十朋之龟，弗克违，永贞吉：十朋之龟，词义与《损》六五同（见该爻译注），此处喻六二荣居"臣位"。这三句说明六二当"益下"之时，以柔中之德获应于九五之"君"，受命荣居要职，犹如被赐"十朋之龟"，无法辞谢，故当永守正固而后有"吉"。《本义》："六二当'益下'之时，虚中处下，故其象占与《损》六五同；然爻、位皆阴，故以'永贞'为戒。"

② 王用享于帝，吉：帝，犹言"天帝"。《正义》："帝，天也。王用此时，以享祭于帝，明灵降福，故曰'王用享于帝，吉'也。"案，《折中》引郑维岳曰："王用享帝，言王用六二以享帝也。"于义亦通。

《象》曰："或益之"，自外来也①。

译文《象传》说："有人赐下（价值十朋的大宝龟）"，说明六二所受增益是从外部不招自来。

注释 ① 自外来：指六二所受之益从外自，非己招取，此与《损》六五《象传》谓“自上祐也”之义略为接近。《正义》：“明益之者从外自来，不召而至也。”

说明 《益》六二、《损》六五均称“或益之十朋之龟，弗克违”，所受之“益”皆为不招自来。但两爻的寓意却大不相同：《损》卦六五居上而受下益，故得“龟”者为“君位”，其占“元吉”；《益》六二居下而受上益，故得“龟”者为“臣位”，其占“永贞吉”。

六三，益之用凶事，无咎①；有孚中行，告公用圭②。

译文 六三，受益至多应该努力施用于救凶平险的事务，必无咎害；必须心存诚信、持中慎行，时时像手执玉圭致意于王公一样虔心恭敬。

注释 ① 益之用凶事，无咎：之，助词；凶事，指救凶平险之事。此谓六三当“益下”之时，以阴居下卦之上，为受益至甚、“位势”弥壮之象；此时必须因所受之益广益于人，努力投身于拯救衰危的“凶事”之中，则为善处其时，遂获“无咎”。《王注》：“以阴居阳，处下卦之上，壮之甚也；用救衰危，物所恃也，故‘用凶事’乃得‘无咎’也。”

② 有孚中行，告公用圭：告，犹言“晋见”、“致意”；圭，音 guī，玉器名，古代天子诸侯祭祀、朝聘时，卿大夫等执此以表示“信”，《礼记·郊特牲》：“大夫执圭而使，所以申信也。”这两句紧承前文，再申诫意：说明六三不当位而受益至多，不可因“益”忘忧，纵欲妄为，而应当守“信”持“中”，时时像执圭“告公”一样诚敬不苟；以此处事；才能长保“无咎”。《王注》：“若能益不为私，志在救难，壮不至亢，不失中行，以此告公，国主所任也。‘用圭’之礼，备此道矣。”《程传》：“凡祭祀朝聘，用圭玉，所以通达诚信也。有诚孚而得中道，则能使上信之；是犹告公上用圭玉也，其孚能通达于上矣。”

《象》曰：益用凶事，固有之也①。

译文 《象传》说：受益至多应该努力施用于救凶平险的事务，这样才能牢固保有所获之益。

注释 ① 固有之：《王注》：“用施凶事，乃得固有之也。”

说明 本爻“用凶事”，实即戒其不可无功受益；但语意比初九“利用为大作”更见强烈，则是由于六三既“失正”又居“多凶”之位。爻辞“中行”、“用圭”两句，正是重申此爻处“无咎”之道，以进一步强调前文之诫。

六四，中行告公从，利用为依迁国①。

译文 六四，持中慎行致意于王公必能言听计从，利于依附君上迁都益民。

注释 ① 中行告公从，利用为依迁国：迁国，上古常有迁徙其国都、避害就利之举，如《尚书·盘庚》载“迁殷”事即是。这两句说明六四当“损上益下”之时，禀柔正之德居上卦之始，近承九五阳刚，有依附“君主”施益“下民”之象，故谓其当以“中行"之德"告公"益下,"公"必听从;又言"利"于依附君主,播迁其国,以惠庶民。爻义主于阴柔者得位,承上以益下。《本义》:"此言以'益下'为心,而合于'中行',则'告公'而见从矣。《传》曰:'周之东迁,晋郑焉依',盖古者迁国以益下,必有所依,然后能立。"

说明 三、四两爻言"中行",均因居位不中,恐其有失,特申诫勉之意;谓当趋向"中和",施行正道。朱熹曰"三、四皆不得中,故皆以'中行'为诫"(《本义》),是也。但蔡渊认为"在一卦之中者也,故三爻四爻皆曰'中行'"(《周易卦爻经传训解》),这是合六爻言其"中",可备一说。

《象》曰:"告公从",以益志也①。

译文 《象传》说:"致意于王公必能言听计从",说明六四以增益天下的心志去劝谏王公。

注释 ① 以益志:《程传》:"告之以益天下之志也。"

说明 六四虽居上卦,但尚属"臣"位,"权力"有限,故须依承"尊者"才能行"益下"之志。《折中》引吴曰慎曰:"四正主于'益下'者,然非君位,不敢自专,必告于公也,'中行'则见从矣。"

九五,有孚惠心,勿问元吉①:有孚惠我德②。

译文 九五,怀抱真诚信实地施惠天下的心愿,毫无疑问是至为吉祥的:天下人也必将真诚信实地感惠报答我的恩德。

注释 ① 有孚惠心,勿问元吉:惠心,指施惠"天下"之心;勿问,犹言"毫无疑问"。这两句说明九五以阳刚中正之德尊居"君位",下应六二,犹如怀有诚信惠下之心,以损己益物为念,故不待问必有"元吉"。《程传》:"五阳刚中正居尊位,又得六二之中正相应,以行其益,何所不利?以阳实在中,有孚之象也;以九五之德、之才、之位,而中心至诚在惠益于物,其至善大吉,不问可知,故云'勿问元吉'。"案,《集解》引崔憬注,训"问"犹"言",认为"不问"指"不言以彰己功",可备一说。

② 有孚惠我德:我,指九五,"惠我德"犹言"天下感惠我的恩德"。此句申发前文"元吉"之旨,谓九五之"吉"不但在于"天下"广受利益,还体现于"天下"也以诚信感惠于上:于是上下交信,心志相通,故其吉至大。《程传》:"人君至诚益于天下,天下之人,无不至诚爱戴,以君之德泽为恩惠也。"

《象》曰:"有孚惠心",勿问之矣;惠我德,大得志也。

译文 《象传》说:"怀抱真诚信实地施惠天下的心愿",说明至为吉祥是不用问的;"天下人也必将感惠报答我的恩德",说明九五大得"损上益下"的心志。

说明 《损》、《益》两卦第五爻均有"元吉"之称,但前者是因下之所益而施益于下,此则一心自损以益下:两爻立义的角度不同。由此也可以看出,"损"、"益"在义理上的相对与互补之处。《折中》引郑维岳曰:"《损》之六五,受下之益者也;《益》之九五,益下者也。《损》六五受益,而获'元吉';《益》九五但知民之当益而已，'勿问元吉'也。"

上九，莫益之，或击之①**；立心勿恒，凶**②**。**

译文 上九，没有人增益他，有人攻击他；居心不常安（而贪求无厌），有凶险。

注释 ① 莫益之，或击之：此言上九居《益》卦之极，阳刚亢盛，贪求不已；变"损上益下"为"损下益上"，故天下莫之或益，并群起而攻之。《王注》："处《益》之极，过盈者也"，"人道恶盈，怨者非一，故曰'或击之'也。"

② 立心勿恒，凶：立心，即"居心"；恒，犹"安"，《周礼·夏官·司弓矢》："恒矢痺矢。"郑玄注："恒矢，安居之矢也。"这两句指明前文"莫益"、"或击"的原因，言上九居心不能常安其位，惟贪得无厌求益不已，故有"凶"。《王注》："求益无已，心无恒者也；无厌之求，人弗与也。"《正义》："勿，犹'无'也。求益无已，是立心无恒者也；无恒之人，必凶咎之所集，故曰'立心勿恒，凶'。"

《象》曰："莫益之"，偏辞也①**；"或击之"，自外来也**②**。**

译文 《象传》说："没有人增益他"，说明上九片面发出"求益"的言辞；"有人攻击他"，这是从外部不招自来的凶险。

注释 ① 偏辞：片面"求益"之辞。指上九反"自损"之道而行，私心求益，故无人响应；即释"莫益之"之义。《王注》："独唱莫和，是'偏辞'也。"《正义》："此有求而彼不应，是'偏辞'也。"

② 自外来：《正义》："怨者非一，不待召也，故曰'自外来'也。"

说明 《损》上九本于损己益人之心，终能获益于人，以至"得臣无家"；《益》上九抱有损人益己之念，反而受损于人，以至被"击"罹"凶"。两爻之义适相反照，表明自损必益、自益必损的道理。

总论 《益》卦的意义，主于"减损于上，增益于下"。用"垒土筑墙"作比喻：犹如损取墙上多余的土石，增益墙下基础，则墙基坚实、墙体安固（略本《程传》）。范仲淹谓"损上则益下，益下则固其本"（《范文正公集·易义》）是也。因此，卦辞谓"益"之时"利有攸往，利涉大川"，即盛称"益"道美善可行。就六爻大义分析：下卦三爻主"受益"，上卦三爻主"自损"。其中初九阳刚处卑位而获益，利在"大有作为"，遂致"元吉，无咎"；六二柔中得正被赐"十朋之龟"，当长守中正美德，以"永贞"为吉；六三不当位而受益至甚，须不辞辛劳，努力施用于"救凶平险"之事则"无咎"。这三爻以居下获益，均当有所施为，不可安逸无事。至于六四柔正而居上卦之始，利于依附尊者行"益下"之道；九五刚中而居尊位，能够真诚施惠"天下"遂获"元吉"。这两爻体现损己益人的意旨，并表明凡施惠于人者，终将也获人之益。惟上九一爻极处高位而不能自损，反有损人利己、求益无厌的居心，故被"击"致"凶"。若将《损》、《益》两卦相比较，还可以看出，两者的立义是相通互补的：损下足以益上，上者受益又当施惠于下；损上足以益下，下者受惠亦可转益于上。显然，"损"、

"益"的转化之理，一方面流露了《周易》作者对阶级社会中上层与下层之间作用与反作用的深刻认识；另一方面，在广义的象征哲理中，则着重揭示作者所理解的事物发展过程时常体现的利弊、祸福的交互变化规律。旧籍记载，孔子读《易》至《损》、《益》两卦时，曾经发出"自损者益，自益者缺"的慨叹（《说苑·敬慎篇》），乃至抒发其论曰："《益》、《损》者，其王者之事与！或欲以利之，适足以害之；或欲害之，乃反以利之。利害之反，祸福之门户，不可不察也。"（《淮南子·人间训》）

夬卦第四十三

䷪ **夬①:扬于王庭②,孚号有厉③;告自邑,不利即戎④;利有攸往⑤。**

译文 《夬》卦象征决断:可以在君王法庭上公布小人的罪恶予以制裁,并心怀诚信地号令众人戒备危险;此时应当颁告政令于城邑上下,不利于兴兵出师用武力强行制裁;这样就利于有所前往。

注释 ① 夬:卦名,下乾(☰)上兑(☱),象征"决断"。案,"夬"字之义,谓"决断"、"果决",此处指"阳刚"对"阴柔"采取决断性的制裁。卦中五阳共决上六一阴,正含此象。《彖传》:"夬,决也,刚决柔也。"《正义》:"夬,决也。此阴消阳息之卦也,阳长至五,五阳共决一阴,故名为'夬'也。"

② 扬于王庭:扬,犹言宣布;王庭,《正义》:"百官所在之处",指君王的法庭。此谓"君子"制裁"小人"应当光明正大地宣扬于"王庭",以喻"刚决柔"之际"公正无私"的情状。《正义》:"以君子决小人,故可以显然发扬决断之事于王者之庭,示公正而无私隐也。"

③ 孚号有厉:号,号令。此承前句义,说明"君子"决"小人"之时,又须号令众人戒备危险。《程传》:"孚,信之在中,诚意也;号者,命众之辞。君子之道虽长盛,而不敢忘戒备;故至诚以命众,使知尚有危道。虽以此之甚盛,决彼之甚衰,若易而无备,则有不虞之悔;是尚有危理,必有戒惧之心,则无患也。"

④ 告自邑,不利即戎:告自邑,犹言"颁告政令于邑";即戎,谓兴兵出师。这两句进一步说明"刚决柔"是以"德"制裁,并非以武力取胜。《王注》:"以刚断制,告令可也。告自邑,谓行令于邑也。用刚即戎,尚力取胜也;尚力取胜,物所同疾也。"

⑤ 利有攸往:此句总结上文,指出处"夬"之时,利于"刚"不利于"柔",故阳

刚者若能循上述之道而行，必然利有所往。《王注》："刚德愈长，柔邪愈消，故'利有攸往'，道乃成也。"

《彖》曰："夬"，决也，刚决柔也①；健而说，决而和②。"扬于王庭"，柔乘五刚也③；"孚号有厉"，其危乃光也④；"告自邑，不利即戎"，所尚乃穷也⑤；"利有攸往"，刚长乃终也⑥。

译文 《彖传》说："夬"，意思是决断，犹如阳刚君子果决制裁阴柔小人；于是能用刚健令人心悦诚服，通过果决气势导致众物协和。"可以在君王法庭上公布小人的罪恶予以制裁"，说明本卦一柔爻肆意乘凌于五刚爻之上；"心怀诚信地号令众人戒备危险"，说明让人们时时危惧戒备就能光大处"夬"之道；"此时应当颁告政令于城邑上下，不利于兴兵出师用武力强行制裁"，说明若滥用武力将使处"夬"之道困穷；"利于有所前往"，说明阳刚盛长最终必能制胜阴柔。

注释 ① 刚决柔：刚，指卦中五阳爻；柔，指上六一阴爻。此以六爻之象，说明"夬"之谓"决"，意指阳刚决阴柔，即"君子"决"小人"（参见卦辞译注）。

② 健而说，决而和：健，指下乾；说，即"悦"，指上兑。这两句举上下象为说，谓"夬"之时，以刚健能决而令人悦服，并导致众物协和。此与前文"夬，决也，刚决柔也"并释卦名"夬"之义。《王注》："健而说，则决而和矣。"《正义》："乾健而兑说，健则能决，说则能和。"

③ 柔乘五刚也：柔，指上六；五刚，即卦中五阳。此句释卦辞"扬于王庭"，谓六爻有一阴乘凌五阳之象，犹如"小人"作恶，故须果决制裁于"王庭"。《王注》："刚德齐长，一柔为逆，众所同诛而无忌者也，故可'扬于王庭'。"

④ 其危乃光也：此释卦辞"孚号有厉"，谓此时当使人们长存危惧戒备之心，则君子处"夬"之道必能光大。《程传》："尽诚信以命其众，而知有危惧，则君子之道乃无虞而光大也。"

⑤ 所尚乃穷也：此句释卦辞"告自邑，不利即戎"，谓若"即戎"，则是以"尚武"处"夬"，不是以德取胜，其道必穷。《正义》："刚克之道，不可常行；若专用威猛，以此'即戎'，则便为尚力取胜，即是'决而不和'，其道穷矣。"

⑥ 刚长乃终也：此释卦辞"利有攸往"，指"夬"道成于刚德盛长，必以阳刚制胜阴柔告终。《王注》："刚德愈长，柔邪愈消，故'利有攸往'，道乃成也。"《正义》："道成也，刚长柔消，'夬'道乃成也。"

《象》曰：泽上于天，夬①；君子以施禄及下，居德则忌②。

译文 《象传》说：泽水化气升腾于天（决然降雨），象征"决断"；君子因此要果决施降恩泽于下民，若是居积德惠不施必被憎恶。

注释 ① 泽上于天，夬：释《夬》卦上兑为泽，下乾为天之象。《集解》引陆绩曰："水气上天，决降成雨，故曰'夬'。"

② 施禄及下，居德则忌：禄，《尚氏学》"谓恩泽"；居，积也，"居德"与"施禄"前后对文；忌，《说文》"憎恶也"。这是说明"君子"观《夬》"泽上于天"之象，悟知应当果决施降恩泽于下，不可积居不施，以至民怨。《来氏易注》："言泽在于君，当

施其泽，不可居其泽也；居泽，则乃人君之所深忌者。"

说明 本卦取名为"夬"，意指"决断"，《彖传》举六爻"刚决柔"之象为释，正见"君子"果决制裁"小人"的旨趣。但《大象传》根据上下卦"泽上于天"之象，衍发"君子施禄及下"的义理，与"刚决柔"适为相反。来知德认为"孔子此二句，乃生于'泽'字，非生于'夬'字"（《来氏易注》）；尚先生进一步指出"象辞每相反以取义，此亦其一也"（《尚氏学》），其论甚是。

初九，壮于前趾，往不胜为咎①。

译文 初九，强盛在足趾前端，冒进前往必不能取胜反而导致咎害。

注释 ① 壮于前趾，往不胜为咎：此谓初九当"夬"之时，阳刚处下。犹如"壮于前趾"，为果决有余、审慎不足之象；以此躁进而往，又无上应，故必难取胜而终致咎患。《王注》："居健之初，为决之始，宜审其策，以行其事；壮其前趾，往而不胜，宜其'咎'也。"《正义》："体健处下，徒欲果决壮健，前进其趾；以此而往，必不克胜，非决之谋，所以为咎。"

《象》曰：不胜而往，咎也。

译文 《象传》说：不能取胜而急于前往，是招致咎害之道。

说明 初九"往不胜为咎"，也是戒人"慎始"的意思。《重定费氏学》引欧阳修曰："圣人之用刚，常深戒于其初。"

九二，惕号，莫夜有戎，勿恤①。

译文 九二，时刻戒惕呼号，尽管深夜出现战事也能对付，不必忧虑。

注释 ① 惕号，莫夜有戎，勿恤：号，呼号，发出警备之语；莫，音 mù，即"暮"字。此言九二以刚中之德处"夬"，既果决刚断又小心谨慎，故能时刻"惕号"，虽深夜"有戎"也有备无患，遂称"勿恤"。《本义》："九二当决之时，刚而居柔，又得中道，故能忧惕号呼，以自戒备；而'莫夜有戎'，亦可无患也。"

《象》曰："有戎勿恤"，得中道也。

译文 《象传》说："出现战事也不必忧虑"，说明九二有得于居中慎行之道。

说明 本爻辞断句，有不同说法。如《折中》指出："有以'惕号莫夜'为句，'有戎勿恤'为句者。言'莫夜'人所忽也，而犹'惕号'，则所以警惧者素矣；'有戎'人所畏也，而不之'恤'，则所以持重者至矣。"此义亦通，可备一说。

九三，壮于頄，有凶①；君子夬夬独行，遇雨若濡，有愠，无咎②。

译文 九三，强盛在脸部颧骨上，怒形于色必有凶险；君子应当刚毅果断独自前行（与小人周旋、待时决除），尽管遇到阴阳和合的雨并被沾湿身体，甚至受人嫌疑被人愠怒，但终究能制裁小人而不遭咎害。

注释 ① 壮于頄，有凶：頄，音 qiú，颧骨，《释文》：“颧也”，又引翟玄曰：“面颧，颊间骨也。”这两句说明九三处《夬》下卦之极，以刚居刚，与上六为应，果决过度而急于除之，故以“壮于頄”喻其“决小人”怒形于色；如此处“夬”，必失美善之道，遂深戒以“有凶”。《本义》：“九三当决之时，以刚而过乎中，是欲决小人而刚壮见于面目也，如是则有凶道矣。”

② 君子夬夬独行，遇雨若濡，有愠，无咎：夬夬，决而又决，犹言“刚毅果断”；独行，指三独往应上；遇雨，喻三、上阴阳相遇；若，语气词；濡，沾湿。这几句与前文相对，从正面说明“君子”处九三之时，并非怒形于色，而是刚毅果决地“独行”往应上六，犹如暂与“小人”周旋、待时决除；这样尽管有“遇雨若濡”之嫌，乃至被人愠怒，但最终必能制裁“小人”故“无咎”。《本义》：“然在众阳之中，独与上六为应，若能果决其决，不系私爱，则虽合于上六，如‘独行遇雨’，至于‘若濡’，而为君子所‘愠’，然终必能决去小人而无所咎也。”《周易学说》引李士钤曰：“善除小人者，往往与之周旋，结其欢心，形似之间为同侪所不悦；要其心无他，事亦终无害也。”案，本爻辞“君子”至“无咎”一节的句读，《集解》引荀爽注，读作“君子夬夬，独行遇雨，若濡，有愠无咎”；《王注》、孔疏与此略同，义亦可通。

《象》曰：“君子夬夬”，终无咎也。

译文 《象传》说：“君子刚毅果断”，是说终究能裁制小人而无所咎害。

说明 《朱子语类》曰：“君子之去小人，不必悻悻然见于面目；至于‘遇雨’而为所濡湿，虽为众阳所愠，然志在决阴，必能终去小人，故亦可得‘无咎’也。盖九三虽与上六为应，而以刚居刚有能决之象，故‘壮于頄’则‘有凶’，而和柔以去之乃‘无咎’。”此说可与上引《本义》文相参照，甚见本爻大旨。

九四，臀无肤，其行次且①；牵羊悔亡，闻言不信②。

译文 九四，臀部失去皮肤，行动趑趄难进；要是紧紧地牵系着羊（一样强健的阳刚尊者），悔恨必将消亡，无奈听了此言不能信从。

注释 ① 臀无肤，其行次且：次且，音 zī jū，古为双声连绵词，亦作“趑趄”，行止困难之状，《释文》引王肃曰：“趑趄，行止之碍也。”此谓九四以阳居阴，刚决不足，故当“夬”之时，犹如臀部“无肤”；又下凌三阳，以此而进，必多艰难，故曰“其行次且”。《王注》：“下（“下”阮刻作“不”，据汲古阁本改）刚而进，非己所据，必见侵伤，失其所安，故‘臀无肤，其行次且’也。”

② 牵羊悔亡，闻言不信：牵，牵系附连；羊，强健刚劲之物，喻九五。这两句申发前文之义，说明九四虽刚决不足，但若上承九五之阳，犹如与强健的“羊”紧相系连，则可补其不足而“悔亡”；然而四以失正之刚，或至“闻言不信”、一意孤行，必致凶咎。《王注》：“羊者，抵狠难移之物，谓五也。五为《夬》主，非下所侵，若牵于五，则可得‘悔亡’而已；刚亢不能纳言，自任所处，‘闻言不信’，以斯而行，凶可知矣。”

译文《象传》说："行动趑趄难进"，说明九四居位不妥当；"听了此言不能信从"，说明九四尽管听到却不能审明事理。

《象》曰："其行次且"，位不当也；"闻言不信"，聪不明也①。

注释 ① 聪不明：聪，犹言"听"，《正义》："聪，听也"；明，犹言"审明其理"，《尚氏学》"不明，犹不审"。

说明 九四以"刚决"不足之体，意欲强行，所谓力不胜任，其行必"次且"难进。《象传》云："位不当"，《折中》曰："借爻位以明四之未当事任，而欲'次且'前进之非宜也。"

译文 九五，像斩除柔脆的苋陆草一样刚毅果断地清除小人，居中行正则必无咎害。

九五，苋陆夬夬，中行无咎①。

注释 ① 苋陆夬夬，中行无咎：苋，音 xiàn，苋陆，草名，《正义》引《子夏传》曰："木根草茎，刚下柔上也"，《程传》："今所谓'马齿苋'是也，曝之难干，感阴气之多者也，而脆易折"，爻辞中借喻阴物，指上六。此言九五处"夬"之时，阳刚中正以居尊位，比近上六一阴，能像斩除"苋陆"一样轻易决除之；但五贵居"君位"，却须亲自制裁最为贴近的"小人"，足见其德未能光大，故当慎行中道，庶可"无咎"。《王注》："苋陆，草之柔脆者也，决之至易，故曰'夬夬'也。'夬'之为义，以刚决柔，以君子除小人者也。而五处尊位，最比小人，躬自决者也；以至尊而敌至贱，虽其克胜，未克多也；处中而行，足以免咎而已，未足光也。"

说明《重定费氏学》引姚配中曰："《春秋传》云'为国家者，见恶如农夫之务去草焉，绝其本根，勿使能殖。'五为阴所揜，故'中未光'。刚长至上，决阴使尽，则所谓'其危乃光'者也。"此说以除恶草喻"去小人"，发本爻之义，似甚可取。

译文《象传》说："居中行正必无咎害"，说明九五的中正之道尚未光大。

《象》曰："中行无咎"，中未光也。

说明 九五阳刚中正，"夬夬"明决，仅获"无咎"之占，盖因"最比小人"所致。张载曰："阳近于阴，不能无累，故必正其行，然后免咎。"（《横渠易说》）

译文 上六，不必痛哭号咷，凶险终究难逃。

上六，无号，终有凶①。

注释 ① 无号，终有凶：号，号咷，放声痛哭。此谓上六以阴极居《夬》卦之终，为"小人"凌高作恶之象，被下五阳所共同决除，故无须号咷，终必有凶。《王注》："处《夬》之极，小人在上，君子道长，众所共弃，故非号咷所能延也。"

译文《象传》说："不必痛哭号咷，凶险难逃"，说明上六高居在上的情势终究不能久长。

《象》曰："无号之凶"，终不可长也。

说明 上六之"凶",犹如"小人"凌驾"君子"之上,得势一时,但终被制裁,悲号莫及。杨万里引《诗经·王风·中谷有蓷》"啜其泣矣,何嗟及矣"两句,喻示上六"无号"(《诚斋易传》),与爻象有合。

总论 《红楼梦》第八十二回叙林黛玉语:"但凡家庭之事,不是东风压了西风,就是西风压了东风。"这虽是一句家常谚语,却包含着事物对立面的矛盾斗争在关键时刻或存或亡、不可调和的哲理。《夬》卦立义于"果决",正是从阴阳矛盾激化的角度,强调阳刚必须以"决断"性的气魄制裁阴柔,换言之,即"君子"应当清除"小人","正气"应当压倒"邪气"。卦辞的基本意义,是喻示君子"决"小人的三方面要领:一是公正无私,宜于在"王庭"上公开宣判"小人"的罪恶;二是谕人戒惕,即以孚诚之心号令众人戒备"小人"造成的危害;三是以德取胜,说明此时不利于滥用武力,而要通过颁告政令来宣扬美德、使人诚服。准此三端,则处"夬"必能"利有攸往"。就六爻之象分析,本卦一阴高居五阳之上,恰如"小人"得势、凌驾于"君子",必被决除。显然,卦中阴阳爻的"力量"对比是十分悬殊的:以五阳之刚健盛长,制裁一阴之孤立困穷,足见阳胜阴败、正存邪亡是必然的结局。《彖传》指出:"刚长乃终",即明此理。然而,阳刚虽处优势,却不可掉以轻心,故爻辞时时发出处"夬"艰难的诫意:初诫"不胜"而往必有"咎",二诫时刻"惕号",三诫刚壮过甚有"凶",四诫刚决不足则"次且"难进,五诫居中慎行才能"无咎"。可见,尽管以"五阳"的强盛要彻底清除"一阴",也非轻而易举;那么,当"阴"盛之时若欲对之制裁,其艰难程度更是可想而知了。此中作《易》者所流露的"君子"戒防"小人"的用心,实甚深切。《折中》引徐幾曰:"以盛进之五刚,决衰退之一柔,其势若甚易。然而圣人不敢以'易'而忽之。故于《夬》之一卦,丁宁深切,所以周防戒备者无所不至。"

姤卦第四十四

姤①:女壮,勿用取女②。

译文 《姤》卦象征相遇:要是女子过分强盛(遇男过多),则不宜娶作妻室。

注释 ① 姤:音gòu,卦名,下巽(☴)上乾(☰),象征"相遇"。《彖传》:"姤,遇也",《序卦传》、《杂卦传》同;本卦一阴在下,上遇五阳,故谓"姤"。《正义》:"姤,遇也,此卦一柔而遇五刚,故名为'姤'。"案,"姤"字又写作"遘",《释文》:"薛云古文作'遘',郑同。"

② 女壮,勿用取女:用,犹"宜";取,通"娶"。此言卦中六爻有"一女遇五男"之象,故称"女壮"过甚,并戒人不宜娶此女子。辞义譬喻"相遇"之道当正,不可违"礼"致乱。《集解》引郑玄曰:"一阴承五阳,一女当五男,苟相遇耳,非礼之正,故谓之'姤'。女壮如是,壮健以淫,故不可娶。妇人以婉娩为其德也。"

说明 本卦极见《周易》"扶阳抑阴"的思想。卦辞"女壮,勿用取女",虽是喻象,但其中反映出古代礼法对女子特加的禁锢,以及明显的"男权"观念。下文《彖传》、爻辞亦有类似情况,说并仿此。

《彖》曰:姤,遇也,柔遇刚也①。"勿用取女",不可与长也②。天地相遇,品物咸章也③;刚遇中正,天下大行也④。姤之时义大矣哉⑤!

译文 《彖传》说:"姤",意思是相遇,譬如阴柔遇到阳刚就能相合。"不宜娶这女子作妻室",说明不可与行为不正的女子长久相处。天地阴阳相互遇合,各类事物的发展都能显明昭彰;刚者应当遇合居中守正的柔者,天下的人伦教化就大为通畅。"相遇"之时的意义是多么宏大啊!

注释 ① 柔遇刚：柔，指初六；刚，指二至上五阳。此以六爻之象释卦名“姤”，并配合下文以释卦辞“勿用取女”。《王注》：“施之于人，即女遇男也；一女而遇五男，为壮至甚，故不可取也。”

② 不可与长：犹言不可与此“不正之女”长久相处，释卦辞“勿用取女”之义。《集解》引王肃曰：“女不可取，以其不正，不可与长久也。”

③ 天地相遇，品物咸章也：品物，犹言各类事物（参阅《乾》卦《彖传》译注）；章，通“彰”。这两句从正面发挥“遇”义，说明“一女遇五男”虽不可取，但天地阴阳的正当相遇则是万物昌盛发展的要素，不可或废。《正义》：“已下广明‘遇’义。卦得‘遇’名，本由一柔与五刚相遇，故‘遇’辞非美；就卦而取，遂言‘遇’不可用，是‘勿用取女’也。故孔子更就天地叹美‘遇’之为义不可废也。天地若各亢所处，不相交遇，则万品庶物无由彰显；必须二气相遇，乃得化生。”

④ 刚遇中正，天下大行也：这两句承前文之义，说明阳刚若遇“中正”之阴柔，则天下“化育”之道必将“大行”。《正义》：“庄氏云：一女而遇五男，既不可取；天地匹配，则能成品物。由是言之，若刚遇中正之柔，男得幽贞之女，则天下人伦之化乃得大行也。”案，“刚遇中正”，《集解》引翟玄曰：“刚谓九五，遇中处正，教化大行于天下也。”于义可通。

⑤ 姤之时义大矣哉：此句总结全《彖》，说明以“正”相遇，则“姤”道可美。《正义》：“上既博美，此又结叹。欲就卦而取义，但是一女而遇五男，不足称美；博论天地相遇，乃致品物咸章，然后姤之时义大矣哉。”

《象》曰：天下有风，姤[①]；后以施命诰四方[②]。

译文 《象传》说：天下吹行着和风（无物不遇），象征“相遇”；君王因此施发命令、传告四方。

注释 ① 天下有风，姤：释《姤》卦上乾为天、下巽为风之象。《正义》：“风行天下，则无物不遇，故为‘遇’象。”

② 后以施命诰四方：后，君王；诰，动词，犹言“传告”、“晓谕”。这是说明“君王”效法《姤》卦“天下有风”之象，施令传告四方，以求上下遇合。《集解》引翟玄曰：“天下有风，风无不周布；故君以施令，告化四方之民矣。”

说明 卦辞的意义见于反面，表明不正之“遇”不足称美，故诫以“勿用取女”；《彖传》先释“勿取”之义，再发挥阴阳相遇的正面旨趣，前后正反相映，故先言“不可与长”，后称“姤之时义大矣哉”；《大象传》则专从正面引申上下遇合之道，故极力赞美“后以施命诰四方”。可见，“经”辞固有一定，而《传》文自可从不同的角度加以阐释。

初六，系于金柅，贞吉[①]；有攸往，见凶，羸豕孚蹢躅[②]。

译文 初六，紧紧系结在刚坚灵敏的“刹车器”上，守持正固可获吉祥；要是急于有所前往，必然出现凶险，像羸弱的牝猪一样轻浮躁动不能安静。

注释 ① 系于金柅，贞吉：柅，音 nǐ，《正义》引马融曰“在车之下，所以止轮令不动者也”，即刹车器。这两句以“金”喻“刚”，“金柅”指九四；谓初六一阴在下，当“遇”之时，处下卦巽风浮躁之体，有“自纵”无归的情状，故须专一系应于九四，长守正固，可获吉祥。《王注》：“金者，坚刚之物；柅者，制动之主：谓九四也。初六处‘遇’之始，以一柔而承五刚，体夫躁质，得遇而通，散而无主，自纵者也。柔之为物，不可以不牵；臣妾之道，不可以不贞，故必系于正应，乃得‘贞吉’也。”

② 有攸往，见凶，羸豕孚蹢躅：羸豕，羸弱之豕，此处犹言“牝猪”，喻初六；孚，通“浮”，谓“轻浮躁动”；蹢躅，音 dí zhú，同“踯躅”，不安静而徘徊之状，《释文》：“蹢，一本作‘踯’”，“躅，本亦作‘躅’，蹢躅，不静也”。这三句紧承前文，又从反面设戒，说明初六若是急于有所前往，像“牝猪”躁动而“蹢躅”不静，心不专一，必有凶险。此亦前文所谓守“贞”应四之义。《王注》：“若不牵于一，而有攸往，行则唯凶是见矣。羸豕，谓牝豕也。群豕之中，豭强而牝弱，故谓之‘羸豕’也。孚，犹务躁也。夫阴质而躁恣者，羸豕特甚焉。言以不贞之阴，失其所牵，其为淫丑，若‘羸豕’之孚务‘蹢躅’也。”案，焦循认为王弼训“孚”与“浮”通，指出：“王氏以‘孚’为‘务躁’，盖读‘孚’为‘浮’。浮，轻也，谓轻躁也。‘孚’、‘浮’古字通，《释名》‘浮，孚也’是也。‘务’为‘骛’之通借；‘务’、‘骛’《尔雅》皆训‘强’。乱驰为‘骛’，‘骛躁’言其奔驰而轻躁也；下直云‘孚务’，即‘浮骛’也。”（《周易补疏》）又案，《周易举正》引《王注》，“务”正作“骛”，足证焦氏说是也，今从之。

《象》曰：“系于金柅”，柔道牵也。

译文 《象传》说：“紧紧系结在刚坚灵敏的‘刹车器’上”，说明初六必须守持柔顺之道，接受阳刚者的牵制。

说明 卦辞以初六为“女壮”，是从全卦有“一女遇五男”之象而言，故戒阳刚者“勿用取女”；爻辞以初六为“羸豕”，是据此爻处位卑微柔弱而言，故戒阴柔者守“贞”不动。可见卦辞、爻辞的拟象角度有异。胡炳文曰：“象总一卦而言，则以一阴而当五阳，故于‘女’为‘壮’；爻指一画而言，五阳之下，一阴甚微，故于‘豕’为‘羸’。壮可畏也，羸不可忽也。”（《周易本义通释》）

九二，包有鱼，无咎；不利宾①。

译文 九二，厨房里发现一条鱼，无所咎害；但不利于擅自用来宴享宾客。

注释 ① 包有鱼，无咎；不利宾：包，通“庖”，厨房，《释文》“包，本亦作‘庖’”；鱼，阴物，喻初六。此言九二阳刚居中，初六以阴在下而近承，犹如“庖”中“有鱼”，不期而至，于二为“无咎”；但此“鱼”上应九四，实非己物，故不宜擅自动用、以享宾客。《集解》引王弼曰：“初阴而穷下，故称‘鱼’也；不正之阴，处遇之始，不能逆近者也。初自乐来，应己之厨，非为犯应，故‘无咎’也。擅人之物，以为己惠，义所不为，故不及宾。”

《象》曰：“包有鱼”，义不及宾也。

译文 《象传》说：“厨房里发现一条鱼”，从九二与初六不相应的意义看是不能擅自用来宴享宾客的。

说明 当"姤"之时,九二禀刚中之德,虽遇于初六,却能以"正道"为制约,不擅据初为己有,也不使之遇于"宾客",实为善处"姤"时之象,故获"无咎"。《折中》引吴曰慎曰:"以义言之,不可使遇于宾也;若不制而使遇于宾,则失其义矣。"此释《象传》"义不及宾",颇有可取。

九三,臀无肤,其行次且①;厉,无大咎②。

译文 九三,臀部失去皮肤,行动趑趄难进;有危险,但没有重大咎害。

注释 ① 臀无肤,其行次且:辞义与《夬》九四同(参阅该爻译注)。此谓九三过刚不中,上无其应、下无所遇,犹如"臀无肤",欲行而趑趄难进。《本义》:"九三过刚不中,下不遇于初,上无应于上,居则不安,行则不进,故其象占如此。"

② 厉,无大咎:此又申发前文之义,说明九三虽过刚无应,未获所遇,行止艰难而有危厉;但居位得正,免遭邪伤,故无大咎。《本义》:"然既无所遇,则无阴邪之伤,故虽危厉而无大咎也。"

《象》曰:"其行次且",行未牵也①。

译文 《象传》说:"行动趑趄难进",说明九三的行为未曾牵制外物(因此虽无所遇也免遭邪伤)。

注释 ① 行未牵:此言九三行动"次且",未获所遇;但也因此不牵制外物,不遭邪伤,以见"无大咎"之义。案,《程传》:"其始志在求遇于初,故其行迟迟;未牵,不促其行也,既知危而改之,故未至于大咎也。"此说于义亦通,可备参考。

说明 《困》初六谓"臀困于株木",《夬》九四、《姤》九三谓"臀无肤,其行次且":三卦皆取"臀"象。李简曰:"居则'臀'在下,故《困》初六言'臀';行则'臀'在中,故《夬》、《姤》三、四言'臀'。"(《学易记》)此从"居""行"的角度分析辞象与爻位的联系,似与诸爻之义有合。

九四,包无鱼,起凶①。

译文 九四,厨房中失去一条鱼,兴起争执必有凶险。

注释 ① 包无鱼,起凶:鱼,喻初六;起,作也,此处犹言争执。这两句说明九四阳刚失正,所应之初背己承二,犹如己"鱼"亡失,入于九二之"庖";阴为民,"失鱼"恰似"失民";因"失民"而争,将更为孤立,故有凶险。《王注》:"二有其鱼,故失之也;无民("民",阮刻作"风",据汲古阁本改)而动,失应而作,是以凶也。"

《象》曰:无鱼之凶,远民也。

译文 《象传》说:失去一条鱼而有凶险,说明九四居上卦犹如远离下民、失去民心。

说明 "姤"之时必须以"正"相遇,九四居位既不正,又因失去初六而强争,故凶险难免。反之,若能静居不争,趋正自守,则九二刚中必不擅据其"鱼",九三"次且"难进;初六于是守"贞"系结于"金柅":四、初之遇遂能实现。可见,九四"起凶"是反面戒语,意谓不"起"即无"凶"。

九五，以杞包瓜①；含章，有陨自天②。

译文 九五，用杞树枝叶蔽护树下的甜瓜；内心含藏章美，必然有理想的遇合从天而降。

注释 ① 以杞包瓜：杞，《正义》引马融曰“大木也”，是杞为高大之木，喻九五；包，裹也，犹言“蔽护”；瓜，甜美处下，喻“贤者”。此句说明九五阳刚中正以居尊位；当“遇”之时，有屈己谦下以求遇贤者之德，犹如高大的杞树以绿叶蔽护树下的甜瓜。《程传》：“夫上下之遇，由相求也。杞，高木而叶大；处高体大而可以包物者，杞也。美实之在下者，瓜也；美而居下者，侧微之贤之象也。九五尊居君位，而下求贤才，以至高而求至下，犹以杞叶而包瓜，能自降屈如此。”

② 含章，有陨自天：含，含藏；章，章美；陨，降也。这两句又言九五刚中居正，内含章美，以此求遇，必有贤者“自天而降”与之应合。爻义极称九五大得“相遇”之道。《程传》：“又其内蕴中正之德，充实章美，人君如是，则无有不遇所求者也。虽屈己求贤，若其德不正，贤者不屑也；故必含蓄章美，内积至诚，则‘有陨自天’矣，犹言自天而降，言必得之也。”

《象》曰：九五含章，中正也；有陨自天，志不舍命也①。

译文 《象传》说：九五内心含藏章美，是由于居中守正；必然有理想的遇合从天而降，说明九五的心志不违背天命。

注释 ① 不舍命：舍，违背；命，犹言“天命”。《程传》：“舍，违也。至诚中正，屈己求贤，存志合于天理，所以‘有陨自天’，必得之矣。”

说明 九五既禀“中正”美德，必不愿与“不正”者苟遇，故自含章美，屈己谦下，以待“天降”理想的遇合。《折中》认为：“五为卦主，而与阴无比、应，得卦‘勿用取女’之义也。夫与阴虽无比、应，而为卦主，则有制阴之任焉，故极言修德回天之道。”此说似与爻理有合，可备参考。

上九，姤其角；吝，无咎①。

译文 上九，遇见空荡的角落；心有憾惜，但不遭咎害。

注释 ① 姤其角；吝，无咎：角，角落。此言上九居《姤》之终，穷高极上，犹如遇见荒远空荡的“角落”；虽然所遇无人而生“吝”，但恬然不争，未遭阴邪之伤，故亦“无咎”。《王注》：“进之于极，无所复遇，遇角而已，故曰‘姤其角’也。进而无遇，独恨而已；不与物争，其道不害，故无凶咎也。”

《象》曰：“姤其角”，上穷吝也。

译文 《象传》说：“遇见空荡的角落”，说明上九居位穷高极上而导致相遇无人的憾惜。

说明 三、上两爻均以阳刚而无所遇，但或称“无大咎”，或称“无咎”。两者之义表明：与其遇合非正，宁可不遇免咎。胡炳文曰：“九三以刚居下卦之上，于初阴无所遇，故虽‘厉’而‘无大咎’；上九以刚居上卦之上，于初阴亦不得其遇，故虽‘吝’而亦‘无咎’。遇本非正，不遇不足为咎也。”（《周易本义通释》）

总论 《姤》卦阐明事物"相遇"之理。但卦辞的"说理"方式却是"反证"：先用"女壮"譬喻卦中初阴与上五阳的关系是"一女遇五男"，进而戒人勿娶此"女"。可见，作者主张"相遇"之道必须合"礼"守"正"，而对不正当的遇合深恶痛绝。司马迁云："谚曰'力田不如逢年，善仕不如遇合'，固无虚言。非独女以色媚，而士宦亦有之。"(《史记·佞幸列传序》)这是用憎嫉的笔调鞭笞以巧言佞色求遇者流，与本卦的象征主旨略可相通。再视六爻大义，初六一阴是全卦设诫的主要因素，就其自身而论，必须专一系应于九四，守"贞"则"吉"；若轻浮自纵、邪媚求遇必"凶"。五阳爻的处"遇"情状，则主于严守正道、避防"阴"邪：二刚中不擅有阴物，获"无咎"；三过刚而进止艰难，无所遇亦"无大咎"；四失遇于阴物，不可强争，争执必有凶险；五阳刚中正暂未有遇，宜含藏章美以待贤者；上居穷极，所遇无人，但未遭阴邪之伤故"无咎"。显然，诸阳虽当"阴遇阳"、"柔遇刚"之时，却不可盲目遇合不正之阴。这一点，与卦辞"勿用取女"的喻意正相呼应。若从正面意义分析，此卦实又深寓着《周易》作者对理想、美好的"上下遇合"的寻求；九五爻辞所谓"有陨自天"，正是"尊者"修德求贤的典型象征，流露出"君臣际遇"将从天而降的期望。这无疑是本卦义理中所蕴存的一定程度的政治思想。杨万里从这一角度，援史证曰："舜遇尧为天人之合，'有陨自天'之象，何忧驩兜？何畏孔壬？"(《诚斋易传》)

萃卦第四十五

䷬萃①：亨②，王假有庙③；利见大人，亨利贞④；用大牲吉，利有攸往⑤。

译文 《萃》卦象征会聚：亨通，此时君王用美德感格神灵以保有庙祭；利于出现大人，前景亨通而利于守持正固；用大牲祭祀可获吉祥，利于有所前往。

注释 ① 萃：卦名，下坤（☷），上兑（☱），象征"会聚"。《彖传》"萃，聚也"，《序卦传》同。《正义》："萃，聚也，聚集之义也；能招民聚物，使物归而聚己，故名为'萃'也。"

② 亨：《释文》："王肃本同，马、郑、陆、虞等并无此字"；《本义》："'亨'字衍文"；《折中》引项安世曰："卦名下元无'亨'字，独王肃本有，王弼遂用其说，孔子《彖辞》初不及此。"案，帛书《周易》"萃"下亦无"亨"字，此字似属衍文。

③ 王假有庙：假，犹言"感格"（见《家人》九五译注）。此句说明当"萃"之时，"君王"用美德感格神灵，会聚祖考的"精神"，以保有"庙祭"，意即保持"社稷"永久长存。《折中》引龚焕曰："假字，疑当作'昭假烈祖'之'假'，谓'感格'也。王者致祭于宗庙，以己之精神感格祖考之精神，所以为'萃'也。"《尚氏学》："王假有庙，言王以至诚，格于宗庙而有事也。"

④ 利见大人，亨利贞：此言"天下会聚"之时，利于出现"大人"，则可导致亨通，并利于守正。本卦九五正具"大人"之象。《王注》："聚，得'大人'乃得通而利正也。"《正义》："聚而无主，不散则乱；惟有大德之人，能弘正道，乃得常通而利正。"

⑤ 用大牲吉，利有攸往：大牲，《说文》"牛，大牲也"，指祭祀所用的重大"牺牲"品。这两句说明大"聚"之时，用"大牲"祭祀则"吉"，且利于有所前往。辞义

主于要配合此时，大有作为。《集解》引郑玄曰："大牲，牛也。言大人有嘉会时可干事，必杀牛而盟；既盟则可以往，故曰'利往'。"

说明 卦辞拟取"君王"庙祭，"大人"有往等象，其义并主于"聚神"、"聚人"，以使"萃"之时亨通畅达。《折中》指出："'王假有庙'者，神人之聚也；'利见大人'者，上下之聚也。'用大牲吉'，广言群祀，由'假庙'而推之，皆所以聚于神也；'利有攸往'，广言所行，由'见大人'而推之，皆所以聚于人也。"

《彖》曰："萃"，聚也；顺以说，刚中而应，故聚也①。"王假有庙"，致孝享也②；"利见大人亨"，聚以正也③；"用大牲吉，利有攸往"，顺天命也④。观其所聚，而天地万物之情可见矣⑤！

译文 《彖传》说："萃"，意思是会聚；譬如物情和顺欣悦之时，阳刚居上者能够守持中道并应合于下，就能广聚众庶。"此时君王用美德感格神灵以保有庙祭"，这是表答对祖考的孝意、奉献至诚之心；"利于出现大人，前景亨通"，说明大人主持会聚必能遵循正道；"用大牲祭祀可获吉祥，利于有所前往"，说明会聚之时必须顺从"天"的规律。观察"会聚"现象，天地万物的性情就可以明白了！

注释 ① 顺以说，刚中而应，故聚也：顺，指下坤；说，即"悦"，指上兑；刚中，指九五阳刚居中。此以上下卦象及九五爻象释卦名"萃"之义，谓此时物情和顺欣悦，阳刚者守持中道并应合于下，遂能广聚众人。《集解》引荀爽曰："谓五以刚居中，群阴顺说而从之，故能聚众也。"《王注》："顺说而以刚为主，主刚而履中，履中以应，故得聚也。"

② 致孝享也：致，犹言"表答"；享，奉献，指奉献"至诚"之心。此句释卦辞"王假有庙"，说明"君王"当"萃"之时虔心表答对祖考的"孝"、"享"之诚，以此感格神灵，保有庙祭。《来氏易注》："尽志以致其'孝'，尽物以致其'享'。"

③ 聚以正也：此释卦辞"利见大人，亨利贞"。《程传》："见大人，则其聚以正道；得其正，则亨矣。"案，《集解》本"聚以正也"之下有"利贞"二字，并引有《九家易》之注，《纂疏》云："按诸本《彖传》无'利贞'字，唯此本有之。"并录以备考。

④ 顺天命也：此释卦辞"用大牲吉，利有攸往"。《正义》："天之为德，刚不违中。今顺以说，而以刚为主，是'顺天命'也。动顺天命，可以享于神明，无往不利；所以得'用大牲吉，利有攸往'者，只为'顺天命'也。"

⑤ 天地万物之情可见矣：这是归结叹美《萃》卦大义，说明事物会聚之时，必然反映出性情、气质的相互投合。《王注》："方以类聚，物以群分；情同而后乃聚，气合而后乃群。"

《象》曰：泽上于地，萃①；君子以除戎器，戒不虞②。

译文 《象传》说：泽居地上（水潦归汇），象征"会聚"；君子因此修治兵器，戒备群聚所生的不测变乱。

注释 ① 泽上于地，萃：释《萃》卦上兑为泽、下坤为地之象。《集解》引荀爽曰："泽者卑下，流潦归之，万物生焉，故谓之'萃'也。"

② 除戎器，戒不虞：除，修治，《集解》引虞翻曰"除，修"；戎，《说文》："兵也"，

指兵器；不虞，不测。这是说明"君子"观《萃》之象，悟知事物久"聚"必生变乱，人情久"聚"或萌异心，故修治兵器，以防不测。《王注》："聚而无防，则众生心（阮刻作"心生"，据《校勘记》改）。"《正义》："人既聚会，不可无防备，故君子于此之时，修治戎器，以戒备不虞也。"

说明 王申子曰："'泽上有地，临'，则聚泽者地岸也；'泽上于地，萃'，则聚泽者堤防也。以地岸而聚泽，则无堤防之劳；以堤防而聚泽，则有溃决之忧。故君子观此象，为治世之防，除治其戎器，以为不虞之戒。若以治安而忘战守之备，则是以旧防为无用而坏之也，其可乎？"（《大易缉说》）此说比较《萃》、《临》两卦之象，义有可取。

初六，有孚不终，乃乱乃萃[①]；若号，一握为笑：勿恤，往无咎[②]。

译文 初六，心中诚信不能保持至终，必致行动紊乱并与人妄聚；如果专情向上呼号，就能与阳刚友朋一握手间重见欢笑：不须忧虑，往前必无咎害。

注释 ① 有孚不终，乃乱乃萃：乃，语气词。此谓初六以阴处"萃"之始，上应九四，但前有二阴相阻，三又承四，因此对九四疑虑重重，诚信之心不能保持至终，遂至行为紊乱而妄聚。《本义》："初六上应九四，而隔于二阴，当'萃'之时，不能自守，是有孚而不终，志乱而妄聚也。"

② 若号，一握为笑：勿恤，往无咎：号，呼号；一握为笑，一握之间成欢笑。这几句从正面告诫初六，谓其若能呼号九四，四必来应，两者将握手言欢，故勉以"勿恤，往无咎"。《折中》引王宗传曰："初之于四，相信之志，疑乱而不一也。然居萃之时，上下相求，若号焉，四必说而应之，则一握之顷，变号咷而为笑乐矣，谓得其所萃也。故戒之曰'勿恤'，又勉之曰'往无咎'。"案，王宗传训"号"为"号咷"，则"一握为笑"有"破涕为笑"之意，于义亦通。

《象》曰："乃乱乃萃"，其志乱也。

译文 《象传》说："行动紊乱并与人妄聚"，说明初六的心志有所迷乱。

说明 初六的咎患在于"疑"，孔颖达指出："只为疑四与三，故志意迷乱也"（《正义》）；一旦疑消，必然"往无咎"而有"笑"。

六二，引吉，无咎[①]；孚乃利用禴[②]。

译文 六二，受人牵引相聚可获吉祥，不致咎害；只要心存诚信即使微薄的"禴祭"也利于献享神灵。

注释 ① 引吉，无咎：引，牵引。此言六二柔中居正，上应九五，必得其牵引相聚，故获"吉"而"无咎"。《集解》引王弼曰："居'萃'之时，体柔当位，处坤之中，己独履正，与众相殊，异操而聚。民之多僻，独正者危，未能变体以远于害，故必待五引，然后乃吉而无咎。"

② 孚乃利用禴：禴，音 yuè，古代四时祭祀之一，殷称"春祭"为"禴"，属较微薄之祭（参阅《既济》九五译注）。此句取"祭祀"喻，说明六二当"萃"之时，只要心

存诚信，即使微薄的"禴祭"亦可献于神灵，获其赐福。《集解》引王弼曰："禴，殷春祭名，四时之祭省者也。居'聚'之时，处于中正，而行以忠信，可以省薄于鬼神矣。"

《象》曰："引吉无咎"，中未变也。

译文 《象传》说："受人牵引相聚可获吉祥，不致咎害"，说明六二居中守正的心志未曾改变。

说明 六二之吉，在于孚信长存，不变柔顺中正之志，于是诚心见引于"尊者"，薄祭获享于"神灵"。张载曰："能自持不变，引而后往，吉乃无咎。凡言'利用禴'，皆诚素著白于幽明之际。"(《横渠易说》)

六三，萃如嗟如，无攸利①；往无咎，小吝②。

译文 六三，相聚无人以至嗟叹声声，无所利益；往前将无咎害，但小有憾惜。

注释 ① 萃如嗟如，无攸利：萃如，形容求"聚"不得之状。此言六三处下卦之终，失位无应，求聚心切却不得其类，故徒自"嗟叹"而"无攸利"。《折中》引俞琰曰："'萃'之时'利见大人'，三与五非应非比，而不得其萃，未免有嗟叹之声，则'无攸利'矣。"

② 往无咎，小吝：此谓六三虽无上应，却与四比，往而相聚则获"无咎"；但三、四均失位，两者非属阴阳正应，故又有"小吝"。《折中》引俞琰曰："既曰'无攸利'，又曰'往无咎'，三与四比，则其往也，舍四可乎？三之从四，四亦巽而受之，故'无咎'。第无正应，而近比于四，所聚非正，有此'小疵'耳。"案，《王注》谓三、四相比不正，故"嗟如，无攸利"；而往"聚"于上六，则虽非阴阳之应却"无咎"。可备一说。

《象》曰："往无咎"，上巽也①。

译文 《象传》说："往前将无咎害"，说明六三能够向上顺从于阳刚。

注释 ① 上巽：指向上顺从于阳刚。《尚氏学》："巽，顺也。'上巽'，言上顺四、五；四、五阳，故无咎。"案，三既聚于四，四位承五，故尚先生云六三"上顺四、五"，于义可通。

说明 马其昶指出："六爻唯三、上无应，又俱值穷位，一嗟一咨，求萃不得也，故'无攸利'。然天命不可不顺，四、五为萃之主，合诸侯而发禁命事；三若比四以萃五，虽位不当'小吝'，然当萃时，不能自外于会同之盟，故三与初皆曰'往无咎'。"(《重定费氏学》)此说揭明初、三、四、五、上诸爻之间的不同关系，义颇可取。

九四，大吉，无咎①。

译文 九四，大为吉祥，必无咎害。

注释① 大吉，无咎：此言九四当"聚"之时，下乘三阴，至获所据，故"大吉"；但其位不正，本有"咎"，唯"大吉"而建树伟功，然后得免其咎。《王注》："履非其位，而下据三阴；得其所据，失其所处。处'聚'之时，不正而据，故必大吉，立夫大功，然后无咎也。"

《象》曰：大吉无咎，位不当也。

译文 《象传》说："大为吉祥，必无咎害"，说明九四居位尚不妥当。

说明 本爻阳刚失正、未居尊位，却广聚下卦三阴，故先须"大吉"，然后"无咎"，实含以"吉"补咎之义。项安世曰："无尊位而得众心，故必'大吉'而后可以'无咎'。如《益》之初九，在下位而任'厚事'，亦必'元吉'而后可以'无咎'也。"（《周易玩辞》）

九五，萃有位，无咎，匪孚①；元永贞，悔亡②。

译文 九五，会聚之时高居尊位，不致咎害，但还未能广泛取信于众；作为有德君长应当永久不渝地守持正固，则悔恨必将消亡。

注释① 萃有位，无咎，匪孚：此言九五当天下"大聚"之时，高居尊位；但其时九四已擅聚三阴，己德未能广孚于众，故只能自守刚正以免咎。《王注》："处'聚'之时，最得盛位，故曰'萃有位'也；四专而据，己德不行，自守而已，故曰'无咎，匪孚'。"

② 元永贞，悔亡：元，善之长；永，久也；贞，正也，"元永贞"犹言"有德君长永久守正"（参阅《比》卦辞译注）。这两句承前文意，说明九五既禀阳刚尊长之德，则永久守持正固，必能免"匪孚"之咎而"悔亡"。《王注》："夫修仁守正，久必悔消，故曰'元永贞，悔亡'。"《程传》："'元永贞'者，君之德，民所归也。故比天下之道，与萃天下之道，皆在此三者。"又曰："元，首也，长也，为君德首出庶物、君长群生，有尊大之义焉，有主统之义焉；而又恒永贞固，则通于神明，光于四海，无思不服矣，乃无匪孚而其悔亡也。"

《象》曰："萃有位"，志未光也。

译文 《象传》说："会聚之时，高居尊位"，说明九五会聚天下的心志尚未光大。

说明 九五要实现会萃天下的心志，不能单凭居位尊高，而更要修美"元永贞"之德。朱子门徒曾经发问：九五阳刚居尊，为何"匪孚"？朱熹回答说："此言有位而无德，则虽萃而不能使人信，故人有不信，当修其'元永贞'之德，而后'悔亡'也。"（《朱子语类》）

上六，赍咨涕洟，无咎①。

译文 上六，咨嗟哀叹而又痛哭流涕，可免咎害。

注释① 赍咨涕洟，无咎：赍，音 jī，"赍咨"，叠韵连绵词，谓悲叹声，《释文》"嗟叹之辞也，郑同，马云'悲声怨声'"；涕洟，犹言"痛哭流涕"，《说文》"洟，鼻液也"，

《玉篇》"目汁出曰'涕'"。此言上六处《萃》之终，穷极无应，又以阴乘凌九五阳刚尊长，求聚不得，故悲叹"赍咨"，痛哭"涕洟"；唯其悲泣知惧，故亦得免害而"无咎"。《王注》："处'聚'之时，居于上极，五非所乘，内无应援。处上独立，近远无助，危莫甚焉，'赍咨'，嗟叹之辞也。若能知危之至，惧祸之深，忧病之甚，至于'涕洟'，不敢自安，亦众所不害，故得'无咎'也。"

《象》曰："赍咨涕洟"，未安上也。

译文 《象传》说："咨嗟哀叹而又痛哭流涕"，说明上六求聚不得，未能安居于穷上之位。

说明 《折中》引黄淳耀曰："上乃孤孽之臣子也。萃极将散，而不得所萃，乃不得于君亲者；'赍咨涕洟'四字，乃极言怨艾求萃之情，故终得萃而无咎。"此说认为上六处"萃"极将反之时，欲聚无门，遂生怨艾之情。似于爻义可通，宜备参考。

总论 "方以类聚，物以群分"，自然界万物是在"群居"的形式中发展、进化。《公羊传》庄公四年曰："古者诸侯，必有会聚之事。"《白虎通义·宗族篇》云："生相亲爱，死相哀痛，有会聚之道，故谓之族。"可见，人类的"会聚"，既有纯属"生态"领域的内容，又有充满政治色彩的内容。《萃》卦，即揭示事物"会聚"之理；全卦大义，以人与人在政治关系中的相聚为喻。卦辞拟象于祭祀，说明"君王"、"大人"必须用美德、正道聚合"人"、"神"，会通上下，就能亨通畅达、利有所往。其旨适如《彖传》所概括的"聚以正"则利，"顺天命"必吉。卦中四阴爻主于求聚于人，其中初六位卑不可妄聚，当专一孚诚求应；六二柔顺中正，利于受尊者牵引得聚；六三失正无应，能近比阳刚亦可往聚；惟上六穷居"萃"极，欲聚无门。至于四、五两阳并主于获人来聚，但四不当位而获三阴之聚，须"大吉"然后"无咎"；五虽居尊而尚未取信于众，当修"元永贞"之德然后"悔亡"。综观六爻喻义，未有一爻呈现"凶"象，即使上六求聚不得，亦以忧惧知危而免害；但也未有一爻顺畅、完美地得遂聚合之愿，虽九五阳刚中正也多见诫意。于是，六爻一例系以"无咎"之辞。《系辞上传》曰："无咎者，善补过也"，尚先生云："'无咎'非全美之辞"（《尚氏学》）。由此似可看出，《周易》作者认为"会聚"之时稍一失正即生变乱，故极力强调要长存戒防咎患之心。《大象传》申发"修治兵器，以备不虞"的意义，正是这一方面旨趣的集中体现。

升卦第四十六

译文 《升》卦象征上升:至为亨通,宜于出现大人,不须忧虑,向光明的南方进发必获吉祥。

䷭ 升①:元亨,用见大人,勿恤②,南征吉③。

注释 ① 升:卦名,下巽(☴)上坤(☷),象征"上升"。《释文》:"升,《序卦》云'上也'。"(案,今本《序卦传》无此句,盖陆氏所见本有)《正义》:"升者,登上之义";《程传》:"升者,进而上也。"

② 元亨,用见大人,勿恤:用,犹"宜"。此言本卦下巽上坤,犹如和逊柔顺以上升,故获"元亨";但卦中阳爻不当尊位,有所忧恤,故须出现"大人"才能长保"刚中"美德而"勿恤"。《王注》:"巽顺可以升;阳爻不当尊位,无严刚之正,则未免于忧,故'用见大人'乃'勿恤'也。"案,"用见"《释文》:"本或作'利见'。"今查帛书《周易》作"利见",与《释文》所引或本同。

③ 南征吉:南,象征"光明",《说卦传》谓"离"为"南方之卦",并云"圣人南面而听天下,向明而治",即取"南"为"明"之义。此句说明事物当"和逊柔顺"上升之时,既获益于"大人"之德,又朝着光明方向前进,必畅通无阻,故称"吉"。《王注》:"以柔之南,则丽乎大明也。"《正义》:"非直须见大德之人,复宜适明阳之地;若以阴之阴,弥足其暗也。南是明阳之方,故云'南征吉'也。"案,"南"又象征"进",与"北"象征"退"相对;故《程传》释"南征"为"前进",可备一说。

说明 卦辞"大人",似取九二之象。谓当"升"之时,宜于出现九二"大人"。就爻位看,二虽未居尊位,但已具备"刚中"大德,故称"大人"。此与《乾》卦九二称"利见大人"相似。《重定费氏学》引徐幾曰:"大人,二也;五当应二也，用见九二刚中之臣以升于德。”此说甚可参考。

《彖》曰①：柔以时升，巽而顺，刚中而应，是以大亨②。“用见大人，勿恤”，有庆也③；“南征吉”，志行也④。

译文 《彖传》说：沿着“柔”道适时上升，和逊而又柔顺，阳刚居中而能向上应合于尊者，所以大为吉祥。“宜于出现大人，不须忧虑”，说明此时上升必有福庆；“向光明的南方进发可获吉祥”，说明上升的心志如愿畅行。

注释 ① 彖：阮刻作“象”，据《校勘记》改。

② 柔以时升，巽而顺，刚中而应，是以大亨：柔，指上下卦均为阴卦；巽，指下巽有“和逊”之义；顺，指上坤有“柔顺”之义；刚中，指九二阳刚居中。此以上下卦象和九二爻象释卦辞“升，元亨”之义，说明此时沿“柔”道上升，物情“巽顺”，阳刚者居中而能上应尊者，故获“元亨”。《王注》：“柔以其时，乃得升也。”“纯柔则不能自升，刚亢则物不从；既以时升，又巽而顺，刚中而应，以此而升，故得大亨。”案，《程传》云《彖传》“大亨”为“元亨”之误，可备一说。

③ 有庆也：释卦辞“用见大人，勿恤”。《正义》：“以大通之德，用见大人，不忧否塞，必致庆善，故曰‘有庆也’。”

④ 志行也：释卦辞“南征吉”。《正义》：“之于暗昧，则非其本志；今以柔顺而升大明，其志得行也。”

《象》曰：地中生木，升①；君子以顺德，积小以高大②。

译文 《象传》说：地中生出树木，象征“上升”；君子因此顺行美德，积累小善以成就崇高弘大的事业。

注释 ① 地中生木，升：释《升》卦上坤为地、下巽为木之象。《集解》引荀爽曰：“地谓坤，木谓巽；地中生木，以微至著，升之象也。”

② 君子以顺德，积小以高大：这是说明“君子”效法此卦“地中生木”之象，顺行其美德，积“小善”以成就高大的名望、事业。《正义》：“地中生木，始于细微，终于合抱；君子象之，以顺行其德，积其小善以成大名。《系辞》云‘善不积不足以成名’是也。”

说明《大象传》用“君子以顺德，积小以高大”阐发本卦柔顺“上升”之义，正取“进德修业”为喻。程颐曰：“万物之进，皆以顺道也。‘善不积不足以成名’，学业之充实，道德之崇高，皆由积累而至。”（《程传》）朱熹也指出：“木一日不长，便将枯瘁；学者之于学，不可一日少懈。”（《朱子语类》）

初六，允升，大吉①。

译文 初六，宜于上升，大为吉祥。

注释 ① 允升，大吉：允，当也，犹言“宜”。此谓初六处“升”之始，柔顺在下，虽与六四无应，但上承二阳，与之合志而宜于上升，故“大吉”。《王注》：“允，当也。巽三爻皆升者；虽无其应，处《升》之初，与九二、九三合志俱升。当‘升’之时，升必大得，是以‘大吉’也。”案，尚先生释“允”为“进”，指出：“允，施氏作‘粃’，《说文》同，云‘粃，进也’。《晋》六三云‘众粃’即‘众进’也；兹曰‘粃升’，仍前进而升也，进遇阳，故‘大吉’。”（《尚氏学》）于义可通。

译文 《象传》说：“宜于上升、大为吉祥”，说明初六上承顺合二阳的心志而俱升。

《象》曰：“允升大吉”，上合志也。

说明 本爻以阴柔最处下巽之下，上承二阳，再上又是坤顺之地，正是宜于上升的良好时机，遂有“大吉”。《折中》引何楷曰：“初六巽主居下，犹木之根也，而得地气而滋之，其升也，允矣。所以为升者，巽也；所以为巽者，初也。‘大吉’孰如之？”

译文 九二，只要心存诚信即使“禴祭”微薄，也利于荐享神灵，不致咎害。

九二，孚乃利用禴，无咎[1]。

注释 ① 孚乃利用禴，无咎：前句辞义与《萃》六二局（见该爻译注）。此言九二当“升”之时，禀刚中之德上应六五，犹如心存诚信、受任于尊者，故有虽薄祭亦可荐神获福之象；以此而“升”，必能遂愿，故“无咎”。《正义》：“九二与五为应，往升于五，必见信任，故曰‘孚’；二体刚德，而履乎中，进不求宠，志在大业，用心如此，乃可荐其省约于神明而无咎也，故曰‘孚乃利用禴，无咎’。”

译文 《象传》说：九二的诚信美德，必将带来喜庆。

《象》曰：九二之孚，有喜也。

说明 《萃》六二、《升》九二，均以“孚乃利用禴”为喻，可知两者虽阴阳不同，但或能以“柔中”获聚于尊者，或能以“刚中”获升于高位，其立足点并在心存“孚信”。《折中》引张清子曰：“《萃》六二以中虚为‘孚’，而与九五应；《升》九二以中实为‘孚’，而与六五应：二爻虚实虽殊，其‘孚’则一也。‘孚’则虽‘用禴’而亦‘利’，故二爻皆曰‘孚乃利用禴’。《象》言‘刚中而应’，指此爻也。”

译文 九三，上升顺畅犹如长驱直入空虚的城邑。

九三，升虚邑[1]。

注释 ① 升虚邑：虚，《释文》“空也”。此言九三居下卦之终，阳刚得位，应于上六，将升至上卦之坤；坤阴为虚，故以“升虚邑”为喻，犹云上升之时，畅通无阻。《王注》：“履得其位，以阳升阴；以斯而举，莫之违距：故若‘升虚邑’也。”案，《释文》引马融曰：“虚，丘也”，尚先生云：“《左传》僖二十八年‘晋侯登有莘之虚’，《诗·卫风》‘升彼虚矣’，‘虚’者高丘；巽为高，故曰虚。坤为邑。‘升虚邑’者，言升邑之高处也。”（《尚氏学》）此说亦可通。

译文 《象传》说：“上升顺畅犹如直入空虚的城邑”，说明九三此时上升可以无所疑虑。

《象》曰：“升虚邑”，无所疑也。

说明 九三之“升”能顺畅无碍，在于位正得时，程颐指出：“三以阳刚之才，正而且巽，上皆顺之，复有援应；以是而升，如入无人之邑，孰御哉！”（《程传》）至于爻辞不言“吉”，《折中》引苏轼曰：“以阳用阳，其‘升’也果矣，故曰‘升虚邑，无所疑也’；不言‘吉’者，其为祸福未可知也，存乎其人而已。”

六四，王用亨于岐山，吉，无咎①。

译文 六四，君王来到岐山祭祀神灵，吉祥，必无咎害。

注释 ① 王用亨于岐山，吉，无咎：王，当指殷王；亨，通“享”，祭祀，《释文》引马融曰：“亨，祭也”；岐山，在陕西岐山县东北，周族古公亶父曾率众自豳迁于山下周原，筑城作邑。这三句似举殷王来到岐山设祭，周人顺从服事的典故为喻，说明六四处《升》上卦之下，柔顺得正，宜守臣位，则可获吉而“无咎”。《重定费氏学》引朱轼曰：“六四之升，升以顺也。上顺君，下顺民，顺之至矣。使之主祭，而百神享也。”

《象》曰：“王用亨于岐山”，顺事也①。

译文 《象传》说：“君王来到岐山祭祀神灵”，说明六四要顺从君上、立功立事。

注释 ① 顺事：《正义》：“顺物之情而立功立事。”

说明 “王用亨于岐山”一句，《易》家说法不同。今举三例以备参考。一、王弼谓此句言“岐山之会，顺事之情，无不纳也”（《王注》），孔颖达疏曰：“事同文王岐山之会，故曰‘王用亨于岐山’也。”（《正义》）二、马其昶谓此句用殷王帝乙与西伯王季的典故，比喻“五以四有顺德而使之主祭，所以吉无咎也”（《重定费氏学》）。三、尚先生认为此句体现周文王服事殷之本旨，“王”指殷纣王，比喻六四“望二升五，四得承阳，阴顺阳，犹臣事君。望二升五，犹望王至岐山，而有所亨献也”（《尚氏学》）。诸说对“王”之喻象的解说虽不同，但关于六四应当柔顺事上的主旨却颇一致。

六五，贞吉，升阶①。

译文 六五，守持正固可获吉祥，就像沿着台阶步步上升。

注释 ① 贞吉，升阶：升阶，犹言“沿阶上升”。此言六五当“升”之时，柔中居尊，下应九二，犹如任用下贤不自专权，故有守正获吉，沿“阶”升至尊位之象。《王注》：“升得尊位，体柔而应；纳而不距，任而不专：故得‘贞吉升阶’而尊也。”《折中》引熊良辅曰：“以顺而升，如历阶然。”

《象》曰：“贞吉升阶”，大得志也。

译文 《象传》说：“守持正固可获吉祥，就像沿着阶级步步上升”，说明六五大遂上升的心志。

说明 六五阴柔居中，顺时而升，其势犹如历阶而上，终获尊位。《折中》曰：

"不取'君'象,但为臣位之极者,与《晋》、《渐》之五同也。"

上六,冥升,利于不息之贞①。

译文 昏昧至甚却仍然上升,利于不停息地守持正固。

注释 ① 冥升,利于不息之贞:此言上六以阴处《升》之终,居坤阴之极,有昏昧至甚却仍上升不已之象;故当守"贞"不息,未可轻举妄动、或擅为物主。《王注》:"处《升》("升"阮刻本作"贞",据《校勘记》改)之极,进而不息者也;进而不息,故虽冥犹升也。故施于不息之正则可,用于为物之主则丧矣。"

《象》曰:冥升在上,消不富也。

译文《象传》说:昏昧至甚却仍然上升,高居极位,说明上六的发展趋势必将消弱不能富盛。

说明 上六处"升"极必反之时,本有凶咎;但爻辞却谓"利于不息之贞",实从正面给予诫勉,即来知德所云:"为占者开迁善之门。"(《来氏易注》)

总论《升》卦阐明事物顺势上升、积小成大的道理。卦辞称扬"上升"之时至为亨通,强调宜于出现具备"刚中"美德的"大人",则可以顺畅无忧地上升,并可趋赴光明、获得吉祥。卦中六爻集中反映顺势求升之道:初六柔顺上承二阳,阴阳合志宜升;九二以刚中顺应柔中,心存诚信必升;九三阳刚和逊,顺升无碍如入无人之邑;六四柔正顺从尊者,必将获升得吉;六五柔中应下,其升如历阶直上;惟上六昏昧犹升、其势将消,当以守正不妄动为戒。可见,本卦大义主于"顺性"上升,侧重表明要遵循"自然规律";这与《晋》卦主于"顺明"求晋,侧重揭示要附丽光明"积极进取"的意义颇有区别。柳宗元的一篇著名寓言《种树郭橐驼传》,用植树规讽"为官"、处事之道,文中极称橐驼所自叙的"植树"要诀:"顺木之天,以致其性。"(《柳河东集》)试观本卦《大象传》所云"地中生木"为升,"君子以顺德,积小以高大",述旨与柳文的寓意颇相吻合。马振彪谓郭橐驼之语"盖得《易》义"(《周易学说》),所论甚是。

卷七

困卦第四十七

䷮ **困[1]：亨[2]；贞，大人吉，无咎[3]；有言不信[4]。**

译文 《困》卦象征困穷：努力自济必能亨通；应当守持正固，大人可获吉祥，不致咎害；此时有所言未必见信于人。

注释 ① 困：卦名，下坎（☵）上兑（☱），象征"困穷"。《释文》："困，穷也，穷悴掩蔽之义"；《正义》："困者，穷厄委顿之名，道穷力竭，不能自济，故名为'困'。"

② 亨：此言"君子"处困而能自济，必致亨通。《王注》"困必通也；处穷而不能自通者，小人也。"

③ 贞，大人吉，无咎：此承前文"亨"而发，说明当"困"之时，只有守正之"大人"才能获吉免咎。卦中九二、九五阳刚处中，正具"大人"之象。《正义》："处困而能自通，必是履正体大之人；能济于困，然后得'吉'而'无咎'。"

④ 有言不信：此句又谓"困穷"之时，有所言必难取信于人。故此时当多修己德，少说为佳。《王注》："处困而言，不见信之时也；非行言之时，而欲用言以免，必穷者也。"

《彖》曰：困，刚揜也[1]。险以说，困而不失其所亨，其唯君子乎[2]！"贞，大人吉"，以刚中也[3]；"有言不信"，尚口乃穷也[4]。

译文 《彖传》说：困穷，表明阳刚被掩蔽不能伸展。面临险难而心中愉悦，这样虽处困穷也不失亨通的前景，大概只有君子才能如此吧！"守持正固，大人可获吉祥"，说明济困求亨应当具备阳刚中和的美德；"此时有所言未必见信于人"，说明崇尚言辞不但无益反而更致穷厄。

注释 ① 刚揜也：揜，音 yǎn，即"掩"。此释卦名"困"，说明"困穷"是由于阳刚被掩而不能伸。卦中下坎为阳，上兑为阴，阳在阴下，正为"刚揜"之象。《正义》：

“此就二体以释卦名。兑阴卦为柔，坎阳卦为刚；坎在兑下，是刚见揜于柔也。刚应升进，今被柔揜，施之于人，其犹君子为小人所蔽，以为困穷矣。”案，“刚揜”之义，诸家解说不同。如《集解》引荀爽曰：“谓二、五为阴所弇”；《本义》：“九二为二阴所揜，四、五为上六所揜”；《尚氏学》：“坎刚揜，三至上刚揜。”此三说均可参考。

② 险以说，困而不失其所亨，其唯君子乎：险，指下坎；说，即“悦”，指上兑。此以上下卦象释卦辞“亨”之义，谓“君子”处困，虽险犹悦，故能自济以致“亨”。《王注》：“处险而不改其说，困而不失其所亨也。”

③ 以刚中也：此以二、五阳刚居中之象，释卦释“贞，大人吉，无咎”。《程传》：“困而能贞，大人所以吉也，盖其以刚中之道也，五与二是也。非刚中，则遇困而失其正矣。”

④ 尚口乃穷也：此释辞卦“有言不信”。《正义》：“处困求通，在于修德，非用言以免困；徒尚口说，更致困穷，故曰‘尚口乃穷’也。”

《象》曰：泽无水，困①；君子以致命遂志②。

译文 《象传》说：泽上无水，象征“困穷”；君子因此当困穷之时宁可舍弃生命也要实现崇高的志向。

注释 ① 泽无水，困：释《困》卦上兑为泽、下坎为水之象。《王注》：“泽无水，则水在泽下；水在泽下，困之象也。”

② 致命遂志：致命，《本义》：“犹言授命，言持以与人而不之有也”，含有“舍弃生命”之义；遂，成也，犹言“实现”。这是说明“君子”观《困》卦之象，悟知当“困穷”之时，宁可舍弃生命也要实现崇高志向。《正义》：“君子之人，守道而死，虽遭困厄之世，期于致命丧身，必当遂其高志，不屈挠而改移也。故曰‘致命遂志’也。”

说明 《大象传》所称“致命遂志”，事实上是赞美“君子”的气节，阐发“困”而致“亨”之道。来知德援史证曰：“患难之来，论是非不论利害，论轻重不论死生。杀身成仁，舍生取义，幸而此身存，则名固在；不幸而此身死，则名亦不朽：岂不身‘困’而志‘亨’乎？身存者，张良之椎，苏武之节是也；身死者，比干、文天祥、陆秀夫、张世杰是也。”（《来氏易注》）

初六，臀困于株木①，入于幽谷，三岁不觌②。

译文 初六，臀部困在株木下不能安处，只得退入幽深的山谷，三年不见露出面目。

注释 ① 臀困于株木：株，树干；株木，《程传》“无枝叶之木也”。此言初六处困之始，柔弱卑下，虽与九四相应，但四失位亦困，己又前临坎险，故穷厄不能自拔，犹如臀部困在“株木”下、居处难安。《王注》：“最处底下，沉滞卑困，居无所安，故曰‘臀困于株木’也。”

② 入于幽谷，三岁不觌：三岁，犹言“多年”；觌，音 dí，见也。这两句承前文之义而发，说明初六往前既无援应，静处又难安居，只得退入“幽谷”，多年不露面目，以待困情解缓。《王注》：“进不获拯，必隐遁者也，故曰‘入于幽谷’也；困之为道，

不过数岁者也，以困而藏，困解乃出，故曰‘三岁不觌’也。”案，《周易举正》“不觌”下有“凶”字，今查帛书《周易》亦有此字，似当从补。

《象》曰：“入于幽谷”，幽不明也[①]**。**

译文 《象传》说：“只得退入幽深的山谷”，说明初六苟且藏身于幽暗不明的处所。

注释 ① 幽不明：《王注》：“入于不明，以自藏也。”

说明 初六阴柔懦弱，位卑而又缺乏阳刚气质，正是坐困穷厄，不能自拔之象。《折中》引张清子曰：“人之体行则趾为下，坐则臀为下。初六困而不行，此坐困之象也。”并案曰：“《诗》云‘出于幽谷，迁于乔木’。初不能自迁于乔木，而惟坐困株木之下，则有愈入于幽谷而已。阴柔处困之最下，故其象如此。在人则卑暗穷陋而不能自拔者。言‘臀’者，况其坐而不迁也。”

九二，困于酒食，朱绂方来，利用享祀[①]**；征凶，无咎**[②]**。**

译文 九二，酒食贫乏困穷，荣禄即将到来，利于主持宗庙祭祀的大礼；此时进取虽多凶险，但无所咎害。

注释 ① 困于酒食，朱绂方来，利用享祀：绂，音 fú，古代祭服的饰带，“朱绂”借喻“荣禄”，《尚氏学》：“朱绂，贵人所服以祭宗庙者”，“朱绂方来，言将膺锡命也”。这三句说明九二当困之时，虽“酒食”贫乏、艰难坎坷，但能刚中自守、安贫乐道，故终能荣禄临身，乃至被提拔担任主持祭祀大礼的要职。《来氏易注》：“九二以刚中之德，当困之时，甘贫以守中德，而为人君之所举用，故有‘困于酒食，朱绂方来’之象。”

② 征凶，无咎：此谓九二安于贫穷，在“困”中求进，固多凶险；但以“刚中”美德努力济困，不顾安危、舍身“遂志”，故终获“无咎”。《来氏易注》：“教占者至诚以应之，虽‘凶’而‘无咎’也。”

《象》曰：“困于酒食”，中有庆也。

译文 《象传》说：“酒食贫乏困穷”，说明九二只要保持中道就有福庆。

说明 本爻大旨，主于“君子”身困道亨。来知德引史迹印证辞义曰：“此即孔明之事。‘困酒食’者，卧南阳也；‘朱绂方来’者，刘备三顾也；‘利用亨祀’者，应聘也；‘征凶’者，死而后已也；‘无咎’者，君臣之义无咎也。”（《来氏易注》）

六三，困于石，据于蒺藜；入于其宫，不见其妻，凶[①]**。**

译文 六三，困在巨石下（石坚难入），凭据在蒺藜上（棘刺难践）；即使退回自家居室，也见不到配人为妻的一天，有凶险。

注释 ① 困于石，据于蒺藜；入于其宫，不见其妻，凶：石，喻九四；蒺藜，音 jí lí，一年生草本植物，果实有刺，喻九二；宫，居室；见其妻，《王注》谓“得配偶”，此处犹言配人为妻。此谓六三阴柔失正,以阴居阳,有"刚武"之志,因无应而比近九四,欲求为配偶,但四已应初,则三如困于石下、石坚难入;又乘凌九二,亦欲求配,但二刚强不可据,则三如错足蒺藜、棘刺难践;当此穷厄至甚之时,三虽退居其室,以失应不正之身,也只能茕茕独处、难以配人为妻,故曰"不见其妻"。爻义主于处困失道,必有凶险。《王注》:"石之为物,坚不可纳也,谓四也。三以阴居阳,志武者也。四自纳初,不受己者;二非所据,刚非所乘:上比困石,下据蒺藜。无应而入,焉得配偶?在困处斯,凶其宜也。"

《象》曰:"据于蒺藜",乘刚也;"入于其宫,不见其妻",不祥也。

译文 《象传》说:"凭据在蒺藜上(棘刺难践)",说明六三以阴柔乘凌刚强之上;"即使退入自家居室,也见不到配人为妻的一天",这是不吉祥的现象。

说明 六三之"凶",一方面由于失位无应,另一方面更在于困非其所,据非其地。《系辞下传》引孔子语,释此爻之义曰:"非所困而困焉,名必辱;非所据而据焉,身必危。既辱且危,死期将至,妻其可得见耶?"

九四,来徐徐,困于金车,吝,有终①。

译文 九四,迟疑缓缓地前来,被一辆金车困阻,有所憾惜,但终究能如愿应合配偶。

注释 ① 来徐徐,困于金车,吝,有终:来,指四来应初;徐徐,迟疑缓行之状,《释文》:"疑惧皃,马云'安行皃'";金车,喻九二。此言九四以阳刚居上卦之始,欲来下应初六,但自身失正,前路为二所阻,犹如"困于金车",故迟疑缓行;又因初、四正应,四虽有受困不能速来之憾,但谦谨而行终有应合之时,故虽"吝"而"有终"。《王注》:"金车,谓二也;二刚以载者也,故谓之金车。徐徐者,疑惧之辞也。志在于初,而隔于二,履不当位,威命不行;弃之则不能,欲往则畏二,故曰'来迟迟,困于金车'也。有应而不能济之,故曰'吝'也;然以阳居阴,履谦之道,量力而处,不与二争,虽不当位,物终与之,故曰'有终'也。"

《象》曰:"来徐徐",志在下也;虽不当位,有与也①。

译文 《象传》说:"迟疑缓缓地前来",说明九四的心志在于求合在下的初六;尽管居位不妥当,但谦谨而行必能称心如愿。

注释 ① 有与:犹言为物所赞与,使之称心如愿。《正义》:"虽不当位,执谦之故,物所与也。"

说明 本爻之所以失位受困而"有终",有一项重要原因是:阴阳相应,终难阻格。俞琰曰:"六爻二、五皆刚,三、上皆柔,惟初与四刚柔相应,故特以'有与'言之。"(《周易集说》)

九五,劓刖,困于赤绂①;乃徐有说,利用祭祀②。

译文 九五,施用削鼻截足的刑罚治理众人,以至困穷在尊位;但可以渐渐摆脱困境,利于举行祭祀。

注释 ① 劓刖，困于赤绂：劓，削鼻之刑（参见《睽》六三译注）；刖，音 yuè，截足之刑；赤绂，古代贵族祭服之饰，借喻九五高居尊位。此言九五以阳居阳位，行事刚猛，犹如过为施用刑法以治下，乃至众叛亲离，困穷于尊位。《集解》引崔憬曰："劓、刖，刑之小者也。于'困'之时，不崇柔德，以刚遇刚，虽行其小刑，而失其大柄，故言'劓刖'也。赤绂，天子祭服之饰。所以称'困'者，被夺其政，唯得祭祀，若《春秋传》曰'政由宁氏，祭则寡人'，故曰'困于赤绂'。"

② 乃徐有说，利用祭祀：徐，渐也；说，通"脱"。此谓九五虽"困于赤绂"，但因有刚中之德，故能改正过猛行为，渐能摆脱困境；此时应当广泛取信于人、神，才能保其"社稷"，故曰"利用祭祀"。《集解》引崔憬曰："居中以直，在困思通；初虽暂穷，终则必喜，故曰'乃徐有说'。"案，"利用祭祀"之义，《象传》谓"受福也"，即言以至诚感格神灵，取信众人，则可长保"社稷"受福。

说明 崔憬所引史例，见《左传》襄公二十六年记载卫献公与宁喜的一场政权之争。当时献公迫于困境，向宁喜表示愿作名义上的"君主"，将实权让给宁氏。此即"政由宁氏，祭则寡人"的典故。崔憬援以解说"困于赤绂"之旨，于爻义似能切合。

《象》曰："劓刖"，志未得也；"乃徐有说"，以中直也；"利用祭祀"，受福也。

译文 《象传》说："施用削鼻截足的刑罚治理众人"，说明九五济困的心志未能有所得；"可以渐渐摆脱困境"，这是守持刚中正直之道所致；"利于举行祭祀"，这样就能承受神灵施降的福泽。

说明 九二"利用享祀"，九五"利用祭祀"，两者的异同，程颐作了一番分析，可资参考："二云'享祀'，五云'祭祀'，大意则宜用至诚，乃受福也。'祭'与'祀'、'享'，泛言之则可通；分而言之，'祭'天神，'祀'地示，'享'人神。五君位，言'祭'；二在下，言'享'：各以其所当用也。"（《程传》）

上六，困于葛藟，于臲卼[①]；曰动悔有悔，征吉[②]。

译文 上六，困在葛蔓藟藤之间，又困在摇动危坠之处；应当想一想：既然动辄后悔就要赶快悔悟，这样向前进发必获吉祥。

注释 ① 困于葛藟，于臲卼：藟，音 lěi，藤类植物；臲卼，音 niè wù，意同"臬兀"、"陧杌"、"峣屼"等，形容动摇不安之状。此言上六以阴居困之极，乘凌二刚，下无应援，犹如困于藤蔓之缠，又如濒临危坠之地。后句"于"字之前，承前句省略一"困"字。《王注》："居困之极而乘于刚，下无其应，行则愈绕者也。行则缠绕，居不获安，故曰'困于葛藟，于臲卼'也。下句无'困'因于上也。"《正义》："葛藟，引蔓缠绕之草；臲卼，动摇不安之辞。"

② 曰动悔有悔，征吉：曰，发语辞，此处含有"思量"、"谋划"之意；动悔，动辄生悔，犹言"后悔"，承上文"困"极而发；有悔，应有所悔，犹言"悔悟"，启下文"征吉"之占。这两句说明上六虽处极困之境，但困极必反，只要因"动悔"而能"有悔"，吸取教训、谨慎思谋其行为，必能解脱困境、"征"而获"吉"。《王注》："凡物

穷则思变，困则谋通。处至困之地，用谋之时也。'曰'者，思谋之辞也。谋之所行，有隙则获。言将何以通至困乎？曰：动悔，令生有悔，以征则济矣。故曰'动悔有悔，征吉'也。"

《象》曰："困于葛藟"，未当也；"动悔有悔"，吉行也①。

译文 《象传》说："困在葛蔓藟藤之间"，说明上六所处地位未曾稳当；"动辄后悔就要赶快悔悟"，说明前行可以解困并获得吉祥。

注释 ① 吉行：犹言"行则吉"。

说明 本卦六爻，唯上六称"吉"，体现"困极必通"之理。易祓曰："阳刚不可终困，而二、四、五爻皆不言'吉'；阴柔未免乎困，而上六爻独言'吉'：困极则能变矣。如'否'之有'泰'，虽险而终有济也。"（《周易总义》）

总论 文天祥《正气歌》热情赞颂了古代为正义而斗争的人们，表现了诗人崇高的民族气节。诗中有两句说道："时穷节乃见，一一垂丹青。"（《文山先生全集》）表明在困苦穷厄之际，最能检验人的品质。《困》卦大义，正是喻示处"困穷"的道理。卦辞极力说明，只有"君子"才能身当困境、其道亨通，称扬守持正固的"大人"可获吉祥、无咎；并进一步指出，此时凡有所言均难见信于人，因此务须洁身自守，修美己德。《彖传》用"刚揜"两字，揭出导致"困穷"的根本原因是阳刚被掩蔽不能伸展，亦即"君子"被"小人"压抑侵凌。卦中六爻分别展示不同的处"困"情状，其中三阴爻柔暗懦弱，罹困至甚：初六坐困不能自拔，六三困非其所、据非其地，两者难免凶危；惟上六当困极将通之时，能及早悔悟则可解困获吉。三阳爻虽亦在"困"中，但均以阳刚气质而能守正脱困：二、五禀刚中美德，或于贫困艰难之时舍身遂志而获无咎，或以孚诚中正之志转危为安渐脱困境；九四前路受困阻，因谦谨缓行也能得遂己愿。可见处"困"之道阴阳有别、因人而异。吴曰慎论曰："困非自己致而时势适逢者，则当守其刚中之德，是谓'困而不失其所亨'也，其道主于'贞'；若困由己之柔暗而致者，则当变其所为，以免于困也，其道主于'悔'。学者深察乎此，则处困之道，异宜而各得矣。"（《折中》引）若细致体味本卦的"象外之旨"，还可以看出作《易》者的一层深切寓旨：困穷有时难以避免，正气却不可一刻消颓。《大象传》称"君子以致命遂志"，正见此意；孔子曰："三军可夺帅也，匹夫不可夺志也。"（《论语·子罕》）与这一义理也甚为吻合。

井卦第四十八

☵☴ **井①:改邑不改井②,无丧无得③,往来井井④。汔至亦未繘井,羸其瓶,凶⑤。**

译文 《井》卦象征水井:城邑村庄可以改移而水井不可迁徙,每日汲引不见枯竭、泉流注入也不满盈,往者来者都反复不断地依井为用。汲水时水瓶将升到井口尚未出井,要是使水瓶倾覆毁败,必有凶险。

注释 ① 井:卦名,下巽(☴)上坎(☵),象征"水井"。《正义》:"井者,物象之名也。古者穿地取水,以瓶引汲,谓之为'井'。此卦明君子修德养民,有常不变,始终无改,养物不穷,莫过乎井。故以修德之卦取譬,名之'井'焉。"

② 改邑不改井:改,迁移;邑,泛指"邑里"。此句以"邑"可迁"井"不可徙,喻井德"不变"。《王注》:"井以不变为德者也。"

③ 无丧无得:此以井水汲之不竭,注之不盈,喻井德"有常"。《王注》:"德有常也。"《正义》:"此明井用有常德,终日引汲未尝言损,终日泉注未尝言益。"

④ 往来井井:往来,犹言"往者来者";井井,《本义》谓"井其井",即反复不断地以井为用。此句以井之用喻其"养物不穷"之德。《程传》:"至者皆得其用,往来井井也。"

⑤ 汔至亦未繘井,羸其瓶,凶:汔,音 qì,接近;繘,音 jú,通"矞",义谓"出"("汔至亦未繘井",《王注》曰"已来至而未出井也",则训"繘"为"出",《经义述闻》引王念孙云:"《注》内'出'字正释'繘'字,《广雅》曰'矞,出也','矞'与'繘'通");羸,《王注》以"覆"释之,《程传》谓"毁败",亦言"倾覆";瓶,此指古代汲水器。这三句言汲水之道,说明水将出井、若倾覆水瓶,则无所获而有凶;比喻人的"德行"不能善始善终,必将导致凶咎。《王注》:"井道以已出为功也,几至而覆,与未汲同也。"《集解》引孔颖达曰:"计覆一瓶之水,何足言凶?但取喻人德行不

恒，不能善始令终，故就人言之，‘凶’也。”

说明 卦辞以井喻人，先言“水井”的各种德性功用，再言“汲水”之道，层次颇为分明。《折中》引邱富国曰：“‘改邑不改井’，井之体也；‘无丧无得’，井之德也；‘往来井井’，井之用也：此三句言井之事。‘汔至亦未繘井’，未及于用也；‘羸其瓶’，失其用也：此二句言汲井之事。”

《彖》曰：巽乎水而上水①，井；井养而不穷也②。“改邑不改井”，乃以刚中也③；“汔至亦未繘井”，未有功也④；“羸其瓶”，是以凶也⑤。

译文《彖传》说：顺沿水的渗性而往地下开孔引水使上，便是水井；水井养人的功德无穷无尽。“城邑村庄可以改移而水井不可迁徙”，就像“君子”恒守阳刚居中的美德；“汲水时水瓶将升到井口尚未出井”，说明此时未曾实现井水养人的功用；“要是使水瓶倾覆毁败”，那就必然要导致凶险。

注释① 巽乎水而上水：巽，顺也，指下卦巽；水，指上卦坎；上，用如动词，“上水”犹言“使水上”。此以上下象释卦名“井”，说明井的形成，是顺沿水的渗性，掘地开孔，引泉使上，遂为“井”。马其昶曰：“雨雪消化之水，渗入土石，积聚则成泉源；由地开孔以通泉，谓之‘井’：此即‘巽乎水而上水’之说。”（《重定费氏学》）案，《正义》释“巽”为木、为入，认为：“以木入于水，而又上水，井之象也。”于义亦通。

② 井养而不穷也：养，施养于人。此句既承前文释卦名“井”之义，又启下节释卦辞之文。《正义》：“叹美井德愈汲愈生，给养于人无有穷已也。”《折中》：“释名之下，又着‘井养而不穷也’一句，亦以起释辞之意。”

③ 乃以刚中也：刚中，指九二、九五阳刚居中。此以二、五爻象释卦辞“改邑不改井”之义，谓两爻恒守“刚中”，犹如井德有常不渝。《正义》：“此释井体有常，由于二、五也；二、五以刚居中，故能定居其所而不改变也。不释‘往来’二德者，‘无丧无得，往来井井’皆由以刚居中，更无他义，故不具举经文也。”

④ 未有功也：释卦辞“汔至亦未繘井”。《正义》：“水未及用，则井功未成；其犹人德未（“未”阮刻作“事”，据《校勘记》改）被物，亦是功德未就也。”

⑤ 是以凶也：释卦辞“羸其瓶”。《正义》：“汲水未出而覆，喻修德未成而止，是以凶也。”

说明《折中》引晁说之曰：“或谓《彖》主三阳言：五‘寒泉食’，是阳刚居中，邑可改而井不可改也；三‘井渫不食’，是‘未有功’也；二‘瓮敝漏’是‘羸其瓶’而‘凶’者也。”这是认为《彖传》侧重阐述九五、九三、九二三阳爻的意义，可备一说。

《象》曰：木上有水，井①；君子以劳民劝相②。

译文《象传》说：树木上端有水分渗出，象征“水井”；君子因此（效法“井养”之德）努力为庶民操劳，劝勉百姓互相资助。

注释① 木上有水，井：释《井》卦下巽为木、上坎为水之象，言树木体内有水分津润、由根茎向上运行，正如井水被汲上养人。《本义》：“木上有水，津润上行，井之象也。”

② 劳民劝相：劳，劳赉，"劳民"犹言"为民操劳"；相，助也，"劝相"犹言"劝民互助"。这是说明"君子"观《井》卦之象，悟知应当"劳民劝相"、广益于人，以效法"井养而不穷"之德。《正义》："劳，谓劳赉；相，犹助也。井之为义，汲养而不穷；君子以劳来之恩，勤恤民隐，劝相百姓，使有功成（"功成"阮刻作"成功"，据《校勘记》改），则此养而不穷也。"《本义》："劳民者，以君养民；劝相者，使民相养：皆取'井养'之义。"

说明 朱熹曰："草木之生，津润皆上行，直至树末，便是'木上有水'之义。虽至小之物亦然。如菖蒲叶，每晨叶尾皆有水如珠颗，虽藏之密室亦然，非露水也。"又曰："木上有水，便如水本在井底，却能汲上来给人之食，故取象如此。"（《朱子语类》）此说可以补足上引《本义》释象之语。但对此象的理解，旧注颇有歧义。今举两例以备参考：一、《集解》引郑玄注，谓"木上有水"取"桔槔"（音 jié gāo，亦称"吊杆"，古人以横木支于木柱上，一端挂汲水器，另一端系重物，通过"杠杆"原理上下运动以汲水）之象，指出："坎，水也；巽，木，桔槔也"，"桔槔引瓶，下入泉口汲水而出，井之象也"。二、朱骏声认为："井之为物，有木底以隔泥，使清泉上出木上，故'木上有水'。"（《六十四卦经解》）

初六，井泥不食，旧井无禽①。

译文 初六，井底污泥沉滞不可食用，这口井久未修治连禽鸟也不屑一顾。

注释 ① 井泥不食，旧井无禽：旧，通"久"。此言初六阴柔卑下，上无应援，正如井底沉滞污泥而不出泉；井久未修，唯积淤泥，故"禽"不一顾，人不汲食。《王注》："最在井底，上又无应，沉滞滓秽，故曰'井泥不食'也。井泥而不可食，则是久井不见渫治者也；久井不见渫治，禽所不向，而况人乎？一时所共弃舍也。"案，《集解》引崔觐曰："禽，古'擒'字；'禽'犹'获'也。"《尚氏学》："禽，获也。无水故无所得。"可备一说。

《象》曰："井泥不食"，下也；"旧井无禽"，时舍也。

译文 《象传》说："井底污泥沉滞不可食用"，说明初六柔暗卑下；"这口井久未修治连禽鸟也不屑一顾"，说明初六一暗被外物共同舍弃。

说明 本爻当"井养"之时，柔暗卑下，不能施用于物，故有"井泥"、"无禽"等象。蔡清曰："井以阳刚为泉，而初六则阴柔也，故为'井泥'，为'旧井'；井以上出为功，而初六则居下，故为'不食'，为'无禽'。"（《易经蒙引》）

九二，井谷射鲋，瓮敝漏①。

译文 九二，井中容水的穴窍被枉作为射取小鱼之用，此时瓶瓮敝败破漏无法汲水。

注释 ① 井谷射鲋，瓮敝漏：井谷，《折中》："井中出水之穴窍也。"（《经义述闻》"谷，犹'壑'也"，"井中容水之处也"，与《折中》说同）鲋，音 fù，谓"小鱼"，《太平御览》"鳞介"部引王肃曰"鲋，小鱼也"，《经义述闻》据《吕氏春秋》、《淮南子》、《说苑》等资料谓"古有射鱼之法"，"射鲋"犹言"射鱼"；瓮，指古代汲水器。这两句说明九二虽阳刚居中，但失位无应，未能施用于上，犹如井中穴窍容有清水却未见汲，而被枉作为“射鲋”之用；又如汲水者瓶瓮敝漏，无法汲引取用。《折中》：“井能出水，则非泥井也。而其功仅足以‘射鲋’者，上无汲引之人，如瓶瓮之‘敝漏’然，则不能自济于人用也决矣。”

译文 《象传》说：“井中容水的穴窍被枉作为射取小鱼之用”，说明九二无人应与援引。

《象》曰：“井谷射鲋”，无与也[1]。

注释 ① 无与：犹“无应”，指九二上无应与。

说明 九二爻辞，两句各取一象：前句“射鲋”，喻材非所用；后句“瓮敝漏”，喻无人汲引。《周易学说》引李士钤曰：“瓮敝而水下漏，汲与不汲同；此犹人君用贤，见不能举，举不能先也。”

译文 九三，水井掏治洁净却不被汲食，使我心中隐隐凄恻；应该赶快汲取这清澈的井水，君王圣明君臣将共受福泽。

九三，井渫不食，为我心恻[1]；可用汲，王明并受其福[2]。

注释 ① 井渫不食，为我心恻：渫，音 xiè，掏去污泥使水洁净；为，《王注》：“犹‘使’也。”此言九三居《井》下卦之上，阳刚得正，但下无阴爻可据，犹如水井修治洁净却未被汲食，故发“心恻”之叹。《集解》引荀爽曰：“渫，去秽浊，清洁之意也。三者得正，故曰‘井渫’；不得据阴，喻不得用，故‘不食’，道既不行，故‘我心恻’。”

② 可用汲，王明并受其福：可用汲，犹言应该赶快汲取。此谓九三虽下无阴爻可据，但上与上六相应，故终将有“可汲”之时；而“君王”也将因汲用之明，使君臣并受福泽。《正义》：“有应于上，是‘可汲’也。井之可汲，犹人可用，若不遇明王，则滞其才用；若遭遇贤主，则申其行能，贤主既嘉其行，又钦其用，故曰：‘可用汲，王明并受其福也。’”

译文 《象传》说：“水井掏治洁净却不被汲食”，说明九三的行为未被理解真令人凄恻；希望“君王圣明”，是为了君臣共受福泽。

《象》曰：“井渫不食”，行恻也[1]；求“王明”[2]，受福也。

注释 ① 行恻：《王注》：“行感于诚，故曰‘恻’也。”

② 求：盼求，犹言“希望”。

说明 九三爻辞以充满希冀的情调，展示出井水已清、应当及时汲用的心境；其意是期盼“尊者”能够“思贤若渴”、“举贤授能”。司马迁为屈原作传，有感于楚君弃逐贤臣终至国败身亡的史实，藉此爻辞发论云：“怀王以不知忠臣之分，故内惑于郑袖，外欺于张仪，疏屈平而信上官大夫、令尹子兰。兵挫地削，亡其六郡，身客死于秦，为天下笑：此不知人之祸也。《易》曰：‘井渫不食，为我心恻；可用汲，王明并受其福。’王之不明，岂足福哉！”（《史记·屈原贾生列传》）

译文 六四，水井正在修治，必无咎害。

六四，井甃，无咎[1]。

注释 ① 井甃，无咎：甃，音 zhòu，以砖修井，《正义》："《子夏传》曰'甃，亦治也'，以砖垒井，修井之坏，谓之为甃。"此谓六四柔正得位，但下无所应，故当静守修德，不可急于进取；犹如井坏能修，则可"无咎"。《王注》："得位而无应，自守而不能给上，可以修井之坏，补过而已。"

《象》曰："井甃无咎"，修井也[①]。

译文 《象传》说："水井正在修治、必无咎害"，说明六四但可修井（不可急切施养于人）。

注释 ① 修井：《正义》："但可修井之坏，未可上给养人也。"

说明 六四爻旨，主于修德补过。黄道周申其义曰："先王之法，一敝不修，必以所养人者害人。"（《易象正》）

九五，井洌，寒泉食[①]。

译文 九五，井水清澈，洁净的寒泉可供食用。

注释 ① 井洌，寒泉食：洌，音 liè，《说文》："水清也。"此言九五阳刚中正，居《井》尊位，亲比上六，犹如"寒泉"般的清澈井水，可以汲上供人食用。《集解》引崔憬曰："洌，清洁也。居中得正，而比于上，则是井渫水清，既寒且洁，汲上可食于人者也。"

《象》曰："寒泉之食"，中正也。

译文 《象传》说："洁净的寒泉可供食用"，说明九五具有阳刚中正的美德。

说明 九五为"井德"至美的象征，犹如"贤君"高居尊位，"养人"无穷。杨万里认为，此爻"甘洁清寒"之水，可供"天下之人酌而饮之，若渴者之于井也"。但他又从反面揭出本爻所隐含的鉴戒意义："泉而不洌不寒，君而不中不正，人有吐井泥、羞污君而去之耳。故傅说非其后不食，伯夷非其君不事：君天下者可不惧哉！"（《诚斋易传》）

上六，井收，勿幕；有孚，元吉[①]。

译文 上六，水井的功事已成，不用覆盖井口；此时心怀诚信，至为吉祥。

注释 ① 井收，勿幕；有孚，元吉：收，成也，《正义》："凡物可收成者，则谓之收，如五谷之有收也"；幕，《集解》引虞翻曰"盖也"。此谓上六居《井》之终，下应九三，犹如井水已汲出井口，为井功大成之象；此时应当心怀诚信，广施"井养"之德，必获"元吉"。《王注》："处《井》上极，水已出井；井功大成，在此爻矣，故曰'井收'也。群下仰之以济，渊泉由之以通者也。幕，犹覆也。不擅其有，不私其利，则物归之，往无穷矣，故曰'勿幕，有孚，元吉'也。"

译文 《象传》说：上六高居上位，至为吉祥，说明此时井功已经大成。

《象》曰："元吉"在上，大成也。

说明 井水升之愈高，汲用愈广，愈见养人之功无穷。故上六极居卦终，以井用大成而获"元吉"。程颐曰："它卦之终，为极为变；唯《井》与《鼎》终乃为成功，是以'吉'也。"

总论 《释文》引《周书》有"黄帝穿井"的传说，据此可以推知，在远古时代井就出现了。孔颖达所谓"养物不穷，莫过乎井"（《正义》），即道出水井对人类生活造福至伟。《井》卦的大旨，则是把"井"人格化了，通过展示水井"养人"的种种美德，譬喻"君子"应当修美自身、惠物无穷。卦辞一方面赞扬水井定居不移、不盈不竭、反复施用的特性，描绘出守恒不渝、大公无私的"君子"形象；另一方面告诫汲水者，当水将出井口时，若倾覆水瓶将有凶险，这又生动地暗示修德惠人者要善始善终，不可功败垂成。卦中六爻，从阴阳情状看，阳像井水，阴像井体，《折中》引邱富国云："先儒以三阳为泉，三阴为井，阳实阴虚之象也。"若就诸爻所喻之"井德"看，则初、四两阴言井体有弊当修，或戒"井泥"必见弃于人，或曰井坏宜速治免咎；二、三两阳谓井水可汲当汲，或无人汲引将被枉作"射鱼"之用，或有明者汲取必见井养之福；五、上一阳一阴，前者水洁味甘、人所共食，后者井功大成、施用无穷。总观全卦的喻旨，无非强调"修身"与"养人"两端。其中九五以"井洌寒泉"为象，最见"井德"佳美。后汉李尤《井铭》曰："井之所尚，寒泉洌清；法律取象，不概自平。多取不损，少汲不盈；执宪若斯，何有邪倾？"（《艺文类聚》引）此铭把"寒泉"视为清廉公允的象征，称颂井水"不损"、"不盈"的品质，寄托了作者对政治清明的殷殷期望之情：这些均可看出作品的立意受到《井》卦义理的深刻影响。

革卦第四十九

䷰革①：己日乃孚，元亨，利贞，悔亡②。

译文 《革》卦象征变革：在亟须转变的"己日"推行变革并能取信于众，前景就至为亨通，利于守持正固，悔恨必将消亡。

注释 ① 革：卦名，下离（☲）上兑（☱），象征"变革"。《集解》引郑玄曰："革，改也，水火相息而更用事，犹王者受命，改正朔，易服色，故谓之'革'也。"《正义》："革者，改变之名也；此卦明改制革命，故名'革'也。"

② 己日乃孚，元亨，利贞，悔亡：己日，古代以"十干"纪日，"己"正当前五数与后五数之中而交转相变之时，故有"转变"的象征寓意；其后一数"庚"，则有"已变更"之义。卦辞取"己日"为象，说明面临当须"转变"之际果断推行变革，并能够心怀"孚信"，则天下也将以"信"应之；这样就可获"元亨"，利于守"正"，其"悔"必将消亡。朱震《汉上易传》曰："（己）当读作'戊己'之'己'，十日至'庚'而更；更，革也。"顾炎武《日知录》承之，曰："天地之化，过中则变。日中则昃，月盈则食，故《易》所贵者中。十干则'戊己'为中，至于'己'则过中而将变之时矣，故受之以'庚'；庚者，更也。天下之事当过中而将变之时，然后革而人信之矣。"案，"己"字，阮刻及诸本通作"巳"；《王注》以"即日不孚"训"巳日乃孚"，则王弼读作"已然"之"已"；《集解》引虞翻注，释"己日"曰："离为日"，盖以"纳甲法"之"离纳己"为说，则虞氏读作"戊己"之"己"。今据虞氏本改（六二爻辞同）。

说明 "变革"取得成功的重要前提，似当建立在两项基点上：一是适当其时，把握转机，故卦辞取"己日"象征"转变之机"；二是取信于人，推行正道，故卦辞又强调"乃孚"、"利贞"。前者是外在条件，后者是内在因素；内外相济，

"革"道乃成，于是可获"元亨"、"悔亡"。

《彖》曰：革，水火相息[①]；二女同居，其志不相得[②]，曰革。已日乃孚，革而信之[③]；文明以说，大亨以正，革而当，其悔乃亡[④]。天地革而四时成；汤武革命[⑤]，顺乎天而应乎人：革之时大矣哉！

译文 《彖传》说：变革，譬如水火相长交互更革；又像两个女子同居一室，双方志趣不合终将生变，这就称为"变革"。在亟须转变的"已日"推行变革并能取信于众，于是变革过程天下就纷纷信服；凭着文明的美德使人心愉悦，守持正固使前景大为亨通，这样变革就稳妥得当，一切悔恨必将消亡。天地变革导致四季形成；商汤、周武变革桀、纣的王命，那是既顺从"天"的规律又应合百姓的愿望："变革"之时的功效是多么宏大啊！

注释 ① 水火相息：水，指上兑为泽；火，指下离为火；息，《集解》引虞翻曰："长也。"此谓上下卦含水火相长、交互更革之象。《尚氏学》："息，长也，言更代用事也。"案，"息"字，《释文》曰："马云'灭也'，李斐注《汉书》同，《说文》作'熄'"，此训"息"作"熄灭"，即以水火相克为说，于义亦通。

② 二女同居，其志不相得：二女，指下离为中女，上兑为少女。此又以上下卦有"二女"之象，谓两者同居、志向各异而终将生变(义与《睽》卦《彖传》"二女同居，其志不同行"相近，可参阅该卦译注)。此二句配合前文并释卦名"革"。《正义》："中、少二女而成一卦，此虽形同而志革也。一男一女，乃相感应；二女虽复同居，其志终不相得，志不相得则变必生矣。"

③ 革而信之：此释卦辞"已日乃孚"，说明推行变革若能适合当变之机并取信于众，则天下人必将纷纷信从。

④ 文明以说，大亨以正，革而当，其悔乃亡：文明，指下离为火；说，即"悦"，指上兑为悦。此释卦辞"元亨，利贞，悔亡"，说明变革之时以"文明"之德使天下愉悦，并守持正固使前景至为亨通，则所革必当，其悔必亡。《正义》："能思文明之德，以说于人，所以革命而为民所信也。"《折中》引胡炳文曰："彖未有言'悔亡'者，唯《革》言之。革，易有悔也，必革而当，其悔乃亡。'当'字即是'贞'字，一有不贞，则有不信，有不通，皆不当者也。"

⑤ 汤武革命：指商汤灭夏桀，周武王灭殷纣。自前文"天地革"至末，广举"天地"、"四时"、"汤武"为说，极赞"变革"之时功效弘大。《正义》："天地之道，阴阳升降，温暑凉寒迭相变革，然后四时之序皆有成也。""夏桀、殷纣，凶狂无度，天既震怒，人亦叛主；殷汤、周武，聪明睿智，上顺天命，下应人心，放桀鸣条，诛纣牧野，革其王命，改其恶俗，故曰'汤武革命，顺乎天而应乎人'。计王者相承，改正易服，皆有变革，而独举汤武者，盖舜禹禅让，犹或因循；汤、武干戈，极其损益，故取相变甚者，以明人革也。"《尚氏学》："四时相代实相革，期无或爽，信也；汤武革命，天人皆应，亦信也：不信则不能革，故时之所关甚大，此其义也。"

《象》曰：泽中有火，革[①]；君子以治历明时[②]。

译文 《象传》说：水泽中有烈火，象征"变革"；君子因此撰制历法以辨明四季的更改。

注释 ① 泽中有火，革：释《革》卦上兑为泽，下离为火之象。《集解》引崔憬曰："火就燥，泽资湿，二物不相得，终宜易之，故曰'泽中有火，革'也。"

② 治历明时：这是说明"君子"观《革》卦之象悟知事物变革的道理，故撰制历法，以明四时之变。《王注》："数历时会，存乎变也。"《程传》："君子观变革之象，推日月星辰之迁易，以治历数，明四时之序也。"

说明 "变革"的义理，所涉至广。《大象传》谓"治历明时"，则是就"天地变化"一端抒发其旨。朱熹曰："治历明时，非谓历当改革；盖四时变革中，便有个治历明时底道理。"(《朱子语类》)

初九，巩用黄牛之革①。

译文 初九，应该用黄牛的皮革牢固束缚住。

注释 ① 巩用黄牛之革：巩，固也；黄，中之色，喻持中驯顺；牛之革，坚韧之物，喻守常不变。此谓初九以阳刚卑微处革之始，上无援助，未能应变，故以"黄牛之革"系缚喻必须固守常规，不可妄为。《王注》："在革之始，革道未成，固夫常中，未能应变者也。此可以守成，不可以有为也。巩，固也；黄，中也；牛之革，坚仞不可变也。固之所用，常中坚仞，不肯变也。"

《象》曰："巩用黄牛"，不可以有为也。

译文 《象传》说："用黄牛的皮革牢固束缚"，说明初九不可有所作为，妄行变革。

说明 本爻阳微位卑，力不胜革，时未可变，故须"巩用黄牛之革"，固守常制；此与《遁》六二身有所系，势不能遁，遂称"执之用黄牛之革"意义相近。《折中》引龚焕曰："《易》言'黄牛之革'者二：《遁》之六二居中有应，欲遁而不可遁者也；《革》之初九，在下无应，当革而不可革者也。所指虽殊，而意实相类。"

六二，己日乃革之，征吉，无咎①。

译文 六二，在亟须转变的"己日"断然推行变革，往前进发必有吉祥，不致咎害。

注释 ① 己日乃革之，征吉，无咎：此言六二处"革"之时，柔中得正，上应九五，又居下离之中，犹如时当"日中将昃"(《尚氏学》谓"二为日中")，正值"己日"待变之际，故须断然奉行变革；以此有"征"，必能获"吉"而"无咎"。

《象》曰："己日革之"，行有嘉也。

译文 《象传》说："在亟须转变的'己日'断然推行变革"，说明六二努力前行必获佳美之功。

说明 本爻柔中有应，时值将变，必当配合"阳刚尊者"，努力革故除弊。故爻辞勉以"征吉"，"无咎"，《象传》称其"行有嘉"。

译文 九三，急于求进必生凶情，守持正固防备危险；变革既已初见成效更须多番俯就人心安定大局，处事要心存诚信。

九三，征凶，贞厉；革言三就，有孚①。

注释 ① 征凶，贞厉；革言三就，有孚：贞厉，犹言"守正防危"（参阅《屯》九五译注）；言，语气助词，赵汝楳《周易辑闻》曰："革言，犹《诗》之'驾言'"；三，泛指多番；就，谓俯就。此言九三处《革》下卦之上，有"革"道初成之象（《重定费氏学》引李翱曰："重卦之内至于三位，则有小成变革之理"），宜于审慎稳进，但三以阳居阳，刚亢躁行，故戒以"征凶，贞厉"；又谓此时的变革措施须以暂退求进，即"三就"于旧制，抚慰人心，安定大局，巩固成果，如此则能以"孚诚"取信于民，稳步推行改革。此亦《象传》所云"革而当，其悔乃亡"之义。《集解》引崔憬曰："夫安者，有其危也。故受命之君，虽诛元恶，未改其命者，以即行改命，习俗不安，故曰'征凶'；犹以正自危，故曰'贞厉'。是以武王克纣，不即行周命，乃反商政，一就也；释箕子囚，封比干墓，式商容闾，二就也；散鹿台之财，发钜桥之粟，大赉于四海，三就也。故曰'革言三就'。"案，崔憬释"贞厉"曰："以正自危"，与"守正防危"义略同。

译文 《象传》说："变革既已初见成效更须多番俯就人心安定大局"，说明九三此时又何必过急前行呢！

《象》曰："革言三就"，又何之矣！

说明 九三变革虽已初成，但物情未安，行事若稍有不慎，必将前功尽弃，危及大局。故爻辞特言此时尚有"凶"、"厉"，深寓戒意。

译文 九四，悔恨消亡，心存诚信以革除旧命，吉祥。

九四，悔亡，有孚改命，吉①。

注释 ① 悔亡，有孚改命，吉：改，犹言"革"，"改命"即"革除旧命"。此谓九四失位本有"悔"，但当"革"之时，处上卦"水火"更革之际，刚而能柔，正可推行变革，故"悔亡"；此时若能以孚诚之心革除旧命，必获吉祥。《本义》："以阳居阴，故有悔；然卦已过中，水火之际，乃'革'之时，而刚柔不偏，又'革'之用也，是以'悔亡'。然又必'有孚'然后'革'，乃可获'吉'。"

译文 《象传》说："革除旧命可获吉祥"，说明九四畅行变革之志。

《象》曰："改命之吉"，信志也①。

注释 ① 信志：信，通"伸"。《尚氏学》："改命则实行革命，故曰'伸志'；言得行其志也，志行故'吉'。"

说明 九四处上体之下，"革"道即将大成，故以"有孚改命"为"吉"。

译文 九五，大人像猛虎一样推行变革，毫无疑问必能昭显精诚信实的美德。

九五，大人虎变，未占有孚①。

注释 ① 大人虎变，未占有孚：占，有疑而问；"未占"犹言"不须置疑"。此谓九五当"革"之时，以阳刚中正高居尊位，犹如"大人"全面推行变革，势若猛虎奋威；此时"革"道昭著，故不须占问，九五的孚信之德自显光彩。《正义》："九五居中处尊,以大人之德为革之主;损益前王,创制立法,有文章之美,焕然可观:有似虎变,其文彪炳。则是汤、武革命,广大应人,不劳占决,信德自著。故曰'大人虎变,未占有孚'也。"

《象》曰:"大人虎变",其文炳也①。

译文 《象传》说:"大人像猛虎一样推行变革",说明九五的美德文采炳焕。

注释 ① 其文炳:文,谓"文采"、"文章",指"道德"言。《正义》:"'其文炳'者,义取文章炳著也。"

说明 九五以中正居尊,当其推行变革之时,既显其德,又见其威,天下无不信从。马融曰:"虎变威德,折冲万里,望风而信。"(《集解》引)

上六,君子豹变,小人革面①;征凶,居贞吉②。

译文 上六,君子像斑豹一样助成变革,小人纷纷改变旧日倾向;此时若继续激进不止必有凶险,静居守持正固可获吉祥。

注释 ① 君子豹变,小人革面:面,朝向;"革面"犹言"改变倾向"。此谓上六处《革》之终,"革"道大成,犹如斑豹一样协助"大人"变革,从而建树功勋;此时全局已定,故"小人"纷纷顺应,改变倾向。《正义》:"上六居《革》之终,变道已成。君子处之,虽不能同九五革命创制,如虎文之彪炳,然亦润色鸿业,如豹文之蔚缛。"《重定费氏学》引项安世曰:"上六'革'之效,'君子'、'小人'以臣、民言之也。面,向也,古者'面'皆谓'向'。"案,《正义》释"革面"曰:"但能变其颜面容色,顺上而已。"可备一说。

② 征凶,居贞吉:此承前文之义而发,言上六既当变革成功、大局稳定之时,宜于静居持正,守成则吉;若不安守既有成果,再思变革,则过犹不及,必致凶险。《正义》:"革道已成,宜安静守正。更有所征则凶,居而守正则吉。"

《象》曰:"君子豹变",其文蔚也①;"小人革面",顺以从君也。

译文 《象传》说:"君子像斑豹一样助成变革",说明上六的美德因大人的辉映蔚然成彩;"小人纷纷改变旧日倾向",这是顺从君主的变革。

注释 ① 其文蔚:蔚,文采映耀之状。此言上六助成变革的美德,因"大人"的辉映而蔚然成彩。《正义》:"明其不能大变,故文细("细"阮刻作"炳",据《校勘记》改)而相映蔚也。"

说明 上六处"大人"变革已成之时,"豹变"之象,正见其助成变革有功。尚先生指出:"'君子豹变'者,谓革命后佐命之勋,皆得封拜而有茅土,尊显富贵,易世成名,故曰'豹变'。"(《尚氏学》)

总论 朱熹说:"革,是更革之谓,到这里须尽翻转更变一番","须彻底从新铸造一番，非止补苴罅漏而已。”(《朱子语类》)此语揭示了《革》卦所谕“变革”意义的激烈性质。从卦辞的主旨分析，则是集中强调变革取得成功的两大要素：首先，要把握时机，犹如选择亟待转变的“己日”断然推行变革，必能顺畅；其次，要存诚守正，即推行变革者必须遵循正道，以孚诚之心取信于人。以此行革，“元亨”可致，“悔恨”皆消。《彖传》称“汤武革命，顺乎天而应乎人”，正是用史例说明上述两义：“顺天”，则顺合当变之机；“应人”，则行正获人信从。六爻的喻象均围绕卦辞大义申发其旨，展示事物变革初期到末期的发展过程，体现了作者对变革规律的深刻认识：初九阳微位卑，时未可变须固守常制；六二柔中有应，其时将变当断然行革；九三变革小成，不可激进宜慎抚人心；九四以刚处柔，变局将著当力改旧命；九五阳刚中正，“虎变”创制而信德昭彰；上六助成革命，“豹变”立功要安守成果。显然，诸爻分别反映变革过程某一阶段的特征；初爻与上爻始于固守旧规、终于安保新制的义理，又表露出事物全面、彻底更革的“质变”情状。《周易》哲学立足于“变”，《革》卦则是论“变”的典型。尽管诸家《易》说多从政治变革的角度阐述卦旨，但其象征意义实可广为旁通。就文学现象而言，刘勰《文心雕龙》撰立“通变”一篇，论说文学发展的“参伍因革”之道，即与此卦理趣相通。唐代韩愈、柳宗元等人力扫齐梁积弊，推行旨在改革文风的“古文运动”，极力倡扬“惟陈言之务去”、“变浮靡为雅正”，更是“变革”哲理在文学理论上的体现。

鼎卦第五十

䷱ **鼎[①]:元吉,亨[②]。**

译文 《鼎》卦象征鼎器:至为吉祥,亨通。

注释 ① 鼎:卦名,下巽(☴)上离(☲),象征"鼎器"。案,"鼎",作为器物之象,有两义:一指烹饪器,二指古代统治者用以象征权力的"法象"器。《释文》:"鼎,法象也,即鼎器也。"《正义》:"鼎者,器之名也。自火化之后,铸金而为此器,以供亨饪之用,谓之为鼎。"又曰:"然则鼎之为器,且有二义:一有亨饪之用,二有物象之法。""此卦明圣人革命,示物法象,惟新其制,有鼎之义;以木巽火,有鼎之象。故名为'鼎'焉。"

② 元吉,亨:此谓"鼎"有烹物成新之用,又有权力法制之象,故"君子"掌持此器也意味着执行权力、"自新新人",此时必获"元吉"而后致"亨通"。《王注》:"'革去故而鼎取新'。取新而当其人,易故而法制齐明:吉然后乃亨,故先'元吉'而后'亨'也。"案,《彖传》释卦辞只举"元亨"二字,《本义》谓"吉"为衍文,实本之《程传》,可备一说。

说明 《本义》:"鼎,烹饪之器,为卦下阴为足,二、三、四阳为腹,五阴为耳,上阳为铉,有鼎之象。"毛奇龄本朱子之说,认为本卦六爻之象寓含鼎足、鼎腹、鼎耳、鼎铉诸形态,指出:"下画偶,似足;二、三、四画奇,皆中实似腹;五画偶,似耳;上画奇,似铉。"(《仲氏易》)于省吾又承毛说,并取《易传》、《易纬》及金文"鼎"字之形加以补证,曰:"《彖传》云'鼎,象也。'《乾坤凿度》云'鼎象以器。'均谓卦画象鼎之形也。'鼎'字,《史兽鼎》作'',《召鼎》作'',正象下足、中腹、上耳之形,与毛说相合。铉则移动随时方贯之,故不为象。"(《双剑誃易经新证》)此说甚可参考。

《彖》曰：鼎，象也；以木巽火，亨饪也[①]。圣人亨以享上帝，而大亨以养圣贤[②]。巽而耳目聪明[③]，柔进而上行，得中而应乎刚[④]，是以元亨。

译文 《彖传》说：鼎器，是烹饪养人的物象；用木柴顺从火的燃烧，即为烹饪情状。于是圣人烹煮食物来祭享天帝，又大规模地烹物来奉养圣贤。烹物养贤可以使贤人逊顺辅助尊者而尊者就能耳聪目明，此时尊者凭着谦柔美德前进并向上直行，高居中位又能下应阳刚贤者，所以至为亨通。

注释 ① 鼎，象也；以木巽火，亨饪也：木，指下巽为木；巽，顺从；火，指上离为火；亨，通“烹”（下两句“亨”字同）。此以上下卦象释卦名“鼎”之义，谓二体犹如以木顺火，含用鼎烹饪之象。《集解》引虞翻曰：“六十四卦皆观象系辞，而独于《鼎》言‘象’，何也？象事知器，故独言也。”又引《九家易》曰：“鼎言象者，卦也。”“爨以木火，是鼎镬亨饪之象；亦象三公之位，上则调和阴阳，下而抚毓百姓。鼎能孰物养人，故云象也。”

② 圣人亨以享上帝，而大亨以养圣贤：享，祭也；上帝，犹言“天帝”。这两句极称“鼎”具有烹物以祭享天帝、奉养贤人的两大功用。《正义》：“此明鼎用之美。亨饪所须，不出二种：一供祭祀，二当宾客。若祭祀则天神为大，宾客则圣贤为重；故举其重大（“举”、“重”阮刻作“质”、“牲”，据《校勘记》改），则轻小可知。享帝直言‘亨’，养人则言‘大亨’者，享帝尚质，特牲（“牲”阮刻作“性”，据《校勘记》改）而已，故直言‘亨’；圣贤既多，养须饱饫，故‘亨’上加‘大’字也。”

③ 巽而耳目聪明：巽，逊顺，指下卦；聪明，指上离为明。此句又取上下象为说，言“鼎”用之利，可使贤人获养然后逊顺以辅助于上，故上者获助而“耳目聪明”。无所为而有成。《王注》：“圣贤获养，则已不为而成矣，故巽而耳目聪明也。”

④ 柔进而上行，得中而应乎刚——柔进、得中，指六五上行居尊、得处中位；刚，指九二。此举六五所含“柔中”、“应刚”之德，喻尊者以鼎养贤、“自新新人”，合前二句并释卦辞“元吉，亨”之义。《王注》：“谓五也，有斯二德，故能‘成新’而获‘大亨’也。”

《象》曰：木上有火，鼎[①]；君子以正位凝命[②]。

译文 《象传》说：木上烧着火焰，象征“鼎器”在烹煮；君子因此效法鼎象端正居位、严守使命。

注释 ① 木上有火，鼎：释《鼎》卦下巽为木、上离为火之象。此与《彖传》“以木巽火”义同（参阅该文译注）。《正义》：“木上有火，即是‘以木巽火’，有亨饪之象，所以为鼎也。”

② 正位凝命：正，端正，用如动词；凝，《王注》：“严整之貌”，亦作动词，犹言“严守”，即不疏失；命，使命。这是说明“君子”效法鼎器体正实凝之象，端正己位、严守使命，以免入邪途，不负职守。《尚氏学》：“鼎偏倚则势危，故贵正，不正则悚覆；鼎敛实于内，故贵凝，不凝则实漫矣。故君子取之，以正位凝命。”

说明 卦辞之义主于“鼎”的功用，故称“君子”掌持此器必获“元吉”，可致“亨通”。《大象传》引申出鼎器体“正”实“凝”则可烹饪养人的意义，故告勉“君子”当效法此象，“正位凝命”。

初六，鼎颠趾，利出否①；得妾以其子，无咎②。

译文 初六，鼎器颠转脚跟，利于倾倒废物；就像娶妾生子扶作正室，必无咎害。

注释 ① 鼎颠趾；利出否：否，不善之物，谓废物。此言初六处“鼎”之始，阴虚在下，为“颠鼎”之象；鼎将纳物烹煮，宜先颠转清倒废物，故曰“利出否”。《王注》：“凡阳为实而阴为虚。鼎之为物，下实而上虚；而今阴在下，则是覆鼎也，鼎覆则趾倒矣。否，谓不善之物也。”

② 得妾以其子，无咎：妾，喻初六；子，喻九四。此象与前文“颠趾”、“出否”相承，谓初六虽处卑下，但上应九四，当“出否”之后正可纳物烹任；犹如为妾生子可以因子贵而扶为正室，此亦去旧成新之义，故“无咎”。《集解》引虞翻曰：“应在四。”《正义》：“妾者，侧媵，非正室也。施之于人，正室虽亡，妾犹不得为室主。妾为室主，亦犹鼎之颠趾而有咎过；妾若有贤子，则母以子贵，以之继室，则得无咎。故曰‘得妾以其子，无咎’也。”

《象》曰：“鼎颠趾”，未悖也；“利出否”，以从贵也①。

译文 《象传》说：“鼎器颠转脚跟”，未必悖理；“利于倾倒废物”，说明初六应当上从尊贵者（以期纳新）。

注释 ① 从贵：指初六上从九四，得其纳物以为烹任；犹“妾”因贵子而扶为正室。《王注》：“弃秽以纳新也。”

说明 初六“颠趾”与“得妾”，均表明事物的外在现象有时似乎违背常规，但当“烹物成新”之时，此类物情的实质却不悖义理。来知德云：“凡事迹虽若悖其上下尊卑之序，于义则无咎也。”（《来氏易注》）

九二，鼎有实①；我仇有疾，不我能即，吉②。

译文 九二，鼎中装满物品；我的配偶身有疾患，暂不来加重我的负荷，吉祥。

注释 ① 鼎有实：此言九二居《鼎》下卦之中，阳刚充实，故为“鼎有实”之象。《王注》：“以阳之质，处鼎之中，有实者也。”

② 我仇有疾，不我能即，吉：我，指九二；仇，匹配，指六五；即，就也，“不我能即”谓“不能就我”。此言九二上应六五，五乘刚犹如“有疾”而不能前来就二；九二则由是免增负荷，鼎实不致充溢，故“吉”。《王注》：“有实之物，不可复加，益之则溢，反伤其实。我仇，谓五（“五”阮刻作“九”，据《校勘记》改）也，困于乘刚之疾，不能就我，则我不溢，得全其‘吉’也。”

《象》曰：“鼎有实”，慎所之

译文 《象传》说：“鼎中装满物品”，说明九二要谨慎前行；“我的配偶身有疾患”，说明九二（暂未获应于六五）终将无所过尤。

也①；“我仇有疾”，终无尤也②。

注释 ① 慎所之：鼎既有实，复加必溢，故其行当慎。《王注》：“有实之鼎，不可复有所取；才任已极，不可复有所加。”

② 终无尤：指鼎中不加重负荷，终将无过尤。《正义》：“五既有乘刚之疾，不能加我，则我终无尤也。”

说明 九二有“刚中”美德，能慎行不偏颇；九四失位不中，力不胜任以至“鼎折足”；两爻适相反衬，故此吉彼凶。

译文 九三，鼎器耳部变异，插杠举移的路途堵塞，精美的雉膏不得获食；待到出现阴阳调和的霖雨必能消除悔恨，终获吉祥。

九三，鼎耳革，其行塞，雉膏不食①；方雨亏悔，终吉②。

注释 ① 鼎耳革，其行塞，雉膏不食：雉，音 zhì，野鸡，“雉膏”谓“野鸡羹”，《释文》引郑玄曰：“食之美者。”此言九三处《鼎》下卦之上，当“鼎耳”之位，但以阳居阳，刚实不能虚中，犹如鼎耳中空处变异堵塞，无法插杠举鼎运行，故曰“鼎耳革，其行塞”；又因三、上俱阳不应，则九三既难行又无援，故徒有鼎器无所为用，虽有“雉膏”不能见食。《王注》：“三处下体之上，以阳居阳，守实无应，无所纳受。耳宜空以待铉，而反全其实塞，故曰‘鼎耳革，其行塞’，虽有‘雉膏’而终不能食也。”

② 方雨亏悔，终吉：方，将要，此处含“待到”之意；雨，象征阴阳调和；亏，消也。这两句从正面诫勉九三，谓其虽阳刚太甚，有“耳革”、“行塞”、“雉膏不食”之悔，但所属下巽为阴卦，若能取阴调阳，必能出现阴阳和通之“雨”，则可消其悔，终获吉祥。《王注》：“雨者，阴阳交和，不偏亢者也。虽体（“体”阮刻作“阴”，据《校勘记》改）阳爻，而统属阴卦，若不全任刚亢，务在和通，‘方雨’则悔亏，终则‘吉’也。”

译文 《象传》说：“鼎器耳部变异”，说明九三有失虚中之宜。

《象》曰：“鼎耳革”，失其义也①。

注释 ① 失其义：义，宜也。《集解》引虞翻曰：“鼎以耳行，耳革行塞，故失其义也。”《正义》：“失其虚中纳受之义也。”

说明 九三以阴阳调和之“雨”为象，即勉其改变刚亢之性，恢复虚中之宜，则鼎耳不“革”、其行不“塞”，此鼎遂能用于烹饪，“雉膏”之美必可见食，故悔消而终吉。

译文 九四，鼎器难承重荷鼎足断折，王公的美食全被倾覆，鼎身沾濡龌龊，有凶险。

九四，鼎折足，覆公𫗧，其形渥，凶①。

注释 ① 鼎折足，覆公𫗧，其形渥，凶：𫗧，音 sù，《说文》又作“鬻”，谓：“鼎实，惟苇及蒲”，《正义》：“𫗧，糁也，八珍之膳，鼎之实也”；形，指鼎身；渥，沾濡之状。此言九四上承六五，所任已重，但又下应初六，且失正不中，有行事不自量力之象，犹如鼎器难承重荷，必致“折足”、“覆餗”，其体亦遭沾渥，故“凶”。《王注》：“处上体之下，而又应初，既承且施，非己所堪，故曰‘鼎折足’也。初已出否，至四所盛则已洁矣，故曰‘覆公餗’也。渥，沾濡之貌也。既覆公餗，体为渥沾；知小谋大，不堪其任，受其至辱，灾及其身，故曰‘其形渥，凶’也。”

说明 “形渥”二字，《周礼·秋官·司烜氏》贾公彦疏引此爻作“刑屋”，并引郑玄注云：“若三公倾覆王之美道，屋中刑之”；《本义》从晁说之说：“形渥，诸本作‘刑剭’，谓重刑也”；《尚氏学》详考旧籍，以为“形渥”与“刑剭”乃“古音同，通用”，意指九四因“覆公餗”而“及于刑辟”，此说可通。今查帛书《周易》作“刑屋”，与贾疏引文同，可为郑玄注义增一证。

《象》曰：“覆公餗”，信如何也[1]！

译文 《象传》说：“王公的美食全被倾覆”，说明九四怎么值得信任呢！

注释 ① 信如何：指九四不值得信任。《王注》：“不量其力，果致凶灾，信如之何（“如之”阮刻作“之如”，据《校勘记》改）！”

说明 本爻的寓意在于：事物凡不自量力，强任其行者，难免罹及凶灾。《系辞下传》引孔子曰：“德薄而位尊，知小而谋大，力小而任重，鲜不及矣。《易》曰：‘鼎折足，覆公餗，其形渥，凶’，言不胜其任也。”

六五，鼎黄耳金铉，利贞[1]。

译文 六五，鼎器配着黄色的鼎耳、刚坚的鼎杠，利于守持正固。

注释 ① 鼎黄耳金铉，利贞：黄，中之色，喻六五柔中；金，刚坚之物，喻五居阳位又与刚爻相应；铉，音 xuàn，举鼎的器具，即“鼎杠”，《仪礼·士冠礼》：“设扃鼏”，郑玄注：“扃，今文为‘铉’”，《释文》：“扃，鼎扛也。”此谓六五柔中处尊，既居阳位又获九二刚爻之应，犹如鼎器配着“黄耳”、插入“金铉”，适可举移以供烹饪；故利于守正，必尽鼎用之美。《正义》：“黄，中也；金，刚也。五为中位，故曰‘黄耳’；应在九二，以柔纳刚，故曰‘金铉’。所纳刚正，故曰‘利贞’也。”

《象》曰：“鼎黄耳”，中以为实也[1]。

译文 《象传》说：“鼎器配着黄色的鼎耳”，说明六五居中而获刚实之益。

注释 ① 中以为实：指六五下应九二，获阳实之益。《尚氏学》：“五得中应二，故中以为实；实指二。”

说明 朱熹指出：“或曰‘金铉’以上九而言。”（《本义》）《折中》引胡一桂曰：“铉，所以举鼎者也，必在耳上，方可贯耳；九二在下，势不可用。或说为优。然上九又自谓‘玉铉’者，金象以九爻取，玉象以爻位刚柔相济取。”此说似亦可通。

上九，鼎玉铉，大吉，无不利①。

译文 上九，鼎器配着玉制的鼎杠，大为吉祥，无所不利。

注释 ① 鼎玉铉，大吉，无不利：玉，刚坚温润之物，喻上九以刚处柔。此谓上九居《鼎》之终，阳处阴位，犹如用刚润之玉所制的鼎杠；此时上不系应于三，意在广应下者，犹如“玉铉”极其举鼎之用，为鼎功大成之象，故大为吉祥、无所不利。《正义》：“玉者，坚刚而有润者也。上九居《鼎》之终，鼎道之成，体刚处柔，则是用玉铉以自举者也，故曰‘鼎玉铉’也。”又曰：“应不在一，即靡所不举，故得‘大吉’而‘无不利’。”

《象》曰：玉铉在上，刚柔节也①。

译文 《象传》说：玉制的鼎杠高居于上，说明上九阳刚能用阴柔为调节。

注释 ① 刚柔节：《来氏易注》：“言以阳居阴，刚而能节之以柔；亦如玉之温润矣，所以为玉铉也。”

说明 本爻阳刚在上，鼎用昭著，故以“玉铉”为喻，言其举鼎功成，极见“烹物养人”之义。《折中》引熊良辅曰：“《井》、《鼎》皆以上爻为吉，盖水以汲而出井为用，食以烹而出鼎为用也。”

总论 鼎，作为烹饪之器，有“养人”的功用；作为“法器”，又是“权力”的象征。《九家易》曰：“鼎者，三足一体，犹三公承天子也。三公，谓调阴阳；鼎，谓调五味。”（《集解》引）可见，《鼎》卦立义，是借烹物化生为熟，譬喻事物调剂成新之理，其中侧重体现行使权力、“经济天下”、“自新新人”的意义：《杂卦传》所谓“《革》去故也，《鼎》取新也”，即明此旨。马振彪指出：“革之大者，无过于迁九鼎之重器，以新一世之耳目；而鼎之为用，又无过于变革其旧者，咸与为新，而成调剂大功。故《鼎》承《革》卦，以相为用。若器主烹饪以养，犹其小焉者也。《大象》括以‘正位凝命’四字，养德养身、治家治国之道，为有天下者所取法，皆不能出其范围。”（《周易学说》）从卦辞的大义看，所称“君子”掌持鼎器至为吉祥，前景亨通，也是立足于强调“去故取新”、法制昌明的宗旨。观卦中六爻，各取鼎器的某一部位或配件为喻，无非说明在一定的环境条件下，任事执权的不同情状。诸爻吉美之占居多，如初六阴柔在下，颠倒鼎脚、清除废物可获“无咎”；九二鼎中有实，谨慎处之、不使充溢可致“吉祥”；九三鼎耳变异、鼎用受碍，若能调和阴阳亦终有吉；至于五、上两爻如金玉之“铉”，则佳美尤甚，前者为一卦掌鼎之主、“利”在守“正”，后者鼎用大成、“大吉，无不利”。全卦惟九四一爻不称职权，“折足”、“覆𫗧”，是寓诫最为深刻的反面形象。董仲舒引此论曰：“以所任贤，谓之主尊国安；所任非其人，谓之主卑国危：万世必然，无所疑也。其在《易》曰：‘鼎折足，覆公𫗧。’夫鼎折足者，任非其人也；覆公𫗧者，国家倾也。是故任非其人而国家得不倾者，自古至今，未尝闻也。”（《春秋繁露·精华篇》）显然，六爻的正反面喻象集中揭示了本卦的核心意义：鼎器功用之所能成，事物新制之所以立，必须依赖多方面的纯正、坚实"力量"的协心撑持；《大象传》盛称"君子"应当端正居位、严守使命，实是对这一义理的绝好阐述。

震卦第五十一

䷲震①：亨②。震来虩虩，笑言哑哑③；震惊百里，不丧匕鬯④。

译文 《震》卦象征雷声震动：可致亨通。震雷骤来万物惶恐畏惧，然后慎行保福遂获笑语声声；君主的教令像震雷惊闻百里，宗庙祭祀于是长延不绝。

注释 ① 震：卦名，上下卦均为震(☳)，象征"雷声震动"。案，"震"象雷，其义为动(见《说卦传》)，这一喻旨又可譬拟"教令威严"。《集解》引郑玄曰："震为雷。雷，动物之气也；雷之发声，犹人君出政教以动中国之人也：故谓之'震'。"《正义》："震，动也，此象雷之卦，天之威动，故以'震'为名。"

② 亨：雷威震动万物，使皆警惧，故可致"亨通"。《正义》："震既威动，莫不惊惧；惊惧以威则物皆整齐，由惧而获通，所以震有'亨'德。"

③ 震来虩虩，笑言哑哑：虩，音 xì，"虩虩"，《释文》："马云'恐惧皃'"；哑，音 è，"哑哑"，《释文》"马云'笑声'"。此言雷动之际，天下恐惧，万物因之谨慎不敢妄为，然后能致福而欢笑。《正义》："震之为用，天之威怒，所以肃整怠慢，故迅雷风烈，君子为之变容；施之于人事，则是威严之教行于天下也。故震之来也，莫不恐惧，故曰'震来虩虩'也。物既恐惧，不敢为非，保安其福，遂至笑语之盛，故曰'笑言哑哑'也。"案，"虩"字，阮刻作"鯱"《释文》出"鯱鯱"，《集解》本同；《正字通》曰："'鯱'，'虩'字之讹。"今从改(《象传》及初九爻辞并同)。

④ 震惊百里，不丧匕鬯：百里，喻地域之广，兼指古代诸侯国以"百里"为封地，荀悦《汉纪·哀帝纪论》："古者诸侯之国，百里而已，故《易》曰'震惊百里'，以象诸侯之国也"；匕，勺、匙之类盛食物的器具，古代祭祀时用以盛"鼎实"，《王注》："所以载鼎实"；鬯，音 chàng，祭祀所用酒名，《王注》："香酒，奉宗庙之盛也"，句中"匕鬯"借代"祭祀"。此取"人事"为喻，说明诸侯的"教令"如雷动惊闻

百里，则国内整肃，就能“不丧”宗庙祭祀，“社稷”因之长保。《集解》引郑玄曰：“雷发声闻于百里，古者诸侯之象；诸侯出教令，能警戒其国，内则守其宗庙社稷，为之祭主，不亡匕与鬯也。”

《彖》曰：震，亨①。“震来虩虩”，恐致福也②；“笑言哑哑”，后有则也③。“震惊百里”，惊远而惧迩也④；出，可以守宗庙社稷，以为祭主也⑤。

译文 《彖传》说：雷声震动，可致亨通。“震雷骤来万物惶恐畏惧”，说明恐惧谨慎必能导福泽；“然后慎行保福遂获笑语声声”，说明警惧之后行为就能遵循法则。“君主的教令像震雷惊闻百里”，说明不论远近都震惊恐惧；（“宗庙祭祀于是长延不绝”）又说明此时即使君主外出，也能够有长子留守宗庙社稷，成为祭祀典礼的主持人。

注释 ① 震，亨：此以卦辞“亨”字释卦名“震”。孔颖达谓或本无此二字。《正义》：“但举经而不释名德所由者，正明由惧得通，故曰‘震，亨，’更无他义。或本无此二字。”

② 恐致福：此释卦辞“震来虩虩”。《正义》：“威震之来，初虽恐惧，能因惧自修，所以致福也。”

③ 后有则：则，法则。此释卦辞“笑言哑哑”，谓因恐惧而谨守法则，然后致福而欢笑。《正义》：“致福之后，方有笑言；以曾经戒惧，不敢失则。”

④ 惊远而惧迩：迩，近也。此释卦辞“震惊百里”。《程传》：“雷之震，及于百里，远者惊、迩者惧，言其威远大也。”

⑤ 出，可以守宗庙社稷，以为祭主也：出，指君主外出；守宗庙、为祭主，指“震”有“长子”象，故当君主外出可以留守执掌国权，《说卦传》：“震一索而得男，故谓之长男。”《序卦传》：“主器者莫若长子，故受之以《震》。”此三句释卦辞“不丧匕鬯”，谓诸侯能以教令震惧其国，则即使君主外出，长子亦能掌权长保社稷。《王注》：“明所以堪长子之义也。”《正义》：“出，谓君出巡狩等事也。君出，则长子留守宗庙社稷，摄祭主之礼事也。”案，“出”字之前，疑有脱文；《周易举正》此字前有“不丧匕鬯”四字，似当从补。又案，《本义》亦云：“程子以为‘迩也’下脱‘不丧匕鬯’四字，今从之。”

《象》曰：洊雷，震①；君子以恐惧修省②。

译文 《象传》说：叠连轰响着巨雷，象征“雷声震动”；君子因此惶恐惊惧，自我修身省过。

注释 ① 洊雷，震：洊，再也，犹言“叠连”（参阅《坎》卦《大象传》译注）。此释《震》卦上下震均为雷之象。《正义》：“洊者，重也，因仍也；雷相因仍，乃为威震也。此是重震之卦，故曰‘洊雷，震’也。”

② 恐惧修省：这是说明“君子”观《震》卦之象，悟知应当恐惧“天威”，自我修省。《正义》：“君子恒自战战兢兢，不敢懈惰；今见天之怒，畏雷之威，弥自修身，省察己过，故曰‘君子以恐惧修省’也。”

说明 《大象传》“恐惧修身”，即是卦辞所谓“震”而后“亨”，“虩虩”、“震惊”

然后"笑言哑哑"、"不丧匕鬯";亦与《象传》"恐致福"之义相同。

初九,震来虩虩,后笑言哑哑,吉①。

译文 初九,雷动骤来而能惶恐畏惧,然后能慎行保福获笑语声声,吉祥。

注释 ① 震来虩虩,后笑言哑哑,吉:此言初九当"震"之时,阳刚在下,慎守勿用,先能恐惧修省,后致"笑言哑哑",故"吉"。《王注》:"体夫刚德,为卦之先,能以恐惧修其德也。"

《象》曰:"震来虩虩",恐致福也;"笑言哑哑",后有则也。

译文 《象传》说:"雷动骤来而能惶恐畏惧",说明初九恐惧谨慎能导致福泽;"然后能慎行保福获笑语声声",说明初九惊惧之后行为就能遵循法则。

说明 本爻以阳刚之德,最处卦下,为慎始惧初之象,终能欢笑获吉。《折中》引范仲淹曰:"君子之惧于心也,思虑必慎其始,则百志弗违于道;惧于身也,进退不履于危,则百行弗罹于祸。故初九'震来'而致福,慎于始也。"

六二,震来,厉①;亿丧贝,跻于九陵②,勿逐,七日得③。

译文 六二,雷动骤来,有危险;大失货贝,应当跻登远避于峻高的九陵之上,不用追寻,过不了七日必将失而复得。

注释 ① 震来,厉:此言六二当"震"之时,以柔乘刚,故"震来"将有"危"。《本义》:"六二乘初九之刚,故当震之来而危厉也。"

② 亿丧贝,跻于九陵:亿,《释文》引郑玄曰"十万曰亿",犹言"大",作副词;贝,古代货币;跻,登也;九,为阳极之数,喻高,"九陵"犹言"峻高之陵"。这两句说明六二之"厉",将至大失财币;但此爻又禀"柔中"之德,虽遇危却能守中不躁,自避于"九陵"而不顾其"贝",如此则可无虞。案,"亿"字之义,《集解》引虞翻曰:"惜辞也",《释文》:"本又作'噫'。"此并作语气词解,于义亦通(六五"亿"字仿此)。

③ 勿逐,七日得:七日,借取日序周期"七"象征转机迅速,犹言"过不了七日"(参阅《复》卦辞译注)。这两句紧承前文,说明六二既以"柔中"之德趋正自守,能不顾"丧贝"而"跻九陵"避之,则不用追寻失贝,"七日"即可复得;此亦《既济》六二《象传》所云"七日得,以中道也"之义(参阅该爻译注)。马其昶曰:"勿逐,谓二之中正不可变也;七日来复,理数自然之期。《既济》六二曰'七日得,以中道也'。略于此者,见于彼也。"(《重定费氏学》)

《象》曰:"震来厉",乘刚也。

译文 《象传》说:"雷动骤来有危险",说明六二凌乘阳刚之上。

说明 六二因乘刚而有危,因危厉而警惧,遂能慎守柔中,不恋所失,终致失而复得。此亦"恐惧修省"、"恐致福"之旨。

六三，震苏苏，震行无眚①。

译文 六三，雷动之时惶惶不安，由于雷动而能警惧前行将不遭祸患。

注释 ① 震苏苏，震行无眚：苏苏，《释文》引郑玄曰"不安也"；震行，犹言"震惧而行"。此谓六三处"震"之时，居位不当，故"苏苏"不安；但无乘刚之失，故能因"震惧"而慎行，则无祸患。《王注》："不当其位，位非其处，故惧苏苏也；而无乘刚之逆，故可以惧行而无眚也。"《正义》："验注以训'震'为'惧'，盖惧不自为惧，由'震'故'惧'也。"

《象》曰："震苏苏"，位不当也。

译文 《象传》说："雷动之时惶惶不安"，说明六三居位不妥当。

说明 六三下不乘刚，上又承阳，虽不当位，却能怀危惧之心慎行，终日惶恐修省，遂可避灾免患。《折中》引赵光大曰："天下不患有忧惧之时，而患无修省之功。若能因此惧心而行，则持身无妄动，应事有成规，又何眚之有？"

九四，震遂泥①。

译文 九四，雷动之时惊惶失措坠陷于泥泞中。

注释 ① 震遂泥：遂，《说文通训定声》："假借为隊。"《尚氏学》："遂，'隧'之省文，'隧'即'坠'也，《论语》'文武之道，未坠于地'《石经》作'隧'，又《列子》'矢隧地而尘不扬'，皆以'隧'为'坠'。"此言九四阳刚失位，刚德不足，又陷于上下四阴之间，故当"震"之时惊惶失措，坠入泥泞不能自拔。《尚氏学》："陷四阴中，故隧泥。"

《象》曰："震遂泥"，未光也。

译文 《象传》说："雷动之时惊惶失措坠陷于泥泞中"，说明九四的阳刚之德未能光大。

说明 "震"之义在于因惧修省，因恐自振。若六三虽失位，能承阳慎行故获"无眚"；九四亦失位，但阳刚削弱，沉陷阴中，惊惶而不能有为，实属坠落委颓之象，《象传》所谓道德"未光"，正明此旨。

六五，震往来，厉①；亿无丧，有事②。

译文 六五，雷动之时不论上下往来，都有危险；能够慎守中道就万无一失，可以长保祭祀盛事。

注释 ① 震往来，厉：此谓六五当"震"之时，阴柔居尊，上往则遇阴得敌，下行则乘刚有失，故"往来"皆"厉"。《尚氏学》："往得敌，来乘阳，故往来皆危厉也。"

② 亿无丧，有事：亿，谓"大"，"亿无丧"《来氏易注》云"大无丧也"，犹言"万无一失"；事，《集解》引虞翻曰"谓祭祀之事"。这两句承前文而发，说明六五有"柔中"美德，能以危惧之心慎守中道，不冒然"往来"，故万无一失，长保祭祀之事，即卦辞"不丧匕鬯"之义。《折中》："春秋凡祭祀，皆曰'有事'，故此'有事'谓'祭'也。"又曰："然二'丧贝'而五'无丧'者，二居下位，所有者贝耳；五居尊，所守者则宗庙社稷也。贝可丧也，宗庙社稷可以失守乎？故二以'丧贝'为中，五以'无

丧，有事'为中。"

译文 《象传》说："雷动之时不论上下往来都有危险"，说明六五应当心存危惧谨慎前行；处事能够慎守中道，就可以万无一失。

《象》曰："震往来厉"，危行也；其事在中，大无丧也。

说明 本爻以阴柔居尊处"震"，凡一举一动均能戒惧危厉，慎行中道，故"无丧"、"有事"。此即《象传》所云"危行"、"其事在中"之义。《折中》引熊良辅曰："震往亦厉，来亦厉，皆以危惧待之，故能'无丧有事'，盖不失其所有也。此卦辞所谓'不丧匕鬯'，能主器以君天下者与？"

译文 上六，雷动之时恐慌得双足畏缩难行，两目惶顾不安，冒然进取必遭凶险；若能在雷动尚未震及自身，才及于近邻时就预先戒备，则不致咎害；但若谋求阴阳婚配将导致言语争端。

上六，震索索，视矍矍，征凶①；震不于其躬，于其邻，无咎②；婚媾有言③。

注释 ① 震索索，视矍矍，征凶：索索，《释文》引郑玄曰："犹'缩缩'，足不正也"，形容惧极而双足畏缩难行；矍，音 jué，"矍矍"，《释文》引郑玄曰"目不正"，即双目旁顾不安之状。此谓上六以阴处"震"之极，惊恐至甚，无所安适，故双足"索索"，两目"矍矍"；以此而"征"，必遭凶险。《王注》："处《震》之极，极震者也。居震之极，求中未得，故惧而索索，视而矍矍，无所安亲也。已处动极而复征焉，凶其宜也。"

② 震不于其躬，于其邻，无咎：躬，自身。这是从正面诫勉的角度申发爻义，说明上六若能在雷威未震及自身，才及于近邻时，就预先戒备，及早"恐惧修省"，则可"无咎"。《王注》："若恐非己造，彼动故惧。惧邻而戒，合于备豫，故'无咎'也。"

③ 婚媾有言：有言，指言语争执、不相和合，与《需》九二"小有言"义略近（参阅该爻译注）。此句进一步指出，上六当极惧之时，必多疑虑，难与外物相合，故又戒其不可急于谋求阴阳应合，若必欲"婚媾"，则难免"有言"。辞意主于此时不宜妄动，与前文"征凶"之戒互为发明。《王注》："极惧相疑（阮刻"疑"误作"宜"，今据《四部丛刊》景印宋本《周易注》校改）故虽'婚媾'而'有言'也。"

译文 《象传》说："雷动之时恐慌得双足畏缩难行"，说明上六未能居处适中的位置；尽管有凶险却无所咎害，是由于畏惧近邻所受的震惊而预先戒备。

《象》曰："震索索"，中未得也①；虽凶无咎，畏邻戒也②。

注释 ① 中未得：《正义》："犹言'未得中'也。"

② 畏邻戒：《正义》："畏邻之动，惧而自戒，乃得无咎。"

说明 本爻于惧极有凶之时，又勉以因"邻"之震惧而预为修省，必可"无咎"。辞中诫意至见深切。郑汝谐指出："人之过于恐惧者，固无足取；若能举动之际，睹事之未然而知戒，亦圣人之所许也。"（《东谷易翼传》）

总论《淮南子·人间训》载《尧戒》云："战战栗栗，日谨一日；人莫蹪于山，而蹪于垤。"这是用登山不至跌跤，而平地常使人栽倒为喻，说明凡事要警惕戒惧、敬慎小心；沈德潜称此戒为"大圣人忧勤惕厉语"（《古诗源》）。《震》卦取象于"雷动"威盛，正是揭明"震惧"可致"亨通"的道理。卦辞设拟两层相互见旨的譬喻：先言雷动奋起万物畏惧，于是慎行获福笑语声声；再言君主教令震惊百里，遂致万方警惧，社稷长保。《大象传》用"恐惧修省"四字，对全卦大义作了精要概括，揭出"惶恐惊惧"与"修身省过"之间的内在联系。卦中六爻分别喻示处"震"的不同情状：初九阳刚在下，知惧致福，六二因危守中、失"贝"复得，六三惶惶未安，慎行免祸，六五柔中"危行"，善保尊位，这四爻均见"惕惧修德"之功，故多吉无害；惟九四陷于阴中，惧而不能振奋，难以自拔；上六惧极有凶，但若因人之惧预先戒备，亦将"无咎"。显然，本卦的象征主旨是建立在"震惧"的基点上，然后谨慎前行，开拓"亨通"境界：此中寓涵着处"危"而后"安"的辩证哲理。马振彪论曰："人当颠沛造次之时，如履薄临深之可惧；国际风雨飘摇之会，有内忧外患之交乘：其危乃光，惩前毖后，必如此卦之爻象，始终戒惧乃可免祸而致福。"（《周易学说》）

艮卦第五十二

䷳〔艮〕：艮其背①，不获其身②；行其庭，不见其人③，无咎。

译文 〔《艮》卦象征抑止〕：抑止于背后以避免被觉察，不让身体直接面向应当被抑止的私欲；譬如行走在庭院里也两两相背，互相不见对方被抑止的邪恶，必无咎害。

注释 ①〔艮〕：艮其背：艮，卦名，上下卦均为艮(☶)，象征“抑止”。“艮其背”，说明“抑止”人的邪欲，应当在其人尚未觉察到是“邪欲”时，就不知不觉地制止掉；犹如“抑止”于“背后”，则被止者眼不见“邪欲”为何物，即《王注》所谓“目无患也”。案，“艮”象为“山”有“静止”义，故《彖传》、《说卦传》、《序卦传》均曰“艮，止也”；而《艮》卦喻于“人事”，则是侧重阐明“抑止邪欲”之理。《正义》曰：“艮，止也，静止之义，此是象山之卦；其以‘艮’为名，施之于人，则是止物之情，防其动欲，故谓之‘止’。‘艮其背’者，此明施止之所也。施止得所，则其道易成；施止不得其所，则其功难成。故《老子》曰：‘不见可欲，使心不乱’也。”又案，高亨云：“‘艮’字当重。‘艮：艮其背’者，上‘艮’字乃卦名，下‘艮’字乃卦辞，此全书之通例也。”(《周易古经今注》及《周易大传今注》)其说可取，故在卦辞中增“艮”字为卦名，并加括号以别之。

② 不获其身：犹言“其身不得面向所止之处”。此谓“抑止”于背后，则被“止”者自身不至于面向当止之私欲，即“止得其所”之义。本句是直接申发前句“艮其背”的意旨。《王注》：“所止在后，故不得其身也。”

③ 行其庭，不见其人，无咎：这是紧承前文理趣，又进一步譬喻“止背”之道曰：犹如被“止”者行走在庭院里，也两两相背；则施“止”之时，互不见对方所止之邪恶，即《王注》谓“相背故也”。以此处“艮”，则“抑止邪欲”之功必成，故“无咎”。

说明 卦辞所明"抑止"的方法,集中于"背"字:能在"相背"的情状下施止,则止欲于未萌,得其所止。因此《王注》又总说卦辞之义曰:"凡物对面而不相通,否之道也。《艮》者,止而不相交通之卦也。各止而不相与,何得'无咎'?唯不相见乃可也。施止于背,不隔物欲,得其所止也。背者,无见之物也。无见则自然静止,静止而无见,则'不获其身'矣。相背者,虽近而不相见,故'行其庭,不见其人'也。夫施止不于无见,令物自然而止,而强止之,则奸邪并兴。近而不相得,则凶。其得无咎,'艮其背不获其身,行其庭不见其人'故也。"

《彖》曰:艮,止也。时止则止,时行则行;动静不失其时,其道光明[①]。艮其止,止其所也[②]。上下敌应,不相与也[③],是以"不获其身,行其庭,不见其人,无咎"也。

译文 《彖传》说:"艮",意思是抑止。其时应当抑止就抑止,应当前行就前行;或动或静适当而不违时,抑止的道理就光辉明灿。《艮》卦大义是象征抑止,这是说明抑止适得其所。卦中六爻上下相互敌对,不相交往亲与,所以就像不让身体面向当被抑止的私欲,譬如行走在庭院里也两两相背,互不见对方被抑止的邪恶,这样抑止就不致咎害。

注释 ① 时止则止,时行则行;动静不失其时,其道光明:这四句紧承上文释卦名"艮"为"止"之义,进一步阐说"抑止"之道要适时而用,才能"动静"得当,而"抑止"的道理便因之而"光明"。《王注》:"止道不可常用,必施于不可以行,适于其时,'道'乃'光明'也。"

② 艮其止,止其所也:这两句释卦辞"艮其背"。首句谓"艮其止",则所"抑止"之处为"背";"背"为应当抑止之"所",故次句曰"止其所也"。《正义》:"此释施止之所也。'艮其止'者,叠经文'艮其背'也;易'背'曰'止'以明'背'者无见之物,即是可止之所也。"又曰:"'艮'既训'止',今言'艮其止',是止其所止也,故曰'艮其止,止其所'也。"

③ 上下敌应,不相与也:敌应,犹言"敌对"。这两句以六爻关系再释卦名"艮"及卦辞"不获其身"以下四句。本卦上下对应爻均为同性相敌,故曰:"上下敌应,不相与";而六爻相敌对,不相亲与,正同"相背"而"抑止"之理,即卦辞"不获其身,行其庭,不见其人,无咎"之义。《正义》:"此就六爻皆不相应,释《艮》卦之名,又释卦辞'不获其身'以下之义。凡应者,一阴一阳,二体不敌;今上下之位,虽复相当,而爻皆峙敌不相交与,故曰'上下敌应,不相与也'。然八纯卦皆六爻不应,何独于此言之者?谓此卦既止而不交,爻("爻"阮刻作"加",据《校勘记》改)又峙而不应,与'止'义相协,故兼此以明之也。"

《象》曰:兼山,艮[①];君子以思不出其位[②]。

译文 《象传》说:两座山重叠,象征"抑止";君子因此自我抑止内心邪欲、所思所虑不超越本位。

注释 ① 兼山,艮:兼,犹言"重",指两山重叠。此释《艮》卦上下艮均为山之象。《正义》:"两山义重,谓之'兼山'也。直置一山,已能镇止,今两山重叠,止义弥大,故曰'兼山艮'也。"

② 思不出其位：位，本位，指本分所守之位。这是说明"君子"观《艮》象，悟知"抑止"邪欲之理，故所思虑均不敢逾越本位。《程传》："君子观《艮》止之象，而思安所止，不出其位也。位者，所处之分也。万事各有其所，得其所，则止而安；若当行而止，当速而久，或过、或不及，皆'出其位'也。况逾分非据乎？"

说明 杨万里曰："大哉止乎！有止而绝之者，有止而居之者，有止而约之者。'艮其背'，所以绝人欲而全天理，此止而绝之也；'时止时行'，必止乎道，此止而居之也；'思不出其位'，而各止其分，此止而约之也。"（《诚斋易传》）此说指出"艮"为"止"的含义有三：一是抑止邪恶，二是止于正道，三是止于本分。三者条理颇为分明。但若合以观之，能"止邪欲"，则必能"止于正道"、"止于本分"，因此前一义实可统包后二义。

初六，艮其趾，无咎①，利永贞②。

译文 初六，抑止在脚趾迈出之前，必无咎害，利于永久守持正固。

注释 ① 艮其趾，无咎：初六居《艮》卦最下，有"趾"之象；其所施"止"，犹如施于"足趾"将动之前，不使有失正道，故曰"无咎"。《程传》："六在最下，趾之象；趾，动之先也。'艮其趾'，止于动之初也。事止于初，未至失正，故'无咎'也。"

② 利永贞：此因初六阴柔弱质，故勉以"利永贞"，犹言始终守正，则可常保"无咎"。《周易本义通释》："初六阴柔，惧其始之不能终也，故戒以'利永贞'，欲常久而贞固也。"

《象》曰："艮其趾"，未失正也①。

译文 《象传》说："抑止在脚趾迈出之前"，说明初六未曾违失正道。

注释 ① 未失正：《正义》："行则有咎，止则不失其正，释所以利（"利"阮刻作"在"，据《校勘记》改）永贞。"

说明 初六"无咎，利永贞"，在于能止邪于未萌。郭雍曰："止于动之先，则易；而止于既动之后，则难"，"《象》言'未失正'者，止于未动之先，未有失正之事也"（《郭氏传家易说》）。

六二，艮其腓，不拯其随，其心不快①。

译文 六二，抑止小腿的运动，未能举步上承本应随从的人，心中不得畅快。

注释 ① 艮其腓，不拯其随，其心不快：腓，小腿肚（参见《咸》卦六二译注）；拯，通"承"，举也，此处犹言"举步上承"，《释文》出"承"字，曰："音拯救之拯，马云'举也'。"这三句说明六二以柔处《艮》下卦之中，外卦无应，本须上承九三之阳，但"其腓"被止，故曰"不拯其随"；当行不得行，承阳之志难遂，故曰"其心不快"。《尚氏学》："腓之用在行，艮其腓，是不行也"，"然阴以顺阳为天职，仍须随阳"，

"既不可动,又须随阳,不能自主,故'其心不快'"。

《象》曰:"不拯其随",未退听也①。

译文 《象传》说:"六二未能举步上承本应随从的人",又无法退而听从抑止之命(因此心中不得畅快)。

注释 ① 未退听:听,听从。这句合上句"不拯其随",说明六二被强为抑止,进不能"拯其随",退不能听其止,遂生"不快"之情。《尚氏学》:"听,从也。腓之用在动而前进,'不拯'是不动不前而'退听'也;然阳在上,义必随行,是又不能'退听'也:进退不克自主,故心不快也。"

说明 六二柔中得位,上承九三,动无不"正",却被强"止"。孔颖达云:这是"施止不得其所"(《正义》)的情状。

九三,艮其限,列其夤,厉薰心①。

译文 九三,抑止腰部的运动,以至断裂背夹脊肉(身体上下中分),危险像烈火一样薰灼其心。

注释 ① 艮其限,列其夤,厉薰心:限,界也,句中指人体上下交界处,即"腰部",《释文》:"马云'限,要也',郑、荀、虞同";列,通"裂";夤,音 yín,《释文》引马融曰"夹脊肉也"。这三句说明九三处《艮》上下卦之中,犹人体之"腰";而腰动被止,脊肉断裂,故致"薰心"之危,其凶可知。《王注》:"限,身之中也,三当两象之中,故曰'艮其限';夤,当中脊之肉也,止加其限("限",阮刻作"身",据《举正》改),中体而分,故'列其夤'而忧危薰心也。"

《象》曰:"艮其限",危薰心也。

译文 《象传》说:"抑止腰部的运动",说明九三的危险将像烈火一样薰灼其心。

说明 九三阳刚得位,正宜慎行,却被"止"腰断脊。孔颖达云:"此爻亦明施止不得其所也。"(《正义》)

六四,艮其身,无咎①。

译文 六四,抑止上身不使妄动,必无咎害。

注释 ① 艮其身,无咎:身,上身。这是说明六四居《艮》上卦,犹处人身上体,故有"艮其身"之象;以柔居柔,"止"得其所,遂获"无咎"。《王注》:"中上称'身',履得其位,止求诸身,得其所处,故不陷于咎也。"

《象》曰:"艮其身",止诸躬也①。

译文 《象传》说:"抑止上身不使妄动",说明六四能自我抑止安守本位。

注释 ① 止诸躬:此句犹言自我抑止。《王注》:"自止其躬,不分全体。"《正义》:"躬,犹身也。明能静止其身,不为躁动也。"

说明 卦辞称“不获其身”，此爻言“艮其身”，两者涵义有别：前句指当“止”之时，不让其身面向所“抑止”的邪欲，即“不见可欲”，心不知则不乱；后句则指“抑止”“自身”，不令妄动，与《大象传》所谓“思不出其位”，安止本分之义同。

六五，艮其辅，言有序，悔亡①。

译文 六五，抑止其口不使妄语，发言就有条理，悔恨消亡。

注释 ① 艮其辅，言有序，悔亡：辅，上牙床（见《咸》卦上六译注），此处指“口”；序，条理。这三句说明六五柔居尊位，持中不偏，犹处“口”位；慎“止”其口而“言有序”，故“悔”必“亡”。《王注》：“施止于辅，以处其中，故口无择言，能亡其悔也。”

《象》曰：“艮其辅”，以中正也①。

译文 《象传》说：“抑止其口不使妄语”，说明六五能居中守正。

注释 ① 以中正也：《本义》：“‘正’字羡文，叶韵可见。”说颇可取。

说明 《折中》引龚焕曰：“艮其辅，非不言也；言而有序，所以为‘艮’也。”

上九，敦艮，吉①。

译文 上九，以敦厚的品德抑止邪欲，吉祥。

注释 ① 敦艮，吉：上九处《艮》之终，为抑止至极之象，故虽阳刚而能敦厚；以此抑止邪欲，遂获吉祥。《王注》：“居止之极，极止者也；敦重在上，不陷非妄，宜其吉也。”

《象》曰：“敦艮之吉”，以厚终也。

译文 《象传》说：“以敦厚的品德抑止邪欲而获吉祥”，说明上九能将厚重的素质保持至终。

说明 程颐曰：“天下之事，唯终守之为难。能敦于止，有终者也；上之吉，以其能厚于终也。”（《程传》）

总论 《艮》卦取义于“止”，阐发“抑止”邪欲的道理。《礼记·乐记》云：“奸声乱色，不留聪明；淫乐慝礼，不接心术；惰慢邪辟之气，不设于身体。”所谓“不留”、“不接”、“不设”，正与《艮》卦“抑止”之理相通。卦辞反复申言“艮其背”之旨，正是展示“止邪”的最佳方式是使人“隔绝邪欲”，强调“心不乱”而邪已止的功效。钱锺书引《红楼梦》“风月宝鉴，宜照反面”为喻，指出“反面一照”，“妄动”能“治”（《管锥编》），颇与卦旨妙契。卦中六爻所发的意义，又分别取象于人体各部位，从不同角度揭明“抑止”或得或失的情状。六二如“小腿”当行不得行，九三似“腰部”宜动不能动：并属施止不当之象；初六止于“趾”动之前，六四自止其“身”，六五慎止其“口”，上九敦厚于止：均为施止妥善之象。若深究卦理，还可以发现，“抑止”并非绝对强调"不行"。《彖传》"时止则止，时行则行"，已经道出"行"、"止"间的辩证关系；六五"止其辅"之后导致"言有序"，更是以"止"求"行"的明显象例。因此，本卦尽管主于"止"义，"止"的目的却在于保持正确的"行"，含有"行正"必先"止邪"的微旨。那么，《大象传》言"思不出其位"，无疑是把"抑止"作为"进取"的前提。

渐卦第五十三

渐[①]:女归吉,利贞[②]。

译文 《渐》卦象征渐进:譬如女子出嫁循礼渐行可获吉祥,利于守持正固。

注释 ① 渐:卦名,下艮(☶)上巽(☴),象征"渐进"。《王注》:"渐者,渐进之卦也。"《正义》:"渐者,不速之名也。凡物有变移,徐而不速,谓之'渐'也。"

② 女归吉,利贞:归,女子出嫁之称。这是用古代女子出嫁须备礼渐进、利于守正为喻,说明物进宜渐之理。《正义》:"归,嫁也。女人生有外成之义,以夫为家,故谓嫁曰'归'也。妇人之嫁,备礼乃动,故渐之所施,吉在女嫁。"又曰:"女归有渐,得礼之正,故曰'利贞'也。"

说明 《渐》卦辞拟取"女归"为象,《折中》引胡瑗曰:"天下万事,莫不有渐。然于女子,尤须有渐。何则?女子处于闺门之内,必须男子之家问名、纳采、请期,以至于亲迎,其礼毕备,然后乃成其礼,而正夫妇之道。君子之人,处穷贱不可以干时邀君,急于求进;处于下位者,不可谄谀佞媚,以希高位:皆由渐而致之,乃获其吉也。"此说分析事物"渐进"之理,可资参考;但卦辞专以"女归"设喻,是从旧礼教的角度看待女子,宜加辨析批判。

《彖》曰:渐之进也[①],女归吉也。进得位,往有功也;进以正,可以正邦也[②]。其位,刚得中也[③];止而巽,动不穷也[④]。

译文 《彖传》说:渐渐向前行进,譬如女子出嫁循礼渐行可获吉祥。此时渐进而获得显要地位,说明前往必能建树功勋;渐进又能遵循正道,就可以端正邦国民心。事物能够渐居尊位,往往由于阳刚强健又有中和美德;只要静止不躁而又谦逊和顺,这样逐渐行动就不致困穷。

注释 ① 渐之进：之，作动词，犹言"前行"。"渐之进"，《王注》："之于进也。"即逐渐前行而进；这句既释卦名"渐"，又释卦辞"女归吉"之义。

② 进得位，往有功也；进以正，可以正邦也：这四句举九五爻为例。说明"渐进"而"得位"、"得正"，可以"建功"、"正邦"，释卦辞"利贞"之义。《正义》："此就九五得位刚中，释'利贞'也。言进而得于贵位，是往而有功也；以六二适九五，是进而以正，身既得正，可以正邦也。"

③ 其位，刚得中也：《渐》卦二至五诸爻均居正得位，此句特明前文称"位"专指九五。《正义》："此卦爻皆得位。上言'进得位'，嫌是兼二、三、四等，故特言'刚得中'，以明'得位'之("之"阮刻作"言"，据《校勘记》改)言，唯是九五也。"

④ 止而巽，动不穷也：《渐》卦下艮为止，上巽和顺，犹如静止而和巽；以此而动，其进唯渐，故不致穷困。《正义》："此就二体广明渐进之美也。止不为暴，巽能用谦，以斯适进，物无违拒，故能渐而动进，不有困穷也。"

说明 《渐》卦《彖传》谓"渐之进"，立足于"渐"字；《晋》卦《彖传》称"晋，进也"，主于"进长"：两者义旨不同。《折中》引毛璞曰："《易》未有一义明两卦者。《晋》，进也；《渐》，亦进，何也？'渐'非'进'，以渐而进耳。"

《象》曰：山上有木，渐①；君子以居贤德善俗②。

译文 《象传》说：山上有树木（渐渐高大），象征"渐进"；君子因此逐渐积累贤德、改善风俗。

注释 ① 山上有木，渐：释《渐》卦下艮为山，上巽为木之象。《折中》引杨氏曰："地中生木，以时而升；山上有木，其进以渐。"案，杨说旨在区别《渐》、《升》两卦象义，《折中》曰："地中生木，始生之木也；山上有木，高大之木也。凡木始生，枝条骤长，旦异而夕不同；及既高大，则自拱把而合抱，自掞手而干霄，必须逾年积岁：此《升》与《渐》之义所以异也。"

② 居贤德善俗：居，积也；善，作动词，《释文》："善俗，王肃本作'善风俗'。"这是说明"君子"观《渐》卦之象，悟知积德、善俗亦须渐进之理。《折中》引冯当可曰："居，积也。德以渐而积，俗以渐而善。"

说明 《重定费氏学》引黄道周曰："渐，序也：序贵，序齿，序贤，皆序也。圣人所以教弟也。《诗》云'受爵不让，至于己斯亡'。夫知'渐'之义者，庶乎可以善俗矣。"黄氏引《诗》(《小雅·角弓》)为说，揭明"竞进"的危害，反衬"渐进"的意义，颇宜参考。

初六，鸿渐于干①；小子厉，有言，无咎②。

译文 初六，大雁飞行渐进于水涯边（未获安宁）；就像童稚小子遭逢危险，蒙受言语中伤，但能渐进不躁则免遭咎害。

注释 ① 鸿渐于干：鸿，水鸟名，即大雁；干，水涯。此句取鸿鸟渐飞之象为喻，说明初六处《渐》始，柔弱卑下，上无应援，所进尚浅，未得其安。《正义》："鸿，水鸟也；干，水涯也。渐进之道，自下升高，故取譬鸿飞自下而上也。初之始进，未得禄位，上无应援，体又穷下，若鸿之进于河之干，不得安宁也。"

② 小子厉，有言，无咎：有言，指受言语中伤。初六位卑未安，故又取"小子"有危厉，及受人言语中伤为喻；但渐进不躁，虽遭"厉"、"有言"，终获"无咎"。《正义》："始进未得显位，易致陵辱，则是危于'小子'，而被毁于谤言，故曰'小子厉，有言'；小人之言，未伤君子之义，故曰'无咎'也。"

《象》曰："小子之厉"，义无咎也[①]。

译文 《象传》说："童稚小子所遭逢的危险"，从初六渐进不躁的意义来看是没什么咎害。

注释 ① 义无咎：《尚氏学》："初勿用，故'义无咎'。"

说明 《渐》卦卦辞拟"女归"象，六爻则取"鸿"为喻，在义理上有何联系？李鼎祚以为："鸿，随阳鸟，喻女从夫；卦明渐义，爻皆称焉。"（《集解》）《折中》引何楷曰："六爻皆取鸿象，往来有时，先后有序，于'渐'之义为切也；昏礼用雁，取不再偶，又于'女归'之义为切也。"两论可资参考。若就"象征"的角度看，"女归""鸿飞"之象虽不同，但"渐进"的意义则是完全一致的。

六二，鸿渐于磐，饮食衎衎，吉[①]。

译文 六二，大雁飞行渐进于磐石上，安享饮食和乐欢畅，吉祥。

注释 ① 鸿渐于磐，饮食衎衎，吉：磐，磐石，喻安稳之所；衎，音 kàn，"衎衎"，和乐貌，《尔雅·释诂》"衎，乐也"。这是说明六二"渐进"得位，柔中应五；犹如"鸿"飞至磐石上，安然得食，故获吉祥。《王注》："磐，山石之安者也。少进而得位，居中而应，本无禄养，进而得之，其为欢乐，愿莫先焉。"

《象》曰："饮食衎衎"，不素饱也[①]。

译文 《象传》说："安享饮食和乐欢畅"，说明六二尽心臣道而不是白白吃饭饱腹。

注释 ① 不素饱：素，谓白、空，"素饱"犹《诗经·魏风·伐檀》"素餐"之义。这句说明六二"饮食衎衎"，是近承九三，远应九五，犹如臣事君上而获禄养，非"素餐"者。《集解》引虞翻曰："素，空也。承三应五，故'不素饱'。"《纂疏》："《诗·魏风》'不素餐兮'《毛传》：'素，空也'。'素饱'犹'素餐'也。二阴在中，能尽臣道，近承三，远应五，以阴辅阳，措国家于磐石之安，以功诏禄，故曰'不素饱'也。"

说明 孔颖达曰："鸿是水鸟，非是集于山石陵陆之禽。而爻辞以此言'鸿渐'者，'渐'之为义，渐渐之于高，故取山石陵陆以应渐高之义，不复系水鸟也。"（《正义》）

九三，鸿渐于陆，夫征不复，妇孕不育，凶[①]；利御寇[②]。

译文 九三，大雁飞行渐进于小山，宛如夫君远征一去不还，妻子失贞得孕生育无颜，有凶险；（若能禀正用刚，则）利于抵御强寇。

注释 ① 鸿渐于陆，夫征不复，妇孕不育，凶：陆，较平的山顶，《尔雅·释地》"高平曰陆"，《释文》："陆，高之顶也，马云'山上高平曰陆'。"故此处"陆"当指山顶，若对上九云"陆"而言，则可指为"小山顶"。这几句说明九三处《渐》艮上，有鸿飞渐至山顶之象；但与四非应相比，阴阳投合，乐而忘还，犹如"夫征不复"，遂致其妇非夫得孕、无颜生育，故为凶兆。《王注》："陆，高之顶也。进而之陆，与四相得，不能复反者也。'夫征不复'，乐于邪配，则妇亦不能执贞矣；非夫而孕，故不育也。三本艮体，而弃乎群丑，与四相得，遂乃不返，至使'妇孕不育'，见利忘义，贪进忘旧，凶之道也。"

② 利御寇：这句是诫勉九三之辞，谓其若能慎用刚强，不为邪淫，则利于以刚御寇，可避"夫征不复，妇孕不育"之凶。《折中》引程敬承曰："三以过刚之资，当渐进之时，惧其进而犯难也，故有戒辞焉。'征'、'孕'皆'凶'，言不可进也；利在御寇，言可止也。"案，《集解》本"利"下有"用"字，《正义》亦有"用"字，与《象传》同，则有者是。

《象》曰："夫征不复"，离群丑也①；"妇孕不育"，失其道也；"利用御寇"，顺相保也②。

译文 《象传》说："夫君远征一去不还"，说明九三远离其所匹配的群类；妻子失贞得孕生育无颜，说明违失夫妇相亲之道；"（若能禀正不邪，则）利于抵御强寇"，说明九三应当守正使夫妇和顺相保。

注释 ① 离群丑：丑，类也，指初、二两阴。此句说明九三之"征"，是远离其类。

② 顺相保：指九三不宜刚亢躁进，应当慎守正道，与其类和顺相保，则可免凶。《折中》引杨简曰："三不中，有失道之象，故'凶'；非正者足以害我，故曰'寇'。虑三之失道，或亲于寇而不能御也，故教之'御寇'，则我不失于正顺，而夫妇可以相保矣。"

说明 九三居位虽正，但过刚不"中"，躁进必失，故爻辞以"凶"设诫；并谓若能取柔济刚，守"渐"有道，必可化凶为吉。《折中》云："惟能谨慎自守，使寇无所乘，则可以救其过刚之失而利。"

六四，鸿渐于木，或得其桷，无咎①。

译文 六四，大雁飞行渐进于高树，或能寻得平柯栖止稳当，不致咎害。

注释 ① 鸿渐于木，或得其桷，无咎：桷，音 jué，树木枝间的平柯，《说文》"桷，榱也，椽方曰桷"，《程传》"桷，横平之柯"。这三句说明六四居位柔正，上承五阳，渐进不躁，犹如鸿飞木杪，栖止平柯，故获"无咎"。《王注》："鸟而之木，得其宜也；或得其桷，遇安栖也。虽乘于刚，志相得也。"

《象》曰："或得其桷"，顺以巽也①。

译文 《象传》说："或能寻得平柯栖止稳当"，说明六四温顺而又和巽。

注释 ① 顺以巽：《尚氏学》："言顺承五、上二阳。"

说明 马其昶曰："鸿不木栖，之木而得桷，或可暂安，言能称物之宜也。"（《重定费氏学》）此可参考。

九五，鸿渐于陵，妇三岁不孕；终莫之胜，吉①。

译文 九五，大雁飞行渐进于丘陵，（宛如夫君远出）妻子三年不怀身孕；（但夫妇必将会合）外物终究不能侵阻取胜，吉祥。

注释 ① 鸿渐于陵，妇三岁不孕，终莫之胜，吉：三岁，泛指多年。这几句说明九五居《渐》尊位，犹鸿飞陵上；又以阳刚中正，下应六二，虽三、四阻隔，乃至六二多年"不孕"，但二五正应，终将会合，非外物所能侵阻取胜，故获吉祥。《王注》："进得中位，而隔乎三、四，不得与其应合，故'妇三岁不孕'也；各履正而居中，三、四不能久塞其途者也，不过三岁必得所愿矣。"

《象》曰："终莫之胜吉"，得所愿也。

译文 《象传》说："（夫妇必将会合）外物终究不能侵阻取胜，吉祥"，说明九五得遂应合六二的愿望。

说明 二五两爻，为居正守中之象，因此并获"吉"占。《重定费氏学》引华学泉曰："二不轻进，五不轻任，相须之久，相信之深也。"

上九，鸿渐于陆，其羽可用为仪，吉①。

译文 上九，大雁飞行渐进于高山，羽毛可作洁美的仪饰，吉祥。

注释 ① 鸿渐于陆，其羽可用为仪，吉：陆，此处当指高山顶，比九三之"陆"为高，在"陵"之上。这三句说明上九"渐进"上位，远居卦极，不谋其功，高洁可法；犹鸿飞止于高山顶巅，其羽堪作仪饰，故为吉祥。《王注》："进处高洁，不累于位，无物可以屈其心而乱其志，峨峨清远，仪可贵也。故曰'其羽可用为仪，吉'。"

说明 本爻"陆"字与九三重，前人有不同的解说。今举两例以备参考：（一）《本义》承胡瑗、程颐说，指出"'陆'当作'逵'，谓'云路'也"，并云作"逵"与"仪"字可叶韵。（二）《折中》以为"逵"、"仪"古韵非叶，谓："'陆'字乃'阿'之误。阿，大陵也，进于'陵'则'阿'矣。'仪'古读'俄'，正与'阿'叶。"

《象》曰："其羽可用为仪，吉"，不可乱也。

译文 《象传》说："羽毛可作洁美的仪饰，吉祥"，说明上九的高洁志向不可淆乱。

说明 胡炳文曰："二居有用之位，有益于人之国家，非'素饱'者；上在无位之地，亦足为人之仪表，而非无用者。二志不在温饱，上志卓然不可乱。士大夫出处，于此当有取焉。"（《周易本义通释》）此说阐发二、上两爻象旨，可备参考。

总论 《渐》卦，顾名思义，是阐明事物发展过程中“循序渐进”的道理。《孟子·公孙丑上》有一则“揠苗助长”的寓言，赵岐注曰：“喻人之情，邀福者必有害；若欲急长苗，而反使之枯死也。”此义与“渐进”的哲学内涵正可对照。卦辞拟“女子出嫁”为象，意在“礼备”而后渐行，已见全卦大旨。六爻以鸿鸟飞行设喻，形象更为生动：沿初爻至上爻，鸿飞所历，为水涯、磐石、小山陆、山木、山陵、大山陆，由低渐高，由近渐远，秩然有序。各爻立义，均主于守正渐行，因此多“吉”、“无咎”之占。其中九三虽过刚有“凶”，但也勉其慎行“渐”道，化害为利。可见，本卦自始至终嘉美“渐进”的道理，乃至上九“位”穷而“用”无穷，所谓积渐大成，“仪型万方”，“贲一切也”（《尚氏学》）。《礼记·学记》叙古代的教学程序，谓七年“小成”、九年“大成”，又曰“大学”之教“不陵节而施之谓‘孙’（按照顺序）”。显然，这种“教学理论”的创制者，是深知“学”宜循“渐”然后能成的规律。

归妹卦第五十四

䷵ 归妹①:征凶,无攸利②。

译文 《归妹》卦象征嫁出少女:要是行为不当往前进发必有凶险,无所利益。

注释 ① 归妹:卦名,下兑(☱)上震(☳),象征"嫁出少女"。案,归,指女子出嫁;妹,女子后生之谓,犹言"少女"(见《泰》六五译注)。本卦下兑为少女、为悦,上震为长男、为动,犹如女上承男,欣悦而动,故为"归妹"之象。《王注》:"妹者,少女之称也,兑为少阴,震为长阳,少阴而承("承"阮刻作"乘",据《校勘记》改)长阳,说以动,'嫁妹'之象也。"

② 征凶,无攸利:指卦中二至五爻均失位,三既不中正又以阴乘阳,故戒以"征凶,无攸利"。《集解》引虞翻注,释"无攸利"曰:"谓三也","失正无应,以柔乘刚";《周易义海撮要》引陆希声曰:"四爻失正,故'归妹,征凶'。"

说明 卦辞言"凶",并非否定"归妹"一事,而是作《易》者"因象设诫",说明"少女"出嫁须"正",然后有吉。故孔颖达曰:"'征凶,无攸利'者,归妹之戒也。"(《正义》)

《彖》曰:归妹,天地之大义也。天地不交,而万物不兴;归妹,人之终始也①。说以动,所归妹也②;"征凶",位不当也③;"无攸利",柔乘刚也④。

译文 《彖传》说:嫁出少女,这是体现天地阴阳的弘大意义。天阴地阳不相交,万物就不能繁殖兴旺;嫁出少女,人类就能终而复始地生息不止。由于欣悦而兴动,正可以嫁出少女;"往前进发必有凶险",说明居位不妥当;"无所利益",说明阴柔乘凌阳刚之上。

注释 ① 人之终始：指人类能终而复始地生息蕃衍。以上六句举"天地"、"万物"因阴阳交合而蕃生说明"归妹"的意义。《王注》："阴阳既合，长少又交，天地之大义，人伦之终始。"

② 说以动，所归妹也：说，即"悦"，指下兑；动，指上震；所，犹言"可"，《释文》："本或作'所以归妹'。"《重定费氏学》："《经传释词》云'所，犹可也'，此当从'可'训"，"'所以'者，'可以'也。"这两句以上下卦象有"悦而动"之义，释卦名"归妹"，谓因悦而动正可嫁出少女。

③ 位不当：释卦辞"征凶"，指卦中二至五爻居位不当。《正义》："此因二、三、四、五皆不当位，释'征凶'之义。"

④ 柔乘刚：释卦辞"无攸利"，指卦中六三以阴乘阳（参见卦辞译注引诸说）。

《象》曰：泽上有雷，归妹①；君子以永终知敝②。

译文 《象传》说：大泽上响着震雷（欣悦而动），象征"嫁出少女"；君子因此长久至终地保持夫妇之道并悟知不可淫佚而敝坏此道。

注释 ① 泽上有雷，归妹：释《归妹》下兑为泽、上震为雷之象。《程传》："雷震于上，泽随而动；阳动于上，阴说而从：女从男之象也，故为'归妹'。"

② 君子以永终知敝：永，用如动词，犹言"永久保持"。这是说明"君子"观《归妹》之象，既明夫妇之道宜于"永终"，又知当防止淫佚，不可敝坏此道。《重定费氏学》引丁晏曰："永者，夫妇长久之道，'永'，则可以有'终'；敝者，男女淫佚之行，'敝'则必不能'永'，自然之理也。思其永而防其敝，君子有戒心焉。"

说明 卦辞云"征凶，无攸利"，《大象传》谓"知敝"，两者均寓戒义，适可对照。

初九，归妹以娣，跛能履，征吉①。

译文 初九，嫁出少女作为侧室，宛如足跛而努力行走，往前进发可获吉祥。

注释 ① 归妹以娣，跛能履，征吉：娣，音 dì，古代以妹陪姊同嫁一夫，称妹曰"娣"，犹"侧室"；跛能履，辞义与《履》六三同（见该爻译注），此处喻"娣"以"侧室"助"正室"。这三句说明初九当"归妹"之时，最处下位，上无正应，犹随姊出嫁而为"娣"；但有阳刚之贤，能以"偏"助"正"，犹"跛能履"，故"征"而获"吉"。《正义》："妹而继姊为'娣'，虽非正配，不失常道；譬犹跛人之足然，虽不正，不废能履，故曰'跛能履'也。'征吉'者，少长非偶，为妻而行则凶焉，为娣而行则吉。"《程传》："刚阳在妇人为贤贞之德。"

《象》曰："归妹以娣"，以恒也①；跛能履，吉相承也②。

译文 《象传》说："嫁出少女作为侧室"，这是婚嫁的常道；宛如足跛而努力行走，说明初九的吉祥在于以偏助正相与奉承夫君。

注释 ① 以恒也：恒，常也。《东谷易翼传》："初少女，且微而在下，以娣媵而归，乃其常也。"

② 吉相承也：《周易集说》："相承者，佐其嫡以相与奉承其夫也。"

说明 初九"跛能履"，是十分生动的喻象。胡瑗解释说："能尽其道以配君子，而广其孕嗣以成其家；犹足之虽偏而能履地而行，不至于废也。"(《周易口义》)

九二，眇能视，利幽人之贞①。

译文 九二，眼盲而勉强瞻视，利于幽静安恬的人守持正固。

注释 ① 眇能视，利幽人之贞：眇能视，辞义与《履》六三同(参阅该爻译注)，此处喻九二嫁夫不良，勉力相从；幽人，幽静安恬者(参见《履》九二译注)。这两句说明九二当"归妹"之时，阳刚居中，有"女贤"之象；但上应六五阴柔不正，犹配不良，故以"眇能视"为譬，并谓"利幽人之贞"。《本义》："九二阳刚得中，女之贤也；上有正应，而反阴柔不正：乃女贤而配不良，不能大成内助之功，故为'眇能视'之象。而其占则'利幽人之贞'也。幽人，亦抱道守正而不偶者也。"

《象》曰："利幽人之贞"，未变常也①。

译文 《象传》说："利于幽静安恬的人守持正固"，说明九二未曾改变严守节操的恒常之道。

注释 ① 未变常：《来氏易注》："一与之齐，终身不改，此妇道之常也。今能守幽人之贞，则未变其常矣。"

说明《楚辞》常发"美人香草"之怨，与九二爻义有合。来知德云："幽人无贤君，正如九二无贤夫。"(《来氏易注》)

六三，归妹以须，反归以娣①。

译文 六三，少女嫁出后引颈期盼成正室，应当反归待时，嫁作侧室。

注释 ① 归妹以须，反归以娣：这两句说明六三处下卦之极，失正乘阳，有欲求为"室主"(正室)之象，故在须待；但不得其位，不可冒进，宜回头俟时嫁为侧室。《王注》："室主犹存，而求进焉，进未值时，故有'须'也；不可以进，故反归待时，以娣乃行也。"

《象》曰："归妹以须"，未当也。

译文 《象传》说："少女嫁出后引颈期盼成正室"，说明六三的行为不妥当。

说明 "须"字之字义，《易》家有不同解释。以下三说可备参考：(一)《释文》曰："荀、陆作'嬬'，陆云'妾也'"，今查帛书《周易》亦作"嬬"。(二)朱熹引或说，释"须"为"贱女"，谓："须，女之贱者"(《本义》)。此本《史记·天官书》"婺女"张守节《正义》："须女，贱妾之称，妇职之卑者也。"(三)尚先生据《易林》等资料，以为"须"当释为"面毛"，指六三面长须毛，形容可怖，故反嫁为娣(《尚氏学》)。

九四,归妹愆期,迟归有时①。

译文 九四,嫁出少女超延佳期,迟迟未嫁静待时机。

注释 ① 归妹愆期,迟归有时:愆,音 qiān,超过。这两句说明九四刚居柔位,下无其应,犹"贤女"延期未嫁,静待良配。《本义》:"九四以阳居上体,而无正应,贤女不轻从人而愆期以待所归之象。正与六三相反。"

《象》曰:愆期之志,有待而行也。

译文 《象传》说:九四超延佳期的心志,在于静待时机而后行。

说明 俞琰曰:"爻辞言'愆期',而爻传直述其'志',以见'愆期'在我,而不苟从人。盖'有待而行',非为人所弃也。'行'谓出嫁,《诗·泉水》云'女子有行'是也。"(《周易集说》)

六五,帝乙归妹,其君之袂,不如其娣之袂良①**;月几望,吉**②。

译文 六五,帝乙嫁出少女,正室的衣饰,却不如侧室的衣饰美好;(品德适到好处,譬如)月亮接近圆满而不过盈,吉祥。

注释 ① 帝乙归妹,其君之袂,不如其娣之袂良:帝乙归妹,喻六五尊高而下配(参阅《泰》六五译注);君,《正字通》"夫称妇曰'君'",此处指六五"嫁为正室";袂,衣袖,句中借代"衣饰"。这三句说明六五高居尊位,下应九二,犹帝乙嫁出少女;位贵下嫁,德尚谦逊,故虽为"正室",其"袂"俭朴,不如"侧室"美好。《本义》:"六五柔中居尊,下应九二,尚德而不贵饰,故为帝女下嫁而服不盛之象。"

② 月几望,吉:几望,月将满圆,喻六五德盛不盈。这是别取一象,说明"归妹"之时,尊贵能谦、美盛不盈,必吉。《程传》:"月望,阴之盈也,盈则敌阳矣;几望,未至于盈也。五之贵高,常不至于盈极,则不亢其夫,乃为吉也。女之处尊贵之道也。"

《象》曰:"帝乙归妹,不如其娣之袂良"也;其位在中,以贵行也①。

译文 《象传》说:"帝乙嫁出少女,其衣饰不如侧室的衣饰美好";说明六五位尊而守中不偏,虽高贵却能施行谦俭之道。

注释 ① 其位在中,以贵行也:《大易缉说》:"上二句举爻辞,下二句释之也。言五居尊位而用中,故能以至贵而行其勤俭谦逊之道也。"

说明 六五之吉,在于谦柔居中,"以上下下"。故爻辞云"月几望"、"袂"不如娣良,而《象传》特称"中"、"以贵行"。

上六,女承筐,无实;士刲羊,无血。无攸利①。

译文 上六,女子手奉竹筐,无物可盛;男子刀屠其羊,不见血腥:(夫妇祭祀之礼难成,)无所利益。

注释 ① 女承筐,无实;士刲羊,无血。无攸利:实,句中指“筐”中之物;刲,音 kuī,割杀,犹言“屠”;“承筐”、“刲羊”,当指“夫妇祭祀”之事,古代贵族婚礼有献祭宗庙的习俗,《礼记·昏义》:“昏礼者,将合二姓之好,上以事宗庙,而下以继后世也”,郑玄曰:“宗庙之礼,主妇奉筐米”,“《士昏礼》云,妇入三月而后祭行”(王应麟辑《周易郑康成注》)。这几句说明上六处《归妹》之终,位穷无所适,下又不应于六三,犹如女子承筐无实可盛,男子刲羊无血可取;既“无实”、“无血”,难以献享,则夫妇祭祀之礼未成,譬喻“妹”无所“归”,故“无攸利”。《来氏易注》:“凡夫妇祭祀,承筐而采蘋者,女之事也;刲羊而实鼎俎者,男之事也。今上与三,皆阴爻,不成夫妇,则不能供祭祀矣。‘无攸利’者,人伦以废,后嗣以绝,有何攸利?刲者,屠也。”

《象》曰:上六无实,承虚筐也。

译文 《象传》说:上六阴爻中虚无实,正如手奉空虚的竹筐。

说明 上六处穷极之位,犹“妹”居过高,无所适从。故爻辞特发物极必反之义,以为“归妹”之诫。李道平曰:“曰‘女’,曰‘士’,未成夫妇之辞;先‘女’后‘士’,咎在女矣。故‘无攸利’之占,与彖繇(即卦辞)同。”(《纂疏》)

总论 《归妹》以“嫁出少女”主一卦之义,说明“男婚女嫁”是人类蕃衍的根本因素。用《礼记》的话来说,就是:“天地合,而后万物兴焉;夫昏礼,万世之始也。”(《郊特牲》)然而,卦辞却谓“归妹,征凶,无攸利”,其理何在?原来,作者是为所“归”之“妹”设置诫辞,即强调女子出嫁必须严守“正”道,以“柔顺”为本,成“内助”之功;反此而行,必为凶兆。可见,本卦一开始便反映着古代礼教对女子的“约束”性质。六爻所揭示的意义,正是围绕卦辞而发:初安分卑居“侧室”,二嫁夫不良“守贞”,四“愆期”待时而嫁,五“贵女”谦逊下嫁,此四爻虽地位不同,但均合“妇德”故无凶有吉,其中六五最为纯“吉”;至于三、上两爻,或有非分之念,或处穷高之所,故一“凶”,一“无攸利”。诚然,此卦大旨亦非拘限于“嫁出少女”一事;归根结底,还是阐发“天地阴阳”的“恒常不易”之道:申明“阴”以“阳”为归宿,则天地和合,万物繁殖。因此,《彖传》所谓:“归妹,天地之大义也;天地不交,而万物不兴”,正是本卦义理的核心所在。

卷八

丰卦第五十五

䷶ 丰[①]：亨，王假之[②]；勿忧，宜日中[③]。

译文 《丰》卦象征丰盈硕大：亨通，有德君王可以达到丰盈硕大的境界；不必忧虑，宜于像太阳位居中天一样保持充盈的光辉。

注释 ① 丰：卦名，下离（☲）上震（☳），象征"丰大"。案，"丰"字，含有丰大、丰硕、丰盛、丰满诸义，《说文》："丰，豆之丰满者"，《释文》引郑玄曰："丰之言腆，充满意也"，《正义》："《彖》及《序卦》皆以'大'训'丰'也。然则丰者，多、大之名，盈、足之义。"

② 亨，王假之：假，至也，犹言"达到"。这是说明物"丰"可以亨通；但致丰之道，必须有德者才能获得，故又以"王假之"为譬。《正义》："德大则无所不容，财多则无所不济（"济"阮刻作"齐"，据《校勘记》改），无所拥碍，谓之为亨，故曰'丰，亨'。"又曰："假，至也。'丰，亨'之道，王之所尚；非有王者之德，不能至之，故曰'王假之'也。"

③ 勿忧，宜日中：日中，太阳正中，喻保持丰德。《正义》："王能至于'丰亨'，乃得无复忧虑，故曰'勿忧'也；用夫'丰亨'无忧之德，然后可以君临万国，遍照四方，如日中之时遍照天下，故曰'宜日中'也。"

说明 卦辞言"亨，王假之"，已明有德者获"丰"可"亨"；又言"勿恤，宜日中"，则诫以保"丰"之道。吴汝纶曰："言王者履此'丰亨'之运，有易衰之忧，惟宜以至明处之也。"（《易说》）

《彖》曰：丰，大也；明以动，故

译文 《彖传》说："丰"，意思是丰盈硕大；譬如道德光明而后施于行动，就能获丰盈硕大丰[①]。"王假之"，尚大也[②]；"勿忧，宜日中"，宜照天下也[③]。日中则昃[④]，月盈则食；天地盈虚，与时消息，而况于人乎？况于鬼神乎？

的成果。"有德君王可以达到丰盈硕大的境界"，说明王者崇尚宏大的美德；"不必忧虑，宜于像太阳正居中天一样保持充盈的光辉"，说明宜于让盛德之光遍照天下。太阳正居中天必将西斜，月亮圆满盈盛必将亏蚀；天地大自然有盈满有亏虚，都伴随一定的时候更替着消亡与生息，又何况人呢？何况鬼神呢？

注释 ① 明以动，故丰：明，指下离；动，指上震。这是用上下象释卦名"丰"，谓以光明之德而动，必可致"丰"。《正义》："此就二体释卦得名为'丰'之意。动而不明，未能光大；资明以动，乃能致丰。"

② 尚大也：此释卦辞"王假之"，说明王者致"丰"，是崇尚宏大之德。《王注》："大者，王之所尚，故至之也。"案，"尚大"当指美德宏大，故下文"宜照天下"谓"德"施周普。

③ 宜照天下也：此释卦辞"勿忧，宜日中"。《正义》："日中之时，遍照天下；王无忧虑，德乃光被，同于日中之盈。"

④ 日中则昃：昃，阮刻作"昊"，据《校勘记》改。此句至终，广引天地、日月盛盈必亏的现象，发卦辞的言外之意，说明"丰"极必衰，不可过"中"。《正义》："此孔子因'丰'设戒。以上言王者以丰大之德照临天下，同于日中。然盛必有衰，自然常理：日中至盛，过中则昃；月满则盈，过盈则食；天之寒暑往来，地之陵谷迁贸，盈则与时而息，虚则与时而消。天地日月尚不能久，况于人与鬼神而能长保其盈盛乎？勉令及时修德，仍戒居存虑亡也。"又，《本义》曰："此又发明卦辞外意，言不可过中也。"

《象》曰：雷电皆至，丰[①]；君子以折狱致刑[②]。

译文《象传》说：雷声和电光一起到来，象征（威明之德）"丰盈硕大"；君子因此效法雷的威震和电的光明审理讼狱、动用刑罚。

注释 ① 雷电皆至，丰：释《丰》卦上震为雷、下离为电（火）之象。《正义》："雷者，天之威动；电者，天之光耀。雷电俱至，威明备足，以为'丰'也。"

② 折狱致刑：致刑，犹言"动用刑罚"。这是说明"君子"效法雷之威动以"折狱"、电之光明以"致刑"，则刑狱之事不违情实。《正义》："断决狱讼须得虚实之情，致用刑罚必得轻重之中；若动而不明，则淫滥斯及。故君子象于此卦，而折狱致刑。"

说明 本卦下离上震，《大象传》云"折狱致刑"；《噬嗑》卦下震上离，《大象传》谓"明罚饬法"：其象恰好颠倒。两者的差异，朱子释曰："《噬嗑》明在上，动在下，是明得事理，先立这法在此，未有犯底人，留待异时而用，故云'明罚饬法'；《丰》威在上，明在下，是用这法时，须是明见下情曲折方得，不然，威动于上，必有过错也，故云'折狱致刑'。"（《朱子语类》）此说可资参考。

初九，遇其配主，虽旬无咎，往

译文 初九，遇合相匹配之主，尽管两者阳德均等也不致咎害，前往必受尊尚。

有尚[①]。

注释 ① 遇其配主,虽旬无咎,往有尚:配主,相匹配之主,指九四;旬,《释文》:"均也","荀作'均'",犹言"均等",指初四均为阳爻。这三句说明初九当丰之时,下处离明而上趋震动,与所遇"配主"阳德均等,相互光大,故"无咎"而"往有尚"。《王注》:"处《丰》之初,其配在四,以阳适阳,以明之动,能相光大者也。旬,均也。虽均无咎,往有尚也。初、四俱阳爻,故曰'均'也。"

说明 "旬"与"配主"之义,《易》家有不同说法,今举两例以备参考。(一)郑玄、虞翻训"旬"为"十日"。《折中》引胡瑗曰:"旬者,十日也,谓数之盈满也。言初与四其德相符,虽居盈满盛大之时,可以无咎。"(二)尚先生认为"配主"指六二,初与二阴阳相配,则"往有尚";并谓"二五为卦主",故二称"配主"、五称"夷主"(《尚氏学》)。

《象》曰:"虽旬无咎",过旬灾也[①]。

译文 《象传》说:"尽管两者阳德均等也不致咎害",说明初九和九四要是阳德不均等必致竞争而有灾患。

注释 ① 过旬灾也:过旬,即过均,犹言"不均等"。《正义》:"言势若不均,则相倾夺;既相倾夺,则争竞乃兴而相违背,灾咎至焉。"

说明 胡炳文曰:"凡卦爻取刚柔相应,《丰》则取明动相资。"又曰:"初之刚与四之刚,同德而相遇,虽两阳之势均敌,往而从之,非特无咎,且有尚矣。"(《周易本义通释》)

六二,丰其蔀,日中见斗,往得疑疾[①];有孚发若,吉[②]。

译文 六二,丰大掩盖光明的障蔽,犹如太阳正当中天却出现斗星,往前必有被猜疑的疾患;若能自我发挥诚信,则可获吉祥。

注释 ① 丰其蔀,日中见斗,往得疑疾:蔀,音 bù,又音 pǒu,通"蔽",犹言"障蔽",《王注》:"蔀,覆、暧、障光明之物也。"焦循《补疏》:"《广雅》'菱,蔽障也','菱'与'暧'通,以覆、暧、障三字解'蔀'字,是以'蔀'为'蔽'之借也。"这三句说明六二当"丰"之时,以阴处阴,犹如丰大其障蔽以掩光明,又如日当中天却出现昏夜斗星;以此往见六五,必有被疑之患。《王注》:"处明动之时,不能自丰以光大之德,既处乎内,又以阴居阴,所丰在蔀,幽而无睹者也,故曰'丰其蔀,日中见斗'也。日中者,明之盛也;斗见者,暗之极也:处盛明而丰其蔀,故曰'日中见斗'。不能自发,故往得疑疾。"

② 有孚发若,吉:若,语气词。这是说明六二尽管不能自丰其光明之德,但因处中居正,若能发其诚信,必可摆脱昏暗,获得吉祥。《王注》:"然履中当位,处暗不邪,有孚者也。若,辞也。有孚可以发其志,不困于暗,故获吉也。"

《象》曰:"有孚发若",信以发

译文 《象传》说:"自我发挥诚信",说明六二应当通过诚信来开拓丰大光明的志向。

志也①。

注释① 信以发志：发，同前句“发若”之“发”，这里涵有“开拓”之意。《正义》：“虽处幽暗而不为邪，是有信以发其丰大之志。”

说明《折中》引徐幾曰：“卦言‘宜日中’，以下体言之，则二为中；以一卦言之，则三、四为中。故二、三、四皆言‘日中’。刚生明，故初应四则为‘往有尚’；柔生暗，故二应五为‘往得疑疾’也。”

译文 九三，丰大掩遮光明的幡幔，犹如太阳正当中天却出现小星；若能像折断右臂一样屈己慎守，则不致咎害。

九三，丰其沛，日中见沫①；折其右肱，无咎②。

注释① 丰其沛，日中见沫：沛，通“旆”，《释文》：“本或作旆，谓幡幔也”；沫，音mèi，通“昧”，《释文》云：郑玄作“昧”，并引《子夏传》曰：“昧，星之小者”，王弼亦读为“昧”，以“微昧之明”解之，焦循《补疏》谓“盖用‘小星’之义耳”。这两句说明九三与上六相应，上为阴爻，所趋阴暗，故犹如丰大其幡幔以遮光明，又如日当正午而出现暮夜小星。《王注》：“沛，幡幔，所以御盛光也；沫，微昧之明也。应在上六，志在乎阴，虽愈乎以阴处阴，亦未足以免于暗也。所丰在沛，日中则见沫之谓也。”

② 折其右肱，无咎：这是诫勉九三之辞，说明九三所趋既为阴暗，则不可施其大用，故以折断右臂为喻，犹言屈己慎守，可免其咎。《正义》：“施于大事终不可用，假如折其右肱，自守而已，乃得无咎。”

译文《象传》说：“丰大幡幔以遮掩光明”，说明九三不可承担大事；“像折断其右臂一样屈己慎守”，说明九三终究不可施展才用。

《象》曰：“丰其沛”，不可大事也；“折其右肱”，终不可用也。

说明《折中》曰：“《易》中所取者虽虚象，然必天地间有此实事，非凭虚造设也。‘日中见斗’，甚而至于‘见沫’，所取喻者固谓至昏伏于至明之中，然以实象求之，则如太阳食时是也。食限多，则大星见；食限甚，则小星亦见矣。所以然者，阴气蔽障之故。”此说可资参考。

译文 九四，丰大掩挡光明的障蔽，犹如太阳正当中天却出现斗星；但能遇合阳德相平衡之主，吉祥。

九四，丰其蔀，日中见斗①；遇其夷主，吉②。

注释① 丰其蔀，日中见斗：义见六二注。九四以阳居阴，故与六二阴爻之象相类。《王注》：“以阳居阴，‘丰其蔀’也。”

② 遇其夷主，吉：夷，平也，与“均”义近，“夷主”指初九。《正义》：“夷，平也，四应在初，而同是阳爻，能相显发而得其吉，故曰‘遇其夷主，吉’也。言四之与初交相为‘主’者，若宾主之义也。若据初适四，则以四为主，故曰‘遇其配主’；自四之初，则以初为主，故曰‘遇其夷主’也。二阳体敌，两主均平，故初谓四为‘旬’，而

四谓初为'夷'也。"

《象》曰:"丰其蔀",位不当也;"日中见斗",幽不明也;"遇其夷主",吉行也[①]。

译文 《象传》说:"丰大掩挡光明的障蔽",说明九四居位不妥当;"犹如太阳正当中天却出现斗星",说明此时幽暗而不见光亮;"遇合阳德相平衡之主",说明九四可获吉祥宜于前行。

注释 ① "遇其夷主",吉行也:《周易举正》谓"行"上脱"志"字,则这两句当作"遇其夷主吉,志行也",似可从。

说明 郭雍曰:"二之'丰蔀'、'见斗',以重阴而非正应也;而'有孚发若,吉'者,中正也。四之'丰蔀'、'见斗',非中正也;而'遇其夷主,吉'者,应初之求而有遇也。"又曰:"二爻之义实相类,故其辞同,而皆终之以吉。"(《郭氏传家易说》)此说比较二、四爻义,可备参考。

六五,来章,有庆誉,吉[①]。

译文 六五,召致天下章美之才以丰大光明,必获福庆和佳誉,吉祥。

注释 ① 来章,有庆誉,吉:这是说明六五以阴居《丰》尊位,体虽阴柔而实含阳刚因素,故能召致天下章美之才,以丰大光明之德,遂"有庆誉"而吉祥。《本义》:"质虽柔暗,若能来致天下之明,则有庆誉而吉矣。盖因其柔暗,而设此以开之。"案,《王注》释"来章"曰:"以阴之质,来适尊阳之位,能自光大章显其德。"于义亦通。

《象》曰:六五之吉,有庆也。

译文 《象传》说:六五的吉祥,说明必有福庆。

说明 胡炳文曰:"三爻称'日中',皆有所蔽;六五不称'日中',盖宜日中,无蔽也。"(《周易本义通释》)《折中》指出:"五,君位也。彖辞所谓'王假之'者,即此位,则五乃卦主也。卦义所重,在明以照天下;六五虽非明体,然下应六二为文明之主,而五有柔中之德,能资其章明以自助,则卦义所谓'勿忧,宜日中'者,实与此爻义合。"两说并可参考。

上六,丰其屋,蔀其家,窥其户,阒其无人,三岁不觌,凶[①]。

译文 上六,丰大房屋,障蔽居室,对着门户窥视,寂静毫无人踪,时过三年仍不见露面,如此深藏自蔽必有凶险。

注释 ① 丰其屋,蔀其家,窥其户,阒其无人,三岁不觌,凶:窥,视也;阒,音 qù,寂静无声;觌,音 dí,见也。这几句说明上六以阴居《丰》之极,体柔昏暗,而"丰大其屋,障蔽其家",有高处深藏之象;乃至"窥户无人",三年不见其露面,犹如居"丰大"之世而自绝于人,故为凶兆。《程传》:"丰其屋,处太高也;蔀其家,居不明也。以阴柔居丰大,而在无位之地,乃高亢昏暗,自绝于人,人谁与之?故'窥其户,阒其无人'也。至于三岁之久,而不知变,其凶宜矣。'不觌',谓尚不见人,盖不变也。六居卦终,有变之义,而不能迁,是其才不能也。"

译文《象传》说："丰大房屋"，说明上六居处穷高犹如飞翔在天际；"对着门户窥视，寂静毫无人踪"，说明上六自蔽深藏。

《象》曰："丰其屋"，天际翔也①；"窥其户，阒其无人"，自藏也。

注释 ① 天际翔：《程传》："六处丰大之极，在上而自高，若飞翔于天际。"

说明《折中》引何楷曰："处丰之极，亢然自高，丰大其居，以明得意；方且深居简出，距人于千里之外，岂知凶将及矣，能无惧乎？"

总论《丰》卦说明事物"丰大"的道理。卦辞称扬物丰可致亨通，并强调指出善处"丰"时的两项准则：一是必须道德盛美，故称有德"君王"可以致"丰"；二是必须光明常照，故云太阳正中可以无忧。显然，本卦虽取名于"丰美硕大"，却深诫：求丰不易，保丰更难。卦中六爻，分别表明处丰得失善否的情状：初九微阳处下，慎行求丰"有尚"；六二阴处阴位，有蔽光明，须发挥"柔中"信德则可致丰获吉；九三居下离之终，过丰有损光明，当自折"右肱"才能"无咎"；九四阳居阴位，虽丰却掩去光明，宜与阳刚在下的初九相遇相辅则吉；六五阴居尊位，内含刚美，又能召致六二以丰大光明盛德，最得"庆誉"并获吉祥；上六高居卦终，丰极柔暗，深藏自绝于人以致有凶。综观六爻大旨，凡处上下卦之极者，并为过丰损德之象，故三、上两爻虽阴阳有应，或不免"折肱"，或终致凶险；凡在下守中者，均为谨慎修己以求丰保丰之象，故初、二、四、五诸爻虽阴阳不应，却多吉祥，而六五之吉尤为纯美。《折中》引熊良辅曰："当丰大之时，以同德相辅为善，不取阴阳之应也。"但事物的发展规律，决定了任一"丰大"情态总是暂时、相对的，终究要趋向亏损。《彖传》阐发《丰》卦的象外之旨曰："日中则昃，月盈则食；天地盈虚，与时消息。"可见，作《易》者撰立此卦的宗旨，又在于警醒人们"丰"不忘丧，盈不忘亏，寓意颇为深切。

旅卦第五十六

旅[①]**:小亨**[②]**,旅贞吉**[③]**。**

译文 《旅》卦象征行旅:谦柔小心可致亨通,行旅能守持正固必获吉祥。

注释 ① 旅:卦名,下艮(☶)上离(☲),象征"行旅"。《正义》:"旅者,客寄之名,羁旅之称;失其本居,而寄他方,谓之为旅。"

② 小亨:小,指阴柔弱小者,又指行事小心谦顺;"小亨"与《睽》卦辞"小事吉"之义略近(参阅该卦译注)。此谓行旅之时,以柔小谦顺之道处之则亨,若刚大亢盛则难通。卦中六五柔中居尊,顺于刚、丽于明,正见"小亨"之象。《集解》引虞翻曰:"小,谓柔;得贵位而顺刚,丽乎大明,故'旅小亨'。"《尚氏学》:"六五得尊位,故小亨,贞吉。"

③ 旅贞吉:此言行旅虽小事,却也不应该苟且轻率,亦当守其正方可获吉。《本义》:"旅非常居,若可苟者;然道无不在,故自有其正,不可须臾离也。"

《彖》曰:"旅,小亨",柔得中乎外而顺乎刚,止而丽乎明[①]**,是以"小亨,旅贞吉"也。旅之时义大矣哉**[②]**!**

译文 《彖传》说:"行旅,谦柔小心可致亨通",譬如禀性谦柔的人外居适中之位而顺从刚强者,恬静安止又能附丽于光明,所以说"谦柔小心可致亨通,行旅能守持正固必获吉祥"。行旅之时的意义是多么宏大啊!

注释 ① 柔得中乎外而顺乎刚,止而丽乎明:这是以六五爻及上下象释卦辞之义。六五以阴居外卦之中,故曰"柔得中乎外";上承上九,故曰"顺乎刚";下艮为止,上离为明,故曰"止而丽乎明"。《童溪易传》:"用刚非旅道也,故莫善乎用柔。然柔不可过也,故莫善乎得中。以六居五,得中位而属外体,丽乎二刚之间,故曰'柔得中乎外而顺乎刚’。”《折中》：“处旅之道，审机度势，贵于明也；待人接物，亦贵于明也。然明不可以独用，故必以止静为本而明丽焉。与《晋》、《睽》之主于顺、说者同。”

② 旅之时义大矣哉：这是《彖传》作者对本卦大义的叹美之辞。《集解》引王弼曰：“旅者，物失其所居之时也。物失所居，咸愿有所附，岂非智者有为之时？”

《象》曰：山上有火，旅①；君子以明慎用刑而不留狱②。

译文 《象传》说：山上燃烧着火，象征“行旅”；君子因此明决审慎地动用刑罚而不稽留讼狱。

注释 ① 山上有火，旅：释《旅》卦下艮为山、上离为火之象。《集解》引侯果曰：“火在山上，势非长久，旅之象也。”

② 君子以明慎用刑而不留狱：这是说明“君子”观察山火为旅之象，悟知“用刑”宜“明慎”，狱事不可稽留。《程传》：“火之在高，明无不照，君子观明照之象，则以‘明慎用刑’。明不可恃，故戒于‘慎’；明而止，亦慎象。观火行不处之象，则不留狱。”

说明 卦辞明“行旅”之义，而《大象传》却发“刑狱”之理，正见其对象旨的衍申。张英曰：“犴狴桎梏，淹滞拘留，或为无辜之株连，或为老弱之累系，动经几时；宜仁人君子隐恻于此。然非至明至慎，亦不敢轻言决狱。能明慎而不留狱，斯可谓祥刑矣。”（《易经衷论》）

初六，旅琐琐，斯其所取灾①。

译文 初六，行旅之初举动猥琐卑贱，这是自我招取灾患。

注释 ① 旅琐琐，斯其所取灾：琐琐，猥琐卑贱之貌；斯，帛书《周易》作“此”，义同。这是说明初六以阴处《旅》之始，其位卑下，犹如行旅之初举动猥琐卑贱，虽有上应亦无济于事，故必自取其灾。《程传》：“六以阴柔在旅之时，处于卑下；是柔弱之人，处旅困而在卑贱，所存污下者也。志卑之人，既处旅困，鄙猥琐细，无所不至，乃其所以致侮辱、取灾咎也。琐琐，猥细之状。当旅困之时，才质如是，上虽有援，无能为也。”

说明 “斯其所取灾”，《王注》释曰：“为斯卑贱之役，所取致灾。”《正义》训“斯”为“此”，与帛书《周易》作“此”正合，今取其说。但《易》家对此爻又有不同解说，兹引两例以备参考。（一）郭京《举正》“斯”作“廝”，谓：“廝，贱之义。”焦循《补疏》认为《王注》“读‘斯’为‘廝’”，“故云‘斯贱之役’”。这是把“斯”解作“童仆”。案焦氏《补疏》所用《王注》孔疏本，注语“斯”下无“卑”字，以“斯贱”联文，故谓《王注》读“斯”为“廝”，此歧义产生之所由。（二）尚先生云：“斯，《释言》‘离也’。‘斯其所’言离其所，欲应四也；二得敌故取灾。”（《尚氏学》）这是把“斯”解作动词“离”，爻辞也相应读作“旅琐琐，斯其所，取灾”。

《象》曰："旅琐琐"，志穷灾也①。

译文 《象传》说："行旅之初举动猥琐卑贱"，说明初六意志穷迫，自取灾患。

注释 ① 志穷灾：《程传》："志意穷迫，益自取灾也。"

说明 初六行旅不能自尊持正，故有"志穷"致"灾"之象。《折中》引谷家杰曰："爻贱其行，《象》鄙其志。"

六二，旅即次，怀其资，得童仆，贞①。

译文 六二，行旅赁居在客舍，怀藏资财，拥有童仆，应当守持正固。

注释 ① 旅即次，怀其资，得童仆，贞：即，就也，犹言"就居"；次，舍也，此指"客舍"。这几句说明六二当"旅"之时，柔中居正，犹行旅安居客舍；上承九三之阳，犹畜资财；下乘初六，犹得童仆，故宜于守"贞"。《集解》引《九家易》曰："即，就；次，舍；资，财也。以阴居二，即就其舍，故'旅即次'；承阳有实，故'怀其资'；初者卑贱，二得履之，故'得童仆'；处和得位正居，是故曰'得童仆，贞'矣。"

《象》曰："得童仆贞"，终无尤也。

译文 《象传》说："拥有童仆应当守持正固"，说明六二终将无所过尤。

说明 六二体柔，居中，得正，故有"次"、有"资"、有"仆"。《折中》引赵玉泉曰："二处旅有柔顺中正之德，则内不失己，而己无不安；外不失人，而人无不与。凡旅之所恃以不可无者，皆有以全之也。"

九三，旅焚其次，丧其童仆；贞厉①。

译文 九三，行旅（刚亢躁动）被火烧毁客舍，丧失童仆；应当守持正固防备危险。

注释 ① 旅焚其次，丧其童仆；贞厉：这是说明九三刚亢不中，处旅躁动，下比六二之阴，犹如擅行施惠于下，必遭上者疑忌，而有"焚次"、"丧仆"之灾；以此处旅，有失"小亨"之道，故特戒其守"贞"防"厉"，即谓稍不慎将危及其身。《王注》："居下体之上，与二相得。以寄旅之身而为施下之道，与萌侵权，主之所疑也。故次焚仆丧而身危也。"《正义》："'与萌侵权'者，言与得政事之萌，渐侵夺主君之权势，如齐之田氏，故为主所疑也。"

《象》曰："旅焚其次"，亦以伤矣；以旅与下，其义丧也。

译文 《象传》说："行旅（刚亢躁动）被火烧毁客舍"，说明九三也因此遭受损伤；作为行旅的人而擅行施惠于下，其理必致丧亡。

说明 九三之危，在于居下之上，刚亢不中。《折中》引潘梦旂曰："居刚而用刚，平时犹不可，况旅乎？以此与下，焚次、丧仆，固其宜也。九三以刚居下体之上，则'焚次'；上九以刚居上体之上，则'焚巢'：位愈高，刚愈亢，则祸愈深矣。"

译文 九四，行旅暂为栖处未能安适，获得利斧斫除荆棘，但我心中不甚畅快。

九四，旅于处，得其资斧，我心不快①。

注释 ① 旅于处，得其资斧，我心不快：处，指暂为栖处，未能安居，与“次”异；资斧，《释文》：“《子夏传》及众家并作‘齐斧’”，“应劭云‘齐，利也’。”《尚氏学》：“资、齐音同通用。”据此，“资斧”当作“齐斧”，即“利斧”之意。这几句说明九四居位不正，犹行旅不得安居，唯暂为栖处，虽获利斧以斫除荆刺，但其心毕竟“不快”。《王注》：“斧，所以斫除荆棘，以安其舍者也。虽处上体之下，不先于物，然而不得其位，不获平坦之地；客于所处，不得其次，而得其资斧之地，故其心不快也。”《纂疏》：“九四以阳处阴，是失位而居艮山之上，山非平坦之地，当用‘资斧’以除荆棘。”

译文 《象传》说：“行旅暂为栖处未能安适”，说明九四未能得居适当之位；“尽管获得利斧砍除荆棘”，但此时心中不甚畅快。

《象》曰：“旅于处”，未得位也；“得其资斧”，心未快也。

说明 蒋悌生曰：“凡卦爻阳刚皆胜阴柔，惟《旅》卦不然。二、五皆以柔顺得吉，三、上皆以阳刚致凶。盖人无栖身之地，不得已而依于他人，岂得恃其刚明？”又曰：“六爻，六五最善，二次之；上九最凶，三次之。九四虽得其处，姑足以安其身而已”，“岂得尽遂其志”（《五经蠡测》）？

译文 六五，射取野鸡，一支箭亡失；（尽管微有损失但）终将获得美誉、爵命。

六五，射雉，一矢亡；终以誉命①。

注释 ① 射雉，一矢亡；终以誉命：这是说明六五当“旅”之时，处上离之中，上承上九阳刚，有“文明”柔顺而得中道之象；此时虽行旅在外，略有损失，但终能以“柔中”、“文明”之德导致吉祥，故以“射雉，一矢亡”为喻，并称终获“誉命”。《本义》：“雉，文明之物，离之象也。六五柔顺文明，又得中道，为离之主。故得此爻者，为‘射雉’之象，虽不无亡矢之费，而所丧不多，终有‘誉命’也。”

译文 《象传》说：“终将获得美誉、爵命”，说明六五能向上承及尊者。

《象》曰：“终以誉命”，上逮也①。

注释 ① 上逮：逮，及也。此言六五上承上九，故有“誉命”。《正义》：“逮，及也。以能承及于上，故得‘终以誉命’也。”

说明 《象传》称“柔得中乎外而顺乎刚”，正指此爻。《折中》引朱震曰：“五在《旅》卦，不取君象。有文明之德，则令誉升闻，而爵命之矣。”

译文 上九，高枝上鸟巢被焚烧，行旅人先得高位欣喜欢笑，后遭祸殃痛哭号咷；就像在荒远的田畔丧失了牛，有凶险。

上九，鸟焚其巢，旅人先笑，后号咷①；丧牛于易，凶②。

注释 ① 鸟焚其巢，旅人先笑，后号咷：这三句说明上九身当行旅，以阳刚处高亢之位，必遭祸害，故以巢焚为喻；又谓“旅人”先得高位而“笑”，后因灾凶“号咷”，亦亢极致祸之义。《王注》：“居高危而以为宅，巢之谓也。客旅得上位，故‘先笑’也；以旅而处于上极，众之所嫉也，以不亲之身而当嫉害之地，必凶之道也，故曰‘后号咷’。”

② 丧牛于易，凶：易，通“埸”，即田畔（参见《大壮》六五译注），此指荒远的田畔，喻上九居穷极之地。这是又取一象，说明上九当旅穷之时，遭祸于外，犹丧牛于荒远田畔，无人援救，即《象传》所谓“终莫之闻也”，故“凶”。案，《王注》训“易”为“难易”之易，可备参考。

《象》曰：以旅在上，其义焚也；丧牛于易，终莫之闻也。

译文 《象传》说：作为行旅人却高居上位，其理必致焚巢之灾；在荒远的田畔丧失了牛，说明上九羁旅遭祸终将无人闻知。

说明 《折中》引徐幾曰：“旅贵柔顺中正，三阳爻皆失之，而最亢者上九也。”但上九之凶，又在于以居穷高为乐，所谓“先笑后号咷”，正与《同人》九五“先号咷而后笑”相反。阮籍曰：“《同人》先号，思其终也；《旅》上之笑，乐其穷也。”（《阮籍集》）

总论 《旅》卦专明“行旅”之理。《杂卦传》曰“旅，亲寡”，《序卦传》曰“旅而无所容”；张衡《思玄赋》云“颇羁旅而无友兮，余安能留乎此”：显然，在古人心目中，“羁旅”生涯是充满孤独、愁郁情调的。《周易》作者设此一卦，似乎也正是基于“旅”而难“居”的因素，喻人善处“行旅”之道。卦辞所谓“小亨”、“贞吉”，表明“行旅”既须守正，又当以柔顺持中为本。视其六爻，凡阴柔中顺皆吉，但以卑屈者设反面之戒；凡阳刚高亢皆危，而以穷骄者最呈凶象。范仲淹曰：“夫旅人之志，卑则自辱，高则见嫉；能执其中，可谓智矣。是故初‘琐琐’而四‘不快’者，以其处二体之下，卑以自辱者也；三‘焚次’而上‘焚巢’者，以其据二体之上，高而见嫉者也；二‘怀资’而五‘誉命’，柔而不失其中者也。”（《范文正公集》）此说从六爻位次析其吉凶，颇见理致。当然，本卦大旨并非拘于狭义的“行旅”，略推之，所谓“诸侯之寄寓，大夫之去乱，圣贤之周游皆是”（梁寅《周易参义》）；广言之，李白称：“天地者，万物之逆旅”（《春夜宴桃李园序》），则将人生、万物均视为“行旅”之事，此中含有明显的消极思想，但与《旅》卦的“象外之旨”亦略有可通之处。《彖传》极言“旅之时义大矣哉”，于上述之例似能见其一斑。

巽卦第五十七

巽①:小亨②,利有攸往③,利见大人④。

译文 《巽》卦象征顺从:谦柔小心可致亨通,利于有所前往,利于出现大人。

注释 ① 巽:音 xùn,卦名,上下卦皆为巽(☴),象征“顺从”。案,巽象风,其义为“顺”、为“入”,凡物沿“顺”则能“入”,故“顺”、“入”并可训“巽”。而重卦之义,则侧重强调“顺从”。《正义》:“巽者,卑顺之名。《说卦》云‘巽,入也’,盖以巽是象风之卦,风行无所不入,故以‘入’为训。若施之于人事,能自卑巽者亦无所不容。然‘巽’之为义,以卑顺为体,以容入为用,故受‘巽’名矣。”

② 小亨:小,指阴柔弱小者,又指行事小心谦顺;“小亨”与《旅》卦辞义略同(参见该卦译注)。此谓处“巽”之道主于阴顺阳、臣顺君,以柔小逊顺则亨,若刚大逆上则难通。卦中二阴处二体之下,主于“顺从”阳刚,正见“小亨”之象。《集解》引陆绩曰:“阴为卦主,故小亨。”《尚氏学》:“初、四皆承阳,故曰‘巽’;巽,顺也,顺阳故‘小亨’。”

③ 利有攸往:谓此时谦柔顺从必利于有所行。卦中初、四柔行遇阳得通,即见“利往”之象。《王注》:“巽悌以行,物无距也。”《尚氏学》:“往遇阳故利。”

④ 利见大人:此谓下顺上、臣顺君的最终目的,是利于“大人君主”申命施治。卦中九五阳刚居尊,上下顺从,正为“大人”之象。《集解》引虞翻曰:“大人谓五。”《王注》:“大人用之,道愈隆。”

《象》曰:重巽以申命①。刚巽

译文 《彖传》说:上下顺从可以申谕命令。譬如阳刚尊者以中正美德被人顺从

乎中正而志行②，柔皆顺乎刚③，是以“小亨，利有攸往，利见大人”。

而其志得以施行，阴柔者都能谦顺上承阳刚，所以说“谦柔小心可致亨通，利于有所前往，利于出现大人”。

注释 ① 重巽以申命：重巽，上下卦皆“巽”，犹言“上下顺从”。此以上下象释卦名“巽”，谓其义主于上下顺从，而此时正宜于尊者申饬命令。《王注》：“未有不巽而命行也。”

② 刚巽乎中正而志行：刚，指九五；巽，此当作被动词解，“巽乎中正”犹言“以中正之德被顺从”。此句说明九五居尊而阳刚中正，众爻皆巽顺，遂行其“申命”之志。《集解》引虞翻曰：“刚中正，谓五也。”

③ 柔皆顺乎刚：柔，指初、四两爻。这句与前句并释卦辞“小亨，利有攸往，利见大人”之义；此言卦中两阴爻均顺承阳爻，故可“小亨”。《古周易订诂》：“初、四各处卦下，柔皆顺刚，无有违逆，所以教命得申，成‘小亨’以下之义也。”

《象》曰：随风，巽①；君子以申命行事②。

译文 《象传》说：和风连连相随，象征“顺从”；君子因此（效法风行天下无所不顺之象），申谕命令，施行政事。

注释 ① 随风，巽：随，连继相随之意。此释《巽》卦上下巽皆为风之象。《周易口义》：“《巽》之体，上下皆巽，如风之入物，无所不至，无所不顺，故曰‘随风，巽’。”

② 申命行事：行事，犹言“施行政事”。这是说明“君子”效法“风行”之象，“申命”于众，“行事”于天下。《周易口义》：“君子法此巽风之象，以申其命，行其事于天下，无有不至，而无有不顺者也。”

说明 《巽》卦之旨，立足于下能“顺从”，归结于上可“申命”：下以“顺”承上，上以“顺”治下，两者相辅相成，遂见其义。故《彖传》云“重巽以申命”，《大象传》言“申命行事”。郭雍曰：“君子之德，风也；有风之德，而下无不从，然后具重巽之义。”（《郭氏传家易说》）

初六，进退，利武人之贞①。

译文 初六，卑顺过甚进退犹豫，利于勇武的人守持正固。

注释 ① 进退，利武人之贞：进退，即“进退犹疑”之意。这两句说明初六以阴居《巽》之始，卑顺太甚，当进不进，故勉以“利武人之贞”。《本义》：“初以阴居下，为巽之主，卑巽之过，故为进退不果之象；若以‘武人之贞’处之，则有以济其所不及，而得所宜矣。”

《象》曰：“进退”，志疑也；“利武人之贞”，志治也①。

译文 《象传》说：初六爻辞“卑顺过甚进退犹豫”，是说其意志懦弱疑惧；“利于勇武之人守持正固”，是勉励其修治和树立坚强的意志。

注释 ① 志治：治，修立、修治之意。《程传》：“利用武人之刚贞以立其志，则其志治也。治，谓修立也。”

说明 《巽》卦所谓“顺从”，以初、四两阴爻为主。但初六位卑极弱，恐其不能有为，故勉之以“武人之贞”。

译文 九二，顺从卑居在床下，若能效法祝史、巫觋以谦卑奉事神祇可以大获吉祥，必无咎害。

九二，巽在床下[1]，用史、巫纷若吉，无咎[2]。

注释① 巽在床下：说明九二当“巽”之时，阳居阴位，有过卑之嫌，故以屈居“床下”为喻。《王注》：“处‘巽’之中，既在下位，而复以阳居阴，卑巽之甚，故曰‘巽在床下’也。

② 用史、巫纷若吉，无咎：用，犹言“施用于”，此处含“效法”之意；史、巫，古代事神者“祝史”、“巫觋”的合称；纷若，盛多，“若”为语气词。这两句诫告九二不可以卑顺屈事于威势，勉其守持中道，效法“史巫”以卑恭事神则可获纷多之吉，不致咎害。《王注》：“卑甚失正，则入于咎过矣；能以居中而施至卑于神祇，而不用之于威势，则乃至于‘纷若’之吉，而亡其过矣。故曰‘用史、巫纷若吉，无咎’也。”

译文 《象传》说：“可以大获吉祥”，是因为九二能够守中不偏。

《象》曰：“纷若之吉”，得中也。

说明 九二有阳德，当“巽”之时，当以正道顺从于上，不可卑屈于威势。故爻辞以“事神”为勉，《象传》申“得中”之旨。

译文 九三，忧郁不乐勉强顺从，将有憾惜。

九三，频巽，吝[1]。

注释① 频巽，吝：频，即“颦”，颦蹙忧郁之意，《尚氏学》：“王弼云，频，‘频蹙不乐’，按《玉篇》‘颦’下云‘《易》本作频’，是‘频’即古文‘颦’字。”这两句说明九三居《巽》下卦之终，而上为四阴所乘，压抑颦蹙志穷委屈而顺从，故有“吝”。《王注》：“以其刚正而为四所乘，志穷而巽，是以‘吝’也。”

译文 《象传》说：“忧郁不乐勉强顺从，将有憾惜”，是因为九三心志困穷不振。

《象》曰：“频巽之吝”，志穷也。

说明 九三居位本正，但下无阴可乘，上反为柔者所凌，遂致忍屈顺从，故《象传》谓之“志穷”。

译文 六四，悔恨消亡，田猎获取（可供祭祀、接待宾客、国君庖厨之用的）三类物品。

六四，悔亡，田获三品[1]。

注释① 悔亡，田获三品：三品，犹言“三类”，此处指古代贵族田猎所获之物的三种效用，即供“干豆”（将猎获物晒成干肉置于豆器供祭祀）、“宾客”、“充庖”三用，语出《礼记·王制》：“天子、诸侯无事则岁三田，一为干肉，一为宾客，一为充君之庖。”郑玄注：“干肉，谓腊之以为祭祀豆实也。”这两句说明六四因乘刚而有“悔”，但以阴居阴，得位且顺承九五之阳，故“悔亡”；以此奉行君命，必能除暴建功，获益至大，故以"田获三品"为喻。《王注》："乘刚，'悔'也。然得位承五，卑得所奉，虽以柔御刚，而依尊履正；以斯行命，必能获强暴，远不仁者也。获而有益，莫善三品，故曰'悔亡，田获三品'。一曰干豆，二曰宾客，三曰充君之庖。"

《象》曰："田获三品"，有功也。

译文 《象传》说："田猎获取可供祭祀、接待宾客、国君庖厨之用的三类物品"，说明六四奉行君命获得功勋。

说明 《巽》卦于初六勉以"武人"之贞，六四嘉以"田获"之功，足见"顺从"之道亦在于有所建树。郭雍曰："六四至柔，不当有'田获'之功；而此以顺乎刚故得之。"又曰："'巽'之为道，岂柔弱畏懦之义哉？"（《郭氏传家易说》）

九五，贞吉，悔亡，无不利①；无初有终②；先庚三日，后庚三日，吉③。

译文 九五，守持正固可获吉祥，悔恨消亡，无所不利；申谕命令起初不甚顺利，但最终必能畅行；预先在象征"变更"的"庚"日前三天发布新令，而在"庚"日后三天实行新令，这样上下顺从必获吉祥。

注释 ① 贞吉，悔亡，无不利：此言九五当"巽"之时，以阳居阳，似有不甚"谦逊"之"悔"；但以中正之德，为申命之君，故"悔亡"而"吉"、"利"。《王注》："以阳居阳，损于谦巽；然秉乎中正以宣其令，物莫之违，故曰'贞吉，悔亡，无不利'也。"

② 无初有终：此谓九五以刚直申命，初未能服众，但终能以正胜邪，其令畅行。《王注》："化不以渐，卒以刚直用加于物，故初皆不悦也；终于中正，邪道以消，故有终也。"

③ 先庚三日，后庚三日，吉：庚，"天干"数中居第七位，在"己"之后，为"过中"之数，故古人取以象征"变更"（参见《革》卦辞"己日"译注），此处作为"更布新令"之象。这两句以"先庚三日"发布新令，"后庚三日"实行新令为喻，正是紧承"无初有终"之意，进一步说明九五"申命"当慎守"中"道，渐行其事，才能深入人心，上下顺从，并获"吉祥"。《程传》："'先庚三日，后庚三日，吉'，出命更改之道，当如是也。甲者，事之端也；庚者，变更之始也。十干'戊己'为中，过中则变，故谓之'庚'。"

《象》曰：九五之吉，位正中也。

译文 《象传》说：九五吉祥之象，是因为它居位端正而守持中道。

说明 《蛊》卦言拨乱反正，卦辞云"先甲三日，后甲三日"；《巽》卦言因顺申命，九五谓"先庚三日，后庚三日"。两者均含慎始慎终之义。《折中》引张清子曰："《易》于'甲'、'庚'皆曰先后三日者，盖圣人谨其始终之意也。"

上九，巽在床下，丧其资斧；贞凶①。

译文 上九，顺从至极屈居在床下，犹如丧失了刚坚的利斧；守持正固以防凶险。

注释 ① 巽在床下，丧其资斧；贞凶：资斧，当作“齐斧”，即“利斧”之意（参见《旅》九四译注），《汉书·王莽传》引此爻正作“丧其齐斧”。这三句说明上九处《巽》之极，以阳刚之质而顺从过甚，有“巽在床下”之象，又如丧其“利斧”而失刚断之性，颇有凶险，故诫其守“贞”防“凶”。《王注》：“处《巽》之极，极巽过甚，故曰‘巽在床下’也。斧，所以断者也；过巽失正，丧所以断，故曰‘丧其资斧，贞凶’也。”

《象》曰：“巽在床下”，上穷也；“丧其资斧”，正乎凶也①。

译文《象传》说：“顺从至极屈居在床下”，说明上九居于极端穷困之位；“犹如丧失了刚坚的利斧”，说明上九应当守持阳刚之正以防凶险。

注释 ① 正乎凶：犹言“正于凶”，即守“正”避“凶”之义。

说明 上九与九二同有“巽在床下”之象，但不能如二之顺事神祇，而是穷极于“顺从”，大失刚正之德，故爻辞既以“丧斧”为喻，又以“贞凶”为诫。

总论《巽》卦之义，主于“顺从”。况诸阴阳之理，为阴顺阳；譬于君臣之道，则臣顺君。卦辞一方面表明此时柔小谦顺者可致亨通、利有所往，另一方面指出上下巽顺的最终归宿是利于“大人”施治申命。但卦中诸爻所明“顺从”的内在意义，却并非一味强调无条件的盲从卑顺，而往往是以“刚健”之德为勉。如初六勉以“武人之贞”，六四嘉以“田获”之功：两爻均须柔而能刚则美；九三以刚屈柔而生“吝”，上九以阳顺极而有“凶”：两爻均因丧失刚德致危。至于二、五之吉，前者以刚中之道顺事神祇，不屈于威势；后者以中正之德申命行事，居一卦之尊。可见，六爻关于“顺从”的义理，无论是下顺乎上，还是上被下顺，均不离两项原则：（一）“巽”之道在持正不阿；（二）“巽”之时在有所作为。因此，所谓“顺从”，当本于阳刚气质，与“屈从”之义格格不入。郭雍云：“‘巽’之为道，岂柔弱畏懦之义哉？”（《郭氏传家易说》）正明此理。然而，若就《周易》所蕴含的政治思想而言，阴顺阳，臣顺君，又是直接为“君子”、“大人”申谕政令、行使权力服务的。《象传》谓“重巽以申命”，《系辞下传》谓“巽以行权”，并可揭示作者设立此卦的一项重要宗旨。

兑卦第五十八

䷹ 兑[1]:亨,利贞[2]。

译文 《兑》卦象征欣悦:亨通,利于守持正固。

注释 ① 兑:音duì,卦名,上下卦皆兑(☱),象征"欣悦"。《正义》:"兑,说(即"悦",下同)也。《说卦》曰:'说万物者莫说乎泽。'以兑是象泽之卦,故以兑为名。"

② 亨,利贞:此谓事物"欣悦"之时,必可"亨通"畅达;但不能"悦"于为邪,故诫以"利贞"。《正义》:"泽以润生万物,所以万物皆说;施于人事,犹人君以恩惠养民,民无不说也。惠施民说,所以为'亨';以说说物,恐陷谄邪,其利在于贞正,故曰'兑,亨,利贞'。"

《彖》曰:兑,说也。刚中而柔外,说以利贞[1]。是以顺乎天而应乎人[2]。说以先民,民忘其劳;说以犯难,民忘其死[3]:说之大,民劝矣哉[4]!

译文 《彖传》说:"兑",意思是欣悦。譬如阳刚居中心怀诚信而柔和处外逊顺接物,就能导致物情欣悦并利于守持正固。因此正确的"欣悦"是既顺符天的道理而又应合人情。君子大人欣悦于身先百姓不辞劳苦,百姓也必然能任劳忘苦;欣悦于趋赴危难不避艰险,百姓也必然能舍生忘死;欣悦的意义是那样宏大,可以使百姓自我勉励啊!

注释 ① 刚中而柔外,说以利贞:刚中,指九二、九五阳刚居中;柔外,指六三、上六阴柔处外。此以卦中二、五、三、上诸爻之象释卦辞"亨,利贞",说明柔悦不失内刚,刚正不失外悦,内外刚柔兼济,不谄媚、不暴戾,遂见处"悦"而能亨通、守正之旨。《王注》:"说而违刚则谄,刚而违说则暴;刚中而柔外,所以'说以利贞'也。刚中,故利贞;柔外,故说亨。"

② 是以顺乎天而应乎人：此句广明"欣悦"的意义应合"天"之道与"人"之情；在文章结构中又有承上启下的作用。《正义》："天为刚德而有柔克，是刚而不失其说也，今'说以利贞'，是上顺乎天也；人心说于惠泽，能以惠泽说人，是下应乎人也。"

③ 说以先民，民忘其劳；说以犯难，民忘其死：这四句进一步发挥"欣悦"之道，说明"君子大人"若能欣然身先百姓以任劳、犯难，则百姓亦必欣然"忘劳"、"忘死"。《折中》引吕祖谦曰："当适意时而说，与处安平时而说，皆未足为难。惟当劳苦患难而说，始见真说。圣人以此先之，故能使之任劳苦而不辞，赴患难而不畏也。"

④ 说之大，民劝矣哉：劝，勉也，此为"自我勉励"之意。这两句归结前文，极称"欣悦"的义理宏大。《诚斋易传》："劝民与民自劝，相去远矣。是以圣人大之曰：'说之大，民劝矣哉！'"

《象》曰：丽泽，兑①；君子以朋友讲习②。

译文 《象传》说：两泽并连（交相浸润），象征"欣悦"；君子因此欣悦于良朋益友相互讲解道理、研习学业。

注释 ① 丽泽，兑：丽，《王注》："犹连也。"谓并连。此释《兑》卦上下兑均为泽之象。《程传》："丽泽，二泽相附丽也。两泽相丽，交相浸润，互有滋益之象。"

② 君子以朋友讲习：讲习，指"学问"之道，即讲其所未明、习其所未熟。这是说明"君子"效法《兑》卦两泽相连互悦之象，乐于"朋友"相互"讲习"。《正义》："同门曰朋，同志曰友，朋友聚居，讲习道义，相说之盛，莫过于此也。"

说明 《大象传》以"朋友讲习"引申"欣悦"的意义，正取"治学"为喻。《论语·学而》："学而时习之，不亦说乎！有朋自远方来，不亦乐乎！"似与此旨有合。俞琰曰："若独学无友，则孤陋而寡闻。故《论语》以'学之不讲'为'忧'，以'学而时习'为'说'，以'有朋自远方来'为'乐'。"(《周易集说》)

初九，和兑，吉①。

译文 初九，平和欣悦以待人，吉祥。

注释 ① 和兑，吉：这是说明初九当"悦"之时，以阳居下，不系应于四，有广泛"和悦"待人之象；且以刚健为质，行为不邪，人所不疑，故"吉"。《王注》："居兑之初，应不在一，无所党系，'和兑'之谓也。说不在谄，履斯而行，未有见疑之者，吉其宜矣。"

《象》曰：和兑之吉，行未疑也。

译文 《象传》说：平和欣悦以待人的吉祥，说明初九行为端正而不为人所疑忌。

说明 本爻居初之位，体禀阳刚，和悦端正，遂获吉祥。《折中》引蔡渊曰："爻位皆刚，不比于柔，得说之正，和而不流者也。"

九二,孚兑,吉,悔亡①。

译文 九二,诚信欣悦以待人,吉祥,悔恨消亡。

注释 ① 孚兑,吉,悔亡:此言九二当"悦"之时,以阳居阴,虽有"失位"之"悔",但刚中有信,能孚诚欣悦待人,故"吉"而"悔亡"。《正义》:"九二说不失中,有信者也;说而有信,则吉从之,故曰'孚兑,吉'也。然履失其位,有信而吉,乃得亡悔。"

《象》曰:"孚兑之吉",信志也①。

译文 《象传》说:"诚信欣悦以待人而获吉祥",说明九二志存信实。

注释 ① 信志:犹言"其志信",即"心存诚信"。《程传》:"心之所存为志,二刚实居中,孚信存于中也。"

说明 九二之吉,在于"刚中",是既欣悦待人,又中心信实之象。《折中》引龚焕曰:"己以孚信为说,人不得而妄说之,所以吉也。"

六三,来兑,凶①。

译文 六三,前来谋求欣悦,有凶险。

注释 ① 来兑,凶:来,犹言"来求"。此谓六三居下兑之终,处位不正,与上无应,而来求合二、初两阳,以谋欣悦;以此处"兑",为邪佞之象,故"凶"。《王注》:"以阴柔之质,履非其位,来求说者也;非正而求说,邪佞者也。"

《象》曰:"来兑之凶",位不当也。

译文 《象传》说:"前来谋求欣悦而逢凶险",说明六三居位不正当。

说明 六三之凶,在于阴居阳位,求悦心切。李鼎祚曰:"以阴居阳,故位不当;谄邪求悦,所以必凶。"(《集解》)

九四,商兑未宁,介疾有喜①。

译文 九四,商度思量所欣悦之事而心中未曾宁静,能绝除谄佞者的邪疾则有喜庆。

注释 ① 商兑未宁,介疾有喜:商,商度思量;介,隔绝;疾,喻指六三谄邪之患。这两句说明九四阳刚失正,下比六三之佞,上承九五之尊,故商度其"悦",中心未宁;若能隔绝六三之"疾",介然严守其正,则有喜庆。《王注》:"商,商量裁制之谓也;介,隔也。"《本义》:"四上承九五之中正,而下比六三之柔邪,故不能决而商度所说,未能有定;然质本阳刚,故能介然守正,而疾恶柔邪也,如此,则有喜矣。"案,朱子此说解"疾"为"疾恶",于义亦通。

《象》曰:九四之喜,有庆也。

译文 《象传》说:九四的喜兆,是因为有值得庆贺之象。

说明 杨简认为:四以刚居柔,"近比六三谀佞之小人,心知其非,而实乐其柔媚。故商度所说,去取交战于胸中而未宁。圣人于是勉之曰:介然疾恶小人,则有喜"(《杨氏易传》)。此说可参考。

九五,孚于剥,有厉①。

译文 九五,施诚信于消剥阳刚的阴柔小人(被其引诱而相悦),有危险。

注释① 孚于剥,有厉:剥,消剥,即“小人道长,君子道消”之义,此喻上六为剥君子之小人。这两句说明九五虽阳刚中正,却比近上六之阴,为其引诱,而孚信小人,并与相悦,故“有厉”。《王注》:“比于上六,而与相得;处尊正之位,不悦信乎阳,而悦信乎阴,‘孚于剥’之义也。‘剥’之为义,小人道长之谓。”

《象》曰:孚于剥,位正当也①!

译文 《象传》说:(九五竟然)“施诚信于消剥阳刚的阴柔小人(被其引诱而相悦)”,只可惜它所居的正当之位啊!

注释① 位正当:这是以“正当”之位责备九五不该“孚于剥”。《正义》:“以正当之位,宜任(阮刻作“在”,据《校勘记》改)君子,而信小人,故以当位责之也。”

说明 九五之“厉”,在于所悦不当。胡炳文曰:“说之感人,最为可惧,感之者将以剥之也,况为君者易狃于所说?故虽圣人,且畏巧言令色,况凡为君子者乎?”(《周易本义通释》)

上六,引兑①。

译文 上六,引诱他人相与欣悦。

注释① 引兑:引,引诱。此谓上六以阴居《兑》卦之终,为一卦欣悦之主,悦极不能自已,故有引诱五、四两阳以相悦之象。《本义》:“上六成说之主,以阴居说之极,引下二阳相与为说;而不能必其从也,故九五当戒,而此爻不言其吉凶。”案,《王注》训“引”为“引导”,谓上六“必见引,然后乃说”,可备一说。

《象》曰:上六“引兑”,未光也。

译文 《象传》说:上六“引诱他人相与欣悦”,说明欣悦之道未能光大。

说明《折中》引毛璞曰:“所以为兑者,三与上也。三为内卦,故曰‘来’;上为外卦,故曰‘引’。”

总论“欣悦”,是人情所常有的事态:轻歌悦耳,美景悦目,无不如是。但《兑》卦所明“欣悦”之道,则强调以“刚中柔外”为悦,即刚为柔本、悦不失正。卦辞既称物情欣悦可致亨通,又云欣悦应当守持正固,正是揭明此旨。卦中六爻,两阴均以柔媚取悦,为被否定之象;四阳情状不一:初刚正和悦,最吉;二诚信而悦,“悔亡”亦吉;四商度抉择其悦,“有喜”;五居尊位而悦信于小人,则深戒以“危厉”。纵观全卦大旨,无非说明:阳刚不牵于阴柔,禀持正德,决绝邪谄,才能成“欣悦”之至美;反之,偏离正德,曲为欣悦,则不论是取悦于人,还是因人而悦,均将导致凶咎。可见《周易》所肯定的“欣悦”,是立足于鲜明的道德准则之上,张耒《出山诗》曰:“青山如君子,悦我非姿媚”,似与此理有合;而《孟子·告子上》:“理义之悦我心,犹刍豢之悦我口”,则尤与本卦“欣悦”之义映照成趣。

涣卦第五十九

☴☵ 涣①:亨,王假有庙,利涉大川,利贞②。

译文 《涣》卦象征涣散:亨通,君王以美德感召神灵而保有庙祭,利于涉越大河巨流,利于守持正固。

注释 ① 涣:卦名,下坎(☵)上巽(☴),象征"涣散"。案,"涣"字之义,见于两端:一、散,即离披解散。《序卦传》:"说而后散之,故受之以《涣》,'涣'者,离也。"《本义》:"涣,散也,为卦下坎上巽,风行水上,离披解散之象,故为涣。"二、文,即文理焕然。此义从"散"义引申而来:如物散而不乱,秩然围绕于一个"中心",必见自然文理。朱骏声《六十四卦经解》曰:"涣,流散也,又文貌,风行水上,而文成焉。《太玄》曰'阴敛其质,阳散其文',《京传》曰'水上见风,涣然而合',此'涣'字之义也。"《尚氏学》亦据扬雄《太玄经》拟"涣"为"文"以及司马光注谓"扬子盖读'涣'为'焕'"等资料,认为"涣本有文义","而风行水上,文理烂然,故为文也"。

② 亨,王假有庙,利涉大川,利贞:假,犹言"感格"。此谓事物当"涣"之时,形态虽散,神质须聚,散、聚相依为用,必致亨通,故以"王假有庙"喻聚合神灵之祐,以"利涉大川"喻聚合人力而济难,并以"利贞"揭明此时行为须"正"。《折中》:"《涣》与《萃》对。'假庙'者,所以聚鬼神之既散也;'涉川'者,所以聚人力之不齐也。盖尽诚以感格,则幽明无有不应;秦越而共舟,则心力无有不同:此二者,涣而求聚之大端也。然不以正行之,则必有䙌神、犯难之事,故曰'利贞'。"

《彖》曰:"涣,亨",刚来而不穷,柔得位乎外而上同①。"王假

译文 《彖传》说:"涣散,亨通",譬如阳刚者前来居阴柔之中而不穷困,阴柔者获得正位于外而上与阳刚之志协同(于

是阴阳虽散而心神聚通)。“君王以美德感召神灵而保有庙祭”,说明君王聚合人心居处正中;“利于涉越大河巨流”,说明乘着木舟协力涉险必能成功。

有庙”,王乃在中也②;“利涉大川”,乘木有功也③。

注释 ① 刚来而不穷,柔得位乎外而上同:刚,指九二;柔,指六四。这是用九二阳刚来居下卦与初、三、四诸阴交往不穷,以及六四当位居上卦,承五、上两阳而心志协同,说明阴阳散而能聚,释卦辞“涣,亨”之义。《尚氏学》:“刚来居二,临一阴则陷,二阴则通,故曰‘不穷’;四当位,上承一阳固吉,承二阳尤吉。”

② 王乃在中:此释卦辞“王假有庙”,喻九五位居正中,以至诚感格神灵,为聚散之主。《折中》:“王乃在中,谓九五居中,便含至诚感格之意。”

③ 乘木有功:此释卦辞“利涉大川”,谓上卦巽有“木”象,下卦坎为水,如舟行水上,以喻聚合人力济险。《折中》:“乘木有功,谓木在水上,便含济险有具之意。”

译文 《象传》说:风行水面,象征“涣散”;先代君王因此通过祭享天帝、建立宗庙,以归系人心。

《象》曰:风行水上,“涣”①;先王以享于帝立庙②。

注释 ① 风行水上,“涣”:释《涣》卦上巽为风、下坎为水之象。

② 先王以享于帝立庙:这是说明“先王”观“风行水上”之象,悟知“散中有聚”之理,故“享帝”、“立庙”以归系天下人心。《程传》:“收合人心,无如宗庙,祭祀之报,出于其心。故‘享帝’、‘立庙’,人心之所归也。紧人心,合离散之道,无大于此。”

说明 本卦取名“涣”,含有散而不乱、文理烂然之义。推其寓理,凡物之聚,必来自散;而秩然有序之散,又能各显物用:分中见合,形散神聚,正是处“涣”之道。观其卦象,“风行水上”,则水面沦漪泛起,正见自然之“文”。于是,《涣》卦的卦象便被后代文论家所引申发挥,成为“自然成文”说的源头。如苏洵谓“风行水上”为“天下之至文”,并称“天下之无营而文生者,唯水与风而已”(《嘉祐集》卷十四《仲兄字文甫说》);李贽以为“风行水上之文,决不在于一字一句之奇”(《李氏焚书》卷三《杂说》);乃至顾炎武评析诗文的“繁简”时也指出:“昔人之论谓:‘风行水上,自然成文。’若不出于自然,而有意于繁简,则失之矣。”(《日知录》)可见,本卦大象所含藏的美学因素,是值得认真挖掘的。

译文 初六,借助健壮的良马勉力拯济可获吉祥。

初六,用拯马壮吉①。

注释 ① 用拯马壮吉:拯,拯济(参见《明夷》六二译注)。此言初六以阴居《涣》之初,上承九二,犹得壮马之助,济其阴柔弱质;以此拯“涣”,不致离散,故可获“吉”。《本义》:“居卦之初,‘涣’之始也。始涣而拯之,为力既易,又有壮马,其吉可知。初六非有济涣之才,但能顺乎九二,故其象占如此。”

译文 《象传》说:初六的吉祥,是由于顺承九二。

《象》曰:初六之吉,顺也。

说明 初六处坎险之下，当“涣散”初始而及早“拯”之，故能免于离散。胡炳文曰：“五爻皆言‘涣’，初独不言者，救之尚蚤，可不至于涣也。”（《周易本义通释》）

九二，涣奔其机，悔亡①。

译文 九二，涣散之时奔就几案似的可供凭依的处所，悔恨消亡。

注释 ① 涣奔其机，悔亡：机，通“几”，即“几案”，喻初六。《王注》：“机，承物者也，谓初也。”这两句说明九二当“涣散”之时，身处坎险，故有“悔”；但阳刚居中，与初六俱无应相比，犹得“几案”凭依，阴阳相合，故“悔亡”。《程传》：“在涣离之时，而处险中，其有‘悔’可知。若能奔就所安，则得‘悔亡’也。机者，俯凭以为安者也。俯，就下也；奔，急往也。二与初虽非正应，而当涣离之时，两皆无与，以阴阳亲比相求，则相赖者也。故二目初为‘机’，初谓二为‘马’。”

《象》曰：“涣奔其机”，得愿也①。

译文 《象传》说：“涣散之时奔就几案似的可供凭依的处所”，说明九二得遂阴阳聚合的愿望。

注释 ① 得愿：指二得初。阴阳相合，散而能聚，故“得愿”。

说明 九二阳刚居中，得阴阳相合之愿，故能固其根本而聚时之所散。《折中》曰：“聚涣者，先固其本。以刚中居内，固本之象也。机者，所以凭而坐也。有所凭依而安居，然后可以动而不穷矣。”

六三，涣其躬，无悔①。

译文 六三，涣散自身（附从阳刚尊者），无所悔恨。

注释 ① 涣其躬，无悔：这是说明六三当“涣”之时，居下卦之终，与上九相应，有涣散其身，附从上九，而无所悔恨之象。《折中》：“《易》中六三应上九，少有吉义。惟当‘涣’时，则有应于上者，忘身徇上之象也。”

《象》曰：“涣其躬”，志在外也。

译文 《象传》说：“涣散自身（附从阳刚尊者）”，说明六三的意志在于向外发展。

说明 六三至上九四爻，言“涣散”之时，当散则散，当聚则聚，正见《涣》卦所含“聚”、“散”相互依存的意义。王申子曰：“自此以上四爻，皆因‘涣’以拯‘涣’者，谓涣其所当涣，则不当涣者聚矣。”（《大易缉说》）

六四，涣其群，元吉①；涣有丘，匪夷所思②。

译文 六四，涣散朋党，至为吉祥；涣散小群聚成山丘似的大群，这不是平常人思虑所能达到的。

注释 ① 涣其群，元吉：群，犹言“朋党”。此言六四得位承五，下无应而无私，故有散其朋党之象，并获“元吉”。《本义》：“居阴得正，上承九五，当济涣之任者也。

下无应与，为能散其朋党之象。”

② 涣有丘，匪夷所思：丘，山丘，喻“大”。这两句紧承前文，说明六四既能散其“朋党”，又能化小群以聚成大群，成“混一天下”之功，此非平常人所能思及。《本义》：“又言能散其小群以成大群，使所散者聚而若丘，则非常人思虑之所及也。”

《象》曰：“涣其群元吉”，光大也[①]。

译文 《象传》说：“涣散朋党至为吉祥”，说明六四的品德光明正大。

注释 ① 光大：《来氏易注》：“凡树私党者，皆心之暗昧狭小者也。惟无一毫之私，则光明正大，自能涣其群矣，故曰‘光大也’。”

说明 六四“元吉”，足见“散”中有“聚”之理。朱熹引苏洵曰：“《涣》之六四曰‘涣其群，元吉。’夫‘群’者，圣人之所欲涣以混一天下者也。”并称：“盖当人心涣散之时，各相朋党，不能混一，惟六四能涣小人之私群，成天下之公道，此所以‘元吉’也。”（《朱子语类》）

九五，涣汗其大号，涣王居，无咎[①]。

译文 九五，像发散身上汗水（出而不反）一样发布盛大的号令，又能疏散王者的居积以聚合天下人心，必无咎害。

注释 ① 涣汗其大号，涣王居，无咎：这三句说明九五尊居“君位”，阳刚中正，处“涣”之时，所发号令当如“发汗”一样出而不反；又须散发居积，收聚“民心”，则可“无咎”。《本义》：“阳刚中正，以居尊位，当涣之时，能散其号令与其居积，则可以济涣而无咎矣。”又曰：“汗，谓如汗之出而不反也；涣王居，如陆贽所谓‘散小储而成大储’之意。”案，《集解》引荀爽注，释“王居”为“王居其所”，可备一说。

《象》曰：“王居无咎”，正位也[①]。

译文 《象传》说：“疏散王者的居积必无咎害”，说明九五正居“君主”尊位。

注释 ① 王居无咎，正位也：按《象传》句读当训“居”为“居处”，爻辞当读作“涣，王居无咎”，旧说多与《象传》之意合。故《正义》释“正位”曰：“以九五是王之正位，若非王居之则有咎矣。”今录存备考。此《象传》译文按前述爻辞之意译出，以与之相符。

说明 《折中》分析《周易》中“号”字为“呼号”之义，认为：“在常人则是哀痛迫切，写情输心也；在王者则是至诚恳恻，发号施令也。”又解“涣汗其大号”曰：“言其大号也，如涣汗然，足以通上下之壅塞，回周身之元气。”此说似有可取。

上九，涣其血去逖出，无咎[①]。

译文 上九，涣散（至极而四方聚合），于是离去忧恤脱出惕惧，无所咎害。

注释① 涣其血去逖出，无咎：血，通“恤”，犹言“忧恤”（参见《小畜》六四译注）；逖，通“惕”，即“惕惧”。此谓上九居《涣》之极，散极然后四方聚合，出现天下“归于一统，非复前日之离散”（《来氏易注》）的景象，故能离“忧”出“惕”，无所咎害。案，本爻“血去逖出”，当与《小畜》六四“血去惕出”同，《本义》谓“‘逖’当作‘惕’”，《尚氏学》谓两字“音同通用”；今查帛书《周易》作“湯”，正取“惕”音，于通假之例合。

说明 本爻辞之义，诸家说法不同，今举三例以备参考。（一）《集解》引虞翻注，训“血”为“血液”之“血”。（二）《王注》释“血”为“伤”，“逖”为“远”。（三）王申子《大易缉说》认为以诸爻文法律之，当以“涣其血”为句，谓：“涣其所伤而免于难。”

《象》曰：涣其血，远害也。

译文 《象传》说：涣散至极四方聚合遂能离去忧恤，说明上九已经远脱出离散的咎害。

说明 上九“无咎”，在于以阳居一卦之终，散极反聚，故能“血去逖出”，安然无害。

总论 《涣》卦所谓“涣散”，并非立义于“散乱”，而是兼从对立的角度揭示“散”与“聚”互为依存的关系。卦辞以“君王”祭庙喻聚合“神灵”之祐，以涉越大河喻聚合人心济难，说明事物形态虽散而神质能聚必致亨通，并强调此时行事利于守正。卦中六爻虽然均处“涣散”之时，但阴阳刚柔相比、相应，已流露出“聚”的气象。如初六阴柔在下，九二阳刚处中，时当“涣散”而两心系联，故前者如获“良马”拯助而致“吉”，后者似得“几案”凭依而“悔亡”；三、上两爻刚柔交应，或散其自身附从尊者而“无悔”，或散极见聚而“无咎”。四、五两爻的情状则更为典型，六四上承九五，有散小群、聚大群的美质；九五阳刚“尊主”，有散居积、聚民心的“盛德”：因此四得“元吉”，五获“无咎”。可见，本卦所明处“涣”之道，是立足于散而不乱、散而能聚的基点上；从哲学意义看，即是展示事物“散”、“聚”既对立又统一的特定规律。马振彪谓：“涣者其形迹，不涣者其精神。”（《周易学说》）实为本卦义理的内蕴所在。至于卦象“风行水上”所显露的“自然成文”的美学意蕴，则是本卦的又一特色。马振彪援据苏洵、姚鼐借卦论文之说，指出“‘风行水上’有自然之妙境”，故可“推论文章之妙”（《周易学说》）。这种推论引申，正与“形散神聚”、“涣然有文”的卦义相契合。因此，《涣》卦所蕴含的美学因素，也是值得注意的一项内容。

节卦第六十

䷻ **节①:亨②;苦节不可,贞③。**

译文 《节》卦象征节制:亨通;但不可以过分节制,应当守持正固。

注释 ① 节:卦名,下兑(☱)上坎(☵),象征"节制"。《正义》:"《象》曰'节以制度',《杂卦》云'节,止也'。然则'节'者,制度之名,节止之义。"

② 亨:此明凡事能适当节制,可致亨通。《正义》:"制事有节,其道乃亨。"

③ 苦节不可,贞:这是从正反两面见义,先言节制过苦则有伤事理,故"不可";又言"节制"应当持"正",则其道可通,故曰"贞"。

说明 "不可贞"三字,旧注多连读,但解释亦有异。今引王弼、程颐之说备参考:(一)《王注》释"贞"为"正",曰:"为节过苦,物所不能堪也;物不能堪,不可复正也。"(二)《程传》释"贞"为"常",曰:"节至于苦,岂能常也?不可固守以为常。"

《彖》曰:"节,亨",刚柔分而刚得中①。"苦节不可,贞",其道穷也②。说以行险,当位以节,中正以通③。天地节而四时成;节以制度,不伤财不害民④。

译文 《彖传》说:"节制,亨通",乃是由于刚柔上下区分而阳刚获得中道(主持节制)。"但不可以过分节制而感到苦涩,应当守持正固"(乃是由于不如此),节制之道必至困穷。物情欣悦就勇于蹈艰赴险,居位妥当就能自觉有所节制,处中守正而行事必将畅通。天地自然正是有所节制而一年四季才能形成;君主以典章制度为节制,就能不浪费资财、不残害百姓。

注释 ① 刚柔分而刚得中:刚,指上坎为阳卦;柔,指下兑为阴卦;刚得中,指九二、九五。此以上下卦象及二、五爻象释卦名及卦辞"节,亨"之义。《王注》:"坎阳而兑阴也，阳上而阴下，刚柔分也；刚柔分而不乱，刚得中而为制主，节之义也。节之大者，莫若刚柔分、男女别也。"

② 其道穷也：此以上六穷极于上之象，释卦辞"苦节不可，贞"。《集解》引虞翻曰："位极于上，乘阳，故穷也。"

③ 说以行险，当位以节，中正以通：说，即"悦"，指下兑为"悦"；险，指上坎为险；当位，指四、五两爻阴阳得位；中正，谓五。此又举上下象及四、五爻象，进一步申明"节制"必须不违"悦"、适当而不过"中"之理。《集解》引虞翻曰："兑说，坎险"，"中正谓五"。《正义》："更就二体及四五当位重释行节得亨之义，以明'苦节'之穷也。"

④ 天地节而四时成；节以制度，不伤财不害民：《正义》："此下就天地与人，广明'节'义。天地以气序为节，使寒暑往来，各以其序，则四时功成之也；王者以制度为节，使用之有道，役之有时，则不伤财不害民也。"

《象》曰：泽上有水，节①；君子以制数度，议德行②。

译文 《象传》说：大泽上有水（筑堤为防），象征"节制"；君子因此制定礼数法度以为准则，详议道德行为任用得宜。

注释 ① 泽上有水，节：释《节》卦下兑为泽、上坎为水之象。《集解》引侯果曰："泽上有水，以堤防为节。"

② 制数度，议德行：数度，犹言"礼数法度"；议，评议、商度。这是说明"君子"效法《节》象，制定礼法作为"节制"的准则，又评议人的德行优劣以期任用得宜。《正义》："数度，谓尊卑礼命之多少；德行，谓人才堪任之优劣。君子象'节'，以制其礼数等差，皆使有度；议人之德行任用，皆使得宜。"

说明 对本卦大象的解释，孔颖达认为："水在泽中，乃得其节。"（《正义》）朱震承之曰："泽之容水，固有限量，虚则纳之，满则泄之，水以泽为节也。"（《汉上易传》）此说于义亦通。

初九，不出户庭，无咎①。

译文 初九，（节制慎守）不跨出户庭，必无咎害。

注释 ① 不出户庭，无咎：户庭，户外庭院。此言初九居《节》之始，上应六四；但前路九二阻塞，故节制慎守，遂以"不出户庭"免"咎"。《本义》："户庭，户外之庭也。阳刚得正，居《节》之初，未可以行，能节而止者也。"《尚氏学》："二阳为阻，故不宜出；不出则'无咎'。《象》曰'知通塞'，言二阻塞也。"

《象》曰："不出户庭"，知通塞也。

译文 《象传》说："（节制慎守）不跨出户庭"，说明初九深知路途畅通则行、阻塞则止的道理。

说明 "不出户庭"，又含有慎言语、守机密的象征意义。《系辞上传》引孔子语发挥此爻之义曰："君不密则失臣，臣不密则失身，几事不密则害成。是以君子慎密而不出也。"

九二，不出门庭，凶①。

译文 九二，（拘于节制）不跨出门庭，有凶险。

注释 ① 不出门庭，凶：门庭，门内庭院。此谓九二阳居阴位，拘于节制，当二阴待于前、路途畅通之际，仍怀失正无应之忧而“不出门庭”，故有凶险。《尚氏学》：“二比重阴，阳遇阴则通；通则利往，乃竟不出，是失时也，故凶。”

《象》曰：“不出门庭凶”，失时极也①。

译文 《象传》说：“（拘于节制）不跨出门庭而有凶险”，说明九二丧失了适中的时机。

注释 ① 失时极：《集解》引虞翻曰：“极，中也。”《尚氏学》：“《说文》‘极，栋也’，栋居屋脊，当屋之中，故极为中。失时极，即失时之中也。”

说明 初九在路途“塞”时，节制不出；九二当路途“通”时，仍节制不出：可见前者“知几”，后者“违时”，故彼“无咎”而此“凶”。

六三，不节若，则嗟若，无咎①。

译文 六三，不能节制，于是嗟叹伤悔，可免咎害。

注释 ① 不节若，则嗟若，无咎：若，语气助词；嗟，伤叹。此言六三阴居阳位，处《节》下卦之终，乘凌二阳，有骄侈而不能节制之象；但若能嗟伤自悔，亦可“无咎”。《横渠易说》：“处非其位，‘失节’也；然能居不自安，则人将容之，故‘无咎’。”

《象》曰：“不节之嗟”，又谁咎也①！

译文 《象传》说：“不能节制而嗟叹伤悔”，又有谁会施加咎害呢？

注释 ① 又谁咎：犹言“未必有咎”，义与《同人》初九《象传》同（见该爻译注）。

说明 王弼释本爻“无咎”为“无所怨咎”（《王注》）。张载不同意此说，指出：“王弼于此‘无咎’又别立一例。只旧例亦可推行：但能嗟其不节，有补过之心，则亦无咎也。”（《横渠易说》）今从张说。

六四，安节，亨①。

译文 六四，安然奉行节制，亨通。

注释 ① 安节，亨：谓六四柔正得位，顺承九五，有安行节制之象，遂得“亨通”。《王注》：“得位而顺，不改其节，而能亨者也。”

《象》曰：“安节之亨”，承上道也①。

译文 《象传》说：“安然奉行节制可获亨通”，说明六四谨守顺承尊上之道。

注释 ① 承上道：《集解》引《九家易》曰：“言四得正奉五，上通于君，故曰‘承上道也’。”

说明 三、四两爻或顺、或不正，适成反照。俞琰曰：“六三失位而处兑泽之极，

是乃溢而'不节';六四当位而顺承九五之君,故为'安节'。"(《周易集说》)

九五,甘节,吉,往有尚①。

译文 九五,适当节制而令人感到甘美适中,吉祥,往前进发,必受尊尚。

注释 ① 甘节,吉,往有尚:甘,《说文》"美也"。此谓九五阳刚中正,下乘重阴,为《节》卦之主,能甘美而恰到好处地施行节制,故获"吉"而"往有尚"。《王注》:"当位居中,为《节》之主,不失其中,'不伤财,不害民'之谓也。为节之不苦,非甘而何?术斯以往,'往有尚'也。"

《象》曰:"甘节之吉",居位中也。

译文 《象传》说:"适当节制而令人感到甘美适中,于是获得吉祥",说明九五尊居正中之位。

说明 "甘节"与上六"苦节"之义相反。《重定费氏学》引左光斗曰:"《礼》'和为贵',而节在其中矣。凡人过心过形皆苦,去其太甚则甘。知穷而通,惟此中正:节以制度,上下有分,名器有当,民自不识不知而由之。节何等甘邪!"

上六,苦节;贞凶,悔亡①。

译文 上六,节制过分,令人苦涩不堪;应当守持正固防备凶险,悔恨就可以消亡。

注释 ① 苦节;贞凶,悔亡:贞凶,犹言"守正防凶"(参阅《屯》九五译注)。这三句说明上六处《节》之极,有节制过苦、人所不堪之象;但以柔居上,未失其正,故爻辞又勉之曰:守"正"防"凶",则可"悔亡"。《王注》:"过节之中,以致亢极,'苦节'者也。以斯施人("人"阮刻作"正",据《校勘记》改),物所不堪,正之凶也;以斯修身,行在无妄,故得'悔亡'。"案,王弼释"贞凶"为"正之凶",可备一说。

《象》曰:"苦节贞凶",其道穷也。

译文 《象传》说:"节制过分,令人苦涩不堪,应当守持正固防备凶险",说明上六的节制之道已经困穷。

说明 "苦节"而"道穷",宜其有凶;但行"节"之苦心,又未可全非。故爻辞特加诫勉,微含劝其回头、化"苦"为"甘"之义。

总论 适当的"节制",往往是事物顺利发展的一项重要因素。《礼记·曲礼上》谓:"礼不逾节",《论语·学而》称:"知和而和,不以礼节之,亦不可行也。"其说虽均针对"礼仪"而发,但所明"节制"之理却含有普遍性的意义。《周易》设立《节》卦,正是集中阐说"节制"应当"持正"、"适中"的道理,故卦辞既称节制可致亨通,又戒不可"苦节"。卦中六爻两两相比之间,呈三正三反之象。邱富国指出:"初与二比,初'不出户庭'则'无咎',二'不出门庭'则'凶',二反乎初也;三与四比,四柔得正则为'安节',三柔不正则为'不节',三反乎四者也;五与上比,五得中则为节之'甘',上过中则为节之'苦',上反乎五者也。"(《折中》引)其中凡有凶咎者,皆因不中不正所致;而最吉之爻,当推九五中正"甘节",来知德誉为"节之尽善尽美","立法于今,而可以垂范于后也"(《来氏易注》)。可见,《节》卦的基本含义在于:合乎规律的"节制",有利于事物的正常发展;反之则致凶咎。这一道理广见于自然界及人类社会的诸多物象,如季节的推展,动植物的蕃衍,人类喜怒哀乐的情状,衣食住行的处置,均与"节制"有关。至于古代经济思想中"节用爱民"的观点,也与《节》卦的义理密切关联。欧阳修分析此卦说:"君子之所以节于己者,为其爱于物也。故其《彖》曰'节以制度,不伤财,不害民'者是也。"(《易童子问》)从这一角度看,可以说,《节》卦在某种程度上反映了《周易》作者的经济思想。

中孚卦第六十一

䷼ 中孚①：豚鱼吉②，利涉大川，利贞③。

译文 《中孚》卦象征中心诚信：（诚信到）能感化小猪小鱼，（故而）可获吉祥，利于涉越大河巨川，利于守持正固。

注释 ① 中孚：卦名，下兑（☱）上巽（☴），象征“中心诚信”。《正义》：“信发于中，谓之中孚。”

② 豚鱼吉：豚，音 tún，小猪，“豚鱼”犹言“小猪小鱼”，喻微隐之物。此句以信及豚鱼，譬喻“中孚”之德广被微物，故获吉祥。《正义》：“鱼者，虫之幽隐；豚者，兽之微贱。人主内有诚信，则虽微隐之物，信皆及矣。”《程传》：“孚信能感于豚鱼，则无不至矣，所以吉也。”

③ 利涉大川，利贞：此言有“中孚”之德则利于涉险，利于守正。《正义》：“既有诚信，光被万物，万物得宜，以斯涉难，何往不通？故曰‘利涉大川’；信而不正，凶邪之道，故利在贞也。”

说明 朱熹曾经辨析“孚”字与“信”字意义的区别和联系，说：“伊川云‘存于中为“孚”，见于事为“信”’，说得极好。因举《字说》‘孚’字从爪从子，如鸟抱子之象；今之‘乳’字，一边从‘孚’。盖中所抱者，实有物也；中间实有物，所以人自信之。”（《朱子语类》）此说颇可参考。

《彖》曰：“中孚”，柔在内而刚得中①；说而巽，孚乃化邦也②。“豚鱼吉”，信及豚鱼也③；“利涉大

译文 《彖传》说：“中心诚信”，譬如柔顺处内能够谦虚至诚而刚健居外又能中实有信；于是下者欣悦、上者和顺，诚信之德就能被化邦国。“（诚信到）能感化小猪小鱼（故而）可获吉祥”，是说诚信已施

及于猪、鱼微物；“利于涉越大河巨流”，是因为此时能像乘驾木船那样畅行无阻；中心诚信而又利于守持正固，是因为应合“天”的刚正美德。

川”，乘木舟虚也④；中孚以利贞，乃应乎天也⑤。

注释 ① 柔在内而刚得中：柔，指六三、六四；刚，指九二、九五。此以中四爻的结构释卦名“中孚”。从全卦整体看，两阴正居其内，犹如“中虚”至诚；从上下卦看，两阳分处其中，犹如“中实”有信，故谓“中孚”。《程传》：“二柔在内，中虚为诚之象；二刚得上下体之中，中实为孚之象：卦所以为‘中孚’也。”

② 说而巽，孚乃化邦也：说，指下兑为“悦”；巽，指上巽含“和顺”之义。这两句又以上下卦象再释卦名“中孚”之义，谓上下交孚，则其信可以“化邦”。《程传》：“上巽下说，为上至诚以顺巽于下，下有孚以说从其上。如是，其孚乃能化于邦国也。”

③ 信及豚鱼也：此释卦辞“豚鱼吉”。《程传》：“信能及于豚鱼，信道至矣，所以吉也。”

④ 乘木舟虚：木，指“舟”，上巽为木、下兑为泽，故有乘舟之象；虚，此处亦指“舟”，“木舟虚”三字合称“船”。本句释卦辞“利涉大川”。《尚氏学》据王应麟辑《郑康成易注》，认为古“舟”又名“虚”，指出“‘木、舟、虚’三者平列为义，皆船也”。案，《王注》释“舟虚”为“舟之虚”，《程传》云“卦虚中，为虚舟之象”，于义亦通。

⑤ 乃应乎天也：此释卦辞“利贞”。《正义》：“天德刚正，而气序不差，是正而信也。今信不失正，乃得应于天，是中孚之盛，故须济以‘利贞’也。”

说明 本卦中二爻阴虚，前人多以为此象蕴含着“诚信”须以“中虚”为本的哲理。《重定费氏学》引曾国藩曰：“人必中虚不着一物，而后能真实无妄。盖‘实’者，不欺之谓也。人之所以欺人、所以自欺者，以心中别着私物也。不欺者，心无私着。是故天下之至诚，天下之至虚者也。灵明无着，物来顺应，是之谓虚，是之谓诚而已矣。”

译文 《象传》说：大泽上吹拂着和风（犹如广施信德），象征“中心诚信”；君子因此以诚信之德审议讼狱、宽缓死刑。

《象》曰：泽上有风，中孚①；君子以议狱缓死②。

注释 ① 泽上有风，中孚：释《中孚》下兑为泽、上巽为风之象。《正义》：“风行泽上，无所不周；其犹信之被物，无所不至，故曰‘泽上有风，中孚’。”

② 议狱缓死：指“君子”效法“中孚”之象，广施信德，乃至慎议刑狱，宽缓死刑。《程传》：“君子之于议狱，尽其忠而已；于决死，极其恻而已，故诚意常求于缓。缓，宽也。于天下之事，无所不尽其忠；而议狱缓死，最其大者也。”《尚氏学》：“议狱缓死，欲孚及罪人而向善也。”

说明 《折中》引徐幾曰：“《象》言‘刑狱’五卦。《噬嗑》、《丰》，以其有离之明、震之威也；《贲》次《噬嗑》，《旅》次《丰》，离明不易，震皆反为艮矣。盖明贵无时不然，威则有时当止。至于《中孚》，则全体似离，互体有震、艮，而又兑以议之，巽以缓之。圣人即象垂教，其忠厚恻怛之意，见于谨刑如此。"此说比较五卦《大象传》关于"刑狱"的立说依据，可资参考。

初九，虞吉，有它不燕①。

译文 初九，安守（诚信）可获吉祥，别有它求则不得安宁。

注释 ① 虞吉，有它不燕：虞，犹言"安"，《仪礼·士虞礼》郑玄注："虞，安也。"燕，通"宴"，亦"安"之意；有它，有应于他方，此处指应四。这两句说明初九以阳居《中孚》之始，能安守诚信则吉；虽与六四有应，但九二在前为阻，欲"有它"往应则不得安宁。《集解》引荀爽曰："虞，安也。初应于四，宜自安虞，无意于四则吉，故曰'虞吉'也；四者承五，有它意于四，则不安，故曰'有它不燕'也。"《尚氏学》："'有它'谓不安于初，不顾二阻，而它往应四，则'不燕'也。"案，《王注》训"虞"为"专"，谓："为信之始，而应在四，得乎专吉者也；志未能变，系心于一，故'有它不燕'也。"可备一说。

《象》曰：初九"虞吉"，志未变也①。

译文 《象传》说：初九"安守（诚信）可获吉祥"，说明不欲它求的心志未曾改变。

注释 ① 志未变：《集解》引荀爽曰："初位潜藏，未得变而应四也。"

说明 初九处"勿用"之位，能慎守诚信而无所求，必获吉祥。《折中》引项安世曰："初九安处于下，不假它求，何吉如之？"

九二，鸣鹤在阴，其子和之①；我有好爵，吾与尔靡之②

译文 白鹤鸣叫在山的背阴，它的同类声声应和；我有甜美的酒浆，愿与你共饮同乐。

注释 ① 鸣鹤在阴，其子和之：鹤，喻九二；阴，山阴，喻九二处两阴之下；其子，喻九五。这两句说明九二阳刚居中，笃实诚信，声闻于外；九五处上，亦以诚德遥相应和。《本义》："九二'中孚'之实，而九五亦以中孚之实应之。"

② 我有好爵，吾与尔靡之：我、吾，均指九二；爵，《说文》"饮器"，《说文通训定声》"凡酒器亦总名曰'爵'"，此处借指"酒"，故《折中》云"好爵，谓旨酒也"；尔，指九五；靡，《释文》"《韩诗》云'共也'，孟同"。这两句进一步说明二、五以诚信相互感通，犹如以美酒共饮同乐。《尚氏学》："尔谓五，言二、五共此爵也。"

说明 陈骙《文则》以为"《易》文似《诗》"，并谓："《中孚》九二曰：'鸣鹤在阴，其子和之；我有好爵，吾与尔靡之。'使入《诗·雅》，孰别爻辞？"此说颇有见地。从这则爻辞看，不仅句式整齐，偶句谐韵，而且形象鲜明生动，上两句"鹤鸣"、"子和"，与下两句"我爵"、"尔靡"，又见"比兴"情调。这类现象在六十四卦的卦爻辞中颇为多见，是研究先秦诗歌史的重要资料。

《象》曰："其子和之"，中心愿

译文 《象传》说："白鹤的同类声声应

和"，这是发自内心的真诚意愿。

也[①]。

注释 ① 中心愿：中心，犹言"内心"。指五、二以真诚的意愿相应和。《程传》："谓诚意所愿也，故通而相应。"

说明《系辞上传》引孔子语释本爻之义曰："君子居其室，出其言善，则千里之外应之，况其迩者乎？出其言不善，则千里之外违之，况其迩者乎？"其旨在于揭明心念真诚，虽远亦能相应，即程颐所谓："至诚感通之理。"（《程传》）

译文 六三，（存心不诚）前临劲敌，或击鼓进攻，或疲惫败退，或（惧敌反攻而）悲泣，或（因敌不侵而）欢歌。

六三，得敌，或鼓或罢，或泣或歌[①]。

注释 ① 得敌，或鼓或罢，或泣或歌：敌，《集解》引荀爽曰"三、四俱阴，故称敌。"罢，谓"疲"，《尚氏学》："罢、疲通，音婆，下与'歌'叶。"此言六三阴柔失正，与四为敌，有存心不诚而躁动之象，故击鼓欲进；但四位柔正，三不能取胜，只得疲惫而退；又惧四反击，不免忧惧悲泣；而六四守正，不加侵害，遂无忧而"歌"。《王注》："以阴居阳，欲进者也。欲进而阂敌，故'或鼓'也；四履正而承五，非己所克，故'或罢'也；不胜而退，惧见侵陵，故'或泣'也；四履乎顺，不与物校，退而不见害，故'或歌'也。不量其力，进退无恒，惫可知也。"

译文《象传》说："或击鼓进攻、或疲惫败退"，说明六三居位不妥当。

《象》曰："或鼓或罢"，位不当也。

说明 六三不当位，自树其敌，遂有"鼓"、"罢"、"泣"、"歌"之象。正如人心不诚，私念杂起，往往多方钻营，言行无常，但终究徒劳无益。《折中》引刘牧曰："人惟信不足，故言行之间变动不常如此。"

译文 六四，月亮接近满圆，良马亡失匹配，不致咎害。

六四，月几望，马匹亡，无咎[①]。

注释 ① 月几望，马匹亡，无咎：几望，月亮将满未盈（见《归妹》六五译注）；匹，配也，指初与四阴阳互应。此谓六四处"中孚"之时，柔顺居正，上承九五，犹如"阴德"方盛而不盈，遂有"月几望"之象；既已专诚事五，则不可分心应初，故必如马亡其匹、与初割绝，才能"无咎"。《本义》："六四居阴得正，位近于君，为'月几望'之象；马匹，谓初与己为匹，四乃绝之，而上以信于五，故为'马匹亡'之象。占者如是，则'无咎'也。"

译文《象传》说："良马亡失匹配"，说明六四断绝其配偶而上承九五。

《象》曰："马匹亡"，绝类上也[①]。

注释 ① 绝类上：类，指初九；上，用如动词，犹言"上承"、"上从"。《程传》："绝其类而上从五也。"案，尚先生以"类"为动词，谓"类上即承上"（《尚氏学》），于义亦通。

说明 本爻的义旨是：当"中孚"之时，禀"阴顺"之德，诚信必须专一。故六四须"绝"初，才能承五，《折中》谓："孚不容于有二"是也。

九五，有孚挛如，无咎①。

译文 九五，用诚信牵系天下之心，无所咎害。

注释 ① 有孚挛如，无咎：挛，牵系（见《小畜》九五译注）；如，语气助词。此谓九五阳刚中正，为《中孚》之主，能以诚信广系"天下"之心，则"天下"亦以诚信相应，故无所咎害。《折中》引胡瑗曰："居尊而有中正之德，是有至诚至信之心，发之于内而交之于下，以挛天下之心；上下内外，皆以诚信相通，是得为君之道，何咎之有？"

《象》曰："有孚挛如"，位正当也。

译文 《象传》说："用诚信牵系天下之心"，说明九五居位中正适当。

说明 《象传》称"孚乃化邦"，正指此爻。胡炳文曰："六爻不言'孚'，惟九五言之，九五'孚'之主也。"（《周易本义通释》）

上九，翰音登于天，贞凶①。

译文 上九，飞鸟的鸣叫声响彻天宇（虚声远闻而信实不继），必须守持正固以防凶险。

注释 ① 翰音登于天，贞凶：翰，高飞，"翰音"犹言"飞鸟鸣音"。此谓上九居《中孚》之极，诚信衰而虚伪起，遂有"翰音"虚升于天之象；但毕竟具备阳刚本质，故爻辞又设守"贞"防"凶"之诫。《王注》："翰，高飞也；飞音者，音飞而实不从之谓也。居卦之上，处信之终，信终则衰，忠笃内丧，华美外扬，故曰'翰音登于天'也。"《正义》："信衰则诈起"，"若鸟之（"之"阮刻作"于"，据《校勘记》改）翰音登于天，虚声远闻也"。案，《集解》引虞翻注，谓"鸡称翰音"，可备一说。（《东坡易传》）

《象》曰："翰音登于天"，何可长也！

译文 《象传》说："飞鸟的鸣叫声响彻天宇（虚声远闻而信实不继）"，这种虚声怎能保持长久呢？

说明 九二"鸣鹤在阴"，上九"翰音登天"：一笃实一虚伪，恰为反照。苏轼曰："九二在阴而'子和'，上九飞鸣而'登天'，其道盖相反也。"

总论 孔子曾经反复以"信"德施教，《论语》二十篇屡屡强调这一宗旨，如"敬事而信"（《学而》），"主忠信，徙义崇德也"（《颜渊》），"人而无信，不知其可也"（《为政》）等均是。《中孚》卦，正是阐明"中心诚信"的意义。卦辞用"感化小猪小鱼可获吉祥"，喻诚信之德应当广被微物，并称此时利于涉险、利于守正。卦中诸爻从不同的角度揭示其理：初安于下位以守信，二笃诚中实以感物，四专心致诚而不贰，五广施诚信而居尊，这四爻虽处位不同、阴阳有别，但皆为有“信”的正面形象；而六三居心不诚，言行无常，上九信衰诈起、虚声远闻，则为无“信”的反面形象。六爻最受推崇的，是二、五两爻。九二取“鸣鹤在阴，其子和之”为喻，贾谊由此推得“爱出者爱反，福往者福来”(《新书·春秋》)的论旨。至于九五所取以“诚信”牵系“天下”之象，更蕴含着对“有国者”必须“取信于民”的期望，与卦辞申言：信及“豚鱼”、感化万物的观点相合。刘向论曰：“人君苟能至诚动于内，万民必应而感移。尧、舜之诚感于万国，动于天地，故荒外从风，凤麟翔舞，下及微物，咸得其所。《易》曰：‘中孚，豚鱼吉’，此之谓也。”(《新序·杂事篇》)可见，《中孚》卦所发“诚信”之义，既泛及一般的社会道德，又兼及特殊的政治伦理。那么，在研究我国古代社会的伦理思想中，尤其在探索“信”这一道德范畴的历史渊源时，本卦实可提供一定的资料依据。

小过卦第六十二

䷽ **小过①:亨,利贞②;可小事,不可大事③;飞鸟遗之音,不宜上,宜下,大吉④。**

译文 《小过》卦象征小有过越:亨通,利于守持正固;可以施行寻常小事,不可践履天下大事;譬如飞鸟留下悲哀的鸣声,不宜于向上强飞,宜于向下安栖,大为吉祥。

注释 ① 小过:卦名,下艮(☶)上震(☳),象征"小有过越"。案,"小过"之义,与"大过"可相对照。此卦外四阴超过中二阳,阴称"小",故谓"小过";其寓理又含小事过越、小有过越等义。《程传》:"小者过其常也,盖为小者过;又为小事过,又为过之小。"《本义》:"小谓阴也,为卦四阴在外,二阳在内,阴多于阳,小者过也。"

② 亨,利贞:此谓"小过"之时,可致亨通;但"过越"又不能不以"正"为本,故称"利贞"。《正义》:"过为小事,道乃可通,故曰'小过,亨'也;'利贞'者,矫世励俗,利在归正。"

③ 可小事,不可大事:小事,指柔小之事;大事,指刚大之事。《周易集说》:"'小过'之时,可过者小事而已,大事则不可过也。"《折中》:"大事,谓关系天下国家之事;小事,谓日用常行之事。"

④ 飞鸟遗之音,不宜上,宜下,大吉:这几句取"飞鸟"象,比喻"小过"主于谦柔,可居下,不可居上。《王注》:"飞鸟遗其音,声哀以求处,上愈无所适,下则得安。愈上则愈穷,莫若飞鸟也。"《重定费氏学》:"飞鸟,高过于人矣;然遗音可闻,是亦未能过高,特'小过'耳。逆顺者飞而向上,有风气阻力;就下则势顺也。《管子》云:鸟之飞也,必还山集谷。不还山则困,不集谷则死。故曰'不宜上,宜下,大吉'。"

《彖》曰：小过，小者过而亨也①；过以利贞，与时行也②。柔得中，是以小事吉也；刚失位而不中，是以不可大事也③。有飞鸟之象焉④："飞鸟遗之音，不宜上，宜下，大吉"，上逆而下顺也⑤。

译文 《彖传》说：小有过越，说明在寻常柔小之事有所过越而能亨通；有所过越而利于守持正固，说明应当配合一定的时候奉行此道。譬如阴柔居中不偏，所以施行寻常柔小之事可获吉祥；阳刚有失正位而不能持中，所以不可践履天下刚大之事。卦中有飞鸟的喻象："飞鸟遗下悲哀的鸣声，不宜于向上强飞，宜于向下安栖，大为吉祥"，说明向上行大志则违逆而向下施小事则安顺。

注释 ① 小者过而亨也：此释卦辞"小过，亨"。《折中》引朱震曰："小过，小者过也。盖事有失之于偏，矫其失必待小有所过，然后偏者反于中。谓之过者，比之常理则过也；过反于中，则其用不穷而亨矣。"

② 与时行也：此释卦辞"利贞"，谓"小过"之道须行于正当之时，不可随意妄为。《正义》："矫枉过正，应时所宜，不可常也。"

③ 柔得中，是以小事吉也；刚失位而不中，是以不可大事也：柔，指六二、六五；刚，指九三、九四。这四句用卦中柔爻、刚爻的居位特点，释卦辞"可小事，不可大事"。《正义》："此就六二、六五以柔居中，九四失位不中、九三得位不中，释'可小事，不可大事'之义。柔顺之人，惟能行小事；柔而得中，是行小中时，故曰'小事吉'也。刚健之人，乃能行大事；失位不中，是行大不中时，故曰'不可大事'也。"

④ 有飞鸟之象焉：此谓卦辞取"飞鸟遗之音，不宜上，宜下"为喻象。《王注》："'不宜上，宜下'，即'飞鸟'之象。"案，《集解》引宋衷曰："二阳在内，上下各阴，有似飞鸟舒翮之象。"《尚氏学》认为上卦为"覆艮"，下卦亦艮，"艮为鸟"，故"有飞鸟之象，谓上下卦皆艮也"。二说并通，可资参考。但《程传》指出："此一句不类《彖》体，盖解者之辞误入《彖》中。"似亦可备一说。

⑤ 上逆而下顺也：上逆，指五居上乘刚；下顺，指二处下承阳。此释卦辞"飞鸟遗之音，不宜上，宜下"。《正义》："此就六五乘九四之刚，六二承九三之阳，释所以'不宜上，宜下，大吉'之义也。上则乘刚而逆，下则承阳而顺。"

《象》曰：山上有雷，小过①；君子以行过乎恭，丧过乎哀，用过乎俭②。

译文 《象传》说：山顶上响动着震雷（其声过常），象征"小有过越"；君子因此行止稍过恭敬，丧事稍过悲哀，费用稍过节俭。

注释 ① 山上有雷，小过：释《小过》下艮为山、上震为雷之象。《程传》："雷震于山上，其声过常，故为'小过'。"

② 行过乎恭，丧过乎哀，用过乎俭：这是说明"君子"效法《小过》之象，在行止之恭、丧事之哀、用费之俭这些寻常小事上，稍能过越，以正俗弊。《正义》："小人过差，失在慢易、奢侈，故君子矫之以'行过乎恭，丧过乎哀，用过乎俭'也。"

说明 《大象传》所举三例，均为谦慈柔惠的行为，与卦辞"可小事"、"宜下"的意义正合。朱熹曰："'小过'是过于慈惠之类，'大过'则是刚严果毅底气象"，"'小过'是小事过，又是过于小。如'行过乎恭，丧过乎哀，用过乎俭'，

皆是过于小、退后一步、自贬底意思。”(《朱子语类》)

初六,飞鸟以凶①。

译文 初六,飞鸟逆势向上将有凶险。

注释 ① 飞鸟以凶:以,连词,犹“而”。此言初六处“小过”之始,本当“宜下”,却如“飞鸟”逆势上翔,往应九四,故有凶险。《王注》:“‘小过’上逆下顺,而应在上卦,进而之逆,无所错足,‘飞鸟’之‘凶’也。”

《象》曰:“飞鸟以凶”,不可如何也①。

译文 《象传》说:“飞鸟逆势向上将有凶险”,这是初六自取凶咎,无奈其何。

注释 ① 不可如何:犹言“无奈其何”,谓难以解救。《来氏易注》:“不可如何,莫能解救之意。”

说明 初六居位不中正,前有六二为阻,却反其安“下”之道而应上,因此自取凶咎。

六二,过其祖,遇其妣;不及其君,遇其臣,无咎①。

译文 六二,超过祖父,得遇祖母;然而不及其君主,君主于是得遇合臣仆,必无咎害。

注释 ① 过其祖,遇其妣;不及其君,遇其臣,无咎:祖,祖父,喻九四;妣,祖母,与下文“君”皆喻六五;臣,喻六二,“遇其臣”犹言“君得其臣”。这几句说明六二柔顺中正,其进可越三而超过四“祖”,得遇六五之“妣”;但六五“君位”,二不敢擅越,而臣事之,五遂得遇其臣,故又曰“不及其君,遇其臣”;居二之位,当“小过”之时,必须如此既过又不过,才能“无咎”。《本义》:“六二柔顺中正,进则过三、四而遇六五,是过阳而反遇阴也;如此则不及六五,而自得其分,是‘不及其君’而‘遇其臣’也;皆过而不过,守正得中之意,‘无咎’之道也。”

说明 此爻之义,诸家解释颇歧。今举三说以备参考。(一)虞翻释“祖”为“祖母”,并以初六为“祖”、六二为“妣”、九三为“臣”、六五为“君”,认为:“二过初,故‘过其祖’;五变,三体《姤》遇,故‘遇妣’也”;“五动为君,《晋》坤为臣,二之五隔三艮为止,故‘不及其君’;止如承三,得正,体《姤》遇象,故‘遇其臣,无咎’也”(《集解》引)。(二)王弼释“祖”为“始”,谓初为“祖”、二为“妣”,指出:“过而得之谓之‘遇’;在《小过》而当位,过而得之之谓也。祖,始也,谓初也;妣者,居内履中而正者也。过初而履二位,故曰‘过其祖’而‘遇其妣’。过而不至于僭,尽于臣位而已,故曰‘不及其君,遇其臣,无咎’。”(《王注》)(三)尚先生别为之解,曰:“艮为祖,二承三故‘过其祖’;巽为妣,二当巽初,故‘遇其妣’。《尔雅》‘母曰妣’,妣谓二,祖谓三。二应在五,五震为君,乃五不应,故‘不及其君’。艮为臣,三艮主爻,二承之,故‘遇其臣’。”(《尚氏学》)

译文 《象传》说："不及其君主"，说明六二作为臣仆不可超过尊上。

《象》曰："不及其君"，臣不可过也。

说明 六二所以"无咎"，正是在"过"与"不过"之中妥善周旋，恰到好处。王宗传曰："或过或不及，皆适当其时与分，而不愆于中焉。此在'过'之道为'无过'也，故曰'无咎'。"（《童溪易传》）

译文 九三，不肯过为防备，将要受人加害，有凶险。

九三，弗过防之，从或戕之，凶①。

注释 ① 弗过防之，从或戕之，凶：防，防备；之，语气词（下句同）；从，作副词，犹言"随着"、"从而"，《左传》隐公六年"长恶不悛，从自及也"，杜预注"从，随也"；戕，音 qiāng，害也。此谓九三居下卦之上，处阴过阳之时，阳刚得正，自恃强盛，不愿过为防备，则将为人所害，故"凶"。《本义》："小过之时，事每过当，然后得中。九三以刚居正，众阴所欲害者也；而自恃其刚，不肯过为之备，故其象占如此。"案，《王注》训"从"为"应"，谓三应上六将遇其害，故《正义》曰："上六小人，最居高显，而复应而从焉，其从之也，则有残害之凶至矣。"《尚氏学》认为："言三若应上，则四或害之也。"二说并可参考。

译文 《象传》说："将要受人加害"，说明九三的凶险多么严重啊！

《象》曰："从或戕之"，凶如何也①！

注释 ① 凶如何：《程传》："凶如何也，言其甚也。"

说明 九三之"凶"，在于轻忽"小事"，不愿"过防"。《折中》指出："小过者，小事过也；小事过者，敬小慎微之义也。九三过刚违于斯义矣，故为不过于周防，而或遇戕害之象。传曰：'君子能勤小物，故无大患。'此爻之意也。"

译文 九四，无所咎害，不过分刚强就能得遇阴柔；但前往应合将有危险，务必自戒，不可施展才用，而要永久守持正固。

九四，无咎，弗过遇之；往厉必戒，勿用，永贞①。

注释 ① 无咎，弗过遇之；往厉必戒，勿用，永贞：弗过，指九四失位不过刚；遇之，谓得遇初六；往，指前往应初。此谓九四阳居阴位，不为过刚，遂能得遇下卦之初，有"宜下"之象，故"无咎"；但既已失正，若主动前往应初，则失自慎静守之道，故戒以"往厉"，并告其"勿用"、"永贞"。《重定费氏学》："四应初六，合'宜下'之道，故'无咎'；然以失位之刚在上，虽应下而情亢，故又有'往厉'之戒，'勿用'、'永贞'皆戒辞。"

译文 《象传》说："不过分刚强就能得遇阴柔"，说明九四未居适当的阳刚位置；

《象》曰："弗过遇之"，位不当

也；“往厉必戒”，终不可长也。

译文 “前往应合将有危险，务必自戒”，说明若往应阴终将不能长久无害。

说明 当“小过”之时，九四失正，因此必须静守“勿用”，保其“永贞”。就四对初的关系来看，可“遇”之而不可“往”应：即要求九四谨慎不妄动。否则，若一意孤往，必将化“无咎”为有“凶”。

六五，密云不雨，自我西郊[①]；公弋取彼在穴[②]。

译文 六五，浓云密布而不降雨，它从我们城邑的西郊升起；王公竭力射取隐藏穴中的害兽。

注释 ① 密云不雨，自我西郊：义与《小畜》卦辞同（参见该卦译注）。此处说明六五以阴居尊位，下无阳应，犹如西郊阴方唯浓云密布，无阳而不能化雨；象旨正合“小者过”、“不可大事”之义。《王注》：“小过，小者过于大也。六得五位，阴之盛也，故‘密云不雨’，至于‘西郊’也。夫雨者，阴在于上，而阳薄之而不得通，则烝而为雨，今艮止于下而不交焉，故‘不雨’也。是故《小畜》尚往而亨，则不雨也；《小过》阳不上交，亦不雨也。虽阴盛于上，未能行其施也。”

② 公弋取彼在穴：公，指六五，《王注》：“臣之极也，五极阴盛，故称‘公’也”；弋，音 yì，用缴（细绳）系在箭矢上射，《诗经·郑风·女曰鸡鸣》“弋凫与雁”，《郑笺》“弋，缴射也”；在穴，即藏于穴中的狡兽，喻隐患、弊端。此句承前两句之意，说明六五虽不能治天下，但作为“王公”则能过行其臣职，竭力除害矫弊。《周易口义》：“弋者，所以射高也；穴者，所以隐伏而在下也。公以弋缴而取穴中之物，犹圣贤虽过行其事，意在矫下也。”

《象》曰：密云不雨，已上也[①]。

译文 《象传》说：“浓云密布而不降雨”，说明六五阴气旺盛已经高居在上。

注释 ① 已上：指阴已居上，未得阳和，故“不雨”。

说明 本爻《象传》称“已上”，与《小畜》卦《象传》谓“尚往”，义略可通。《折中》引龚焕曰：“密云不雨，《小畜》谓其‘尚往’者，阴不足以畜阳，而阳‘尚往’也；《小过》谓其‘已上’者，阴过乎阳，而阴已上也。一为阳之过，一为阴之过，皆阴阳不和之象，故不能为雨也。”

上六，弗遇过之[①]；飞鸟离之，凶，是谓灾眚[②]。

译文 上六，不能遇合阳刚却更超过阳刚；正像飞鸟（不停地飞动）遭受射杀，有凶险，这就叫作灾殃祸患。

注释 ① 弗遇过之：此句说明上六居《小过》之终，阴处穷高，过越至极，不仅不能应合在下之阳，且己身之亢已超过阳刚，故谓“弗遇过之”。《重定费氏学》：“阴阳之气，同类则相拒，异类则相感。上变阳则与三相失，弗能亲遇，但有过之而已。先曰‘弗遇’，见上本有可遇之道，其弗遇也，其自为之也。”

② 飞鸟离之，凶，是谓灾眚：离，通“罹”，谓遭受，此指飞鸟遭射；灾眚，即灾殃

祸患(见《复》上六译注)。此以飞鸟穷飞遭射之象,喻上六过极自取灾凶。《王注》:“小人之过,遂至上极,过而不知限,至于亢也。过至于亢,将何所遇?飞而不已,将何所托?灾自己致,复何言哉!”《正义》:“以小人之身,过而弗遇,必遭罗网;其犹飞鸟,飞而无托,必离矰缴。”

《象》曰:“弗遇过之”,已亢也。

译文 《象传》说:“不能遇合阳刚却更超过阳刚”,说明上六已居亢极之地。

说明 《折中》曰:“《复》之上曰‘迷复,凶,有灾眚’,此曰‘飞鸟离之,凶,是谓灾眚’,辞意不同。‘凶’由己作,‘灾眚’外至。迷复则因‘凶’而致‘灾眚’者也,此则‘凶’即‘灾眚’也。盖时当过极,不能自守,而徇俗以至于此;与初六当时未过,而自飞以致‘凶’者稍别。”此说比较两卦“灾眚”措辞之异,似有可取。

总论 《小过》阐明事物有时必须“小有过越”的道理。全卦宗旨约见于两方面:一是此理必须用在处置“柔小之事”,即卦辞所谓“可小事,不可大事”;二是“过越”的本质体现于谦恭卑柔,亦即卦辞所谓“不宜上,宜下”。然而,所“过越”者虽为“柔小之事”,也须建立在“正”的基础上;否则,必将导致大凶:这又是卦辞强调“利贞”之所以然。卦中诸爻的吉凶情状,一一围绕着上述意义而发。其中六二、六五以阴柔居中,最得“小过”之旨;初、上虽亦阴爻,但均违“宜下”之道而致“凶”;三、四两阳,前者过刚不能自下,后者居柔能下,故一“凶”一“无咎”。可见,“宜下”的准则,在本卦大义中至关重要。《大象传》谓:“行过乎恭,丧过乎哀,用过乎俭”,《左传》桓公五年郑伯称:“君子不欲多上人”,正与“宜下”之义切合。

既济卦第六十三

䷾既济①：亨小，利贞②；初吉终乱③。

译文 《既济》卦象征事已成：此时连柔小者也获得亨通，利于守持正固；若不慎守成功起初吉祥，最终将致危乱。

注释 ① 既济：卦名，下离（☲）上坎（☵），象征"事已成"。案，"既济"词义，是用渡水已竟表示"事已成"。《释文》引郑玄曰："既，已也，尽也；济，度也。"《正义》："济者，济渡之名；既者，皆尽之称。万事皆济，故以'既济'为名。"

② 亨小，利贞：亨小，犹言"小亨"，"小"指阴柔。此谓"既济"之时，不但大者亨通，小者也均获亨通，故卦中六爻皆得位；而此时又宜于守正，故曰"利贞"。《正义》："既万事皆济，若小者不通，则有所未济，故曰'既济，亨小'也。小者尚亨，何况于大？则大小刚柔各当其位，皆得其所。当此之时，非正不利，故曰'利贞'也。"

③ 初吉终乱：这是诫勉"事成"之后应慎为守成，否则将致危乱。《正义》："人皆不能居安思危，慎终如始，故戒以今日'既济'之初，虽皆获吉；若不进德修业，至于终极，则危乱及之。"案，尚先生训"既济"为"终止"，曰："其在既济之初，上下得所，民物咸宜，故'初吉'；然《易》之道以变通为贵，无或休息，止而终于是，则《易》道穷矣，故'终乱'。"可备一说。

说明 卦辞"既济，亨小，利贞"，《集解》引虞翻注，以"亨小"为句。故《释文》出"亨小"，并谓："绝句，以'小'连'利贞'者非。"但后人对此又有多种不同看法，兹举三说以备参考：一、朱熹以为"亨小，当为'小亨'"，并说《彖传》"既济，亨"之"亨"上当有"小"字（《本义》）。二、毛奇龄以为当读作"既济亨，小利贞"（《仲氏易》）。三、俞樾谓"小"字为衍文，其理由是《彖传》云"既济，亨，小者亨也；利贞，刚柔正而位当也”，则卦辞本无“小”字，并说：“其作‘亨小’者，涉《未济》‘亨，小狐汔济’之文而衍耳”（《群经平议》）。尚先生赞成俞氏说，认为“征之《彖传》，其为衍文无疑”（《尚氏学》）。今查帛书《周易》，亦有“小”字；可知此字若为衍文，则西汉人抄写帛书所据之本已衍。

《彖》曰：“既济，亨”，小者亨也①。“利贞”，刚柔正而位当也②。“初吉”，柔得中也；“终止则乱”，其道穷也③。

译文 《彖传》说：“事已成，亨通”，说明此时连柔小者也获得亨通。“利于守持正固”，说明阳刚阴柔均利于行为端正，居位适当。“起初吉祥”，说明柔小者也像刚大者一样能持中不偏；“最终停止不前必将导致危乱”，说明“事成”之道已经困穷。

注释 ① 既济，亨，小者亨也：此释卦辞“既济，亨小”。《王注》：“既济者，以皆济为义者也。小者不遗，乃为皆济，故举‘小者’以明‘既济’也。”案，依卦辞，“既济，亨”下当有一“小”字，《彖传》似有意省略，故《正义》曰：“具足为文，当更有一‘小’字；但既叠经文，略足以见，故从省也。”又，《周易举正》以为此“亨”下脱一“小”字，可备一说（朱熹疑“亨”上当有“小”字，见前“说明”引）。

② 刚柔正而位当也：此以卦中六爻刚柔均当位，释卦辞“利贞”。《王注》：“刚柔正而位当，则邪不可以行矣。故唯正乃‘利贞’也。”《折中》引俞琰曰：“三刚三柔皆正而位皆当，六十四卦之中，独此一卦而已，故特赞之也。”

③ 初吉，柔得中也；终止则乱，其道穷也：柔得中，指六二柔顺居中；止，停止不前。此释卦辞“初吉终乱”。《集解》引虞翻曰：“中谓二。”又引侯果曰：“刚得正，柔得中，故‘初吉’也。正有终极，济有息止，‘止’则穷乱，故曰‘终止则乱，其道穷也’。”案，此卦二、五刚柔俱得正得中，《彖传》只称“柔得中”者，实举柔包刚，谓柔者尚能持中，何况刚者？其义当与卦辞言“亨小”兼指“刚柔大小”同。《正义》谓“以柔小者尚得其中，则刚大之理皆获其济”，似含此意。

说明 《彖传》谓“终止则乱”，一方面指出“既济”至终必乱的客观规律；另一方面也表明“乱”的产生，又由于“止”而不前、懈怠不振的主观因素。《折中》引张清子曰：“非终之能乱也，于其终有止心，此乱之所由生也。”

《象》曰：水在火上，既济①；君子以思患而豫防之②。

译文 《象传》说：水在火上（煮成食物），象征“事已成”；君子因此于事成之后思虑可能出现的祸患而预先防备。

注释 ① 水在火上，既济：释《既济》上坎为水、下离为火之象。《正义》：“水在火上，炊爨之象。饮食以之而成，性命以之而济，故曰‘水在火上，既济’也。”

② 思患而豫防之：豫，即“预”。这是说明“君子”观《既济》卦象，知“初吉终乱”之理，故能思其后患而预为防备。《集解》引荀爽曰：“六爻既正，必当复乱，故君子象之，思患而豫防之：治不忘乱也。”《王注》：“存不忘亡，既济不忘未济也。”

说明 《大象传》“思患豫防”，正是对卦辞“初吉终乱”所含诫意的进一步阐发。王申子曰：“既济虽非有患之时，患每生于既济之后。君子思此而豫防

之，则可以保其‘初吉’，而无‘终乱’之忧矣。”（《大易缉说》）

初九，曳其轮，濡其尾，无咎①。

译文 初九，向后拖曳车轮（不使猛行），小狐渡河沾湿尾巴（不使速进），必无咎害。

注释 ① 曳其轮，濡其尾，无咎：此谓初九处“既济”之始，上应六四，但不急于求应，有谨慎守成之象，故取曳轮不令猛行，濡尾不使速进为喻；事成之初，能如此谨守，则可“无咎”。《本义》：“轮在下，尾在后，初之象也。曳轮则车不前，濡尾则狐不济。既济之初，谨戒如是，‘无咎’之道。”案，本爻“濡其尾”，上六“濡其首”并指“小狐”渡河，与《未济》“小狐濡尾”之象一致。狐渡河必掀尾不沾水面才能速济，故《周易浅述》承《程传》“兽之涉水必揭其尾”之说，曰：“狐必揭其尾而后济，濡尾则不掉，不速济也。”

《象》曰：“曳其轮”，义无咎也。

译文 《象传》说：“向后拖曳车轮（不使猛行）”，说明初九的行为合符谨慎守成的意义而不致咎害。

说明 初九处“事已成”之始，阳刚居下，谦谨稳重，故能“守成”。来知德曰：“刚得其正，不轻于动，故有‘曳轮’、‘濡尾’之象。以此守成，‘无咎’之道。”（《来氏易注》）

六二，妇丧其茀，勿逐，七日得①。

译文 六二，妇人丧失车辆的蔽饰（难以出行），不用追寻，过不了七日必将失而复得。

注释 ① 妇丧其茀，勿逐，七日得：妇，喻六二；茀，音 fú，古代贵族妇女所乘车辆上的蔽饰，《诗经·卫风·硕人》“翟茀以朝”，孔颖达疏：“茀，车蔽也，妇人乘车不露见，车之前后设障以自隐蔽，谓之茀。”七日，喻为时之快（参见《震》六二及《复》卦辞译注）。此谓六二上应九五，犹“五”之妇而柔顺中正，故能“丧茀”不寻，静俟自复；以此处“既济”，必不失所成，遂致“七日”又复得其“茀”。《周易学说》引刘沅曰：“六二柔中得位，上应九五中正之主，光明中正，不以去茀为嫌，静以俟之。此柔中之最美者。”

《象》曰：“七日得”，以中道也。

译文 《象传》说：“过不了七日必将失而复得”，说明六二能守持中正不偏之道。

说明 《象传》称“初吉，柔得中也”，正指六二。

九三，高宗伐鬼方，三年克之；小人勿用①。

译文 九三，殷高宗讨伐鬼方，持续三年之久终于获胜；焦躁激进的小人不可任用。

注释 ① 高宗伐鬼方，三年克之；小人勿用：高宗，《正义》："殷王武丁之号。"鬼方，国名，古代西北地区"狎狁"部落之一。此谓九三以阳刚居《既济》下卦之终，犹"事成"之后尚致力于排除余患，故以"高宗伐鬼方"为喻；此时虽仅存余患，但也必须以"三年克之"的精神持久努力，才能安保其成，若任用焦躁激进的"小人"必致危乱，故戒"小人勿用"。《淮南九师道训》："鬼方，小蛮夷也；高宗，殷之盛天子也。以盛天子伐小蛮夷，三年而后克之，言用心之不可不重也。"（马国翰《玉函山房辑佚书》）《重定费氏学》引潘士藻曰："盖盛世勤民之难也。小人居盛不虑其衰，成功不虑其难，故戒以'勿用'。"

《象》曰："三年克之"，惫也。

译文 《象传》说："持续三年之久终于获胜"，说明九三持久努力到了疲惫的程度。

说明 九三阳居阳位，禀性刚亢，故爻辞从正反两面设诫。所谓"小人勿用"，正恐其不能守持"初吉"而导致"终乱"。

六四，繻有衣袽，终日戒①。

译文 六四，华美衣服将变成敝衣破絮，应当整天戒备祸患。

注释 ① 繻有衣袽，终日戒：繻，音 rú，彩色的丝帛，此处借指美服，《说文》"繻，缯采色"，又"缯，帛也"；有，《经传释词》："犹'或'也"，句中含"将要"之意；袽，音 rú，败絮，指衣服破敝。这两句说明六四柔顺得正，居上卦之始，"既济"之道将有转化，如美服或要变为敝衣，故勉其"终日戒"，即谓守正防患。《周易义海撮要》引陆希声曰："繻，亦作襦，饰之盛也；袽者，衣之弊也。"又引石介曰："美服有时而弊，如当既济则亦有未济"，"故终日防，慎而戒，疑其有弊。"案，《王注》以为"繻"当作"濡"，"衣袽"为"塞舟漏"之用，爻义谓舟漏则濡湿，故须豫备衣袽为防。于义亦通。

《象》曰："终日戒"，有所疑也。

译文 《象传》说："整天戒备祸患"，说明六四有所疑惧。

说明 四居"多惧"之地，上体坎险，过中生变，故爻辞设戒尤切。

九五，东邻杀牛，不如西邻之禴祭，实受其福①。

译文 九五，东边邻国杀牛盛祭，不如西边邻国举行微薄的"禴祭"，更能切实地承受神灵降予的福泽。

注释 ① 东邻杀牛，不如西邻之禴祭，实受其福：东邻、西邻，假设之辞，犹言彼、此，主于为九五诫；杀牛，指举行盛大祭祀，《王注》："牛，祭之盛者也"；禴祭，薄祭（见《萃》六二译注）。此谓九五居《既济》尊位，阳刚中正，事成物盛，故取东、西邻祭祀之象设诫，勉其敬慎修德，则可"受福"而免遭危害。《折中》引潘士藻曰："五以阳刚中正，当物大丰盛之时，故借东邻祭礼以示警惧。夫祭，时为大，时苟得矣，则明德馨而黍稷可荐，明信昭而沼毛可羞。是以'东邻杀牛，不如西邻之禴祭，实受其福'，在于合时，不在物丰也。东、西者，彼此之辞。"案，《本义》曰："东阳西阴，言九五居尊而时已过，不如六二之在下而始得时也。"于义亦通。

《象》曰："东邻杀牛"，不如西邻之时也①；"实受其福"，吉大来也。

译文 《象传》说："东边邻国杀牛盛祭"，不如西边邻国微薄的禴祭适时明德；"西邻更能切实地承受神灵降予的福泽"，喻示吉祥将源源来临。

注释 ① 时：合时，《王注》："在于合时，不在于丰也。"

说明 九五居"既济"盛时，最忌骄奢不修道德。故爻辞既以东、西邻为戒，又以"禴祭"明德为勉。

上六，濡其首，厉①。

译文 上六，小狐渡河沾湿头部，有危险。

注释 ① 濡其首，厉：此言上六以阴居"既济"之终，济极终乱，故有狐渡河而水湿其首之象，其势必"危厉"。《王注》："处《既济》之极，既济道穷，则之于未济。"《本义》："《既济》之极，险体之上，而以阴柔处之，为狐涉水而濡其首之象。"

《象》曰："濡其首，厉"，何可久也！

译文 《象传》说："小狐渡河沾湿头部，有危险"，喻示事成之后若不审慎怎能长久守成！

说明 王申子曰："不言'凶'，而言'厉'者，欲人知危惧而速改，则济犹可保也。"（《大易缉说》）

总论 《既济》卦名的取义，是借"涉水已竟"喻"事已成"；但全卦大旨却是阐发"守成艰难"的道理。唐太宗曾问身边的侍臣："帝王之业，草创与守成孰难？"魏徵答曰："帝王之起，必承衰乱，覆彼昏狡，百姓乐推，四海归命，天授人与，乃不为难。然既得之后，志趣骄逸，百姓欲静，而徭役不休；百姓凋残，而侈务不息：国之衰弊，恒由此起。以斯而言，守成更难。"（见《贞观政要·君道》）此语虽论"帝王事业"，但其义却甚合《既济》卦旨。从本卦的卦辞看，虽称"事成"之时，物无大小，俱获亨通，但又以"利贞"二字强调不可忘忽守"正"；而"初吉终乱"一语，更是深明此时稍不敬慎必将复乱的诫意。卦中六爻，无不见警戒之旨：初戒"曳轮"不可前，二戒"丧茀勿逐"，三戒"小人勿用"，四"终日戒"，五有"东邻杀牛"之戒，上更以"濡首厉"为戒。可见，"既济"之时虽万事皆成，但要安保这一既成局面，却非易事。《大象传》言"君子以思患而豫防之"，意味实颇深长。欧阳修论曰："人情处危则虑深，居安则意殆，而患常生于怠忽也。是以君子'既济'，则思患而豫防之也。"（《易童子问》）此语可以视为本卦精义的概括。

未济卦第六十四

未济①：亨②；小狐汔济，濡其尾，无攸利③。

译文 《未济》卦象征事未成，勉力使成可获亨通；若像小狐渡河接近成功，被水沾湿尾巴，则无所利益。

注释 ① 未济：卦名，下坎（☵）上离（☲），象征“事未成”。案，《未济》六爻均失位，故为“事未成”之象，与《既济》正相反。《本义》：“未济，事未成之时也。”

② 亨：谓“事未成”正可促使其成，故“亨”。《正义》：“未济有可济之理，所以得通。”

③ 小狐汔济，濡其尾，无攸利：汔，接近（见《井》卦辞译注）。此承前文“亨”而发，谓“未济”虽有“可济”之理，但若处事不敬慎，像小狐涉水将竟，却濡湿其尾，必将不能成济而无所利。《程传》：“狐能渡水，濡尾则不能济。”《本义》：“汔，几也，几济而濡尾，犹未济也。”《折中》：“是戒人敬慎之意，自始济以至于将济，不可一息而忘敬慎也。”案，《集解》引干宝曰：“《说文》曰‘汔，涸也’。”“小狐力弱，汔乃可济；水既未涸而乃济之，故尾濡而无所利也。”于义亦通。

说明 卦辞“小狐”之象，与初六“濡其尾”正合，强调“未济”慎始慎终之义。乔莱曰：“小狐，专指初也。《既济》之乱在终，则《未济》之难在初，过此未必不济也。初爻词亦曰‘濡其尾’，则象中小狐指初明矣。”（《乔氏易俟》）

《彖》曰：“未济，亨”，柔得中也①。“小狐汔济”，未出中也②；“濡其尾，无攸利”，不续终也③。

译文 《彖传》说：“事未成，勉力使成可获亨通”，是因为柔顺而能守持中道。“小狐渡河接近成功”，喻示尚未脱出险阨之中；“被水沾湿尾巴，则无所利益”，说明促使事成的努力不能持续至终。卦

虽不当位，刚柔应也[④]。

中六爻尽管居位均不适当，但阳刚阴柔却能相应（可促使成功）。

注释 ① 柔得中：柔，指六五。此句以六五爻象释卦辞"未济，亨"。《王注》："以柔处中，不违刚也；能纳刚健，故得亨也。"《正义》："此就六五以柔居中下应九二，释'未济'所以得'亨'。"

② 未出中：指九二居下坎之中，未能出险。

③ 不续终：指初六居卦下而"濡尾"，力弱未能持续至终，遂使九二也难以出险，而"济"事不成。此句合前文"未出中"释卦辞"小狐汔济，濡其尾，无攸利"之义。《周易浅述》："'未出中'，指二也，九二在坎险之中，未能出也；'不续终'，指初也，初在下为'尾'。二所以不能出险，以初阴柔力微，故首济而尾不济，不能续其后也。"

④ 虽不当位，刚柔应也：这两句以六爻不当位但刚柔有应，故能化"未济"为"既济"，再释"未济"所以能"亨"之理。《王注》："位不当，故未济；刚柔应，故可济。"《正义》："重释'未济'之义。凡言'未'者，今日虽未济，复有可济之理。以其不当其位，故即时未济；刚柔皆应，是得相拯，是有可济之理。故称'未济'，不言'不济'也。"

《象》曰：火在水上，未济[①]**；君子以慎辨物居方**[②]。

译文 《象传》说：火在水上（难以煮物），象征"事未成"；君子因此审慎分辨诸物、使之各居适当的处所则万事可成。

注释 ① 火在水上，未济：释《未济》上离为火、下坎为水之象。《正义》："火在水上，不成烹饪，未能济物，故曰'火在水上，未济。'"

② 君子以慎辨物居方：居，处也；方，犹"所"。这是说明"君子"观《未济》卦水火、刚柔居位不当之象，悟知"未济"之时必须审慎辨物，使各居其所，则可促成"既济"。《王注》："辨物居方，令物各当其所。"《来氏易注》："慎辨物，使物以群分；慎居方，使方以类聚，则分定不乱，阳居阳位，阴居阴位，'未济'而成'既济'矣。"

说明 处"未济"之道，以"审慎"为主，故《大象传》强调"慎"字。《重定费氏学》引项安世曰："必加'慎'者，以其'未济'也。水火交则有难，辨之不早辨，居之不得其所，皆难之所由生也。"

初六，濡其尾，吝[①]。

译文 初六，小狐渡河被水沾湿尾巴，有所憾惜。

注释 ① 濡其尾，吝：此言初六以柔处坎险之下，时当"未济"，却急于上应九四而不能谨慎持中，故为小狐"濡尾"之象；未能成"济"，故其行必"吝"。《王注》："处《未济》之初，最居险下，不可以济者也；而欲之其应，进则溺身。"《折中》引张振渊曰："卦辞所谓'小狐'，正指此爻。新进喜事，急于求济，而反不能济。"

《象》曰："濡其尾"，亦不知极也①。

译文 《象传》说："小狐渡河被水沾湿尾巴"，说明初六也太不知谨慎持中。

注释 ① 不知极："不知极"指初六居下失中。《集解》："极，中也。"《纂疏》："《说文》'极，栋也'，《逸雅》'栋，中也'，居屋之中也。"《尚氏学》："'濡尾'故'不知极'，言初在下失中。"案，《来氏易注》："极者，终也。即《象传》'濡其尾，无攸利，不续终'也。言不量其才力而进，以至濡其尾，亦不知其终之不济者也。"可备一说。

说明 《既济》初九"濡尾"获"无咎"，此爻却言"吝"，象同而义异。陈梦雷曰："《既济》阳刚得正，离明之体，当既济之时，知缓急而不轻进，故'无咎'；此则才柔不正，坎险之下，又当未济之时，冒险躁进，则至于'濡尾'而不能济矣，故'吝'。"(《周易浅述》)

九二，曳其轮，贞吉①。

译文 九二，向后拖曳车轮(不使猛行)，守持正固可获吉祥。

注释 ① 曳其轮，贞吉：此谓九二以刚中居"未济"之时，虽应六五，但尚未出险，谨慎而不敢轻进，故有"曳轮"之象；以此谨慎守正，故吉。《折中》引潘梦旂曰："九二刚中，力足以济者也；然身在坎中，未可以大用，故曳其车轮，不敢轻进，待时而动，乃为吉也。不量时度力，而勇于赴难，适以败事矣。"

《象》曰：九二贞吉，中以行正也。

译文 《象传》说：九二守持正固可获吉祥，说明要持中而行事端正不偏。

说明 九二在"未济"之时求济，又处坎险，唯须审慎而后能成。《折中》曰："'既济'之时，初、二两爻犹未敢轻济，况'未济'乎？故此爻'曳轮'之戒，与《既济》同。而差一位者，时不同也。"

六三，未济，征凶①，利涉大川②。

译文 六三，事未成，急于进取必有凶险，但利于涉越大河巨流以脱出险难。

注释 ① 未济，征凶：此言六三当"未济"之时，以柔居坎险之上，力弱失正；此时不宜躁进，故"征"必有"凶"。《王注》："以阴之质，失位居险，不能自济者也。以不正之身，力不能自济，而求进焉，丧其身也。故曰'征凶'也。"

② 利涉大川：此句似从正面示勉，说明六三下比九二，若能不自求进，而与二同舟共济，涉险排难，则可脱出坎险，济成其事，故利在"涉川"。《王注》："二能拯难，而己比之，弃己委二，载二而行，溺可得乎？何忧未济？故曰'利涉大川'。"《本义》："以柔乘刚，将出乎坎，有'利涉'之象。"案，爻辞既言"征凶"，又言"利涉"，义若反背，《本义》曰："或疑'利'字上当有'不'字。"可备参考。

《象》曰："未济征凶"，位不当也。

译文 《象传》说："事未成急于进取必有凶险"，说明六三居位不适当。

说明 俞琰曰："六爻皆位不当，而独于六三曰'位不当'，以六三才弱而处下体之上也。"（《周易集说》）

九四，贞吉，悔亡①；震用伐鬼方，三年有赏于大国②。

译文 九四，守持正固可获吉祥，悔恨消亡；以雷霆之势讨伐鬼方，经过三年奋战功成而被封赏为大国诸侯。

注释 ① 贞吉，悔亡：此言九四以阳处《未济》上卦之始，事将可济，虽失正有"悔"，但能努力趋"正"则"吉"而"悔亡"。《本义》："以九居四，不正而有悔也；能勉而贞，则悔亡矣。"

② 震用伐鬼方，三年有赏于大国：震，作副词，犹言"以雷震之势"；伐鬼方，与《既济》九三辞义同（参见该爻译注）；有赏于大国，即被封为大国之侯，《王注》："以大国赏之。"这两句承上文意，说明九四必须勉力持久地求成其事，故以"伐鬼方"、"三年有赏"为喻。《本义》："然以不贞之资，欲勉而贞，非极其阳刚用力之久不能也，故为伐鬼方三年而受赏之象。"

《象》曰："贞吉悔亡"，志行也。

译文 《象传》说："守持正固可获吉祥，悔恨消亡"，说明九四求济的志向正在践行。

说明 李简《学易记》引雷思曰："先言'贞吉悔亡'而后言'伐鬼方'，先自治而后治人也。"

六五，贞吉，无悔；君子之光，有孚吉①。

译文 六五，守持正固可获吉祥，无所悔恨；这是君子的光辉，心怀诚信必得吉祥。

注释 ① 贞吉，无悔；君子之光，有孚吉：君子之光，喻五居上卦离明之中。此言六五处《未济》盛位，体禀"文明"，能持正必将获吉无悔；又应二比四，犹如焕发"君子之光"，以诚信待物，其时可济，故"有孚吉"。《本义》："以六居五，亦非正也；然文明之主，居中应刚，虚心以求下之助，故得'贞'而'吉'且'无悔'。又有光辉之盛，信实而不妄，吉而又吉也。"

《象》曰："君子之光"，其晖吉也①。

译文 《象传》说："君子的光辉"，喻示六五光耀焕发正体现着吉祥。

注释 ① 晖：《说文》"光也"。《程传》："光盛则有晖；晖，光之散也。君子积充而光盛，至于有晖，善之至也。故重云'吉'。"

说明 本爻居上卦"离日"之中，所谓"君子之光"，正是化"未济"为"既济"的写照。《折中》引杨万里曰："六五逢'未济'之世而光辉，何也？日之在夏，暿之益热；火之在夜，宿之弥炽。六五变'未济'为'既济'，光明之盛，又何疑焉？"

上九，有孚于饮酒，无咎[1]；濡其首，有孚失是[2]。

译文 上九，信任他人，安闲饮酒，不致咎害；但(逸乐过度)将如小狐渡河被水沾湿头部，那是无限度地委信于人而将损害正道。

注释 ① 有孚于饮酒，无咎：孚，信也，此处犹言"信任"(下文同)。这是说明上九以阳居《未济》之极，物极至反，遂成"既济"；成"既济"则诸事皆当，心无烦忧，故信任于下，自可"饮酒"逸豫，无所咎害。《王注》："'未济'之极，则反于'既济'。'既济'之道，所任者当也；所任者当，则可信之无疑，而己逸焉，故曰'有孚于饮酒，无咎'。"

② 濡其首，有孚失是：濡其首，与《既济》上六辞义同(参见该爻译注)；是，《集解》引虞翻曰："正也。""失是"犹言"有失正道"。这两句又从反面设诫，说明上九若自逸无度，荒废其事，将有"濡首"之危，则是过分委信于人致失正道。《王注》："以其能信于物，故得逸豫而不忧于事之废；苟不忧于事之废，而耽于乐之甚，则至于失节矣。由于有孚，失于是矣，故曰'濡其首，有孚失是'也。"

《象》曰："饮酒濡首"，亦不知节也。

译文 《象传》说："饮酒逸乐而(如小狐渡河)沾湿头部遭致祸害"，说明上九要是这样也太不知节制了。

说明 上九已从"未济"转为"既济"，但若逸乐至极，必将再从"既济"反回"未济"。爻辞"无咎"二字，含"善补过"的意义，正见设诫之深。李简曰："《未济》之终，甫及《既济》，而复以'濡首'戒之。'惧以终始，其要无咎：此之谓《易》之道也'。"(《学易记》)

总论《周易》六十四卦，以《未济》为终，似乎蕴含着对"《易》者，变也"这一义理的归结。从卦名看，《未济》是借"未能济渡"喻"事未成"；而全卦大旨乃在于说明：当"事未成"之时，若能审慎进取，促使其成，则"未济"之中必有"可济"之理。但卦辞在指出努力求济可致"亨通"的同时，仍不忘事物发展的另一面，又以"小狐"渡河将竟"濡尾"、徒劳无益为喻，诫人若不慎始慎终必难成济。卦中诸爻所示，下三爻尚未能"济"，主于戒其"慎"；上三爻已向"既济"转化，主于勉其"行"。《折中》引邱富国曰："内三爻，坎险也，初言'濡尾'之吝，二言'曳轮'之贞，三有'征凶，位不当'之戒，皆未济之事也；外三爻，离明也，四言'伐鬼方，有赏'，五言'君子之光，有孚'，上言'饮酒，无咎'，则未济为既济矣。"然而，六爻的寓意，以上六最为深长。就"爻位"看，其时虽已转为"既济"，但若纵逸无度，必有重反"未济"之危，故爻辞既言"无咎"又发"失是"之戒，意在揭明：事物的成败，是随时均可能转化的。《老子》曰："祸兮福之所倚，福兮祸之所伏，孰知其极？"(五十八章)《序卦传》以为六十四卦终于《未济》，是表明"物不可穷"，即事物的对立、变化无时休止。可见，此卦的本旨，以设诫为最后归宿。从这一点看，其象征意义广泛展示了事物的“完美”或“成功”只是相对的，“缺陷”或“未成”却是时时伴随着前者而存在。龚自珍《己亥杂诗》之一曰：“《未济》终焉心缥缈，百事翻从阙陷好；吟到夕阳山外山，古今谁免余情绕?”诗中流露着浓厚的失意烦恼情绪；但如何化“阙陷”为“完美”，俟“夕阳”成“朝日”，则显然体现了从“未济”中求得“可济”的哲理。

卷九

系辞上传

天尊地卑，乾坤定矣①。卑高以陈，贵贱位矣。动静有常，刚柔断矣②。方以类聚，物以群分，吉凶生矣③。在天成象，在地成形，变化见矣④。是故刚柔相摩，八卦相荡⑤。鼓之以雷霆，润之以风雨；日月运行，一寒一暑⑥。乾道成男，坤道成女⑦。乾知大始，坤作成物⑧。乾以易知，坤以简能⑨；易则易知，简则易从⑩；易知则有亲，易从则有功；有亲则可久，有功则可大；可久则贤人之德，可大则贤人之业。易简，而天下之理得矣；天下之理得，而成位乎其中矣⑪。

译文 天尊而高，地卑而低，乾坤的位置就确定了。卑低、尊高一经陈列，事物显贵和微贱就各居其位。天的动和地的静有一定的规律，阳刚阴柔的性质就判然分明。天下各种意识观念以门类相聚合，各种动物植物以群体相区分，吉和凶就（在同与异的矛盾中）产生。悬于天上的（如日月星辰等）成为表象，处在地面的（如山川动植等）成为形体，事物变化的道理（就从这些形、象中可以）显现出来。所以阳刚阴柔互相摩切交感（而生成八卦），八卦又互相推移变动（而衍成六十四卦）。譬如雷霆在鼓动，风雨在润泽；日月往来运行，出现寒暑交替（这是天上表象的阴阳变化）。又如乾道构成男性，坤道构成女性（这是地面形体的阴阳变化）。乾的作为体现于（万物的）太初创始，坤的作为体现于（承乾而）生成万物。乾的作为以平易为人所知，坤的作为以简约见其功能。平易就容易使人明了，简约就容易使人顺从；容易明了则（心志通同）有人亲近，容易顺从则（齐心协力）可建功绩；有人亲近处世就能长久，可建功绩立身就能弘大；处世长久是贤人的美德，立身弘大是贤人的事业。所以，明白乾坤的平易和简约，天下的道理就都懂得了；懂得天下的道理，就能（遵循天地规律而）居处适中合宜的地位。

注释 ① 天尊地卑，乾坤定矣：《周易》以阴阳为本，乾坤为纯阳纯阴之卦，因此《系辞传》先总说乾坤性质。《韩注》："乾坤，其《易》之门户。先明天尊地卑，以定乾坤之体。"

② 动静有常，刚柔断矣：常，指"一定的规律"；断，分也，犹言判然分明。这是

说明阴阳动静、刚柔的不同特点。《集解》引虞翻曰："断，分也。乾刚常动，坤柔常静；分阴分阳，迭用刚柔。"

③ 方以类聚，物以群分，吉凶生矣：方，《集解》引《九家易》曰："道也。"《正义》："《春秋》云'教子以义方'，注云'方，道也'，是'方'谓性行法术也。"《本义》："方，谓事情所向。"据诸家说，"方"字犹言"意识观念"，属抽象的范畴。物，指具体的事物，如动物、植物等。这三句说明宇宙间各种事物、现象，无论是抽象的观念，还是具体的形态，均以群、类相分合；而吉凶就在同、异的矛盾中产生。《韩注》："方有类，物有群；则有同有异，有聚有分也。顺其所同则吉，乖其所趣则凶，故'吉凶生矣'。"

④ 在天成象，在地成形，变化见矣：这是说明天上之"象"、地上之"形"，都显现着阴阳变化的道理。《韩注》："象，况日月星辰；形，况山川草木也。悬象运转，以成昏明；山泽通气，而云行雨施，故'变化见矣'。"案，《本义》释"形"字曰："山川动植之属"，较为全面，当从之。

⑤ 刚柔相摩，八卦相荡：摩，摩切交感，《韩注》："相切摩也，言阴阳之交感也。"荡，推移变动，韩注："相推荡也，言运化之推移。"这两句说明乾（☰）、坤（☷）交感生成八卦，如初爻交感成震（☳）、巽（☴），中爻交感成坎（☵）、离（☲），上爻交感成艮（☶）、兑（☱），八卦于是得全；八卦又分阴阳（乾、震、坎、艮为阳，坤、巽、离、兑为阴），两两重叠推变，六十四卦于是完备。而八卦、六十四卦的象征意义，正体现了万物的产生本于阴阳交感。《尚氏学》："摩，即交也。乾坤初爻摩成震巽，中爻摩成坎离，上爻摩成艮兑，而六子以生，八卦全矣；八卦以一卦荡八卦，而六十四卦备矣。荡，犹推也；不曰'重'而曰'荡'者，言以一卦加于此卦，复加于彼卦，有类于推荡也。"

⑥ 鼓之以雷霆，润之以风雨；日月运行，一寒一暑：这是举雷霆、风雨、日月、寒暑为例，说明天上物象的阴阳变化。《本义》："此变化之成'象'者。"

⑦ 乾道成男，坤道成女：这是举人的男女性别，说明地面形体的阴阳变化。《本义》："此变化之成'形'者。"

⑧ 乾知大始，坤作成物：知，犹"为"，与下句"作"意近为互文。《经义述闻》引王念孙曰："知，犹'为'也，'为'亦'作'也。'乾为大始'，万物资始也；'坤作成物'，万物资生也。《周语》'知晋国之政'，韦昭注曰'知政，谓"为政"也'；《吕氏春秋·长见篇》'三年而知郑国之政'，高诱注曰'知，犹"为"也'。"今从王说。大始，即太始，指最初创始，《释文》："大，音泰，王肃作'泰'"；成物，犹言"生成万物"。这两句说明，乾坤的作为，前者是最初开创万物的要素，后者是承前者而生成万物。案，《正义》训"知"为"知见"之知，曰："乾知太始者，以乾是天阳之气，万物皆始在于气。""初始无形，未有营作，故但云'知'也；已成之物，事可营为，故云'作'也。"于义亦通。

⑨ 乾以易知，坤以简能：易，平易；知，知晓（下文同）；简，简约。这两句承上文，说明乾的太初创始纯发于自然，无所艰难；坤的生成万物静承于乾阳，不须繁劳：因此前者以平易为人所知，后者以简约见其功能。《韩注》："天地之道，不为而

善始，不劳而善成：故曰‘易’、‘简’。”案，尚先生释“易”、“简”曰：“乾之德刚健纯粹，施仁育物而已，故曰‘易’；坤之德收啬闭藏，顺阳成事而已，故曰‘简’。”（《尚氏学》）此说至为明畅。

⑩ 易则易知，简则易从：此下八句，层层推阐乾坤“易简”的道理，最后归于人事，说明若能效法此道，即可造就“贤人”的“德业”。《本义》：“人之所为，如乾之易，则其心明白，而人易知；如坤之简，则其事要约，而人易从。易知，则与之同心者多，故有亲；易从，则与之协力者众，故有功。有亲则一于内，故可久；有功则兼于外，故可大。德，谓得于己者；业，谓成于事者。上言乾坤之德不同，此言人法乾坤之道至此，则可以为贤矣。”

⑪ 易简，而天下之理得矣；天下之理得，而成位乎其中矣：成位，犹言“确定地位”；中，适中。这是总结“易简”之道，说明天下的道理尽在其中，人得其理，就能参合“天地”所宜而居处适中的地位。《本义》：“成位，谓成人之位；其中，谓天地之中。至此则体道之极功，圣人之能事，可以与天地参矣。”案，末句《释文》云，马融、王肃本作“而易成位乎其中矣”，《尚氏学》从之，于义可通。

说明 以上第一章。

《系辞传》上下各分十二章，旧说略有异同，以孔颖达《正义》、朱熹《本义》所分较为通行。今取朱子说。

“系辞”二字的名义，有两方面：一、指卦爻辞，即《正义》所谓“圣人系属此辞于爻卦之下”，“上下二篇经辞是也”。下文称“系辞焉以明吉凶”指此义。二、指《十翼》中的《系辞上传》、《系辞下传》，是阐说经文的专论，即《正义》所谓“夫子本作《十翼》，申说上下二篇经文系辞，条贯义理，别自为卷，总曰《系辞》”。

本章总叙“乾坤”大义。内容可分三节理解：第一节从篇首至“在地成形，变化见矣”，说明“乾坤”定位；第二节从“是故刚柔相摩”，至“坤道成女”，说明阴阳变化；第三节从“乾知大始”至末，说明“易简”哲理。就这三节的基本内涵分析，“定位”是强调宇宙间不可更易的法则，“变化”是揭示事物发展的普遍规律，“易简”则指出“乾坤”之道“纯一不杂，易知易从”（《尚氏学》）。郑玄曰：“《易》一名而含三义，‘易简’一也，‘变易’二也，‘不易’三也。”（《正义·序》引）此“三义”，似与本章的三节内容可以相互印证。

圣人设卦观象，系辞焉而明吉凶，刚柔相推而生变化①。是故吉凶者，失得之象也；悔吝者，忧虞之象也②。变化者，进退之象也；刚柔者，昼夜之象也③。六爻之动，三极之道也④。是故君子所居而安者，《易》之序也⑤；所乐而玩者，爻之

译文 圣人观察（宇宙间的种种）物象而创设六十四卦，各卦各爻下都撰系文辞借以表明吉凶的征兆，卦中阳刚阴柔（三百八十四爻）互相推移而产生无穷的变化。所以（卦爻辞中的）“吉”、“凶”，是处事或失、或得的象征；“悔”、“吝”，是（处事微失而）忧念、愁虑的象征。诸卦反映的变化，是处事权衡进退的象征；刚爻柔爻，是白昼（为阳）黑夜（为阴）的象征。六爻的变动，包涵着（大千世界）上至天、下至地、中至人的道理。所以君子能居处而获安稳，正是符合《周易》所体现的一定位

辞也。是故君子居则观其象而玩其辞，动则观其变而玩其占，是以“自天祐之，吉无不利”⑥。

序；所喜爱而研探玩味的，是卦爻陈列的精微文辞。因此君子平时居处就观察《周易》的象征而探研玩味其文辞，有所行动就观察《周易》的变化而探研玩味其占筮，所以就能（像《大有》卦上九爻所说的）“从上天降下祐助，吉祥而无所不利”。

注释 ① 圣人设卦观象，系辞焉而明吉凶，刚柔相推而生变化：设卦观象，指观察物象以创设卦形；系辞，在六十四卦及三百八十四爻下系以卦爻辞；刚柔，犹言阳爻、阴爻。这三句说明《周易》的创作，是通过卦象以喻示事物吉凶、变化的道理。《正义》：“谓圣人设画其卦之时，莫不瞻观物象，法其物象然后设之卦象，则有吉有凶。”“有吉有凶，若不系辞，其理未显，故系属吉凶之文辞于卦爻之下，而显明此卦此爻吉凶也。”又曰：“八纯之卦，卦之与爻其象既定，变化犹少；若刚柔二气相推，阴爻阳爻交变，分为六十四卦，有三百八十四爻，委曲变化，事非一体，是而生变化也。”

② 吉凶者，失得之象；悔吝者，忧虞之象：悔，悔恨（见《乾》上九注）；吝，憾惜（见《屯》六三注）；忧虞，《正义》：“忧念虞度之形象也。”“吉”、“凶”、“悔”、“吝”，均为《周易》占辞，这是举例说明卦爻辞的象征寓意。《尚氏学》：“吉则得，凶则失；知悔吝则知忧虞，知忧虞则可趋吉避凶。”

③ 变化者，进退之象也；刚柔者，昼夜之象也：这是说明六十四卦中的刚柔变化，犹如人事的进退、昼夜的交替。《本义》：“柔变而趋于刚者，退极而进也；刚化而趋于柔者，进极而退也。既变而刚，则昼而阳矣；既化而柔，则夜而阴矣。”

④ 六爻之动，三极之道也：三极，指天、地、人“三才”，《释文》引郑玄曰：“三极，三才也。”《韩注》同。这是说明六爻的变化，体现着“天、地、人”的道理。《正义》：“此覆明变化进退之义，言六爻递相推动而生变化，是天地人三才至极之道。”案，《集解》于《乾》九二引郑玄注云“二于三才为地道”，九三引郑玄注云“三于三才为人道”，九五引郑玄注云“五于三才为天道”。《乾》九二《孔疏》云“一、二为地道，三、四为人道，五、六为天道”。《集解》于《系辞下传》“三才之道”引崔憬注曰：“言重卦六爻，亦兼天地人道，两爻为一才，六爻为三才。”故《本义》曰：“六爻初、二为地，三、四为人，五、上为天。动，即变化也；极，至也。三极，天、地、人之至理。”又案，《集解》引陆绩注，谓“三极”指“初、四下极，二、五中极，三、上上极”；尚先生则承此说，指出“下极”即“地极”，“中极”即“人极”，“上极”即“天极”（《尚氏学》）。

⑤ 《易》之序：这里指六爻的序位，如“初九”、“九三”等。句中说明，“君子”之所以能居处安稳，是由于效法“《易》序”而守其本位。《正义》：“若居在《乾》之初九，而安在‘勿用’；若居在《乾》之九三，而安在‘乾乾’。是以‘所居而安者’，由观《易》之位次序也。”按：“易之序也”，虞注“序”作“象”，并以作“序”为非。盖以下文有“是故君子居则观其象”之句。又按《释文》引陆绩云，“序，象也”，是陆亦以“象”释“序”，似可备为一说。又下句“所乐而玩者”，虞注“乐”作“变”，并以“乐”为误，盖以下文有“动则观其变而玩其占”之句，似亦可备一说。

⑥ “自天祐之，吉无不利”：这是《大有》上九爻辞（见该卦译注），此处举以总

结上文，说明“君子”玩《易》有利于“修身处世”。

说明 以上第二章。

本章从上章的总说“乾坤”大义，转入对《周易》的直接论述。全章可分上下两部分：先是追溯《周易》的创作，及其所包涵的象征特色；后是说明“君子”观象玩辞、观变玩占，既足以明理，又可以避凶趋吉。因此朱熹概括此章内容曰：“言圣人作《易》，君子学《易》之事。”（《本义》）

彖者，言乎象者也①；爻者，言乎变者也②。吉凶者，言乎其失得也；悔吝者，言乎其小疵也；无咎者，善补过也。是故列贵贱者存乎位③，齐小大者存乎卦④，辩吉凶者存乎辞，忧悔吝者存乎介⑤，震无咎者存乎悔⑥。是故卦有小大，辞有险易；辞也者，各指其所之⑦。

译文 彖辞，是总说全卦的象征；爻辞，是分说各爻的变化。“吉”、“凶”，说明处事或失、或得；“悔”、“吝”，说明处事稍有弊病；“无咎”，说明善于补救过失。所以陈列尊贵、微贱的象征在于爻位，确定柔小、刚大的象征在于卦体，辨别“吉”、“凶”的象征在于卦爻辞，忧念“悔”、“吝”的象征在于预防纤介小疵，震惧“无咎”的象征在于内心悔悟。因此卦体有柔小、有刚大，卦爻辞有艰险、有平易；卦爻辞，是分别指示所应当趋避的方向。

注释 ① 彖者，言乎象者也：彖，彖辞，即卦辞。这两句说明卦辞是总说一卦的象征意义。《韩注》：“彖，总一卦之义也。”《正义》：“彖，谓卦下之辞，言说乎一卦之象也。”

② 爻者，言乎变者也：爻，指爻辞。这两句说明爻辞是分说一爻的变化。《韩注》：“爻，各言其变也。”《正义》：“谓爻下之辞。”

③ 列贵贱者存乎位：存，犹言“在”（下文同）；位，指爻位。六爻序位的排列由初至上，或卑或高，故有贱、贵的象征。《正义》：“六爻之位，皆上贵而下贱也。”案，《集解》引侯果曰：“二、五为功誉位，三、四为凶惧位；凡爻得位则贵，失位则贱。”于义亦通。

④ 齐小大者存乎卦：齐，犹言“正”，此处含“确定”之义；小，指以阴为主之卦，如《否》卦；大，指以阳为主之卦，如《泰》卦。这是说明卦体或主于阴，或主于阳，故有或小或大的象征。《集解》引王肃曰：“齐，犹正也。阳卦大，阴卦小；卦列，则小大分。”《正义》：“犹若《泰》则‘小往大来，吉，亨’，《否》则‘大往小来’之类是也。”

⑤ 忧悔吝者存乎介：介，纤介，指细小。此句说明忧念“悔”“吝”之象，在于预防小失，意承前文所谓“悔吝者，言乎小疵也”。《韩注》：“介，纤介也。王弼曰：‘忧悔吝之时，其介不可慢也。即“悔吝者，言乎小疵也”。’”

⑥ 震无咎者存乎悔：震，犹言“惧”，即震动惊惧；悔，悔悟。此句说明震惧“无咎”之象，在于及时悔悟，意承上文“无咎者，善补过也”。《尚氏学》：“震，惧也。惧则悔，悔则无咎。”

⑦ 卦有小大，辞有险易；辞也者，各指其所之：险，指凶险之辞；易，指吉亨之辞；之，适也，此处指“所趋、避的方向”。这四句总结全章，说明卦分阴阳、辞有吉

凶，卦爻辞的宗旨是分别指示趋吉避凶的途径。《折中》引潘梦旂曰："卦有小有大，随其消长而分；辞有险有易，因其安危而别。辞者，各指其所向，凶则指其可避之方，吉则指其可趋之所，以示乎人也。"案，尚先生云，"各指其所之"有二义：一、指应爻间的趋适，即"初之四，二之五，三之上，其爻在此，而其辞往往指应爻，应爻即'所之'"。二、指阴阳异性间的比附、趋适，"凡爻之所比，得类失类，所关最大"，即阳遇阳则敌，遇阴则通；阴遇阴则敌，遇阳则通（《尚氏学》）。此说对爻象大义的发明至为明畅，宜资参考。

说明 以上第三章。

此章论述卦爻辞的象征义例。文中举出"吉"、"凶"、"悔"、"吝"、"无咎"几种最常见的占辞，结合卦体的大小、爻位的高低，辨析其基本内涵。最后指出卦爻辞的宗旨是示人避凶趋吉，归结全章。因此，朱熹说：本章"释卦爻辞之通例"（《本义》）。

《易》与天地准[①]，故能弥纶天地之道[②]。仰以观于天文，俯以察于地理，是故知幽明之故[③]；原始反终，故知死生之说[④]；精气为物，游魂为变，是故知鬼神之情状[⑤]。与天地相似，故不违[⑥]；知周乎万物而道济天下，故不过[⑦]；旁行而不流[⑧]，乐天知命，故不忧；安土敦乎仁，故能爱[⑨]。范围天地之化而不过，曲成万物而不遗[⑩]，通乎昼夜之道而知[⑪]，故神无方而《易》无体[⑫]。

译文 《周易》的创作与天地相准拟，所以能普遍包涵天地间的道理。（用《周易》的法则）仰观天上日月星辰的文采，俯察地面山川原野的理致，就能知晓幽隐无形和显明有形的事理；推原事物的初始、反求事物的终结，就能知晓死生的规律；考察精气凝聚成为物形，气魂游散造成变化，就能知晓"鬼神"的情实状态。（明白了《周易》的义理，可以）和天地的道理相近似，所以行为不违背天地自然的规律；知识周遍于万物而道德足以匡济天下，所以动止不会偏差；权力广泛推行而不流溢淫滥，乐其天然、知其命数，所以无所忧愁；安处其环境以敦厚施行仁义，所以能泛爱天下。（可见，《易》道的广大）足以拟范周备天地的化育而不致偏失，足以曲尽细密地助成万物而不使遗漏，足以会通于昼夜幽明的道理而无所不知，所以说事物神奇的奥妙不泥于一方而《周易》的变化不定于一体。

注释 ①《易》与天地准：准，《释文》引京房曰"等也"；《集解》引虞翻曰："准，同也。"此句说明《周易》的创作是与天地相准拟。《韩注》："作《易》以准天地。"《正义》："言圣人作《易》，与天地相准，谓准拟天地。则乾健以法天，坤顺以法地之类是也。"

② 弥纶天地之道：弥纶，"弥"犹"大"，"纶"犹"络"，《尚氏学》本虞注训为"包络"，犹今言"普遍包涵"。此句紧承上文，说明《易》准于天地，故能尽涵天地之道。《集解》引虞翻曰："弥，大；纶，络。谓《易》在天下包络万物，以言乎天地之间则备矣。"

③ 仰以观于天文，俯以察于地理，是故知幽明之故：天文，指天象，如日月星辰；地理，指地形，如山川原野；幽明，犹言"无形和有形"，《韩注》："幽明者，有形无形之象"；句末"故"字，谓"事"，《广雅·释诂三》"故，事也"，文中犹言"事理"。

这三句说明用《周易》的法则观“天文”、察“地理”，可知有形、无形的事理。《正义》：“天有悬象，而成文章，故称‘文’也；地有山川原隰，各有条理，故称‘理’也。”又曰：“故，谓‘事’也。故以用《易》道仰观俯察，知无形之幽、有形之明，义理事故也。”

④ 原始反终，故知死生之说：原，推原；反，反求。这两句说明用《易》理推始求终，可知事物的死生规律。《正义》：“言用《易》理原穷事物之初始，反复事物之终末，始终吉凶，皆悉包罗；以此之故，知死生之数也。”

⑤ 精气为物，游魂为变，是故知鬼神之情状：精气，阴阳凝聚之气，古人以为生命赖以存在的因素，即下文所谓“神”；游魂，魂气游散所生的变异，即下文所谓“鬼”。这三句说明用《易》理考察“精气”凝聚成物与“游魂”离散变异，则“鬼神”的情状可知。《集解》引郑玄曰：“精气谓之神，游魂谓之鬼。”《正义》：“精气为物者，谓阴阳精灵之气，氤氲积聚而为万物也。游魂为变者，物既积聚，极则分散，将散之时，浮游精魂，去离物形，而为改变；则生变为死，成变为败，或未死之间变为异类也。”又曰：“但极聚散之理，则知鬼神之情状也。言圣人以《易》之理而能然也。”案，把“神”的概念理解为阴阳精气所聚，是生命存在的本质因素；把“鬼”的概念理解为精魂游散所变，是生命消亡的象征。其意正与上文“知生死之说”相承。可见《系辞传》在这一问题上表现了一定的朴素唯物观点。

⑥ 与天地相似，故不违：不违，即不违背天地自然规律。以下进一步申说通晓《易》理的诸多好处。这两句说明知《易》者德配“天地”，故所行不违自然规律，文意又回到章首的“与天地准”。《韩注》：“德合天地，故曰‘相似’。”

⑦ 知周乎万物而道济天下，故不过：过，偏差。这是说明通《易》者知识广备可兼济天下。《韩注》：“知周万物，则能以道济天下也。”《正义》：“所为皆得其宜，不有愆过使物失分也。”

⑧ 旁行而不流：旁，《说文》“溥也”，即广泛之义；流，《正义》“流移淫过”，《尚氏学》训为“流溢”，犹言“流溢淫滥”。此句言知《易》者使用权力既“旁行”又“不流”，适得其中，意承上文“道济天下”。《本义》：“旁行者，行权之知也；不流者，守正之仁也。”《来氏易注》：“旁行者，行权也；不流者，不失乎常经也。”

⑨ 安土敦乎仁，故能爱：安土，犹言“安处其环境”。这是说明通《易》者有“安土”、“敦仁”之德，故能泛爱天下。《折中》引《朱子语类》曰，“安土者，随寓而安也；敦乎仁者，不失其天地生物之心也。安土而敦乎仁，则无适而非仁矣，所以能爱也”。

⑩ 范围天地之化而不过，曲成万物而不遗：范围，犹言“拟范周备”，《集解》引《九家易》曰：“范者，‘法’也，围者‘周’也。”化，化育；过，偏失；曲，“曲尽细密”之意。这两句又从“天地”、“万物”的角度，重申《易》道广大，足以见“范围”、“曲成”之功。《韩注》：“范围者，拟范天地而周备其理也。”《正义》：“言法则天地以施其化，而不有过失违天地者也。”又曰：“圣人随变而应，屈曲委细成就万物，而不有遗弃细小而不成也。”

⑪ 通乎昼夜之道而知：昼夜，犹言“阴阳”。此句紧承前两句，言《易》道之大，

足以会通阴阳之理而无所不知,即上文"知幽明"之义。《韩注》:"通幽明之故,则无不知也。"

⑫ 故神无方而《易》无体:这是总结前三句并全章大旨,以神的奥妙不泥于一方,比拟《易》的变化不定于一体,正是指明"阴阳不测"的辩证哲理。《集解》引干宝曰:"否泰盈虚者,神也,变而周流者,《易》也。言神之鼓万物而无常方,《易》之应变化无定体也。"《纂疏》:"自阴阳言之,谓之神,故神之鼓万物无常方;自乾坤言之,谓之《易》,故《易》之应变化无定体。"

说明 以上第四章。

文中内容可分三层:第一层阐述《周易》法则的广泛运用;第二层盛赞通晓《易》理的益处;第三层强调《易》道广大,足以贯通天地、万物、阴阳之理。全章发端于"《易》与天地准",归结于"神无方而《易》无体"。朱熹指出,此章"言《易》道之大,圣人用之如此"(《本义》)。

至于"原始反终,故知死生之说;精气为物,游魂为变,是故知鬼神之情状"诸语,所反映的一定程度的朴素唯物观,是值得注意的。

一阴一阳之谓道①。继之者善也,成之者性也②。仁者见之谓之仁,知者见之谓之知,百姓日用而不知,故君子之道鲜矣③。显诸仁,藏诸用④,鼓万物而不与圣人同忧⑤。盛德大业至矣哉⑥!富有之谓大业,日新之谓盛德⑦。生生之谓易⑧,成象之谓乾,效法之谓坤⑨,极数知来之谓占,通变之谓事⑩,阴阳不测之谓神⑪。

译文 一阴一阳的矛盾变化就叫作"道"。传继此道(发扬光大以开创万物)的就是"善",蔚成此道(柔顺贞守以孕育万物)的就是"性"。仁者发现"道"有"仁"的蕴存就称之为"仁",智者发现"道"有"智"的蕴存就称之为"智",百姓日常应用此"道"却茫然不知,所以君子所谓"道"的全面意义就很少人懂得了。(天地的"道")显现于仁德(而广被宇宙间),潜藏于日用(而不易察觉),(在自然无为中)鼓动化育万物而与圣人(体"道")尚存忧患之心有所不同。(然而圣人努力效法"道",他的)盛美德行和弘大功业也算至极无比了!广泛获有万物叫作弘大功业,日日增新不断更善叫作盛美德行!阴阳转化而生生不绝叫作变易,画卦成为天的象征叫作乾,画卦仿效地的法式叫作坤,穷极蓍数预知将来叫作占筮,通转变化叫作(天下的)事态,阴阳矛盾变化不可测定叫作(微妙的)神。

注释 ① 一阴一阳之谓道:这是以阴阳变更释"道"的概念,即指出事物矛盾对立、互相转化的自然规律。《本义》:"阴阳迭运者气也,其理则所谓道。"

② 继之者善也,成之者性也:继,传继,指"乾"发挥此道、开创万物;成,蔚成,指"坤"顺承此道、孕育万物。这两句是把前句义旨化为两个角度阐述,即揭明"阴"、"阳"在"道"这一范畴中的独立作用。《本义》:"道具于阴而行乎阳。继,言其发也;善,谓化育之功,阳之事也。成,言其具也;性,谓物之所受,言物生则有性,而各具是道也,阴之事也。"

③ 故君子之道鲜矣:鲜,少,文中指"知者甚少"。这句承前三句而发,说明"道"的涵义,仁者偏见于仁,智者偏见于智,百姓寻常应用却不知不觉,因此"君子之道"就少有人懂得。程颐《经说·易说》:"在众人则不能识,随其所知,故仁者谓

之仁,知者谓之知,百姓则由之而不知。故君子之道,人鲜克知也。”

④ 显诸仁,藏诸用:这两句说明“道”显现于仁德,而潜藏于日用,即上文“见仁”及“日用而不知”之义。《正义》:“言道之为体,显见仁功、衣被万物,是‘显诸仁’也”;“谓潜藏功用、不使物知,是‘藏诸用’也。”

⑤ 鼓万物而不与圣人同忧:不与圣人同忧,犹言“与圣人之忧不同”。此句揭明天地之“道”化育万物与“圣人”体“道”为用的区别,在于前者是自然无为,后者是有为而未免忧患,故称“不同”。《正义》:“言道之功用能鼓动万物,使之化育,故云‘鼓万物’;圣人化物不能全‘无’以为体,犹有经营之忧。道则虚无为用,无事无为;不与圣人同用有经营之忧也。”

⑥ 盛德大业至矣哉:至,极。此句主语是“圣人”,承前文而省。意指“圣人”体“道”虽有为有忧,但能努力奉行,其德业必至为盛大。《正义》:“圣人为功用之母,体同于道,万物由之而通,众事以之而理,是圣人极盛之德,广大之业至极矣哉。于行谓之德,于事谓之业。”

⑦ 富有之谓大业,日新之谓盛德:此释“大业”、“盛德”之义,说明“圣人”之“业”在于广泛获得万物的归附,其“德”在于日日增新、不断更善。《集解》引王凯冲曰:“物无不备,故曰‘富有’;变化不息,故曰‘日新’。”

⑧ 生生之谓易:生生,阴阳转易相生;易,指《周易》的变易思想。此句以下,结束对“道”的泛论,而集中揭示《周易》体现的“阴阳变化之道”。《集解》引荀爽曰:“阴阳相易转相生也。”《正义》:“生生,不绝之辞。阴阳变转,后生次于前生,是万物恒生谓之‘易’也。前后之生,变化改易,生必有死;《易》主劝戒,奖人为善,故云‘生’,不云‘死’也。”

⑨ 成象之谓乾,效法之谓坤:成象,犹言“成天之象”;效法,犹言“效地之式”。这两句说明乾坤两卦的画成,正是天地阴阳的象征。《正义》:“画卦成乾之象,拟乾之健,故谓卦为乾也”;“画卦效坤之法,拟坤之顺,故谓之坤也”。

⑩ 极数知来之谓占,通变之谓事:数,指《易》筮中的蓍策之数(见第九章“大衍之数”注)。这两句说明《周易》的占筮所体现的变化象征。《正义》:“穷极蓍策之数,豫知来事,占问吉凶,故云谓之‘占’也。”又曰:“物之穷极,欲使开通,须知其变化乃得通也。凡天下之事,穷则须变,万事乃生,故云‘通变之谓事’。”

⑪ 阴阳不测之谓神:此句总结上文,说明阴阳变化的神妙,不可测定,即前章“神无方而《易》无体”之义。《韩注》:“神也者,变化之极,妙万物而为言,不可以形诘者也,故曰‘阴阳不测’。”《正义》:“天下万物,皆由阴阳或生或成,本其所由之理,不可测量之谓‘神’也。”

说明 以上第五章。

此章主要论述“一阴一阳之谓道”。前半部分泛论“道”的蕴义,后半部分辨析《周易》中“阴阳变化”之理的体现。全章以“阴阳不测”作结。在当代“量子力学”中,有一条很重要的定律,为“测不准定律”;从哲学的角度看,此定律之所以谓“测不准”,正由于宇宙间万物时刻都在矛盾对立中变动(参阅《易学应用之研究》第一辑《序》引李政道语)。以此与“阴阳不测”之义相对照，可知《系辞传》提出的这一命题，实涵有至为深刻的辩证观念。

夫《易》广矣大矣！以言乎远则不御①，以言乎迩则静而正②，以言乎天地之间则备矣。夫乾，其静也专，其动也直，是以大生焉③；夫坤，其静也翕，其动也辟，是以广生焉④。广大配天地，变通配四时，阴阳之义配日月，易简之善配至德⑤。

译文 《周易》的象征是何等广大啊！将它比拟于远处则变化穷深遥无止境，将它比拟于近处则宁静端正不见邪僻，将它比拟于天地之间则完备充实万理具在。象征阳的乾，当宁静的时候是专一含养，当兴动的时候是直遂不挠，所以生出刚大的气魄；象征阴的坤，当宁静的时候是闭藏微伏，当兴动的时候是开辟展布，所以生出宽柔的气质。（《周易》义理中）宽柔刚大的象征可以配合天地形象，变化交通的象征可以配合四季规律，阳刚阴柔的意义可以配合太阳月亮的情态，平易简约的美善原理可以配合至高的道德。

注释 ① 以言乎远则不御：不御，犹言“无止境”，《集解》引虞翻曰：“御，止也”。此句说明《易》道广大，以“远”拟之则不可穷尽。《正义》：“御，止也。言乎《易》之变化，穷极幽深之远，则不有御止也，谓无所止息也。”

② 以言乎迩则静而正：迩，近也。此句说明将《易》道比拟于近处，则其理宁静端正、不见邪僻。《正义》：“言《易》之变化，在于迩近之处，则宁静而得正，不烦乱邪僻也。”

③ 夫乾，其静也专，其动也直，是以大生焉：这是说明象征“阳”的乾，具有“静专”、“动直”而刚大的性质。《集解》引宋衷曰：“乾静不用事，则清静专一，含养万物矣；动而用事，则直道而行，导出万物矣。一专一直，动静有时，而物无夭瘁，是以大生也。”

④ 夫坤，其静也翕，其动也辟，是以广生焉：翕，音 xī，闭合。辟，开。这是说明象征“阴”的坤，具有“静翕”、“动辟”而宽柔的性质。《集解》引宋衷曰：“翕，犹‘闭’也，坤静不用事，闭藏微伏，应育万物矣；动而用事，则开辟群蛰，敬导沈滞矣。一翕一辟，动静不失时，而物无灾害，是以广生也。”

⑤ 易简之善配至德：以上四句说明乾大坤广、变化交通、阳刚阴柔、平易简约等意义，可以与“天地”、“四时”、“日月”、“至德”相配合；极赞《易》理，正与章首“《易》广矣大矣”的叹美相呼应。《本义》：“《易》之广大、变通，与其所言阴阳之说、易简之德，配之天道人事则如此。”

说明 以上第六章。

此章始于“《易》道广大”，终于“可配至德”。其内容主在论析乾、坤所象征的阴阳性质，适与第一章“乾坤定位”、“易知简能”的意义相勾联。

子曰：“《易》其至矣乎！夫《易》，圣人所以崇德而广业也。知崇礼卑①，崇效天，卑法地。天地设位，而《易》行乎其中矣②。成性存

译文 孔子说：“《周易》的道理应该是至善至美啊！《周易》，是圣人用来增崇其道德而广大其事业的。智慧贵在崇高，礼节贵在谦卑，崇高是仿效天，谦卑是取法地。天地创设了上下尊卑的位置，《周易》的道理就在其间变化通行。（能够用《易》理修身）成就美善德性，反复涵养蕴存，就是找到了通向‘道’和‘义’的门户。”

存，道义之门[③]。”

注释 ① 知崇礼卑：知，即“智”；礼，礼节。这是说明人的智慧和礼节，一贵崇高，一贵谦卑。《韩注》：“知以崇为贵，礼以卑为用。”

② 天地设位，而《易》行乎其中：这两句承上文“知崇礼卑”而发，说明天地既设尊卑之位，《周易》正言阴阳之理，故其变化通行不离“天地”之中。《来氏易注》：“天清地浊，知阳礼阴；天地设位，而‘知’、‘礼’之道即行乎其中矣。”

③ 成性存存，道义之门：存存，存而又存，即“不断涵养蕴存”之意。这两句说明用《易》理修身，“成”其“性”而存之又存，就可以通向“道”、“义”。《本义》：“成性，本成之性；存存，谓存而又存，不已之义。”

说明 以上第七章。

此章引孔子语，说明《易》理与修身的关系。其中“知崇礼卑”，反映了重视智能与礼节教育的思想；“成性存存”，则是强调后天修养的重要性。

《易传》所引“子曰”的言论，凡三十一条（《系辞传》二十五条，《文言》六条），其中《系辞上传》第八章一条与《文言》重（见下章注），故实只三十条。这些材料，应当视为孔子弟子及其后学所记录的孔子言论，可以与《论语》之文同等看待。

圣人有以见天下之赜[①]，而拟诸其形容，象其物宜[②]，是故谓之象[③]。圣人有以见天下之动，而观其会通，以行其典礼，系辞焉以断其吉凶[④]，是故谓之爻。言天下之至赜，而不可恶也；言天下之至动，而不可乱也[⑤]。拟之而后言，议之而后动，拟议以成其变化[⑥]。“鸣鹤在阴，其子和之；我有好爵，吾与尔靡之。”[⑦]子曰：“君子居其室，出其言善，则千里之外应之，况其迩者乎？居其室，出其言不善，则千里之外违之，况其迩者乎？言出乎身，加乎民；行发乎迩，见乎远：言行，君子之枢机[⑧]。枢机之发，荣辱之主也；言行，君子之所以动天地也，可不慎乎？”“同人，先号咷而后笑。”[⑨]子曰：“君子之道，或出或

译文 圣人发现天下幽深难见的道理，就把它譬拟成具体的形象容貌，用来象征特定事物适宜的意义，所以称作“象”。圣人发现天下万物运动不息，就观察其中的会合变通，以利于施行典法礼仪，并（在六十四卦三百八十四爻下）撰系文辞来判断事物变动的吉凶，所以称作“爻”。（《周易》）言说天下至为幽深难见的道理，而不可鄙贱轻恶（其取象平易）；（《周易》）言说天下至为纷繁复杂的变动，而不可错乱乖违（其内涵规律）。（作《易》者）先譬拟物象然后言说道理，先审议物情然后揭示变动，通过譬拟和审议就形成此书的变化哲学。（譬如，《中孚》九二说）“鹤在山阴鸣唱，其子声声应和；我有一壶美酒，愿与你共饮同乐。”孔子解释说：“君子平居家中，发出美善的言论，远在千里之外的人也将闻风响应，何况近处的人呢？平居家中，要是发出不善的言论，远在千里之外的人也将违逆背离，何况近处的人呢？言论出于自身，要施加给百姓；行为发于近处，远方的人也能看见：言论和行为，犹如君子‘门户’开阖的机要。‘门户’机要的启发，恰似或荣或辱的关键，言论和行为，是君子用来鼓动天地万物的，岂能不慎重呢？”（《同人》九五说）“和同于人，起先痛哭号咷，后来欣喜欢笑。”孔子解释说：“君子（处世待人）的道理，有时（可）外出行事，有时（要）

处,或默或语。二人同心,其利断金;同心之言,其臭如兰。”“初六,借用白茅,无咎。”⑩子曰:“苟错诸地而可矣,借之用茅,何咎之有?慎之至也。夫茅之为物薄,而用可重也。慎斯术也以往,其无所失矣。”“劳谦,君子有终,吉。”⑪子曰:“劳而不伐,有功而不德,厚之至也。语以其功下人者也。德言盛,礼言恭;谦也者,致恭以存其位者也。”“亢龙有悔。”⑫子曰:“贵而无位,高而无民,贤人在下位而无辅,是以动而有悔也。”“不出户庭,无咎。”⑬子曰:“乱之所生也,则言语以为阶⑭。君不密则失臣,臣不密则失身,几事不密则害成⑮。是以君子慎密而不出也。”子曰:“作《易》者其知盗乎?《易》曰‘负且乘,致寇至。’⑯负也者,小人之事也;乘也者,君子之器也。小人而乘君子之器,盗思夺之矣;上慢下暴,盗思伐之矣⑰。慢藏诲盗,冶容诲淫。《易》曰‘负且乘,致寇至’,盗之招也。”

安居静处,有时(要)沉默寡言,有时(可)畅发议论。两人心意相同,犹如利刃可以切断金属;心意相同的言语,其气味像兰草一样芬芳。”(《大过》初六说)“初六,用洁白的茅草衬垫承放(奉献尊者的物品),必无咎害。”孔子解释说:“假如直接放在地上也是可以的,再用茅草衬垫承放,哪还有什么咎害呢?这是敬慎之至的行为。茅草作为物是微薄的,但可以发挥重大作用。慎守这种恭谨的方法而前往,必将无所过失吧。”(《谦》九三说)“勤劳而谦虚,君子能保持至终,吉祥。”孔子解释说:“勤劳而不自夸其善,有功而不自以为恩德,这是敦厚至极啊。这是说明有功勋而能谦下于人。道德要隆盛,礼节要恭谨。谦虚的含义,正是致力于恭谨来保存其地位的意思。”(《乾》上九说)“巨龙高飞穷极(天宇),终将有所悔恨。”孔子解释说:“尊贵而没有实位,崇高而管不到百姓,贤明的人在下位而不辅助他,所以轻举妄动必将有所悔恨。”(《节》初九说)“(节制慎守)不跨出庭户,必无咎害。”孔子解释说:“危乱的产生,往往是语言不守机密引起的。君主不守机密就使臣下受损失,臣下不守机密就使自身受损失,办事的开始不守机密就危害成功。所以君子慎守机密而不泄露言语。”孔子说道:“创作《周易》的人大概知道盗寇的事吧?《周易》(《解》卦六三)说:‘背负重荷而身乘大车,必致强寇前来夺取。’背负重荷,是小人的事务;身乘大车,是君子的车具。小人却乘坐君子的车具,盗寇就思谋夺取了;上者任人轻慢而下者骄奢暴虐,盗寇就思谋侵伐了。轻忽于收藏财物就是引人为盗,妖冶其容貌姿致就是引人淫荡。《周易》说‘背负重荷而身乘大车,必致强寇前来夺取’,盗寇就是这样招引来的啊!”

注释 ① 赜:音 zé,幽深难见,此处指事物深奥的道理。句中说明“圣人”作《易》之初,发现事理有幽隐深奥者,故取常见的形象来比拟说明。《正义》:“赜,谓幽深难见。”

② 象其物宜:象,动词,犹言“象征”;宜,适宜恰当。这是说明“圣人”所拟取的象征形象必切合于特定事物的意义。《正义》:“法象其物之所宜。若象阳物,宜于刚也;若象阴物,宜于柔也,是各象其物之所宜。六十四卦皆‘拟诸形容,象其物宜’也。”

③ 是故谓之象:此“象”字,作名词,即《易》象。

④ 而观其会通,以行其典礼,系辞焉以断其吉凶:会通,会合变通;典礼,典法礼仪。这两句说明“圣人”既见“天下之动”,则观察事物在“动”中的“会通”规律,以利于施行“典礼”,并将此规律写成判断吉凶的文辞系于六十四卦下以资日常借

鉴,《周易》的创作由是而成。《正义》:"既知万物以此变动,观看其物之会合变通,当此会通之时,以施行其典法礼仪也。"《折中》引吴澄曰:"会通,谓大中至正之理,非一偏一曲有所拘碍者也。圣人见天下不一之动,而观其极善之理,以行其事;见理精审,则行事允当也。以处事之法为辞,系于各爻之下,使筮而遇此爻者,如此处事则吉,不如此处事则凶也。"

⑤ 言天下之至赜,而不可恶也;言天下之至动,而不可乱也:恶,鄙贱轻恶,指不可轻恶《易》象平易;乱,错乱乖违,指不可乖违《易》理规律。文中两"言"字,谓《周易》所言之事;两"不可",谓读《易》、用《易》者不可如此。《折中》引吴澄曰:"六十四卦之象,所以章显天下至幽之义,而名言宜称,人所易知,则自不至厌恶其赜矣;三百八十四爻之辞,所以该载天下至多之事,而处决精当,人所易从,则自不至棼乱其动矣。"案,吴氏释"不可恶"、"不可乱",谓人不恶其"赜"、不乱其"动",于义亦通。又案,"赜"字,《释文》引京房注作"啧",《集解》本同,朱熹曰:"赜,杂乱也,古无此字,只是'啧'字,今从臣,亦是'口'之义,与《左传》'啧有繁言'之啧同。""恶"字,《释文》曰:"荀作'亚',亚,次也。"尚先生引《史记》、《左传》、《语林》等资料为证,指出"啧与赜通"、"恶亚古同字",并曰:"'言天下之至啧而不可亚'者,即言天下之物,至为繁赜杂乱,而难以次第也。"(《尚氏学》)说可通,宜备参考。

⑥ 拟之而后言,议之而后动,拟议以成其变化:拟,比拟,即上文"拟诸其形容";言,指言说《易》理;议,审议物情。即上文"观其会通"之义;动,指揭示变动规律。这三句总结上文,说明《周易》的创作原则是先比拟物象然后言其义理,先审议物情然后明其变动;合"比拟"、"审议"两端,则形成《周易》特殊的变化哲学。《韩注》:"拟、议以动,则尽变化之道。"《正义》:"言,则先拟也;动,则先议也。则能成尽其变化之道也。"案,上文已论《周易》的创作因"观物取象"而成,则读《易》者应当缘"象"以明"意";故下文分举七则爻辞及孔子的解说,作为读《易》的范例。

⑦ "鸣鹤在阴,其子和之;我有好爵,吾与尔靡之":这是《中孚》九二爻辞(见该卦译注);下引孔子语,即以"君子"的言行须本于"善"、发自中心诚信,阐释爻义。

⑧ 言行,君子之枢机:枢,户枢,即门户的转轴;机,门橛。"枢机"合称,犹言门户开阖的"机要",文中借喻"君子"言行的重要性,故下文谓"枢机之发,荣辱之主"。案,《礼记·曲礼正义》引郑玄注,释"机"为"弩牙",即古代弩箭上的发动机关,曰:"户枢之发,或明或暗;弩牙之发,或中或否,以喻君子或荣或辱。"于义亦通。但《经义述闻》指出"机"当作"门橛"解,才能与"枢"同类并称,认为"'枢机'为门户之要,犹'言行'为君子之要"。今从王氏说。

⑨ "同人,先号咷而后笑":这是《同人》九五爻辞(见该卦译注);下引孔子语,即以"君子"深明事物有同有异的道理,故能选择适宜的时机与人"同心",来阐发爻义。《本义》:"君子之道,初若不同,而后实无间。'断金'、'如兰',言物莫能间,而其言有味也。"

⑩ “初六，借用白茅，无咎”：这是《大过》初六爻辞（见该卦译注）；下引孔子语，通过解说“用茅”之象与“敬慎”之义的联系，来阐明爻旨。

⑪ “劳谦，君子有终，吉”：这是《谦》九三爻辞（见该卦译注）；下引孔子语，用“德言盛，礼言恭”阐释爻义。

⑫ “亢龙有悔”：这是《乾》上九爻辞（见该卦译注）；下引孔子语与《乾》卦《文言》重（见该文译注）。案，此文之所以重见，《正义》以为是特举“亢龙”之穷高与前文“劳谦”之卑恭相对照，以“证骄亢不谦也”；但《本义》认为“当属《文言》，此盖重出”。两说并可参考。

⑬ “不出户庭，无咎”：这是《节》初九爻辞（见该卦译注）；下引孔子语，用“慎密”之义阐发爻旨。

⑭ 阶：阶梯，此处犹言“导引”。

⑮ 几事：几，事之初；“几事”即“办事之始”，与下文“害成”相承接。《来氏易注》：“几者，事之始；成者，事之终。”

⑯ 负且乘，致寇至：这是《解》六三爻辞（见该卦译注）；此处引孔子语，通过辨析“负”、“乘”之义，从“上慢下暴”的角度发挥爻旨。

⑰ 上慢下暴，盗思伐之矣：上，居上的尊者，犹“君上”；慢，轻慢，此处指不能选贤任能，故导致“下暴”、“盗思伐”。《折中》引胡瑗曰：“小人居君子之位，不惟盗之所夺，抑亦为盗之侵伐矣。盖在上之人，不能选贤任能，遂使小人乘时得势而至于高位，非小人之然也。”

说明 以上第八章。

此章内容可析为两端：前部分指出《周易》的创作原则是拟取物象以喻事理，审辨物情以明变化；后部分则分举七则爻辞为例，援据孔子言论，来证实《周易》的“象喻”特征。

其中“观物取象”说，从“形象”与“意义”的联系这一角度看，同今天的“艺术思维”论有一定的契合之处，是研究古代美学理论可资参考的资料。

大衍之数五十，其用四十有九①。分而为二以象两②，挂一以象三③，揲之以四以象四时④，归奇于扐以象闰；五岁再闰，故再扐而后挂⑤。天数五，地数五⑥，五位相得而各有合⑦。天数二十有五，地数三十，凡天地之数五十有五⑧。此所以成变化而行鬼神也。《乾》之策二百一十有六，《坤》之策百四十有四⑨，凡三百有六十，当期之

译文 广为演绎的占筮之数是用五十根蓍策表示，其中（虚空一根不用而）实用四十九根。（把四十九策）任意分为左右两份以象征天地两仪，从中取一策悬挂（于左手小指间）以象征天地人三才，每束四策地揲算蓍策以象征四季，把（右份）揲算剩余的蓍策归附夹勒（在左手无名指间）以象征闰月，五年再出现闰月，于是再把（左份）揲算剩余的蓍策夹勒（在左手中指间）而后别起一挂反复揲算。天的数字象征有一、三、五、七、九等五个奇数，地的数字象征有二、四、六、八、十等五个偶数，五位奇偶数互相搭配而各能谐合。五个天数（相加）为二十五，五个地数（相加）为三十，天地的象征数（并加）共为五十五。这就是《周易》运用数字象征形成变化哲学而通行于阴阳鬼神之奥理的一方面特点。《乾》卦在蓍数中体现为二百十六策，《坤》卦为一百四十四策，《乾》、《坤》共计三百六十策，相当于一年三百六十天。《周易》上下经六十四卦则为一万一千五百二十策，相当于万物的数目。因此，通过（分二、挂一、揲四、归奇）这"四营"过程就筮得《周易》的卦形，其中每十八次变数形成一卦，而每九变出现的八卦之一则为小成之象。就这样朝着六十四卦引申推广，触逢相应的事类则增长发挥其象征意义，天下所能取法阐明的事理就赅尽无遗了。《周易》能彰显出幽隐的道理，能神奇地玉成令德美行，所以运用《易》理可以应对万物之求，可以祐助神化之功。孔子说："通晓变化道理的人，大概知道神妙的自然规律吧？"

日[⑩]。二篇之策，万有一千五百二十[⑪]，当万物之数也。是故四营而成《易》[⑫]，十有八变而成卦[⑬]，八卦而小成[⑭]。引而伸之[⑮]，触类而长之，天下之能事毕矣[⑯]。显道神德行[⑰]，是故可与酬酢，可与祐神矣[⑱]。子曰："知变化之道者，其知神之所为乎[⑲]？"

注释 ① 大衍之数五十，其用四十有九：大，犹"广"；衍，演绎，《释文》引郑玄曰："衍，演也"；数，蓍数，在占筮中以蓍草之策代表。这两句以下叙述《周易》以五十根蓍策揲筮成卦的方法。案，"大衍之数"为五十，"用数"为四十九，下文又云"天地之数"为五十五，这三者的关系，旧说纷纭歧异，莫衷一是。如王弼指出"虚一不用"是"不用而用以之通，非数而数以之成"（《韩注》引）。李鼎祚以为"大衍之数五十"，是"天地之数五十五"中"将五合之数配五行"，则五十五去其"五"；"更减一以并五，备设六爻之位，蓍、卦两兼"，则五十五前后共减其六，余四十九为"用数"（《集解》）。二说并可参考。

② 象两：象征天地两仪。《正义》："五十之内去其一，余有四十九，合同未分，是象太一也；今以四十九分而为二，以象两仪也。"

③ 挂一以象三：挂一，即从所分的两部分中抽取一策挂于左手小指间；三，天地人"三才"。《集解》引孔颖达曰："就两仪之中，分挂其一于最小指间，而配两仪以象三才。"

④ 揲之以四以象四时：揲，音 dié（又音 shé），用手成束地分数蓍策，《释文》："揲，数也。"这是说明演算蓍策是以四为单位揲数，象征"四季"。《正义》："分揲其蓍，皆以四四为数，以象四时。"

⑤ 归奇于扐以象闰；五岁再闰，故再扐而后挂：奇，指揲数至最后剩余的策数；扐，音 lè，夹于手指之间。这三句说明，两部分蓍策分别揲数之后，各有剩余，将此余策先后并"扐"于左手无名指、中指、食指的三指之间，犹如岁历五年有两次"闰月"。《本义》："奇，所揲四数之余也；扐，勒于左手中、三指之两间也；闰，积月之余日而成月者也。五岁之间，再积日而再成月，故五岁之中，凡有再闰，然后别起积分如一；挂之后，左右各一揲而一扐，故五者之中，凡有再扐，然后别起一挂也。"案，"再扐"之时，已积有左右两部分揲算的余策，与先前"挂一"之数合并，就完成了"一变"；然后把揲过的蓍策合拢，再分二、挂一、揲四、扐奇，成"二变"。如是三变得出一爻，十八变形成一卦。

⑥ 天数五，地数五：指一至十的数目中，奇数为天的象征数，耦数为地的象征数。《集解》引虞翻曰："天数五，谓一、三、五、七、九；地数五，谓二、四、六、八、十。"

⑦ 五位相得而各有合：指五奇五耦相配相得。案，旧说认为五对奇偶数相合，又象征五行。《韩注》曰："天地之数各五，五数相配，以合成金、木、水、火、土。"

《正义》:“若天一与地六相得,合为水;地二与天七相得,合为火;天三与地八相得,合为木;地四与天九相得,合为金;天五与地十相得,合为土也。”而“五行”又与方位有关,因此《折中》引龚焕曰:“既谓之五行相得,则是指一、六居北,二、七居南,三、八居东,四、九居西,五、十居中而言。”可见,在古人的认识中,数字含有奇耦、阴阳、五行、方位的多种象征。

⑧ 天数二十有五,地数三十,凡天地之数五十有五:指五奇数相加得二十五,五耦数相加得三十,两者合为五十五。此处的“天地数”,不同于上文的“大衍数”,但“大衍数”又本于“天地数”,推演变化而成蓍占之用,故下文称“此所以成变化而行鬼神也”。《尚氏学》:“天地数为大衍数之本,而大衍数却不用天地数,变之化之,其妙通于鬼神。”案,《集解》引虞翻曰:“天二十五,地三十,故五十有五。天地数见于此,故大衍数略其奇五,而言五十也。”张惠言曰:“《太玄》曰‘五与五相守’,地之十还是五,故略之也。”(《周易虞氏义》)从虞氏的说法看,也是认为“大衍数”来自“天地数”,可资参考。

⑨《乾》之策二百一十有六,《坤》之策百四十有四:指《乾》卦由“老阳”爻组成,凡“老阳”爻皆从“三变”揲算过的三十六策得来,故六爻共含二百十六策;《坤》卦由“老阴”爻组成,凡“老阴”爻皆从“三变”揲算过的二十四策得来,故六爻共含一百四十四策。《韩注》:“阳爻六,一爻三十六策,六爻二百一十六策”;“阴爻六,一爻二十四策,六爻百四十四策”。

⑩ 期:一周年。指《乾》、《坤》之策共三百六十,犹一年的日数。《正义》:“三百六十日,举其大略,不数五日四分日之一也。”

⑪ 二篇之策,万有一千五百二十:二篇,指上下经六十四卦。六十四卦阴阳爻各一百九十二爻,阳爻乘以三十六,阴爻乘以二十四,其和即为此数。

⑫ 四营而成《易》:四营,即上文所言“分二”、“挂一”、“揲四”、“归奇”这四道揲筮程序。依此营求,即可筮得《周易》卦形,故称“四营而成《易》”。《集解》引陆绩曰:“分而为二以象两,一营也;挂一以象三,二营也;揲之以四以象四时,三营也;归奇于扐以象闰,四营也。”案,《集解》引荀爽曰:“营者,谓七、八、九、六也。”认为“四营”当指营求少阳、少阴、老阳、老阴。可备一说。

⑬ 十有八变而成卦:上文叙“四营”为一变,三变得一爻;一卦六爻,故十八变成卦。

⑭ 八卦而小成:指九变而成三画,得八卦之一。《集解》引侯果曰:“谓三画成天、地、雷、风、日、月之象,此八卦未尽万物情理,故曰‘小成’。”

⑮ 引而伸之:犹言朝着六十四卦推广演绎。《正义》:“谓引长八卦而伸尽之,谓引之为六十四卦也。”

⑯ 触类而长之,天下之能事毕矣:这两句说明占筮配合《易》理相为用,触事而发挥其义,天下之事无不能明,故下文有“显道”诸语。《正义》:“谓触逢事类而增长之。若触刚之事类,以次增长于刚;若触柔之事类,以次增长于柔。”又曰:“天下万事皆如此例,各以类增长,则天下所能之事,法象皆尽。”案,《本义》谓“引申”、“触长”之义,指一卦六爻之动可变为六十四卦,六十四卦共可变成四千零九

十六卦,正如《焦氏易林》之例。可备一说。

⑰ 显道神德行:显,彰显;神,此处用如动词,犹言“神奇地玉成”。此句承前文意,说明《周易》的神奇功用。《正义》:“《易》理备尽天下之能事,故可显明无为之道,而神灵其德行之事。”

⑱ 可与酬酢,可与祐神:与,犹言“以”,《经传释词》:“与,犹‘以’也”;酬酢,应对;祐,助也。这两句以人事应对、祐助神灵,进一步说明《易》之用。

⑲ 知神之所为:此处“神”字,涵有“自然规律”之意。《韩注》:“夫变化之道,不可为而自然。故知变化者,则知神之所为。”

说明 以上第九章。

前章既已指出《周易》的创作原则是“观物取象”,此章则揭示《周易》的占筮方法是“揲蓍求卦”。前者从《周易》的创制着笔,立足于“象”;此处从《周易》的筮用着笔,立足于“数”。这两方面,均为《周易》一书的重要特征。但两章的论述角度尽管不同,最后归宿却都纳入《易》理的轨道上来:前章引孔子言论多至七则,本章末尾强调“显道神德行”,即可为证。

文中叙及揲蓍求卦的方法时,运用数理知识,为研究古代数学史所应当注意的材料。

《易》有圣人之道四焉[①]:以言者尚其辞,以动者尚其变,以制器者尚其象,以卜筮者尚其占。是以君子将有为也,将有行也,问焉而以言,其受命也如向[②],无有远近幽深,遂知来物。非天下之至精,其孰能与于此[③]?参伍以变,错综其数[④]:通其变,遂成天地之文[⑤];极其数,遂定天下之象。非天下之至变,其孰能与于此?《易》无思也,无为也[⑥],寂然不动,感而遂通天下之故[⑦]。非天下之至神,其孰能与于此?夫《易》,圣人之所以极深而研几也[⑧]。唯深也,故能通天下之志;唯几也,故能成天下之务;唯神也,故不疾而速,不行而至[⑨]。子曰“《易》有圣人之道四焉”者,此之谓也。

译文 《周易》含有圣人常用的道理四方面:用来指导言论的人崇尚其文辞精义,用来指导行动的人崇尚其变化规律,用来指导制作器物的人崇尚其卦爻象征,用来指导卜问决疑的人崇尚其占筮原理。所以君子将有所作为,有所行动之时,用《周易》揲蓍占问而据以发言行事,《周易》就能如响应声地承受占筮者的蓍命,不论遥远、切近还是幽隐、深邃的事情,都能推知将来的物状事态。若不是通晓天下极为精深的道理,谁能做到这样?三番五次地变化研求,错综往复地推衍蓍数:会通其变化,就能形成天地的文采;穷究其蓍数,就能判定天下的物象。若不是通晓天下极为复杂的变化,谁能做到这样?《周易》的道理不是冥思苦想而来的,是自然无为所得,它寂然不动,根据阴阳交感相应的原理就能会通天下万事。若不是通晓天下极为神妙的规律,谁能做到这样?《周易》,是圣人用来穷究幽深事理而探研细微征象的书。只有穷究幽深事理,才能会通天下的心志;只有探研细微征象,才能成就天下的事务;只有神奇地贯通《易》道,才能不须急疾而万事速成,不须行动而万理自至。孔子称“《周易》含有圣人常用的道理四方面”,说的正是上述意思。

注释 ①《易》有圣人之道四焉：指下文"辞"、"变"、"象"、"占"四事。《集解》引崔憬曰："圣人德合天地，智周万物，故能用此《易》道，大略有四：谓尚辞、尚变、尚象、尚占也。"

② 问焉而以言，其受命也如向：受命，指《周易》承受占筮者的蓍命；向，即"响"字，《释文》"向，又作'响'"，"如向"犹言"如响应声"。《本义》："言人以蓍问《易》，求其卦爻之辞，而以之发言处事，则《易》受人之命而有以告之，如响之应声，以决其未来之吉凶也。'以言'，与'以言者尚其辞'之'以言'义同；命，则将筮而告蓍之语，《冠礼》'筮日，"宰自右赞命"'是也。"

③ 非天下之至精，其孰能与于此：与，犹"及"，即"达到"、"做到"之意。这两句总结上六句，说明能做到问《易》"如响"、预知来事，非通"天下至精"之理不可。《正义》："《易》之功深如此，若非天下万事之内，至极精妙，谁能参与于此，与《易》道同也？"案，孔氏训"与"为"参与"，于义亦通。

④ 参伍以变，错综其数：参，三；伍，五。"参伍"，犹言"三番五次"，与"错综"互文。这两句说明《周易》的"变"和"数"必须反复错综地推研。《本义》："参者，三数之也；伍者，五数之也。既参以变，又伍以变，一先一后，更相考核，以审其多寡之实也。错者，交而互之，一左一右之谓也；综者，总而挈之，一低一昂之事也。此亦皆谓揲蓍求卦之事。"又曰："'参伍'、'错综'，皆古语，而'参伍'尤难晓。按《荀子》云'窥敌制变，欲伍以参'。韩非曰：'省同异之言，以知朋党之分；偶参伍之验，以责陈言之实。'又曰'参之以比物，伍之以合参。'《史记》曰'必参而伍之'，又曰'参伍不失'。《汉书》曰'参伍其贾，以类相准'。此足以相发明也。"案，《尚氏学》"爻数至三，内卦终矣，故曰必变"，"此从三才而言也。若从五行言，至五而盈，故过五必变"。于义亦通。

⑤ 通其变，遂成天地之文：这是说明天地的"文采"也是因事物的会通变化而形成的。《集解》引虞翻曰："变而通之，观变阴阳始立卦；乾坤相亲，故成天地之文。物相杂故曰'文'也。"

⑥《易》无思也，无为也：这是说明《易》理出乎自然，非"思"、"为"所致。《正义》："任运自然，不关心虑，是无思也；任运自动，不须营造，是无为也。"

⑦ 寂然不动，感而遂通天下之故：感，指阴阳感应；故，犹"事"。这两句说明《易》理静中有动，阴阳交感则万事皆通。《正义》："既无思无为，故寂然不动；有感必应，万事皆通，是'感而遂通天下之故'也。故，谓'事'。"

⑧ 极深而研几：此句说明"圣人"用《易》精深。《韩注》："极未形之理则曰'深'，适动微之会则曰'几'。"《正义》："言《易》道弘大，故圣人用之所以穷极幽深而研核几微也。"

⑨ 不疾而速，不行而至：指不费气力而能成事。《正义》："以无思无为、寂然不动、感而遂通，故不须急疾而事速成，不须行动而理自至也。"

说明 以上第十章。

本章言《周易》为人所用，主要有"尚辞"、"尚变"、"尚象"、"尚占"等四事。何楷曰："此章与第二章'观象玩辞'、'观占玩变'相应。"(《古周易订诂》)

天一、地二，天三、地四，天五、地六，天七、地八，天九、地十①。子曰："夫《易》何为者也②？夫《易》开物成务，冒天下之道③，如斯而已者也。"是故圣人以通天下之志，以定天下之业，以断天下之疑。是故蓍之德圆而神，卦之德方以知④，六爻之义易以贡⑤。圣人以此洗心⑥，退藏于密⑦，吉凶与民同患；神以知来，知以藏往。其孰能与此哉⑧？古之聪明睿知，神武而不杀者夫⑨。是以明于天之道，而察于民之故，是兴神物以前民用⑩。圣人以此齐戒⑪，以神明其德夫。是故阖户谓之坤，辟户谓之乾⑫，一阖一辟谓之变，往来不穷谓之通；见乃谓之象，形乃谓之器⑬，制而用之谓之法，利用出入，民咸用之谓之神⑭。是故《易》有太极，是生两仪⑮，两仪生四象，四象生八卦⑯，八卦定吉凶⑰，吉凶生大业⑱。是故法象莫大乎天地；变通莫大乎四时；县象著明莫大乎日月；崇高莫大乎富贵；备物致用，立成器以为天下利，莫大乎圣人；探赜索隐，钩深致远⑲，以定天下之吉凶，成天下之亹亹者，莫大乎蓍龟⑳。是故天生神物㉑，圣人则之；天地变化，圣人效之㉒；天垂象，见吉凶，圣人象之㉓；河出图，洛出书，圣人则之㉔。《易》有四象㉕，所以示也；系辞焉，所以告也；定之以吉凶，所以断也。

译文 天数一、地数二，天数三、地数四，天数五、地数六，天数七、地数八，天数九、地数十。孔子说："《周易》为什么取这些天地数呢？这是圣人（探研数理、创造筮法用来）开启物智、成就事务，包容天下的道理，不过如此罢了。"所以圣人用《周易》的理论会通天下的心志，确定天下的事业，决断天下的疑难。因此蓍数的性质圆通而神奇，卦体的性质方正而明智，六爻的意义通过变化而告人吉凶。圣人用此洗濯净化其心，退而隐密深藏其功用（潜化万物），吉凶之事与百姓同所忧患；神奇而能推知未来的情状，明智而又含藏往昔的哲理。一般人谁能做到这样啊？只有古代聪明睿智，神武而不用刑杀的君主才能如此。所以能够明确天的道理，察知百姓的事状，于是兴起神妙的蓍占之物引导百姓使用（以避凶趋吉）。圣人用《周易》修齐警戒，正是为了神妙地显明其道德吧。所以（《周易》体现着阴阳变化生息的道理），譬如关闭门户（包藏万物）叫作坤，打开门户（吐生万物）叫作乾，一闭一开（的交感勾联）叫作变化，来来往往地变化无穷叫作会通；变化的情状有所显现叫作表象，变化成为形体叫作器物，制造器物以供人使用叫作仿效，器物利于反复使用、百姓都在运用它（却不知其来历）叫作神奇。所以《周易》创作之先有（混沌未分的）太极，太极产生（天地阴阳）两仪，两仪产生（太阳、太阴、少阳、少阴）四象，四象产生（天地雷风水火山泽）八卦；八卦（的变化推衍可以）判定吉凶，判定吉凶就产生盛大的事业。所以仿效自然没有比天和地更大的；变化会通没有比一年四季更大的；高悬表象显示光明没有比太阳月亮更大的；尊崇高尚没有比富豪荣贵更大的；备置实物让人使用，创成器具来便利天下，没有比圣人更大的；窥探求索幽隐难见之理，钩取招致深处远方之物，来判定天下的吉凶，助成天下勤勉不懈的功业，没有比蓍占龟卜更大的。所以天生出神奇的蓍草和灵龟，圣人取法它（创立卜筮）；天地出现四季变化，圣人仿效它（制定刑赏条令）；天上垂悬日月星辰等表象，显示吉凶的征兆，圣人模拟它（造出测天仪器）；黄河出现龙图，洛水出现龟书，圣人取法它（撰制八卦、九畴）。《周易》有（太阳、太阴、少阳、少阴）四象，是用来显示（变动征兆）；在卦下撰系文辞，是用来告诉人（变化情状）；文辞中确定吉凶的占语，是用来判断（行事得失）。

注释 ① 天一、地二，天三、地四，天五、地六，天七、地八，天九、地十：这里指出奇数是天的象征数，偶数是地的象征数，即第九章"天数五，地数五"之义。《正义》：

"此言天地阴阳,自然奇偶之数。"案,此二十字,《汉书·律历志》引在第九章"天数五"之上,程颐《易说》以为《系辞传》"简编失次",当作更移;《本义》据程说,将此连同"天数五,地数五"至"成变化而行鬼神"八句,皆移置第九章"大衍之数"之上,以使文意贯通。两说并可参考。

② 夫《易》何为者也:这是针对前文设问,指为何取用"天地数"。《集解》引虞翻曰:"问《易》何为取天地之数也。"

③ 开物成务,冒天下之道:这两句说明"圣人"探研阴阳数理,创造筮法,用以开"智"成"事",尽包"天下之道"。《折中》引《朱子语类》曰:"古时民淳俗朴,风气未开,于天下事全未知识,故圣人立龟与之卜,作《易》与之筮,使人趋吉避害,以成天下之事,故曰'开物成务'。物,是人物;务,是事务;冒,是罩得天下许多道理在里。"

④ 蓍之德圆而神,卦之德方以知:蓍,指蓍数;德,犹言"性质";圆,圆通,含反复变化之意;方,方正;知,即"智"。这两句说明蓍数以变化神奇为"德",卦体以明智有方为"德"。《韩注》:"圆者,运而不穷;方者,止而有分。言蓍以圆象神,卦以方象知也。唯变所适,无数不周,故曰'圆';卦列爻分,各有其体,故曰'方'也。"

⑤ 六爻之义易以贡:易,变易;贡,《韩注》谓"告",焦循《周易补疏》引《尚书·尧典》"敷奏以言",《史记》作"遍告以言",认为"贡"训"献","献"训"奏","奏"即"告"。此句说明六爻通过变易而告人吉凶。

⑥ 洗心:净化其心,指以《易》自我修洁。《童溪易传》曰:"圣人以此蓍卦六爻,洗去夫心之累,则是心也,扩然而大公。"案,"洗"字,《释文》曰:"京、荀、虞、董、张、蜀才作'先',石经同。"《集解》引虞翻注,训"先心"为"知来";《韩注》释"洗心"为"洗濯万物之心"。《经义述闻》指出"作'先'之义为长","先,犹导也","圣人以此先心者,心所欲至而卜筮先知,若为之前导然"。《尚氏学》认为:"'先'、'洗'古通用,《庄子·德充符》'不知先生之洗我以善邪',与此'洗'义同。"谨从尚先生说。

⑦ 退藏于密:指《周易》的道理含藏不露,而能潜化万物,即前文"藏诸用"、"百姓日用而不知"之义。《韩注》:"言其道深微,万物日用而不能知其原,故曰'退藏于密',犹'藏诸用'也。"

⑧ 其孰能与此哉:《校勘记》曰:"石经同,岳本、闽、监、毛本'与'下有'于'字。案《正义》云'其孰能与此哉者,言谁能同此也。'是《正义》本无'于'字。"今从阮说。

⑨ 古之聪明睿知,神武而不杀者夫:神武,指有"武"道而广施仁德。这两句回答前句"其孰能与此哉"的设问。《正义》:"《易》道深远,以吉凶祸福威服万物;故古之聪明睿知神武之君,谓伏牺等,用此《易》道能威服天下,而不用刑杀而畏服之也。"

⑩ 是兴神物以前民用:兴,起;神物,指蓍占;前,用如动词,有"引导"之义,《重定费氏学》引姚永朴曰:"前,犹导也。"此句说明"圣人"兴起蓍占,引导百姓使用,以避凶趋吉。《集解》引陆绩曰:"神物,蓍也。圣人兴蓍以别吉凶,先民而用之,民皆从焉,故曰'以前民用'也。"

⑪ 齐戒：齐，即“斋”（音同）；“齐戒”犹言“修洁自戒”，与上文“洗心”义同。《韩注》：“洗心曰‘齐’，防患曰‘戒’。”《本义》：“湛然纯一之谓‘齐’。肃然警惕之谓‘戒’。”

⑫ 阖户谓之坤，辟户谓之乾：阖，闭；辟，开。这两句以闭门、开门为喻，又揭示乾坤阴阳的变化生息道理。《正义》：“此以下又广明《易》道之大。《易》从乾坤而来，故更明乾坤也。凡物先藏而后出，故先言坤而后言乾。阖户，谓闭藏万物，若室之闭阖其户。”又曰：“辟户，谓吐生万物也，若室之开辟其户。”

⑬ 见乃谓之象，形乃谓之器：这两句与前文“在天成象，在地成形”义相近，但此处的“象”广指变化所显示的表象，“形”则偏指形成器用。《集解》引荀爽曰：“谓日月星辰，光见在天而成象也；万物生长，在地成形，可以为器用者也。”

⑭ 利用出入，民咸用之谓之神：利用出入，犹言“利于反复使用”，《朱子语类》：“利用出入者，便是人生日常都离他不得。”这两句与前文“百姓日用而不知”义近，说明《周易》的道理具有“法象制器”的神奇功用。《集解》引陆绩曰：“圣人制器以周民用，用之不遗，故曰‘利用出入’也；民皆用之而不知所由来，故谓之‘神’也。”

⑮ 《易》有太极，是生两仪：太极，即“太一”，指天地阴阳未分时的混沌状态；两仪，天地，此处指阴阳二气。这两句以下又追溯《周易》的创作原理，在一定程度上反映了古人关于宇宙从无到有的发展过程的朴素认识。《集解》引虞翻曰：“太极，太一；分为天地，故‘生两仪’也。”《正义》：“太极，谓天地未分之前，元气混而为一，即是‘太初’、‘太一’也。故《老子》云‘道生一’，即此‘太极’是也。又谓混元既分，即有天地，故曰‘太极生两仪’，即《老子》云‘一生二’也。”案，“极”有“中”义（见《节》九二《象传》注），故郑玄释“太极”曰：“极中之道，淳和未分之气也。”（王应麟辑《郑康成易注》）于义亦通。

⑯ 两仪生四象，四象生八卦：四象，指少阳、老阳、少阴、老阴，在筮数体现为七、九、八、六，在时令上又象征春、夏、秋、冬。这两句说明阴阳“两仪”生出“老”、“少”四象；“四象”再衍生，则四阳四阴的八卦便形成了。《周易乾凿度》：“孔子曰：《易》始于太极，太极分而为二，故生天地；天地有春夏秋冬之节，故生四时；四时各有阴阳刚柔之分，故生八卦。八卦成列，天地之道立，雷风水火山泽之象定矣。”《重订费氏学》引僧一行《大衍论》曰：“三变皆刚，太阳之象；三变皆柔，太阴之象；一刚二柔，少阳之象；一柔二刚，少阴之象。”案，尚先生综合旧说，指出：“四象即四时，春少阳，夏老阳，秋少阴，冬老阴也。老阳、老阴即九、六，少阳、少阴即七、八。故四象定则八卦自生。”（《尚氏学》）谨从之。又案，《本义》承邵康节说，以为“太极”至“八卦”的衍生原理，是一生二、二生四、四生八的过程，指出“两仪”即阳（⚊）阴（⚋），“四象”即“两仪”重迭成为“太阳”（⚌）、“太阴”（⚏）、“少阳”（⚎）、“少阴”（⚍），“八卦”则由“四象”再加一画而成。并谓：“此数言者，实圣人作《易》自然之次第，有不假丝毫智力而成者。画卦揲蓍，其序皆然。”可备一说。

⑰ 八卦定吉凶：指八卦衍成六十四卦，卦爻变动，可判吉凶。《正义》：“八卦既立，爻象变而相推，有吉有凶。”

⑱ 吉凶生大业：指吉凶判定，事物沿规律繁衍发展，遂生盛大之业。《集解》引荀爽曰："一消一息，万物丰殖，'富有之谓大业'。"

⑲ 探赜索隐，钩深致远：赜，幽深（见第八章注）。这两句犹言"探索赜隐，钩致深远"，指卜筮的功用。《正义》："探，谓窥探求取；赜，谓幽深难见。卜筮则能窥探幽昧之理，故云'探赜'也。索，谓求索；隐，谓隐藏。卜筮能求索隐藏之处，故云'索隐'也。物在深处，能钩取之；物在远方，能招致之，卜筮能然，故云'钩深致远'也。"

⑳ 成天下之亹亹者，莫大乎蓍龟：亹，音 wěi，"亹亹"同"娓娓"，勤勉貌，《尔雅·释诂》："亹亹，勉也。"这两句承前三句意，说明"卜筮"可以决天下人之疑，使之勤勉向前。《本义》："亹亹，犹勉勉也；疑则怠，决故勉。"《朱子语类》："人到疑而不能自明处，便放倒了，不复能向前，动有疑阻；既有卜筮，知是吉是凶，便自勉勉住不得。其所以勉勉者，是卜筮成之也。"

㉑ 神物：指蓍草和灵龟；因可供卜筮用，故称"神物"。《正义》："谓天生蓍龟，圣人法则之，以为卜筮也。"

㉒ 天地变化，圣人效之：这是说明"圣人"效法四季变化，制定刑赏条例。《正义》："行四时生杀，赏以春夏，刑以秋冬，是'圣人效之'。"案，《集解》引陆绩曰："天有昼夜四时变化之道，圣人设三百八十四爻以效之矣。"于义亦通。

㉓ 天垂象，见吉凶，圣人象之：这是指"圣人"效天象制造"旋机玉衡"（即《尚书·舜典》所谓"璇机玉衡"，类似后来的"浑天仪"），以测天文，掌握日月五星的运行规律。《集解》引荀爽曰："谓在旋机玉衡，以齐七政也。"《正义》："若璇机玉衡以齐七政，是'圣人象之'也。"案，《集解》引宋衷曰："天垂阴阳之象，以见吉凶，谓日月薄蚀，五星乱行；圣人象之，亦著九六爻位得失，示人所以有得失之占也。"可备一说。

㉔ 河出图，洛出书，圣人则之：河，黄河；图，传说"龙马"身上的图象；洛，洛水；书，传说"神龟"背上的纹象。这是说明古代"圣人"效法"河图"作八卦，效法"洛书"作"九畴"。《易学启蒙》引孔安国曰："河图者，伏羲氏王天下，龙马出河，遂则其文，以画八卦；洛书者，禹治水时，神龟负文而列于背，有数至九，禹遂因而第之，以成九类。"（此本《尚书·顾命》、《洪范》篇《孔传》文）案，"河图"、"洛书"，当为古代人关于《周易》卦形及《尚书·洪范》"九畴"创作过程的传说；假托于"神龟"、"龙马"，似属对两书的崇拜心理所致，故添上神话色彩。又案，"图"、"书"之义，旧说至歧。今举三说以资参考。（一）《集解》引郑玄曰："《春秋纬》云：河以通乾，出天苞；洛以流坤，吐地符。河，龙图发；洛，龟书成。河图有九篇，洛书有六篇。"此说视"河图"、"洛书"为书名。（二）宋人以一至十数，排成"一六居下，二七居上，三八居左，四九居右，五十居中"（此即"五行数"方位）的形式，称为"河图"；又以一至九数，排成"戴九履一，左三右七，二四为肩，六八为足，五居中央"（此即"九宫数"方位）的形式，称为"洛书"。此说视"河图"、"洛书"为图形，但以"五行数"和"九宫数"当之，未知所据，故后代学者多以为不足信。（三）尚先生引《礼纬·含文嘉》云："伏羲德合上下，天应以鸟兽文章，地应以河图洛书，乃则以作

《易》。”又引《河图挺辅佐》云：“黄帝问于天老，天老曰：河出龙图，洛出龟书，所纪帝录，列圣人之姓号。”据此认为，“河图”、“洛书”并出于伏羲时代，因能则以画卦（见《尚氏学》）。此说辟汉人“洛书出禹”之论，指出“图”、“书”并为作《易》者所法，于义可通，可以参考。

㉕ 四象：义同上文“两仪生四象”之“四象”，指阴阳老少，即七、八、九、六，亦可象征“春夏秋冬”、“南北东西”。案，此处“四象”之义，《正义》引庄氏曰：“六十四卦之中，有实象，有假象，有义象，有用象，为四象也。”又引何氏说，谓指上文“神物”、“变化”、“垂象”、“图书”四者。孔氏均以为不然，指出：“辞既爻卦之下辞，则象为爻卦之象也。则上‘两仪生四象’，七、八、九、六之谓也。故诸儒有为七、八、九、六，今则从以为义。”尚先生云：“指七、八、九、六者是也。七、八、九、六，即南北东西，即春夏秋冬也。”（《尚氏学》）

说明 以上第十一章。

本章主要阐述《周易》的占筮问题。文中先从“天地”奇耦数引入占筮的“功用”，接着回溯到“乾坤”之德，又回溯到“太极”、“两仪”、“四象”、“八卦”的衍生原理，最后并论“蓍占”和“龟卜”的精妙，末尾以“辞”、“象”断吉凶作结。

其中夸大、神化“卜筮”的作用，固不足取。这一现象在其他章节亦多存在，读者宜加鉴别。但论及“太极”问题时，流露的有关宇宙生成的朴素认识，却值得借以考索古代人带有一定唯物成分的自然观。

《易》曰：“自天祐之，吉无不利。”①子曰：“祐者，助也。天之所助者，顺也；人之所助者，信也。履信思乎顺，又以尚贤也，是以‘自天祐之，吉无不利’也。”子曰：“书不尽言，言不尽意。”②然则圣人之意其不可见乎？子曰：“圣人立象以尽意，设卦以尽情伪③，系辞焉以尽其言，变而通之以尽利④，鼓之舞之以尽神⑤。”乾坤，其《易》之缊邪⑥？乾坤成列，而《易》立乎其中矣；乾坤毁，则无以见《易》；《易》不可见，则乾坤或几乎息矣⑦。是故形而上者谓之道，形而下者谓之器⑧，化而裁之谓之变⑨，推而行之谓之通⑩，举而错之天下之民谓之

译文 《周易》（《大有》上九）说：“从上天降下祐助，吉祥而无所不利。”孔子解释说：“祐助，就是帮助的意思。天所帮助的人，是顺从正道的；人所帮助的人，是笃守诚信的。能够践履诚信而时时考虑顺从正道，又能尊尚贤人，所以‘从上天降下祐助，吉祥而无所不利’。”孔子说：“书面文字不能完全表达作者的语言，语言不能完全表达人的思想。”那么，圣人的思想难道无法体现了吗？孔子又说：“圣人创立象征来尽行表达他的思想，设制六十四卦来尽行反映万物的真情和虚伪，在卦下撰系文辞来尽行表达他的语言，又变化会通（三百八十四爻）来尽行施利于万物，于是就能鼓励推动天下来尽行发挥《周易》的神奇道理。”乾坤两卦，应当是《周易》的精蕴吧？乾坤创成而分列上下，《周易》就确立于其中了；要是乾坤的象征毁灭，就不可能出现《周易》；《周易》不能出现，乾坤化育的道理差不多要止息了。所以居于形体之上的（精神因素）叫作“道”，居于形体以下的（物质状态）叫作“器”，两者的作用，导致事物交感化育而互为裁节叫作“变”，顺沿变化推广而旁行叫作“通”，将这些道理交给天下百姓使用叫作“事业”。因事业⑪。是故夫象，圣人有以见天下之赜，而拟诸其形容，象其物宜，是故谓之象。圣人有以见天下之动，而观其会通，以行其典礼，系辞焉以断其吉凶，是故谓之爻⑫。极天下之赜者存乎卦；鼓天下之动者存乎辞⑬；化而裁之存乎变；推而行之存乎通；神而明之存乎其人；默而成之，不言而信，存乎德行⑭。

此，所谓“象”，是圣人发现天下幽深难见的道理，把它譬拟成具体的形象容貌，用来象征特定事物适宜的意义，所以称作“象”。圣人发现天下万物运动不息，观察其中的会合变通，以利于施行典法礼仪，并（在六十四卦三百八十四爻下）撰系文辞来判断事物变动的吉凶，所以称作“爻”。穷极天下幽深难见道理的在于卦形的象征；鼓舞天下奋动振作的在于卦爻辞的精义；促使万物交相感化而互为裁节的在于变动；让万物顺沿变化推广而旁行的在于会通；使《周易》的道理神奇而显明的，在于运用《周易》的人；（学《易》的人）默然潜修而有所成就，不须言辞而能取信于人，在于美好的道德品行。

注释 ①“自天祐之，吉无不利”：这是《大有》上九爻辞（见该卦译注）；下引孔子语，先释“祐”字之义，然后以“信”、“顺”、“尚贤”阐发爻旨。案，本节文字似与上下文不相连属，故《本义》曰：“或恐是错简，宜在第八章之末。”

② 书不尽言，言不尽意：书，指书面文字，即《正义》所谓“书录”；意，犹言“思想”。这两句引孔子言论，说明文字与语言、语言与思想之间的距离，以发起下文。《正义》：“书所以记言，言有烦碎，或楚夏不同，有言无字，虽欲书录，不可尽竭于其言，故云‘书不尽言’也。”又曰：“意有深邃委曲，非言可写，是‘言不尽意’也。”案，《正义》将下文“然则，圣人之意其不可见乎”两句并视为孔子语，于义亦通。

③ 立象以尽意，设卦以尽情伪：情伪，指真情与虚伪。这两句说明《周易》的象征可以表达语言所不能尽述的深意，可以揭示事物的内在情态。《尚氏学》：“意之不能尽者，卦能尽之；言之不能尽者，象能显之。故‘立象以尽意，设卦以尽情伪’。”

④ 变而通之以尽利：指变通三百八十四爻以施利于万物。《集解》引陆绩曰：“变三百八十四爻使相交通，以尽天下之利。”

⑤ 鼓之舞之以尽神：鼓之舞之，犹言鼓励推动。此句说明《周易》的思想足以鼓舞万物，尽其神妙。《正义》：“此一句总结立象尽意、系辞尽言之美。圣人立象以尽其意，系辞则尽其言，可以说化百姓之心；百姓之心自然乐顺，若鼓舞然，而天下从之，非尽神其孰能与于此？”

⑥ 乾坤，其《易》之缊邪：缊，同“蕴”，犹言“精蕴”，《韩注》“缊，渊奥也”。此下八句又阐论乾坤意义的重要性。《正义》：“此明《易》之所立，本乎乾坤；若乾坤不存，则《易》道无由兴起。故乾坤是《易》道之所缊积之根源也，是与《易》为川府奥藏。”

⑦ 乾坤毁，则无以见《易》；《易》不可见，则乾坤或几乎息矣：几，接近；息，止息。这四句以循环论证法，说明《周易》的变化之道与乾坤的化育之功相依赖而为用的关系，进一步说明上文“乾坤为《易》之缊”的论点。《正义》：“《易》既从乾坤而来，乾坤若缺毁，则《易》道损坏，故云‘无以见《易》’也。”“若《易》道毁坏，不可见其变化之理，则乾坤亦坏，或其近乎止息矣。”

⑧ 形而上者谓之道，形而下者谓之器：形，事物的形体；道，指主导形体运动的精神因素，如《周易》的阴阳变化之理；器，指表现形体的物质状态，如六十四卦、三百八十四爻的构成形式。这两句提出“道”、“器”范畴，说明居“形”之上的为抽象的“道”，居“形”以下（含“形”在内）的为具体的“器”，目的在于阐述“道”指导“器”、“器”以“道”为用的辩证关系，故下文申言“化裁”生“变”、“推行”致“通”。《正义》：“道在形之上，形在道之下。故自形外已上者谓之道也，自形内而下者谓之器也。形虽处道、器两畔之际，形在器不在道也。既有形质，可为器用，故云‘形而下者谓之器’也。”

⑨ 化而裁之谓之变：化，化变，犹言“交感化育”；裁，裁节。此句承上文，说明“道”、“器”的相互作用；如《易》道使刚柔之“器”交感化育，刚柔在交感化育中又循“道”而裁节，这就是《周易》的“变”。《集解》引翟玄曰：“化变刚柔而财（通“裁”）之，故谓之变也。”

⑩ 推而行之谓之通：此句紧接前句，说明沿“变”的规律推广旁行就是“通”。《韩注》：“乘变而往者，无不通也。”

⑪ 举而错之天下之民谓之事业：举，犹言“拿”；错，置。这句总结“形而上”以下四句，说明将《周易》中体现的“道”、“器”、“变”、“通”的原理交给天下百姓，即可成就“事业”。《集解》引陆绩曰：“变通尽利，观象制器，举而措之于天下，民咸用之，以为事业。”

⑫ 是故谓之爻：从“圣人有以见天下之赜”至此九句，与第八章文重。尚先生云：“故知《系辞》乃门人杂记孔子之言，非出一人之手。”（《尚氏学》）案，此九句重出之因，《集解》引陆绩曰：“此明说立象尽意、设卦尽情伪之意也。”认为呼应前文。又，《正义》曰：“下云‘极天下之赜存乎卦，鼓天下之动存乎辞’，为此故更引其文也。”认为引起下文。两说并可参考。

⑬ 鼓天下之动者存乎辞：鼓天下之动，犹言“鼓动天下”。此句说明卦爻辞既为揭示吉凶得失，则其义足以鼓动天下，使人奋发振作。《正义》：“鼓，谓发扬天下之动，动有得失，存乎爻卦之辞，谓观辞以知得失也。”

⑭ 默而成之，不言而信，存乎德行：这是说明学《易》者若能立足于美好的“德行”，必能“默”而有成，“不言”而自可取信于人。《正义》：“若有德行，则得默而成就之，不言而信也；若无德行，则不能然。”《重定费氏学》：“君子学《易》，贵默成其德行。”

说明 以上第十二章。

此章可分三部分：先是阐述《周易》“立象尽意，系辞尽情伪”的特征；再是提出“道”、“器”范畴；最后以学《易》当“存乎德行”作结。

文中“书不尽言，言不尽意”的观点，从文学修辞理论的角度看，含有一定的辩证因素。至于“形上”、“形下”的“道”、“器”说，在古代哲学史中产生过较大的影响；但宋、明以后关于“道”、“器”的论争，其所发挥引申，往往不尽同于《系辞传》的本义，故不可绝对等同地看待。

全章收结于“德行”，前人指出寓有学《易》应当以修美道德品行为本的深

意。因此胡炳文曰："得于心为德，履于身为行；《易》之存乎人者，盖有存乎心身，而不徒存乎书言者矣。"（《周易本义通释》）

总论 《系辞传》分为上下篇，《正义》引何氏云："上篇明'无'，故曰'《易》有太极'，太极即'无'也。又云'圣人以此洗心，退藏于密'，是其'无'也。下篇明'几'，从无入有，故云'知几其神乎'。"这是一种说法。又引或说："以上篇论《易》之大理，下篇论《易》之小理。"这是以一种说法。孔颖达已驳"大小理"之说"事必不通"，认为只是"以简编重大，是以分之"（《正义》）；朱熹也说："以其通论一经之大体凡例，故无经可附，而自分上下。"（《本义》）孔、朱之说似可从。

上传十二章，始于"乾坤易简"，终于学《易》"存乎德行"，每章大略都侧重某一角度抒论。从整体看，其内容正如朱熹所云："或言造化以及《易》，或言《易》以及造化。不出此理。"（《朱子语类》）用今天的话说，就是把《易》理同自然界的发展规律结合起来探讨，以体现作者的哲学观点。这是《系辞传》上下篇的通例。

系辞下传

八卦成列，象在其中矣[①]；因而重之，爻在其中矣；刚柔相推[②]，变在其中矣；系辞焉而命之，动在其中矣[③]。吉凶悔吝者，生乎动者也；刚柔者，立本者也[④]；变通者，趣时者也[⑤]。吉凶者，贞胜者也[⑥]；天地之道，贞观者也[⑦]；日月之道，贞明者也[⑧]；天下之动，贞夫一者也[⑨]。夫乾，确然示人易矣；夫坤，隤然示人简矣[⑩]。爻也者，效此者也；象也者，像此者也[⑪]。爻象动乎内，吉凶见乎外[⑫]；功业见乎变[⑬]，圣人之情见乎辞。天地之大德曰生[⑭]，圣人之大宝曰位[⑮]。何以守位？曰仁[⑯]。何以聚人？曰财。理财正辞、禁民为非曰义[⑰]。

译文 八卦创成而分列其位，万物的象征就都在其中了；根据八卦重成六十四卦，三百八十四爻就都在其中了；刚爻柔爻相互推移，变化的道理就都在其中了；在卦爻下撰系文辞而告明吉凶，适时变动的规律就都在其中了。"吉"、"凶"、"悔"、"吝"，产生于变动；阳刚阴柔，是确立一卦的根本；变化会通，是趋向合宜的时机。吉凶的规律，说明守正就能获胜；天地的道理，说明守正就被人瞻仰；日月的道理，说明守正就焕发光明；天下的变动，说明万物都应当专一守正。乾的特征，坚确刚健而以平易显示于人；坤的特征，隤弱柔顺而以简约显示于人。爻，就是仿效此物的变动；象，就是模拟此物的情态。爻和象发动于卦内，吉和凶体现于卦外；功绩事业的兴起体现于变动，圣人的意旨体现于卦爻辞。天地的宏大德泽是"化生"，圣人的重大珍宝是"盛位"。用什么来守持盛位？用"仁人"。用什么来聚集仁人？用"财物"。管理财物端正言辞而禁止百姓为非乱法就是"合义"。

注释 ① 八卦成列，象在其中矣：这两句说明八卦是《周易》用来象征万物的基本卦形。《正义》："言八卦各成列位，万物之象在其八卦之中也。"

② 刚柔：即阳爻、阴爻。《正义》："刚柔，即阴阳也。论其气，即谓之阴阳；语

其体，即谓之刚柔也。”

③ 系辞焉而命之，动在其中矣：命，《尔雅·释诂》“告也”；动，指适时变动。这两句说明卦爻辞告明吉凶，可据以适时变动。《韩注》：“系辞焉而断其吉凶，况之六爻，动以适时者也。”

④ 刚柔者，立本者也：立本，即确立一卦根本。《正义》：“言刚柔之象，在立（阮刻作‘立在’，据《校勘记》改）其卦之根本者也。”

⑤ 变通者，趣时者也：趣时，指趋向适宜的时机。《正义》：“其刚柔之气，所以改变会通，趣向于时也。”

⑥ 吉凶者，贞胜者也：贞，正也。这两句说明，《周易》揭示的吉凶情状，在于申言守正者均可获胜。即：立身不正，得吉将转凶；守持正道，逢凶能化吉。《来氏易注》：“贞者，正也。圣人一部《易经》，皆利于正。”又曰：“胜者，胜负之胜，言惟正则胜，不论吉凶也。”案，“贞胜”，《释文》谓姚信本作“贞称”，尚先生指出“‘胜’、‘称’音近古通”，并云：“贞，常也，言吉凶之道，无不与阴阳相称也。”（《尚氏学》）于义亦通。

⑦ 天地之道，贞观者也：观，瞻仰。贞观，指守正则被人崇敬瞻仰。《集解》引陆绩曰：“言天地正，可以观瞻为道也。”

⑧ 日月之道，贞明者也：贞明，即守正则光明。《集解》引陆绩曰：“言日月正，以明照为道矣。”

⑨ 天下之动，贞夫一者也：一，犹言“专一”；“贞夫一”，即专一守正。《正义》：“言天地日月之外，天下万事之动，皆正乎纯一也。若得于纯一，则所动遂其性；若失于纯一，则所动乖其理。是天下之动，得正在一也。”

⑩ 夫乾，确然示人易矣；夫坤，隤然示人简矣：确，坚确，刚健之貌；隤，音 tuí，柔顺之貌。这四句即《上传》“乾坤易简”之义，此处承前文“贞一”而发，说明乾一于刚，坤一于柔，故示人以“易”、“简”。《韩注》：“确，刚貌也；隤，柔貌也。乾坤皆恒一其德，物由以成，故简易也。”

⑪ 爻也者，效此者也；象也者，像此者也：这四句说明，“爻”是仿效物之动，“象”是模象物之形。案，两“此”字，《本义》以为：“谓上文乾坤所示之理，爻之奇耦，卦之消息，所以效而像之。”于义亦通。又案，“爻”、“象”之义，已见《上传》，尚先生云“义皆与前复，以非一人所记录”（《尚氏学》）。

⑫ 爻象动乎内，吉凶见乎外：内，指卦内；外，指卦外。《正义》：“爻之与象，发动于卦之内也。”“其爻象吉凶，见于卦外，在事物之上也。”

⑬ 功业见乎变：《韩注》：“功业由变以兴，故见乎变也。”

⑭ 天地之大德曰生：生，指“化生”万物。《正义》：“言天地之盛德，在乎常生，故言‘曰生’。若不常生，则德之不大；以其常生万物，故云‘大德’也。”

⑮ 圣人之大宝曰位：大宝，犹言“重大珍宝”，喻下字“位”。《正义》：“言圣人大可宝爱者，在于位耳。位是有用之地，宝是有用之物，若以居盛位能广用无疆，故称‘大宝’也。”

⑯ 何以守位？曰仁：仁，指“仁人”。此句说明守持“盛位”必须依靠有贤仁品

德的人。《集解》引宋衷曰:"守位当得士大夫公侯,有其仁贤,兼济天下。"案,《释文》出"曰人"条,并云:"王肃、卞伯玉、桓玄、明僧绍作'仁'";尚先生指出"'仁'、'人'古通"(《尚氏学》),则此处当作"人"解,与下句"何以聚人"意正相承。又案,《正义》释"仁"为"仁爱",于义亦可通。

⑰ 理财正辞、禁民为非曰义:理财,指治理财物、用之有方;正辞,指端正言辞、发之以理;义,犹"宜"。此句回应前文,说明必须"理财正辞、禁民为非",才能"聚人"、"守位",合乎"天地之大德",成就"圣人功业"。《正义》:"言圣人治理其财,用之有节;正定号令之辞,出之以理;禁约其民为非僻之事,勿使行恶,是谓之义。义,宜也,言以此行之而得其宜也。"

说明 以上第一章。

《系辞下传》的章数,《正义》据周氏、庄氏分为九章。今从朱子《本义》分十二章。

本章泛论卦爻变动,吉凶要义,并强调"造化功业"和"贞"的意旨。从基本内容看,此章作为《下系》之首,具有承上启下的作用。

古者包牺氏之王天下也①,仰则观象于天,俯则观法于地,观鸟兽之文,与地之宜②,近取诸身,远取诸物,于是始作八卦,以通神明之德,以类万物之情③。作结绳而为罔罟,以佃以渔④,盖取诸《离》⑤。包牺氏没,神农氏作⑥,斲木为耜,揉木为耒⑦,耒耨之利⑧,以教天下,盖取诸《益》⑨。日中为市,致天下之民,聚天下之货,交易而退,各得其所,盖取诸《噬嗑》⑩。神农氏没,黄帝、尧、舜氏作⑪,通其变,使民不倦⑫;神而化之,使民宜之⑬。《易》穷则变,变则通,通则久,是以"自天祐之,吉无不利"⑭。黄帝、尧、舜垂衣裳而天下治⑮,盖取诸《乾》、《坤》⑯。刳木为舟⑰,剡木为楫⑱,舟楫之利以济不通,致远以利天下,盖取诸《涣》⑲。服牛乘马⑳,引重致远,

译文 古时候伏牺氏治理天下,他抬头观察天上的表象,俯身观察大地的形状,观察飞禽走兽身上的纹理,以及适宜存在于地上的种种事物,从近处援取人的一身作象征,从远处援取各类物形作象征,于是才创作了八卦,用来贯通神奇光明的德性,用来类归天下万物的情态。(伏牺氏)发明了编结绳子的方法而制成罗网,用来围猎捕鱼,大概是吸取了《离》卦(网目相连而物能附丽)的象征吧。伏牺氏去世,神农氏继起。他砍削树木制成耒耜的耜头,揉弯木干制成耒耜的曲柄,这种翻土耘田农具的好处,可以用来教导天下(百姓耕作),这大概是吸取了《益》卦(木体能入而下动)的象征吧。又规定中午为墟市时间,招致天下的百姓,聚集天下的货物,交换贸易然后归去,各人都获得所需的物品,这大概是吸取了《噬嗑》卦(上光明下兴动而交往相合)的象征吧。神农氏去世,黄帝、尧、舜先后继起。他们会通过改变前代的器用、制度,使百姓进取不懈;(在实践中)神奇地变化,使百姓应用适宜。《周易》的道理是穷极就出现变化,变化就能畅通,畅通就可以长久,所以能够(像《大有》上九所说的)"从上天降下祐助,吉祥而无所不利"。黄帝、尧、舜改进服制让人们穿着长垂的衣裳而天下大治,这大概是吸取了《乾》、《坤》两卦(上衣下裳)的象征吧。他们挖空树木成为船只,削制木材成为桨楫,船只桨楫的好处,可以用来济渡难以通行的江河,就能直达远方而便利天下,这大概是吸取了《涣》卦(木在水上而流行如风)的象征吧。他们驾御牛、乘坐马,拖运重物、直达远方,用来便利天下,这大概是吸取了《随》卦(下能运动而上者欣悦)的象征吧。他们设置多重屋

以利天下，盖取诸《随》[21]。重门击柝[22]，以待暴客，盖取诸《豫》[23]。断木为杵，掘地为臼，臼杵之利，万民以济[24]，盖取诸《小过》[25]。弦木为弧[26]，剡木为矢，弧矢之利，以威天下，盖取诸《睽》[27]。上古穴居而野处，后世圣人易之以宫室，上栋下宇[28]，以待风雨，盖取诸《大壮》[29]。古之葬者，厚衣之以薪，葬之中野，不封不树[30]，丧期无数[31]，后世圣人易之以棺椁[32]，盖取诸《大过》[33]。上古结绳而治[34]，后世圣人易之以书契[35]，百官以治，万民以察，盖取诸《夬》[36]。

门而夜间敲梆警戒，以防备暴徒强寇，这大概是吸取了《豫》卦（设双门敲小木而为豫备）的象征吧。他们斫断木头作为捣杵，挖掘地面作成捣臼，捣臼、捣杵的好处，万民可以用来舂米为食，这大概是吸取了《小过》卦（上动下止）的象征吧。他们弯曲木条并在两端牵系弦绳作为弓弧，削尖树枝作为箭矢，弓箭的好处，可以用来威服天下，这大概是吸取了《睽》卦（事物乖睽而用威制服）的象征吧。远古的人居住在洞穴而散处在野外，后代的圣人制造房屋改变了过去的居住方式，上有栋梁下有檐宇，用来防备风雨，这大概是吸取了《大壮》卦（上动下健而大为壮固）的象征吧。古时候丧葬的办法，只用柴草厚厚地裹缠死者的遗体，埋在荒野之间，不堆坟墓也不植树木，没有限定的居丧期数，后代圣人发明棺椁改变了过去的丧葬习俗，这大概是吸取了《大过》卦（大事不妨过厚）的象征吧。远古的人系结绳子作标记来处理事务，后代圣人发明契刻文字改变了过去的结绳方式，百官可以用它治理政务，万民可以用它稽察琐事，这大概是吸取了《夬》卦（断事明决）的象征吧。

注释 ① 包牺氏：古书多作“伏羲”、“伏牺”，《释文》“‘包’孟、京作‘伏’，‘牺’，字又作‘羲’”；或又写作“庖牺”、“宓羲”、“伏戏”，亦称“牺皇”、“皇羲”。传说中原始社会早期的人物。一说伏羲即“太皞”。

② 与地之宜：指适宜存在于地上的种种事物。《集解》引《九家易》曰：“谓四方四维，八卦之位，山泽高卑，五土之宜也。”案，《本义》：“王昭素曰：‘“与地”之间，诸本多有“天”字。’”可备一说。

③ 以通神明之德，以类万物之情：类，作动词，犹言“类归”。这两句说明包牺氏作八卦的目的。“神明之德”，即阴阳变化的德性；“万物之情”，即阴阳形体的情态。《本义》：“俯仰远近，所取不一，然不过以验阴阳消息两端而已。‘神明之德’，如健顺动止之性；‘万物之情’，如雷风山泽之象。”

④ 作结绳而为罔罟，以佃以渔：作，犹言“发明”；罔，同“网”；罟，音 gǔ，也是网的名称，《释文》：“黄本作‘为网罟’，云‘取兽曰网，取鱼曰罟’。”佃，即“田”，指田猎，《释文》：“音田，本亦作‘田’。”渔，捕鱼，《释文》引马融曰：“取兽曰田，取鱼曰渔。”这两句说明包牺氏发明结绳而制罗网，用以渔猎。案，《经义述闻》引王念孙说，指出“作”为衍字，并谓：“涉前文‘作八卦’而衍。”可备一说。

⑤ 盖取诸《离》：《离》，六十四卦之一，上下卦均“离”，象征“附丽”（见该卦译注）。由于“离”有“目”象（见《说卦传》，下引卦象并同），上下离犹两目相重，故文中推测包牺氏取此象征以制罗网。《本义》：“两目相承，而物丽焉。”案，罗网的制作，未必取法于《离》卦；但由于卦象与物象有相符之处，故《系辞传》作此猜测。以下所明“盖取诸”十二卦的卦象，均仿此。《周易口义》：“‘盖’者，疑之之辞也。”“盖圣人作事立器，自然符合于此之卦象也，非准拟此卦然后成之，故曰‘盖取诸《离》’。”

⑥ 神农氏：传说中的原始社会人物，一说即“炎帝”。

⑦ 斲木为耜，揉木为耒：斲，音 zhuó，即“斫”，砍削，《说文》“斲，斫也”；耜，音 sì，上古农具“耒耜”的下端部分。《释文》引京房曰：“耒下耓也”，《说文》作“梠”，谓“耒耑也”，《段注》：“梠，今经典之‘耜’”；耒，音 lěi，上古农具“耒耜”的曲柄，《释文》引京房曰：“耜上句木也”，又引《说文》曰“耜曲木”（今本《说文》作“手耕曲木也”）。案，“耒耜”是我国古代最原始的翻土工具，靠脚踩把下端“耜”刺入土中，然后用手操纵曲柄“耒”以翻掘土壤。最初，其上下部分均为木制，故称“斲木为耜，揉木为耒”。

⑧ 耒耨之利：耨，音 nòu，耘田，《释文》：“马云‘锄也’，孟云‘耘除草’。”利，犹言“好处”。案，《汉书·食货志》引此文，作“耒吕（耜）之利”，《重定费氏学》云：“王昭素曰：‘耨，诸本或作耜。’”似可从。

⑨ 盖取诸《益》：《益》，六十四卦之一，下震上巽，象征“增益”（见该卦译注）。由于下“震”为动，上“巽”为木，为入，恰如“耒耜”二体均为木制，操作时上入下动，故文中推测神农氏取此象征以制耒耜。《本义》：“二体皆木，上入下动。天下之益，莫大于此。”

⑩ 盖取诸《噬嗑》：《噬嗑》，六十四卦之一，下震上离，象征“咬合”（见该卦译注）。由于上离为日、为明，下震为动，恰如“日中”而集市兴动，且贸易交合与“咬合”之义相通，故文中推测神农氏取此象征以规定“日中为市”。《本义》：“日中为市，上明而下动。又借‘噬’为‘市’，‘嗑’为‘合’也。”案，朱熹认为“噬嗑”与“市”、“合”音近相借，说似可通。

⑪ 黄帝、尧、舜：黄帝，姬姓，号轩辕氏、有熊氏，旧说中原各族的共同祖先；尧，陶唐氏，名放勋，史称“唐尧”；舜，姚姓，有虞氏，名重华，史称“虞舜”。三人均为传说中原始社会人物，尧、舜已当父系氏族后期。

⑫ 通其变，使民不倦：通其变，指变通前代的器用、制度；不倦，犹言进取不懈。《韩注》：“通物之变，故乐其器用，不解倦也。”

⑬ 神而化之，使民宜之：《正义》：“言所以通其变者，欲使神理微妙而变化之，使民各得其宜。”

⑭ “自天祐之，吉无不利”：《大有》上九爻辞（见该爻译注），此处援以说明黄帝、尧、舜能运用《周易》的“变通”之理，故无所不利。《正义》：“《上系》引此文者，证明人事之信顺；此乃明《易》道（阮刻重一“道”字，据《校勘记》删）之变通：俱得天之祐，故各引其文也。”

⑮ 垂衣裳而天下治：指黄帝以后，制衣裳为服饰而天下大治。《集解》引《九家易》曰：“黄帝以上，羽皮革木以御寒暑，至乎黄帝，始制衣裳，垂示天下。”《正义》：“以前衣皮，其制短小；今衣丝麻布帛所作衣裳，其制长大，故云‘垂衣裳’也。”

⑯ 盖取诸《乾》、《坤》：《乾》、《坤》，六十四卦的开首两卦，各以“乾”、“坤”重成，象征“天”、“地”（见两卦译注）。由于“乾”、“坤”为上、下之象，古代服制上衣下裳，故文中推测黄帝、尧、舜取此两卦的象征以制造“衣裳”。《集解》引《九家

易》曰:"衣,取象乾,居上覆物;裳,取象坤,在下含物也。"案,旧说又以为"垂衣裳"有"无为而治"之义,《乾》、《坤》则含变化易简之理,故《本义》曰"《乾》《坤》变化而无为",说可通。

⑰ 刳:音 kū,剖开而挖空,《说文》:"判也。"《玉篇》:"空物肠也。"

⑱ 剡:音 yǎn,《正字通》:"剡,削也。"

⑲ 盖取诸《涣》:《涣》,六十四卦之一,下坎上巽,象征"涣散"(见该卦译注)。由于上巽为木,下坎为水,犹如舟行水面,故文中推测黄帝、尧、舜取此象征以制"舟楫"。《集解》引《九家易》曰:"木在水上,流行若风,舟楫之象也。"案,前句"致远以利天下",《本义》疑为衍文,可备一说。

⑳ 服牛:驾牛。《诗经·小雅·大东》"睆彼牵牛,不以服箱",朱熹《集传》:"服,驾也。"案,《说文》"牛"部"犕"下引《易》曰"犕牛乘马",不言"犕"义,尚先生援陈寿祺云:"《玉篇》'犕,皮秘切,服也,以鞍装马也',《集韵》'犕,用牛也',通作'服',据此则'服牛'即'驾牛'也。"(《尚氏学》)说当从。

㉑ 盖取诸《随》:《随》,六十四卦之一,下震上兑,象征"随从"(见该卦译注)。由于下震为"动"象,上兑为"悦"象,犹如马牛在下奔驰,乘驾者居上而欣悦,故文中推测黄帝、尧、舜取此象征以发明"服牛乘马"之事。《本义》:"下动上说。"

㉒ 柝:音 tuò,古代巡夜者用来敲击报更的木梆。《释文》:"马云'两木相击以行夜',《说文》作'榛'。"

㉓ 盖取诸《豫》:《豫》,六十四卦之一,下坤上震,象征"愉乐"(见该卦译注)。由于上震倒视为"艮",其下又有"互艮",艮为"门阙""多节之木"、"手指"之象(均见《说卦传》),犹如设"重门"而手持双木互击;又"豫"字含"预备"之义,故文中推测黄帝、尧、舜取此象征以设立"重门","击柝"防盗。《集解》引《九家易》曰:"下有艮象;从外示之,震复为艮:两艮对合,重门之象也。"又曰:"榛(即"柝")者,两木相击以行夜也,艮为手,为小木。"又,《韩注》:"取其豫备。"案,《折中》引俞琰曰:"坤为阖户,重门之象也;震动而有声之木,击柝之象也。"可备一说。

㉔ 济:成,文中指舂米为食。

㉕ 盖取诸《小过》:《小过》,六十四卦之一,下艮上震,象征"小有过越"(见该卦译注)。由于上震为"动",下艮为"止",上下相配,适如杵臼舂米的情状,故文中推测黄帝、尧、舜取此象征以制"杵臼"。《本义》:"下止上动。"

㉖ 弦木为弧:弦,用如动词,"弦木"即弯木上弦;弧,弓。《说文》:"弧,木弓也。"

㉗ 盖取诸《睽》:《睽》,六十四卦之一,下兑上离,象征"乖背睽违"(见该卦译注)。由于《睽》卦的象征意义是事有乖睽然后合之,而弓矢之用也是制服天下之"乖争"者,故文中推测黄帝、尧、舜取此象征以造弓矢、威服天下。《韩注》:"睽,乖也。物乖则争兴;弧矢之用,所以威乖争也。"

㉘ 宇:房屋上方四垂的边缘,即"屋檐"。《说文》:"宇,屋边也。"

㉙ 盖取诸《大壮》:《大壮》,六十四卦之一,下乾上震,象征"大为强盛"(见该卦译注)。由于下乾为"健",上震为"动";犹如风雨动于上,而宫室壮于下,故文

中推测黄帝、尧、舜取此象征以建“宫室”、“待风雨”。《温公易说》:“风雨,动物也;风雨动于上,栋宇健于下,《大壮》之象也。”

㉚ 不封不树:封,堆土为坟,《礼记·王制》“不封不树”,郑玄注:“封,谓聚土为坟。”树,植树。此句说明上古葬俗既不堆坟墓,也不植树为标记。《正义》:“不积土为坟,是不封也;不种树以标其处,是不树也。”

㉛ 丧期无数:丧期,即居丧之期。此句指上古服丧,没有限定的期数,即“丧礼”未经制定。《正义》:“哀除则止,无日月限数也。”

㉜ 棺椁:古代棺木,内一层曰“棺”,外层所套者曰“椁”。《庄子·天下篇》:“古之丧礼,贵贱有仪,上下有等;天子棺椁七重,诸侯五重,大夫三重,士再重。”

㉝ 盖取诸《大过》:《大过》,六十四卦之一,下巽上兑,象征“大为过甚”(见该卦译注)。由于《大过》卦有“大为过厚”的象征意义,而丧礼的制定是变简朴为繁厚,故文中推测黄帝、尧、舜取此象征创制以“棺椁”安葬的礼节。《韩注》:“取其过厚。”案,《折中》曰:“棺椁者,取木在泽中也;又死者以土为安,故入而后说之。”此取上下象之义,可备一说。

㉞ 结绳而治:指上古未出现文字之初,用结绳来记物之数量、事之大小等。《正义》:“郑康成注云:‘事大,大结其绳;事小,小结其绳。’义或然也。”

㉟ 书契:契,刻。“书契”犹言“契刻文字”。《尚氏学》:“盖古用简,须以刀刻字,故曰‘书契’。”

㊱ 盖取诸《夬》:《夬》,六十四卦之一,下乾上兑,象征“决断”(见该卦译注)。由于《夬》卦有“断事明决”的象征意义,而“书契”文字的兴起正为了明于治事,故文中推测黄帝、尧、舜取此象征以制“书契”,使“百官以治、万民以察”。《韩注》:“《夬》,决也。书契所以决断万事也。”

说明 以上第二章。

本章先叙“包牺氏”仰观俯察,创制八卦;接着又举六十四卦中的十三卦,推测古人因卦象而制立礼法、器用等事,说明《易》象的“神奇”作用。

文中所言“制器”典故,虽未必出自“卦象”,但可借以窥探远古时代人们的田渔舟车、衣食住行等方面的劳作生活情状;从“结绳”到“书契”的进化更勾勒出一条我国古代文字起源的线索。这些,均为研究上古史提供了重要旁证资料。

是故《易》者,象也;象也者,像也①。象者,材也②;爻也者,效天下之动者也③。是故吉凶生而悔吝著也④。

译文 所以《周易》一书,就是象征;象征,就是模像外物(以喻意)。彖辞,是总说一卦的材德;六爻,是仿效天下万物的发生与变动。因此,(行动有得有失就)产生“吉”、“凶”而(行动小有疵病就)出现“悔”、“吝”。

注释 ①《易》者,象也;象也者,像也:这是总结前章,指出《周易》的象征特色。《正义》:“但前章皆取象以制器,以是之故,《易》卦者写万物之形象。”又,《尚氏学》:“凡《易》辞无不从象生。韩宣子适鲁,不曰见《周易》。而曰‘见《易象》与

《鲁春秋》',诚以'《易》者,象也','象者,像也',言万物虽多,而八卦无不像之也。'像',俗字,《释文》:孟、京、虞、董、姚还作'象'。"案,尚先生引韩宣子见《易象》事,载《左传》昭公二年,是古人视《易》为"象"的显著例证。

② 彖者,材也:彖,卦辞;材,材德。此指卦辞总说一卦之材。《韩注》:"材,才德也。彖言成卦之材,以统卦义也。"《正义》:"谓卦下彖辞者,论此卦之材德也。"案,"彖"字之义有三,除此处韩、孔所谓"论一卦之材德"外,其余二义为:一、《系辞上传》云"彖者,言乎象者也",《韩注》:"总一卦之义。"《正义》:"言说乎一卦之象。"二、《乾》卦《彖传》,《正义》引褚氏、庄氏并云:"彖者,断也,断定一卦之义。"(《集解》引刘瓛注略同)此三义,"言说乎一卦之象"、"论一卦之材德"、"断一卦之义",虽微有分别,而大本实相同。《尚氏学》云:"《系辞》云'彖者材也',材、财通,《孟子》'有达财者'。而财与裁通,《泰》传'后以财成天地之道'。汉人上书,伏惟裁察,每作'财察'。然则'材'即'断'也,即裁度也。"尚先生此说甚是。至于作为经传之名,"彖"或指卦辞,或指《彖传》,此又具两种不同之义。(参阅《乾》卦《彖传》及《系辞上传》第三章译注;并详《六庵易话》,载《福建师大学报》1982 年第 1 期)

③ 爻也者,效天下之动者也:动,发动,即发生与变动。《正义》:"谓每卦六爻,皆仿效天下之物而动也。"

④ 吉凶生而悔吝著也:著,显也,犹言出现。《正义》:"动有得失,故吉凶生也;动有细小疵病,故悔吝著也。"

说明 以上第三章。

本章总结前章"观象制器"诸例,重申《易》者,象也;"象也者,像也"的观点。

阳卦多阴,阴卦多阳①。其故何也?阳卦奇,阴卦耦②。其德行何也?阳一君而二民,君子之道也;阴二君而一民,小人之道也③。

译文 阳卦中阴爻居多,阴卦中阳爻居多。那是什么缘故呢?因为阳卦以一阳为主(所以阳少阴多),阴卦以二阳为主(所以阴少阳多)。两者各自说明什么德性品行呢?阳卦一个君主两个百姓(说明君为众民拥戴,上下协心),是君子之道;阴卦两个君主一个百姓(说明君长相互倾轧,下者贰心其主),是小人之道。

注释 ① 阳卦多阴,阴卦多阳:八卦之中,除乾(☰)为纯阳,坤(☷)为纯阴之外,其余六卦亦分阴阳:阳卦为震(☳)、坎(☵)、艮(☶),均为一阳二阴,故称"多阴";阴卦为巽(☴)、离(☲)、兑(☱),均为一阴二阳,故称"多阳"。《正义》:"阳卦多阴,谓震、坎、艮一阳而二阴也;阴卦多阳,谓巽、离、兑一阴而二阳也。"

② 阳卦奇,阴卦耦:这是回答前句"其故何也"的设问,说明阳卦一阳为"君主",故"奇";阴卦二阳为"君主",故"耦"。案,《易》例阳为主,阴为从,此处"奇"、"耦"当皆指阳,故《折中》引吴曰慎曰:"阳卦固主阳也,而阴卦亦主阳,可见阳有常尊也。"又案,《韩注》谓阳卦一阳为"奇",阴卦一阴为"耦";《本义》谓阳卦皆五画为"奇",阴卦皆四画为"耦":并可备参考。

③ 阳一君而二民,君子之道也;阴二君而一民,小人之道也:此四句回答前文"其德行何也"的设问。《易》例阳为君主、阴为臣民,故阳卦象一君统二民,犹如一

君为二民拥戴、上下协心，故为“君子之道”；阴卦象二君争一民，犹如君长相互倾轧、一臣兼事二主故为“小人之道”。《汉上易传》：“阳卦一君而遍体二民，二民共事一君，一也，故为‘君子之道’；阴卦一民共事二君，二君共争一民，二也，故为‘小人之道’。”案，《韩注》释“二”为“耦”（指阴），“一”为“奇”（指阳），则“二君一民”谓“耦为君奇为民”，以为“非其道”，故阴卦为“小人之道”。可备一说。

说明 以上第四章。

本章辨析八卦中阳卦、阴卦的不同特征。

《易》曰：“憧憧往来，朋从尔思。”[1]子曰：“天下何思何虑[2]？天下同归而殊途，一致而百虑，天下何思何虑？日往则月来，月往则日来，日月相推而明生焉；寒往则暑来，暑往则寒来，寒暑相推而岁成焉。往者屈也，来者信也，屈信相感而利生焉[3]。尺蠖之屈[4]，以求信也；龙蛇之蛰[5]，以存身也。精义入神，以致用也；利用安身，以崇德也[6]。过此以往，未之或知也[7]；穷神知化，德之盛也[8]。”《易》曰：“困于石，据于蒺藜，入于其宫，不见其妻，凶。”[9]子曰：“非所困而困焉，名必辱；非所据而据焉，身必危。既辱且危，死期将至，妻其可得见邪？”《易》曰：“公用射隼于高墉之上，获之，无不利。”[10]子曰：“隼者，禽也；弓矢者，器也；射之者，人也。君子藏器于身，待时而动，何不利之有？动而不括[11]，是以出而有获，语成器而动者也[12]。”子曰：“小人不耻不仁，不畏不义，不见利不劝，不威不惩。小惩而大诫，此小人之福也。《易》曰‘屦校灭趾，无咎’[13]，此之谓也。”“善不

译文 《周易》（《咸》九四）说：“心意不定而频频往来，友朋终究顺从你的思念。”孔子解释说：“天下事何必思念，何须忧虑？天下万物（自然感应就能）沿着不同的道路走到共同的目标，使千百种思虑合并为统一的观念。天下事何必思念，何必忧虑？譬如太阳西往就有月亮东来，月亮西往就有太阳东来，太阳月亮交相推移而光明常生；寒季归去就有暑季前来，暑季归去就有寒季前来，寒季暑季交相推移而年岁形成。‘往’就是回缩，‘来’就是伸展，回缩和伸展交相感应而利益常生。尺蠖毛虫的回缩其体，是为了求得伸展；巨龙长蛇的冬眠潜伏，是为了保存自身。（学者）精研道义、深入神理，是为了进献才用；利于施用、安处其身，是为了增崇美德。超过这种境界再往前发展，或许就未能有所知晓了；穷极神理、通晓变化，这是美德隆盛（自然所致的）。”《周易》（《困》六三）说：“困穷于巨石之下（石坚不可入），凭据在蒺藜之上（棘刺不可践）；即使退入自家居室（也只能茕茕独处），见不到其配人为妻的一天，有凶险。”孔子解释说：“困穷于不妥当的处所，其名必受损辱；凭据于不适宜的地方，其身必遭危险。既受损辱又遭危险，灭亡的日期即将来临，哪有可能见到其配人为妻的一天呢？”《周易》（《解》上六）说：“王公发矢射击窃据高城上的恶隼，一举射获，无所不利。”孔子解释说：“恶隼，是禽鸟；弓矢，是武器；发矢射击恶隼的，是人。君子身上预藏成器，等待时机而行动，哪会有什么不利呢？有所行动而毫无滞碍括结，所以外出必有收获。这是说明先具备现成的器用然后再行动。”孔子说道：“小人不知羞耻、不明仁德，不畏正理、不行道义，不看见利益就不愿勤勉，不受到威胁就不能戒惕。受到微小惩罚而承获重大告诫，这是小人的幸运。《周易》（《噬嗑》初九）说：‘足着刑具而伤灭脚趾，不致危害。’说的就是这一道理。”（孔子又说）“善行不积累不足以成就美名，恶行不积累不足以灭亡其身。小人把小善看成无所获益的事而不屑于施行，把小恶看成无伤大体的事而不愿意除去，所以恶行积累满盈而无法掩盖，罪行发展极大而难以解救。因此《周易》（《噬嗑》上九）说：‘肩

积不足以成名，恶不积不足以灭身。小人以小善为无益而弗为也，以小恶为无伤而弗去也，故恶积而不可掩，罪大而不可解。《易》曰：'何校灭耳，凶。'⑭"子曰："危者，安其位者也；亡者，保其存者也；乱者，有其治者也⑮。是故君子安而不忘危，存而不忘亡，治而不忘乱。是以身安而国家可保也。《易》曰：'其亡其亡，系于苞桑。'⑯"子曰："德薄而位尊，知小而谋大，力小而任重，鲜不及矣⑰！《易》曰：'鼎折足，覆公餗，其形渥，凶。'⑱言不胜其任也。"子曰："知几其神乎？君子上交不谄，下交不渎，其知几乎！几者，动之微，吉之先见者也⑲。君子见几而作，不俟终日，《易》曰：'介于石，不终日，贞吉。'⑳介如石焉，宁用终日？断可识矣㉑！君子知微知彰，知柔知刚，万夫之望㉒。"子曰："颜氏之子㉓，其殆庶几乎㉔？有不善，未尝不知；知之，未尝复行也。《易》曰：'不远复，无只悔，元吉。'㉕""天地絪缊，万物化醇㉖；男女构精，万物化生㉗。《易》曰：'三人行，则损一人；一人行，则得其友。'㉘言致一也。"子曰："君子安其身而后动，易其心而后语㉙，定其交而后求：君子修此三者，故全也㉚。危以动，则民不与也㉛；惧以语，则民不应也；无交而求，则民不与也：莫之与，则伤之者至矣。《易》曰：'莫益之，或击之，立心勿恒，凶。'㉜"

荷刑具，遭受伤灭耳朵的重惩，有凶险。'"孔子说："凡是倾危的，都曾经逸乐安居其位；凡是灭亡的，都曾经自以为长保生存；凡是败乱的，都曾经自恃万事整治。因此君子安居而不忘倾危，生存而不忘灭亡；整治而不忘败乱，自身则可常安而国家可以永保。所以《周易》（《否》九五）说：'（心中时时自警）"将要灭亡、将要灭亡"，就能像系结于丛生的桑树一样安然无恙。'"孔子说："才德浅薄而地位尊高，智能窄小而图谋宏大，力量微弱而身任重负，这样很少有不涉及灾祸的。所以《周易》（《鼎》九四）说：'鼎器难承重荷折断其足，王公的美食全被倾覆，鼎身沾濡一派龌龊，有凶险。'正是说明力不胜任的情状。"孔子说："能够预知几微的事理应该算达到神妙的境界了吧？君子与上者交往不谄媚，与下者交往不渎慢，可以说是预知几微的事理吧！几微的事理，是事物变动的微小征兆，吉凶的结局先有所隐约的显现。君子发现几微的事理就迅速行事，不等候一天终竟。所以《周易》（《豫》六二）说：'耿介如石，不等候一天终竟（就悟知愉乐必须适中的道理），守持正固可获吉祥。'既然有耿介如石的品德，岂须等候一天终竟（才领悟道理）呢？当时就能断然明知。君子知晓隐微的前征就知晓昭著的结局，知晓阴柔的功益也知晓阳刚的效用，这是千万人所瞻望景仰的杰出人物。"孔子说："颜渊这位贤弟子，他的道德大概接近完美了吧？一有不善的苗头，没有不自知的；一知不善，没有再次重犯的。《周易》（《复》初九）说：'起步不远就回复正道，免致灾患、悔恨，至为吉祥。'"（孔子说）"天地二气缠绵交密，万物化育醇厚；男女阴阳交合其精，万物化育孕生。所以《周易》（《损》六三）说：'三人同行并求一阳，则损彼阳刚一人；一人独行专一求合，则得其阳刚友朋。'正是说明阴阳相求必须专心致一。"孔子说："君子先安定其自身然后有所行动，先平和其内心然后发表言论，先确定其交往然后求益于人：君子能修美这三种德性，所以于人于己两全其益。自身倾危而急于行动，百姓就不予赞助；内心疑惧而发表言论，百姓就不予响应；无所交往而求益于人，百姓就不愿给予：没有人给他利益，于是损伤他的人就跟着来了。所以《周易》（《益》上九）说：'没有人增益他，有人攻击他，居心不常安（而贪求无厌），有凶险。'"

注释 ①“憧憧往来，朋从尔思”：这是《咸》九四爻辞（见该卦译注）。下文引孔子语，是对爻辞大旨的阐释、发挥。

② 天下何思何虑：这是从爻辞狭义的“往来”交感之旨，引申到广义的天下万物自然感应之理，故下两句言“殊途同归”、“一致百虑”。《易经蒙引》：“天下感应之理，本同归也，但事物则千形万状，而其途各殊异；天下感应之理，本一致也，但所接之事物不一，而所发之虑亦因之有百耳。夫虑虽百而其致则一，途虽殊而归则同，是其此感彼应之理，一皆出于自然而然，而不必少容心于其间者。吾之应事接物，一惟顺其自然之理而已矣，天下何思何虑？”

③ 往者屈也，来者信也，屈信相感而利生焉：这四句承上文“日月”、“寒暑”往来相推的意义而发，再明事物自然感应的道理。《横渠易说》：“屈伸相感而利生，感以诚也；情伪相感而利害生，杂之伪也。”

④ 尺蠖：蠖，音 huò，昆虫名。我国北方称“步曲”，南方称“造桥虫”。虫体细长，行动作伸缩之状。《说文》：“蠖，尺蠖，屈申虫也。”郝懿行《尔雅义疏・释虫》：“其行先屈后申，如人布手知尺之状，故名‘尺蠖’。”

⑤ 蛰：音 zhé，动物冬眠时潜伏土中或洞穴中不食不动的状态。

⑥ 精义入神，以致用也；利用安身，以崇德也：精义，犹言“精研道义”；致，犹“献”。这四句承上文“尺蠖”屈伸、“龙蛇”入蛰的譬喻，推言治学研道亦含出入、动静的道理。《集解》引干宝曰：“能精义理之微，以得未然之事，是以涉于神道而逆祸福也。”《本义》：“因言屈信往来之理，而又推以言学亦有自然之机也。精研其义，至于入神，屈之至也，然乃所以为出而致用之本；利其施用，无适不安，信之极也，然乃所以为入而崇德之资。内外交相养，互相发也。”

⑦ 过此以往，未之或知也：过此，指超过上述“致用”、“崇德”的境界；往，犹言“发展”。《正义》：“言‘精义入神以致用，利用安身以崇德’此二者皆入理之极，过此二者以往，则微妙不可知。”

⑧ 穷神知化，德之盛也：这两句既承前句“未之或知”，又收结上文所引爻辞“憧憧往来”的大义，说明感应之理穷深无方，唯“德”至“盛”则自然领悟。《本义》：“至于‘穷神入化’，乃德盛仁熟而自致耳。然不知者，往而屈也；自致者，来而信也，是亦感应自然之理而已。”

⑨“困于石，据于蒺藜，入于其宫，不见其妻，凶”：藜，阮刻作“䔧”，据《校勘记》改。这是《困》六三爻辞（见该卦译注）。下文引孔子语，从“困”、“据”非其处，阐释本爻“凶”之所由来。《郭氏传家易说》：“当困而困，当据而据，道之正也；非所困，非所据，失道之正，是以名辱身危也。太甲所谓‘自作孽，不可逭’者也。”

⑩“公用射隼于高墉之上，获之，无不利”：这是《解》上六爻辞（见该卦译注）。下文引孔子语，先释“隼”、“弓矢”、“射”诸语，然后从“射隼”之象引申出“藏器”、“待时”的意义。《正义》：“明先藏器于身，待时而动，而有利也。”

⑪ 动而不括：括，闭结阻塞，《韩注》：“括，结也。”此句说明“藏器”、“待时”，则动必畅通无碍。《正义》：“言射隼之人既持弓矢，待隼可射之，动而射之，则不括结而有碍也；犹若君子藏善道于身，待可动之时而兴动，亦不滞碍而括结也。”

⑫ 成器而动：成器，即具备现成的器用。《正义》："有见成之器而后兴动。"

⑬ "屦校灭趾，无咎"：这是《噬嗑》初九爻辞（见该卦译注）。此处引孔子语，先泛说"小人"的特征，然后以"小惩大诫"为"小人"之幸阐发爻辞"无咎"之旨。《正义》："小人之道，不能恒善，若因惩戒而得福也。"

⑭ "何校灭耳，凶"：这是《噬嗑》上九爻辞（见该卦译注）。从上文"善不积"至此，亦孔子语，阐说"小人"积小恶成大罪，以明爻辞"凶"之义。《正义》："明恶人为恶之极以致凶也。"案，本章援孔子语，或先引《易》辞而后释之，或先明义理而后援引《易》辞作结，体例不同。《正义》："第一、第二节皆先引《易》文于上，其后乃释之"；"已下皆先豫张卦义于上，然后引《易》于下以结之。体例不同者，盖夫子随义而言，不为例也"。

⑮ 危者，安其位者也；亡者，保其存者也；乱者，有其治者也：这是说明"危"、"亡"、"乱"者，均来自于昔日自恃其"安"、"存"、"治"。《正义》："所以今有倾危者，由往前安乐于位，自以为安，不有畏慎，故致今日危也。""所以今日灭亡者，由往前保有其存，恒以为存，不有忧惧，故今致灭亡也。""所以今有祸乱者，由往前自恃有其治理也，谓恒以为治，不有忧虑，故今致祸乱也。"案，这几句《集解》引崔憬注，曰"有危之虑则能安其位不失也"，"有亡之虑则能保其存者也"，"有防乱之虑则能有其治者也"。于义亦通。

⑯ "其亡其亡，系于苞桑"：这是《否》九五爻辞（见该卦译注）；上文引孔子语，从"安不忘危"的角度释爻义。

⑰ 鲜不及：指很少有不及祸的。《正义》："言不能安其身，知小谋大而遇祸。"

⑱ "鼎折足，覆公餗，其形渥，凶"：这是《鼎》九四爻辞（见该卦译注）；此处引孔子语，从"力小任重"的角度释卦义。

⑲ 几者，动之微，吉之先见者也：此释"几"字之义，《本义》："《汉书》'吉之'之间有'凶'字。"（朱说见《汉书·楚元王传》穆生语引）案，《正义》曰："此直云'吉'不云'凶'者，凡豫前知几，皆向吉而背凶，违凶而就吉，无复有凶，故特云'吉'也。诸本或有'凶'字者，其定本则无也。"说可通。

⑳ "介于石，不终日，贞吉"：这是《豫》六二爻辞（见该卦译注）；此处引孔子语，即从"知几"的角度阐发爻义。

㉑ 断可识矣：断，断然迅速；指当时即可悟知。《正义》："才见几微，即知祸福，何用终竟其日？当时则断可识矣。"

㉒ 万夫之望：万夫，万人，喻多；望，瞻望景仰。《正义》："知几之人，既知其始，又知其末，是合于神道，故为万夫所瞻望也。"

㉓ 颜氏之子：即颜渊，名回，字子渊，孔子的学生。

㉔ 其殆庶几乎：殆，大概；庶几，接近、差不多之意，此处指道德接近完美。《本义》："庶几，近意，言近道也。"

㉕ "不远复，无只悔，元吉"：这是《复》初九爻辞（该卦译注）；上文引孔子语，举孔子高材弟子颜渊为例以释爻义。

㉖ 天地细缊，万物化醇：细缊，音 yīn yùn，又作"氤氲"，此处指天地阴阳二气

交感绵密之状；醇，犹"厚"，指万物因天地二气交密而化育醇厚。《本义》："絪缊，交密之状；醇，谓厚而凝也，言气化者也。"

㉗ 男女构精，万物化生：男女，泛指阴阳两性，《集解》引干宝曰："男女，犹阴阳也。"构，交合。《来氏易注》："男女，乃万物之男女，雌雄牝牡，不独人之男女也。"又曰："夫天地男女，两也；絪缊构精，以一合一，亦两也，所以成化醇、化生之功。"

㉘ "三人行，则损一人；一人行，则得其友"：这是《损》六三爻辞（见该卦译注）；此处引孔子语，即以阴阳交感专一不二释此爻义，故下文谓"致一也"。《集解》引侯果曰："此明物情相感，当上法絪缊化醇，致一之道，则无患累者也。"

㉙ 易其心而后语：易，犹言"平和"。此句说明平心静气才能畅发言论。《重定费氏学》引《朱子语类》："不学《诗》无以言，先儒以为心平气和则能言。"

㉚ 全：谓于人于己两全其益。《重定费氏学》："人己两益为全。"

㉛ 民不与：指百姓不予配合。下文"民不与"之"与"谓"给予"。《周易玩辞》："'危以动则民不与'，'党与'之'与'也；'无交而求则民不与'，'取与'之'与'也。"

㉜ "莫益之，或击之，立心勿恒，凶"：这是《益》上九爻辞（见该卦译注）；上文引孔子语，以不得民心则无益有害释此爻义。

说明 以上第五章。

本章引用孔子言论，阐发十一爻大义。

从以上三章看，其内容互有关联。《折中》以为："第三章统论象爻也（即卦爻体制），第四章举象所以取材之例（即卦体阴阳特点），第五章举爻所以效动之例（即阴阳动静、吉凶悔吝在十一爻例子中的体现）。"

全章所释爻义，均从"象内"引申到"象外"，运用精纯的哲理思维，颇为深刻地揭示了各爻特定的象征意旨。由此可以看出孔子《易》学的一个重要特点。

子曰："乾、坤，其《易》之门邪①？"乾，阳物也；坤，阴物也。阴阳合德而刚柔有体，以体天地之撰，以通神明之德②。其称名也，杂而不越③，于稽其类，其衰世之意邪④？夫《易》，彰往而察来，而微显阐幽⑤。开而当名辨物，正言断辞则备矣⑥。其称名也小，其取类也大⑦，其旨远，其辞文，其言曲而中⑧，其事肆而隐⑨。因贰以济民行，以明失得之报⑩。

译文 孔子说："乾、坤两卦，应该是《周易》的门户吧？"乾，是阳的物象；坤，是阴的物象。阴阳德性相配合而刚柔成为形体，可以用来体察天地的撰述营为，用来贯通神奇光明的德性。《周易》卦爻辞所称述的物名，尽管繁杂却不逾越卦爻义理；稽考卦爻辞的表述（多有忧虞警诫的）事类，或许是流露作者处在衰危之世的思想吧？《周易》，是彰著往昔的变故而察辨将来的事态，显示初微的征象而阐明幽深的道理。作《易》者开释卦爻（撰系文辞）使各卦各爻名义适当，物象明辨，而且语言周正措辞决断以至天下万理俱备。卦爻辞所称述的物名虽多细小，但所取喻的事类却十分广大，其意旨深远，其修辞颇饰文采，其语言曲折切中事理，所用典故明白显露而哲理隐奥。运用《周易》阴阳两方面的道理济助百姓的行动，可以让人们明确吉凶得失的应验。

注释 ① 乾、坤，其《易》之门邪：这是引孔子言论，说明乾坤两卦在《周易》哲学体系中的重要作用。《集解》引荀爽曰："阴阳相易，出于乾坤，故曰'门'。"《正义》："《易》之变化，从乾坤而起；犹人之兴动，从门而出。"

② 以体天地之撰，以通神明之德：撰，《本义》云"犹事也"，即"撰述营为"之意。这两句承前文"刚柔有体"、"阴阳合德"而发，进一步揭示乾坤作为刚柔形体的拟象范围之广大和作为阴阳物象的喻理程度之神妙。《古周易订诂》："有形可拟，故曰'体'"，"有理可推，故曰'通'。'体天地之撰'，承'刚柔有体'言，两'体'字相应；'通神明之德'，承'阴阳合德'言，两'德'字相应。"案，《集解》引《九家易》训"撰"为"数"，曰："万物形体皆受天地之数也。谓'九'天数，'六'地数也，刚柔得以为体矣。"于义亦通。

③ 其称名也，杂而不越：称名，指卦爻辞所称之物名；不越，即不逾越卦爻之理。《正义》："《易》之爻辞多载细小之物，若'见豕负涂'之属，是杂碎也；辞虽杂碎，各依爻卦所宜而言之，是不相逾越也。"案，《集解》引《九家易》曰："阴阳，杂也；名，谓卦名。阴阳虽错，而卦象各有次序，不相逾越。"可备一说。

④ 于稽其类，其衰世之意邪：于，发语辞，《经传释词》："于，语助也"；稽，《集解》引虞翻曰："考也"；类，指卦爻辞中表述的事类。这两句说明稽考卦爻辞的内容，可知作者生当衰世。《正义》："考校《易》辞事类，多有悔之忧虞，故云变乱之世所陈情意也。"

⑤ 彰往而察来，而微显阐幽：微显，即显微。这两句说明《周易》的功用是彰往昔、知来事，显初微、明奥理。《韩注》："《易》无往不彰，无来不察，而微以之显，幽以之阐。阐，明也。"案，《本义》曰："'而微显'，恐当作'微显而'。"可资参考。

⑥ 开而当名辨物，正言断辞则备矣：开，指作《易》者开释卦爻、撰系文辞；名、物、言、辞，均指卦爻辞；当、辨、正、断，句中为使动用法，意犹"使名当"、"使物辨"、"使言正"、"使辞断"；备，谓义理完备。这两句说明作《易》者在"系辞"之时，周密思考以撰写文辞、开释卦爻，使六十四卦三百八十四爻名物适当、言辞明正而义理完备。《韩注》："开释卦爻，使各当其名也；理类辨明，故曰'断辞'也。"

⑦ 其称名也小，其取类也大：指卦爻辞所称物象之名虽细小，但所取喻的事类却广大。《韩注》："托象以明义，因小以喻大。"

⑧ 其旨远，其辞文，其言曲而中：这是说明卦爻辞的语言特色。《正义》："近道此事，远明彼事，是其旨意深远"；"不直言所论之事，乃以义理明之，是其辞文饰也"；"变化无恒，不可为体例，其言随物屈曲，而各中其理也"。

⑨ 其事肆而隐：事，典故；肆，犹"显露"；隐，指义理隐奥。此句说明卦爻辞的用典特色。《正义》："其《易》之所载之事，其辞放肆显露，而所论义理深而幽隐也。"

⑩ 因贰以济民行，以明失得之报：贰，指乾坤阴阳二理，《集解》引虞翻曰："二，谓乾与坤也"；报，犹"应"，即"应验"。这两句总结前文，说明《周易》所揭示的阴阳变化之理，可以用来助民之行，使明确事物吉凶得失的应验。案，《来氏易注》谓《周易》之理"两在莫测，无方无体"，"宜乎济斯民日用之所行，以明其吉凶

之应也”。所云“两在”,有合“阴阳二理”,可资参考。

说明 以上第六章。

本章叙卦爻辞的特点。开首指出乾坤为《易》之门,然后集中证明卦爻辞辞理远大,章末以《周易》之理可“济民行”作结。

文中“称名”、“取类”、“旨远”、“辞文”诸语,精切概括了《周易》卦爻辞以象喻意的语言特色,其义与古代文论中的“比兴”说颇契合。因此刘勰释“兴”之义时,曾援此为说:“观夫‘兴’之托谕,婉而成章,称名也小,取类也大。”(《文心雕龙·比兴》)可见,此节文字含有一定的文学理论意义。

《易》之兴也,其于中古乎①?作《易》者,其有忧患乎②?是故《履》,德之基也③;《谦》,德之柄也④;《复》,德之本也⑤;《恒》,德之固也⑥;《损》,德之修也⑦;《益》,德之裕也⑧;《困》,德之辨也⑨;《井》,德之地也⑩;《巽》,德之制也⑪。《履》,和而至⑫;《谦》,尊而光⑬;《复》,小而辨于物⑭;《恒》,杂而不厌⑮;《损》,先难而后易⑯;《益》,长裕而不设⑰;《困》,穷而通⑱;《井》,居其所而迁⑲;《巽》,称而隐⑳。《履》以和行㉑,《谦》以制礼㉒,《复》以自知㉓,《恒》以一德㉔,《损》以远害㉕,《益》以兴利㉖,《困》以寡怨㉗,《井》以辩义㉘,《巽》以行权㉙。

译文 《周易》的兴起,大概在殷商之末的中古时代吧?创作《周易》的人,大概心怀忧患吧?因此,《履》卦(说明小心履礼),是树立道德的初基;《谦》卦(说明行为谦虚),是施行道德的柯柄;《复》卦(说明回复正途),是遵循道德的根本;《恒》卦(说明守正有恒),是巩固道德的前提;《损》卦(说明自损不善),是修美道德的途径;《益》卦(说明施益于人),是充裕道德的方法;《困》卦(说明遭困守操),是检验道德的准绳;《井》卦(说明井养不穷),是居守道德的处所;《巽》卦(说明因顺申命),是展示道德的规范。《履》卦,教人和顺小心而行走到目的地;《谦》卦,教人要谦虚才能被尊崇而光大其德;《复》卦,教人针对微小的征兆辨析事物的善恶(及早回复正道);《恒》卦,教人在正邪相杂的环境中恒久守德而不厌倦;《损》卦,教人先为自损之难而后成获益之易;《益》卦,教人施益于人长久充裕己德而不虚设其益;《困》卦,教人在困穷时守正而求得亨通;《井》卦,教人居得安适的处所而能广为迁施惠泽;《巽》卦,教人顺势称扬号令而不自我显露。《履》卦的道理可以用来和顺小心地行走,《谦》卦的道理可以用来控制礼节,《复》卦的道理可以用来自我省知得失,《恒》卦的道理可以用来始终不移地纯一守德,《损》卦的道理可以用来自损不善、远离祸害,《益》卦的道理可以用来益人益己、广兴福利,《困》卦的道理可以用来处困守操,不怨天尤人,《井》卦的道理可以用来广养万物、辨明道义,《巽》卦的道理可以用来顺势利导、行使权力。

注释 ①《易》之兴也,其于中古乎:兴,兴起;中古,指商末时期,即第十一章所云“殷之末世,周之盛德”。这两句是《系辞传》作者推测《周易》的成书年代。《正义》:“《易》之爻卦之象,则在上古伏牺之时,但其时理尚质素,圣道凝寂,直观其象足以垂教矣。但中古之时,事渐浇浮,非象可以为教,又须系以文辞,示以变动吉凶,故爻卦之辞起于中古。”又曰:“《周易》起于文王及周公也,此之所论,谓《周易》也。”案,《集解》引虞翻曰:“兴《易》者,谓庖牺也。”“庖牺为中古,则庖牺以前为上古。”可备一说。

② 作《易》者,其有忧患乎:这是推测《周易》作于“中古”衰世,故作者多有忧

患，与前章“其衰世之意邪”正合。《正义·卷首》：“史迁云‘文王囚而演《易》’，即是‘作《易》者其有忧患乎’。”案，旧说以为周文王作卦爻辞，固未必然；但《系辞传》推测《周易》兴于商末周初，作《易》者流露忧患思想，实可参考。

③《履》，德之基也：《履》，六十四卦之一，象征“小心行走”，含有遵循礼制而行的意义（见该卦译注）；人能遵循《履》道，则可防范而不违礼，故为“立德之基”。案，此下三陈九卦，说明《周易》为“修德防患”之作，以证上文所云“作《易》者有忧患”。《正义》：“六十四卦悉为修德防患之事，但于此九卦最是修德之甚，故特举以言焉。”又曰：“为德之时，先须履践其礼，敬事于上，故《履》为德之初基也。”

④《谦》，德之柄也：《谦》，六十四卦之一，象征“谦虚”（见该卦译注）；人能行谦，犹如把握道德有了“柯柄”，故谓“德之柄”。《正义》：“若行德不用谦，则德不施用，是谦为德之柄；犹斧刃以柯柄为用也。”

⑤《复》，德之本也：《复》，六十四卦之一，象征“回复”，含有“归复阳刚正道”的意义（见该卦译注）；人能归复善道，则为进德的根本。陆九渊曰：“复者，阳复，为复善之义”，“知物之为害而能自反，则知善者乃吾性之固有，循吾固有而进德，则沛然无它适矣。故曰‘《复》，德之本’也”（《陆九渊集·语录上》）。

⑥《恒》，德之固也：《恒》，六十四卦之一，象征“恒久”，含有“恒久守正”之义（见该卦译注）；人以恒心守持正道，则道德能固。《正义》：“为德之时，恒能执守，始终不变，则德之坚固。”

⑦《损》，德之修也：《损》，六十四卦之一，象征“减损”，有“自损不善”之义（见该卦译注）；人能自损不善、减抑忿欲，必可修美道德。《集解》引荀爽曰：“征忿窒欲，所以修德。”

⑧《益》，德之裕也：《益》，六十四卦之一，象征“增益”，含有“施益于人”之义（见该卦译注）；人能施益于外，则可充裕己德。《韩注》：“能益物者，其德宽大也。”

⑨《困》，德之辨也：《困》，六十四卦之一，象征“困穷”，含有“处困守正”之义（见该卦译注）；人于困穷之时，适可分辨、检验其是否固守德操，故云“德之辨”。《集解》引郑玄曰：“辩，别也。遭困之时，君子固穷，小人穷则滥：德于是别也。”《正义》：“若遭困之时，守操不移，德乃可分辨也。”案，“辨”字，郑氏作“辩”，《释文》所出同，两字音义并通。

⑩《井》，德之地也：《井》，六十四卦之一，象征“水井”，含有“井养不穷”之义（见该卦译注）；人能遵循“井养”之道，则为居守美德之所。《集解》引姚信曰：“井养而不穷，德居地也。”

⑪《巽》，德之制也：《巽》，六十四卦之一，象征“顺从”，含有“因顺申谕命令”之义（见该卦译注）；人能因顺申命，则可展示道德、立其规范，故曰“德之制”。“制”，此处犹言“制立规范”。《正义》：“《巽》，申明号令，以示法制，故可与德为制度也。”案，以上首陈九卦，立义于“德”，《正义》曰：“明九卦各与德相为用也。”又，《重定费氏学》云：“（《履》、《谦》、《复》）三者进德之大端也，《恒》、《损》、《益》三卦申言持身之道，《困》、《井》、《巽》三卦申言涉世之方。”可资参考。

⑫《履》，和而至：至，犹"到达"。《履》卦教人小心行走、和顺不违礼，故可践行而至于终点，犹行事可达到目的。《韩注》："和而能至，故可履也。"

⑬《谦》，尊而光：《谦》卦教人谦虚，谦以接物，故受人尊崇而其德愈为光大。《正义》："以能谦卑，故其德益尊而光明也。"

⑭《复》，小而辨于物：小，指微小的征兆。《复》卦教人察知善恶、及早回复善道，故旨在辨析事物的细微征兆，知不正则速改。《正义》："言《复》卦于初细微小之时，即能辨于物之吉凶，不远速复也。"

⑮《恒》，杂而不厌：杂，指正邪相杂。《恒》卦教人守操有恒，故虽处正邪相杂之时，亦能长守正道而不厌倦。《正义》："言《恒》卦虽与物杂碎并居，而常执守其操，不被物之不正也。"

⑯《损》，先难而后易：《损》卦教人自损不善而获益，自损则"先难"，获益则"后易"。《正义》："先自减损，是先难也；后乃无患，是后易也。"

⑰《益》，长裕而不设：裕，见前注；设，虚设，指广施其益而不虚设。《益》卦教人施益他人，故己德长裕而其益不虚设。《韩注》："有所兴为，以益于物，故曰'长裕'；因物兴务，不虚设也。"

⑱《困》，穷而通：《困》卦教人处穷守正以致通。《正义》："言《困》卦于困穷之时而能守节，使道通行而不屈也。"

⑲《井》，居其所而迁：迁，指迁施其泽、利惠于人。《井》卦教人效"井养"之功，故能居其所而迁施润泽。《正义》："言《井》卦居得其所，恒住不移，而能迁其润泽、施惠于外也。"

⑳《巽》，称而隐：称，扬也，犹言"申命"；隐，藏也，指不自显露。《巽》卦教人因顺申命，故能称其令而不露其威，即"因势利导"之义。《韩注》："称扬命令而百姓不知其由也。"《正义》："言《巽》称扬号令，而不自彰伐而幽隐也。"案，以上再陈九卦，进一步申明诸卦的性质，《正义》云："辨九卦德性也。"

㉑《履》以和行：以，犹"可"也。《履》卦之用，在于小心和顺、循礼而行，即上文"和而至"之义。《集解》引虞翻曰："礼之用，和为贵。"故"以和行"也。

㉒《谦》以制礼：制，犹言"控制"，指《谦》卦之用，可以控制礼节、谦虚待物，即上文"德之柄"之义。《正义》："性能谦顺，可以裁制于礼。"

㉓《复》以自知：《复》卦之用在于审知不善以复正道，即上文"小而辨于物"之义。《集解》引虞翻曰："有不善未尝不知，故曰'自知'也。"

㉔《恒》以一德：《恒》卦之用，在于守正不移、恒一其德，即上文"德之固"、"杂而不厌"之义。《正义》："恒能终始不移，是纯一其德也。"

㉕《损》以远害：《损》卦之用，在于自损不善以修身避害，即上文"德之修"之意。《韩注》："止于修身，故可以远害而已。"

㉖《益》以兴利：《益》卦之用，在于益人益己、人己两全其利，即上文"德之裕"、"长裕而不设"之义。《正义》："既能益物，物亦益己，故'兴利'也。"

㉗《困》以寡怨：《困》卦之用，在于处穷守德而不怨，即上文"德之辨"之义。《正义》："遇困守节不移，不怨天不尤人，是无怨于物，故'寡怨'也。"

㉘《井》以辩义：辩，通"辨"，《校勘记》："毛本作'辨'。"《井》卦之用，在于广施井养、辨明道义，即上文"德之地"之义。《韩注》："施而无私，义之方也。"陆九渊曰："君子之义，在于济物；于井之养人，可以明君子之义。"（《陆九渊集·语录上》）

㉙《巽》以行权：《巽》卦之用，在于因势利导，申命行权。《韩注》："巽顺而后可以行权也。"《正义》："若不顺时制变，不可以行权也。"案，以上三陈九卦，重申前两陈之义，但主于诸卦的功用，《正义》云："论九卦各有施用而有利益也。"

说明 以上第七章。

本章论《周易》为"忧患"之作，故三陈九卦，以窥探作《易》者防忧虑患、重视道德修养的创作思想。

《易》之为书也，不可远①。为道也屡迁，变动不居，周流六虚②，上下无常，刚柔相易，不可为典要，唯变所适③。其出入以度，外内使知惧④。又明于忧患与故⑤，无有师保，如临父母⑥。初率其辞，而揆其方，既有典常⑦。苟非其人，道不虚行⑧。

译文 《周易》这部书（包含人生处世的哲学），不可须臾远离。它所体现的道理在于屡屡推迁，变化运行而不居止，周遍流动于各卦六爻之间，上下往来没有定准，阳刚阴柔相互更易，不可执求于典常纲要，只有变化才是它趋赴的方向。（《周易》的道理可以启发人）当出入行藏之际多加考虑遵守法则或度数，使人处内外隐显之时知晓惕惧得失。又可以使人深明将来的忧患和往昔的事态，虽然没有师保的监护，却好像面临父母的教诲。处事之初遵循《周易》卦爻辞的意旨，揆度行动的方式，就掌握了（适应事物变化的）经常可行的规律。假如没有贤明的人研探阐述，《周易》的道理就难以凭空推行。

注释 ① 不可远：远，远离。此句指《周易》一书包含人生哲学，宜于平日观象玩占、明理致用，不可远离。《集解》引侯果曰："居则观象，动则玩占，故'不可远'也。"

② 变动不居，周流六虚：居，止也；六虚，指六爻。这两句说明《周易》以变动为本，其理周流于六爻之间。《集解》引虞翻曰："六虚，六位也。"《正义》："阴阳周遍流动在六位之虚。六位言'虚'者，位本无体，因爻始见，故称'虚'也。"

③ 不可为典要，唯变所适：为，动词，犹言"执求"；典要，典常纲要；适，往。这是说明《易》理趋向变化，不可执其固定不移的"典要"。《集解》引虞翻曰："上下无常，故不可为典要。"《正义》："六位错综，上下所易皆不同，是不可为典常要会也。"

④ 其出入以度，外内使知惧："出入"与"外内"互文，"出"即"外"，"入"即"内"。《韩注》："'出入'犹'行藏'，'外内'犹'隐现'（两"犹"字阮刻作"尤"，据《校勘记》改）。"度，法则，度数。这两句说明《易》理可以启发人遵守法度或度数，知所惕惧，使"出入"、"外内"皆得其宜。《正义》："行藏各有其度，不可违失于时。""若不应隐而隐、不应显而显，必有凶咎，使知畏惧凶咎而不为也。"

⑤ 又明于忧患与故：故，即"事"，犹言往昔的事态，《韩注》："故，事故也。"此句承上文，进一步指出《易》理可以使人明于预防忧患、察鉴前事。《集解》引虞翻

曰:“神以知来,故明忧患;知以藏往,故知事故。”

⑥ 无有师保,如临父母:师保,古代负责教习贵族子弟的师长,《礼记·文王世子》:“入则有保,出者有师,是以教喻而德成也。”这两句说明能应用《易》理者,虽无“师保”教习,却如面临父母亲诲,始终戒惕行事、不犯过咎。《折中》引朱震曰:“无有师保教训而严惮之,有如父母亲临而爱敬之,见圣人之情也。”《河上易注》:“虽无师保之在前,而承《易》训之丁宁,不啻师保之亲切教命也;虽无父母之监临,而遵《易》教以生成,俨如父母之保抱扶持也。”又曰:“二句盖互文也。”

⑦ 初率其辞,而揆其方,既有典常:率,犹“循”;辞,卦爻辞;揆,度也;方,谓意义、方式;典常,此处指经常可行的变化规律,与上文“典要”有别。这三句说明循卦爻辞之理处事,则可把握事物的变化规律。《正义》:“《易》虽千变万化,不可为典要;然循其辞,度其义,原寻其初,要结其终,皆唯变所适,是其常典也。”

⑧ 苟非其人,道不虚行:苟,假如;其人,指贤明之人;道,《易》道。这两句总结全章,说明《易》道的推行,非贤明者不可。《集解》引虞翻曰:“神而明之,存乎其人。”《正义》:“若苟非通圣之人,则不晓达《易》之道理,则《易》之道不虚空得行也。”

说明 以上第八章。

本章从处世致用的角度,阐论《周易》的变化之道、卦爻辞的精奥哲理。文义与前章“作《易》者有忧患”相承。文中指出《周易》一书“不可为典要,唯变所适”,强调“变动”规律是构成此书哲学体系的一个重要特色。

章末“苟非其人,道不虚行”二语,就广义而言,事实上是提出了学术的发展与治学者素质的关系这一鲜明主题,在认识论上反映了《系辞传》作者朴素的唯物观点。

《易》之为书也,原始要终以为质也①。六爻相杂,唯其时物也②。其初难知,其上易知:本末也③,初辞拟之,卒成之终④。若夫杂物撰德,辩是与非,则非其中爻不备⑤。噫!亦要存亡吉凶,则居可知矣⑥。知者观其彖辞⑦,则思过半矣。二与四同功而异位,其善不同⑧;二多誉,四多惧,近也⑨。柔之为道,不利远者⑩;其要无咎,其用柔中也⑪。三与五同功而异位⑫:三多凶,五多功,贵贱之等也⑬。其柔危,其刚胜邪⑭?

译文 《周易》这部书,以推原事物的初始、归纳事物的结局而形成卦体大义。各卦六爻相互错杂,只是反映特定的时宜和阴阳物象。初爻的意义较难理解,上爻的意义容易理解:因为前者是本始,后者是末尾,初爻的爻辞拟议事物产生的端绪,到了上爻事物发展完结而卦义最终形成。至于错杂各种物象而撰述阴阳德性,辨识是非吉凶,要是撇开中间四爻那就无法全面理解。是啊!(明白了中四爻的意义)也就大致把握了存亡吉凶的规律,即使平居无为也能知晓事理。明智的人只要观察研析卦辞,就把全卦大义多半领悟了。第二爻和第四爻同具阴柔的功能而各居上下卦不同之位,两者象征的利害得失也不相同:第二爻(处下居中)多获美誉,第四爻(处上居下)多含惕惧,因为靠近君位。阴柔的道理,不利于有远大作为;其要旨在于慎求“无咎”,其功用在于柔和守中。第三爻和第五爻同具阳刚的功能而各居上下卦不同之位:第三爻(处下卦之极)多有凶危,第五爻(处尊居中)多见功勋,这是上下贵贱的等差所致。大略说来,若阴柔(处三、五阳位),就有危患,若阳刚(处三、五阳位),就能胜任吧?

注释 ① 原始要终以为质：原，推原；要，《正义》训为“要会”，犹言“归纳”；质，体也，《本义》“谓卦体”，文中指卦体大义。此句说明《周易》六十四卦均推始归终而形成卦体大义。《韩注》：“质，体也，卦兼终始之义也。”《正义》：“言《易》之为书，原穷其事之初始，《乾》初九‘潜龙勿用’是‘原始’也；又要会其事之终末，若上九‘亢龙有悔’是‘要终’也。”又曰：“此‘潜龙’、‘亢龙’是一卦之始终也，诸卦亦然。”

② 唯其时物：时，指各爻居处的特定“时宜”；物，指各爻所取喻的阴阳“物象”。此句说明六爻相错，只是反映不同的“时态”、“物象”而已。《集解》引虞翻曰：“阴阳错居称‘杂’。时阳则阳，时阴则阴，故‘唯其时物’。乾阳物，坤阴物。”《尚氏学》：“六爻刚柔相杂，然爻各有其时，各有其物；时物当则吉，否则凶也。”

③ 其初难知，其上易知：本末也：初，指初爻，即一卦之“本”，说明事物产生初始的意义，微而未显，故曰“难知”；上，指上爻，即一卦之“末”，说明事物发展终竟的意义，成败已见，故曰“易知”。《韩注》：“夫事始于微，而后至于著。初者，数之始，拟议其端，故‘难知’也；上者，卦之终，事皆成著，故‘易知’也。”

④ 初辞拟之，卒成之终：辞，爻辞；拟，指拟议事物初始之义；卒，了也，谓“完结”。这两句承前文，综述“难知”、“易知”的缘故。《正义》：“‘初辞拟之’者，复释‘其初难知’也，以初时以辞拟议其始，故‘难知’也；‘卒成之终’者，复释‘其上易知’也，言上是事之卒了，而成就终竟，故‘易知’也。”

⑤ 若夫杂物撰德，辩是与非，则非其中爻不备：若夫，发语辞，犹言“至于”、“至如”；杂物，即刚柔物象错杂；撰德，指撰述阴阳德性；辩，通“辨”，别也，《校勘记》：“闽、监、毛本‘辩’作‘辨’。”中爻，即卦中二至五爻。这三句说明除了理解初、上两爻之外，还须辨明中四爻的爻义，才能完备地领会全卦旨趋。《集解》引崔憬曰：“上既具论初、上二爻，次又以明其四爻也。言中四爻杂合所主之事，撰集所陈之德，能辨其是非，备在卦中四爻也。”案，崔氏训“撰”为“撰集”，义亦通。又案，《正义》认为“中爻”指二、五两爻，以其居上下卦之中；《汉上易传》云：“中爻，崔憬所谓‘二、三、四、五’，京房所谓‘互体’是也”，则指二至四互一卦，三至五互一卦，即一卦备四卦之用。两说并可参考。

⑥ 噫！亦要存亡吉凶，则居可知矣：噫，感叹词；要，《正义》：“要定”，犹言“大要把定”；居，指平居无为。这是承前文之意，说明把握中四爻的吉凶规律，则卦义尽知。《集解》引崔憬曰：“噫，叹声也。言中四爻亦能要定卦中存亡吉凶之事，居然可知矣。”

⑦ 彖辞：指卦辞，《释文》引马融曰：“彖辞，卦辞也。”案，《释文》又引郑玄曰“爻辞也”；又引“师说通谓爻卦之辞也”；又引或说“即夫子《彖辞》（指《彖传》）”。三说可备参考。

⑧ 二与四同功而异位，其善不同：二，第二爻；四，第四爻；功，指阴阳功能；位，即上下爻位；善，泛指利害得失。这两句说明二、四两爻均属阴位，但各处内外卦，而其利害得失亦因时、位之异各不相同。《韩注》曰：“同阴功也”，此释“同功”；又曰：“有内外也”，此释“异位”。

⑨ 二多誉，四多惧，近也：近，指第四爻接近五爻“君位”。这是说明二处下守中故“多誉”，四近五君位故“多惧”。《韩注》：“二处中和，故‘多誉’也。”“位逼于君，故‘多惧’也。”

⑩ 柔之为道，不利远者：指阴爻宜近顺承阳，不可有远大志向。《集解》引崔憬曰：“此言二、四皆阴位，阴之为道，近比承阳，故‘不利远’矣。”

⑪ 其要无咎，其用柔中也：两“其”字，指代前文“柔之为道”；要，犹言“要旨”；用，功用。这两句承前两句，再从二、四阴位的角度，泛论阴柔的性质以顺承、谦退为本。故“其要”但求“无咎”，谓不求大成，即前句“不利远”之义；“用柔中”，谓阴者当处柔、守中，义兼指二、四两爻。又，此四句合二、四爻位泛论阴柔性质，与下文合三、五爻位泛论阳刚性质（“其柔危，其刚胜”），似正相应。案，《正义》疏韩氏义，指出“不利远”释“四多惧”，谓四不利于“远其亲援而欲上逼于君”；又指出“用柔中”释“二多誉”，谓二所以“无咎”而“多誉”在于“用柔而居中”。尚先生不赞成“近五故惧”之论，认为“近”指内卦，“远”指外卦，故“不利远”谓四居外卦，“近也”、“用柔中”谓二居内卦（《尚氏学》）。此二说并可参考。

⑫ 三与五同功而异位：三，第三爻；五，第五爻；同功，指同具阳功；异位，指五居上卦为贵，三居下卦为贱。

⑬ 三多凶，五多功，贵贱之等也：等，等级差别，指五贵三贱。这三句说明三处“贱”位、又居下卦之极，故“多凶”；五处尊位、又居上卦之中，故“多功”。《正义》：“五为贵，三为贱，是‘贵贱之等’也。”又曰：“三居下卦之极，故‘多凶’；五居中处尊，故‘多功’也。”

⑭ 其柔危，其刚胜邪：胜，胜任。这是并举三、五爻位为说，谓阴柔居此阳位则有危患，阳刚居之则可胜任。《韩注》：“三、五阳位，柔非其位，处之则危；居以刚健，胜其任也。”《集解》引侯果曰：“言‘邪’者，不定之辞也，或有柔居而吉者，居其时也；刚居而凶者，失其应也。”

说明 以上第九章。

本章综述六爻位次特点。文中先叙初上两爻，然后集中辨析中四爻位置的象征内涵。全章既论爻位，又强调观研卦辞可以“思过半”，可视为一篇精炼扼要的“读《易》简例”。何楷曰：“统论爻画，而归重于彖辞，说《易》之法，莫备于此。”（《古周易订诂》）

《易》之为书也，广大悉备：有天道焉，有人道焉，有地道焉。兼三才而两之，故六①；六者，非它也，三才之道也。道有变动，故曰爻②；爻有等，故曰物③；物相杂，故曰文④；文不当，故吉凶生焉⑤。

译文 《周易》这部书，道理广大周备：含有天的道理，人的道理，地的道理。兼合（三画的八卦符号中）天地人的象征而每两卦相重，就出现了六画的卦；六画，没有别的意思，正是象征天地人的道理。《周易》的道理在于变化运动，仿效变动的情状就叫六爻；六爻各有上下等次，就叫作物象；阴阳物象相互错杂，就叫作文理；文理有的适当、有的不适当，所以吉凶就产生了。

注释 ① 兼三才而两之，故六：三才，即上文所称"天、地、人"；两之，将三画的八卦两两相重；六，指六画。这两句说明三画的八卦含有"三才"的象征（初画像地，中画像人，上画像天）；重成六画的六十四卦之后，各卦也含有"三才"的象征（初、二像地，三、四像人，五、上像天），故下文云："六者，非它也，三才之道也。"《集解》引崔憬曰："言重卦六爻，亦兼天、地、人道。两爻为一才，六爻为三才，则是'兼三才而两之，故六'；六者，即三才之道也。"《纂疏》："初、二为地道，三、四为人道，五、上为天道。"案，"才"字，阮刻作"材"，《校勘记》"闽、监、毛本'材'作'才'，石经初刻作'才'"，今据改。下文同。

② 道有变动，故曰爻：指六爻仿效变动之道。《集解》引陆绩曰："天道有昼夜日月之变，地道有刚柔燥湿之变，人道有行止动静、吉凶善恶之变。圣人设爻以效三者之变动，故谓之'爻'也。"

③ 爻有等，故曰物：等，上下等次；物，物象。这两句说明阴阳物象拟议六爻上下贵贱的等次，以象万物。《正义》："言爻有阴阳贵贱等级，以象万物之类。"

④ 物相杂，故曰文：指阴阳相杂而成文。就具体爻位分析，六爻奇位为阳、耦位为阴，故初至上均阴阳位交错，遂呈文理。《本义》："相杂，谓刚柔之位相间。"《周易玩辞》："物相杂者，初、三、五与二、四、上，阴阳相间也。"

⑤ 文不当，故吉凶生焉：指"物象"所成之文理或当、或不当，当则吉，不当则凶。如阳居奇位、阴居耦位则当，反之则不当，故生吉凶。《本义》："不当，谓爻不当位。"《学易记》："物有九、六，杂居刚柔之位，则成文；交错之际，有当、不当，吉凶由是而生焉。"案，《折中》引吴曰慎曰："以时义之得为当，时义之失为不当，不以位论。"于义亦通。

说明 以上第十章。

本章从爻位角度，论述《周易》的象征广备"天、地、人"之道。

文中所云"物相杂，故曰文"，与《国语·郑语》引史伯"声一无听，物一无文"的说法，颇可相通，在美学意义上似乎均隐含着古人以辩证的观点总结出的审美经验。

《易》之兴也，其当殷之末世，周之盛德邪？当文王与纣之事邪①？是故其辞危②。危者使平，易者使倾③；其道甚大，百物不废④。惧以终始，其要无咎⑤，此之谓《易》之道也。

译文 《周易》的兴起，大概是在殷朝末年，周文王德业正隆盛的时候吧？大概在文王臣事殷纣期间吧。因此卦爻辞多含警戒危惧的意义。知所畏惧可以使人平安，掉以轻心必将导致倾覆；其中的道理至为宏大，各种事物赖以长生不废。自始至终保持惕惧，其要旨归于慎求"无咎"，这就叫作《周易》的道理。

注释 ① 当文王与纣之事：文王，姬姓，名昌，商纣时为西伯，治理周族，国势强盛，故上文称"周之盛德"；纣，又称"受"、"帝辛"，商代最后的君主，故上文称"殷之末世"。此句并前两句，推测《周易》成书于殷末周初，与第七章"《易》之兴也，其于中古乎？作《易》者其有忧患乎？"相应。《集解》引虞翻曰："文王三分天下有其二，以服事殷，周德其可谓至德也。”《韩注》：“文王以盛德蒙难，而能亨其道，故称文王之德以明《易》之道也。”

② 其辞危：辞，卦爻辞。指作《易》者处殷末衰世，故所撰卦爻辞多含危惧警戒之义。《正义》：“以当纣世，忧畏灭亡，故作《易》辞多述忧危之事，亦以垂法于后，使保身危惧，避其患难也。”案，《正义》引周氏曰：“谓当纣时，不敢指斥纣恶，故其辞危微而不正也。”可备一说。

③ 危者使平，易者使倾：平，犹“安”；易，《韩注》“慢易也”，即“轻易”，犹言“掉以轻心”。这两句承上文而发，说明“危辞”的警戒作用。《本义》：“危惧故得平安，慢易则必倾覆，《易》之道也。”

④ 其道甚大，百物不废：其，指代前文“危辞”之论；废，《正义》训为“休废”，即上句“倾”之义。这两句紧承前义，指出“危平”、“易倾”的道理至为宏大，“百物”可赖以忧危虑患而“不废”。《来氏易注》：“若常以危惧为心，则凡天下之事，虽百有不齐，然生全于忧患，未有倾覆而废者矣。”

⑤ 惧以终始，其要无咎：要，犹言“要旨”（见第九章注）。这两句总结上文对“危辞”的论述，指出始终知惧，慎求无咎，是“《易》道”的重要体现。《南轩易说》：“既惧其始，使人防微杜渐；又惧其终，使人持盈守成。其要之以无咎而补过，乃《易》之道也。”

说明 以上第十一章。

本章先推测《周易》作于“文王与纣”之时，然后集中论析“其辞危”的深义。文中提出“危者使平，易者使倾”的观点，反映了明显的朴素辩证思想。章末以“惧以终始，其要无咎”作结，既归纳了全章大义，又揭示了《易》理的一项重要特点。胡远濬曰：“《诗》三百，一言以蔽之，曰：‘思无邪。’《易》六十四卦，一言以蔽之，曰：‘惧以终始，其要无咎。’”（《劳谦室易说·读易通识》）

夫乾，天下之至健也，德行恒易以知险①；夫坤，天下之至顺也，德行恒简以知阻②。能说诸心，能研诸侯之虑，定天下之吉凶，成天下之亹亹者③。是故变化云为，吉事有祥；象事知器，占事知来④。天地设位，圣人成能；人谋鬼谋，百姓与能⑤。八卦以象告，爻彖以情言⑥；刚柔杂居，而吉凶可见矣⑦。变动以利言，吉凶以情迁⑧；是故爱恶相攻而吉凶生⑨，远近相取而悔吝生⑩，情伪相感而利害生⑪。凡

译文 乾，是天下最为刚健的象征，表现的德性行为是恒久平易而能知晓艰险所在；坤，是天下最为柔顺的象征，表现的德性行为是恒久简约而能知晓难阻。（领会知险知阻的德行）能够使人心情欢悦，研磨思虑，并能判定天下万事吉凶得失，促成天下万物勤勉奋发。因此，遵循《周易》的变化规律而有所作为，是为了使吉祥的事物有以呈现；乃至观察所拟取的物象就能明白器用的形成，占问眼前的事理就能推知将来的应验。天地设立了刚柔尊卑的位置，圣人依此创成《周易》广施功用；于是人的谋虑沟通了鬼神的谋虑，连寻常百姓也能掌握《周易》的功用。八卦用卦形象征来表示哲理，卦爻辞拟取事物的具体情态来陈述卦义；六爻阴阳刚柔交错居位，吉凶的道理就可以显现出来。各爻变化运动得当与否用“利”或“不利”来表达，结局是吉是凶依据拟喻的事物情态而推移。所以事物或相爱相求、或相恶相敌而吉与凶就在这类矛盾中产生，远近或相应、或亲比而取舍不当则悔恨憾惜就由此产生，或以真情相感、或以虚伪相感而利与害就由此产

《易》之情，近而不相得则凶；或害之，悔且吝⑫。将叛者其辞惭，中心疑者其辞枝⑬，吉人之辞寡，躁人之辞多，诬善之人其辞游⑭，失其守者其辞屈⑮。

生。凡是《周易》各爻所拟喻的事物情态，两相比近而互不相得就有凶险；或者遭受外来的伤害，也难免悔恨和憾惜。（《周易》）拟喻的事物情态，正如现实中人的情态一样各不相同，譬如将要违叛的人其言辞必然惭愧不安，内心疑惑的人其言辞必然散乱无章，贤美吉善的人其言辞必然少而精粹，焦躁竞进的人其言辞必然多而繁杂，诬陷善良的人其言辞必然虚漫浮游，疏失职守的人其言辞必然亏屈不展。

注释 ① 德行恒易以知险：此句说明乾德至健，其行既能恒久平易又能知见艰险，义与《系辞上传》第一章"乾以易知"相应。

② 德行恒简以知阻：此句说明坤德至顺，其行既能恒久简约又能知见难阻，义与《系辞上传》第一章"坤以简能"相应。案，以上一节复述"乾坤易简"之道，遥应《上系》；又深一步揭示"易简"而"知险阻"的道理，正合"有忧患"、"始终知惧"之义，则近承前章。《本义》："至健，则所行无难，故易；至顺，则所行不繁，故简。然其于事皆有以知其难，而不敢易以处之，是以其有忧患。"《周易玩辞》："'易'与'险'相反，惟中心易直者，为能照天下巇险之情，即所谓通天下之志也；'简'与'阻'相反，惟行事简静者，为能察天下烦壅之机，即所谓成天下之务也。"

③ 能说诸心，能研诸侯之虑，定天下之吉凶，成天下之亹亹者：说，即"悦"；"侯之"二字当为衍文，《温公易说》："王辅嗣《略例》曰：'能研诸虑'，则'侯之'衍字也。"亹亹，犹言"勉勉"（见《系辞上传》第十一章注）。这四句承上文，说明领会乾坤"易简"而"知险阻"的意义，可以"悦心"、"研虑"，定"吉凶"之事，成"勉勉"之功。《横渠易说》："易简，故能说诸心；险阻，故能研诸虑。"《本义》："说诸心者，心与理会，乾之事也；研诸虑者，理因虑审，坤之事也。说诸心，故有以定吉凶；研诸虑，故有以成亹亹。"案，朱子谓"说心"主于乾，"研虑"主于坤，于义可通。

④ 变化云为，吉事有祥；象事知器，占事知来：云为，即"有为"，俞樾《群经平义》："云，亦'有'也，《尔雅·释诂》曰'云，有也'。""变化云为，即'变化有为'。"祥，作动词，犹言"呈现"；象事，指观察所象之事。这四句说明《周易》"变化云为"的目的，在于行事吉祥，观象知器，推占将来。《韩注》："夫变化云为者，行其吉事则获嘉祥之应，观其象事则知制器之方，玩其占事则睹方来之验也。"

⑤ 天地设位，圣人成能；人谋鬼谋，百姓与能：成能，即成功，指创成《周易》而施其功用，下文"与能"则指参与运用《易》理；人谋鬼谋，喻《易》理可以谋于人事，谋于鬼神，即可沟通"人"、"鬼"的谋虑。这四句说明"圣人"依天地所设之象创成《周易》，其用神妙，百姓庶人也可以参与其能。《韩注》："人谋，况议于众以定失得也；鬼谋，况寄卜筮以考吉凶也。不役思虑而失得自明，不劳探讨而吉凶自著，类万物之情，通幽深之故，故'百姓与能'，乐推而不厌也。"《本义》："天地设位，而圣人作《易》以成其功；于是人谋鬼谋，虽百姓之愚，皆得以与其能。"案，《尚书·洪范》："汝则有大疑，谋及乃心，谋及卿士，谋及庶人，谋及卜筮。"《集解》引朱仰之注，据此谓"人谋"为"谋及卿士"，"鬼谋"为"谋及卜筮"，"百姓与能"为"谋及庶人"。可备一说。

⑥ 八卦以象告，爻彖以情言：象，卦形之象；爻彖，指卦爻辞，《集解》引崔憬

曰:"爻谓爻下辞,象谓卦下辞。"情,即卦爻辞所拟象的事物情态,与下文"吉凶以情迁"、"凡《易》之情"义同。这两句指出八卦和卦爻辞以不同的形式表述义理,前者是示卦象,后者是拟物情。《韩注》曰:"以象告人",此释"以象告";又曰"辞有险易,而各得其情也",此释"以情言"。

⑦ 刚柔杂居,而吉凶可见矣:杂居,指六爻刚柔交错居位。《集解》引崔憬曰:"六爻刚柔相推而物杂居,得理则吉,失理则凶。"

⑧ 变动以利言,吉凶以情迁:迁,推移。这两句说明六爻变动得当与否,以"利"、"不利"为言,但《易》之变在于趋利避害,故此处特明"利"字;至于吉凶结局,则依卦爻辞所拟喻的物象情态而推移。《韩注》:"变而通之尽利也。"又曰:"吉凶无定,唯人所动,情顺乘理以之吉,情逆违道以陷凶,故曰'吉凶以情迁'也。"

⑨ 爱恶相攻而吉凶生:相攻,犹言"相矛盾"。此指物情"相爱"、"相恶"不同,爱则求合,恶则敌对,两相矛盾故生吉凶。就阴阳爻的象征而论,"爱恶"又反映阴爻、阳爻之间的离合规律,尚先生云:"阳遇阴,阴遇阳,则相求相爱";"阳遇阳,阴遇阴,则相敌相恶"。又云:"爱则吉,恶则凶,故'爱恶相攻而吉凶生'。"(《尚氏学》)

⑩ 远近相取而悔吝生:远,指上下卦爻位远应;近,指爻位近比;相取,含"取舍不当"之义。此句说明两爻或比、或应,若取舍不当则生悔吝,亦喻事物相互关系的情态。《集解》引崔憬曰:"远,谓应与不应;近,谓比与不比。或取远应而舍近比,或取近比而舍远应。由此远近相取,所以生'悔'、'吝'于系辞矣。"案,取舍不当,又体现远应、近比兼取而有失,故尚先生云:"远近不能兼取。"(《尚氏学》)

⑪ 情伪相感而利害生:情伪,犹言"真伪"。《正义》:"情,谓实情;伪,谓虚伪。"又曰:"若以情实相感则利生,若以虚伪相感则害生也。"案,从阴阳爻象看,阳为实,阴为虚,则此句又含阴阳相感之义。尚先生曰:"情者阳,伪者阴。阴阳相感,有利有害,绝不相同。"(《尚氏学》)

⑫ 凡《易》之情,近而不相得则凶;或害之,悔且吝:这是综述以上"吉凶以情迁"之论,说明《周易》所拟喻的事物情态,若"近不相得"必凶;苟或免凶,亦必遭外物伤害而生悔吝。《本义》:"'不相得',谓相恶也,凶、害、悔、吝,皆由此生。"

⑬ 枝:分枝,指言辞散乱不一,《正义》:"其辞分散若间枝也。"

⑭ 游:指言辞虚漫浮游,《正义》:"游,谓浮游","其辞虚漫"。

⑮ 屈:指言辞亏屈不展,《正义》:"其辞屈挠不能申也。"以上总结《周易》所拟喻的物情各不相同,故旁取现实中的人事作为参证。此六句王申子释曰:"歉于中者必愧于外,故将叛者其辞惭;疑于中者必泛其说,故中心疑者其辞枝;吉德之人见理直,故其辞寡;躁竞之人急于售,故其辞多;诬善类者必深匿其迹而阴寓其忮,故其辞游;失其守者必见义不明而内无所主,故其辞屈。"(《大易缉说》)

说明 以上第十二章。

本章内容具有归纳上下篇的性质。章首遥应《上系》,重论"乾坤易简"而"知险阻"的道理;接着引入对《周易》的"变化"、"占事"、卦象、辞理的复述;最后集中于"情"字,深刻剖析《周易》所拟喻的物象因情态各异、矛盾交错,故产生"吉凶"、"悔吝"、"利害"等结果。全章针对《周易》"卦"和"辞"的主要特点作了较简明的概括。

章末援举"人情"印证《周易》的"物情"，从六种人的言辞特征辨析其心理状态，颇可视为《系辞传》作者朴素直感的"心理学"观点。当然，作者强调"辨情"的宗旨，是为了揭示《周易》一书可以用于"尽情伪"、明得失、察事机，故以此收结全文。《学易记》引单沨曰："《易》之书所以尽情伪而明得失。""情伪之生，必见乎其辞，故圣人又言之于终，使人察而知事之几也。"

总论《系辞下传》十二章，始于"八卦"、"吉凶"要义的分析，终于"象理"、"辞情"特征的概括。与上篇一样，下篇诸章各自侧重于某一角度抒论，而章与章之间又有一定联系；至其内容，均不离阐明"《易》道"，揭示哲理的主旨。

合上下篇而论，《系辞传》的基本价值大略有两方面：

第一，对《周易》的诸多内容作了较为全面、可取的辨析、阐发，有助于后人理解八卦、六十四卦及卦爻辞的大义。其中有对《周易》作者、成书年代的推测，有对《周易》"观物取象"创作方法的论述；或辨阴阳之理，或释八卦之象，或疏解乾坤要旨，或展示《易》筮略例；同时穿插解说某些卦爻辞的深义，远引上古史迹，近取日常现象，尽行表述了作者的《易》学观点。从这一方面看，《系辞传》实可称为一篇早期的、颇有系统的《易》义通论。

第二，在阐释《易》理的同时，作者广泛表达了自己的哲学思想，尤其是披露了一定的唯物观和辩证法的认识。其中较为突出的如关于宇宙万物生于阴阳二气的看法，关于事物的发展"穷则变，变则通，通则久"的观点，以及贯穿整个《系辞传》的关于遵循变化规律、促进事物更新进展的积极进取倾向，均在中国哲学史上产生过重大影响，乃至成为今天研究古代哲学的重要资料。从这一方面看，《系辞传》又可称为一篇内涵丰富、体现着古人宇宙观、认识论的哲学专著。

至于《系辞传》中必须扬弃的某些内容，也不宜忽视。诸如"天人感应"论、"筮理"神秘说之类，并属此例，读者应当明于鉴别，知所去取。

若综合上述两端细为辨识，还应当看到，尽管作者在解《易》过程中阐发了各方面的哲学见解，但其主旨又无不归趋于《易》理范畴。换言之，从创作宗旨这一角度认识，《系辞传》旨在发《易》义之深微，示读《易》之范例。朱熹曰："熟读六十四卦，则觉得《系辞》之语甚为精密，是《易》之括例。"(《折中》引《朱子语类》)此说尽赅《系辞传》作为"经"之"翼"的根本功用。

此外，《系辞传》在流传过程中，似亦存在错简或被增删改易的现象。朱熹注《下系》第六章曰："多阙文疑字，不可尽通。后皆放此。"(《本义》)即对文义提出存疑的看法。据近年出土的西汉马王堆帛书《周易》，其《系辞传》分上下篇，但与通行本有异，主要见于：帛书上篇包括通行本《系辞上传》第一至七章，九至十二章，及《系辞下传》第一至三章，第四章大部分，第七章后面数句("若夫杂物撰德"以下数句)，第九章；下篇包括通行本《系辞》所无的部分约二千一百字，通行本《说卦》的前三节，通行本《系辞下传》第五、六章，第七章前面部分("若夫杂物撰德"

以前部分)，第八章。(参阅于豪亮《帛书周易》，载《文物》一九八四年第三期)可见，帛书《系辞传》虽亦分上下篇，但简次不同于通行本，字数也颇有多出。两者之间，何本近古，何本精善，尚待学术界进一步考订、证实。

卷十

说卦传

昔者圣人之作《易》也，幽赞于神明而生蓍①，参天两地而倚数②，观变于阴阳而立卦③，发挥于刚柔而生爻④，和顺于道德而理于义，穷理尽性以至于命⑤。

译文 从前圣人创作《周易》的时候，凭着精深的智虑赞祝神奇光明的造化而创造出用蓍草来揲筮的方法，于是采取天的"三"数和地的"两"数而建立阴阳奇耦数的象征（来配合蓍占），并且观察天地阴阳的变化规律而演算成立卦形，发动挥散卦中刚柔两画而产生各爻的变迁，然后和协顺成其道德而运用合宜的方法治理天下，又能穷极奥理，尽究万物的性质以至于通晓自然命运。

注释 ① 幽赞于神明而生蓍：幽，深也；赞，祝也；神明，指大自然的"造化"；蓍，蓍草，这里指用蓍草揲筮演算的方法。《集解》引干宝注释"生蓍"云："生（创立）用蓍之法。"案，一说"蓍（草）"生成于"圣人"的"赞（育）"，即（以圣人的神明赞育的造化，而自然界便生长出供占蓍的蓍草。《释文》引《洪范五行传》云："蓍，百年，一本生百茎"，又《龟笶列传》曰："天下和平，王道得，而蓍茎长丈，其丛生满百茎。"皆是神化《周易》作者的一种传说。

② 参天两地而倚数：参，即"三"，"参天"指采取天"三"之数，即奇数；两地，指采取地"二"之数，即耦数；倚，《集解》引虞翻曰："立也"，"倚数"谓创立阴阳数字象征，即代表"阴阳老少"的"七、八、九、六"之数。此句说明"蓍草"生出之后，作《易》者又创立"七、八、九、六"的阴阳象征数，配合占筮。《韩注》："参，奇也；两，耦也；七、九阳数，六、八阴数。"《正义》："生数在'生蓍'之后，'立卦'之前，明用蓍得数而布以为卦，故以'七、八、九、六'当之。'七、九'为奇，天数也；'六、八'为耦，地数也。故取奇于天，取耦于地，而立'七、八、九、六'之数也。何以'参两'为目'奇耦'者？盖古之'奇耦'亦以'三两'言之，且以'两'是偶数之始，'三'是奇数之初故也。不以'一'目'奇'者，张氏云：'以"三"中含"两"，有一以包两之

义，明天有包地之德，阳有包阴之道。'故天举其多，地举其少也。"案，"参两倚数"之义旧说不一，今取孔氏说以资参考。他如马融、王肃之说，则据《系辞上传》"天数五，地数五"立论，指出"一、三、五"为"参天"，"二、四"为"两地"（见《正义》引）；这是把一至五看作"生数"，而"生数"止于"五"，以此为本，加一为"六"，加二为"七"，加三为"八"，加四为"九"，而"六、七、八、九"的"蓍数"由是而成，谓之"成数"；此"成数"皆因"生数"而立，故《说卦》称"倚数"（见《尚氏学》释）。此说于义可通，宜并存备考（有关蓍数问题，参阅《系辞上传》第九章译注）。

③ 观变于阴阳而立卦：此句说明"蓍"、"数"出现之后，作《易》者观阴阳之变而演立卦形。《正义》："言作《易》圣人本观察变化之道，象于天地阴阳而立《乾》、《坤》等卦。"又曰："此言六十四卦，非小成之八卦也。"案，孔氏之意，此句指用蓍数演卦，故《正义》又曰："《系辞》言伏羲作《易》之初"，"直言仰观俯察；此则论其既重之后，端策布爻，故先言'生蓍'，后言'立卦'。非是圣人'幽赞'元在'观变'之前"。据此，则是先有卦象，后有蓍数；再以蓍数演筮卦象。这与《左传》僖公十五年载韩简云"物生而后有象，象而后有滋，滋而后有数"之说相合，因此《正义》指出："数从象生，故可用数求象。"上述说法似有可取。

④ 发挥于刚柔而生爻：此言卦立之后，作《易》者又推展其刚柔爻的变迁。《正义》："既观象立卦，又就卦发动挥散于刚柔两画而生变动之爻。"

⑤ 和顺于道德而理于义，穷理尽性以至于命：理，作动词，犹言"治理"；义，宜也；性，性质；命，天命，即"自然命运"，《正义》："命者，人所禀受，有其定分，从生至终有长短之极。"这两句极力推赞《周易》的"蓍"、"数"、"卦"、"爻"可以成就"顺道德"，"穷理尽性"的重大功用。《正义》："蓍数既生，爻卦又立，《易》道周备，无理不尽。圣人用之，上以和协顺成圣人之道德，下以治理断割（阮刻无"割"字，据《校勘记》增）人伦之正义。又能穷极万物深妙之理，究尽生灵所禀之性；物理既穷，生性又尽，至于一期，所赋之命莫不穷其短长，定其吉凶。"

说明 以上第一章。

《说卦传》的章节，旧说不尽同。今依《本义》分为十一章。

"说卦"二字的名义，《正义》曰："'说卦'者，陈说八卦之德业变化，及法象所为也。"故文中内容除了开首追述《周易》创作、运用的渊源之外，主要是辨析八卦的基本象征意义和取象的范围。

本章回溯《周易》创制初始的情状，展示"生蓍"、"立数"、"演卦"、"推爻"的用《易》程序；并强调《易》用广大，可以穷极"道德"、"性命"，为下文具体分析八卦作了铺垫。

昔者圣人之作《易》也，将以顺性命之理。是以立天之道曰阴与阳，立地之道曰柔与刚，立人之道曰仁与义①。兼三才而两之，故

译文 从前圣人创作《周易》的时候，是要用它来顺合万物的性质和自然命运的变化规律。所以确立天的道理有"阴"和"阳"两方面，确立地的道理有"柔"和"刚"两方面，确立人的道理有"仁"和"义"两方面。（作《易》者）兼合（三画的八卦符号中）天地人的象征而每两卦相重，所以《周易》的卦体必须具备

《易》六画而成卦[②];分阴分阳,迭用柔刚,故《易》六位而成章[③]。

六画才形成一卦;六画又分阴位阳位,更迭运用柔爻刚爻来布居,所以《周易》的卦体必须具备六位才蔚成章理。

注释 ① 立人之道曰仁与义:仁,《正义》:"爱惠之仁",即慈厚泛爱之德,主于"柔";义,《正义》"断割("割"阮刻作"刮",据《校勘记》改)之义",即正大坚毅之德,主于"刚"。此句并前两句,说明作《易》者创卦立爻,以体现阴阳变化规律,广包"天地人"之道;故八卦由阴阳两画组成,每卦三爻象征天地人"三才"。所谓"柔刚"、"仁义",即"阴阳"之义;"三才"、"二体"的规律,正是上文所云"性命"之理。《集解》引崔憬曰:"此明一卦立爻有三才二体之义。故先明天道既立阴阳,地道又立刚柔,人道亦立仁义,以明之也。何则?在天虽刚,亦有柔德;在地虽柔,亦有刚德。故《书》曰'沈潜刚克,高明柔克'。人禀天地,岂可不兼仁义乎?所以《易》道兼之矣。"案,崔氏引《尚书·洪范》语,以明地柔寓刚,天刚寓柔,颇合文义。

② 《易》六画而成卦:说明由六画构成的六十四卦卦形,来自三画的八卦两两相重,兼合了"三才"的象征,义同《系辞下传》第十章所论(见该章译注)。《正义》:"既备三才之道,而皆两之;作《易》本顺此道理,须六画成卦。"

③ 《易》六位而成章:章,章理,由刚柔交错而成。此句说明六画的排列位次分阴阳,所居之爻分刚柔;如是交错,蔚然成章。"成章"之义,与《系辞下传》第十章"物相杂,故曰文"正同(见该章译注)。《正义》:"六画所处,有其六位,分二、四为阴位,三、五为阳位;迭用六、八之柔爻,七、九之刚爻而来居之,故作《易》者分布六位而成爻卦之文章。"案,孔氏以二、四为阴,三、五为阳,置初、上爻不论,乃承韩康伯注;韩注实禀王弼"初、上无阴阳定位"之义,可备一说。但前人多合初、上言阴阳,如《折中》引邱富国云:"凡卦初、三、五位为阳,二、四、上位为阴;自初至上阴阳各半,故曰'分'。"尚先生亦曰:"一、三、五阳,二、四、六阴。柔爻居阴位,刚爻居阳位,则当位;否则失位。以此为用。"(《尚氏学》)此说当从。

说明 以上第二章。

本章指出六十四卦重叠而成,其中寓涵天地人"三才"与阴阳"二体"的象征意义。章首"顺性命之理",正概括了"三才二体"的精妙功用。《折中》引何楷曰:"此章言卦画'顺性命之理',即上章所谓'和顺于道德而理于义,穷理尽性以至于命'。"可见,文中内容具有承接前章的作用。

同时,本章既明六十四卦因八卦而重成,则八卦符号为《周易》的基本卦形,即《周易》象征体系的取象要素;于是下章便转入对八卦象、义的全面论述。因此,本章内容又是开启后文的枢纽。

天地定位,山泽通气,雷风相薄[①],水火不相射[②];八卦相错[③]。数往者顺,知来者逆,是故《易》逆数也[④]。

译文 天地设定上下配合的位置,山泽一高一低交流沟通气息,雷风各自与动交相潜入应和,水火异性不相厌弃而相资助:八卦就是这样(既对立又统一地)互相错杂。(掌握这种对立统一的运动规律),欲明过去的事理可以顺着推算,欲晓将来的事理可以逆着推知(将来的事理隐奥难测),所以《周易》的主要功用是逆推来事。

注释 ① 薄:《释文》:"马、郑、顾云'入地'。"指雷、风兴动虽各异方,却能交相潜入应和。《集解》:"谓震巽同声相应,故相薄。"

② 水火不相射:射,音 yì,《释文》:"虞、陆、董、姚、王肃音'亦',云'厌也'。"此句指水火虽异性却不相厌弃而相资助,即"相通"之义。《集解》:"射,厌也;水火相通","故不相射"。案,"水火不相射"五字,帛书《周易》作"水火相射"(于豪亮《帛书周易》引,见《文物》1984 年第 3 期),据此,"不"或为衍字。未获旁证,兹录存备考。

③ 八卦相错:相错,指既矛盾又和谐地相错杂。此句总说前四句之义。上文"天地"、"山泽"、"雷风"、"水火",即八卦之象,皆为一阴一阳的两相对立之卦;而"定位"、"通气"、"相薄"、"不相射",又均见统一和谐的情状,故称"相错"。八卦在对立统一中"相错",正是体现自然界万物的矛盾运动规律。《正义》:"《易》以乾坤像天地,艮兑像山泽,震巽像雷风,坎离像水火。若使天地不交,水火异处,则庶类无生成之用,品物无变化之理。"又曰:"今八卦相错,则天地人事莫不备矣。故云天地定位而合德,山泽异体而通气,雷风各动而相薄,水火不相入而相资。"案,孔氏释"不相射"为"不相入而相资",于义亦通。又案,宋人据以上一节画成《先天八卦图》以示"伏羲八卦方位"。《本义》卷首云:"邵子曰:此伏羲八卦之位。乾南坤北,离东坎西,兑居东南,震居东北,巽居西南,艮居西北。于是八卦相交而成六十四卦,所谓'先天之学'也。"尚先生引《太玄·玄告》"天地相对,日月相刿,山川相流,轻重相浮"及"南北定位,东西通气,万物错离于其中"诸语,指出此即"乾南坤北,离东坎西"之义;又引《周易乾凿度》"其位也,天在上,地在下,君南臣北,父坐子伏"等语,指出此亦与"乾南坤北"义合。并云:"阳错阴,阴错阳,无一卦不相对,无一爻不相交也,此纯指先天八卦之方位形式,故特申之曰'八卦相错'。"(《尚氏学》)上说颇可发明此节之义,宜资参考。

④ 数往者顺,知来者逆,是故《易》逆数也:数,作动词,犹言"推算"。这三句说明依据阴阳八卦变化之道,可顺推往事,逆知来事;而《易》之功主于"知来",故谓"《易》逆数也"。《韩注》:"八卦相错,变化理备;于往则顺而知之,于来则逆而数之。"又曰:"作《易》以逆睹来事,以前民用。"案,"顺"、"逆"之义,《集解》引虞翻曰:"谓坤消从午至亥,上下故顺也","谓乾息从子至巳,下上故逆也","'易'谓乾,故逆数",此本十二辟卦为说,李道平《纂疏》引郑玄注《乾凿度》以疏之;邵雍以为八卦从三阴三阳卦追数至一阴一阳卦为"顺"(即本章"天地"至"水火"之序),从一阴一阳卦渐推至三阴三阳卦为"逆"(即下章"雷"至"坤"之序,见《皇极经世书》);朱熹以为《先天图》中左方四卦(起震,历离、兑,至乾)数已生者为"顺",右方四卦(自巽,历坎、艮,至坤)推未生者为"逆"(《本义》);尚先生以为"数往者顺"谓四阳卦,"知来者逆"谓四阴卦,阳性强健顺行,阴性敛啬逆行,"逆"犹"迎",阴阳相遇相交,《易》道乃成,故曰"《易》逆数也"(《尚氏学》)。四说各有理致,均可参考。

说明 以上第三章。

本章以八卦所象征的八种基本物象:天地、山泽、雷风、水火之间矛盾而又和谐的运动状态，揭示了事物对立统一的变化发展规律。其义与《系辞上传》所谓“一阴一阳之谓道”密相切合。项安世曰：“八卦虽八，实则‘阴阳’二字而已。”（《周易玩辞》）

雷以动之，风以散之；雨以润之，日以烜之①；艮以止之，兑以说之；乾以君之，坤以藏之②。

译文 （震为）雷用来振奋鼓动万物，（巽为）风用来散布流通万物；（坎为）雨水用来滋润万物，（离为）太阳用来干燥万物；艮（为山）用来抑止万物，兑（为泽）用来欣悦万物；乾（为天）用来君临万物，坤（为地）用来储藏万物。

注释 ① 雨以润之，日以烜之：雨，即水，坎象；日，即火，离象；烜，音 xuān，晒干，又作“晅”，《释文》出“暄”字，并引京房曰：“乾也。”《本义》云：“‘烜’与‘晅’同。”这两句说明坎、离两卦的不同功用。

② 艮以止之，兑以说之；乾以君之，坤以藏之：说，即“悦”。这四句直接举卦名艮、兑、乾、坤言此四卦功用，而上文四句则举雷、风、雨、日之象言震、巽、坎、离四卦的功用，前后略异。《正义》曰：“此一节总明八卦养物之功。”又曰：“上四举象，下四举卦者，王肃云‘互相备也’。明雷风与震巽同用，乾坤与天地同功也。”《朱子语类》曰：“‘雷以动之’以下四句取象义多，故以象言；‘艮以止之’以下四句取卦义多，故以卦言。”朱说亦通。案，上言八卦功用，皆阴阳两卦对举，与前章同；唯所叙八卦顺序，适与前章相反。此中的原因，前人有从不同角度分析者，兹举《折中》所引四说如次：（一）朱震曰：“前说乾坤以至六子，此说六子而归乾坤；终始循环，不见首尾，《易》之道也。”（二）项安世曰：“自‘天地定位’至‘八卦相错’，言先天之顺象也；自‘雷以动之’至‘坤以藏之’，言先天之逆象也。”此承邵雍“先天八卦方位”的“顺”、“逆”之序为说（参见前章译注）。（三）金贲亨曰：“上章以天地居首，序尊卑也；此章以乾坤居后，总成功也。上以体言，此以功用言也。”（四）吴曰慎曰：“前章始乾坤终坎离，此章始震巽终乾坤；首乾者其重在乾，首震者其重在震。二章虽皆明‘先天’卦序，而‘后天’始震之义亦具其中矣。”这四说各自成理，并可参考。

说明 以上第四章。

本章承前章文义，又将八卦两两对举，揭明其不同功用。

帝出乎震①，齐乎巽②，相见乎离③，致役乎坤④，说言乎兑⑤，战乎乾⑥，劳乎坎⑦，成言乎艮⑧。万物出乎震，震东方也⑨。齐乎巽，巽东南也；齐也者，言万物之絜齐也⑩。离也者，明也，万物皆相见，南方之卦也；圣人南面而听天下，

译文 主宰大自然生机的元气使万物出生于（象征东方和春分的）震，生长整齐于（象征东南和立夏的）巽，纷相显现于（象征南方和夏至的）离，致力用事于（象征西南和立秋的）坤，成熟欣悦于（象征西方和秋分的）兑，交配结合于（象征西北和立冬的）乾，勤劬劳倦于（象征北方和冬至的）坎，最后成功而又重新萌生于（象征东北和立春的）艮。万物出生于震，因为震卦是象征（万物由以萌生的）东方。生长整齐于巽，因为巽卦是象征（万物和顺生长的）东南方；生长整齐，是说万物的生长状向明而治，盖取诸此也[11]。坤也者，地也，万物皆致养焉[12]，故曰致役乎坤。兑，正秋也，万物之所说也[13]，故曰说言乎兑。战乎乾，乾西北之卦也，言阴阳相薄也[14]。坎者，水也，正北方之卦也，劳卦也，万物之所归也[15]，故曰劳乎坎。艮东北之卦也，万物之所成终而所成始也[16]，故曰成言乎艮。

态整洁一致。离卦是光明的象征，万物都旺盛而纷相显现，这是代表南方的卦；圣人坐北朝南而听政于天下，面向光明而治理事务，大概是吸取了这一卦的象征吧。坤卦，是地的象征，万物都致力养育于大地，所以说致力用事于坤。兑卦，象征正秋时节，万物成熟欣悦于此时，所以说成熟欣悦于兑。交配结合于乾，乾卦是象征西北（阴方）的卦，说明阴阳于此交相潜入应和。坎卦，是水的象征，是代表正北方的卦，又是代表勤劬劳倦的卦，万物劳倦必当归藏休息，所以说勤劬劳倦于坎。艮卦是象征东北（终而复始之位）的卦，万物于此成就其终而更发其始，所以说最后成功而又重新萌生于艮。

注释 ① 帝出乎震：帝，古人心目中的大自然主宰，此处当指主宰大自然生机的元气。震卦于方位象征东方，日月由此升起；于时令象征春分，万物自此发生，故谓“帝”使万物出生于“震”。犹言宇宙的生机初萌于此。《正义》引王弼注《益》卦语“帝者，生物之主，兴益之宗，出震而齐巽者也”，以释“帝”字之义。《集解》引崔憬曰：“帝者，天之王（即“旺”，下同）气也。至春分则震王，而万物出生。”案，《说文》“帝，谛也”，含审谛事机之义；又引古文作“[illegible]”。今考甲骨文“帝”作“[illegible]”（见郭沫若编《殷契粹编》）、“[illegible]”（见罗振玉编《殷墟书契前编》），其造形正象植物萌发生机、含苞欲放；而形体结构与许慎所引“古文”亦略可通。据此，“帝”的造字本象当取草木逢春，萌蒂振萼之状，其义当指事物生机初萌，王国维谓即“蒂”之本字，“象花萼全形”（见《观堂集林》），说甚可取。依此释“帝”出乎“震”，则崔憬注义有其合理之处。

② 齐乎巽：齐，整齐，指事物齐生并长的状态。巽卦于方位、时令象征东南、立夏；立夏为万物顺畅生长之季，故谓“齐乎巽”。《集解》引崔憬义：“立夏则巽王，而万物絜齐。”

③ 相见乎离：见，显现、呈现，指事物生长旺盛、纷相呈现其体。离卦于方位、时令象征南方、夏至，又象征“光明”；万物于夏至之季壮大成体，又逢阳光盛明，各显其形，故谓“相见乎离”。《集解》引崔憬义：“夏至则离王，而万物皆相见也。”

④ 致役乎坤：役，事也，“致役”犹言“致力用事”，指万物继续努力成长。坤卦于方位、时令象征西南、立秋；万物于立秋接近成熟，正勤奋发展，故谓“致役乎坤”。《集解》引崔憬义：“立秋则坤王，而万物致养也。”

⑤ 说言乎兑：说，即“悦”；言，语助词（下文“成言”之“言”同）。兑卦于方位、时令象征西方，秋分，“兑”义又为“悦”；万物于秋分成熟，并皆欣悦，故谓“说言乎兑”。《集解》引崔憬义：“秋分则兑王，而万物所说。”

⑥ 战乎乾：战，接也，指阴阳交配结合（见《坤》上六译注），即下文“阴阳相薄”之义。乾卦于方位、时令象征西北、立冬；立冬为暑尽寒来、阴阳交接之季，西北为阴方、与乾为阳性相配，而万物于成熟之后正宜交配结合，故谓“战乎乾”。《集解》引崔憬义：“立冬则乾王，而阴阳相薄。”

⑦ 劳乎坎：劳，劳倦。坎卦于方位、时令象征北方，冬至；万物于冬至之时，已

历四季，勤劬劳倦，必当归藏休息，以待来春复萌生机，故谓“劳乎坎”。《集解》引崔憬义：“冬立则坎王，而万物之所归也。”

⑧ 成言乎艮：成，成功，含有前功已成、后功复萌之义。艮卦于方位、时令象征东北、立春；立春为旧岁终、新岁始之季，万物于此时完成一年的生长使命而又重新萌生，故谓“成言乎艮”。至此，已见主宰大自然生机的元气（“帝”）周循不已，化生万物。《集解》引崔憬义：“立春则艮王，而万物之所成终成始也。以其周王天下，故谓之‘帝’。”案，以上八句，马国翰曰：“干宝《周礼注》引云：‘此《连山》之《易》也’，罗泌《路史发挥》亦云。”（《玉函山房辑佚书·连山》）遂以此节文字为《连山》之文。据《周礼·春官·太卜》：“掌三《易》之法，一曰《连山》，二曰《归藏》，三曰《周易》；其经卦皆八，其别皆六十有四。”则《连山》为与《周易》相类的早期筮书。尚先生以为，此处既引《连山》文，以言《周易》所用之“后天卦位”（详下文第⑯条注），恐人不知，故下节逐字逐句详释其义，并指明其方位，以见与上文所言方位绝不同（见《尚氏学》）。

⑨ 震东方也：此释上文“帝出乎震”。《正义》：“以震是东方之卦，斗柄指东为春，春时万物出生也。”

⑩ 巽东南也；齐也者，言万物之絜齐也：絜，即“洁”，“絜齐”犹言“整洁一致”，形容万物萌生之后和畅生长的清新整齐状态。此三句释上文“齐乎巽”。《正义》：“以巽是东南之卦，斗柄指东南之时，万物皆絜齐也。”

⑪ 离也者，明也，万物皆相见，南方之卦也；圣人南面而听天下，向明而治，盖取诸此也：听，犹言“听政”；向，面向。这几句引“南面而治”之典，证离卦的方位象征，并释上文“相见乎离”之义。《正义》：“以离为象日之卦，故为明也，日出而万物皆相见也；又位在南方，故圣人法南面而听天下，向明而治也。”

⑫ 坤也者，地也，万物皆致养焉：致养，犹言致力养育。此释上文“致役乎坤”。《正义》：“以坤是象地之卦，地能生养万物，是有其劳役，故云‘致役乎坤’。郑云‘坤不言方者，所言地之养物不专一也。’”

⑬ 兑，正秋也，万物之所说也：正秋，即秋分；说，即“悦”。此释上文“说言乎兑”。《正义》：“以兑是象泽之卦，‘说万物者莫说乎泽’；又位是西方之卦，斗柄指西是正秋八月也，正（“正”字阮刻作“立”，据《校勘记》改）秋而万物皆说成也。”

⑭ 乾西北之卦也，言阴阳相薄也：相薄，指交相潜入应和（见本篇第三章译注）。此释上文“战乎乾”。《正义》：“以乾是西北方之卦，西北是阴地，乾是纯阳而居之，是阴阳相薄之象也。”

⑮ 坎者，水也，正北方之卦也，劳卦也，万物之所归也：归，犹言“藏”，指万物劳倦而闭藏休息。此释上文“劳乎坎”。《正义》：“以坎是象水之卦，水行不舍昼夜，所以为劳卦；又是正北方之卦，斗柄指北，于时为冬，冬时万物闭藏，纳受为劳，是坎为劳卦也。”《集解》引崔憬曰：“以坎是正北方之卦，立冬以后，万物归藏于坎；又阳气伏于子，潜藏地中未能浸长，劳局众阴之中也。”

⑯ 艮东北之卦也，万物之所成终而所成始也：此释上文“成言乎艮”。《正义》：“以艮是东北方之卦也，东北在寅丑之间，丑为前岁之末，寅为后岁之初，则是

万物之所成终而所成始也。”案，孔氏释“成终成始”，用“二十四方位”说（说详李道平《纂疏》所载《诸家说易凡例》中），谓艮居东北“寅丑”之间，于时令即配立春，其义可通。（尚先生云“终”、“始”之义当合先、后天方位为说，谓艮“先天位”居亥为终，“后天位”居寅为岁始。此说见《尚氏学》，于文旨亦切，当资参考）又案，上引孔疏举八卦的方位时令象征为释，与前文引崔氏注可相印证。又案，《汉上易传》引郑玄注，有从不同角度解说上文者，兹录备参考：“万物出于震，雷发声以生之也。齐于巽，相见于离，风摇动以齐之也，‘絜’犹新也；万物皆相见，日照之使光大。万物皆致养焉，地气含养，使有秀实也。万物之所说，草木皆老，犹以泽气说成之。战，言阴阳相薄，西北阴也，而乾以纯阳临之，犹君臣对合也。坎劳卦也，水性劳而不倦；万物之所归也，万物自春出生于地，冬气闭藏还皆入地。万物之所成终所成始，言万物之阴气终、阳气始，皆艮之用事也。”又案，宋人据上文所言方位，画成《后天八卦图》，以示“文王八卦方位”（见本书卷首《读易要例》）。《本义》卷首云：“邵子曰：此卦位乃文王所定，所谓‘后天之学’也。”此图颇可发明上文之义，宜资参考。

说明 以上第五章。

本章陈述了与第三章不同的另一种“八卦方位”，并就这种方位的排列形式作出扼要的解说。

前人对此章的理解，颇多歧义。朱熹指出文中“所推卦位之说，多有未详者”（《本义》）。至于宋人所画“先天八卦”、“后天八卦”的图式，其是非也未有定评。然而“乾南坤北”与“离南坎北”这两种方位象征的由来已久，乃至对古代自然科学、社会科学均产生过显著的影响；因此三、五两章所载八卦方位学说的历史渊源及产生原理，尚有进一步探讨的价值。

神也者，妙万物而为言者也①。动万物者莫疾乎雷，桡万物者莫疾乎风②，燥万物者莫熯乎火③，说万物者莫说乎泽④，润万物者莫润乎水，终万物始万物者莫盛乎艮⑤。故水火相逮⑥，雷风不相悖，山泽通气，然后能变化既成万物也⑦。

译文 所谓大自然的神奇造化，是说它在于能够奇妙地化育万物。鼓动万物者没有比雷更迅猛的，吹拂万物者没有比风更疾速的，干燥万物者没有比火更炎热的，欣悦万物者没有比泽更和悦的，滋润万物者没有比水更湿润的，最终成就万物又重新萌生万物者没有比艮更美盛的。所以水火异性而相互济及，雷风异动而不相违逆，山泽异处而流通气息，然后自然界才能变动运化而形成万物。

注释 ① 神也者，妙万物而为言者也：神，此处指大自然运化规律的神奇功能；妙万物，犹言“妙育万物”。这两句承前章所言八卦方位及其运动变化，推宗大自然化育之神奇。《韩注》：“于此言‘神’者，明八卦运动、变化、推移莫有使之然者。神，则无物；妙万物而为言也，则雷疾风行、火炎水润，莫不自然相与为变化，故万物既成也。”案，《汉上易传》引郑玄注，谓“神”指“乾坤”，认为两者“共成万物，物不可得而分，故合谓之‘神’”。于义亦通。又，《折中》引梁寅曰：“神”即前章所云

"帝",认为:"帝者,神之体,神者帝之用。故主宰万物者,'帝'也;所以妙万物者,帝之'神'也。"说可取。

② 桡:通"挠",《释文》出"挠"字,曲折之义,此处指风吹拂万物或使舒发、或使摧折。《集解》引崔憬义:"言风能鼓桡万物,春则发散草木枝叶,秋则摧残草木枝条。"

③ 熯:音 hàn,同"暵",谓燥热、炎热。《说文》引作"暵",云"燥也";《释文》曰:"徐本作'暵',音汉,云'热暵也'。"

④ 说:即"悦"(后一字"说"同)。

⑤ 终万物始万物者莫盛乎艮:此句即前章"艮,东北之卦也,万物之所成终所成始也"之义(见前章译注)。《集解》引崔憬义:"言大寒立春之际,艮之方位,万物以之始而为今岁首,以之终而为去岁末。"(此与前章注引孔疏所用"二十四方位"说同。)案,前数句均言卦象"雷"、"风"、"火"、"泽"、"水",此句独举卦名"艮"者,《正义》曰:"动、桡、燥、润之功,是雷风水火;至于'终始万物',于'山'义为微,故言'艮'而不言'山'也。"

⑥ 水火相逮:逮,及也。此句指水火虽异性,但其气质却能相资及而为用。《正义》:"明性虽不相入,而气相逮及也。"

⑦ 然后能变化既成万物也:此句总结上文,说明有了雷风水火等物质的不息运动,加上其间既对立又统一的交变化合,便生成自然界万物。义与章首"妙万物而为言"相应。《汉上易传》:"动、桡、燥、说、润、终始万物者,孰若六子?然不能以独化,故必相逮也,不相悖也,通气也,然后能变化既成万物。合则化,化则神。"案,上文只举八卦中的六个"子卦"为说,而不言乾坤两卦者,《正义》云"'神'既范围天地",故"不复别言乾坤,直举六子以明神之功用";《集解》引崔憬义,曰:"以乾坤而发天地无为而无不为,能成雷风等有为之神妙也。"两说义相近,并可参考。又案,上文两叙"六子"的变动、化合,项安世认为文义是先指明"后天分治之序",再揭示"先天相合之位"(《周易玩辞》)。《折中》曰:"此章合羲、文卦位而总赞之。盖变易之序,'后天'为著;而交易之理,'先天'为明。变易者,化也,动万物、桡万物、燥万物、说万物、润万物、终始万物者也;交易者,神也,所以变变化化,道并行而不相悖,使物并育而不相害者也。"此说颇可取。

说明 以上第六章。

本章综论三、四、五章所言"先天""后天"八卦方位的功用。

文中强调八卦变化规律的两方面特征:一是变动不息,主于事物"对立"的运动;二是交合不悖,主于事物"统一"的趋向。全章大旨,正是从八卦象征的角度,揭出了《周易》辩证思想的卦象基础。

乾,健也;坤,顺也;震,动也;巽,入也;坎,陷也;离,丽也;艮,止也;兑,说也①。

译文 乾,表示强健;坤,表示温顺;震,表示奋动;巽,表示潜入;坎,表示险陷;离,表示附丽;艮,表示静止;兑,表示欣悦。

注释 ① 兑，说也：以上八句，分叙八卦的象征意义。《正义》曰："乾象天，天体运转不息，故为健也"；"坤象地，地顺承于天，故为顺也"；"震象雷，雷奋动万物，故为动也"；"巽象风，风行无所不入，故为入也"；"坎象水，水处险陷，故为陷也"；"离象火，火必着于物，故为丽也"；"艮象山，山体静止，故为止也"；"兑象泽，泽润万物，故为说也"。案，诸卦取义依据，前人尚有从不同角度解说者，如虞翻释"乾健"曰："精刚自胜，动行不休"；释"坤顺"曰："纯柔承天时行"；释"震动"曰："阳出动行"（均见《集解》引），李光地亦释"坤顺"曰："阳在下而阴压，则必动而出"（《周易观象》）；邵雍释"巽入"曰："一阴入二阳之下"（《折中》引）；张载释"坎陷"、"离丽"曰："阳陷于阴为水，附于阴为火"，又曰"一陷溺而不得出为坎，一附丽而不能去为离"（《折中》引）；虞翻又释"艮止"曰："阳在上故止"（《集解》引）；邵雍释"兑说"曰："一阴出于外而说于物"（《折中》引）。此均以阴阳爻为说，于义可通，并宜参考（余详本篇后第十一章译注）。

说明 以上第七章。

本章指出八卦立名之义，《正义》谓"说八卦名训"，《本义》云"言八卦之性情"。若从"象征"的角度理解，正是揭明八卦内含的象征意义。这些意义，在六十四卦中得以普遍反映，是理解《周易》象征哲学的重要前提。

乾为马，坤为牛，震为龙，巽为鸡，坎为豕，离为雉，艮为狗，兑为羊①。

译文 乾为马象，坤为牛象，震为龙象，巽为鸡象，坎为猪象，离为雉鸟象，艮为狗象，兑为羊象。

注释 ① 兑为羊：以上八句，举八种动物，说明八卦拟取象征物象的例子。《正义》曰："乾象天，天行健，故为马也"；"坤象地，地任重而顺，故为牛也"；"震动象，龙动物，故为龙也"；"巽主号令，鸡能知时，故为鸡也"（案，鸡应时而鸣，鸣声如风入人耳，似合"入"义，《集解》引《九家易》"鸡时至而鸣，与风相应"可参考）；"坎主水渎，豕处污湿，故如豕也"（案，豕喜污湿，常陷处泥坑中，似合"陷"义，《集解》引《九家易》"污辱卑下"可参考）；"离为文明，雉有文章，故为雉也"（案，雉虽为飞鸟，但善走不能久飞，喜栖于丘陵或平原的草丛中，似又合"附丽"意）；"艮为静止，狗能善守禁止外人，故为狗也"；"兑，说也，王廙云'羊者顺之畜'，故为羊也"（案，孔意取顺而悦人，故合"说"义，即项安世《周易玩辞》谓"内很而外说者为羊"是也）。

说明 以上第八章。

本章引用八种动物形象，陈说八卦取象之例，《正义》云："略明'远取诸物'也。"

《周易》哲学的鲜明特点是"假象喻意"，全书所拟取的物象集中体现于八卦的象征。《系辞传》反复申言"《易》者，象也"，《说卦传》通篇立足于阐说八卦取象，正是极力解明这种"象喻"体系。

《周易》的"象"，用今天的概念来表述，就是"象征"。而"象征"概念的内涵,可析为两端:一是形象,一是意义;象征形象是可变的,象征意义是不变的(如"狮子"、"老虎"并可象征勇敢,"狮"、"虎"可变,"勇敢"之义不变)。八卦的象征尽管复杂,大体上不离这一原则。自然,亦不可能无例外者。前章所叙"健"、"顺"八义,即是"乾"、"坤"八卦的基本不变的象征意义,而个别卦除了基本意义外,或又兼具它义,如"离"兼"明"义、"巽"兼"顺"义等,即是例外,别当具体分析,不可执一。由于义虽不变,象可博取,因之,八卦既以"天""地"等八种物质为最初象征形象,又广取它物为象;此章"马"、"牛"等动物是一例,以下三章所举诸物又是各种象例。王弼曰:"触类可为其象,合意可为其征。义苟在健,何必'马'乎?类苟在顺,何必'牛'乎?"(《周易略例·明象》)所论至为精切。

八卦取象纷繁复杂的原因,约可从两方面推测:一、作《易》者为阐述哲理方便,广引物象、多方譬喻,故《系辞传》有"仰观"、"俯察"、"远取"、"近取"之说;二、用《易》者为占筮推理的需要,扩展卦象、旁衍其说,故《说卦传》所列诸象或有未见于六十四卦经文者。当然,由于时代久远,以及前人不同角度的阐说,导致《易》象失传、失解者,颇有其例。这些都有待于今天研《易》者认真辨析和深入探讨。

乾为首,坤为腹,震为足,巽为股,坎为耳,离为目,艮为手,兑为口①。

译文 乾为头象,坤为腹象,震为足象,巽为大腿象,坎为耳象,离为目象,艮为手象,兑为口象。

注释 ① 兑为口:以上八句,举人体八种器官,说明八卦取象之例。《正义》曰:"乾尊而在上,故为首也"(案,首尊高强健,居上不屈,合"健"义);"坤能包藏含容,故为腹也"(案,腹量宽厚,顺容食物,合"顺"义);"足能动用,故为足也";"股随于足,则巽顺之谓,故为股也"(案,"股",孔氏以"顺"为释,《折中》引余芑舒说,谓"股下岐而伏",可备参考);"坎北方之卦,主听,故为耳也"(案,耳状内陷,似合"陷"义,《尚氏学》谓"坎窞也,故为耳,取其形"是也);"离为目,南方之卦,主视,故为目也"(案,目之视须附着于光明,无光则难为视,似合"丽"义);"艮既为止,手亦能止持其物,故为手也";"兑西方之卦,主言语,故为口也"(案,口能以言辞悦人,故合"说"义,《古周易订诂》:"能悦物者口也。"可从)。

说明 以上第九章。

本章援举人体八种器官的形态,再明八卦取象之例。《正义》曰:"略明'近取诸身'也。"

乾,天也,故称乎父;坤,地也,故称乎母;震一索而得男①,故谓之长男;巽一索而得女,故谓之长女;

译文 乾,是天的象征,所以称作父;坤,是地的象征,所以称作母;(父母阴阳互求,阳求合于阴得男,阴求合于阳得女。)震是初次求合所得的男性,所以叫作长男;巽是初次求合所得的女性,所以叫作长女；坎是再次求合所得的男性，所以叫作中男；离是再次求合所得的女性，所以叫作中女；艮是三次求合所得的男性，所以叫作少男；兑是三次求合所得的女性，所以叫作少女。

坎再索而得男，故谓之中男；离再索而得女，故谓之中女；艮三索而得男，故谓之少男；兑三索而得女，故谓之少女。

注释 ① 震一索而得男：索，《释文》引王肃曰："求也。"文中犹言"求合"，指阴阳相求。案，前四句既明乾坤为父母，此下诸句则指出其余六卦并属"父"、"母"相互求合所生的男女（六子）。其例以乾阳求合坤阴得男性，故一索、再索、三索得震长男、坎中男、艮少男；以坤阴求合乾阳得女性，故一索、再索、三索得巽长女、离中女、兑少女。阴阳卦之长幼，又见于主爻所居位序之先后，故震阳居初位（☳）谓"长男"，坎阳居二位（☵）谓"中男"，艮阳居三位（☶）谓"少男"；巽阴居初位（☴）谓"长女"，离阴居二位（☲）谓"中女"，兑阴居三位（☱）谓"少女"。朱熹曰："男女指卦中一阴一阳之爻而言。"（《本义》）又曰："乾求于坤，而得震、坎、艮；坤求于乾，而得巽、离、兑。一、二、三者，以其画之次序言也。"（《朱子语类》）尚先生亦云："阳求阴得三男，阴求阳得三女，而以初中上三爻为次序。"（《尚氏学》）又案，孔颖达谓："得父气者为男，得母气者为女。"认为坤初求得乾气为震、二求得乾气为坎、三求得乾气为艮，乾初求得坤气为巽、二求得坤气为离、三求得坤气为兑（《正义》）。可备一说。

说明 以上第十章。

本章以人的家庭成员为喻，指出乾坤八卦含有父母及其所生三男三女之象。其义合于阴阳卦的爻序规律。尚先生云"经之所用，不与尽同"（《尚氏学》），则本章所叙似属《易》筮演进过程中所扩展的象例。

译文 乾为天象，为圆圜象，为君主象，为父象，为玉象，为金象，为寒象，为冰象，为大红颜色象，为良马象，为老马象，为瘦马象，为驳马象，为树木果实象。

乾为天[1]，为圜[2]，为君，为父，为玉，为金，为寒，为冰，为大赤[3]，为良马，为老马，为瘠马，为驳马[4]，为木果[5]。

坤为地象，为母象，为钱币流布之象，为锅釜象，为吝啬象，为平均象，为子牛母牛象，为大车象，为文采章理象，为众多象，为柯柄象，对于地来说为黑色土壤之象。

坤为地[6]，为母[7]，为布[8]，为釜，为吝啬，为均，为子母牛，为大舆[9]，为文，为众，为柄，其于地也为黑[10]。

震为雷象，为龙象，为青黄颜色交杂之象，为花朵象，为宽阔大路象，为长子象，为刚决躁动象，为青嫩幼竹象，为萑苇象，对于马来说为擅长鸣啸的马象，为后左足长白毛的马象，为前两足腾举的马象，为额首斑白的马象，对于禾稼来说为顶着种子的甲壳萌生之象，此卦发展至极则化为刚健之象，为草木蘩育鲜明之象。

震为雷[11]，为龙[12]，为玄黄[13]，为旉，为大涂，为长子，为决躁[14]，为苍筤竹，为萑苇[15]，其于马也为善鸣，为馵足，为作足，为的颡[16]，其于稼也为反生[17]，其究为健，为蕃鲜⑱。

巽为木，为风⑲，为长女，为绳直，为工，为白，为长，为高⑳，为进退，为不果，为臭㉑，其于人也为寡发，为广颡，为多白眼，为近利市三倍㉒，其究为躁卦㉓。

巽为树木象，为风象，为长女象，为笔直的准绳象，为工巧象，为白色象，为长象，为高象，为抉择进退之象，为迟疑不决之象，为气味象，对于人来说为头发稀少象，为额首宽广象，为多以白眼视人之象，为亲近于利而购物必获三倍利益者之象，此卦发展至极则化为急躁卦。

坎为水㉔，为沟渎，为隐伏㉕，为矫輮，为弓轮㉖，其于人也为加忧，为心病，为耳痛，为血卦，为赤㉗，其于马也为美脊，为亟心，为下首，为薄蹄，为曳㉘，其于舆也为多眚㉙，为通，为月，为盗㉚，其于木也为坚多心㉛。

坎为水象，为沟洼渎泊象，为隐伏象，为矫輮屈曲象，为弯弓转轮象，为深加忧虑象，为内心患病象，为耳中疾痛象，为鲜血卦，为赤色象，对于马来说为脊背美丽的马象，为内心焦急的马象，为头部下垂的马象，为脚蹄频频踢地的马象，为艰难拖曳的马象，对于车辆来说为多灾多难的车象，为通行象，为月亮象，为盗寇象，对于树木来说为坚硬而多生小刺之象。

离为火㉜，为日，为电㉝，为中女㉞，为甲胄，为戈兵㉟，其于人也为大腹，为乾卦㊱，为鳖，为蟹，为蠃，为蚌，为龟㊲，其于木也为科上槁㊳。

离为火象，为太阳象，为闪电象，为中女象，为护身甲胄象，为戈矛兵器象，对于人来说为妇女大腹怀孕象，为干燥卦，为鳖象，为蟹象，为螺象，为龟象，对于树木来说为柯干中空上部枯槁之象。

艮为山㊴，为径路，为小石，为门阙㊵，为果蓏㊶，为阍寺㊷，为指，为狗，为鼠㊸，为黔喙之属㊹，其于木也为坚多节㊺。

艮为山象，为斜径小路象，为小石象，为崇门高阙象，为果蓏象，为阍人寺人象，为手指象，为狗象，为鼠象，为黑嘴刚猛的禽类象，对于树木来说为坚硬而多生节纽之象。

兑为泽㊻，为少女，为巫，为口舌㊼，为毁折，为附决㊽，其于地也为刚卤㊾，为妾，为羊㊿。

兑为泽象，为少女象，为巫师象，为口舌象，为毁灭摧折象，为附从决断象，对于地来说为土壤刚硬不生植物之象，为妾象，为羊象。

注释 ① 乾为天：《集解》引宋衷曰："乾动不解（即"懈"），天亦运转。"案，乾卦形作"☰"，三阳并升，犹天体积诸阳气而成，故象"天"；又阳性刚健，天亦健行不懈，故其义为"健"（参阅本篇第七章译注）。

② 为圜：圜，圆圜，此处含周转之义。《正义》："乾既为天，天动运转，故为圜也。"案，圆圜周转不息，无始无终，犹"天行健"，正合"健"义。

③ 为君，为父，为玉，为金，为寒，为冰，为大赤：大赤，即大红色。《正义》："为君，为父，取其尊道而为万物之始也；为玉为金，取其刚之清明也；为寒，为冰，取其西北寒冰之地也；为大赤，取其盛阳之色也。"《尚氏学》："金玉，象其纯粹；西北不周风，阴寒之地，故为寒冰；乾舍于离，南方火，故为大赤。"案，"君"、"父"，人之尊高刚健者；"玉"、"金"，金石之刚坚强健者；"大赤"，颜色之暖健美盛者（今绘画术

语称为“暖色”,用以体现健强壮伟的内容):此五象均含“健”义。“寒”、“冰”义未详,疑“冰”坚亦健,而“寒冰”又可检验物之强健与否,故《论语》云:“岁寒然后知松柏之后凋。”

④ 为良马,为老马,为瘠马,为驳马:瘠,瘦也,谓骨骼显突;驳马,健猛之马,能食虎豹。《正义》:“为良马,取其行健之善也;为老马,取其行健之久也;为瘠马,取其行健之甚,瘠马骨多也(案,《释文》引王廙曰“健之甚者,为多骨也”);为驳马,言此马有牙如锯(“锯”阮刻作“倨”,据《校勘记》改,下同),能食虎豹。《尔雅》云:‘锯牙食虎豹’,此之谓也。王廙云:‘驳马能食虎豹’,取其至健也。”《尚氏学》:“乾健,故为马。凡物皆有初壮究,故由良马而老而瘠而驳。”案,此四种马,为典型的强健者,均合“健”义。

⑤ 为木果:《集解》引宋衷曰:“群星着天,似果实着木,故为木果。”《尚氏学》:“木果形皆圜。”案,树木果实包含阳健之“仁”于心,春来复生,繁衍不止,似合“乾,健”义。《郭氏传家易说》:“木以果为始,亦犹物以乾为始。”可资参考。又案,《释文》谓《荀爽九家集解》本“乾”后更有四:“为龙,为首,为衣,为言。”“首”象已具本篇第九章(见该章译注)。“龙”为雄健之物(“震为龙”象则取其“动”义,见本篇第八章译注);“衣”饰上体(《尚氏学》“乾上故为衣”),显其壮伟:此二象并合“健”义。“言”象义未详。又案,以上一节广举乾卦象例,大体义主于“健”。

⑥ 坤为地:坤卦形作“☷”,三阴并降,犹地体凝诸阴气而成,故象“地”;又阴性柔顺,地亦宽柔和顺,故其义为顺(参阅本篇第七章译注)。

⑦ 为母:《正义》:“坤既为地,地受任生育,故谓之‘为母’也。”案,母性柔慈温顺,正合“顺”义。

⑧ 为布:布,古代货币名。《周易玩辞》:“古者泉货为布,能随百物之贵贱而赋之。”《尚氏学》:“坤德遍布万物以致养,故为布。”《外府》注云:“布,泉也;凡钱藏者曰‘泉’,行者曰‘布’,取名于水泉,其流行无不遍。”案,尚先生引郑玄注《周礼》语,适可见“布”之为用,广泛流行,顺通无碍;则坤取“布”象,似合“顺”义。又案,《正义》谓“取其地广载也”,与坤为“顺”之义亦可通。

⑨ 为釜,为吝啬,为均,为子母牛,为大舆:《正义》:“为釜,取其化生成熟也;为吝啬,取其地生物不转移也;为均,以其地道平均也;为子母牛,取其多蕃育而顺之也;为大舆,取其能载物也。”《尚氏学》:“万物资地成熟,故为釜;坤闭,故吝啬;不择而生故为均;坤为牛,地生生不已,今之童牛,不日又生子而为母矣,故为子母牛。”案,“釜”顺承物;“吝啬”,则生物不转移,自然安顺;“均”则物情平顺;“牛”为顺畜,母犊相依益顺;“大舆”顺载物:此五象并含“顺”义。

⑩ 为文,为众,为柄,其于地也为黑:《正义》:“为文,取其万物之色杂也;为众,取其地载物非一也;为柄,取其生物之本也;其于地也为黑,取其极阴之色也。”《尚氏学》:“万物依之为本,故为柄。”案,“文”为章理顺畅之象;“众”物顺从一尊则和,相互违逆则散;“柄”以顺人把握为用:此三象当合“顺”义。“黑”象取义未详,疑土壤黝黑则肥沃,物可顺畅生长。又案,《释文》谓《荀爽九家集解》本“巛”(即“坤”)后更有八:“为牝(“牝”阮刻作“作”,据《校勘记》改),为迷,为方,为囊,

为裳，为黄，为帛，为浆。"尚先生云："坤文，故为帛；坤为水，故为浆。"（《尚氏学》）试寻其义，"牝"性顺；"迷"者当寻一主而顺从之，则可出迷途（即《坤》卦辞"先迷，后得主"之义，见该卦译注）；"方"即正，物性方正，必知所当顺之理；"囊"以顺容物；"裳"居下持顺；"黄"为中色，性温顺；"帛"之纹路，顺理成章；"浆"可以解人饥渴，使人顺适：此八象似均合"顺"义。又案，以上一节广举坤卦象例，大体义主于"顺"。

⑪ 震为雷：《周易姚氏学》引《淮南子·天文》："阴阳相薄，感而为雷，激而为霆。"又引《说文》："靁，阴阳薄动，靁雨生物者也。"据此而言："阳气欲信，激而成雷。"案，震卦形作"☳"，二阴下降、一阳欲上，两相激荡犹雷震发，故象"雷"；又一阳抑于二阴之下必动，凡雷作亦动万物，故其义为"动"（参阅本篇第七章译注）。

⑫ 为龙：取其"动"义（见本篇第八章译注）。案，《集解》引虞翻注，谓上文已言"龙"象，此处当作"駹"。尚先生指出"龙"、"駹"音同通用，非误字（《尚氏学》），可从。

⑬ 为玄黄：玄黄，即青黄相杂之色。《集解》述虞翻义："天玄地黄。震，天地之杂物，故为玄黄。"案，《坤》上六"龙战于野，其血玄黄"，譬喻阴阳交接（见该卦译注）；则此"玄黄"色生于"天"、"地"交感而动，似合"震，动"之义。

⑭ 为旉，为大涂，为长子，为决躁：旉，音 fū，花朵，《释文》引干宝曰："花之通名"；大涂，犹言"大路"。《正义》："为旉，取其春时气至，草木皆吐旉布而生也；为大涂，取其万物之所生也；为长子，如上文释震为长子也；为决躁，取其刚动也。"案，"旉"为花，花开必欣欣上动；"大涂"则车马人物通行走动；"决躁"则性好动；"长子"，性近乾"父"禀"健"能动（参看下文"其究为健"译注）：此四象并合"动"义。

⑮ 为苍筤竹，为萑苇：筤，音 láng，"苍筤"指竹色青嫩；萑，音 huán，"萑苇"为两种芦类植物，即"蒹葭"。《集解》引《九家易》曰："苍筤，青也。震阳在下，根长坚刚；阴爻在中，使外苍筤也。"又曰："萑苇，蒹葭也。根茎丛生，蔓衍相连，有似雷行。"《尚氏学》："震为周、为虚。竹与萑苇皆有节，下阳象之；上二阴象其圆而中空。"案，"竹"、"萑苇"既皆有节，其生长必拔节而动；"苍筤竹"又为初生幼竹（《正义》："竹初生之时，色苍筤，取其春生之美"），则当春动长更疾：故两象似并含"动"义。

⑯ 其于马也为善鸣，为馵足，为作足，为的颡：馵，音 zhù，《说文》："马后左足白也。"作，起也，《重定费氏学》引蔡渊曰："作足，谓双举。"的颡，白颠之马，《集解》引虞翻义："的，白；颡，颠也"，"《诗》云'有马白颠'是也"。此四句《正义》释曰："其于马也为善鸣，取其象雷声之远闻也；为馵足，马后足白为馵，取其动而见也；为作足，取其动而行健也；为的颡，白额为的颡，亦取动而见也。"案，此处举四种马，"善鸣"见其欲动之情，"馵足"、"作足"、"的颡"见其善动之性（与前文取马象主于"健"者不同），故均合"动"义。

⑰ 其于稼也为反生：稼，禾稼，即草本植物；反生，指顶着种子的甲壳破土萌生。《集解》引宋衷曰："阴在上，阳在下，故为反生，谓枲（音 xǐ，即"麻"）、豆之类

戴甲而生。"《释文》:"麻、豆之属反生,戴莩甲而出也。"案,"戴甲"而生,其幼芽潜萌、奋动乃得出土,正含"动"义。

⑱ 其究为健,为蕃鲜:究,极也;蕃,犹"蘩",指草木蘩育之盛;鲜,鲜明。《正义》:"究,极也。极于震动,则为健也。"又曰:"鲜,明也,取其春时草木蕃育而鲜明。"案,这两句说明事物"动"极化"健"的情状,故举草木历春至夏而壮健旺盛为说。又案,据"其究为健"之理,则震"动"以乾"健"为归,"动"、"健"之间颇有联系。故推测上文"长子"象,似取其性近"健",遂有能"动"之义(参见前译注)。又案,《释文》谓《荀爽九家集解》本"震"后更有三:"为玉("玉"阮刻作"王",据《本义》引改),为鹄,为鼓。"尚先生曰:"玉色白或青,故为玉";"鹄、鹤古通;为声音故为鼓"。试寻其义,"鼓"义为"动"甚明;"鹄"振翼高飞,似亦含"动"义(《本草纲目》释"鹄"曰:"其翔极高而善步")。"玉",取义未详,尚先生云"有谓为'王'之讹者,证以《易林》象,非也"(《尚氏学》);黄焯《经典释文汇校》云唐写本作"主"字,可备参考。又案,以上一节广举震卦象例,大体义主于"动"。

⑲ 巽为木,为风:《集解》引宋衷曰:"阳动阴静,二阳动于上,一阴安静于下,有似于木也。"又引陆绩曰:"风,土气也;巽,坤之所生,故为风。亦取静于本而动于末也。"案,巽卦形作"☴",二阳上升、一阴下降,中空而风气流行,故像"风";又一阴处二阳之下则愈降愈深入,凡风行亦无处不入,故其义为"入"(见本篇第七章译注)。又案,据前几章所叙,巽卦的基本喻象为"风";此处先言"为木",未审其故。但巽取木象,在六十四卦中也是常见的,宋衷谓"二阳动上"像木身、"一阴静下"像木根,颇合卦形,木扎根于地,其根深入,又切卦义。

⑳ 为长女,为绳直,为工,为白,为长,为高:绳直,犹言"准绳",谓其笔直。《正义》:"为长女,如上释巽为长女也;为绳直,取其号令齐物,如绳之直木也;为工,亦正取绳直之类;为白,取其风吹去尘,故洁白也;为长,取其风行之远也;为高,取其风性高远,又木生而上也。"《尚氏学》:"巽柔故为绳,巽风故直;工,《说文》:'巧饰也,象人有规矩。'徐锴曰:'为巧必遵规矩法度,然后为工。'按巽为顺,能顺规矩,遵循法度,故为工。"案,"长女"接近"母性",顺物能入;"绳直",谓物笔直则可顺入,曲则难入;"工",若能工巧如风,则见缝必顺入,若笨拙则难入;"白"即空畅无碍,通顺可入;物"长"、"高",必能深入,短、矮则浅尝辄止,如木高根深即是:此六象,似均合"入"义。按此推测,巽"入"当以"顺"为本(见下文"其究为躁卦"译注),适与前节谓震"动"必以"健"为归(见上文"其究为健"译注)相对。

㉑ 为进退,为不果,为臭:不果,不果决;臭,音 xiù,气味。《正义》:"为进退,取其风性前却其物,进退之义也;为不果,取其风性前却,不能果敢决断,亦皆进退之义也;为臭,王肃作'为香臭'也,取其风所发也,又取下风之远闻。"《尚氏学》:"风可进可退,故不果";"臭,气也,风散则气至,故为臭"。案,"进退"、"不果",犹言迂回而入,审慎而入,鲁莽急躁必难入,举"风性"为喻,至为明确;"臭",谓气味虽无形,却无处不入:此三象亦合"入"义。

㉒ 其于人也为寡发,为广颡,为多白眼,为近利市三倍:广颡,即宽额;白眼,傲视之状;市三倍,犹言贾获三倍之利,"三"谓"多"。《正义》:"其于人也为寡发,

寡，少也，风落树之华叶，则在树者稀疏，如人之少发亦类于此，故为寡发也；为广颡，额阔为'广颡'，发寡少之义，故为广颡也；为多白眼，取躁人之眼，其色多白也；为近利，取其躁人之情多近于利也，'市三倍'取其木生蕃盛，于市则三倍之宜利也。"《尚氏学》："巽陨落，故寡发，震为发，反巽故寡发；广颡取上二阳象；多白眼，按离为目，中爻阴，黑睛，上下阳目中之白，今二阳皆在上，睛伏在下，故多白眼；利市三倍，似取流通，或取入义。"案，贾利三倍，疑指人精于盘算，顺沿"市"情，少出多入，其义似亦主于"入"。"寡发"、"广颡"、"多白眼"，《折中》谓"皆取洁义，今人之额阔少寒毛而眸子清明者，皆洁者也"，如《折中》此说，则"洁"似与"白"之义相通。又"寡发"，《集解》引虞翻注作"宣发"，谓"为白，故宣发"。此并可存之以备参考。

㉓ 其究为躁卦：《正义》："究，极也。取其风之势极于躁急也。"案，"极于躁急"，即朱熹所谓"巽反为震，震为决躁"（《朱子语类》），意指巽当以"顺"为"入"，躁则难入。又案，《释文》谓《荀爽九家集解》本"巽"后更有二："为杨，为鹳。"试寻其义，"杨"枝巽顺，理合顺入；"鹳"，鸟名，巽为鸡，故为"鹳"，均禽鸟也。又案，以上一节广举巽卦象例，义主于"入"。

㉔ 坎为水：《说文》："水，准也，北方之行，像众水并流，中有微阳之气也。"《集解》引宋衷曰："坎阳在中，内光明，有似于水。"案，坎卦形作"☵"，一阳包含二阴之中，犹如水表阴里阳（水含阳性，今视水分子式"H_2O"，氢、氧均为可燃元素，似与坎象有可通之理），故像"水"，又一阳陷二阴之中，凡水所居其地必陷，故其义为"陷"（见本篇第七章译注）。

㉕ 为沟渎，为隐伏：《正义》："为沟渎，取其水行无所不通也；为隐伏，取其水藏地中也。"《尚氏学》："以乾辟坤，故为沟渎"；"为隐伏，以阳在阴中而取象"。案，"沟渎"皆幽陷，险情多"隐伏"：阳陷阴中，此二象并含"险陷"义。

㉖ 为矫輮，为弓轮：矫，通"挢"，《释文》："一本作'挢'"；輮，通"揉"，《释文》："宋衷、王廙作'揉'。"《集解》引宋衷曰："曲者更直为'矫'，直者更曲为'揉'；水流有曲直，故为'矫揉'。"又引虞翻曰："可矫揉，故为弓轮。"案，"矫輮"、"弓轮"，皆变异形态；物罹险陷，必当变态：二象似亦含"险陷"义。

㉗ 其于人也为加忧，为心病，为耳痛，为血卦，为赤：《正义》："其于人也为加忧，取其忧险难也；为心病，忧其险难，故心病也；为耳痛，坎为劳卦也，又北方主听，听劳则耳痛也；为血卦，取其人有血，犹地有水也；为赤，亦取血之色。"《尚氏学》："为忧，为心病，皆以阳在阴中而取象。"又曰："乾大赤，坎得乾之中爻，故亦为赤。"案，"加忧"、"心病"，谓罹险难；"耳"居首部为陷，遇险患则"痛"；"血"因伤害而流，凶险至甚；"赤"即血色：此五象似均取人遭险罹陷为象，正合"坎"为"险陷"义。

㉘ 其于马也为美脊，为亟心，为下首，为薄蹄，为曳：美脊，《集解》引宋衷云"阳在中央，马脊之象也"；亟，急也，"亟心"犹言"焦心"；下首，指垂首；薄，迫也，"薄蹄"谓蹄迫地，犹言以蹄踢地；曳，谓水性曳地而行。《正义》："其于马也为美脊，取其阳在中也；为亟心，亟，急也，取其中坚内动也；为下首，取其水流向下也；

为薄蹄，取其水流迫地而行也；为曳，取其水磨地而行也。”《尚氏学》：“为美脊、为亟心，皆以阳在阴中而取象。”又曰：“为忧故下首，下首犹低头也。”案，“美脊”，徒言脊背尚美，似隐指“脊”部以下皆陷入险坑，四蹄难行；“亟心”、“下首”、“薄蹄”，说明既陷险中，心必焦、首必垂、脚蹄必踢地（见其忧躁）；“曳”，则指奋力拖拉，欲求脱险：此五象拟取马的不同情状，似相连贯，且合“险陷”义。

㉙ 其于舆也为多眚：眚，灾也（见《讼》九二译注）。《正义》：“取其表里有阴，力弱不能重载，常忧灾眚也。”案，“舆”以陷险难行为“灾眚”，此象正合“陷”义，《汉上易传》“坎陷者舆之病，行则必败”是也。

㉚ 为通，为月，为盗：《正义》：“为通，取其行有孔穴也；为月，取其月是水之精也；为盗，取水行潜窃如盗贼也。”《尚氏学》：“为通，以阳在阴中而取象。”又曰：“坎隐伏，故为盗。”案，物深陷则穿“通”（孔说“有孔穴”）；“月”常亏，亏即缺陷；“盗”于潜隐中施险设陷：此三象似亦含“险陷”义。

㉛ 其于木也为坚多心：《集解》引虞翻义：“阳刚在中，故坚多心，棘枣之属也。”《尚氏学》：“为坚多心，以阳在阴中而取象。”案，“木坚多心”，阮元《揅经室集》曰：“刘熙《释名》云‘心，纤也’。言纤微无物不贯也。”又曰：“枣棘之属初生，未有不先见尖刺者；尖刺，即‘心’也。”据此，则“坚多心”似取“木坚硬多小刺”、物触则险之义。又案，《释文》谓《荀爽九家集解》本“坎”后更有八：“为宫，为律，为可，为栋，为丛棘，为狐，为蒺藜，为桎梏。”尚先生云：“坎为屋极（即“栋”），故为宫，为栋；坎阳在中，健而直，故为棘，为蒺藜；坎阳陷在阴中，不能移动，如法律之固定，如桎梏之在手足，故为法律，为桎梏。”（《尚氏学》）试寻其义，触“律”必险，“栋”脱则屋陷，“丛棘”、“蒺藜”多刺含险，“狐”性阴险，“桎梏”刑具凶险至甚：此六象似均含“险陷”义。“为宫”，似由于为“舆”所引申，“舆”可载人，“宫”可居人；“为可”，似由“为通”引申，能通自无不可。又案，以上一节广明坎卦象例，大体义主于“陷”。

㉜ 离为火：《集解》引崔憬曰：“取卦阳在外，象火之外照也。”案，离卦形作“☲”，一阴含于内、二阳显于外，犹如火表阳里阴（火含阴质，视其燃烧必内发阴气可知），故像“火”；又一阴附丽二阳之中，凡火所炎必附着燃料，故其义为“丽”（即“附着”，见本篇第七章译注）。

㉝ 为日，为电：电，闪电。《集解》引郑玄曰：“取火明也。久明似日，暂明似雷也。”案，“日”附于天而悬，“电”附于雷而发：两象并含“附着”义。

㉞ 为中女：《集解》引荀爽曰：“柔在中也。”案，“中女”似谓附丽于长女、幼女之间。

㉟ 为甲胄，为戈兵：《正义》：“为甲胄，取其刚在外也；为戈兵，取其刚在于外，以刚自捍也。”案，“甲胄”须附人体，自含“附着”义；“戈兵”须人执持，似亦有附丽于人之义。

㊱ 其于人也为大腹，为乾卦：乾，音 gān，谓干燥。《正义》：“为大腹，取其怀阴气也；为乾卦，取其日所烜也。”《尚氏学》：“中虚故为大腹。”案，“大腹”，《集解》引虞翻曰“如妊身妇”，则为胎婴附于腹内，宜合“附着”义。“乾”，疑取物欲干燥

必须近附于火、热之义。

㊲ 为鳖，为蟹，为蠃，为蚌，为龟：蠃，音 luǒ，通“螺”，《释文》谓京房作“螺”。《集解》引虞翻曰：“此五者皆取外刚内柔也。”案，这五种甲壳水族动物，其主体均依附于硬壳内，宜合“附着”义。

㊳ 其于木也为科上槁：科，指木中空。《正义》：“科，空也。阴在内，为空；木既空中者，上必枯槁也。”《尚氏学》：“离中枯故科上槁。”案，树木上截枯槁，必依附下截未枯者而存在，正含“附着”义。又案，《释文》谓《荀爽九家集解》本“离”下更有一：“为牝牛”（“牝牛”阮刻作“此字”，据《校勘记》改）此象似由于离得坤之中爻，坤为牛、为子母牛，故离亦为牝牛。又案，以上广举离卦象例，大体义主于“丽”（即“附着”）；但如为“目”、为“火”、为“日”、为“电”、为“乾卦”等，实亦兼有“明”义。

㊴ 艮为山：《正义》：“取阴在下为止，阳在上为高，故艮象山也。”案，艮卦形作“☶”，一阳居二阴之上，犹山顶为阳、其下深蕴阴质，故像“山”；又以一阳居高、止下二阴，凡山皆静止不动，故义为“止”（参阅本篇第七章译注）。

㊵ 为径路，为小石，为门阙：径路，犹言“山路”。《正义》：“为径路，取其山路有涧道也；为小石，取其艮为山，又为阳卦之小者也；为门阙，取其崇高也。”《尚氏学》：“震为大涂，反之则为径路；为山，故为石；门阙象形。”案，“径路”狭小斜曲，“小石”垸堍不平，皆能阻止车马之行；“门阙”掩护其内而止外人：此三象并含“止”义。《春秋说题辞》：“《周易》艮为山、为小石。石阴中之阳、阳中之阴，阴精辅阳，故山含石。”（《玉函山房辑佚书·春秋纬》）可资参考。

㊶ 为果蓏：蓏，音 luǒ，瓜类植物的果实。《集解》引宋衷曰：“木实谓之果，草实谓之蓏。桃李瓜瓞之属皆出山谷也。”《纂疏》云：“乾为‘木果’，以其纯阳也。艮上一阳自乾来故为‘果’；又为‘蓏’者，阳爻似果、阴爻似蓏。”此可参考。案，“果蓏”之义，似谓草木之实，出于山谷，止于其所。

㊷ 为阍寺：阍，音 hūn，宫门，又指“阍人”，即守宫门者，《周礼·天官》“阍人掌守王宫之中门之禁”；寺，谓“寺人”，古代执守宫中的小臣，犹后世的宦官，《周礼·天官》“寺人掌王之内人及女宫之戒令”。《集解》引宋衷曰：“阍人主门，寺人主巷（“巷”谓宫内道，见《左传》襄公九年“令司宫巷伯儆宫”疏引王肃语）。艮为止，此职皆掌禁止者也。”案，“阍寺”义见于“止”甚明。尚先生云“门阙、阍寺皆象形”（《尚氏学》），即合艮为“门”象，可从。

㊸ 为指，为狗，为鼠：《正义》：“为指，取其执止物也；为狗、为鼠，取其皆止于人家也。”《尚氏学》：“指能屈伸制物，与手同义，故为指。”“艮为穴，鼠穴居，故为鼠。”案，“指”以止人，“狗”守门以止外人（见本篇第八章译注），“鼠”孔氏谓居止于人家：此三象并含“止”义。又案，《集解》引虞翻注，谓第八章已有“狗”字，此章“狗”当为“拘”字之误；尚先生指出“拘”、“狗”音同通用，“不必遽为改字”（《尚氏学》）。

㊹ 为黔喙之属：黔，黑也；喙，鸟嘴。“黔喙”指猛禽。《尚氏学》：“《易林》作‘黔啄’，《说文》‘喙，口也’，啄鸟食也。”又曰：“鸟之刚在喙，艮刚在上，故为‘黔

喙’。凡鸟之鸷者，无不黔喙，《易林》以艮为鹰、鹯、鹏、隼，本此也。”案，猛禽飞降，地面之物皆惧止，故“黔喙”象亦含“止”义。又案，《集解》引马融曰：“黔喙，肉食之兽，谓豹狼之属。黔，黑也，阳玄在前也。”可备一说。

㊺ 其于木也为坚多节：《集解》引虞翻曰：“阳刚在外，故多节，松柏之属。”《正义》：“取其山之所生，其坚劲，故多节也。”案，“木坚多节”，言木端刚坚可作禁人止物之器。又案，《释文》谓《荀爽九家集解》本“艮”后更有三：“为鼻，为虎，为狐。”尚先生云：“鼻者，面之山，故艮为鼻；乾为虎，艮得乾上爻，故亦为虎；狐穴居，故亦为狐。”（《尚氏学》）试寻其义，“鼻”被指，则遭人禁；“虎”凶，可以止人；“狐”媚，亦能迷人：三象似皆含有“止”义。又案，以上广举艮卦象例，大体义主于“止”。

㊻ 兑为泽：《集解》引宋衷曰：“阴在上，令下湿，故为泽也。”《正义》：“取其阴卦之小，地类卑也。”案，兑卦形作“☱”，一阴居二阳之上，犹泽面为阴、其下深蕴阳质，故象“泽”；又以一阴获二阳之益而悦然上升，凡泽皆广施滋润以悦物，故其义为“说”（即“悦”，参阅本篇第七章译注）。《重定费氏学》引《正易心法》曰：“兑为形普施于万物之上，为发生之利泽。”可备参考。

㊼ 为少女，为巫，为口舌：巫指巫师，以口舌用事。《正义》：“为少女，如上释‘兑为少女’也；为巫，取其口舌之官也；为口舌，取西方于五事为言，取口舌为言语之具也。”案，“少女”以天真无邪悦人，“巫”、“口舌”以言语悦人：三象均含“悦”义。

㊽ 为毁折，为附决：附，从也；决，断也。“附决”犹言顺从人裁决（如“果蓏”从人采摘即是）。《正义》：“兑西方之卦，又兑主秋也，取秋物成熟，槁秆之属则毁折也，果蓏之属则附决也。”《尚氏学》：“上缺故为‘毁折’，阴下附于阳故为‘附’，爻绝于上故为决。”案，秋物成熟之际，槁秆“毁折”则果实欣悦；熟果“附决”则物皆欣悦，凡顺人裁决者又必可悦人：故两象似含“悦”义。

㊾ 其于地也为刚卤：卤，音 lǔ，指坚硬不生植物之地，《释名·释地》：“地不生物曰‘卤’。”《集解》引朱仰之曰：“刚卤之地不生物，故为刚卤者也。”《正义》：“取水泽所停故咸卤也。”案，此象之义，言刚卤地亟待施泽，润之则悦。又案，《说文》训“卤”为“西方咸地”，尚先生不以为然，并引《释名》及《左传》杜预注为证，指出：“刚者，地不柔和；卤者，硗确，故不生物。”（《尚氏学》）说可从。

㊿ 为妾，为羊：《正义》：“为妾，取少女从姊为娣也；为羊，如上释取其羊性顺也。”案，“妾”以容悦夫，“羊”以顺悦人（见第八章注）：两象并含“悦”义。又案，“为羊”，郑玄作“为阳”（“羊”、“阳”古通），云：“此‘阳’读若‘养’，无家女行赁炊爨，今时有之，贱于妾也。”（《汉上易传》引）即释“养”为雇佣炊妇。虞翻作“为羔”，云：“羔，女使。”（《集解》引）即承郑义。说可参考。又案，《释文》谓《荀爽九家集解》本“兑”后更有二：“为常，为辅颊。”尚先生云：“辅颊，取卦形；常，《九家》云‘西方神也’。”（《尚氏学》）试寻其义，守“常”者可久悦，“辅颊”亦以言语悦人：似含“悦”义。又案，以上广举兑卦象例，大体义主于“说”（即“悦”）。

说明 以上第十一章。

本章广泛援举八卦取象的例子，是《说卦传》的主体。

文中八卦的先后排列，承前章乾坤、"六子"之序。《释文》曰："本亦有以'三男'居前，'三女'居后。"

全章所举卦象，计一百一十二例。《释文》引《荀爽九家集解》本多出三十一例，尚先生指出《易林》及汉魏人注经每见采用，不应视为"逸象"，当增入今本《说卦》(见《尚氏学》；今分列各卦末条注后，以备参考)。这样，《说卦传》举象共计一百四十三例。

在众多的例子中，最基本的象例是：乾为天，坤为地，震为雷，巽为风(为木)，坎为水，离为火，艮为山，兑为泽。这是六十四卦每卦必用之象，故可视为八卦的本象。由"本象"扩展的卦象虽至为繁杂，但其取义大体上皆不离乾健、坤顺、震动、巽入、坎陷、离丽、艮止、兑说这八种基本不变的象征内涵(见本篇第八章"说明")。

然而，由于《说卦传》只举象例，不作解释，遂致不少卦象的立义依据晦而不明。朱熹说："其间多不可晓者，求之于经，亦不尽合也。"(《本义》)尚先生曰："诚哉其有不合。盖《说卦》乃自古相传之象，至《周易》愈演愈精，故经所用象，不尽与《说卦》同。"(《尚氏学》)今于诸象注释中，选录可资参考的旧解及尚先生说，并于"案"语中略参己意以试寻诸象立义所在；固不敢自谓悉当也。

总论 《说卦传》十一章，先追溯《周易》的创作者用"蓍"衍卦的历史；再申言八卦的两种方位；然后集中说明八卦的取象特点，强调八种基本物象及象征意义，并广引众多象例，是今天探讨《易》象的产生及推展的重要资料。

《晋书·束皙传》："《汲冢竹书》有《卦下易经》一篇，似《说卦》而异。"近年出土的马王堆汉墓帛书《周易》，其《系辞传》中杂有今本《说卦传》前三章(见于豪亮《帛书周易》)。可见，《说卦传》在流传过程中也不可避免地存在着钞录错讹、或被增删改易的现象。《释文》所引或本第十一章卦象序次之异及《九家》本多出的象例，即可为证。

《说卦传》值得今天继续研究的内容，主要有两方面：一是"先天"、"后天"八卦方位的本来面目及其在历史上产生的各方面影响；二是早期《易》象设立的背景，推衍的规律及其在解《易》、用《易》中的重要功用。这两方面的研究，均当立足于对《周易》"以象为本"的特色的科学辨析，以利于揭示此书特异的象征哲学体系。

《易》以象为本，故《说卦传》专言象以揭其纲；汉儒说《易》，莫不重象，九家逸象、虞氏逸象又一再引其绪。王弼扫象之后，象学虽渐衰，然唐之李鼎祚，宋之朱震，元之吴澄，明之来知德，以及清儒之讲汉《易》者，无论其详略深浅，皆能认识《易》象。近时研究《易》象者，尤以行唐尚节之先生的贡献，最为卓越。先生探象的特点，是以精研《周易》经传为本，进而深究《左传》、《国语》、《逸周书》，尤其是《易林》中由来久远而为人忘忽的象例，发现了失传的《易》象，包括六十四卦的内外卦象、互象、对象、正反象、半象、大象等百二十余例的应用规律。其发明见于所著《焦氏易诂》、《焦氏易林注》、《左传国语易象释》、《周易尚氏学》诸书。于省吾称"先生对《易》象的贡献是空前的"(《周易尚氏学序》),实非虚美之辞。因此,今天研《易》者如欲深入探讨《说卦传》的象例,或进而广泛研究先秦两汉以来的各家《易》说,以新的科学方法总结出《易》象规律,则尚先生的学说实是不可或缺的津梁。

序卦传

有天地然后万物生焉。盈天地之间者唯万物，故受之以《屯》；屯者盈也，屯者物之始生也[①]。物生必蒙，故受之以《蒙》；蒙者蒙也，物之稚也。物稚不可不养也，故受之以《需》；需者饮食之道也。饮食必有讼[②]，故受之以《讼》。讼必有众起，故受之以《师》；师者众也。众必有所比[③]，故受之以《比》；比者比也。比必有所畜，故受之以《小畜》。物畜然后有礼，故受之以《履》。履而泰，然后安，故受之以《泰》；泰者通也。物不可以终通，故受之以《否》。物不可以终否，故受之以《同人》[④]。与人同者，物必归焉，故受之以《大有》。有大者不可以盈，故受之以《谦》。有大而能谦必豫，故受之以《豫》。豫必有随，故受之以《随》。以喜随人者必

译文 有了天地然后万物才开始产生。最初充盈天地之间的只有万物（初生时的絪缊气息），所以（《周易》首先设定了象征天地的《乾》、《坤》两卦）接着是象征事物"初生"的《屯》卦；"屯"表示阴阳初交时的孕育之气充塞满盈，"屯"的意思又指事物开始萌生。事物初生必然蒙昧无知，所以接着是象征"蒙稚"的《蒙》卦；"蒙"表示蒙昧，就是事物幼稚的意思。事物幼稚不可不加以养育，所以接着是象征"需待"的《需》卦；"需"含有需待饮食的道理。面临饮食问题必然有所争讼，所以接着是象征"争讼"的《讼》卦。争讼必然要依靠众人力量的兴起，所以接着是象征"兵众"的《师》卦；"师"是兵士众多的意思。凡是事物众多必然有所比辅，所以接着是象征"亲密比辅"的《比》卦；"比"是比辅的意思。相互比辅必然有所畜聚，所以接着是象征"小有畜聚"的《小畜》卦。事物相畜聚然后要用礼节规范行为，所以接着是象征循礼"小心行走"的《履》卦。循礼小心行走而导致通泰，然后万事均安，所以接着是象征"通泰"的《泰》卦；"泰"是安泰亨通的意思。事物不可能终久通泰，所以接着是象征"否闭"的《否》卦。事物不可能终久否闭，所以接着是象征"和同于人"的《同人》卦。与人和同，外物必然纷纷归附，所以接着是象征"大获所有"的《大有》卦。大获所有的人不应当盈满自傲，所以接着是象征"谦虚"的《谦》卦。既获广大又能谦虚的人必然愉乐，所以接着是象征"愉乐"的《豫》卦。与人共相愉乐必然有人随从，所以接着是象征"随从"的《随》卦。以喜悦之心随从于人的必然有所用

事，所以接着是象征“拯弊治乱”的《蛊》卦；“蛊”含有拯治事务的意思。能够拯治事务而后功业可以盛大，所以接着是象征“高临”于众人的《临》卦；“临”含有功业盛大而居高治下的意思。事物尊高盛大然后可以受人观仰，所以接着是象征“观仰”的《观》卦。可以受人观仰而后上下有所融合，所以接着是象征“啮合”的《噬嗑》卦；“嗑”是相合的意思。事物不能草率交合，所以接着是象征“文饰”的《贲》卦；“贲”是文饰的意思。过分致力于文饰然后亨通的路途就穷尽了，所以接着是象征“剥落”的《剥》卦；“剥”是剥落穷尽的意思。事物不可能终久穷尽，剥落穷尽于上就导致回复于下，所以接着是象征“回复”的《复》卦。能回复正道就不至于胡作妄为，所以接着是象征“不妄为”的《无妄》卦。能够不妄为然后可以畜聚外物，所以接着是象征“大为畜聚”的《大畜》卦。事物大为畜聚然后可以施用于颐养，所以接着是象征“颐养”的《颐》卦；“颐”是颐养的意思。没有充足有余的颐养就不可能振作兴动，所以接着是象征“大为过甚”的《大过》卦。事物不能终久过甚，过极必险所以接着是象征“险陷”的《坎》卦；“坎”是险陷的意思。遭遇险陷必然要有所附丽才能获援脱险，所以接着是象征“附丽”的《离》卦；“离”是附丽的意思。

有了天地然后才有万物，有了万物然后才有男性女性，有了男性女性然后才能配成夫妇，有了夫妇繁衍后代然后才产生父子，有了父子然后（人类发展愈多，须加治理）才出现了君臣，有了君臣然后才产生上下尊卑的名分，有了上下尊卑的名分然后礼义才有所安置。（象征“交感”的《咸》卦所揭示的）夫妇道理不能不恒久存在，所以（《咸》卦之后）接着是象征“恒久”的《恒》卦；“恒”是恒久的意思。事物不可能长久安居于一个处所，所以接着是象征“退避”的《遁》卦；“遁”是退避远去的意思。事物不能终久退避（必将重新振兴盛大），所以接着是象征“大为强盛”的《大壮》卦。事物不可能终久安守壮盛而无所进取，所以接着是象征“晋长”的《晋》卦；“晋”是晋长升进的意思。往前进取必然有所损伤，所以接着是象征“光明殒伤”的《明夷》卦；“夷”是损伤的意思。在外遭受损伤的人必然要返回家中（以求家庭温暖的慰藉），所以接着是象征“一家人”的《家人》卦。家庭（成员都是至亲，要是失于节制，荡检逾闲，将会）流于穷困必然要产生种种乖背睽违的事端，所以接着是象征“乖背睽违”的《睽》卦；“睽”是乖背睽违的意思。事物乖背睽违必然导致蹇难，所以接着是象征“蹇难”的《蹇》卦；“蹇”是蹇难的意思。事物不可能终久蹇难，所以接着是象征“舒解”的《解》卦；“解”是舒缓解散的意思。过于舒缓必然有所损失，所以接着是象征“减损”的《损》卦。能够不断自我减损（施益他人）必然也受人增益，所以接着是象征“增益”的《益》卦。增益不止

有事[5]，故受之以《蛊》；蛊者事也。有事而后可大，故受之以《临》；临者大也[6]。物大然后可观，故受之以《观》。可观而后有所合，故受之以《噬嗑》；嗑者合也[7]。物不可以苟合而已，故受之以《贲》[8]；贲者饰也。致饰然后亨则尽矣[9]，故受之以《剥》；剥者剥也。物不可以终尽，剥穷上反下，故受之以《复》。复则不妄矣，故受之以《无妄》[10]。有无妄然后可畜[11]，故受之以《大畜》。物畜然后可养，故受之以《颐》；颐者养也。不养则不可动，故受之以《大过》[12]。物不可以终过，故受之以《坎》；坎者陷也。陷必有所丽，故受之以《离》；离者丽也。

有天地然后有万物，有万物然后有男女，有男女然后有夫妇，有夫妇然后有父子，有父子然后有君臣，有君臣然后有上下，有上下然后礼义有所错。夫妇之道不可以不久也，故受之以《恒》[13]；恒者久也。物不可以久居其所，故受之以《遁》；遁者退也。物不可以终遁，故受之以《大壮》。物不可以终壮，故受之以《晋》；晋者进也。进必有所伤，故受之以《明夷》；夷者伤也。伤于外者必反其家，故受之以《家人》。家道穷必乖[11]，故受之以《睽》；睽者乖也。乖必有难，故受之以《蹇》；蹇者难也。物不可以终难，故受之以《解》；解者，缓也。缓必有所失，故受之以《损》。损而不

已必益，故受之以《益》。益而不已必决，故受之以《夬》⑮；夬者决也。决必有所遇⑯，故受之以《姤》；姤者遇也。物相遇而后聚，故受之以《萃》；萃者聚也。聚而上者谓之升⑰，故受之以《升》。升而不已必困，故受之以《困》。困乎上者必反下，故受之以《井》。井道不可不革⑱，故受之以《革》。革物者莫若鼎，故受之以《鼎》。主器者莫若长子，故受之以《震》⑲；震者动也。物不可以终动，止之，故受之以《艮》；艮者止也。物不可以终止，故受之以《渐》；渐者进也。进必有所归，故受之以《归妹》。得其所归者必大，故受之以《丰》；丰者大也。穷大者必失其居，故受之以《旅》。旅而无所容，故受之以《巽》⑳；巽者入也。入而后说之，故受之以《兑》；兑者说也。说而后散之，故受之以《涣》㉑；涣者离也。物不可以终离，故受之以《节》。节而信之，故受之以《中孚》㉒。有其信者必行之，故受之以《小过》㉓。有过物者必济㉔，故受之以《既济》。物不可穷也，故受之以《未济》终焉㉕。

必然满盈流溃而被断然决除，所以接着是象征"决断"的《夬》卦；"夬"是决断（清除邪恶）的意思。决断（清除邪恶）必然有所喜遇，所以接着是象征"相遇"的《姤》卦；"姤"是相遇的意思。事物相遇而后会聚，所以接着是象征"会聚"的《萃》卦；"萃"是会聚的意思。会聚而能上进就叫作上升，所以接着是象征"上升"的《升》卦。上升不止必然要困穷，所以接着是象征"困穷"的《困》卦。困穷于上的必然要返归于下（以求安居），所以接着是象征"水井"的《井》卦。水井的道理（历久必秽），不能不变革整治，所以接着是象征"变革"的《革》卦。变革事物没有比鼎器（化生为熟）更显著的，所以接着是象征"鼎"器的《鼎》卦。主持鼎器的人没有比长子更适合的，所以接着是象征权威"雷动"的《震》卦；"震"是雷震奋动的意思。事物不能终久奋动，应当适当抑止，所以接着是象征"抑止"的《艮》卦；"艮"是抑止的意思。事物不可能终久抑止（必将逐渐前进），所以接着是象征"渐进"的《渐》卦；"渐"是渐进的意思。渐进必将有所依归，所以接着是象征"嫁出少女"的《归妹》卦。事物获得依归必然丰大，所以接着是象征"丰大"的《丰》卦；"丰"是丰大的意思。穷极丰大的人必将丧失安居的处所，所以接着是象征"行旅"的《旅》卦。行旅而无处容身（必然要顺从于人才能进入客居处所），所以接着是象征"顺从"的《巽》卦；"巽"含有顺从则能入的意思。进入适宜的居所而后心中欣悦，所以接着是象征"欣悦"的《兑》卦；"兑"是欣悦的意思。心中欣悦而后能推散其所悦，所以接着是象征"涣散"的《涣》卦；"涣"是涣发离散的意思。事物不能终久无节制地涣发离散，所以接着是象征"节制"的《节》卦。有所节制就应当用诚信来守持，所以接着是象征"中心诚信"的《中孚》卦。坚守诚信的人必然要过为果决地履行职责，所以接着是象征"小有过越"的《小过》卦。（美善的行为）有所过越者办事必能成功，所以接着是象征"事已成"的《既济》卦。事物的发展不可能穷尽（成功之后又将带来新的未成功因素），所以接着是象征"事未成"的《未济》卦作为《周易》六十四卦的终了。

注释 ① 盈天地之间者唯万物，故受之以《屯》；屯者盈也，屯者物之始生也：受，承继，《广雅·释诂》"受，继也"；"受之以"，犹言"接着是"。这几句说明《周易》六十四卦以《乾》、《坤》居首，象征天地化生万物；继之以《屯》卦，象征事物"初生"的情状。"盈"，谓天地始交，将生万物，其阴阳和合之气细缊充盈（参见《屯》卦译注，以下诸卦名义均仿此，不另注）。案，《序卦传》叙述六十四卦次序相承的意义，依卦名为说，有时只取某卦名义的一方面。因此，卦名的完整涵义当以原卦所释为准。《周易玩辞》："'屯'不训'盈'也。当《屯》之时，刚柔始交，天地细缊，雷雨动荡，见其气之充塞也，是故谓之‘盈’尔。故谓之‘盈’者，其气也；谓之‘物之始生’者，其时也；谓之‘难’者，其事也。”

② 饮食必有讼：此句犹言人类一旦出现生活资料的分配问题，便随着导致争讼。《韩注》：“夫有生则有资，有资则争兴也。”

③ 众必有所比：《韩注》：“众起而不比，则争无由息；必相亲比，而后得宁也。”

④ 物不可以终否，故受之以《同人》：韩注：“否则思通，人人同志；故可出门同人，不谋而合。”

⑤ 以喜随人者必有事：喜，谓喜悦、乐意。此句指乐于随人者必当有所用事，发下文“蛊者，事也”之义。《汉上易传》：“臣事君，子事父，妇事夫，弟子事师，非乐于所事者其肯随乎？”

⑥ 临者大也：《周易玩辞》曰：“‘临’不训‘大’。‘临’者以上临下，以大临小。凡称‘临’者，皆大者之事也，故以‘大’释之。”

⑦ 可观而后有所合，故受之以《噬嗑》；嗑者合也：“噬嗑”谓“啮合”，此处偏重取“嗑”义。《韩注》：“可观则异方合会也。”案，“噬嗑”取“嗑”义，与下文“明夷”取“夷”义相类，均以卦名意义之一端为说。

⑧ 物不可以苟合而已，故受之以《贲》：这两句说明文饰的重要性，反映古人“尚文”的思想。《韩注》：“物相合则须饰以修外也。”《东坡易传》：“君臣、父子、夫妇、朋友之际，所谓‘合’也。直情而行谓之‘苟’，礼以饰情谓之‘贲’。”

⑨ 致饰然后亨则尽矣：此句即《贲》上六“白贲，无咎”之义，体现古人既“尚文”又“重质”的辩证观念。《韩注》：“极饰则实丧也。”《折中》引张栻曰：“贲饰则贵于文；文之太过，则又灭其质，而有所不通。故致饰则亨有所尽。”案，以上几句可以看出《序卦传》作者的美学观点。

⑩ 复则不妄矣，故受之以《无妄》：此明去邪复正之义。周敦颐《通书》曰：“不善之动，妄也；妄复，则无妄矣；无妄则诚矣，故《无妄》次《复》。”

⑪ 有无妄然后可畜：可畜，含有畜聚美德的意义。《折中》引阎彦升曰：“无妄然后可畜，所畜者在德。”

⑫ 不养则不可动，故受之以《大过》：养，指充分的颐养。这两句说明先有充足过厚的颐养以为基础，然后兴动以应大事，必有大为过人的非凡之举。《韩注》：“不养则不可动，养过则厚。”《正义》：“郑玄云：‘以养贤者，宜过于厚。’王辅嗣注此卦云‘音“相过”之“过”’。韩氏云‘养过则厚’，与郑玄、辅嗣义同。”《折中》引姜宝曰：“无所养则其体不立，不可举动以应大事；惟养充而动，动必有大过人者矣。”

⑬ 夫妇之道不可以不久也，故受之以《恒》：这是兼合《咸》、《恒》两卦而言。《咸》卦明“交感”，即“夫妇之道”；《恒》卦谓恒久，则此道永恒不可移易。《集解》引郑玄曰：“言夫妇当有终身之义；夫妇之道，谓《咸》、《恒》也。”案，此段言下经卦序，与前段言上经卦序判然区分。《韩注》引前人关于上经明“天道”、下经明“人事”之论，以为不切《易》义，指出上下经均是“错综天人，以效变化”，未尝有偏。此说似可取（参阅《咸》卦译注）。

⑭ 家道穷必乖：此谓家道失节，则至穷乖。《韩注》："室家至亲，过在失节。"《集解》引崔憬曰："妇子嘻嘻，过在失节；失节则穷，穷则乖。"《纂疏》："嘻嘻失节，必至荡检逾闲，而家道穷矣；穷则家人乖离。"

⑮ 益而不已必决，故受之以《夬》：决，兼含溃决与决除之义；夬，即决断清除。这两句说明增益不已必致盈溢流溃而被决除，即转"益"为"损"。《韩注》："益而不已则盈，故必决也。"《周易集说》："益而不已则所积满盈，故必决。""《益》之后继以《夬》，高岸为谷之意也。"

⑯ 决必有所遇：指决除邪恶必有喜遇，发下文《姤》卦名义。《韩注》："以正决邪，必有喜遇也。"

⑰ 聚而上者谓之升：《南轩易说》："天下之物，散之则小；合而聚之，则积小以成其高大，故聚而上者升也。"

⑱ 井道不可不革：《韩注》："井久则浊秽，宜革易其故。"

⑲ 主器者莫若长子，故受之以《震》："鼎"义有二：既为烹饪之器，又为象征权力的法器；前文"革物"取烹饪义，此处"主器"则取法器义。"震"又有"长男"象（见《说卦传》），故此处专明长子主权，亦取卦义一端之例。《程传》："震为长男，故取主器之义，而继《鼎》之后；长子，传国家，继位号者也，故为主器之主。《序卦》取其一义之大者。"

⑳ 旅而无所容，故受之以《巽》：巽，含有"顺则能入"的意义。《集解》引韩康伯曰："旅而无所容，以巽则得所入也。"

㉑ 说而后散之，故受之以《涣》：散，指推散其"说"（即"悦"）以及于人，发下句《涣》卦名义。从广义看，又可引申为学有所成则悦而推散于人。《韩注》："说不可偏系，故宜散也。"《南轩易说》："惟说于道，故推而及人；说而后散，故受之以《涣》。"

㉒ 节而信之，故受之以《中孚》：此言"节"与"信"相互关联。《韩注》："孚，信也。既已有节，则宜信而守之。"

㉓ 有其信者必行之，故受之以《小过》：此言履行诚信，不妨小有过越；即行信必果之意。《折中》引项安世曰："有其信，犹《书》所谓'有其善'（案，见《尚书·说命》），言以此自负而居有之也。自恃其信者，其行必果，而过于中。"

㉔ 有过物者必济：此发《小过》卦名义，兼言下文《既济》之旨。《韩注》："行过乎恭，礼过乎俭，可以矫世厉俗，有所济也。"

㉕ 物不可穷也，故受之以《未济》终焉：这是说明事物虽有"既济"之时，但以发展的眼光看，"既济"中必含有"未济"的因素，因此《周易》最后一卦以《未济》告终。此中寓意，既明事物发展未有穷尽，又勉人不可因成功而固步自封。《韩注》："有为而能济者，以己穷物者也；物穷则乖，功极则乱，其可济乎？故受之以《未济》也。"

总论 《序卦传》是分析《周易》六十四卦的编排次序，并揭示诸卦前后相承的意义。

全文分为两段：前段叙上经卦次，后段叙下经卦次。此篇创作宗旨及命名之义,孔颖达认为:"六十四封分为上下二篇,其先后之次,其理不见,故孔子就上下二经,各序其相次之义,故谓之《序卦》焉。"(《正义》)

文中以简约的语言概括诸卦名义,有与卦义切合者,有仅取其一端为说者,目的均在揭明卦与卦之间的有机联系,而不在于阐析各卦的完整意义。韩康伯指出:"《序卦》之所明,非《易》之蕴也。"(《正义》引)苏轼也说:"《序卦》之论《易》,或直取其名而不本其卦者多矣,若赋诗断章然,不可以一理求也。"(《东坡易传》)

《序卦传》在分析六十四卦序次之理的同时,集中揭示了事物"相因"、"相反"的两种发展规律。如"节而信之,故受之以《中孚》","入而后说之,故受之以《兑》",即指明事物沿正面的趋势进展;"损而不已必益","益而不已必决",则指明事物向相反的方面转化。蔡清曰:"《序卦》之义,有相因者,有相反者。相反者,极而变者也;相因者,其未至于极者也。总不出此二例。"(《折中》引)文中释义尽管简约,但卦次编排的原理,作者的辩证哲学观点,均得到显明的反映。可以说,《序卦传》是一篇颇具哲理深度的六十四卦推衍纲要。

《序卦传》还披露了一个客观事实:今本六十四卦的卦序及上下经的区分,是相沿已久的。张载曰:"《序卦》相受,圣人作《易》当有次序。"(《横渠易说》)项安世曰:"《易》之称上下经者,未有考也。以《序卦》观之,二篇之分,断可知矣。"(《周易玩辞》)两人所论,正是基于上述事实而发。当然,《周易》创定之初,卦次是否如此编排,上下经是否如此区分,尚待将来学术界的进一步考证。

应当指出,马王堆帛书《周易》的卦序,与《序卦传》所列为两种不同的体例。帛书六十四卦以上卦为纲、下卦为目排列,此种排列方式比较便于检索,当是后人为了占筮实用而作的改编(见《马王堆帛书六十四卦释文》及张政烺《帛书六十四卦跋》,两者均载《文物》一九八四年第三期)。然而,经过改编的帛书卦序,各卦之间已不复存在哲理的联系;因此,对于考究《序卦传》的叙《易》原理,就没有什么用处了。

杂卦传

《乾》刚《坤》柔[①]，《比》乐《师》忧[②]；《临》、《观》之义，或与或求[③]。《屯》见而不失其居[④]，《蒙》杂而著[⑤]。《震》起也，《艮》止也；《损》、《益》盛衰之始也[⑥]。《大畜》时也[⑦]，《无妄》灾也[⑧]。《萃》聚而《升》不来也[⑨]，《谦》轻而《豫》怠也[⑩]。《噬嗑》食也[⑪]，《贲》无色也[⑫]；《兑》见而《巽》伏也[⑬]。《随》无故也[⑭]，《蛊》则饬也[⑮]。《剥》烂也[⑯]，《复》反也。《晋》昼也，《明夷》诛也[⑰]；《井》通而《困》相遇也[⑱]。《咸》速也[⑲]，《恒》久也；《涣》离也，《节》止也[⑳]。《解》缓也，《蹇》难也。《睽》外也，《家人》内也[㉑]；《否》、《泰》反其类也。《大壮》则止[㉒]，《遁》则退也。《大有》众也，《同人》亲也；《革》去故也，《鼎》取新也[㉓]；《小

译文 《乾》卦阳刚、《坤》卦阴柔，《比》卦欣乐、《师》卦烦忧；《临》、《观》两卦的意义，或施予或营求。《屯》卦生机呈现而不失所居，《蒙》卦交错于明暗而童真昭著。《震》卦奋动振起，《艮》卦稳静安止；《损》、《益》两卦是盛衰互转的开始。《大畜》卦适时畜聚，《无妄》卦谨防飞灾。《萃》卦会聚共相处而《升》卦上升不返来，《谦》卦轻己必重人而《豫》卦纵乐必懈怠。《噬嗑》卦啮合如口进食，《贲》卦美饰不须色彩；《兑》卦欣悦外现而《巽》卦顺从内伏。《随》卦毫无成见，《蛊》卦用心治乱。《剥》卦烂熟剥落，《复》卦重返正本。《晋》卦如白昼太阳进长，《明夷》卦如暮夜光明殒伤；《井》卦滋养广通而《困》卦前途被挡。《咸》卦感应神速，《恒》卦恒心永久；《涣》卦离披涣散，《节》卦制约不流。《解》卦松懈舒缓，《蹇》卦坎坷艰难。《睽》卦乖违于外，《家人》卦和睦于内；《否》、《泰》两卦是相反的事类。《大壮》卦强盛知止，《遁》卦时穷退避。《大有》卦所有众多，《同人》卦与人亲近；《革》卦革除故旧，《鼎》卦烹饪取新。《小过》卦小有过越，《中孚》卦中心诚信。《丰》卦丰大则多事，亲朋寡少是《旅》卦；《离》卦火焰炎上而《坎》卦水势流下。《小畜》卦畜聚甚少，《履》卦循礼而行未敢安处中道。《需》卦审慎需待不能躁进，《讼》卦争讼纷起难以相亲。《大过》卦颠殒常理；《姤》卦不期而遇，阴柔遇合阳刚。《渐》卦如女子

过》过也,《中孚》信也。《丰》多故也[24],亲寡《旅》也[25];《离》上而《坎》下也[26]。《小畜》寡也,《履》不处也[27]。《需》不进也[28],《讼》不亲也。《大过》颠也[29],《姤》遇也,柔遇刚也[30]。《渐》女归待男行也[31]。《颐》养正也[32],《既济》定也[33]。《归妹》女之终也[34],《未济》男之穷也[35]。《夬》决也,刚决柔也;君子道长,小人道忧也[36]。

出嫁,待男子礼备而成双。《颐》卦养身持正,《既济》卦事成安定。《归妹》卦是女子终得依归之时,《未济》卦是男子穷极行事之际。《夬》卦处事决断,是阳刚决除阴柔;说明君子之道盛长,小人之道困忧。.

注释 ①《乾》刚《坤》柔:《乾》、《坤》两卦为六十四卦刚柔的根本,故《杂卦传》以此为始。《郭氏传家易说》:"卦中之刚柔,皆《乾》之刚、《坤》之柔也。是以独《乾》、《坤》为刚柔。"

②《比》乐《师》忧:《比》为亲密比辅,故乐;《师》为兵众兴动,故忧(诸卦名义参见原卦释注,下仿此)。《韩注》:"亲比则乐,动众则忧。"

③《临》、《观》之义,或与或求:《临》卦"高临"于众,须能施予;《观》卦俟人"观仰",必有营求。《韩注》:"以我临物,故曰'与';物来观我,故曰'求'。"案,《郭氏传家易说》:"临与所临,观与所观,二卦皆有与、求之义。或有与无求,或有求无与,皆非《临》、《观》之道。"可备一说。

④《屯》见而不失其居:见,指生机呈现,如卦中一阳动于震下;不失其居,指物萌生之初居其正位则可顺利生长,如卦中初、五二阳皆当位。《集解》引虞翻曰:"阳出初震,故'见'。"《尚氏学》:"二阳皆当位,故'不失其居'。"

⑤《蒙》杂而著:杂,交错,指童蒙未发而杂处于明暗之际,如卦中二阳皆处阴位;著,犹"明",指童真昭著正可发蒙,犹二阳处阴位而相杂成文。《东坡易传》:"蒙正未分,故曰'杂';'童蒙求我',求人以自明,故曰'著'。"《尚氏学》:"《蒙》二阳皆失位,故曰'杂';物相杂则文生,故曰'著'。"

⑥《损》、《益》盛衰之始:《韩注》:"极损则益,极益则损。"

⑦《大畜》时:《韩注》:"因时而畜,故能大也。"

⑧《无妄》灾:灾,指"不妄为"而飞来灾祸,含有谨防飞灾之诫。《本义》:"无妄而灾自外至。"《重订费氏学》:"无妄灾由天运,乃谓之'灾'。"

⑨《升》不来:《韩注》:"来,还也。方在上升,故不还也。"

⑩《谦》轻:轻,谓轻己重人,即"谦虚"之义。《韩注》:"谦者不自重大。"《豫》怠:怠,懈怠,指乐豫至极而生怠。《郭氏传家易说》:"以乐豫,故心怠。"案,《集解》引虞翻注,"怠"作"怡",谓"《豫》荐乐祖考,故怡。"可备一说。

⑪《噬嗑》食:《噬嗑》卦取口中啮合食物之象,故谓"食"。《集解》引虞翻义:"颐中有物,故食。"

⑫《贲》无色:《贲》卦谓饰以朴素自然为美,故称"无色"。《郭氏传家易说》:

"《贲》以'白贲无咎',故无色;无色则质全,有天下之至贲存焉。"《折中》:"若竞于华美,则目迷五色,而非自然之文。"

⑬《兑》见而《巽》伏:《兑》卦欣悦,故现于外;《巽》卦顺从,故伏于内。《韩注》:"《兑》贵显说,《巽》贵卑退。"

⑭《随》无故:故,故旧,此处指成见。《韩注》:"随时之宜,不系于故也。"《折中》:"'无故',犹《庄子》言'去故',人心有旧见,则不能随人。故尧舜舍己从人者,无故也。"《纂疏》:"故者,一成之意见也;随时则无一成之意见,故'无故'也。"

⑮《蛊》则饬:饬,指整治弊乱。《韩注》:"饬,整治也。蛊所以整治其事也。"

⑯《剥》烂:烂,谓烂熟。《韩注》:"物熟则剥落也。"

⑰《晋》昼也,《明夷》诛也:《晋》卦日出地上,故谓"昼";《明夷》卦日落地中,故谓"诛"。《集解》引虞翻义:"诛,伤也。离日在上,故昼也;明入地中,故诛也。"《郭氏传家易说》:"《晋》与《明夷》,朝暮之象也。"

⑱《井》通:《韩注》:"井,物所通用而不吝也。"《困》相遇:遇,谓抵挡。《困》义主困穷,故行必遭挡。《周易玩辞》:"遇,为相抵而不通之象。"案,《折中》引项安世曰:"自《乾》、《坤》至此三十卦,正与上经之数相当;而下经亦以《咸》、《恒》为始。以此见卦虽以'杂'名,而《乾》、《坤》,《咸》、《恒》,上下经之首,则未尝杂也。"此说可取。

⑲《咸》速:《集解》引虞翻义:"相感者不行而至,故速也。"

⑳《涣》离也,《节》止也:离,犹"散";止,含"制约"之义。《集解》引虞翻义:"《涣》散,故'离';《节》制数度,故'止'。"

㉑《睽》外也,《家人》内也:《睽》主于乖违疏远,故"外";《家人》主于和睦相亲,故"内"。《折中》引徐幾曰:"《睽》者,疏而外也;《家人》者,亲而内也。"

㉒《大壮》则止:《郭氏传家易说》:"壮不知止,小人之壮也;君子之壮,则有止。"

㉓《革》去故也,《鼎》取新也:《集解》叙虞翻义:"革更故去;鼎亨饪,故取新也。"

㉔《丰》多故:故,犹"事"。指物丰大则必多忧其事。《韩注》:"丰大者多忧故也。"

㉕ 亲寡《旅》:《韩注》:"亲寡,故寄旅也。"案,虞翻谓旅人无所容,故先言"亲寡"后言卦名,与它卦之例不同(《集解》引);江有诰以为当作"《旅》亲寡",才与下文叶韵(《江氏音学十书》):二说并可参考。

㉖《离》上而《坎》下:指水火异趋。《韩注》:"火炎上,水润下。"

㉗《履》不处:《履》义在于循礼而行,不敢安处,故曰"不处"。《本义》:"不处,行进之义。"

㉘《需》不进:《需》卦坎险居前,义在"需待",故曰"不进"。《集解》引虞翻义:"险在前也,故不进。"《韩注》:"畏骇而止也。"

㉙《大过》颠:颠,犹"殒"。《大过》卦取泽灭木为象,木灭于泽中,故谓"颠殒"。《集解》引虞翻义:"颠,殒也。顶载泽中,故颠也。"

㉚《姤》遇也，柔遇刚也：《姤》卦一阴遇五阳，故谓“柔遇刚”。《集解》引虞翻义：“坤遇乾也。”（即阴遇阳）

㉛《渐》女归待男行也：《渐》卦辞“女归吉”，谓女子出嫁待男子礼备而后行，喻“渐进”之义，故曰“待男行”。《韩注》：“女从男也。”

㉜《颐》养正：《颐》卦之义，主于养身之道须持正，故曰“养正”。《尚氏学》：“《颐》求口食，得养之正。”

㉝《既济》定：《既济》事已成，六爻得位，故曰“定”。《集解》引虞翻义：“济成六爻，得位定也。”

㉞《归妹》女之终：《归妹》以嫁女为义，故曰“女之终”。《韩注》：“女终于出嫁也。”

㉟《未济》男之穷：《未济》事未成，卦中六爻失位，而三阳为主，故谓男子穷极行事，含有努力求济之义。案，此处独言“男之穷”，《程传》谓“三阳皆失位”；尚先生指出三阴亦不当位，而不穷者，“以三女皆承阳”（《尚氏学》）。当从之。

㊱《夬》决也，刚决柔也；君子道长，小人道忧：《夬》卦五阳决除一阴，阳刚势盛；阳象“君子”，阴象“小人”，故谓“君子道长，小人道忧”。案，沈善登《需时眇言》曰：“《杂卦传》以‘《乾》刚《坤》柔’始，以《夬》‘刚决柔’，还复为《乾》终，是举全《易》浑成一《乾》。”尚先生云：“此说最得《夬》卦居终之义。”（《尚氏学》）

总论 《杂卦传》取名于“杂”的意旨，韩康伯云：“杂糅众卦，错综其义。”（《韩注》）可见，本篇是打散《序卦传》所揭明的卦序，把六十四卦分为三十二组两两对举，以精要的语言说明卦义。

文中对举的两卦之间，一般在卦形上非“错”（旁通）即“综”（反对），在卦义上多成相反。如《乾》卦纯阳（䷀），义主“刚健”；旁通为《坤》卦纯阴（䷁），义主“柔顺”。又如《睽》卦下兑上离（䷥），义主“乖违于外”；反对为《家人》卦下离上巽（䷤），义主“相亲于内”。之所以如此对举见义，一方面由于事物的发展往往在正反相对的因素中体现其规律；另一方面六十四卦的卦体形式均存在反对、旁通的现象，尚先生云：“卦象正则如此，反则如彼也。”（《尚氏学》）

这种“错”、“综”规律，是《杂卦传》作者所着重表现的内容，集中揭示了《周易》在卦形结构上反映的辩证观点。

但文中自《大过》卦以下八卦，不以相对卦为说，《易》家有多种不同看法。今引四说以备参考：

（一）虞翻认为，《大过》卦（䷛）“木灭于泽”为“死象”，下互《姤》卦（䷫），上互《夬》卦（䷪），故次以《姤》而终《夬》（见《集解》引）。

（二）干宝认为：“《杂卦》之末，又改其例，不以两卦反复相酬者，以示来圣后王，明道非常道，事非常事也。化而裁之存乎变，是以终之以《夬》，言能决断其中，唯阳德之主也。”（《集解》引）

（三）朱熹指出：“自《大过》以下，卦不反对，或疑其错简。今以韵叶之，又似非误。未详何义。”（《本义》）朱子的看法，是存疑待决。

(四)尚先生认为："宋儒颇以为错简，然曰'女之终'、'男之穷'，上下对文，似非错简。"并谓诸卦"虽不对举，而义仍反对。"(《尚氏学》)

以上四说均言之成理，当并存备考。

《杂卦传》除了以两卦对举明义为特点外，在六十四卦的整体排列上，还可以看出作者用心细密之处：如前部分三十卦始于《乾》、《坤》，后部分三十四卦始于《咸》、《恒》，既合上下经卦数，又各以上下经的居首两卦为首；而篇末以《夬》卦居终，义取"刚决柔，君子道长，小人道忧"，深合《周易》推尚"阳刚正道"的宗旨，并与全《易》始于《乾》卦相应。由此可知，《杂卦传》虽"杂"叙诸卦，其条理却秩然分明，实当视为《序卦传》的姐妹篇。

还应当提及，《杂卦传》属于通篇用韵的韵体文。这一特点，与卦爻辞及《彖传》、《象传》等均多叶韵又相应合，是研究上古韵的重要参考资料。

附录

读易要例

阴阳

在《周易》的卦形符号体系中，“阳”用“—”表示，“阴”用“--”表示，八卦、六十四卦就是以这两种一连一断的阴阳符号重叠组合而成的。“阳”与“阴”的象征范围至为广泛，两者可以分别喻示自然界或人类社会中的一切对立的物象，如天地、男女、昼夜、炎凉、上下、胜负、君臣、夫妻等等，乃至现代科学中的阳电阴电、正数负数之类的概念亦与之相通。《系辞上传》以“一阴一阳之谓道”精炼地概括《易》理本质，《庄子·天下篇》也称“《易》以道阴阳”。可以说，《周易》一书的“阴阳”大义，是关于事物对立统一的运动、变化、发展这一哲学原理，在特殊的“象征”形式中的朴素反映。朱熹说：“天地之间无往而非阴阳；一动一静，一语一默皆是阴阳之理”（《朱子语类·读易纲领》），正可作为《周易》“阴阳”喻象贯穿全书的注语。

八卦

以阴(--)阳(—)符号三叠而成的八种三画卦形，称为“八卦”（《周礼》称“经卦”）。八卦各有一定的卦形、卦名、象征物，其对应关系如下：

卦　　名	卦　　形	象　征　物
乾	☰	天
坤	☷	地
震	☳	雷
巽	☴	风
坎	☵	水
离	☲	火
艮	☶	山
兑	☱	泽

八卦又各具特定的象征意义，分别为：健、顺、动、入、陷、丽（附着）、止、说（悦）。八种象征意义大体不变，但八种象征物象则可依类博取。如乾既象天，又可象君、龙、金、玉、良马等，均与“刚健”之义相符。其他诸卦亦如此例。

八卦取象问题，《说卦传》叙之甚详（参阅该篇译注）；其中有些卦象与《周易》经义未合，当是后来因占筮需要而扩展的，宜作具体分析。

八卦的象征旨趣，在六十四卦大义中得到反复印证，因此，理解、熟悉其构成形式与名义，是探讨《周易》这部特殊的哲学著作的最初“阶梯”。朱熹《周易本义》载《八卦取象歌》曰：

☰乾三连，　☷坤六断；
☳震仰盂，　☶艮覆盌；
☲离中虚，　☵坎中满；
☱兑上缺，　☴巽下断。

此歌可资熟记卦形之助。

六十四卦

将八卦两两相重，即成六十四组各不相同的六画卦形，是为“六十四卦”（《周礼》称“别卦”）。

六十四卦除“八卦”自重而成的八组仍以《乾》、《坤》等为名外，其余五十六卦均有别名。如下震（☳）上坎（☵）相重为《屯》（䷂）卦，下坎（☵）上艮（☶）相重为《蒙》（䷃）卦等均是。

六十四卦卦形，以特殊的象征形象，分别喻示六十四种事物、现象的特定情态，反映了作者对自然界、人类社会的种种认识。如《泰》（䷊）卦天在下、地在上，犹如上下心志交通，象征社会"通泰"兴盛；《既济》(䷾)卦火在下、水在上，犹如煮成食物，象征万事皆成。他卦均仿此。而卦中六爻之间阴阳交互变化，又显示出各种事理的发展规律。于是，六十四卦的出现，形成了《周易》以阴阳爻象为核心，以八卦物象为基础的完整的符号象征体系。

六十四卦的排列，体现着一定的次序。其中有两项主要规律可寻：

一、从相承相邻的两卦看，多以卦象互为倒置为次序。如《屯》(䷂)、《蒙》(䷃)相次，其象颠倒；《需》(䷄)、《讼》(䷅)相次，其象亦颠倒。余可类推。这是以"反对卦"(孔颖达谓为"覆卦"、来知德谓为"综卦")两两相次，六十四卦中五十六卦皆如此例。唯《乾》(䷀)、《坤》(䷁)、《颐》(䷚)、《大过》(䷛)、《坎》(䷜)、《离》(䷝)、《中孚》(䷼)、《小过》(䷽)八卦，卦体颠倒而形不变，遂以六爻互为交变为次序(位置并排之爻，阴阳互变)。如《乾》、《坤》相次，六爻交变，《颐》、《大过》相次，六爻亦交变。余四卦可类推。这是以"正对卦"(虞翻谓为"旁通"、孔颖达谓为"变卦"、来知德谓为"错卦"、端木国瑚与尚先生谓为"伏象"即"伏卦")两两相次，六十四卦中仅上述八卦作此例。

二、从六十四卦的整体排列看，始于《乾》、《坤》，终于《既济》、《未济》，又从相承相受的全过程中表露出事物产生、发展的诸阶段的递进、转化程序。此中大义，《序卦传》所叙甚明(参阅该篇译注)，足可揭示作《易》者编排卦序之用心。

六十四卦编次既有一定，则熟悉其序也是读《易》的一项必要步骤。朱熹《周易本义》载《卦名次序歌》曰：

乾坤屯蒙需讼师，比小畜兮履泰否。
同人大有谦豫随，蛊临观兮噬嗑贲。
剥复无妄大畜颐，大过坎离三十备。
咸恒遁兮及大壮，晋与明夷家人睽。
蹇解损益夬姤萃，升困井革鼎震继。
艮渐归妹丰旅巽，兑涣节兮中孚至。
小过既济兼未济，是为下经三十四。

此歌分上下经综括六十四卦名次，实便学《易》者熟记卦序。

卦爻辞

在六十四卦符号下撰系文辞，分别表明各卦各爻的寓意，即为"卦爻辞"。

卦辞每卦一则，喻示全卦总义；爻辞每爻一则，喻示该爻含义。《周易》共有六十四卦三百八十四爻，故相应地系有六十四则卦辞、三百八十四则爻辞(因《乾》、《坤》两卦分别多出"用九"、"用六"文辞，故或谓爻辞三百八十六则)。

卦爻辞叙说哲理,多用"假象寓意"的譬喻方式,使隐含在"卦形"背后的《周易》义理较为具体、生动地显示出来。如果说六十四卦卦形的暗示,是《周易》的符号象征;那么卦爻辞的描述,则是《周易》的语言文字象征:两者相互依存,融会贯通,共同表达《周易》的内在意义。于是,当卦爻辞撰成之后,一部兼具卦形和文辞两大要素的独特的古代哲学专著——《周易》,终于以完整的面目、严密的体系出现于世,流传不衰,并产生了深远、广泛的影响。

上下经

《周易》的"经"部分包括六十四卦卦形及卦爻辞,分上下两篇:自《乾》至《离》三十卦,称"上经";《咸》至《未济》三十四卦,称"下经"。

上下篇的区分,由来已久。《序卦传》前后两段,即是分叙上下经卦次;《汉书·艺文志》屡称汉人《易》注"二篇",盖以上下经分篇。

十翼

《十翼》即《易传》,其创作宗旨是阐释《周易》经文,包括《文言》,《彖传》上下,《象传》上下,《系辞传》上下,《说卦传》,《序卦传》,《杂卦传》等,凡七种十篇,故称"十翼"。

旧说孔子作《易传》,固未必信;但《易传》中采纳了孔子的言论或观点,则是事实。《易传》诸篇原皆单行,不与经文相杂。汉代学者将《文言》分列于《乾》、《坤》两卦,将《彖传》、《象传》分列于六十四卦,《系辞传》、《说卦传》、《序卦传》、《杂卦传》仍独立列于经后。这种经传合编本《周易》便于学者以经文对照传文阅读,汉以后两千多年来,学人研习既久,遂成通行文本。

《易传》七种十篇的出现,使《周易》经文的义旨得到比较全面、可取的解说,是后人阅读《周易》、探研经义不可或缺的渠道。至于《易传》本身所反映的哲学思想,也是值得认真研究、挖掘的一项内容。

卦时

《周易》六十四卦,每卦各自象征某一事物、现象在特定背景中的产生、变化、发展的规律。伴随着卦义而存在的这种"特定背景",《易》例称"时"。

六十四卦表示六十四"时",即塑造出六十四种特定背景,从不同角度喻示自然界、人类社会中某些具有典型意义的事理。如《泰》卦象征"通泰"之时的事理,《讼》卦象征"争讼"之时的事理,《未济》卦象征"事未成"之时的事理,余可类推。每卦六爻的变化情状,均规限在特定的"时"中反映事物发展到某一阶段的规律。因此，阅读六十四卦，不能不把握“卦时”这一概念。

爻位

六十四卦每卦各有六爻，分处六级高低不同的等次，象征事物发展过程中所处的或上或下、或贵或贱的地位、条件、身份等。六爻分处的六级等次，称“爻位”。

六级爻位由下至上依次递进，名曰：初、二、三、四、五、上。这种自下而上的排列，《周易乾凿度》释云：“《易》气从下生。”即表明事物的生长变化规律，往往体现着从低级向高级的渐次进展。

六级爻位的基本特点，约可概括为：初位象征事物发端萌芽，主于潜藏勿用；二位象征事物崭露头角，主于适当进取；三位象征事物功业小成，主于慎行防凶；四位象征事物新进高层，主于警惧审时；五位象征事物圆满成功，主于处盛戒盈；上位象征事物发展终尽，主于穷极必反。当然，这只是括其大要，在各卦各爻的具体环境中，由于种种因素的作用，诸爻又有错综复杂的变化。旧说或取人的社会地位譬喻爻位者，如谓初为士民，二为卿大夫，三为诸侯，四为三公、近臣，五为天子，上为太上皇。此亦略见爻位的等次特点，可备参考。

三才

把六爻位序两两并列，则体现三级层次，故前人认为初、二象征“地”位，三、四象征“人”位，五、上象征“天”位。合“天”、“地”、“人”而言，谓之“三才”。这是从另一种角度观察爻位，亦可表明六爻的高低等级区别。《系辞下传》“六者，非它也，三才之道也”，《说卦传》“兼三才而两之，故《易》六画而成卦”，即明此例。

当位、不当位

六爻位次，有奇、耦之分：初、三、五为奇，属阳位；二、四、上为耦，属阴位。六十四卦三百八十四爻，凡阳爻居阳位，阴爻居阴位，均称“当位”（亦称“得正”、“得位”）；凡阳爻居阴位，阴爻居阳位，均称“不当位”（亦称“失正”、“失位”）。

“当位”之爻，象征事物的发展遵循“正道”、符合规律；“不当位”之爻，象征背逆“正道”、违反规律。但当位、不当位亦非诸爻吉凶利弊的绝对标准，在各卦各爻所处的复杂条件、因素的影响下，得正之爻有转向不正的可能，不正之爻也有转化成正的可能。故爻辞常有警醒“当位”者守正防凶之例，以及诫勉“不当位”者趋正求吉之例。虞翻《易》学创立“之正”说，令诸卦不正之爻皆变正，盖因爻辞每含此类寓意而发。

王弼以为，初、上两爻"无阴阳定位"，即不论阴阳爻处此两位，均象征"事之终始"，不存在"当位"、"不当位"的意义（《周易略例·辩位》）。王氏阐发此例，是强调初爻位卑势微，阴阳处之皆当深藏勿进；而上爻位极势穷，刚柔居之皆宜慎防衰危。其例于理有征，虽未尽被诸家采纳，亦颇可备为一说。

中

六爻所居位次，第二爻当下卦中位，第五爻当上卦中位，两者象征事物守持中道、行为不偏，《易》例称"中"。

凡阳爻居中位，象征"刚中"之德；阴爻居中位，象征"柔中"之德。若阴爻处二位，阳爻处五位，则是既"中"且"正"，称为"中正"，在《易》爻中尤具美善的象征。

以"中"爻与"正"爻相比较，"中"德又优于"正"。《折中》指出："程子曰：正未必中，中则无不正也。六爻当位者未必皆吉，而二、五之中，则吉者独多，以此故尔。"《周易》强调"中"的思想，与先秦儒家所极力崇尚的"中庸"之道，正相吻合。

乘、承、比、应

在六爻的相互关系中，由于诸爻的位次、性质、远近距离等因素，常常反映出乘、承、比、应的复杂现象。兹为分叙如下：

凡上爻乘凌下爻谓之"乘"。《易》例以阴爻乘阳爻为"乘刚"，象征弱者乘凌强者、"小人"乘凌"君子"，爻义多不吉善。但阳爻居阴爻之上则不言"乘"，认为是理之所常。由此可以看出《周易》"扶阳抑阴"的思想。

凡下爻紧承上爻谓之"承"。《易》例侧重揭示阴爻上承阳爻的意义，象征卑微、柔弱者顺承尊高、刚强者，求获援助；此时爻义须视具体情状而定，大略以阴阳当位的相承为吉，不当位的相承多凶。

凡逐爻相连并列者谓"比"。如初与二比，二与三比，三与四比，四与五比，五与上比即是。两爻互比之际，也体现着"乘"、"承"现象，例如二阳与三阴相比，则三以柔乘刚；初阴与二阳相比，则初以阴承阳。爻位互比的关系，象征事物处在相邻环境时的作用与反作用，往往在其他因素的交互配合下影响爻义的吉凶。

凡处下卦三爻与处上卦三爻皆两两交感对应，即初与四交应，二与五交应，三与上交应，《易》例称"应"爻。对应之爻为一阴一阳则可交感，谓"有应"；若俱为阴爻，或俱为阳爻，必不能交感，谓"无应"。爻位对应的关系，象征事物矛盾、对立面存在着和谐、统一的运动规律。

简言之,六爻位次之间的乘、承、比、应,是《周易》爻象变动过程的四方面因素,亦即从四种角度象征事物在复杂的环境中变化发展的或利或弊的外在条件,以及在一定条件制约下的某些规律。

阳遇阴则通

吴汝纶先生《易说》认为,《易》中凡阳爻之行,遇阴爻则通,遇阳爻则阻。故《大畜》初、二两阳皆不进,因前临阳爻受阻;九三利往,以前行遇阴路通。尚秉和先生禀承师说,特为揭明此例,指出这是"全《易》之精髓"(《周易尚氏学》)。验之诸卦,颇能切合,今当立为一例。

二体

六十四卦既由八卦两两相重而成,故每卦中均含两个八卦符号,凡居下者称"下卦"(又称"内卦",《左传》谓为"贞"卦),凡居上者称"上卦"(又称"外卦",《左传》谓为"悔"卦)。

上下体可以象征事物发展的两个阶段,下卦为"小成"阶段,上卦为"大成"阶段;又可象征事物所处地位的高低,或所居地域的内外、远近等。

互卦

每卦六爻之间,除初、上两爻外,中四爻又有相连互之卦包涵其间,称"互卦"。其中二、三、四爻合成下卦,谓之"下互";三、四、五爻合成上卦,谓之"上互"。如《屯》(䷂)卦,内"震",外"坎",二、三、四爻为下互"坤",三、四、五爻为上互"艮"。《左传》、《国语》所载《易》说,常用"互卦",汉人解《易》多承此例。魏王弼注《易》,亦不废"互体"。

卦主

每卦六爻中,有为主之爻,称"卦主"。卦主有两种类型:一曰"成卦之主",谓卦之所由以成者。此不论爻位高下,其德善否,只要卦义因之而起,则皆得为卦主。如《夬》(䷪)卦一阴极于上被决,即为成卦之主。二曰"主卦之主"。此必爻德美善,得位得时者当之,故取五位者为多,他爻亦间有所取。如《乾》(䷀)卦第五爻阳刚盛美,即为主卦之主。诸卦《彖传》之义,往往反映出卦主所在。

由于各卦情状不一,故对"封主"的认识当作具体分析。《折中》揭出四种情况,可备参考:"若其卦成卦之主,即主卦之主,则是一主也;若其卦有成卦之主，又有主卦之主，则两爻皆为卦主矣；或其成卦者兼取两爻，则两爻又皆为卦主矣；或其成卦者兼取两象，则两象之两爻，又皆为卦主矣。亦当逐卦分别观之。”

九六七八与筮法

《易》例以“九”代表可变之“老阳”，“六”代表可变之“老阴”，“七”代表不变之“少阳”，“八”代表不变之“少阴”。《周易》占动不占静，故三百八十四爻凡阳爻皆称“九”，凡阴爻皆称“六”；《乾》、《坤》两卦特设“用九”、“用六”文辞，即表明用“九六”不用“七八”的意旨。

九六七八之数，与《周易》筮法有关。《系辞上传》“大衍之数”章，概述了用五十根蓍策通过“四营”、“十八变”成一卦的筮法简例。前人特撰《筮仪》一文（见《周易本义》卷首），专叙《易》筮。今简括《筮仪》原文及撰者自注如下，以备参考：

> 择处为蓍室，南户，置床于室中央。蓍五十茎纳椟中，置于床北；设木格于椟南，居床二分之北。出蓍于椟，合五十策，以右手取其一策反于椟中，而以左右手中分四十九策置格之左右两大刻。此第一营，所谓“分而为二以象两”者也。次以左手取左大刻之策执之，而以右手取右大刻之一策挂于左手之小指间。此第二营，所谓“挂一以象三”者也。次以右手四揲左手之策。此第三营之半，所谓“揲之以四以象四时”者也。次归其所余之策，或一、或二、或三、或四，而扐之左手无名指间。此第四营之半，所谓“归奇于扐以象闰”者也。次以右手反过揲之策于左大刻，遂取右大刻之策执之，而以左手四揲之。此第三营之半。次归其所余之策如前，而扐之左手中指之间。此第四营之半，所谓“再扐以象再闰”者也。一变所余之策，左一则右必三，左二则右亦二，左三则右必一，左四则右亦四。通挂一之策，不五则九。五以一其四而为奇，九以两其四而为耦。奇者三而耦者一也。次以右手反过揲之策于右大刻；而合左手一挂二扐之策置于格上第一小刻。以东为上，后放此。是为一变。
>
> 再以两手取左右大刻之蓍合之。或四十四策，或四十策。复四营如第一变之仪，而置其挂、扐之策于格上第二小刻。是为二变。二变所余之策，左一则右必二，左二则右必一，左三则右必四，左四则右必三。通挂一之策，不四则八。四以一其四而为奇，八以两其四而为耦。奇耦各得四之二焉。
>
> 又再取左右大刻之蓍合之。或四十策，或三十六策，或三十二策。复四营如第二变之仪，而置其挂、扐之策于格上第三小刻。是为三变。三变余策，与二变同。

三变既毕,乃视其三变所得挂扐、过揲之策,而画其爻于版。挂扐之数,五、四为奇,九、八为耦。挂扐三奇合十三策,则过揲三十六策而为“老阳”,其画为“□”,所谓“重”也。挂扐两奇一耦合十七策,则过揲三十二策而为“少阴”,其画为“--”,所谓“拆”也。挂扐两耦一奇合二十一策,则过揲二十八策而为“少阳”,其画为“—”,所谓“单”也。挂扐三耦合二十五策,则过揲二十四策而为“老阴”,其画为“×”,所谓“交”也。

如是三变而成爻。第一、第四、第七,第十、第十三、第十六,凡六变并同。但第三变以下仍用四十九蓍。第二、第五、第八、第十一、第十四、第十七,凡六变亦同。第三、第六、第九、第十二、第十五、第十八,凡六变亦同。凡十有八变而成卦。乃考其卦之变,而占其事之吉凶。

从以上叙述可知,《易》筮程序是“三变”成一爻、“十八变”成一卦。而每“三变”所成之爻的阴阳性质,视四种“过揲”策数而定:三十六策为“老阳”、三十二策为“少阴”、二十八策为“少阳”、二十四策为“老阴”;将诸数分别除以四(筮例四策一揲),适得“九”、“八”、“七”、“六”。足见此四数与《易》筮颇有关联。

至于“十八变”得出一卦之后,据以占断之例,大略依卦中变动情状而定:凡遇“老阳”、“老阴”者,无论几爻,均当使阳变阴、阴变阳;此时所得卦形称“本卦”,所变卦形称“之卦”,占断时则分别依据本卦、之卦产生变动的爻辞辨其义理。若六爻均变,则取两卦的卦辞为占;若六爻均为当变之“老阳”、“老阴”,则取《乾》、《坤》的“用九”、“用六”为占;若六爻均不变,则以本卦的卦辞为占。此类占例,于《左传》、《国语》所载筮辞可见一斑。

易图

宋以前的《易》注,未尝有图。自周敦颐传陈抟“太极图”并为之说之后,渐开《易》图之例。朱熹撰《周易本义》,取邵雍“河图”、“洛书”、“先天八卦”、“后天八卦”、“伏羲六十四卦”诸图与其改订之“卦变图”等弁于卷首,历代宗之,图说之风于是盛行不衰。(案,清儒王懋竑尝考定《本义》卷首九图,乃后人依仿《启蒙》为之,非《本义》所旧有。此所宜知。今以流传已久,遂姑仍之。)清代汉学家虽力攻宋学,其据汉《易》条例创为图说者亦层出不穷。平心而论,有些《易》图把繁琐复杂的《易》学内容用简明扼要的图式展示出来,甚便学者。杭辛斋云:“学者先辨图书,识其阴阳生化之原,奇偶交变之义,而后观象玩辞,有所准的,不致眩惑歧误而靡所适从,亦事半功倍之一道焉。”(《易楔》)今选较为重要的《易》图数例附后,以备参考。

太极图

“太极图”旧传约有三种,为“周子太极图”、“先天太极图”、“来氏太极图”。前者为周敦颐传自陈抟,后者为来知德据“先天太极图”改造而成。惟“先天太极图”流传最广,几与八卦并列而家喻户晓,其图如右:

此图明人赵㧑谦称为“天地自然之图”,谓“虙戏时龙马负而出于荥河,八卦所由以画者也”;并云此图世传蔡元定得于蜀之隐者,秘而不传,赵氏得之于陈伯敷氏,“熟玩之有太极函阴阳,阴阳函八卦自然之妙”(《六书本义》)。清人胡渭广采旧说,详释“先天太极图”的寓意,大略云:

> 其环中为太极,两边黑白回互,白为阳,黑为阴。阴盛于北,而阳起而薄之:震东北,白一分,黑二分,是为一奇二偶;兑东南,白二分,黑一分,是为二奇一偶;乾正南全白,是为三奇纯阳;离正东,取西之白中黑点,为二奇含一偶,故云对过阴在中也。阳盛于南,而阴来迎之:巽西南,黑一分,白二分,是为一偶二奇;艮西北,黑二分,白一分,是为二偶一奇;坤正北全黑,是为三偶纯阴;坎正西,取东之黑中白点,为二偶含一奇,故云对过阳在中也。坎、离为日、月,升降于乾坤之间,而无定位,故东西交易,与六卦异也。(《易图明辨》)

据此,图中黑白表示阴阳二气的运行情状;既备阴阳之用,已非“太极”本相,似不当名为“太极图”。杭辛斋指出:“可谓之‘两仪生四象,四象生八卦’之图。但流传既久且远,世俗已无人不认此为‘太极图’者,所谓习非胜是,辨不胜辨,惟学者宜详究其义理,因名责实,而求真谛。”又曰:“此图流传甚古,蕴畜宏深,决非后人所能臆造”,“要为三代以上之故物。”(《易楔》)此种推测,亦可备一说。

河图、洛书

《周易本义》卷首载“河图”为:

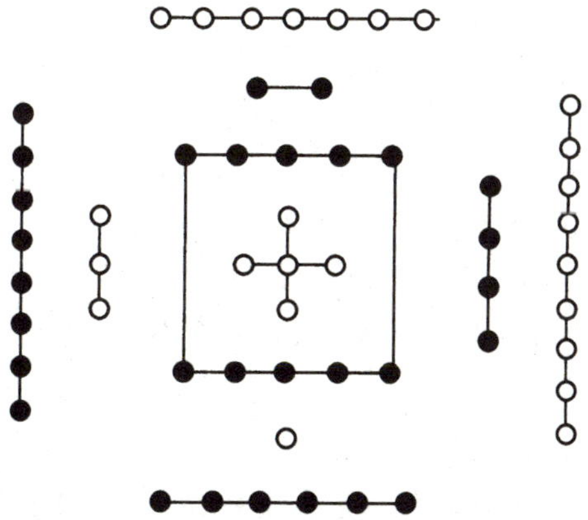

又载“洛书”为：

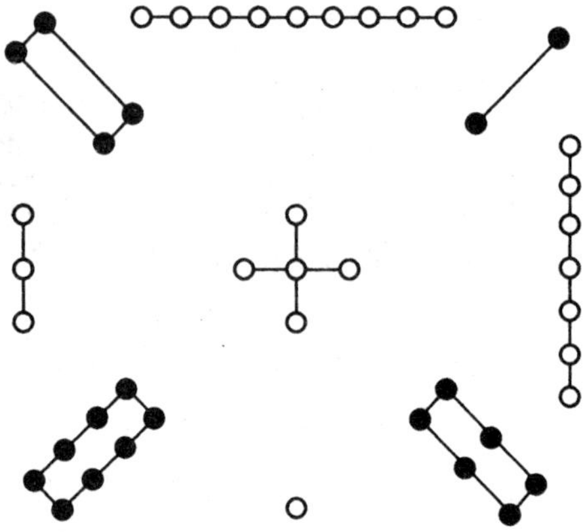

这两图《本义》谓取自邵雍所传，旨在解释《系辞上传》第十一章“河出图，洛出书，圣人则之”诸语。其中“河图”即以该章所明“天地数”一至十，排成“一六居下，二七居上，三八居左，四九居右，五十居中”的方位；“洛书”以一至九数，排成“戴九履一，左三右七，二四为肩，六八为足，五居中央”的“龟形”方位，《本义》卷首云“盖取龟象”（《本义》）。图中白点表示奇数（阳），即“天数”；黑点表示偶数（阴），即“地数”。事实上，“河图”方位以“五行数”（见扬雄《太玄经》）当之，“洛书”方位以“九宫数”（见《大戴礼·明堂》）当之，后代学者未明宋人取此两数作图究出何因，故多以为不足信。

朱熹《易学启蒙》析“图”、“书”之义甚详，今节其要者数则以备参考：

河图之位，一与六共宗而居乎北，二与七为朋而居乎南，三与八同道而居乎东，四与九为友而居乎西，五与十相守而居乎中。盖其所以为数者，不过一阴一阳，以两其五行而已。所谓“天”者，阳之轻清而位乎上者也；所谓“地”者，阴之重浊而位乎下者也。阳数奇，故一三五七九皆属乎天，所谓“天数五”也；阴数偶，故二四六八十皆属乎地，所谓“地数五”也。天数、地数各以类而相求，所谓五位之相得者然也。天以一生水，而地以六成之；地以二生火，而天以七成之；天以三生木，而地以八成之；地以四生金，而天以九成之；天以五生土，而地以十成之：此又其所谓“各有合”焉者也。积五奇而为二十五，积五耦而为三十，合是二者，而为五十有五。此“河图”之全数，皆夫子之意，而诸儒之说也。

河图以五生数统五成数，而同处其方，盖揭其全以示人，而道其常，数之体也。洛书以五奇数统四耦数，而各居其所，盖主于阳以统阴，而肇其变，数之用也。

河图之一二三四，各居其五象本方之外；而六七八九十者，又各因五而得数，以附于其生数之外。洛书之一三七九，亦各居其五象本方之外，而二四六八者，又各因其类，以附于奇数之侧。盖中者为主，而外者为客；正者为君，而侧者为臣：亦各有条而不紊也。

河图以生出之次言之，则始下、次上、次左、次右以复于中，而又始于下也；以运行之次言之，则始东、次南、次中、次西、次北，左旋一周，而又始于东也。其生数之在内者，则阳居下左，而阴居上右也；其成数之在外者，则阴居下左，而阳居上右也。洛书之次，其阳数，则首北、次东、次中、次西、次南；其阴数，则首西南、次东南、次西北、次东北也。合而言之，则首北、次西南、次东、次东南、次中、次西北、次西、次东北而究于南也。其运行，则水克火、火克金、金克木、木克土，右旋一周，而土复克水也。是亦各有说矣。

河图六七八九，既附于生数之外矣，此阴阳老少、进退饶乏之正也。其九者，生数一三五之积也，故自北而东，自东而西，以成于四之外；其六者，生数二四之积也，故自南而西，自西而北，以成于一之外；七，则九之自西而南者也；八，则六之自北而东者也。此又阴阳老少，互藏其宅之变也。洛书之纵横十五，而七八九六，迭为消长；虚五分十，而一含九，二含八，三含七，四含六，则参伍错综，无适而不遇其合焉。此变化无穷之所以为妙也。

圣人则河图者虚其中，则洛书者总其实也。河图之虚五与十者，太极也；奇数二十、耦数二十者，两仪也；以一二三四为六七八九者，四象也；析四方之合以为乾、坤、离、坎，补四隅之空以为兑、震、巽、艮者，八卦也。洛书之实，其一为五行，其二为五事，其三为八政，其四为五纪，其五为皇极，其六为三德，其七为稽疑，其八为庶征，其九为福极：其位与数尤晓然矣。

以上叙及“图”、“书”的数序、方位、阴阳运行消长之理、七八九六成数之旨，并落实到“圣人”效法“河图”作八卦，效法“洛书”制《洪范》“九畴”之所以然。其中言及“洛书”九位数纵横相加均为十五，可以列表示如：

四	九	二
三	五	七
八	一	六

此即徐岳《术数记遗》所载古算法“九宫”数，循环交叉之和均得十五。

关于“图”、“书”之学，继朱熹《易学启蒙》后，探索推演者甚众，兹不备述。惟旧说以为伏羲得“河图”而画八卦，夏禹受“洛书”而演《洪范》，当属流传已久的推测，遂至宋人制立两图以符合其说。杭辛斋指出：“是言其取用之方，伏羲则图画卦，以图为主；禹受书演《范》，以书为主。非伏羲时未尝有书，大禹未尝有图也。”（《易楔》）此类分析，似可备一说。但纵使上古原无所谓“图”、“书”之物，而“图”、“书”所寓阴阳数理，谅非后人虚创，盖为古代文明时期所产生的数学、哲理观念，此又不可不细加辨识。

先天八卦方位图

《周易本义》卷首载此图为：

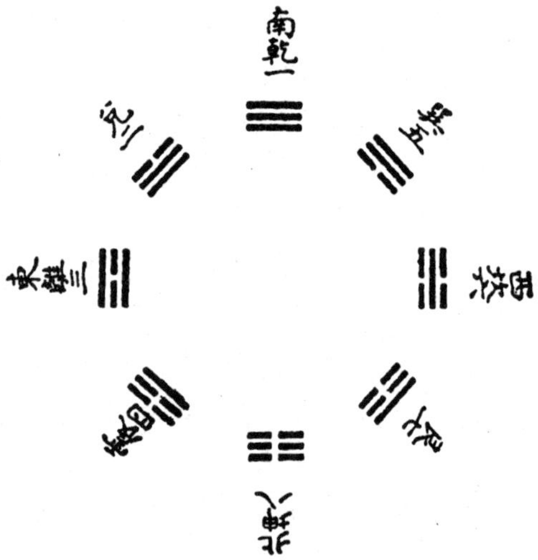

这是宋人取自邵雍所传，旨在解释《说卦传》"天地定位，山泽通气，雷风相薄，水火不相射；八卦相错，数往者顺，知来者逆"诸语，并明其中所含的八种方位。《本义》卷首云："邵子曰：乾南、坤北，离东、坎西，震东北、兑东南，巽西南、艮西北。自震至乾为顺，自巽至坤为逆。"

此图方位，宋人以为创自伏羲，故又称"伏羲八卦方位"。因《易传》未有明文阐述此类方位，汉学家遂多不信。但其渊源亦甚古，盖出于道家。

图中东西南北的标示，与常例相反，朱熹认为这说明"天"是运转的(《朱子语类》)，似即认识到大自然万物的"方位"总是处在运动、交易的状态中。此可作为《易》图方位标志体例的较可取的解说。

尚先生云："先天方位，乾南坤北，离东坎西，一阴一阳，相偶相对，乃天地自然之法象。"又云此方位"在两汉皆未失传，至魏管辂，谓乾必宜在南生，以乾位西北而不合，而疑圣人矣，则以先天位已失传，辂但见其尾，不见其首也。历魏晋迄唐，无有知者。至宋邵子揭出，《易》本始大明。而黄梨洲、毛西河等，以邵氏所传，本于道士，肆力掊击"。并引据《左传》所载《易》占，指出："艮与乾同位西北，巽与坤同位西南，坎兑同位西，震离同位东(谨案，即言先后天方位并用)，左氏已备言之。故荀爽、郑玄资以注经。他若《乾凿度》，言先天义尤多也。"(《周易尚氏学》)今虽不敢质言先天方位必出自左氏，要非宋人杜撰则可知。

后天八卦方位图

《周易本义》卷首载此图为：

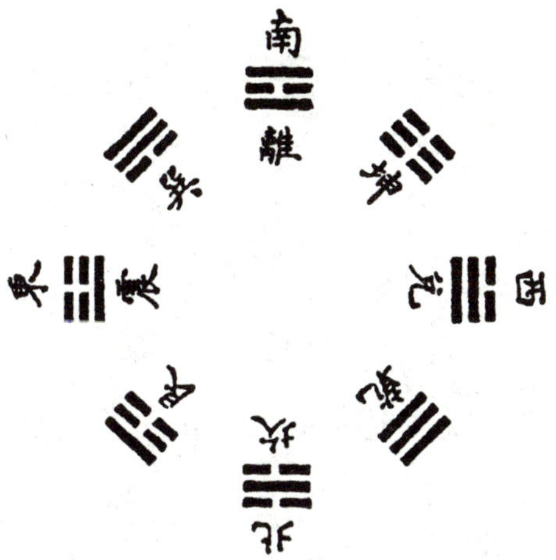

这是宋取自邵雍所传，旨在解释《说卦传》"帝出乎震"一节，并指示文中所表明的八卦方位。《本义》卷首云："邵子曰：此文王八卦，乃入用之位，后天之学也。"故又谓之"文王八卦方位"。

汉学家采用此图，但不取"后天"、"文王"之名，称为"帝出乎震图"，似更切当。

图中震、兑、离、坎分别表示正东、正西、正南、正北，又称"四正卦"；余四卦称"四隅卦"。

尚先生认为"后天方位"是由"先天方位"变来，指出："八卦圆布四方，各有其位，而先后不同，盖《易》之道一动一静，互为其根。""静而无为，惟阴阳相对必相交。坤南交乾，则南方成离；乾北交坤，则北方成坎：先天方位，遂变为后天，由静而动矣。《周易》所用者是也。然《周易》虽用后天，后天实由先天禅代而来，不能相离。故《说卦》首以'天地定位，山泽通气'演先天卦位之义，再明指后天。"（《周易尚氏学》）此说宜备参考。

十二辟卦方位图

十二辟卦是取六十四卦中的十二个特殊卦形，配合一年十二月的月候，指示自然界万物"阴阳消息"的意义，故又名"月卦"、"候卦"、"消息卦"。其图见下页：

十二辟卦的来源甚古，其说首见于《归藏》云："子复，丑临，寅泰，卯大壮，辰夬，巳乾，午姤，未遁，申否，酉观，戌剥，亥坤。"（马国翰《玉函山房辑佚书》）"辟"字之义，犹言"君"、言"主"，谓此十二卦为十二月之主。

图中阳盈为息，阴虚为消。自《复》至《乾》为息卦，如《复》一阳生，《临》二阳生，《泰》三阳生，《大壮》四阳生，《夬》五阳生，至《乾》则六阳生；自《姤》至《坤》为消卦，如《姤》一阴消，《遁》二阴消，《否》三阴消，《观》四阴消，《剥》五阴消，至《坤》则六阴消。而《乾》、《坤》两卦又为消息之母。

十二辟卦之义，自西汉孟喜、京房，东汉马融、郑玄、荀爽、虞翻，以迄清代汉学家，莫不采用，影响较大。尚先生指出：“后汉人注《易》，往往用‘月卦’而不明言，以月卦人人皆知，不必揭出。其重要可知矣。”(《周易尚氏学》)

二十四方位图

李道平《周易集解纂疏》载此图为：

思贤书局本《纂疏》卷首《诸家说易凡例》陈宝彝识语，谓此图出于《宅经》。其义以八卦配干支，表示二十四方位。李道平曰：“二十四方位，即阴阳家二十四山也，其实汉人言《易》多用此法，其义最古，故录之以备参考。八卦惟用四隅而不用四正者，以四正卦正当地支子、午、卯、酉之位，故不用卦而用支，用支即用卦也。八卦既定四正，则以八干辅之，甲乙夹震，丙丁夹离，庚辛夹兑，壬癸夹坎；四隅则以八支辅之，戌亥夹乾，丑寅夹艮，辰巳夹巽，未申夹坤。合四维、八干、十二支，共二十四。天干不用戊己者，戊己为中央土，无定位也。”（《纂疏》）

卦气图

西汉孟喜《易》学，以气为本。其卦气图以《坎》、《离》、《震》、《兑》为四正卦，余六十卦，卦主六日七分，合周天之数。内辟卦十二，谓之消息卦，《乾》盈为息，《坤》虚为消，其实《乾》、《坤》十二画也。四卦主四时，爻主二十四气；十二卦主十二辰，爻主七十二候；六十卦主六日七分，爻主三百六十五日四分日之一（每卦当六日七分，六十卦当三百六十日又四百二十分，八十分为一日，合五日四分日之一，故六十卦共当三百六十五日四分日之一，合周天之数）。辟卦为君，杂卦为臣，四正为方伯；二至二分，寒温风雨，总以应卦为饰。此说《易纬·乾凿度》、《稽览图》、《乾元序制记》、《是类谋》等已言及，郑玄注辨之颇明。后代诸家所作图表甚多，繁简不一，今选两种于下以资参考。

其一，朱震《汉上易传》载李溉作“卦气七十二候图”为：

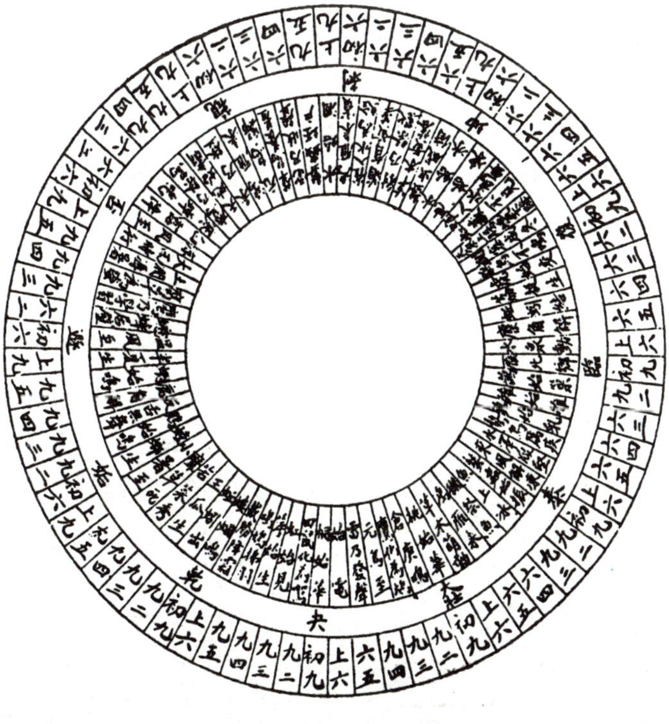

其二，惠栋《易汉学》既录李氏图，又作“卦气六日七分图”为：

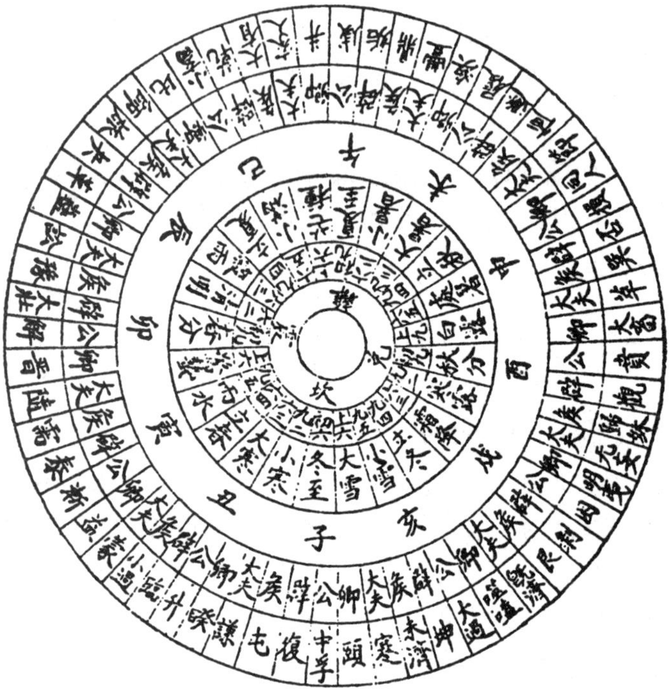

惠氏此图，须与李氏图相参阅。内《坎》、《离》、《震》、《兑》分居四正，所谓四卦主四时，爻主二十四气也；外六十卦分属十二月，所谓六十卦主六日七分，爻主三百六十五日四分日之一也。至于十二卦主十二辰，爻主七十二候，则详具上引李溉图。

卦气说的应用，其初虽为《易》筮占验，其后复用于历学，此中所含古代历法、气候等方面的知识，是我国科技史研究中可资参考的重要材料。至若前人取为解经之用者亦多，如《复》卦“七日来复”，诸家或以卦气为释即是。因此，这一学说今天不可徒目为术数之学而完全忽视弃置。

六十四卦方圆图

《周易本义》载此图为（见下页）：

这一图内方外圆，均含六十四卦卦形，宋人认为可用以解释伏羲重卦的方位、次序，故又称“伏羲六十四卦方位”，与前引“伏羲八卦方位”并属“先天之学”，其说皆出邵雍。《本义》卷首云：“盖邵氏得之李之才挺之，挺之得之穆修伯长，伯长得之华山希夷先生陈抟图南者，所谓‘先天之学’也。此图圆布者，乾尽午中，坤尽子中，离尽卯中，坎尽酉中；阳生于子中，极于午中，阴生于午中，极于子中；其阳在南，其阴在北。方布者，乾始于西北，坤尽于东南；其阳在北，其阴在南。此二者，阴阳对待之数，圆于外者为阳，方于中者为阴；圆者动而为

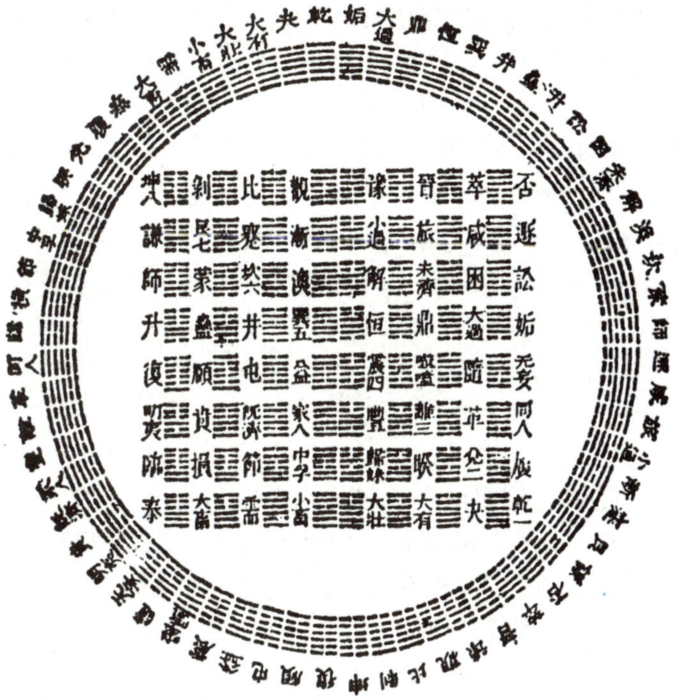

天，方者静而为地者也。”

此图蕴义是把六十四卦排成圆、方两种图式，指示天地阴阳的生成发展规律。朱熹《易学启蒙》引邵雍语阐释颇详，兹节录数则以备参考：

> 天以始生言之，故阴上而阳下，交泰之义也；地以既成言之，故阳上而阴下，尊卑之位也。乾坤定上下之位，坎离列左右之门，天地之所阖辟，日月之所出入，春夏秋冬，晦朔弦望，昼夜长短，行度盈缩，莫不由乎此矣。
>
> 阳在阴中，阳逆行；阴在阳中，阴逆行；阳在阳中，阴在阴中，皆顺行。此真至之理，按图可见之矣。
>
> 《复》至《乾》，凡百一十有二阳，《姤》至《坤》，凡八十阳；《姤》至《坤》，凡百一十有二阴，《复》至《乾》，凡八十阴。
>
> 先天学，心法也。故图皆自中起，万化万事生于心也。

根据图中所示，外圆、内方各分六十四卦为阴阳两类，《复》至《乾》为阳，三十二卦；《姤》至《坤》为阴，亦三十二卦。六十四卦阴阳爻各一百九十二，杂居两类而运行。方、圆图阴阳之行皆始于中，即阳卦始于《复》，极于《乾》；阴卦始于《姤》，极于《坤》：阴阳循环消长，生息不已。其中阳卦运行可象征春夏，阴卦运行可象征秋冬，卦中的阴、阳爻又可象征夜昼，故《折中》引邵雍曰：“阳爻，昼数也；阴爻，夜数也。天地相衔，阴阳相交，故昼夜相离，刚柔相错。春夏阳也,故昼数多,夜数少;秋冬阴也,故昼数少,夜数多。”

约言之,“先天”之学本于道家以《易》理阐发宇宙万物的生成规律;宋以来经朱熹采用、解说邵氏所传诸图,此学遂显明于世。后人虽有持异论者,但终不能阻其流传。

十七世纪欧洲的莱布尼兹(G. W. Leibniz)看到方圆图后,认为图中六十四卦的排列,一阴一阳的递进程序,与其所创“二进位制”数学原理相合(五来欣造著、刘百闵译《莱布尼兹的周易学》,载《学艺》14 卷 3 期,1935 年 4 月)。这一点虽未必是邵氏传此图的本意,但不妨视为对方圆图的一种新的理解。

八宫卦图

“八宫卦”是按照特定的规律编排六十四卦次序。其要例是取《乾》、《坎》、《艮》、《震》、《巽》、《离》、《坤》、《兑》八纯卦为纲,每卦沿初爻至五爻依“一世”至“五世”及“游魂”、“归魂”的变化原则演成八卦,为一“宫”;八纯卦各主一宫,合“八宫”则六十四卦俱备,故称“八宫卦”。《本义》卷首曰:“《乾》、《坎》、《艮》、《震》为阳四宫,《巽》、《离》、《坤》、《兑》为阴四宫,每宫阴阳八卦。”举“乾宫”为例,先是本宫卦《乾》,初九变阴成“一世”卦“天风”《姤》,九二变阴成“二世”卦“天山”《遁》,九三变阴成“三世”卦“天地”《否》,九四变阴成“四世”卦“风地”《观》,九五变阴成“五世”卦“山地”《剥》,再退下一爻六四变阳成“游魂”卦“火地”《晋》,最后将下三爻全变成“归魂”卦“火天”《大有》,是为首宫八卦。余七宫依此类推。

“八宫卦”之序,于西汉京房(君明)《易》学即已采用(惠栋《易汉学》辨之颇详)。足见“八宫”之说,起源甚早。杭辛斋以为此序非京氏所始创,指出“三《易》之卦,爻象皆同,不同者其序耳。八宫之序,或谓出于《连山》,非无所见也。”(《易楔》)此说似可参考。

李道平引旧说称一世、二世卦为“地《易》”,三世、四世卦为“人《易》”,五世、八纯卦为“天《易》”,游魂、归魂卦为“鬼《易》”(《纂疏》)。天、地、人之称,当主于六爻应合“三才”之例(见前所叙);游魂、归魂称“鬼《易》”,似以第四爻游变于外卦、内三爻归复于本宫为说。

《周易本义》卷首以上下象标于诸卦名之前,编成《分宫卦象次序》歌诀,不录“一世”至“五世”及“游”、“归”之称,大意似取其便于记诵六十四卦卦象。今参合诸家说,重编《八宫卦次序图表》于下,以备省览:

宫次	本宫卦	一世卦	二世卦	三世卦	四世卦	五世卦	游魂卦	归魂卦
乾宫	乾为天	天风姤	天山遁	天地否	风地观	山地剥	火地晋	火天大有
坎宫	坎为水	水泽节	水雷屯	水火既济	泽火革	雷火丰	地火明夷	地水师
艮宫	艮为山	山火贲	山天大畜	山泽损	火泽睽	天泽履	风泽中孚	风山渐
震宫	震为雷	雷地豫	雷水解	雷风恒	地风升	水风井	泽风大过	泽雷随
巽宫	巽为风	风天小畜	风火家人	风雷益	天雷无妄	火雷噬嗑	山雷颐	山风蛊
离宫	离为火	火山旅	火风鼎	火水未济	山水蒙	风水涣	天水讼	天火同人
坤宫	坤为地	地雷复	地泽临	地天泰	雷天大壮	泽天夬	水天需	水地比
兑宫	兑为泽	泽水困	泽地萃	泽山咸	水山蹇	地山谦	雷山小过	雷泽归妹

主要引用书目

说明

1. 本书目包括“易类书目”和“其他书目”两部分。
2. “易类书目”略依作者时代先后编次；末附《易纬》及与《易》学颇有关联的书目数种。
3. “其他书目”略依经、史、子、集四部编次。
4. 标有“※”号的书目，本书引用时均作简称；简称之名，见该目后案语。

(一)易类书目

※周易注 〔魏〕王弼、〔晋〕韩康伯注，四部丛刊本。案，《周易》上下经及《文言》、《象传》、《象传》，王弼注，本书简称《王注》；《系辞传》、《说卦传》、《序卦传》、《杂卦传》，韩康伯注，本书简称《韩注》。

周易略例 〔魏〕王弼撰，四部丛刊本。

※周易释文 〔唐〕陆德明撰，通志堂经解本。案，此为陆氏《经典释文》卷二，又名《周易音义》，本书简称《释文》。《释文》博采诸家《易》说，本书引用者如次：《子夏易传》、薛虞、孟喜、京房、马融、荀爽、郑玄、刘表、虞翻、陆绩、董遇、王肃、姚信、王廙、张璠、干宝、蜀才、《荀爽九家集注》、向秀等。

※周易正义 〔唐〕孔颖达撰，阮刻十三经注疏本。案，本书简称《正义》。

※周易集解 〔唐〕李鼎祚撰，津逮秘书本。案，本书简称《集解》。《集解》广采汉儒以迄唐代注《易》之说三十五家，又引有《九家易》(即《经典释文》所云《荀爽九家集注》一书)。本书引用者如次：子夏、孟喜、京房、马融、郑玄、荀爽、刘表、宋衷、王肃、王弼、

何晏、虞翻、陆绩、姚信、翟玄、韩康伯、向秀、王廙、张璠、干宝、蜀才、刘瓛、沈麟士、崔觐、卢氏、何妥、王凯冲、侯果、朱仰之、孔颖达、崔憬、《九家易》等。

周易举正 〔唐〕郭京撰，津逮秘书本。

易数钩隐图 〔宋〕刘牧撰，通志堂经解本。

周易口义 〔宋〕倪天隐述其师胡瑗之说，台湾商务印书馆景印文渊阁四库全书本。

温公易说 〔宋〕司马光撰，台湾商务印书馆景印文渊阁四库全书本。

横渠易说 〔宋〕张载撰，通志堂经解本。

东坡易传 〔宋〕苏轼撰，津逮秘书本。

※**周易程氏传** 〔宋〕程颐撰，台湾商务印书馆景印文渊阁四库全书本。案，本书简称《程传》。

紫岩易传 〔宋〕张浚撰，通志堂经解本。

复斋易说 〔宋〕赵彦肃撰，通志堂经解本。

汉上易传 〔宋〕朱震撰，通志堂经解本。

周易义海撮要 〔宋〕李衡删定，通志堂经解本。案，宋房审权摘郑玄迄王安石《易》说凡一百家，共为一百卷，名《周易义海》；李衡删掇精要，以成此书。

郭氏传家易说 〔宋〕郭雍撰，台湾商务印书馆景文渊阁四库全书本。

东谷先生易翼传 〔宋〕郑汝谐撰，通志堂经解本。

※**周易本义** 〔宋〕朱熹撰，金陵书局《十三经》读本。案，本书简称《本义》。

易学启蒙 〔宋〕朱熹撰，西京清麓丛书正编本。

南轩易说 〔宋〕张栻撰，台湾商务印书馆景印文渊阁四库全书本。

古易音训 〔宋〕吕祖谦撰，金华丛书本。

杨氏易传 〔宋〕杨简撰，四明丛书本。

周易玩辞 〔宋〕项安世撰，通志堂经解本。

诚斋易传 〔宋〕杨万里撰，清光绪二十一年湖北官书处刊本。

周易卦爻经传训解 〔宋〕蔡渊撰，台湾商务印书馆景印文渊阁四库全书本。

童溪易传 〔宋〕王宗传撰，通志堂经解本。

周易总义 〔宋〕易祓撰，台湾商务印书馆景印文渊阁四库全书本。

西谿易说 〔宋〕李过撰，台湾商务印书馆景印文渊阁四库全书本。

周易辑闻 〔宋〕赵汝楳撰，通志堂经解本。

水村易镜 〔宋〕林光世撰，通志堂经解本。

周易集说 〔宋〕俞琰撰，通志堂经解本。

周易本义附录纂疏 〔元〕胡一桂撰，通志堂经解本。

易纂言 〔元〕吴澄撰，通志堂经解本。

周易本义通释 〔元〕胡炳文撰，通志堂经解本。

大易缉说 〔元〕王申子撰，通志堂经解本。

学易记 〔元〕李简撰，通志堂经解本。

周易会通 〔元〕董真卿撰，通志堂经解本。

周易参义 〔元〕梁寅撰，通志堂经解本。

易经蒙引 〔明〕蔡清撰，台湾商务印书馆景印文渊阁四库全书本。

易经存疑 〔明〕林希元撰，台湾商务印书馆景印文渊阁四库全书本。

泾野先生周易说翼 〔明〕吕柟撰，丛书集成初编本。

※**来瞿唐先生易注**　〔明〕来知德撰，清宁远堂刊本。案，本书简称《来氏易注》。
易象正　〔明〕黄道周撰，台湾商务印书馆景印文渊阁四库全书本。
古周易订诂　〔明〕何楷撰，台湾商务印书馆景印文渊阁四库全书本。
乔氏易俟　〔清〕乔莱撰，台湾商务印书馆景印文渊阁四库全书本。
周易内传　〔清〕王夫之撰，台湾商务印书馆景印文渊阁四库全书本。
易经衷论　〔清〕张英撰，台湾商务印书馆景印文渊阁四库全书本。
※**御纂周易折中**　〔清〕李光地等撰，清康熙五十四年内廷刊本。案，本书简称《折中》。
周易观象　〔清〕李光地撰，榕村全书本。
仲氏易　〔清〕毛奇龄撰，西河合集本。
周易浅述　〔清〕陈梦雷撰，台湾商务印书馆景印文渊阁四库全书本。
易说　〔清〕惠士奇撰，皇清经解本。
周易述　〔清〕惠栋撰，皇清经解本。
易汉学　〔清〕惠栋撰，皇清经解续编本。
易图明辨　〔清〕胡渭撰，皇清经解续编本。
周易虞氏义　〔清〕张惠言撰，皇清经解本。
周易补疏　〔清〕焦循撰，皇清经解本。
※**周易校勘记**　〔清〕阮元撰，附阮刻十三经注疏本《周易正义》后。案，本书简称《校勘记》。
河上易注　〔清〕黎世序撰，清道光元年谦豫斋刊本。
六十四卦经解　〔清〕朱骏声撰，1958 年中华书局出版。
※**周易集解纂疏**　〔清〕李道平撰，湖北丛书本。案，本书简称《纂疏》。
周易姚氏学　〔清〕姚配中撰，光绪三年湖北崇文书局刊本。
周易恒解　〔清〕刘沅撰，槐轩全书本。
汉魏二十一家易注　〔清〕孙堂辑，清嘉庆四年平湖孙氏映雪草堂刊本。
玉函山房辑佚书·经部易类　〔清〕马国翰辑，清光绪九年长沙嫏嬛馆刊本。
读易笔记　〔清〕方宗诚撰，柏堂全书本。
易说　〔清〕吴汝纶撰，桐城吴先生全书本。
需时眇言　〔清〕沈善登撰，清光绪刊沈穀成易学本。
劳谦室易说　〔清〕胡远濬撰，民国间石印本。
易汉学考　〔清〕吴翊寅撰，广雅书局刊本。
※**重定周易费氏学**　马其昶撰，集虚草堂丛书本（甲集）。案，本书简称《重定费氏学》。
杭辛斋易学七种　杭辛斋撰，民国间研几学社铅印易藏丛书本。案，此书包括：《易数偶得》、《学易笔谈初集》、《学易笔谈二集》、《易楔》、《读易杂识》、《愚一斋易说订》、《改正揲蓍法》等七种。
易学探源经传解　黄元炳撰，民国间黄氏观蝶楼铅印本。
※**周易尚氏学**　尚秉和撰，1980 年中华书局出版。案，本书简称《尚氏学》。
伣斋周易提要　吴承仕撰，原载台湾出版之《续修四库全书提要》内，未署名，现收入《伣斋读书提要》中，1986 年由北京师范大学出版社出版。
双剑誃易经新证　于省吾撰，民国间石印本。
周易学说　马振彪撰，稿本。案，此书系作者之未刊稿本，现藏福建师范大学图书馆。
周易古经今注（重订本）　高亨撰，1984 年中华书局出版。

周易大传今注　高亨撰,1979 年齐鲁书社出版。
周易杂论　高亨撰,1962 年山东人民出版社出版。
周易探源　李镜池撰,1978 年中华书局出版。
易学群书平议　黄寿祺撰,1988 年北京师范大学出版社出版。
周易思想研究　张立文撰,1980 年湖北人民出版社出版。
易学应用之研究(第一辑)　陈立夫主编,1974 年台湾中华书局出版。
※**马王堆帛书周易六十四卦释文**　马王堆汉墓帛书整理小组整理,刊于《文物》1984 年第 3 期。案,本书简称《帛书周易》。
莱布尼兹的周易学　五来欣造著,刘百闵译,载《学艺》14 卷 3 期,1935 年 4 月出版。
答吴觋斋论易书　章太炎撰,载《国学论衡》第 5 卷下,1936 年 6 月出版。
周易卦爻辞中的故事　顾颉刚撰,载《燕京学报》第 6 期,又载《古史辨》第三册上,1941 年出版。
汉易举要·孟氏易卷　黄寿祺撰,载福建师院学报 1962 年第一期。
周易名义考　黄寿祺撰,载福建师大学报 1979 年第 2 期。
论易学之门庭　黄寿祺撰,载福建师大学报 1980 年第 3 期。
论日出为易　黄振华撰,载《哲学年刊》第 5 辑,1968 年 11 月台湾商务印书馆印行。
论易大传的著作年代与哲学思想　张岱年撰,载《中国哲学》第 1 辑,1981 年北京三联书店出版。
帛书六十四卦跋　张政烺撰,载《文物》1984 年第 3 期。
帛书周易　于豪亮撰,载《文物》1984 年第 3 期。
附:
易纬八种　汉学堂丛书本。案,此书包括:《乾坤凿度》、《周易乾凿度》(旧题郑康成注)、《易纬稽览图》、《易纬辨终备》、《易纬通卦验》、《易纬乾元序制记》、《易纬是类谋》、《易纬坤灵图》等八种。
易林　旧题〔汉〕焦赣撰,《津逮秘书》本。
太玄经　〔汉〕扬雄撰,〔晋〕范望注,四部丛刊本。
周易参同契　〔汉〕魏伯阳撰,汉魏丛书本。
焦氏易诂　尚秉和撰,1934 年刊本。
焦氏易林注　尚秉和撰,民国间仵道益等校刊本。

(二)其他书目

尚书正义　旧题〔汉〕孔安国传,〔唐〕孔颖达疏,阮刻十三经注疏本。
毛诗正义　〔汉〕毛亨传、郑玄笺,〔唐〕孔颖达疏,阮刻十三经注疏本。
韩诗外传　〔汉〕韩婴撰,汉魏丛书本。
周礼注疏　〔汉〕郑玄注,〔唐〕贾公彦疏,阮刻十三经注疏本。
仪礼注疏　〔汉〕郑玄注,〔唐〕贾公彦疏,阮刻十三经注疏本。
礼记正义　〔汉〕郑玄注,〔唐〕孔颖达疏,阮刻十三经注疏本。
大戴礼记　〔汉〕戴德撰,〔周〕卢辩注,汉魏丛书本。
春秋左传正义　〔周〕左丘明撰,〔晋〕杜预注,〔唐〕孔颖达疏,阮刻十三经注疏本。
春秋公羊传注疏　〔周〕公羊高传,〔汉〕何休注,〔唐〕徐彦疏,阮刻十三经注疏本。

春秋穀梁传注疏 〔周〕穀梁赤传,〔晋〕范宁注,〔唐〕杨士勋疏,阮刻十三经注疏本。

论语正义 〔魏〕何晏等注,〔宋〕邢昺疏,阮刻十三经注疏本。

孟子正义 〔汉〕赵岐注,旧题〔宋〕孙奭疏,阮刻十三经注疏本。

尔雅注疏 〔晋〕郭璞注,〔宋〕邢昺疏,阮刻十三经注疏本。

尔雅义疏 〔清〕郝懿行撰,1983 年上海古籍出版社景印同治四年郝氏遗书本。

五经蠡测 〔明〕蒋悌生撰,通志堂经解本。

群经平议 〔清〕俞樾撰,春在堂全书本。

经义述闻 〔清〕王引之撰,皇清经解本。案,此书引有王念孙说。

经传释词 〔清〕王引之撰,1956 年中华书局出版。

经学通论 〔清〕皮锡瑞撰,1954 年中华书局出版。

经学历史 〔清〕皮锡瑞撰,1959 年中华书局出版。

新学伪经考 康有为撰,1959 年中华书局出版。

经典释文序录疏证 吴承仕撰,1984 年中华书局出版。

释名 〔汉〕刘熙撰,汉魏丛书本。

广雅 〔魏〕张揖撰,汉魏丛书本。

※**说文解字** 〔汉〕许慎撰,1963 年中华书局景印同治十二年陈昌治刻本。案,本书简称《说文》。

玉篇 〔梁〕顾野王撰,〔唐〕孙强增加,〔宋〕陈彭年等重修,1983 年北京中国书店景印张氏泽存堂刊本。

广韵 〔宋〕陈彭年等重修,1982 年北京中国书店景印张氏泽存堂刊本。

六书本义 〔明〕赵㧑谦撰,台湾商务印书馆景印文渊阁四库全书本。

※**说文解字注** 〔清〕段玉裁撰,1981 年上海古籍出版社景印经韵楼刻本。案,本书简称《段注》。

说文通训定声 〔清〕朱骏声撰,1983 年武汉市古籍书店景印临啸阁本。

殷墟书契前编 罗振玉编,1913 年上虞罗氏景印本。

殷墟书契后编 罗振玉编,1916 年上虞罗氏景印本。

三代吉金文存 罗振玉编,民国间上虞罗氏百爵斋景印本。

殷墟粹编 郭沫若编,1965 年科学出版社出版《考古学专刊甲种十二号》。

古文字类编 高明编,1980 年中华书局出版。

古书虚字集释 裴学海撰,1984 年中华书局出版。

国语 〔吴〕韦昭注,四部丛刊本。

战国策 〔宋〕鲍彪校注,〔元〕吴师道重校,四部丛刊本。

史记 〔汉〕司马迁撰,〔宋〕裴骃集解,〔唐〕司马贞索隐、张守节正义,1959 年中华书局出版。

汉书 〔汉〕班固撰,〔唐〕颜师古注,1962 年中华书局出版。

汉纪 〔汉〕荀悦撰,台湾商务印书馆景印文渊阁四库全书本。

后汉书 〔宋〕范晔撰,〔唐〕李贤等注,1964 年中华书局出版。

三国志 〔晋〕陈寿撰,〔宋〕裴松之注,1959 年中华书局出版。

晋书 〔唐〕房玄龄等撰,1974 年中华书局出版。

宋书 〔梁〕沈约撰,1974 年中华书局出版。

隋书 〔唐〕魏徵等撰,1973 年中华书局出版。

贞观政要 〔唐〕吴兢撰,台湾商务印书馆景印文渊阁四库全书本。
文史通义 〔清〕章学诚撰,1961年中华书局出版。
中国古代社会研究 郭沫若撰,1954年人民出版社出版。
崇文总目 〔宋〕王尧臣等撰,台湾商务印书馆景印文渊阁四库全书本。
郡斋读书志 〔宋〕晁公武撰,台湾商务印书馆景印文渊阁四库全书本。
经义考 〔清〕朱彝尊撰,四部丛刊本。
四库全书总目 〔清〕永瑢等撰,1965年中华书局景印浙江杭州刻本。
续修四库全书提要 王云五主编,1971年台湾商务印书馆印行。
老子 旧题〔周〕李耳撰,四部丛刊本。
列子 旧题〔周〕列御寇撰,四部丛刊本。
庄子 旧题〔周〕庄周撰,四部丛刊本。
孔子家语 〔魏〕王肃注,四部丛刊本。
荀子 〔周〕荀况撰,四部丛刊本。
管子 旧题〔周〕管仲撰,四部丛刊本。
新书 〔汉〕贾谊撰,汉魏丛书本。
新序 〔汉〕刘向撰,汉魏丛书本。
说苑 〔汉〕刘向撰,汉魏丛书本。
潜夫论 〔汉〕王符撰,汉魏丛书本。
淮南子 〔汉〕刘安撰,汉魏丛书本。
白虎通义 〔汉〕班固撰,汉魏丛书本。
术数记遗 旧题〔汉〕徐岳撰,〔北周〕甄鸾注,津逮秘书本。
颜氏家训 〔隋〕颜之推撰,汉魏丛书本。
通书 〔宋〕周敦颐撰,四部备要本。
皇极经世 〔宋〕邵雍撰,台湾商务印书馆景印文渊阁四库全书本。
二程集 〔宋〕程颢、程颐撰,1981年中华书局出版。
朱子语类 〔宋〕黎靖德编,台湾商务印书馆景印文渊阁四库全书本。
困学纪闻 〔宋〕王应麟撰,四部丛刊本。
本草纲目 〔明〕李时珍撰,台湾商务印书馆景印文渊阁四库全书本。
日知录 〔清〕顾炎武撰,皇清经解本。
读书杂志 〔清〕王念孙撰,皇清经解本。
艺文类聚 〔唐〕欧阳询撰,1982年上海古籍出版社出版。
初学记 〔唐〕徐坚等撰,1980年中华书局出版。
太平御览 〔宋〕李昉等撰,1960年中华书局重印上海涵芬楼景印宋本。
玉海 〔宋〕王应麟撰,清光绪九年浙江书局刊本。
楚辞 〔汉〕王逸章句,四部丛刊本。
曹子建集 〔魏〕曹植撰,四部丛刊本。
阮嗣宗集 〔魏〕阮籍撰,汉魏六朝名家集初刻本。
乐府诗集 〔宋〕郭茂倩编,四部丛刊本。
文选 〔梁〕萧统编,〔唐〕李善注,1977年中华书局景印胡克家刻本。
古诗源 〔清〕沈德潜辑,1963年中华书局出版。
文心雕龙 〔梁〕刘勰撰,四部丛刊本。

李太白全集　〔唐〕李白撰,1977年中华书局出版。
韩昌黎集　〔唐〕韩愈撰,民国间上海蟫隐庐景印宋世彩堂刊本。
柳河东集　〔唐〕柳宗元撰,1974年上海人民出版社出版。
文正集　〔宋〕范仲淹撰,四部丛刊本。
文忠集　〔宋〕欧阳修撰,四部丛刊本。
嘉祐集　〔宋〕苏洵撰,四部丛刊本。
朱子大全集　〔宋〕朱熹撰,西京清麓丛书正编本。
象山集　〔宋〕陆九渊撰,四部丛刊本。
文山集　〔宋〕文天祥撰,四部丛刊本。
文则　〔宋〕陈骙撰,唐宋丛书本。
焚书　〔明〕李贽撰,1961年中华书局出版。
揅经室集　〔清〕阮元撰,四部丛刊本。
龚自珍全集　〔清〕龚自珍撰,1959年中华书局出版。
观堂集林　王国维撰,1959年中华书局出版。
管锥编　钱鍾书撰,1979年中华书局出版。